# CORPVS CHRISTIANORVM

*Series Graeca*

93

# CORPVS CHRISTIANORVM

*Series Graeca*

93

# ISAAC ARGYRVS

# Opera omnia theologica

TURNHOUT
BREPOLS
2021

# ISAAC ARGYRI
# OPERA OMNIA THEOLOGICA

## necnon

# IOHANNIS EX-IMPERATORIS
# CANTACVZENI
# ORATIO ADVERSVS ARGYRVM

EDIDIT

Ioannis POLEMIS

TURNHOUT

BREPOLS

2021

# CORPVS CHRISTIANORVM

## Series Graeca

sub auspiciis
Vniuersitatis Catholicae Louaniensis
KU LEUVEN
in Instituto Studiorum Palaeochristianorum et Byzantinorum
INSTITUUT VOOR VROEGCHRISTELIJKE EN BYZANTIJNSE STUDIES
edita

*Editionibus curandis praesunt*

Reinhart CEULEMANS
Yiannis DEMETRACOPOULOS
Bernard FLUSIN
Carl LAGA
Jacques NORET
Antonio RIGO
Lara SELS
Carlos STEEL
Peter VAN DEUN

*huic uolumini parando operam dedit*

Lara SELS
KING'S COLLEGE LONDON

D/2021/0095/331
ISBN 978-2-503-59275-6
Printed in the EU on acid-free paper

# WORKS CITED IN ABBREVIATION

*ACO* = *Acta Conciliorum Oecumenicorum*, ed. E. Schwartz, Argentorati, 1914; Berolini – Lipsiae, 1924-1940

Bianconi, *La controversia* = D. Bianconi, *La controversia palamitica. Figure, libri, testi e mani*, in *Segno e Testo* 6 (2008), p. 337-376

*BSGRT* = *Bibliotheca scriptorum Graecorum et Romanorum Teubneriana*, Leipzig, 1849-

*CAG* = *Commentaria in Aristotelem Graeca*, edita consilio et auctoritate Academiae Litterarum Regiae Borrusicae, Berolini, 1882-

Candal, *Un escrito* = M. Candal, *Un escrito trinitario de Isaac Argiro en la contienda palamítica del siglo XIV*, in *OCP* 22 (1956), p. 92-137

Candal, *Dexio* = M. Candal, *Argiro contra Dexio (Sobre la luz tabórica)*, in *OCP* 23 (1957), p. 80-113

Candal, *La Regla* = M. Candal, *La "Regla teológica" de Nilo Cabásilas*, in *OCP* 23 (1957), p. 237-266

Candal, *Ciparisiota* = M. Candal, *Juan Ciparisiota y el problema trinitario palamítico*, in *OCP* 25 (1959), p. 127-164

Candal, *Cidonio* = M. Candal, *Demetrio Cidonio y el problema trinitario palamítico*, in *OCP* 28 (1962), p. 75-120

*CCSG* = *Corpus Christianorum, Series Graeca,* Turnhout – Leuven, 1977-

*CPG* = M. Geerard, *Clavis Patrum Graecorum*, 4 vols., Turnhout, 1974-1983; M. Geerard – F. Glorie, *Clavis Patrum Graecorum*, V, Turnhout, 1987; M. Geerard – J. Noret, *Clavis Patrum Graecorum. Supplementum*, Turnhout, 1998; J. Noret, *Clavis Patrum Graecorum*, III A, *editio secunda, anastatica, addendis locupletata*, Turnhout, 2003; M. Geerard – J. Noret, *Clavis Patrum Graecorum*, IV *(Concilia; Catenae), deuxième édition, revue et mise à jour*, Turnhout, 2018

*GCS* = *Die griechischen christlichen Schriftsteller der ersten (drei) Jahrhunderte*, Leipzig – Berlin – New York, 1897-

Gioffreda, *Argiro* = A. Gioffreda, *Tra i libri di Isacco Argiro* (*Transmissions* 4), Berlin – Boston, 2020

*GNO* = *Gregorii Nysseni Opera*, auxilio aliorum virorum doctorum edenda curavit W. Jaeger ..., Leiden, 1952-

Gómez, *Saint-Sauveur* = R. E. Gómez, *Saint-Sauveur de Chôra. Un monastère catholique à Constantinople dans le troisième quart du XIV<sup>e</sup> siècle*, in *Estudios bizantinos* 1 (2013), p. 140-197

*JÖB = Jahrbuch der Österreichischen Byzantinistik*, Wien, 1951-

Laue – Makris, *Isaak Argyros* = W. Laue – G. Makris, *Isaak Argyros' Abhandlung über die Kegelprojektion I in der Geographia des Klaudios Ptolemaios*, in *Palaeoslavica* 10 (2002), no. 1, p. 226-245

Marangoudakis, Κυπαρισσιώτου = S. Marangoudakis, Ἰωάννου τοῦ Κυπαρισσιώτου Κατὰ Νείλου Καβάσιλα Λόγοι πέντε ἀντιρρητικοί, νῦν τὸ πρῶτον ἐκδιδόμενοι. *Editio princeps*. Ἔκδοσις δευτέρα, Athens, 1985

Mercati, *Notizie* = G. Mercati, *Notizie di Procoro e Demetrio Cidone, Manuele Caleca e Teodoro Meliteniota ed altri appunti per la storia della teologia e della letteratura bizantina del secolo XIV (Studi e Testi 56)*, Città del Vaticano, 1931

Mondrain, *L'ancien empereur* = B. Mondrain, *L'ancien empereur Jean VI Cantacuzène et ses copistes*, in *Gregorio Palamas e oltre. Studi e documenti sulle controversie teologiche del XIV secolo bizantino.* A cura di A. Rigo (*Orientalia Veneziana* 16), Firenze, 2004, p. 249-296

Mondrain, *Traces* = B. Mondrain, *Traces et mémoire de la lecture des textes: les marginalia dans les manuscrits scientifiques byzantins*, in *Scientia in margine. Études sur les marginalia dans les manuscrits scientifiques du moyen âge à la renaissance.* Réunies par D. Jacquart et Ch. Burnett (*Hautes études médiévales et modernes* 88), Genève – Paris, 2005, 1-25.

Nadal, *Acindyni* = *Gregorii Acindyni, Refutationes duae operis Gregorii Palamae cui titulus Dialogus inter Orthodoxum et Barlaamitam* nunc primum editae curante J. Nadal Canellas (*CCSG* 31), Turnhout, 1995

*OCP = Orientalia Christiana Periódica*, Roma, 1935-

Pérez Martín, *El "estilo Hodegos"* = I. Pérez Martín, *El "estilo Hodegos" y su proyección en las escrituras constantinopolitanas*, in *Segno e Testo* 6 (2008), p. 389-458

*PG = Patrologiae cursus completus ... Series Graeca ... accurante et recognoscente* J.-P. Migne, Paris, 1857-1866

*PLP = Prosopographisches Lexikon der Palaiologenzeit (Österreichische Akademie der Wissenschaften. Veröffentlichungen der Kommission für Byzantinistik* I), 12 vols., Addenda. Index, Wien, 1976-1996

POLEMIS, *Dexii* = *Theodori Dexii, Opera omnia*. Edidit I. POLEMIS (*CCSG* 55), Turnhout, 2003

POLEMIS, *Theologica* = *Theologica varia inedita saeculi XIV. Georgius Pelagonius, Adversus Palamam; Anonymus, Adversus Cantacuzenum; Prochoros Cydones De lumine thaborico*, edidit I. POLEMIS (*CCSG* 76), Turnhout, 2012

*PTS* = *Patristische Texte und Studien*. Herausgegeben von. H. CHR. BRENNECKE UND E. MÜHLENBERG, Berlin, 1963-.

PYRILLOU, *Κυπαρισσιώτης* = S. N. PYRILLOU, Ὁ λόγιος Ἰωάννης Κυπαρισσιώτης καὶ τὸ Τρίτο Βιβλίο τῆς πραγματείας του Κατὰ τῆς τῶν Παλαμιτῶν αἱρέσεως (Κριτικὴ ἔκδοση – Μετάφραση – Σχολιασμός). Διδακτορικὴ διατριβή, Athens, 2014

*SC* = *Sources Chrétiennes*, Paris, 1943-

TINNEFELD, *Cantacuzeni* = *Iohannis Cantacuzeni, Refutationes duae Prochori Cydonii et Disputatio cum Paulo patriarcha Latino epistulis septem tradita*, nunc primum editae curantibus E. VOORDECKERS et F. TINNEFELD (*CCSG* 16), Turnhout, 1987

*TU* = *Texte und Untersuchungen zur Geschichte der altchristlichen Literatur*, Leipzig – Berlin, 1883-

*WBS* = *Wiener Byzantinistische Studien*, Wien, 1964-

# INTRODUCTION

## 1. THE LIFE OF ISAAC ARGYROS AND HIS DISPUTED WRITINGS

Isaac Argyros, a prominent astronomer and theologian of the second half of the XIV c., was a student of Nikephoros Gregoras who continued the mathematical and astronomic pursuits of his teacher. He was born after the year 1300 and died before 1391, [1] spending most of his life at the Chora monastery in Constantinople. [2] He composed several works on astronomy, which represent the Ptolemaic trend of Byzantine astronomy at its finest.

Our purpose here is not to investigate the works written by Argyros on astronomy, but to examine his theological activity on the basis of an edition of his theological works, both published and unpublished. His theological treatises are the following:

I. *De quattuor modis participationis Dei.* This treatise remains unpublished and has been inserted into MS *Vaticanus gr.* 1096, after f. 170ᵛ (it previously belonged to MS *Vaticanus gr.* 1892, f. 94-110ᵛ). It is also preserved in *Vaticanus gr.* 1102, f. 10-23.

II. *De lumine Transfigurationis ad Gedeonem Zographum.* The treatise was published by M. Candal [3] and is preserved in MS *Vaticanus gr.* 1102, f. 35-38.

III. *Solutio quaestionis cuiusdam Palamiticae.* The treatise was published by Candal [4] and is preserved in MSS *Vaticanus gr.* 1102, f. 25-31, and *Marcianus gr.* 162, f. 104-116, the latter of which he did not consult.

---

(1) GIOFFREDA, *Argiro*, 7 and LAUE-MAKRIS, *Isaak Argyros*, 226. See also the extensive presentation of his life and work by A. G. DUNAEV, *Isaak Argir*, in *Pravoslavnaja Enciklopedia* 26 (2011), p. 686-693, and *PLP* 1285. On Argyros as a lexicographer, see S. VALENTE, *Old and New Lexica in Paleologan Byzantium*, in A. M. CUOMO – E. TRAPP (eds.), *Towards a Historical Sociolinguistic Poetics of Medieval Greek* (Βυζάντιος. *Studies in Byzantine History and Civilization* 12), Turnhout, 2017, p. 50-51.

(2) GÓMEZ, *Saint-Sauveur*, p. 175-176.

(3) CANDAL, *Dexio*, p. 90-110.

(4) CANDAL, *Un escrito*, p. 108-136.

Two other anti-Palamite theological works have been attributed to Isaac Argyros by G. Mercati: the extensive, anonymous treatise against Kantakouzenos preserved in *Vaticanus gr.* 1096, ([5]) and the so-called Antiochene Tome, preserved in *Vaticanus gr.* 2335 and supposedly promulgated by Arsenius of Tyre, an ardent anti-Palamite, who also lived in the Chora monastery. ([6])

The hand of *Vaticanus gr.* 2335 is identical to that of Argyros, ([7]) and has corrected the text in many places. One must therefore admit that Mercati's view is well-considered. It is in fact a first draft, which was in all probability written by Argyros himself, in order to be subsequently promulgated by Arsenius of Tyre in the name of the patriarchate of Antioch. ([8])

There is no doubt that the extensive, anonymous treatise of *Vaticanus gr.* 1096 *Adversus Cantacuzenum* was copied by the hand of Argyros. This does not necessarily mean that the copyist of the text was identical with its author, as most recent scholars who have dealt with the matter maintain. ([9]) There are two serious arguments for denying, or at least putting into doubt the pa-

---

(5) Published by POLEMIS, *Theologica*, p. 55-323. A. RIGO, *De l'apologie à l'évocation de l'expérience mystique. Évagre le Pontique, Isaac le Syrien et Diadoque de Photicé dans les œuvres de Grégoire Palamas (et dans la controverse palamite)*, in A. SPEER – P. STEINKRÜGER, *Knotenpunkt Byzanz. Wissensformen und kulturelle Wechselbeziehungen*, Berlin – Boston, 2012, p. 98-99, attributes this treatise to Argyros as well.

(6) MERCATI, *Notizie*, p. 209-218, 240-242, see also GÓMEZ, *Saint-Sauveur*, p. 176. The Antiochene Tome was published by I. POLEMIS, *Arsenius of Tyre and his Tome against the Palamites*, in *JÖB* 43 (1993), p. 241-281.

(7) BIANCONI, *La controversia*, p. 352 and n. 44.

(8) PÉREZ MARTÍN, *El "estilo Hodegos"*, p. 409.

(9) See especially GIOFFREDA, *Argiro*, p. 98-127, who has dealt with the matter following the views of BIANCONI and RIGO. She proceeds to a detailed comparison of the way in which Argyros and the anonymous author employ and insert into their texts the same patristic passages. But such procedures were common to most anti-palamite authors of this period and should not necessarily lead us to such conclusions concerning the authorship of their texts. On the other hand, one should not forget that Argyros feels free to edit the works of John Kyparissiotes, going as far as inserting whole passages composed by himself to the treatises of Kyparissiotes, as GIOFFREDA, *Argiro*, p. 114, admits, without properly evaluating that fact. One should keep in mind that Argyros and Kyparissiotes were close collaborators. The possibility that the first sometimes copied and even corrected certain texts of the latter should not be excluded. The fact that Argyros intervenes into a text does not prove that he himself has composed it, as some scholars maintain.

ternity of Argyros. The anonymous author had composed an extensive history of the Palamite controversy; while no such work of Argyros is known to us, the way the anonymous author describes that treatise reminds us of the way John Kyparissiotes introduces his extensive treatise against the Palamites, which does contain a historical account of those controversies. ([10]) The second argument against the attribution of the anonymous treatise of *Vaticanus gr.* 1096 to Argyros, which I overlooked while editing the text, is the following: the anonymous author accuses Kantakouzenos of misinterpreting the views of those who maintained that the light of the Transfiguration belonged to Christ's flesh:

Ἡμεῖς οὐ χρείαν ἔχομεν περὶ τούτου λέγειν τὸ οἱονοῦν. Περὶ δ'ἐκείνων οὕς φησι λέγειν τῆς μακαρίας εἶναι σαρκὸς τοῦ Χριστοῦ, ὀλίγον τι πρὸς ἀπολογίαν ἐροῦμεν, δεικνύντες, ὡς οὐδὲ τουτονὶ τὸν λόγον ἀσυκοφάντητον ὁ ἀναιδὴς καταλέλοιπεν. Οὐ γὰρ τῆς σαρκὸς εἶπον οἱ εἰρηκότες, ὡς φυσικὸν καὶ οὐσιῶδες αὐτῆς ἐξ αὐτῆς τῆς σαρκώσεως, ἀλλὰ περὶ τὴν σάρκα ἡνίκα μεταμεμόρφωται ὁ σωτὴρ δημιουργικῶς παρὰ τῆς ἡνωμένης αὐτῇ καθ'ὑπόστασιν τοῦ Λόγου θεότητος γεγονός, ὃ πολλῷ διενήνοχεν ἐκείνου, καθόσον ἡ ἀλήθεια τοῦ ψεύδους. ([11])

This is exactly the view of Isaac Argyros, as it is exposed at the end of his treatise to Gedeon Zographus, which we are publishing below:

τὸ πρόσλημμα τοῦ σωτῆρος, οὐκ ἐξ ἑαυτοῦ, τουτέστι τῷ οἰκείῳ τῆς φύσεως λόγῳ πεφώτισται, ἀλλ'ὑπὸ τῆς ἐνοικούσης αὐτῷ τοῦ Λόγου θεότητος δημιουργικῶς (10, 42-44).

It is clear that the author of the anonymous treatise *Adversus Cantacuzenum* does not include himself (ἡμεῖς) among those who held this view (ἐκείνων ... οἱ εἰρηκότες), although he does not consider it false. This is the most serious reason to keep my reservations concerning the identification of the author of the anonymous treatise *Adversus Cantacuzenum* with Isaac Argyros, as Mercati, Rigo, Bianconi, Mondrain and Gioffreda have done.

---

(10) POLEMIS, *Theologica*, LVI.

(11) Anonymus, *Adversus Cantacuzenum* p. 20, 14-23, POLEMIS, *Theologica*, p. 72-73.

## 2.The treatise of Argyros
### DE QVATTVOR MODIS PARTICIPATIONIS DEI

### a. The manuscript tradition

The treatise is preserved in two manuscripts, *Vaticanus gr.* 1102 and *Vaticanus gr.* 1096. Both manuscripts have been written (the first one partially) by Argyros himself. A brief description of both manuscripts follows:

> I. *Vaticanus gr.* 1102 third/fourth quarter of the XIV c., a part of it possibly in the early years of the XV c., paper, ff. 420, 227 × 148mm.

This composite manuscript is written partly by Isaac Argyros and partly by Demetrios and Prochoros Kydones. A *terminus post quem* for the composition of the entire manuscript is provided by the title of the Apology of Demetrios Kydones on f. 55:3 Τοῦ μακαρίτου κυροῦ δημητρίου τοῦ κυδώνη. [12] Therefore, the manuscript assumed its final form after the death of Demetrios Kydones in the winter of 1397/1398, possibly in the first years of the XV c. Its contents are the following:

1. John Kantakouzenos, *Refutatio Prochori Cydonii* I, f. 1-9.
2. Isaac Argyros, *De quattuor modis participationis Dei*, f. 10-23$^v$.
3. Isaac Argyros, *Solutio quaestionis cuiusdam Palamiticae*, f. 25-31.
4. John Kyparissiotes, *Solutio eiusdem quaestionis*, f. 31-35.
5. Isaac Argyros, *De lumine Transfigurationis ad Gedeonem Zographum*, f. 35-38.
6. Demetrios Kydones, *De trinitate ad Constantinum Asanem*, f. 38-45$^v$.
7. Anonymus, *Erotapokriseis de Dormitione*, f. 47-54.
8. Demetrios Kydones, *Apologia* I, f. 55-76.
9. Fragment of *Constitutum Constantini*, translated by Demetrius Kydones, f. 77-82$^v$.
10. *Tomus Palamiticus* of 1351, f. 83-113$^v$.
11. Demetrios Kydones, *Testamentum*, f. 115-121.
12. *Confessio fidei monachorum Athonis*, f. 123$^{r-v}$.

---

(12) See the detailed description by TINNEFELD, *Cantacuzeni*, p. LXXI-LXXIV. See also P. NIKOLOPOULOS, Αἱ εἰς τὸν Ἰωάννην τὸν Χρυσόστομον ἐσφαλμένως ἀποδιδόμεναι ἐπιστολαί (Ἀθηνᾶ, Σειρὰ διατριβῶν καὶ μελετημάτων 9), Athens, 1973, p. 334-336, and recently GIOFFREDA, *Argiro*, p. 153-161.

13. Thomas Aquinas, *De aeternitate mundi*, translated by Prochoros Kydones, f. 139-142$^v$.
14. Fragment of the Commentary of Hervaeus Natalis, *In Petri Lombardi Sententias*, translated by Prochoros Kydones, f. 142$^v$-145$^v$, 147$^{r-v}$, 236-250$^v$.
15. Prologue to the Commentary *In Aristotelis Metaphysicam* of Thomas Aquinas, translated by Prochoros Kydones, f. 267$^v$-270$^v$, 265-266.
16. Thomas Aquinas, *Summa Theologiae*, Pars III, translated by Prochoros Kydones, f. 228-235$^v$, 148-226$^v$.
17. Fragment of the Prologue of St. Jerome to the Bible, translated by Prochoros Kydones, f. 275-278$^v$.
18. Ps.-Athanasius, *Quaestiones ad Antiochum ducem* (*CPG* 2257), f. 283-305$^v$.
19. Capita 3-51 of the *Expositio fidei* of John of Damascus (*CPG* 8041), f. 306-345$^v$.
19. Fragment of the *Doctrina Patrum* (*CPG* 7781), f. 346-420$^v$.

II. *Vaticanus gr.* 1096, which is a composite manuscript, written by at least three different hands (all dated to the final years of the XIV c.), has already been described in some detail elsewhere, ([13]) so there is no need to repeat all the details here. It contains an anti-Palamite anthology of patristic texts (f. 1-64), the anonymous treatise against Kantakouzenos (f. 65-148), a translation of Augustine by Prochoros Kydones (f. 149-156), two treatises of Nicholas Kabasilas on the vision of the prophet Ezekiel (f. 157-166v), a fragment of the treatise of Theophanes of Nicaea *De aeternitate mundi* (f. 167-170), the treatise of Isaac Argyros we discuss, which preserves the page numbering of the original manuscript, *Vaticanus gr.* 1892, and some translations of Demetrios Kydones (f. 171-222$^v$), the most extensive of which being the Anthology of his works compiled by Prosperus of Aquitaine. The manuscript concludes with an extract of the Latin treatise *Vasilographus* attributed to Eugenius, admiral of the kingdom of Sicily, and two letters written in Latin.

*Vaticanus gr.* 1102 represents the first stage in the composition of the treatise. An unknown scribe began writing the treatise, but by the middle of f. 15 Isaac Argyros himself undertook its copying until the end. He also corrected the entire text in various places. All these corrections were later incorporated into the text as preserved in MS *Vaticanus gr.* 1096, which represents the final stage

---

(13) POLEMIS, *Theologica*, p. LXX-LXXX, and GIOFFREDA, *Argiro*, p. 111-118 and 145-152.

of the text's composition. The treatise in *Vaticanus gr.* 1096 is written in its entirety by Argyros' own hand.

## b. The content of the treatise

G. Mercati has clarified certain matters pertaining to the controversy between Isaac Argyros and the former emperor John Kantakouzenos. [14] During its initial stage, the controversy focused on the interpretation of passage 11, 2 of the book of Isaiah, which refers to the seven spirits of God. While Argyros maintained the traditional anti-Palamite view that these spirits were mere creatures, Kantakouzenos argued that they were uncreated energies of the divinity, although he was willing to admit that not all gifts bestowed upon men are uncreated. The texts referring to this controversy are the treatise of Argyros, *De quattuor modis participationis Dei*, and the treatise of John Kantakouzenos, *Contra Argyrum*. Both texts have previously remained unpublished, though brief extracts have been published by Mercati. We shall deal with the treatise of Argyros first, before proceeding to the examination of the treatise of Kantakouzenos.

Argyros distinguishes four ways of man's participation in God. The first way is unique: it is the Incarnation of the second person of the Holy Trinity, in which the divine and the human nature were united in one hypostasis. The second way refers to all creatures. The essence of God is present in all of them. The creatures participate in God in an imparticipable [ἀμέθεκτος] way. The third way refers to those men who prove themselves worthy of participating in God: God's essence is present in them, but this time it creates several spiritual gifts within them; these gifts should not be considered uncreated energies of God as the Palamites maintain. Argyros points out that even the admittance by a prominent Palamite that only the seven spirits referred to by Isaiah are uncreated is inadequate to resolve the issue, since even the existence of seven uncreated energies distinct from God's essence, which may be communicated to men, is contrary to the teaching of the church. As Mercati has demonstrated, this Palamite must be identified with the former emperor John Kantakouzenos. [15] The fourth and final way is almost identical to the third, the only

---

(14) MERCATI, *Notizie*, p. 231-232, 272-275.
(15) *Ibid.*, p. 272, n. 9.

difference being that in the third, God's essence is always present in the spiritual gifts distributed to the saints, while in the fourth this is no longer necessary.

It is clear that Argyros is attempting to systematically present the basic teaching of the anti-Palamites concerning man's participation in God. Argyros reproduces the views of Gregory Akindynos, who points out:

Ἡ δὲ ἁγία τοῦ Θεοῦ ἐκκλησία τοιαύτην ὁμολογοῦσα μίαν θεότητα, καὶ παρὰ ταύτην οὐδεμίαν ἑτέραν οὐσιώδη καὶ φυσικὴν τοῦ Θεοῦ, τὴν αὐτὴν καὶ μεθεκτὴν καὶ ἀμέθεκτον ὁμολογεῖ, μεθεκτὴν μέν, ὡς πανταχοῦ παροῦσαν ὅλην οὐσιωδῶς καὶ πάντα ἐνεργοῦσαν ἐν πᾶσιν, ἀμέθεκτον δὲ τὴν αὐτήν, τῷ μήτε ἐπαφὴν αὐτῆς εἶναι μήτε ἀλλοίωσιν μήτε αἴσθησιν μήτε ἄλλην τινὰ πρὸς τὰ μετέχοντα συμμιγῆ κοινωνίαν, ὡς ὁ μέγας φησὶ Διονύσιος. ([16])

Akindynos formulates his views on the seven spirits of Isaiah as follows:

Καίτοι πνεύματα μέν φησιν καλεῖν τὸν Ἡσαΐαν ὁ Θεολόγος τὰς ἐνεργείας τοῦ Πνεύματος, ἄκτιστα δὲ πνεύματα πολλὰ καὶ ἀλλήλων διάφορα, μεθεκτὰ μὲν αὐτά, τοῦ δὲ ἁγίου Πνεύματος τοῦ ὑπὲρ ταῦτα ὄντος ἀπειράκις ἀπείρως, ὡς φησιν ἡ καινότης, ἀμεθέκτου παντάπασιν μένοντος, οὔτε ὁ Θεολόγος οὔτε ὁ προφήτης οὔτε ἄλλος οὐδείς, ἀλλὰ πᾶν τοὐναντίον, ὡς ἀκούεις, παραδιδόασιν. ([17])

## c. The date of the treatise

The date of the treatise's composition cannot be precisely defined. The watermarks of the two manuscripts cannot provide a conclusive terminus, and the internal indications do not suffice to establish its date with certainty. The fact that some of Argyros' views were refuted by John Kantakouzenos in his treatise against Argyros is of no help at all. The treatise of Kantakouzenos was in all probability based on his private discussions with Argyros. There is no evidence that Kantakouzenos had any knowledge of the existence of Argyros' treatise when composing his work. The same applies to Argyros, who does not seem to have been aware of any treatise by the former emperor while composing his own work. In

---

(16) Acindynus, *Refutatio* I, p. 32, 8-16, NADAL, *Acindyni*, p. 37.
(17) *Ibid.* I, p. 23, 91-98, NADAL, *Acindyni*, p. 27.

the preface to the treatise Argyros affirms that he had previously written another treatise refuting the impious doctrines of the new theologians, no doubt a reference to the Palamites:

καὶ ἐν ἄλλοις μέν, τοῖς παρ'αὐτῶν καινοτομουμένοις τοῦ Θεοῦ συνεργοῦντος ἡμῖν, καὶ διδόντος λόγον ἐν ἀνοίξει στόματος ὑπὲρ τῆς ὀφειλομένης αὐτῷ παρ'ἡμῶν πίστεως, τοὺς προσή-κοντας τῶν ἀντιρρητικῶν ἀντετάξαμεν λόγους, ἐξ αὐτῆς τῆς θείας γραφῆς ἀπαραγράπτους τὰς μαρτυρίας λαβόντες, οἷς καὶ ὑμεῖς ἐντυχόντες, καὶ καλῶς ἔχειν ὅσα γε εἰς ἀκρίβειαν πίστεως κρίναντες, ἔτι καὶ τὸν περὶ μετοχῆς Θεοῦ λόγον ἡμῖν προσανέθεσθε (1, 21-29).

It is impossible to establish with certainty the particular trea-tise to which Argyros refers in this passage. It does not seem to be either the *Epistula ad Gedeonem Zographum* or the *Solutio quaestionis cuiusdam Palamiticae*, which dealt with certain spe-cific subjects and did not proceed to the refutation of the entire theory of Palamism. In my view, it is impossible to identify it with the anonymous treatise of *Vaticanus gr.* 1096, which cannot have been written by Argyros, as we observed previously. It is like-ly that Argyros had in mind a treatise that is now lost. In any case, even this indication is not sufficient to establish the date of the treatise. We may tentatively propose as the treatise's date the period after 1368, the year of Prochoros Kydones' death, when Kantakouzenos seems to have turned his attention to the other opponents of Palamism.

### d. Summary

1. The problem of the participation in God is very difficult to investigate even for those who are great theologians. Gregory the Theologian says that he trembles whenever he has to speak about God. May God grant me the gift of speech in order to clarify this matter, after I wrote the antirrhetical treatises where I quoted the passages of the Holy Scripture refuting the position of our opponents, since our adversaries continue inquiring whether we participate in God's essence or in his energy. They believe this to be our weak point.

2. The first way of man's participation in God is that of the hypostatic union of the two natures united in Christ. The two natures created one composite hypostasis, or rather the Son received

the human nature and united it with His divine hypostasis. This is called an exchange by John of Damascus, because each nature received the proprieties of the other, although, properly speaking, it is the divine nature that permeates all creatures. Paul, in the Letter to the Hebrews, writes that Christ participates in our flesh and blood. Cyril of Alexandria rejects the application of the term "participation" for this particular mode of union of the two natures, in order to avoid confusing it with the other ways of participating in God; he stresses the fact that the fullness of the divinity inhabited in an essential way only in Christ's flesh. There is no need to insist on this matter, since this is not our point of dispute with the Palamites.

3. The first way of participation cannot be understood by either men or angels. The second way of participation in God consists in his essential presence in all creatures, both material and immaterial; thus God safeguards their continued existence. The creatures participate in God in an imparticipable way. We use this term to avoid confusing the second way with the first one. We also use this unusual expression in order to clarify that this participation in God is different from our participation in our common human nature: each man, participating in man's nature, participates in its totality; each individual participating in our common nature, has the human nature in himself in its entirety. It is also different from our participation in water, air, etc., which is temporary and partial.

4. Let us now quote the patristic passages that discuss this way of our participation in God. Dionysius the Areopagite writes that the Good is united with everything, but the creatures do not participate in it; there is an imprint of God in each creature, resembling the imprint of a stamp; but the stamp is beyond its imprints; in the same way God is beyond His creatures. John of Damascus writes that God is present everywhere, at the same time being beyond everything; we cannot comprehend how God's essence is present in every creature. Cyril of Alexandria writes that the divine essence permeates everything miraculously, without being combined with anything. He also writes that man becomes participant in God's essence. Athanasius writes that everything participates in the Holy Spirit and that the Son's essence is present everywhere, because otherwise the Son

would be inferior to His creatures. Gregory of Nyssa writes that the divine essence permeates everything and that nothing can be found outside it, since there is no place outside it that may contain it. Justin the Philosopher writes that God is omnipresent, providing for everything, while He is present in his temple, i.e. in Christ's body, as well; if it is present in Christ's body in a more magnificent way, since it has been written that the fullness of the divinity inhabits in Christ, then we may be forced to deny the presence of His essence in the other creatures; the answer to this problem is that the divine essence is present everywhere, but only Christ's body was able to receive it in its entirety; the rays of the sun are not received equally by every creature. The most learned patriarch Photius writes that we should not wonder how God is within everything and at the same time is beyond everything; God is everywhere both in His essence and in His energy, because there is no distinction between God's essence and His energy, as is the case with the creatures. Answering why the presence of God everywhere does not transform everything into something divine, Photius writes that there are two ways of something being in something else in an essential way: something, being in something else, may contribute to the perfection of the existence of that other's entity, or it may be identified with it; God is present in the creatures, without His essence being corrupted by them, as it is superior to them in every respect; therefore, His divine nature could not be corrupted by the human one during the incarnation.

5. There is a third way of God's indwelling in men, who are worthy of that indwelling. God is present in them in an essential way as before, His existence contributing to the perfection of their spiritual gifts. Paul writes that we are a temple of God. Athanasius writes that the divine essence sanctifies those who are willing to receive it. The saint proves that the essence of God is the creator of the saints' sanctity. He also writes that we become participants in the divine nature and that the entirety of creation participates in the Word. According to Athanasius, the angels are sanctified through the Holy Spirit, who is present in them essentially and continuously. The same applies to virtuous men. St. Basil writes that no creature can exist in another essentially, but the Holy Spirit inhabits in virtuous men. According to the *Dogmatic*

*Panoply* of Euthymios Zygabenos, God is present in everything, while Basil says that the Holy Spirit is inside us, illuminating and sanctifying us and distributing to us the spiritual gifts; He distributes them taking our faith into account. Maximus the Confessor writes that beings participate in God, whose essence cannot be participated. In his commentary to Dionysius the Areopagite, he writes that men are deified by participating in the divine essence. Dionysius writes that God passes through everything, while Gregory the Theologian writes that the Spirit sanctifies everything with His nature. Cyril writes that man participates in God's essence, being the glory of God and that the Spirit gives men the possibility of participating in the divine nature; the Spirit is not a servant but relieves us of all servility, making us participants of the divine nature. Cyril also states that since we become a temple of God through the inhabitance of the Spirit, the Spirit cannot be a creature; since through the Spirit we receive an image of the divine essence which is uncreated, the Spirit cannot be a creature.

6. However, one should not consider this image of the divine essence something uncreated, since the only uncreated image of the Father is His Son, and the only uncreated image of the Son is the Holy Spirit. John of Damascus makes a distinction between those uncreated images and the material images of the divine essence found within men. Cyril also writes that the Holy Spirit that inhabits inside virtuous men is uncreated, because Christ resides in them concurrently. He also points out that since the Spirit enables us to become participants of the divine nature, He cannot be a creature and that the Holy Spirit imprints the divine essence inside us, being a true God; since Paul speaks about the communion of the Holy Spirit along with the grace of Christ and the love of the Father, it is evident that he is referring to something uncreated. He also writes that the Spirit sanctified everything, because God did not deem it unworthy of Himself to come even to the most inferior of creatures. Gregory of Nyssa writes that the ineffable God condescended to reside in us. Maximus the Confessor points out that although God is everywhere in an essential way, He also resides in righteous men because of His good will. Metrophanes the hymnographer calls upon the divine essence to inhabit inside him and to transform

him into a temple of the divinity. John of Damascus writes that through our participation in the holy Eucharist we are united with both natures of Christ. In the book of Evergetinos we read that the divine essence passes through all intelligible natures, being everywhere.

7. These testimonies are enough to give an idea of the divine essence's inhabitance. The difference between the second and the third way of God's inhabitance in men, is that in the former God inhabits in all men, preserving them and providing for their continued existence, while in the latter He inhabits virtuous men, making them saints and heavenly beings. This is the meaning of certain patristic passages, in which it is affirmed that we cannot participate in God's essence but we participate in God's energies; the energies of God are His gifts, produced by His energy and distributed to the saints. The Palamites did not understand the meaning of these passages, and made an impious distinction between God's essence and His uncreated energies.

8. But let us quote the passages that disprove this impious theory.

9. Basil remarks that the gifts of the Spirit are products of the energy of one and the same Spirit. Would anyone dare to call these gifts coeternal with God, worshipping the creature rather than the creator? Gregory the Theologian writes that the Spirit produces all these gifts, therefore, they are created. Athanasius affirms that the Father creates the gifts through His Son.

10. Athanasius makes a distinction between the Holy Spirit emanating from God's essence and the created spirits that do not come out of that essence resembling us, who were not born out of God's essence, although we are called sons of God. John Chrysostom writes that God is the creator of all good things, while Cyril clearly affirms that the spirits mentioned by Isaiah must be distinguished from the Holy Spirit, since these spirits are created by God. Maximus writes that the energies of the Holy Spirit are different gifts produced by the energy of the Spirit; each man receives a gift appropriate to his capacities and desires; all the achievements of the saints are God's gifts; God becoming man gave to men the possibility to start a new life.

11. Dionysius the Areopagite writes that God has the paradigms of all created beings inside Himself; Maximus identifies these paradigms with the eternal intelligence of God, because of which

everything was in Him before time. All created beings are images and imitations of those paradigms according to Dionysius. Although Clemens also called these images paradigms, Dionysius objects that these paradigms are creatures lying outside God, which may not be worshipped. Maximus adds that, since they cannot be worshipped, they are creatures.

12. Although these patristic passages suffice to prove our point, we may add some more. Dionysius calls the deification of men a gift, or an inimitable imitation of God, adding that men are called gods in an equivocal sense, therefore this deification is a creature.

13. Dionysius writes that deification is our union with God. Maximus discusses the inferior divinities of men and angels; whatever is inferior to God is created according to St. Epiphanius. Maximus also writes that God is the creator of men and the source of their deification and that all good things, even immortality and virtue, are works of God. In the *Dogmatic Panoply* we read that God is sometimes called "life in itself" and "power in itself" and sometimes "creator of power" and "creator of life". Maximus remarks that God is called "wise" because He became man, and "just" because He received our passive nature. Athanasius says that all things have an imprint of God's wisdom inside them, being an image of God's wisdom; this is why the Wisdom of God said "God created me": it is the human nature received by God that speaks in this case. Basil writes that this passage of the Proverbs refers to human wisdom, which is a creature of God. Dionysius points out that God, who is the reason of everything, is the one who gives substance both to wisdom itself and to the wisdom of each particular person.

14. The Palamites may argue that Dionysius is not speaking about the creator but about the one who gives substance to wisdom. But it is evident that the one who gives substance is also the creator. This is confirmed by the Acts of the First Ecumenical Council, where it is clearly written that wisdom is a creature of God. Gregory the Theologian makes a distinction between the eternal kingdom of God, which is identical with Him, and the temporary kingdom, which also belongs to God, who subordinates all men to His rule; the end of this kingdom is the subordination of men to the rule of God. This is confirmed by Athanasius, who writes that Peter knew that there is a created

kingdom of God.

15. Let us cease quoting patristic passages that support our position. Before I describe the fourth way of our participation in God, I will narrate a meeting I had with a prominent Palamite, with whom I was compelled to discuss the problem of the energies of God. This man argued that not all spiritual gifts are uncreated but only the seven spirits referred to by Isaiah. I responded: "this does not settle our problem, since what we ask you to prove is that there is something at once coeternal with God and distinct from Him; Maximus says that no pious man may argue that two or more things are coeternal, since God is beyond all duality and multitude; something coeternal with something else cannot be infinite; therefore, no dyad can be infinite and without beginning; no dyad can be immobile. These are proofs that nothing can be coeternal with God". I also pointed out that my opponent would be more consistent with his principles, if he proceeded to prove that the seven spirits of Isaiah were uncreated after proving first that all spiritual gifts were uncreated. But it is evident from the very passage of Maximus that refers to them that these seven spirits do not belong to the divine nature of Christ but to His rational and human soul.

16. The saint writes that the spirit of fear helps man to not commit sins. But can God commit sins? Of course not. Therefore, the spirit of fear was not uncreated, since it had nothing to do with the divine nature of Christ. Only the human nature of Christ needed the spirit of fear, because only the human nature can make a decision not to commit sins and to lead a virtuous life. These decisions have nothing to do with the divine nature. Maximus also writes that the spirit of wisdom leads to the union with God. But if the spirit of wisdom is divine and uncreated, it must be God; but can God ever be united with Himself? Maximus clearly refers to the created spirit of wisdom that belongs to the saints.

17. John Chrysostom writes that the seven children of Job are symbols of the seven spiritual gifts, and that faith in the Holy Trinity is the creator of the seventh gift. Is this not proof that this spirit is indeed created? The opponent could not provide an answer.

18. But let us now discuss the fourth way of participating in God.

19. The fourth way is almost identical to the third. The only difference is that in the third way God's essence was always present in the spiritual gifts distributed to the saints, while in the fourth this is no longer necessary. This does not mean that God is not omnipresent, but since we have already proved this regarding the second way, this point requires no further elaboration. There is also another difference: the spiritual gifts of the third way were created after the saints were born, gradually, in proportion to their spiritual progress, while the gifts of the fourth way were created at the same time as all other created beings.

20. We shall quote a few passages from the chapter of the work *On the Divine Names* of St. Dionysius that refers to being. Dionysius affirms that the names of the divinity refer to the providence of God revealed to the creatures, but do not reveal the essence of God, which is beyond all life and wisdom. Goodness, life, wisdom and all other virtues are processions of the one God. All beings, both men and angels, who are superior to us, because they have only reason, participate in those gifts, which take their substance from God Himself, who is beyond all time and creates time. God's being is beyond His being wisdom in itself, life in itself, etc. God is praised as a being in itself, although properly speaking He is beyond being, because being is the most important of His gifts to His creatures. Beings have life by participating in the gift of life.

21. It is also necessary to quote the comments of Maximus on the passages of Dionysius.

22. Maximus discusses the inferior divinities of God and men. God is the producer of all these gifts. All beings participate in God's goodness, but not all of them participate in God's wisdom or life. Some gifts have a more general application, others a more limited one. More creatures participate in life and being, and very few in wisdom and reason; therefore, the angels, who are intelligible beings, are superior to us who are both intelligible and sensible, but animals, which have only sense but no reason, are inferior to men. God's essence is beyond being and He is the substance of the ages He has created. After coming into existence, the angels participated in God's life and wisdom.

23. It is clear that the fourth way of participation refers to the

participation of the products of God in God, who is the cause of their existence. But even this participation is not a participation in the full sense; it would be a proper participation if the participant became identical with the one who was participated. But we cannot participate in God's essence. Therefore, it is written in the *Dogmatic Panoply* that we participate in God in an imparticipable way, since, properly speaking, nothing participates in God's essence, life or wisdom. The wisdom of God is identical to His essence, but the wisdom and the life of the creatures are an image and an imitation of God's wisdom, which are identical to His essence; this is why the saints participate in God's energies; in this case the energies are the created products of God. The Palamites do not understand this and divide the divinity, asking that devious question: how is God both participated in an essential way and at the same time not participated at all?

24. This is my speech on the participation in God; although it is not perfect, it did not omit anything. Thank you very much for urging me to perform a duty I had in mind to perform a long time ago.

### 3. The treatise of Argyros *De lvmine Transfigvrationis ad Gedeonem Zographvm* against Theodore Dexios

#### a. The content of the treatise

The treatise of Argyros, or more properly, his letter to the monk Gedeon Zographos, is preserved solely by MS *Vaticanus gr.* 1102, f. 35-38, and is written in its entirety in Argyros' own hand. Theodore Dexios, a prominent friend of Nikephoros Gregoras, introduced a rather novel theory concerning the light of Tabor, which was unanimously rejected by the other anti-Palamites. Dexios argued that the light seen by the disciples during the Transfiguration was identical to Christ's human body. Although Dexios affirmed that this light was created, he was suspected by his anti-Palamite friends of having fallen into the trap of Palamas' followers. Argyros accused him of reviving the heresy of Eusebius of Caesarea, who in his letter to Constantia, the wife of Licinius, argued that Christ's body was transformed into pure light during the Transfiguration. Argyros wrote a letter to the monk Gedeon

Zographos, a mutual friend of both himself and Dexios, in order to disprove this theory. In all probability, as we had the opportunity to point out in our edition of Dexios' treatises, Argyros had in mind a letter of Dexios which is now lost while composing his letter to Zographos. ([18])

Argyros rejects the view of Dexios, accusing him of reviving the heresy of the Iconoclasts, who drew their arguments from the aforementioned letter of Eusebius to Constantia. He draws his arguments primarily from the antirrhetical works of patriarch Nicephorus of Constantinople, which he falsely attributes to Theodore Graptos. Argyros takes the opportunity to present in some detail his own theory that the light of Tabor was identical to the light emanating from Adam's body in paradise. He quotes several patristic excerpts supporting his theory, pointing out that during the Transfiguration Christ restored to the human body the initial radiance of Adam, which it had while still in Eden. Argyros's views concerning the body of Adam were expounded more fully in book four of the huge treatise *Contra Palamitas* of John Kyparissiotes. It is possible that Argyros himself collaborated in the authorship of at least part of this book. ([19])

The treatise must have been written before the death of Dexios, who seems to have been deceased by the year 1368. ([20])

## b. Summary

1. You remember that when I came to your cell a few days ago, we discussed the problem of our friend Dexios; you told me that there is no longer any matter of dispute between him and us, since Dexios has recently admitted that the light of the Transfiguration is created. I asked for proof of your assertion and you answered that you heard him saying that the light seen by the bodily eyes of the disciples was indeed created. My objection was that these words did not settle the matter, since it was not the first time Dexios has said this. I promised to give you a more detailed answer later.

---

(18) POLEMIS, *Dexii*, p. XLII.
(19) See a detailed presentation of that dispute *Ibid.*, p. XLI-XLIV.
(20) *Ibid.*, p. XLII.

2. Not every true statement is sufficient to solve a problem, unless it is unambiguous. When we see a cloud and we ask two men what it is, the one who answers that it is day, does not answer our question, although what he says is true. This is also the current case: our brethren unanimously acknowledge that the light of the Transfiguration was created. But Dexios, in the letter he gave me, added the phrase "the light was not different from Christ's body". This is unacceptable, since it is implied that the body of Christ was transformed into pure light either during the Transfiguration or even at the time of His conception; but this is the view of the Manicheans, who argued that Christ was not really incarnated, or of the Iconoclasts, who affirmed that Christ's body was not consubstantial with our own, because they did not want to paint images of it.

3. A text from Eusebius of Caesarea's letter to Constantia proves our point. Eusebius says that the body of the Lord was transformed into light at the time of the Transfiguration, so it is not possible to paint an image of it. This view is refuted by St. Theodore Graptos, who points out that Eusebius' theory is similar to that of Manes, who asserted that the true self of Christ, i.e. His unique, invisible and eternal nature, was revealed to the disciples on Tabor. St. Theodore also adds that, according to Eusebius, the body of Christ must have ceased to exist at the time of the Transfiguration.

4. While Eusebius argued that the shape of the servant was transformed into light, Theodore Graptos writes that this is false since the body of Christ did not lose its form during the Transfiguration. It is evident that the body of Christ was simply transfigured and became brilliant, but it did not cease to be a true human body. The saint also remarks that if Christ's body had been transformed into light in the womb of His mother, His mother would also have been transformed in order to be able to give birth to the eternal light; but this is absurd; it should also be noted that if Christ's body had been transformed into light from the time of His conception, there would have been no need for a Transfiguration.

5. But let us now stop refuting the theories of Dexios and explain our own views.

6. The light of the Transfiguration was the archetypal and nat-
ural beauty of Adam's body, which was lost after Adam was
expelled from paradise; Gregory the Theologian writes that
Adam assumed a much darker and mortal body at that time.
Afterwards, Christ assumed our nature in order to cleanse it
and restore it to its archetypal beauty. This was done during
His sojourn in Hades after His crucifixion. But Christ also
showed a glimpse of the future glory of His body on Mount
Tabor before His crucifixion, so that the disciples might un-
derstand that He was not a mere man but God incarnate,
and that they too would receive that glory at the time of the
last judgement.

7. This is our view in a few words, with which we respond to
the Palamite objections. We insist that the light of Tabor
was a creature, belonging to Christ's body but not identical
to it, because this is absurd, as Theodore Graptos maintains.

8. There are several patristic passages that lend support to our
position. John Chrysostom writes that Adam shone like a
golden statue; speaking on behalf of Adam, Andrew of Crete
says that he lost his initially created beauty. John of Damas-
cus writes that on Tabor, Christ revealed the archetypal
beauty of the image, which His human nature had reac-
quired. Cosmas the Melodist writes that Christ took the
whole of Adam as His garment, making his nature bright
once more. Another hymnographer writes that on Tabor
Christ illuminated the nature of Adam, which had become
dark. Chrysostom affirms that the light of the Transfigura-
tion belonged to Christ's body, but was not identical with
it. Cyril writes that the body of Christ did not lose its form
but was glorified, assuming a brighter colour. Anastasius of
Sinai writes that the mystery of Tabor was an expression of
Christ's will to prove that man's nature had been cleansed,
showing to the disciples an image of the future glory of His
kingdom.

9. Theodore Graptos also writes that Christ, wanting to en-
courage His disciples shortly before His passion, revealed to
them the brightness of the future age on Tabor. This was a
temporary dispensation: He retained the shape of a servant
even after His Transfiguration.

10. These are the testimonies of the holy fathers. Keep their teaching. Some people ask why John of Damascus affirmed that the light did not come to Christ's body from outside, in contrast to what other saints have said. The answer is that we must take into account that Christ has two natures and one hypostasis. When John of Damascus writes that the light did not come from outside, he implies that Christ, who has one hypostasis, was not glorified by somebody else, but He glorified Himself. When some fathers say that the light came to the body from outside, what they mean to say is that the human body of Christ was not transformed by itself but by the divine nature of Christ that produced the light.

11. You are free to give my letter to whomever you wish, since it is written in the scripture that we must give an answer to anybody who asks us a question. I hope that you will always be healthy, gratifying me as well.

### 4. The treatise of Argyros
#### Solvtio qvaestionis cvivsdam Palamiticae

#### a. The manuscript tradition

The treatise is preserved by the manuscripts *Vaticanus gr.* 1102, f. 25-31 and *Marcianus gr.* 162, f. 104-116. [21] *Marcianus gr.* 162, written in the last years of the XIV c. contains the following texts: a. An anthology on the identity of the divine essence with its energies (f. 4$^v$-103$^v$). b. the treatise of Isaac Argyrus (f. 104-166). c. The treatise of Demetrius Cydones on the same subject (f. 117-125$^v$).

In both cases the treatise is written in Argyros' own hand. *Vaticanus gr.* 1102 represents a later stage in its composition: this may be proved by a rather long addition inserted into the text of the *Vaticanus* by Argyros himself (*partim in margine, partim in rasura*) at the beginning of ch. 4, which is absent from *Marcianus gr.* 162.

---

(21) The manuscript was described in detail by E. Mioni, *Codices Graeci Manuscripti Bibliothecae Divi Marci Venetiarum*, vol. I. *Thesaurus antiquus. Codices 1-299*, Roma, 1981, p. 233-234. See also Gioffreda, *Argiro*, p. 102-103.

*b. The difference between the triune God's essence and His three hypostases: a curious incident of the Palamite controversy*

The controversy arose after Neilos Kabasilas, a prominent Palamite, composed a short treatise in which he argued that the three hypostases of the Holy Trinity are somehow different from the divine essence. ([22]) Kabasilas' declared purpose was to find a further argument in favor of the Palamite distinction between God's essence and His uncreated energies: if there is a distinction between God's essence and His hypostasis, then we may accept a similar distinction between God's essence and His energies. This provoked an immediate Palamite reaction: Isaac Argyros, John Kyparissiotes, and Demetrios Kydones composed three short treatises respectively, in an effort to disprove this theory, while, probably later on, Kyparissiotes devoted the fifth volume of his massive book against the Palamites to the discussion of this issue. George of Pelagonia also discussed the problem in his anti-Palamite treatise. ([23])

Argyros's main argument is that while the terms "fatherhood" and "sonhood" are different ways of describing the inter-personal relations of the Trinity, there is no real distinction between them and the essence of God. Fatherhood and sonhood are identical to the divine essence, and their only difference consists in denoting different aspects of the godhead's relations to Itself. Argyros employs the term κατ'ἐπίνοιαν (ch. 5, 14), in order to make clear that the terms "fatherhood" and "sonhood" do not apply to God in the same way they apply to men, i.e. they do not describe a real distinction.

The text of John Kyparissiotes is written in MS *Vaticanus gr.* 1102 by the hand of Isaac Argyros. Kyparissiotes examines the problem in the scholastic manner, probably imitating the method of Thomas Aquinas: ([24]) He first presents the arguments of his

---

(22) CANDAL, *La Regla*, p. 240-256.

(23) POLEMIS, *Theologica*, p. XXXI-XXXII.

(24) Kyparissiotes seems to be influenced by Aquinas. See for example a passage from his treatise against the Palamites, PYRILLOU, *Κυπαρισσιώτης*, p. 310, 5-6: ὁ δὲ Θεὸς ἀμερὴς ὤν, καὶ πάσης ὕλης ἀπηλλαγμένος, καθαρόν ἐστι εἶδος καὶ ὅλον καὶ μόνον εἶδος. This seems rather similar to Thomas Aquinas, *Summa theologiae*, Pars prima, qu. III, art. II: *Sed illa forma quae non est receptibilis in materia, sed est per subsistens, ex hoc ipso individuatur quod non potest recipe in alio; et huiusmodi forma est Deus. Unde non sequi-*

opponent one by one. He then presents a general statement of his own position, and proceeds to refute his opponent's positions one by one. Kyparissiotes' arguments differ from those of Argyros. Kyparissiotes insists on combining the two arguments of Kabasilas: he attempts to disprove the argument about the difference between divine hypostasis and divine essence by employing arguments similar to those utilized by those who had objected to the distinction between the divine essence and its uncreated energies. For example, he argues that since hypostasis resembles the uncreated energy that lacks its own hypostasis, the divine hypostasis must also be something that lacks hypostasis, an absurdum. [25] This is a repetition of the traditional anti-Palamite argument regarding the unsubstantial uncreated energy worshipped by the Palamites. There is only one passage of Athanasius of Alexandria that is quoted by both Kyparissiotes [26] and Argyros. However, Kyparissiotes shares Argyros' view that the difference between essence and hypostasis is only verbal: τὸ δ'ἀπολελυμένον τοῦ ἀναφορικοῦ λόγῳ μόνον διαφέρει, οὐκοῦν οὐ ταὐτὸν ὑπόστασις καὶ οὐσία τῷ λόγῳ. [27]

The treatise of Demetrios Kydones is of greater interest. In my view, Kydones seems to distance himself from some of Argyros' arguments. Argyros maintains that certain things, while being one and the same in number, are denoted by different names, like a ladder, which may be called either "a way of descending" or "a way of ascending"; their difference is only verbal:

Διὸ καὶ ἀποδίδοται οἰκείως ἐπὶ τῶν οὕτως ἐχόντων ἡ μὲν ταυτότης τῷ πράγματι, ἡ δ'ἑτερότης τῷ λόγῳ τῆς τῶν σημαινομένων διαφορᾶς, ὡς ἐπὶ τῆς κλίμακος ἔχει, ἐφ'ἧς αὐτὸ τὲ τὸ κλίμαξ ὡς κύριον λέγεται ὄνομα, σὺν αὐτῷ δὲ καὶ τὸ ἀνάβασις καὶ κατάβασις ἀντικείμενα ὄντα (ch. 4, 17-22).

Kydones seems to reject such a view. According to him this is not the case with the Holy Trinity:

Οὐ γὰρ ἐκεῖ τὴν μὲν οὐσίαν πρᾶγμα ὑποτιθέμεθα μόνον, τὰ δὲ ἄλλα λόγους μόνον, ὥσπερ τὸ μὲν διάστημα πρᾶγμα, τὴν δὲ

---

*tur quod habeat materiam.*

(25) This is repeated by Kyparissiotes in his treatise *Contra Palamitas*, see MARANGOUDAKIS, Κυπαρισσιώτου, p. 147, 2-3.

(26) CANDAL, *Ciparisiota*, p. 146, 11-16.

(27) *Ibid.*, p. 140, 28-142, 1.

ἀνάβασιν καὶ κατάβασιν λόγον, ἀλλὰ καὶ τὴν οὐσίαν πρᾶγμα
... καὶ τὴν σοφίαν πρᾶγμα ἀληθές ... καὶ τὴν ἀγαθότητα ὡσαύ-
τως καὶ τὴν ζωήν. (28)

Demetrios Kydones does not deny that all things found inside
God do not differ from Him in a real way; however, they are not
to be considered mere names lacking any substance, as Argyros
and Kyparissiotes maintained:

Οὕτω μὲν οὖν πάντα τὰ Θεῷ προσεῖναι λεγόμενα τὴν θείαν τις
λέγων οὐσίαν εἶναι, οὐχ ἁμαρτήσεται, λόγῳ μόνον τῆς ἐκείνων
διαφορᾶς νοουμένης, λόγῳ δέ φημι, οὐχ ὅτι τὰ πράγματα ἐκεῖ
λόγοι μόνον ... δεῖ ἄρα κἀκεῖ τὴν πατρότητα καὶ τὴν υἱότητα
οὐ λόγους μόνους τίθεσθαι, ἀλλὰ πράγματα, πάντα τὰ τῆς πα-
τρότητος καὶ τῆς υἱότητος ἔχοντα. (29)

Kydones' comes to the following conclusion:

ᾗ δὲ ἡ πατρότης καὶ ἡ υἱότης κατὰ τὴν ἰδιοτροπίαν τῶν πρός
τι θεωροῦνται, ἀνάγκη πρὸς ἄλληλα ὡς πρὸς ἀντικείμενα λέ-
γεσθαι, καὶ ἀκολούθως καὶ πράγματι διαφέρειν ἀλλήλων. (30)

Argyros takes a somewhat different view:

αὐτὴ μὲν ἡ πατρότης καὶ ἡ υἱότης ἀναφορικῶς λεγόμενα, κα-
θότι ἀλλήλαις ἀντίκεινται κατὰ τὴν τῶν πρὸς ἀντίθεσιν, καὶ
ταύταις τὰ θεαρχικὰ διακρίνονται πρόσωπα, διαφέρουσι πρὸς
ἄλληλα τῇ ἐπινοίᾳ, ἥτις ἕπεται ἐκ τοῦ λόγου τῆς ἀντιθέσεως
τῶν πρός τι, ἣν πρὸς ἄλληλα ἔχουσιν ... Ἑκάτερον μέντοι τού-
των πρὸς αὐτὴν συγκρινόμενον τὴν οὐσίαν, ταυτόν ἐστι καὶ ἕν,
οὐ τῷ λόγῳ τῆς ἐπινοίας, ἀλλὰ τῷ πράγματι (ch. 8, 3-17).

Demetrios Kydones distances himself from this nominalism. It
seems to me that Kydones had before him Argyros' (and possibly
Kyparissiotes') treatises while composing his own. This is proof
that there was no consensus among the anti-Palamites regarding
several crucial doctrinal subjects. This is also the case with the

(28) CANDAL, *Cidonio*, p. 94, 8-13.
(29) *Ibid.*, p. 97, 5-16. Kydones seems to have been influenced by Thom-
as Aquinas, who takes a similar position, see *Summa Theologiae* I, qu. XX-
VIII, art. I: *Si igitur paternitas et filiatio non sunt in deo realiter, sequitur
quod Deus non sit realiter pater aut filius, sed secundum rationem intelligen-
tiae tantum; quod est haeresis Sabelliana. Relationes in divinis, cum sint se-
cundum processiones in identitate naturae, reales quasdam in divinis esse rela-
tiones necessarium est.*
(30) *Ibid.*, p. 101, 8-11.

controversy that broke out between Theodore Dexios and Isaac Argyros we discussed previously.

The date of the treatise cannot be easily established. It may have been written early, even before the death of Neilos Kabasilas in 1363, ([31]) but this is far from certain.

*c. Summary*

1. Some people ask whether being Father and being Son are identical to the essence of the Holy Trinity or two properties distinct from it. By admitting such a distinction, they wish to prove that God's essence is also distinct from His uncreated energies; since fatherhood and sonhood, though distinct from the divine essence, do not affect the divine simplicity, the existence of certain energies distinct from the essence of God similarly does not affect His simplicity.

2. This is a devious question. I will answer it after briefly discussing sameness and distinctiveness. According to John of Damascus, two things are one and the same, either because they belong to the same genre, like a man and a horse, or to the same species, like Socrates and Plato, or because they are one and the same in number, like Socrates, who is an entity different from that of all other men.

3. Let us now discuss distinctiveness: two things are different from each other either because they belong to a different genre, like a living being and knowledge, or because they belong to a different species, like man and ox, or because they are different in number, like Socrates and Plato. Those belonging to the same species also belong to the same genre, but those belonging to the same genre do not necessarily belong to the same species. But those different in number may belong to the same species or to the same genre, like Socrates and Plato.

4. Those belonging to a different genre can never be the same. Those belonging to the same genre are different as far as their number is concerned, while those having one and the

(31) This may be the case of the fifth book of the treatise *Contra Palamitas* of John Kyparissiotes, which is devoted to the refutation of Neilos Kabasilas. See MARANGOUDAKIS, *Κυπαρισσιώτου*, p. 32-33.

same number, though one and the same entity, can be denoted by different words: a ladder which is one and the same thing, may be called either a way of ascending or a way of descending.

5. The teachers of piety make extensive use of this way of discussing sameness and distinctiveness. Basil the Great writes that by the word grain, which is one and the same, we denote several different things; the same happens with the divine Word, who is one and the same: we use several names in order to denote various aspects of the activity of the second person of the Trinity, who is one.

6. Basil denies that Christ has different names, although Dionysius the Areopagite accepts it. Basil wanted to stress the fact that God is different from those things that have different names while being one and the same: this applies to the terms "robe" and "mantle".

7. Let us now examine what is similar and what is different in the case of the Holy Trinity. According to the Fathers, distinctiveness and sameness cannot be applied to the Trinity in the way they are applied to created beings. John of Damascus points out that, while in our world two individuals with different hypostases are in fact different, in the case of the Trinity the existence of three different hypostases or persons does not create a real difference among them, because God has one and the same essence.

8. Therefore, the terms "sonhood" and "fatherhood" do not denote a real difference in the case of God. We do not wish to destroy the difference of the three hypostases like Sabellius, but we must note that "sonhood" and "fatherhood", though different from each other, are not different from the divine essence. John of Damascus writes that the divine essence is one and the same, existing in three divine persons. While the common essence of the creatures is just an abstraction, the common essence of the divine persons is a reality.

9. Sonhood and fatherhood are identical with the divine essence. Athanasius, presenting a Eunomian argument that the difference between essence and hypostasis creates a composite divinity, replies that these two things are not truly different: the seed is not different from the fruit. But the Palamites may

object that if fatherhood and sonhood are not different from the divine essence, they must be identical to each other, since two things identical to something else are identical to each other as well; in the opposite case fatherhood and sonhood are different from the divine essence. But there are exceptions to the rule: the same person can be both father and son. One can find many similar examples.

10. The Palamites object that the identification of fatherhood and sonhood with the divine essence is a revival of the heretical views of Eunomius, which were refuted by Basil the Great, who argued that these things are different from the essence of God. But it is clear that Basil spoke of a difference that was not real.

11. Let us quote some passages that prove Basil believed fatherhood and sonhood are in reality identical to the divine essence. Basil clearly states that there are certain names applied to God "*kat' epinoian*".

12. He clearly affirms that what is denoted by these names is identical to the divine essence in spite of the fact that the names are different to each other; no name can cover all the meanings of the word "God"; each name inadequately denotes a small part of God's activities.

13. The same is affirmed by Gregory of Nyssa, who devotes the last book of his treatise against Eunomius to the discussion of this issue. Athanasius also wrote that the term "ungenerated" is not identical to God's essence, but simply denotes that essence; by this the saint indicates that what is denoted by the aforementioned term is identical to God's essence.

14. The Palamites reply that Basil calls hypostasis the conjunction of something that is common to God with something else that is a characteristic of one of the divine persons; therefore, it is clear that there is a distinction of what is common, i.e. the divine essence, from what is unique, i.e. fatherhood or sonhood. However, it is clear that the saint is not referring to a real distinction. The most learned patriarch Photius explains this, arguing that the conjunction of the divine essence with the divine characteristics does not make God something composite; Basil used an expression inadequate to explain the

mystery of the Trinity; the divine essence that is beyond comprehension cannot be compromised by the inadequacy of the terms employed by us.

15. Photius clearly states that it is impossible for men not to apply composite terms to the divinity; but this does not make God a composite entity. Anyone who believes this is to be expelled from the church.

16. This is the way of interpreting the holy texts. But you adopt the view of the heretics. We shall stop here. Let us pray to the Lord to help us remain pious always.

## 5. The treatise of John Kantakouzenos *Contra Argyrvm*

*a. The manuscript tradition.*

The treatise of John Kantakouzenos against Isaac Argyros is preserved in three main manuscripts, *Parisinus gr.* 1247, *Parisinus gr.* 1242, and *Vatopedinus* 347. A short description of them is provided below:

A   *Parisinus gr.* 1247, paper, f. 282, 275/280 × 190/195 mm.

This manuscript was written by six different scribes under the close supervision of the former emperor John Kantakouzenos between 1367-1368. ([32]) Its contents are the following:

1. David Disypatos, *Adversus Barlaam et Acindynum* to Nicholas Kabasilas, f. 1-50ᵛ.
2. Gregory of Nyssa, *Ad imaginem Dei et similitudinem* (*CPG* 3218), f. 52-63.
3. Letter of Patriarch Tarasius of Constantinople to Pope Hadrian I on simony, f. 66-67.
4. Prochoros Kydones, *De essentia et operatione*, Book VI, f. 68-84ᵛ.
5. John Kantakouzenos, *Refutatio Prochori Cydonii* I, f. 85-148.
6. The treatise of Kantakouzenos, *Contra Argyrum*, f. 149-242.
7. Gregory Palamas, *De processione Spiritus sancti*, f. 244-281.
8. Another unidentified text on the same subject, f. 281ʳ⁻ᵛ.

---

(32) See the detailed description of the manuscript by Tinnefeld, *Cantacuzeni*, p. XLV-LV. See also Mondrain, *L'ancien empereur*, p. 254.

*E*   *Parisinus gr.* 1242, parchment, f. 437, 335 × 250 mm.

This is a deluxe edition of Kantakouzenos' theological works, completed in two stages (between November of 1370 and February of 1375 ([33])). It was written by the monk Joasaph of Hodegon monastery in Constantinople and belonged to the monastery of St. Anastasia in Chalkidike. Its contents are the following:

1. List of the contents of the manuscript, f. 1ᵛ.
2. The beginning of the *Tomus Palamiticus* of 1351, f. 2-4.
3. The end of book VI of Prochoros Kydones *De essentia et operatione*, f. 5.
4. Part of John Kantakouzenos, *Refutatio Prochori Cydonii* I, f. 6-8ᵛ.
5. John Kantakouzenos, *Contra Argyrum*, f. 9-70ᵛ.
6. John Kantakouzenos, *Disputatio cum Paulo patriarcha Latino septem epistulis tradita*, f. 71-119.
7. John Kantakouzenos, *Contra sectam Mahometicam Apologiae* I-IV, f. 120-292.
8. John Kantakouzenos, *Adversus Iudaeos*, f. 293-436.

*B*   *Vatopedinus* 347, paper, f. 233, 220 × 140 mm.

The manuscript was written by Manuel Tzykandyles, a favorite scribe of Kantakouzenos, ([34]) between the years 1369-1374. It preserves the treatise of Kantakouzenos, *Contra Argyrum* (f. 1-78ᵛ, 83-149ᵛ, f. 150-152 are left blank) and his *Disputatio cum Paulo patriarcha Latino septem epistulis tradita* (f. 153-233).

Some extracts of the text of Kantakouzenos are preserved by other manuscripts as well:

*T*   *Vindobonensis theol. gr.* 210, paper, f. 388-392ᵛ, XV c., 220 × 135 mm.

The manuscript was described in detail by Mazal and Hunger. ([35]) It preserves many treatises of Nicholas Kabasilas (*De vita in*

---

(33) See the detailed description of the manuscript by Tinnefeld, *Cantacuzeni*, p. LXII-LXV, Mondrain, *L'ancien empereur*, p. 255-256.

(34) See the detailed description of the manuscript by Tinnefeld, *Cantacuzeni*, p. LXV-LXVII. See also Pérez Martín, *El "estilo Hodegos"*, p. 398, n. 28, and the old description by S. Eustratiades-Arkadios Vatopedinos, Κατάλογος τῶν ἐν τῇ Ἱερᾷ Μονῇ Βατοπεδίου ἀποκειμένων κωδίκων, Paris, 1924, p. 68-69.

(35) O. Mazal, *Byzanz und das Abendland. Katalog einer Ausstellung*

*Christo, Interpretatio liturgiae,* many rhetorical works, such as his speech On the Passion of Christ, his speech On the Resurrection, speeches on the Virgin Mary and St. Theodora of Thessalonike, his two exegetical treatises on Ezechiel, his treatise *De usura,* and three letters), the Synodal Tome of 1351, the treatise of David Disypatos on the controversy between Barlaam and Palamas addressed to the empress Anna, and extracts from the antirrhetical orations against Gregoras of Philotheos Kokkinos. In addition to certain extracts from Kantakouzenos' treatise *Contra Argyrum,* the manuscript preserves some passages from the emperor's correspondence with the Latin patriarch of Constantinople, Paul.

The passages from Kantakouzenos' treatise *Contra Argyrum* are preserved in this manuscript under the title Τοῦ αὐτοῦ ἀπὸ τῶν κεφαλαίων, τῶν πρὸς τὸν μοναχὸν Ἰσαὰκ τὸν Ἀργυρόν, κα (in margine). Since half of f. 392ᵛ has been left blank together with two other folios, one must surmise that the scribe intended to copy more passages from Kantakouzenos' treatise. The passages preserved by T are the following:

a. f. 388ʳ⁻ᵛ: 2, 1/14 (Αὐτίκα τοίνυν – πληροῦν τὴν κτίσιν. Instead of 2, 1/3 Αὐτίκα – ὁ μέγας Βασίλειος, T has Περὶ τῶν ἑπτὰ πνευμάτων, ἤτοι τῶν θείων ἐνεργειῶν τοῦ παναγίου Πνεύματος, ἅπερ οἱ ἀντιλέγοντες τῇ ἐκκλησίᾳ κτίσματα φασὶν εἶναι, αὐτίκα τοίνυν ὁ μέγας Βασίλειος. In 2, 11 T, like B, omits αὐτοῦ).

b. f. 388ᵛ: 4, 1/9 (Καὶ ὁ μέγας – Παῦλος εἴρηκε. In 4, 1 δ'αὖ is omitted by T).

c. f. 388ᵛ: 5, 1/15 (Εἰ δὲ καὶ ἐν ἄλλοις – ἐκλάμπονται. In 5, 5/6 the phrase παραδειγματικῶς εἰρημένον is omitted).

d. f. 388ᵛ-389: 6, 5/10 (Πνεῦμα Χριστοῦ – κατὰ τὴν δύναμιν) and 6, 28-45 (καὶ φασί – ἐπιστηρίζεσθε. The whole passage is preserved with major alterations as follows: Ἀλλ'ὡς αὐτοὶ λέγουσι συνηγοροῦντας κεκτημένοι Γρηγόριόν τε καὶ Κύριλλον τοὺς θεολόγους, ὧν ὁ μέν, τὰς ἐνεργείας δηλαδὴ ταύτας ἀπαριθμῶν φησί, «Πνεῦμα Χριστοῦ, νοῦς Χριστοῦ, πνεῦμα Κυρίου αὐτοκύριος, πνεῦμα υἱοθεσίας, ἀληθείας, ἐλευθερίας, πνεῦμα σοφίας, συνέσεως, βουλῆς, ἰσχύος, γνώσεως, εὐσεβείας φόβου Θεοῦ. Καὶ γὰρ ποιητικὸν τούτων

*der Handschriften und Inkunabelsammlung der Österreichischen Nationalbibliothek,* Wien, 1981, p. 227-229, and H. HUNGER, *Katalog der griechischen Handschriften der Österreichischen Nationalbibliothek,* III/3, Wien, 1992, p. 44-45.

ἀπάντων, πάντα τῇ οὐσίᾳ πληροῦν, πάντα συνέχον, πλη-
ρωτικὸν κόσμου, κατὰ τὴν οὐσίαν, ἀχώρητον κόσμῳ κατὰ
τὴν δύναμιν», ὃ δ' αὖ δημιουργικῶς ἐκπορεύεσθαι λέγει
τὰς εἰρημένας ἐκ τοῦ Πνεύματος ἐνεργείας, διὰ ταύτας δὴ
τὰς φωνὰς τὴν ποιητικὸν εἶναι τούτων ἀπάντων λέγουσαν
καὶ τὴν δημιουργικῶς ἐκπορεύεσθαι, κτίσματα τὰς θείας
ταύτας ἐνεργείας ἀνυποστόλως οἴονται. Τὸ μὲν οὖν τὰς ἔτι
περιοῦσι τισὶ τῶν ἀξίων διδομένας ὁτὲ ἐκ μέρους δωρεὰς
κτιστὰς ὑπάρχειν, ἐγὼ μέν, οὔτ' ἀμφιβάλλω, καὶ συμφαίην
ἂν τοῖς λέγειν ἐθέλουσιν. Τὸ δὲ τὰ ἐπαναπεπαυμένα τῷ Χρι-
στῷ ἑπτὰ πνεύματα, ἅπερ αὐτὸ τοῦθ' ὑπάρχει τὸ πανάγιον
Πνεῦμα, ὡς οἱ θεολόγοι τρανῶς δογματίζουσι, κτίσματα
ταῦτ' οἴεσθαι, πολλῆς οἶμαι τουτὶ γέμον ἀνοίας τυγχάνειν).

e.  f. 389-390ᵛ: 7, 4 – 8, 36 Ἄγε δὴ – τῆς καρδίας μου σύνεσιν.
    Instead of 7, 4/5 Ἄγε δὴ – ἐπακούσωμεν T has Αὐτίκα γὰρ
    καὶ ὁ θεῖος Κύριλλος οὕτω φησίν. The phrase 7, 7/11 Πῶς οὖν
    ἂν – διαγορεύει θεολογία is omitted by T. In 7, 21 instead of
    ποιουμένης T has πεποιημένης. After ποικιλλομένης (7, 28)
    the phrase τῶν δὲ πολλῶν τὴν αὐτῆς ἀγνοούντων δύναμιν
    καὶ ματαίαις ἐντεῦθεν δόξαις καὶ κατ' ἄλλα μὲν πλεῖστα πε-
    ριπιπτόντων, μάλιστα δὲ τοῦτο πασχόντων ἐν τοῖς ἔχουσιν
    τὴν αὐτὴν ἐκφώνησιν is added by T, which is also found in
    B. In 8, 6 after δωρεῶν T gives another version of the text of
    Kantakouzenos: δωρεῶν τῶν ἀποτελεσμάτων εἰπεῖν. Τό τε
    γὰρ λαλεῖν γλώσσαις, καὶ τὸ διὰ μετανοίας τὴν ἀρετὴν ἐκ
    κακίας μεταβαλεῖν, ἥ τε θεραπεία τοῦ παραλύτου, καὶ τοῦ
    ἐκ γενετῆς τὰς ὄψεις πεπηρωμένου, ἔτι γε μὴν καὶ τὸ περὶ
    τὸν Ζακχαῖον πραχθέν, ταῦτα δὴ πάντα χαρίσματα πεφυκό-
    τα, πόρρω τοῦ τελεῖν ἄκτιστα παντάπασιν ἔστηκεν. Ἀκού-
    σωμεν οὖν εἴ γε δοκεῖ καί τι τοῖς θεολόγοις περὶ τούτων δο-
    κεῖ. Ὁ μέγας τοιγαροῦν Βασίλειος ἐν τῇ τῆς Πεντηκοστῆς
    ἑορτῇ ... The revised text is similar to the text as preserved by
    manuscript B. The only difference is that B omits the passage
    of Basil altogether, quoting the passage of John Chrysostom
    (8, 18) after παραστῆσαι (8, 7) instead.

f.  f. 390ᵛ: 10, 1/3 (Ἔτι ὁ Θεὸς – πνεῦμα καινόν), 10, 10/14
    [Ταῦτα τοίνυν – συγκυκᾶν. Instead of καθ' ὑμᾶς (10, 13), T
    has κατὰ τοὺς ἐναντίους], 10, 20/31 [Ταύτῃ – τοῦ ἀνθρώ-
    που. Intstead of Ταύτῃ καὶ γὰρ ὑμεῖς (10, 20/21), T has Ἄλ-
    λως τ'].

g.  f. 390ᵛ-391ᵛ: 13, 6/13 (Ὅταν ὁ προφήτης – κακουργεῖν βού-
    λοιτο. T adds a Καὶ before Ὅταν in 13, 6), 13, 23 –15, 18 (ὁ
    μέγιστος Ἀθανάσιος – σκιώδους νόμου. Instead of 13, 23/24
    ὁ μέγιστος Ἀθανάσιος. Ἐν γὰρ τῷ, T has Αὐτίκα γὰρ ὁ μέ-
    γιστος Ἀθανάσιος ἐν τῷ. T omits 13, 30/32 Καὶ ταύτην –

κτισμάτων λέγοντες. In 14, 7/8 T has Ἰδοὺ τοίνυν instead of Ἀκηκόατε – λογισταί, ὅτι. In 14, 13/14 instead of ἥ τε θεία – διαγορεύει, T has ἡ θεία γραφὴ διαγορεύει. Instead of 15, 1/3 Εἰ δ'οὐκ ἀρκεῖ – Ὁ γὰρ ἠγαπημένος, T has Δεί-κνυσι τοῦτο σαφῶς καὶ ὁ ἠγαπημένος. In 15, 14 after γεγεν-νημένον, T inserts Ἐκεῖνος μὲν γὰρ ἅπαν ἔσχε τὸ πλήρωμα, μέρους δ'ἡμεῖς ἐξ αὐτοῦ καὶ χάριν ἀντὶ χάριτος, τουτέστιν ἀντὶ τοῦ σκιώδους νόμου, ὃς καὶ αὐτὸς χάρις πέφυκε, τὴν τοῦ εὐαγγελίου χάριν ἐλάβομεν, ἥτις καὶ ἀλήθεια ἐστί τε καὶ λέγεται. This passage appears in B as well).

h. f. 391ᵛ-392ᵛ: 18, 1 – 20, 4 (Ἐπὶ πᾶσι δὲ – ἀνορύξας ὀφθαλ-μούς). Instead of Ἐπὶ (18, 1) T has Πρός. T also omits the phrase εἰ καὶ κτιστὰς – ἐνεργείας, 18, 8-10).


It is evident that T offers a text closely related to the text as preserved by manuscript B. However, it is rather difficult to deter-mine the stemmatic relationship of T with the other manuscripts, since T preserves only a minor section of the text, and the possi-bility that the excerptor made certain alterations to it cannot be excluded. I do not think that T was copied from B, since T quotes a passage of St. Basil (8, 6 sqq.) not preserved by B. T seems to be derived from a lost exemplary of the revision undertaken by Kan-takouzenos himself after the original composition of his treatise *Contra Argyrum*. It seems almost beyond doubt to me that this lost exemplary was done on the basis of A.

*Athonensis, Iveron* 388, paper, XVI c., f. 981, the so-called *Okeanos*. The extracts of the treatise of Kantakouzenos are pre-served in f. 739-741. It is a copy of T (*Vindobonensis theologicus graecus* 210). [36]

*Atheniensis Kolybas* 48, paper, XIX c., a copy of E (*Parisinus gr.* 1242). [37]

The stemma of the three main manuscripts may be constructed as follows:

---

(36) S. P. Lampros, *Catalogue of the Greek Manuscripts on Mount Athos*, II, Cambridge 1900, p. 133. See also Tinnefeld, *Cantacuzeni*, p. LXXVII and P. Pseftongas, *Le codex 388 du Monastère Iviron, dit Ὠκεανός*, in *Cy-rillomethodianum* 5 (1981), p. 135-145.

(37) Tinnefeld, *Cantacuzeni*, p. XII, n. 4.

Both E and B seem to derive from A: in two places (109, 50 and 127, 32) a fenestra in A is reproduced by both E and B. Although E has unique mistakes not shared with any other manuscript, (see, e.g., 4, 6 πνεῦμα cett.: πνεύματος E, 34, 9 ἡνίκα cett.: ἰνίκα E, 36, 17 τῷ πυρὶ cett.: τὸ πυρὶ E, 55, 30-31 Ἀλλὰ μὴν – συγκληρονόμοι om. E), there is a mistake on 25, 51/52 which also proves that E is a copy of A. A, which had initially written ἐκχυνόμενον, subsequently corrected it to ἐκκεχυμένον. E, not distinguishing between the earlier reading of A and its correction, wrote ἐκκεχυνόμενον, which is obviously erroneous. B has several corrections that modify the text substantially. It is almost certain that these corrections are due to Kantakouzenos himself, who wished to clarify his positions; it is impossible to imagine someone else intervening so drastically in someone else's text. One must also take into consideration that B was written by Manuel Tzykandeles, a scribe who had been commissioned by Kantakouzenos to copy some of his other works, as we have already pointed out. It is also certain that B was written after A, as will be demonstrated below through the analysis of Kantakouzenos' theological positions.

### b. The theological positions of Kantakouzenos in his treatise against Argyros

The treatise of Kantakouzenos, *Contra Argyrum*, has a clear and easily discernible structure. In ch. 41 Kantakouzenos writes that Argyros and his collaborators deny three things: that the seven spirits referred to by Isaiah are uncreated, that the grace of God is uncreated, and that men receive the gifts of God in an immediate manner. Ch. 1-12 deal with Argyros' view that the spirits referred to by Isaiah are created. Kantakouzenos examines certain patristic passages that may be interpreted as evidence that men do indeed receive certain created gifts from God. Ch. 13-26 deal with the problem of the application of the verbs "to create" or "to produce" to the uncreated energies of God by certain church Fathers and to the misunderstandings caused by them; Kantakouzenos wants to prove that the spirits referred to by Isaiah are uncreated. Ch. 28-40 examine the question whether the grace bestowed upon men by God is uncreated or not. Ch. 41-91 examine whether men receive the grace of God in an immediate manner or through certain created images of the divinity. Kantakouzenos takes the opportunity to delve into further detail on the distinction between God's essence and His energies. Ch. 92-170 leave aside the questions posed by Argyros and proceed to an investigation of the true nature of the light of Christ's face seen by the three disciples during His Transfiguration on Mount Tabor. According to Kantakouzenos, this necessity had arisen because of the recent appearance of a huge anti-Palamite book full of blasphemies against the light. After proving that the light is truly divine and uncreated (ch. 92-106), Kantakouzenos argues that the light was not a mere miracle of Christ (ch. 107-110), that it was not a created symbol of His divinity (ch. 111-117), and that it was not identical to the light of Adam's body in paradise (ch. 118-133). He then quotes certain patristic passages that clarify the nature of the light of Tabor (ch. 134-170).

As Argyros himself seems to imply in his treatise *De quattuor modis participationis Dei*, Kantakouzenos attempted to find a compromise between the intransigent Palamite position regarding God's uncreated energies and the anti-Palamite objections by maintaining that only the seven spirits alluded to by Isaiah are truly uncreated, while all other divine activities are created. This is confirmed in part by Kantakouzenos' treatise, *Contra Argyrum*, which admittedly tries to water down the rigidity of the Palamite distinction, although Kantakouzenos does not state explicitly that only the spirits referred to by Isaiah are uncreated. In ch. 6 of this treatise Kantakouzenos expounds his view that the Holy Fathers do not always make a clear distinction between the uncreated energies of the Spirit and the created gifts bestowed upon men by God. In ch. 8, 9 and 10 Kantakouzenos discusses certain passages from the scripture and the Fathers that refer to these created gifts of the Holy Spirit.

In spite of this, Kantakouzenos subsequently revisited and partly revised his own positions during the reworking of his treatise *Contra Argyrum*. Its results are reflected in manuscript 347 of the Vatopedi monastery: long passages that clarify Kantakouzenos' original positions have been inserted into the text. For example, in ch. 10 a long passage has been inserted in which Kantakouzenos clarifies that the Holy Spirit has both created gifts and uncreated energies, which are natural to Him. He makes clear that not only are the created gifts bestowed upon men by the Holy Spirit, but his uncreated energies are as well, provided that men prove themselves worthy of receiving them. Kantakouzenos seems to be wary of the misunderstandings potentially caused among his Palamite followers by his original admittance that there are created gifts of the Holy Spirit, a position not frequently held by his like-minded friends, though not totally foreign to the teachings of their master. We must also keep in mind that Argyros presented this very position of Kantakouzenos as a withdrawal from the more orthodox Palamite position.

As far as Kantakouzenos' other positions as expounded in his treatise *Contra Argyrum* are concerned, one must admit that the former emperor is a rather mediocre theologian. He quotes several patristic passages favorable to the Palamite position but lets them speak for themselves, offering little comment himself. He employed the same method in his treatise refuted by the anonymous author of MS *Vaticanus gr.* 1096 and in his extensive refutations of Prochoros Kydones. Kantakouzenos carefully exposes the positions of Palamas, taking care not to deviate from the official doctrine of the Byzantine church. We cannot be sure about his personal motives. Was he really interested in a reconciliation with the anti-Palamites in order to heal the church schism of 1341 for which he himself was responsible? If this was the reasoning behind his admission that there are created gifts of the Holy Spirit both in his private discussions with Isaac Argyros and in his treatise against him, then his purpose was not fulfilled. The anti-Palamites expected from him a wholesale denial of the Palamite distinction between God's essence and His uncreated energies, bestowed upon men even in this life.

### c. The purpose of John Kantakouzenos' treatise Contra Argyrum

It is evident that Kantakouzenos does not respond to all the arguments employed by Argyros in his treatise *De quattuor modis participationis Dei*, although he seems to reproduce some informal discussions he had had with Argyros himself. Certain arguments employed by Argyros are encountered in Kantakouzenos' treatise. For example, in ch. 58 he refutes Argyros' view that the incarnation of Christ is totally different from man's union with God, a view expounded by Argyros in ch. 3 of his treatise *De quattuor modis participationis Dei*. However, Kantakouzenos seems unaware of the existence of this treatise of Argyros. On the other hand, Kantakouzenos makes a clear reference to a book recently published by his opponents:

Ἐπειδὴ γὰρ ὑμῖν, τοῖς τῇ ἐκκλησίᾳ καὶ τοῖς ὀρθοῖς πολεμοῦσι δόγμασι βιβλίον πεποίηται μεστὸν βλασφημίας, ἐν ᾧ ψεῦδος μὲν ἅπαν καὶ ὕβρις κατὰ τῶν ὀρθῶν τῆς ἀληθείας θεραπευτῶν, σκαιώρημα δὲ πρὸς τὴν τῶν ὀρθῶν δογμάτων διαστροφὴν καὶ τέχνασμα πᾶν ἐνέσπαρται, παραλέλειπται δὲ οὐδὲν τῶν ὅσα τὴν κατὰ τῆς ἐκκλησίας ἀγνωμοσύνην καὶ μάχην παριστᾶν ἔχει, καθά που καὶ πάντες οἱ τὴν ἀλήθειαν ζητοῦντες ἐπιμελῶς εἴσονται, πάντα μὲν ὁπόσα γε ὑμῖν μετὰ τῶν ἄλλων καὶ κατὰ τοῦ θείου φωτὸς βεβλασφήμηται πειρᾶσθαι νῦν διελέγχειν, ἄωρον ἂν εἴη πρὸς τὴν ὁρμὴν τοῦ νυνὶ λόγου, λελέξεται δ'ὅμως, εἰς ὅσον οἷόν τε περὶ αὐτοῦ (ch. 92, 8-20).

Kantakouzenos says that he will refute some of the main theses of this book, since he does not have enough time to refute it in its entirety. This may be an indication that his wish was to write a more extensive treatise on it later on. To which book is Kantakouzenos referring? It is noteworthy that while he does not mention the name of the author, he does not seem to have in mind any of the anti-Palamite treatises of the earlier generation (i.e. those of Gregory Akindynos and Nikephoros Gregoras). The impression one gets from reading this passage is that the anti-Palamite book was an extensive work, which employed all the arguments of Palamas' opponents in order to reveal the fallacies of his theories. There is a possibility that Kantakouzenos had in mind the extensive, unpublished treatise of John Kyparissiotes, *Contra Palamitas*, a monumental work, which has still not been published in its entirety, ([38]) and of which he himself composed an extensive refutation later on that likewise remains unpublished. Let us see how Kantakouzenos refers to the book of John Kyparissiotes in his unpublished refutation, *Contra Cyparissiotam*, preserved in a single manuscript, *Laurentianus Plut. VIII, 8*:

ἀλλὰ σκαιοί τινες ὄντες καὶ βδελυρίας μεστοὶ καὶ νηπίων χείρους, οὐδὲ παθόντες, νοῦν κατὰ τὴν παροιμίαν λαμβάνουσι. Τῆς γὰρ μυθικῆς καρατομουμένης ὕδρας, χείρους τε καὶ πλείους, ἀνεφύοντο κεφαλαί. Ἀμιλλώμενοι γὰρ ὥσπερ ἕκαστος τὸν πρὸ αὐτοῦ ὑπερβάλλειν ἐν ἀσεβείᾳ καὶ ὕβρεσιν ἀθρόοι πάντες

---

(38) See the recent work of Pyrillou, *Κυπαρισσιώτης*, p. 61-67.

οἱ νῦν ὑπολελειμμένοι συγγεγονότες, ἡ συναγωγὴ ὄντως τοῦ
σατανᾶ, βιβλίον τι συνέταξαν, ἕκαστος τὸ ἑαυτοῦ ἀσέβημα
συνεισενεγκόντες, θηρίον ὡς ἄν τις εἴποι, ποικιλόμορφον, καὶ
τῆς μυθευομένης Χιμαίρας, τερατωδέστερον, διϊσχυρίζονται
δ'ἐν αὐτῷ, ὡς οὐδέν τι τῶν τοῦ Βαρλαὰμ καὶ Ἀκινδύνου φασίν,
ἀλλ'ἕτερ'ἄττα παρὰ τὰ τούτων. (³⁹)

There is a resemblance between the two references of Kantak-
ouzenos: both works are rather extensive, being collections of all
the anti-Palamite arguments. Remarkably, in both cases Kantak-
ouzenos seems to imply that the books were produced through
the collaboration of several anti-Palamites. Can the book Kan-
takouzenos refers to in his treatise *Contra Argyrum* be identified
with the extensive treatise *Contra Palamitas* written by Kyparis-
siotes and refuted by the emperor at a later stage?

In order to answer this question, we must compare the argu-
mentation of Kantakouzenos as presented in his treatise *Contra
Argyrum* with the argumentation of the treatise of Kyparissiotes,
*Contra Palamitas,* and with Kantakouzenos' own arguments as
employed in his unpublished work *Contra Cyparissiotam*. It is an
undeniable fact that most arguments employed by both Palamites
and anti-Palamites are the same, therefore it is a bit tenuous to
conclude from the recycling of certain arguments employed in the
two treatises that there is a direct dependency of the first trea-
tise on the second. It has been pointed out already that Kantak-
ouzenos' *Contra Argyrum* and his unpublished treatise *Contra
Cyparissiotam* overlap at numerous points. (⁴⁰) It seems to me
that in the second part of his treatise *Contra Argyrum*, Kantak-
ouzenos has in mind several arguments of Kyparissiotes' treatise
*Contra Palamitas*, each one of which he carefully refutes. Kan-
takouzenos primarily answers three of Kyparissiotes' arguments,
namely that the light of the Transfiguration was identical to the
light of Adam's body before his exile from paradise, that the light
of Tabor was a symbol of the divinity, and that it was a mere
miracle like the other miracles of Christ. Let us examine them
more closely.

---

(39) Cod. *Laurentianus Plut.* VIII, 8, f. 11.

(40) See the unpublished thesis of G. Bagavos, Ἰωάννης Στ' ὁ Καντα-
κουζηνός, τὸ θεολογικό του ἔργο. Διδακτορικὴ διατριβή, Thessalonike,
2008, p. 64-65.

Focusing on the theories expounded by his opponents in their huge book, Kantakouzenos makes the following remarks in his *Contra Argyrum*:

> Καὶ γὰρ οἱ μὲν ὑμῶν, ὥς που καὶ τῶν ὑπὲρ τούτου λόγων ἁπτόμενος εἶπον, φάσμα καλεῖτε τὸ φῶς τῆς τοῦ Κυρίου μεταμορφώσεως, καὶ ἴνδαλμα καὶ παραπέτασμα, γεγονὸς καὶ αὖθις λυθέν, οἱ δὲ κατώτερον καὶ χεῖρον νοός, ἕτεροι δέ, σύμβολον, ἢ ἓν τῶν θαυμάτων, ἄλλοι δ' αὖ, τοῦ ἀνθρωπίνου τοῦτ' εἶναι φατὲ τοῦ Χριστοῦ (ch. 107, 10-16).

Kantakouzenos pays no attention to those who argue that the light is a phantom, an appearance and a curtain, and proceeds to the refutation of those who believe the light to be either a miracle, the light of Adam's body, or a symbol. This is not by accident: Kyparissiotes, in his book *Contra Palamitas,* rejects those who argue that the light of Tabor was a phantom, an appearance, and a curtain. Kantakouzenos admits that his opponents no longer use these dubious terms: τὸ φάσμα τοῦτο λέγειν ἴνδαλμά τε καὶ παραπέτασμα τολμᾶτε διαγράφειν, κτίσμα δὲ μόνον λέγειν οὐκ ἀπαναίνεσθε. ([41])

The main theory of both Argyros and Kyparissiotes was that the light of the body of Christ, i.e. His glory seen by His three disciples during the Transfiguration, was identical to the glory of Adam's body before his exile from paradise. Kantakouzenos discusses this matter extensively in both the *Contra Argyrum* and the *Contra Cyparissiotam*, employing identical arguments in both cases: Adam was not created with a glorious body; if Adam had been created with a glorious body, God would not have taken this glory from Adam, because He did not deprive even the Evil One of his privileges after his fall. This is what he writes in his treatise *Contra Argyrum*:

> πάνθ' ἁπλῶς ὡς ἐκτίσθη καὶ διαμένει, τοὺς ὅρους τηροῦντα καὶ τὴν τάξιν, ἐν οἷς τοκαταρχὰς ἕκαστα τούτων διατέτακται καὶ κεκόσμηται, ὑπὸ τῆς αὐτὰ παραγαγούσης καὶ πηξάσης φύσεως καὶ προνοίας. Οὐ γὰρ προαιρέσει καὶ αὐτεξουσιότητι κέχρηνται, ἵνά ποτε καὶ σφαλῶσιν ὡς ὁ διάβολος καὶ ὁ ἄνθρωπος, ἀλλ' ὅσα λαμπρὰ παρῆκται, τὴν φύσιν μέχρι δεῦρο τηρεῖ, ὅσα δὲ μὴ τοιαῦτα, καὶ ταῦθ' ὁμοίως οὐ παραβαίνει τοὺς ὅρους. Ἐπεὶ τοίνυν μεταβέβληται μὲν οὐδέν, πάντα δ' ὡς ἐκτίσθη

---

(41) Cod. *Laurentianus Plut.* VIII, 8, f. 297.

καὶ διαμένει, οὐδὲ τὸ σῶμα τοῦ Ἀδὰμ λαμπρὸν ἄρα καθ'ὑμᾶς ἐκτίσθη. ... Οὔτε γὰρ μετεμέλησέ ποτε τῷ Θεῷ τῶν δώρων ἃ δέδωκεν ἁπάσῃ τῇ κτίσει, καὶ τῶν ὑπ'αὐτοῦ παρηγμένων, ἓν οὐδὲν φθορὰν ὑποστήσεται κατ'αὐτό γε τοῦτο, τὸ οὐσία καὶ φύσις εἶναι, ἀλλὰ τῇ ἐλλείψει τῆς κατὰ φύσιν τάξεως, ὁ τῆς ἁρμονίας καὶ συμμετρίας λόγος, ἀσθενεῖ μένειν ὡσαύτως ἔχων. Δεῖγμα δέ, τὰ μείζω πάντων ὁ διάβολος πεπλημμεληκώς, ὅμως οὐδὲν τῶν δεδομένων αὐτῷ χαρισμάτων ἀπέβαλε, μένει δὲ εἰσέτι καὶ κατεπαρθεὶς τοῦ πεποιηκότος, ὁ αὐτὸς κατά γε τὴν φύσιν, ὁποῖος ἦν πρὶν πεσεῖν, ἄγγελος ἀσώματος, ἀκάμας, νοῦς, εἰ καὶ ἠλογημένος διὰ τὸν τρόπον (ch. 119, 12-120, 15).

He employs the same argument in his treatise *Contra Cyparissiotam*:

εἰ τὸ φῶς τυγχάνον ἐν τῷ Ἀδὰμ ἐκεκάλυπτο, ὥσπερ ὁ ἥλιος ἀχλὺν ἕλκει, τῆς σελήνης ὑποδραμούσης αὐτόν, ἡ δὲ σελήνη, τῆς σκιᾶς τῆς γῆς ἐπιπροσθησάσης, ἀνάγκη λέγειν καὶ τὴν ἀθανασίαν μετὰ τὴν παράβασιν ἔχειν αὐτόν, ὡς τὸ φῶς καὶ τὴν ἀφθαρσίαν, συγκεκρύφθαι δὲ ταῦθ'ὑπὸ τῆς ἁμαρτίας καὶ ἐζοφῶσθαι ... ἦν οὖν τοῦ αὐτεξουσίου τὸ πεπλημμεληκέναι, ἀλλ'οὐ τῆς φύσεως. ([42]) Τὰ ταύτης γὰρ ἀμετάβλητα.

Later on, in his treatise *Contra Cyparissiotam* Kantakouzenos remarks:

Εἰ οὖν ἐν τῷ διαβόλῳ τὸ φυσικὸν ὅλως οὐκ ἠλλοίωται φῶς, πῶς τοῦθ'ὁ Ἀδὰμ ἔχων, ἀπέβαλλεν ἄν; Οὐ γὰρ δὴ μείζω φαίημεν αὐτόν, καὶ τῶν δαιμόνων ἡμαρτηκέναι. Πανταχόθεν οὐκοῦν μάταιον ἀποδείκνυται τὴν τοσαύτην ὑμῖν ὑπάρχειν ἀδολεσχίαν, καὶ τὸ ἐν τῷ τοῦ Κυρίου προσώπῳ λάμψαν φῶς, προθυμεῖσθαι δεῖξαι τοῦ Ἀδὰμ εἶναι μέν, διὰ δὲ τὴν ἁμαρτίαν ὀλέσθαι. ([43])

In *Contra Argyrum* Kantakouzenos, while discussing a relevant passage of Maximus from his *Centuries*, points out that by arguing that Christ appeared to those immature as a servant, the saint did not mean to say that the light of Tabor was a creature, since he added that Christ appeared to those following Him to the mountain of His Transfiguration in the shape He had before the creation of the world:

---

(42) Ibid., f. 231.
(43) Ibid., f. 258.

Ταῦτα δ'εἰπών, οὐ μέχρι τούτων τὸν λόγον ἔστησεν, ἀλλὰ τὰ
ὑμῶν ἄντικρυς στόματα θέλων ἐμφράξαι τῶν τῷ θείῳ πολε-
μούντων φωτί, ἐπήγαγε μετὰ τό, ἐν μορφῇ Θεοῦ φᾶναι, τό, ἐν
ᾗ μορφῇ δηλαδὴ ὑπῆρχε πρὸ τοῦ τὸν κόσμον εἶναι. Εἰ οὖν κτί-
σμα λέγειν τις βούλοιτο τὴν πρὸ τοῦ, τὸν κόσμον οὖσαν, καὶ
φανεῖσαν ἐν τῷ τοῦ Κυρίου προσώπῳ μορφὴν Θεοῦ, λεγέτω
μέν, τὸ δὲ τῆς ἀτοπίας ὑπερφυές, οἱ βουλόμενοι συνοράτωσαν
(ch. 117, 11-19).

In his treatise *Contra Cyparissiotam*, Kantakouzenos returns to
this very passage of Maximus:

Εἰ οὖν ὡς ὑμῖν δοκεῖ τοῦ Ἀδὰμ ὑπῆρχε τὸ φῶς ἐκεῖνο, πῶς πρὸ
τοῦ τὸν κόσμον ὑπῆρχεν εἶναι; Τοιοῦτον γὰρ ὁ θειότατος Μάξι-
μος τὸ θεῖον εἶναι φῶς φησι τῆς μεταμορφώσεως. [44]

Discussing in his work *Contra Argyrum* the theory that the
light of Christ was the same as that of Adam's body, Kantakou-
zenos examines a passage of Anastasius of Antioch, according to
which the form of God was hidden under the form of the servant.
Kantakouzenos asks:

Ἄκουε γάρ. Τότε φησὶ τὴν θείαν μορφήν, μορφῇ δούλου μετα-
μορφωθεὶς περιεκάλυψε. Τότε. Πότε; Ὅτε συνελήφθη ἐν τῇ
τῆς παναγίας μητρὸς αὐτοῦ καθαρωτάτῃ γαστρί, τότε περιε-
κάλυψεν ἡ σὰρξ τὴν θείαν μορφήν (ch. 147, 15-18).

The same argument is employed by Kantakouzenos in his trea-
tise *Contra Cyparissiotam*:

Τότε. Πότε; Ἡνίκα φησὶν ἐκ τῶν ἀχράντων καὶ παρθενικῶν
αἱμάτων τὴν ἡμετέραν σάρκα προσείληφε, τηνικαῦτα διὰ τοῦ
θεαρχικοῦ ἐκείνου καὶ ζωηρρύτου σώματος, μορφὴν τὴν θείαν
περιεκάλυψε. [45]

Discussing another passage of Anastasius employed by Argy-
ros in order to prove his theory about the body of Adam in his
*Contra Argyrum*, Kantakouzenos argues that the fact that Christ
points to the radiance of His face with His own finger, which is
identical to the Holy Spirit, is proof that this radiance also be-
longs to the Spirit:

---

(44) Ibid., f. 303ᵛ.
(45) Ibid., f. 234ᵛ.

Ὅτι δὲ δάκτυλον Θεοῦ τὸ Πνεῦμα τὸ ἅγιον ὁ Χριστὸς εἶπεν, αὐτὸς ἡμᾶς διδάσκει, λέγων ἐν ἄλλοις, Εἰ δὲ ἐγὼ ἐν Πνεύματι Θεοῦ ἐκβάλλω τὰ δαιμόνια. Οὐκοῦν τὸ ἐπιθεῖναι τὸν Χριστὸν τὸν ἴδιον ἐπὶ τοῦ προσώπου δάκτυλον τὸν θεῖον εἰπεῖν Ἀναστάσιον, σαφὴς τῶν λεγόντων ἔλεγχος, μὴ τῆς τοῦ Χριστοῦ θεότητος, ἀλλὰ τοῦ ἀνθρωπίνου τὸ φῶς ὑπάρχειν (ch. 133, 35-41).

Kantakouzenos repeats this argument in his treatise *Contra Cyparissiotam*:

Ἆρ'οὖν οὐκ ἐναργῶς ὁ θεῖος οὗτος λέγων ἐστίν, ὅτι τῆς θεότητος, καὶ οὐ τοῦ ἀνθρωπίνου τὸ φῶς ὑπῆρχε; Τεκμήριον δέ, τό, τὸν ἄχραντον δάκτυλον εἰπεῖν αὐτόν, ἐπὶ τοῦ ἰδίου προσώπου θεῖναι. Τίς γὰρ ἄν ποθ'ἕτερον ὁ ἄχραντος εἴη δάκτυλος, εἰ μὴ ἡ ἐνέργεια τοῦ Πνεύματος κατὰ τὴν τοῦ Κυρίου φωνήν; Ὅταν γὰρ Εἰ δὲ ἐγὼ φησίν ἐν δακτύλῳ Θεοῦ ἐκβάλλω τὰ δαιμόνια, οὐδέν, ἀλλ'ἢ τὸ θεῖον Πνεῦμα φησίν. [46]

Maximus the Confessor calls the light of the Transfiguration a symbol of Christ's divine nature, adding that due to this, Satan did not realize Christ was God. Most anti-Palamites cited the relevant passages of Maximus to prove that Christ's divinity was distinct from the light of the Transfiguration, the latter a mere creature which confused Satan. In his *Contra Argyrum,* Kantakouzenos answers that this is not the meaning of Maximus' passage; the saint was simply saying that Satan did not believe the light of Tabor to be divine and uncreated:

Ὁ δὲ λέγει, τοιοῦτόν ἐστι, τὸ ἐν τῷ προσώπῳ τοῦ Χριστοῦ λάμψαν φῶς ἑωρακὼς ὁ διάβολος καὶ πρῶτον τί ποτ'ἐστὶ τὸ φανὲν ζητήσας καὶ ἠπορηκώς, εἰς μνήμην ἦκεν ἔπειτα, τῆς τοῦ Μωσαϊκοῦ προσώπου λαμπρότητος. Ὅθεν οὕτω λελαμπρύνθαι καὶ τὸν Χριστόν, καὶ τοιοῦτον κατ'ἐκεῖνον ἄνθρωπον δηλονότι ψιλὸν οἰηθεὶς ὑπάρχειν, τοῖς πᾶσιν ἠπάτηται. Τοῦτο οὖν ἐστι τὸ ὑπὸ τοῦ θείου λεχθὲν Μαξίμου, ὅτι Ἔλαθε τὸν διάβολον διὰ τῆς αἰσθητῶς κἀνταῦθα φανείσης λαμπρότητος. Οὐδὲ γὰρ συνῆκεν ὁ δείλαιος, ὡς ὑπὲρ πᾶσαν αἴσθησιν τὸ φῶς ἐκεῖνο τυγχάνει ὄν, ὅπερ αὐτὸς αἰσθητὸν ὑπείληφε (ch. 112, 15-26).

The same argument is repeated in *Contra Cyparissiotam*:

ἀνθρώπινον μὲν ὥσπερ ὑμεῖς ἐλογίζετο καὶ σωματικὸν ἐκεῖνος ὑπάρχειν τὸ φῶς, ἀλλ'ἐ<λε>λήθει τοῦτον ὡς τῆς ὑποστάσεως τοῦ Λόγου τοῦτ'ἦν, καὶ οὐ τοῦ σώματος φυσικόν. [47]

---

(46) Ibid., f. 235ᵛ.
(47) Ibid., f. 257ʳ⁻ᵛ.

In *Contra Argyrum* Kantakouzenos argues that Maximus the Confessor did not mean to imply by employing the term "symbol of divinity", that the light was different from Christ's divinity; the light of Tabor was a natural symbol of Christ's divinity, i.e. an integral part of it. The roar of a lion is its natural symbol, while the red tent of the emperor symbolizes the king in a different manner:

Ἑτέρων μὲν οὖν ἕτερα σύμβολα πεφυκέναι, καὶ πάνυ φημί, ὡς ἡ ἐρυθρὰ τὲ σκηνὴ τὸν βασιλέα, καὶ ἡ σημαία τὸν ἄρχοντα, καὶ τὸν πόλεμον ἡ σάλπιγξ, τὸ ἐνυάλιον ἠχήσασα, καὶ ἀργίαν τὸ ἀνακλητικὸν προσημαίνουσα. Ἀλλ' ἔστι παρὰ ταῦτα, καὶ σύμβολον ἄλλον φυσικὸν δηλαδὴ τινὸς καὶ ἀχώριστον, οἷον, ὁ μὲν τῶν λεόντων βρυχηθμὸς καὶ τῶν δρακόντων ὁ συριγμός, εἰ καὶ ἀφανεῖς τύχοιεν ὄντες, ἀλλ' ὁ μέν, τούτους, ὁ δ' ἐκείνους, καὶ μὴ ὁρωμένους ἐμήνυσε. ... Ὡς γὰρ ὁ τῶν εἰρημένων θηρῶν τῆς φωνῆς ἀκούσας, οὐκ ἂν ἐκείνοις συμπλακῆναι θελήσειεν, ἀνακράτος δὲ φεύγειν μᾶλλον, τὸ ἐκείνων φοβερὸν ἀναλογιζόμενος, καὶ ὡς οὐκ ἄν τις κατὰ μέσον ποτὲ τὸν ἡλιακὸν δίσκον τὸ ὄμμα στηρίξειεν (αὐτὸς γὰρ πρῶτον τὰς ὄψεις ἀμαυρωθήσεται), οὕτω κἀπὶ τῆς ἀφανοῦς κρυφιότητος (ch. 114,1 – 115, 8).

Kantakouzenos employs the same argument in *Contra Cyparissiotam*:

Ἔστι τοίνυν τῆς μὲν τοῦ βασιλέως ἐν ὁτῳοῦν χωρίῳ διατριβῆς, ἢ τῆς τῶν πολλῶν διαστολῆς, τὸ τῆς σκηνῆς ἐρυθρόν, ἢ τὸ ἐν τῇ ἁλουργίδι τῆς χροιᾶς ἰδιάζον, καὶ ἑτεράττα (sic) παραπλήσια τούτοις, ἅπερ οὐκ ἂν φυσικά ποτε λέγοιντο, ἀλλ' ὡς ἕτερον ἑτέρου. Ἔστι δ' αὖ σύμβολον ἐφόδου λέοντος, ἡ τούτου φωνὴ καὶ μὴ ὁρωμένου. Τῷ γὰρ αὐτῆς καταπληκτικῷ, τὴν ἐγγύς που τούτου συμβάλ<λ>ομεν ἵδρυσιν, ὁμοίως καὶ ἡ αὐγὴ τοῦ ἡλιακοῦ δίσκου σύμβολον ἔτι μὴ ὑπερκύψαντος τὸν ὁρίζοντα ... ὥσπερ γὰρ ὁ τοῦ βρυχηθμοῦ τοῦ λέοντος πόρρωθεν ἀκηκοώς, τὸ τῆς ἰσχύος συνῆκεν ὑπερφυές, καὶ τὴν πρὸς ἐκεῖνον καλῶς ποιῶν ἀπεδειλίασε συμπλοκήν, οὕτω κἀπὶ τοῦ θείου φωτὸς ἐκείνου, καὶ τῆς ὑπερουσίου κρυφιότητος. ([48])

Kantakouzenos refutes Argyros' view that the light of the Transfiguration was a mere miracle, similar to the other miracles performed by Christ. He states as much in *Contra Argyrum*:

_____

(48) Ibid., f. 261ᵛ.

Τὸ δὲ τῶν θαυμάτων ἓν καὶ τοῦτ'εἶναι λέγειν τῶν ἐνηργημέ-
νων ὑπὸ Χριστοῦ, μακρὰν ἑστάναι κομιδῇ νομίζω τῆς ἀληθεί-
ας. Οὐ γὰρ δὴ τοῖς θαύμασιν ἐκείνοις ἐνάριθμον εἶναι φήσω
ποτέ, τῇ ἀναβιώσει δηλαδὴ τῆς Ἰαείρου παιδός, καὶ τῷ τῶν
ἄρτων πληθυσμῷ, καὶ τῇ καθ'ὑγρῶν ὁδοιπορίᾳ τοῦ Κυρίου καὶ
σωτῆρος Χριστοῦ, ἀλλὰ θαῦμα μὲν δοκεῖ τοῖς θεολόγοις, οἳ
καὶ θαῦμα φασὶ θαύματος εἶναι μεῖζον καὶ ὑψηλότερον, ἐχρῆν
δὲ γινώσκειν ὑμᾶς, ὅτι θαῦμα πᾶν, πρὸς τοὺς θαυμάζοντας
ἡμᾶς ἔχει τὴν ἀναφοράν (ch. 109, 7-16).

Earlier on, Kantakouzenos had pointed out that not all mira-
cles were mere natural phenomena and that the Transfiguration
was a supernatural phenomenon, like other miracles of both old
and more recent times:

Αὐτίκα γάρ, τίνι τοὺς θείους ἀποστόλους φυσικῇ ὁδοιπορίᾳ
πρὸς τὴν ἀπὸ γῆς εἰς οὐρανοὺς ἐκδημίαν τῆς θεομήτορος ὁμα-
δὸν ἀπαντῆσαι φήσομεν, τοσοῦτο καὶ ταῦτα γε ἀλλήλων διε-
στηκότας, ὡς μὴ δ'ἐνεῖναι καλῶς τεκμήρασθαι; Πῶς δ'ὁ Ἀβ-
βακοὺμ ἐκ Παλαιστίνης εἰς Βαβυλῶνα, πρὸς Δανιὴλ ἥρπασται,
πῶς δὲ Φίλιππος ἀπὸ Κανδάκου, πρὸς Ἄζωτον, πῶς δ'οἱ ἐν
Ἐφέσῳ παῖδες, τὸν πολυετῆ καὶ μακρότατον ὕπνον ὕπνωττον;
Ἡλίας δέ, τίνι φυσικῇ τροφῇ ζῆν ἐς δεῦρο, καὶ συντηρεῖσθαι
καὶ ἥξειν πεπίστευται; Πάντως οὐδὲν τούτων κἂν πλεῖστα κά-
μοι τις κατὰ φύσιν εἴποι πεπράχθαι (ch. 106, 12-23).

Farther on in the same treatise, Kantakouzenos says that his
opponents maintained that by seeing the created light, the disci-
ples came to realize that God is hidden under the flesh:

Ἔτι κατασκευάζετε, ὡς ἐπείπερ ἐκ δυοῖν ὁ Χριστὸς ἦν συ-
γκείμενος φύσεων, καὶ διπλοῖς ὀφθαλμοῖς ἐγινώσκετο (τοῖς
μὲν γὰρ τοῦ σώματος, τὰ θαύματα καὶ τὸ σῶμα, τοῖς δὲ νοε-
ροῖς, ὁ ἐγκεκρυμμένος Θεὸς τῷ σώματι) (ch. 129, 3-7).

Here now is what Kantakouzenos writes in his treatise *Contra
Cyparissiotam*:

θαῦμα δ'εἶναι τὴν μεταμόρφωσιν δῆλον, πλὴν οὐχ ἥπερ ὑμῖν
νενόμισται πράγμασι κτιστοῖς ἀπεικάσαι βεβουλημένοις τὸ
θεῖον ἐκεῖνο φῶς, οἷον τῷ ἐν τῇ θαλάσσῃ περιπάτῳ, τῇ τε
τῶν ἀνέμων ἐπιτιμήσει, καὶ τῇ τῆς Ἰαείρου παιδὸς ἀναστά-
σει. Οἱ μὲν γὰρ ἐκεῖνα ὁρῶντες, κτιστὰ μὲν ἑώρων πράγματα
διὰ τῶν ὀμμάτων, ἄκτιστον δὲ τῷ νῷ Θεὸν κατελάμβανον, τὸ
δ'ἡμῖν παρ'οὐδενὸς ἐφεῖται τῶν θεολόγων, τὸ κἀπὶ τούτου δη-
λονότι κτιστὸν μὲν φῶς ἰδεῖν ἡγεῖσθαι τοὺς ἀποστόλους, τὸν

δὲ νοῦν ἀνατείνειν διὰ τούτου πρὸς τὴν θεότητα, ἀλλ'ἕτερόν τινα θειότερον, μᾶλλον δ'ἀνόμοιον παντελῶς τρόπον τοῦθ'ἡμῖν δοξάζειν παρέδοσαν, οἱονεὶ θαῦμα μὲν λέγειν κατὰ τὸν θειότατον Μάξιμον τὸ πᾶν τῆς θείας μεταμορφώσεως δρᾶμα, τὸ δὲ θεῖον ἐκεῖνο φῶς, ἄκτιστον κατὰ τὰς θείας αὐτῶν φωνάς, θαῦμα δ'εἴρηται τοῖς θεολόγοις διὰ τὰ τόθ'ὑπὲρ φύσιν γεγονότα πράγματα. Θαῦμα γὰρ ὄντως καὶ θαυμάτων μέγιστον ἦν, Μωσέα μὲν ἰδεῖν τὴν καθ'Ἅιδου λιπόντα δίαιταν, Ἠλίαν δ'ἄνωθεν κατιόντα, φωνῆς τὲ τοῦ ὑπερουσίου πατρὸς ἀκοῦσαι, τῷ ὑπερθέῳ καὶ ἀγαπητῷ μαρτυρούσης Υἱῷ, καὶ τοῦτον ἐναργῶς παριστάσης. Τὸ θαυμάζειν γὰρ ἀνθρώποις ἀνήκει ... Ἐπεὶ τοίνυν ἕν τι τῶν δυνατῶν οὐκ ἂν εἴη σῶμα τὴν σύμπηξιν ἐκ γῆς ἐσχηκὸς κἀπὸ ταύτης τὸ τρέφεσθαι ποριζόμενον ζῆν ἐπιπολὺ διαμένον ἄσιτον, τίνι δυνάμει τὸν Ἠλίαν συνεχόμενον φήσομεν ζῆν πόρρω ποι τῶν ἀνθρωπίνων διατριβῶν διαιτώμενον, ἢ δῆλον ὅτι μὴ κατὰ φύσιν, ἐπεὶ μὴ δ'ὡς ἡμεῖς τὸ σιτεῖσθαι πορίζεται; Τῶν δ'ἑπτὰ παίδων τῶν ἐν Ἐφέσῳ τὸν ὕπνον μακραῖς τισι περιόδοις ἐτῶν τοὺς ὑπνώκοτας ὥσπερ ἐν ἀφύκτοις κατέχοντα τίνι δυνάμει συνέχειν αὐτοὺς ἀσινεῖς ἐς τοσοῦτον φήσομεν; Τριττὴν γὰρ ἐτῶν ἑκατοντάδα λόγος αἱρεῖ καθάπερ ὑπὸ μαλακῷ κώματι χαυνωθέντας οὕτω ῥαδίως αὖθις ἀφυπνισθῆναι, ὡς εἴπερ ἔναγχος ὑπνώκοτες ἐτύγχανον. Τί τις ἂν λέγοι τὸν διαέριον δρόμον τῶν ἀποστόλων, οἵπερ εἰς ἄκρα γῆς ἐσπαρμένοι, ἀθρόοι πάντες ἐπὶ μιᾶς ἡμέρας, εἰς τὴν τοῦ θεοδόχου σκήνους ὁσίαν ἀπηντηκότες ἐφάνησαν εἰς Γεθσημανὴ διὰ τὴν ἀπὸ γῆς εἰς τὰς τοῦ Υἱοῦ καὶ Θεοῦ χεῖρας ἀφικομένην μακαρίαν ψυχὴν τῆς ἀειπαρθένου θεομήτορος; Ἐῶ λέγειν τὸν ἀπόστολον Φίλιππον, πῶς ἀπὸ Ἱερουσαλήμ, εἰς Ἄζωτον καὶ πτηνῶν ὠκύτερον. (⁴⁹)

Another interesting coincidence between Kantakouzenos' treatises *Contra Argyrum* and *Contra Cyparissiotam* is the following: in the former, Kantakouzenos maintains that his opponents argue that the grace of God is something created in the same way a city given by a king to one of his servants is also a creature:

εἰ δ'ἐνοχλῶν τις ἐπηρεάζοι, μὴ ἄκτιστον εἶναι τὴν παρὰ Θεοῦ διδομένην χάριν τοῖς ἀνθρώποις διατεινόμενος, ὥσπερ οὐδ'ἂν πόλιν βασιλεύς τις τῶν ὑπηκόων ἑνὶ δωρήσηται (διακεκριμένα γάρ ἐστιν ἥ πόλις τὲ καὶ ἡ χάρις), τοὐντεῦθεν, εἰ καὶ ἡ χάρις ἄκτιστός ἐστιν, ἀλλ'οὐχὶ καὶ ἡ πόλις, εἰ οὖν τοῦτο λέγοι τις, φήσομεν πρὸς αὐτόν, ὡς εἰ καὶ ἡ πόλις κτίσμα κατὰ σὲ πέφυ-

(49) Ibid., f. 259.

κεν, ἀλλ'οὐχὶ καὶ ἡ δύναμις εὐθύς, ἡ τὴν πόλιν οἰκοδομήσασα (ch. 33, 1-9).

In his treatise *Contra Cyparissiotam* Kantakouzenos argues:

ἐλέγετο γὰρ οἶμαι πόλιν οὐράνιον πεφυκέναι τὸν τῶν ἀγγέλων καὶ δικαίων χορόν, κτιστὴν οὖσαν καὶ δημιούργημα τοῦ πᾶν τέχνης κράτος καὶ πάσης ἐν ἑαυτῷ συνειληχότος Θεοῦ τοῦ τὰς τῶν δικαίων τότε ψυχὰς εἰς ἓν συντήξοντος καὶ κεράσοντος φρόνημα, ὥς που δὴ καὶ τὸ καρδίαν καθαρὰν κτίσον ἐν ἐμοὶ ὁ Θεὸς παρίστησι καὶ πνεῦμα εὐθές, ἐγκαίνισον ἐν τοῖς ἐγκάτοις μου. Ἔστιν μὲν οὖν ἡ πόλις καθ'ὃν καὶ πρὶν ἀποδεδώκαμεν καὶ νῦν εἰρήκειμεν λόγον, αὕτη μὲν κτίσμα, ἄκτιστα δὲ τἀγαθὰ καὶ ἡ τῶν δικαίων κληρονομία. ([50])

There is a final noteworthy coincidence between Kantakouzenos' treatises *Contra Argyrum* and *Contra Cyparissiotam*: at the end of *Contra Argyrum* he remarks: ἑκὼν παρίημι, γενναίου μὲν ἀγωνιστοῦ κρίνων, τό, σπεῦσαι κατενεγκεῖν τὸν ἀντίπαλον καὶ κείμενον δεῖξαι, μικροψύχου δέον, τὸ καὶ τεθνηκότος, παίειν τὲ καὶ τιτρώσκειν (ch. 170, 5-8). The former emperor seems to be referring to this very passage in *Contra Cyparissiotam*: Ὁ γὰρ δὴ καὶ ἐν ἄλλοις εἰρηκὼς ἔφθην, ἀνοίκειόν ἐστι καὶ καθάπαξ παρέλκον, ἄνδρα τινὰ γενναῖον πολεμιστήν, τρώσαντα καιρίως τὸν ἀντίπαλον καὶ κατενεγκόντα, νεκρῷ κειμένῳ πληγὰς καὶ αὖθις ἐπιτιθέναι ([51]).

We may formulate the conclusion to our investigation as follows: Kantakouzenos in his treatise *Contra Argyrum* made a provisional, so to speak, refutation of the main tenets of the anti-Palamites' teaching concerning the light of the Transfiguration of Christ as presented in the huge book of Kyparissiotes *Contra Palamitas*. All of Kyparissiotes' main arguments are found in Kantakouzenos' treatise *Contra Argyrum*. Later on, Kantakouzenos undertook the composition of a more extensive refutation of the main arguments employed by the author of the extensive treatise *Contra Palamitas*, book by book. However, there is another issue. Kantakouzenos presents the book of Kyparissiotes, *Contra Palamitas*, as an anonymous treatise written by several anti-Palamites, not once mentioning Kyparissiotes himself. It is noteworthy that the text of Kyparissiotes *Contra Palamitas*, as quoted by

---

(50) Ibid., f. 311.
(51) Ibid., f. 263ᵛ.

Kantakouzenos, exhibits various differences from Kyparissiotes' text as preserved in the manuscripts that hand down the text under Kyparissiotes' name. In all probability Kantakouzenos was aware of Kyparissiotes' close collaboration with Argyros, which is confirmed by the fact that various parts of Kyparissiotes' work *Contra Palamitas* were copied by Argyros' own hand. ([52]) There-fore, in my view it is almost certain that some parts of Kyparis-siotes' treatise *Contra Palamitas* were written in collaboration with Argyros, or even by Argyros alone. This may explain the way of Kantakouzenos' proceeding to the refutation of the huge book of Kyparissiotes, *Contra Palamitas*, which came into his hands: thinking that Argyros had been involved in its writing, he insert-ed into the relatively short treatise *Contra Argyrum* a final part, which, after the conclusion of the refutation of Argyros' theory concerning the seven spirits referred to by Isaiah, examined the main positions of the book concerning the light of Tabor. At a later stage he took upon himself the task of refuting the anti-Pal-amite book extensively and in detail, by composing his extensive work *Contra Cyparissiotam*.

### d. Summary

1. At first I was not willing to write a speech on the energies of the Holy Spirit, since most divine theologians had already discussed the subject, but ultimately I decided to do so on your behalf, o Isaac.

2. Basil, citing Isaiah, Solomon, and Zechariah, calls the seven energies of the Spirit his "seven eyes", adding that God fills both heaven and earth with these energies.

3. Those who deny that the energies of the Holy Spirit are uncreated should keep this in their minds: God cannot fill heaven and earth with something created, since only God's essence is everywhere, filling everything. On the other hand, the Holy Fathers argue that wherever God's essence is, His energy is to be found as well. Basil added that he had already offered ample evidence that the one who fills the whole uni-verse is the Holy Spirit Himself.

---

(52) See POLEMIS, *Theologica varia*, LV.

4. Athanasios the Great, in his second letter to Serapion, maintains that by receiving the Holy Spirit, which is a Spirit of wisdom and power, we become participants of both the Father and the Son, who is also called "God's power and God's wisdom".

5. In another work, Athanasios remarks that the spirits that emanate from God do not proceed from His own hypostasis. Basil adds that the Holy Spirit proceeds out of the Father's hypostasis, but the other spirits, i.e. the divine energies, emanate from the three persons of the Holy Trinity as their common natural emanations. Gregory the Theologian says that Isaiah used to call the energies of the Holy Spirit spirits as well. According to Basil, these energies are innumerable and unspeakable, not in and of themselves, but because of those who receive them. The heretics, pointing out that Gregory the Theologian says that the Spirit is productive of these innumerable spirits, argue that Gregory maintained that these spirits were created.

6. But the Theologian's wish was to prove the Holy Spirit is uncreated; it was impossible for him to try to prove this on the basis of certain created entities. It is true that the relevant passage of Gregory the Theologian is somewhat ambiguous. Very often the Holy Fathers make no clear distinction between the uncreated divine energies and the created gifts of God. It is also true that Cyril of Alexandria says that the energies of the Spirit emanate from Him like creatures. Let us make one thing clear: I have no doubt that there are created divine gifts, given to virtuous men. Your fault is that you do not recognize that the seven Spirits that, according to Isaiah, rest on Christ are uncreated.

7. Cyril of Alexandria clearly states that the Spirit is one but acts in various ways. Why do you insist on a single passage of Gregory the Theologian, saying that the Spirit is productive of the various spirits? The holy writers speak about the Holy Spirit as they speak about Christ: sometimes they underline His divine greatness, speaking about it in a lofty manner, sometimes they try to adapt their speech to our weakness, using words that appear very humble.

8. But let us now speak about the created gifts of God, since we shall have the opportunity to speak about the uncreat-

ed energies later on. Basil speaks about the spirit of wisdom that dwells inside him, while John Chrysostom refers to the spirit of revelation or the spirit of wisdom and the spirit of understanding that help men to understand somehow the divine mysteries, and teach their fellow men.

9. David, asking God to create a clean heart in him and put a right spirit within him, wishes to be cleansed from the transgression he had previously committed.

10. Ezekiel says that God will provide those who were led as prisoners to Babylon with a new spirit and a new heart. All these things refer to the created gifts of God, which should not be confused with the uncreated divine energies. The sun creates the day and the fire makes the iron hot, but nobody would claim that the day is created by the sun and heat is a creature of the fire. Similarly, the seven spirits of Isaiah, which are to be identified with the fullness of Christ's divinity according to the fathers, cannot be considered created.

11. You use the example of the fire in order to prove that there is no uncreated gift of God to men. According to you, St. Basil maintains that the heat that is identical to the fire is different from that which is given to another entity; therefore, one may deduce that the same applies to the life of the Spirit: there is the uncreated life that is identical to the Holy Spirit, and the created life, which is given to men.

12. But Basil clearly affirms that the life given by the Spirit to men is not separated from Himself; therefore, it is uncreated. The same applies to the fire: the heat that is given to the iron, is identical to that of the fire itself, although it disappears after a short while. The uncreated life given to men by the Holy Spirit has nothing to do with their mortal life; the one who abandons the uncreated life is already dead, though he still seems alive.

13. Our opponents misinterpret the passage of the Psalm "Lord, you became our dwelling place in all generations", arguing that the verb "you became" indicates that David refers to a created place. But what is their answer, when John of Damascus argues that the eternal generation of the Word is a "product" of the divine will? Is the eternal generation of the Word a creature as well? St. Athanasius affirms that the verb

"to create" does not always indicate the relevant entity is a creature.

14. St. Basil also uses the verb "to create" and "to produce" with reference to the peace of God and the transformation of bad things, who participate in the nature of goodness. Therefore, such terms do not lend support to your theory that the energies of the Holy Spirit are created.

15. John the Evangelist says that "from His fullness we have all received, grace upon grace; the law indeed was given through Moses, grace and truth came through Jesus Christ". The fullness is identical with the natural energies of the Holy Spirit, which rest upon Christ according to Isaiah, although we can obtain only a small fraction of them.

16. Although he uses the word "came through" with reference to the grace of Christ, no one can argue that this proves the grace of Christ was created. The same applies to the word "productive" used by Gregory of Nazianzus. The verb "came through" is used in contrast with the verb "was given": the grace of the Lord our God was not given to men in the same way as the Law of Moses, who was a mere servant of God.

17. This is enough concerning the interpretation of the word "productive". I do not deny that some of the energies produced by the Spirit are indeed created, but I do not stop here, refusing to recognize the magnificence of His uncreated energies. As Gregory himself affirms, when our mind looks into the energies that rest on the body of the Lord, it is filled with admiration, realizing that the theologians agree with each other: they distinguish between the gifts given to those worthy of them and the natural energies of the divinity, i.e. the seven spirits resting on Christ, while sometimes referring to the uncreated energy of the Spirit.

18. Paul says that God has revealed to us through the Spirit that which is beyond the power of human eyes and hearts, and that the Holy Spirit investigates whatever pertains to God, affirming that it is this very Spirit we have received from God. He also writes that the Spirit is the mind of Christ; this is repeated by Gregory the Theologian in a passage that comes after the enumeration of the names of the Spirit we quoted above.

19. The use of the phrase "mind of Christ" is a clear indication that the mind of Christ is the uncreated energy of the Holy Spirit. This is confirmed by Maximus the Confessor, who writes that the seven lamps of Zechariah refer to the energies of the Spirit, which are identical to the seven spirits of Isaiah.

20. In another passage Maximus writes that the eyes of the Lord are the energies of the Spirit.

21. Cyril of Alexandria, interpreting the relevant passage of Isaiah, says that the Spirit resting on Christ was the fullness of divinity; the spirit of wisdom does not differ from the other spirits enumerated by the prophet, who was aware that the same Holy Spirit acts in various ways, dividing His gifts in the way He sees fit according to Paul.

22. John Chrysostom castigates the heretics who believed that the gifts refer to the nature of God, making a distinction between nature and grace. When coming to the interpretation of the relevant passage of Isaiah, he says that he trembles and fears lest his tongue be unable to express the greatness of the mystery of the seven spirits resting on Christ; however, he did not say such a thing when referring to the other gifts of the Spirit. He then identifies these seven spirits with the fullness of divinity.

23. Chrysostom refutes those who say that the spirit of freedom to which Paul refers is created, since in such a case there would be three principles, one uncreated, another created, and the Spirit. Like flowers, the seven spirits emerge from the staff of Jesse, which is identified with the divine nature. But the heretics, not realizing that the seven spirits refer to the gifts of God, believe them to be identical with the divine nature.

24. In the same passage, Chrysostom maintains that the body of Christ contained the entirety of the energies of the Holy Spirit, not some isolated graces of Himself like the apostles; this is the fullness of the divinity, in which we participate. Thus, the human flesh of Christ is like a fountain, from which even the Holy Spirit Himself draws the graces He distributes to the apostles and other men. When Christ says that He will send the Holy Spirit, He is not referring to

the divinity itself, but to the divine grace. Since the Spirit as true God is always present in this world, when it is written that the Spirit is sent to the world, the holy writers refer to His grace, not to His divine nature.

25. Chrysostom also points out that, according to the holy writers, God sent Christ as well as His Spirit into the world, although Christ as true God was always present in the world; but Christ was sent as a man, not as God. The same applies to the Spirit; His grace, not his divine hypostasis, was given to humankind.

26. Who would dare to say that the seven spirits are creatures? Athanasius affirms that through these spirits we become participants of God, while Cyril identifies them with the fullness of divinity and with the Spirit itself; Chrysostom calls them gifts of God, which dwell in the body of the Lord, and are distinct from His hypostasis. When Christ says that the Spirit will draw from the grace that dwells in His body in order to reveal it to men, he is not referring to a creature. Anybody who denies this is an atheist.

27. This is what I had to say about the seven spirits. But since you want to know which theologians call the energy of God uncreated, it is necessary to quote the relevant testimonies.

28. I believe you agree that it is first necessary to say a few things concerning the meaning of the term "grace". "Grace" is a gift with three different meanings: it may refer to a natural propriety, to a favour returned, or to a favour given by somebody to somebody else; in such a case the one who gives does not expect a reward.

29. The grace of God is a favour of God given to men; it has nothing to do either with His nature or with a previous favour done to God by us, since men cannot give anything to God as a reward for the innumerable gifts He has bestowed upon us.

30. There are certain gifts of God that are created, such as our daily nourishment or the right spirit created by God inside David. But the existence of these created gifts must not lead you to consider the energy of God created as well.

31. For example, the Lord's words to Peter that whatever He looses upon earth will be loosed in heaven, His words to the

disciples that if they forgive the sins of anyone, they will be forgiven them, refer to the favour bestowed by Christ on the disciples, who were unable to offer anything to their Lord; therefore this grace was not given as a reward for their virtuous deeds, it was not a favour returned. The same applies to the term "grace" employed by Paul. The fact that Paul says that a crown is reserved for him does not prove that the grace of God is given as a reward; God behaves like a father who encourages his sons through various promises.

32. If anybody claims that Paul had offered to God his love for Him in order to take a crown as a reward, we may answer that even that love is a gift of God, although God considers even His own gifts our personal achievements because of His ineffable love for us, making Himself our debtor. Paul aptly asks us: if we have anything, was it not given to us by God?

33. Some say that the grace of God is not uncreated: the city granted to a citizen by the king is not identical to his grace; in the same way the uncreated grace of God must be distinguished from the created gift that is similar to the city given by the king. We answer that even if the city is created, the power that constructed the city is not. One must also take into account that in our case both the power and the city were granted by God. Even if in the case of Peter's walking on the sea we may admit that only the power of Christ, which had not yet been given to the disciples, was acting, after His ascension both Peter and the other disciples were given the uncreated grace itself.

34. The fact that the Jews regarded the claim of Jesus that he could forgive human sins as blasphemy, since such a privilege belonged only to God, proves that the power of the remission of sins given to the disciples by Christ was a divine gift indeed. This power belonged to the Holy Spirit.

35. Athanasius of Alexandria clearly indicates that the power of God that strengthened our Virgin when her son was conceived was an uncreated grace of God. The same power gave to the disciples the ability to cure various diseases and liberate men who were possessed by evil spirits.

36. Maximus the Confessor points out that the divine grace is beyond our perception, although we are in a position to en-

joy it, and that it was not made by anybody; therefore, it is uncreated. Basil says that the sanctifying power of the Holy Spirit is indivisible from Him, like heat that cannot be separated from the fire.

37. Maximus claims that deification is the uncreated illumination given to those worthy of it by God.

38. Chrysostom writes that the grace of God that is outpoured to men, through which Christ teaches us, is part of the fullness of divinity that inhabits Christ's body.

39. The fathers agree with each other. Athanasius believes that the grace of God given to Mary is identical to that given to the disciples, while Chrysostom writes that the grace inhabiting the body of Christ is given to the saints.

40. Athanasius also writes that the grace was in Christ before time itself; therefore, it cannot be considered a creature. This grace was revealed at the time of Christ's incarnation.

41. You also have a third question: is grace given to the saints in an immediate manner or not? Let us briefly discuss this as well.

42. You maintain that men indeed participate in God, but this participation is achieved through an image of God and a created sanctity. Even angels participate in God through images. But all images of God are created except the Son, who is the exact imprint of God's very being. There are three images of God and all of them are creatures: angels, men and the inanimate creatures. Therefore, those who participate in the images of God participate in created beings. But in such a case how do the saints obtain their sanctity? Through a created sanctity, you may answer. But we ask you: who created this sanctity? If you try to answer this question, you may be led to absurdities, unless you admit that all creatures obtain their sanctification directly from God without any mediation. If the creation was sanctified through created images, it would be most miserable.

43. Since we cannot be united with God's essence, we are united with God's energy, becoming participants of His nature. Theodore Graptos writes that the angels are illuminated by God first, accepting the entire ray of the divine light.

44. The term "first" in the text of Theodore Graptos indicates that the angels are illuminated by God directly. This is confirmed by Gregory the Theologian, who says that the angelic light is called second, coming immediately after the light of God, which is first. If there was something in between, the angels would be called the "third light".

45. Dionysius the Areopagite speaks about the illuminations emanating from the Good, which have neither beginning nor end. This is clear proof that they are uncreated. The angelic powers are united with them in a cyclic manner; therefore, there is nothing else between them. If somebody argues that even the circle, which is a creature, has neither beginning nor end, we may answer that the beginning of a circle is not visible, although it exists, but the illuminations emanating from God have existed since before time.

46. The cyclic manner of this union refers to the reciprocity that exists between God and the angels: the illuminations come out of God, proceed to the angels and return to God. Those angelic orders that are inferior to the first ones receive the divine illumination in a linear manner.

47. These illuminations do not disappear after a short while like lightning, which has no permanent existence, but always exist within the angels. These illuminations and sanctifications are not devoid of a hypostasis, as you claim.

48. Dionysius writes that there is a hierarchy of the angelic orders, but the higher orders participate in Jesus not through images but immediately, approaching Him and obtaining a part of His divine virtues; afterwards they communicate what they have obtained to the inferior orders.

49. He also writes that the nature of the union of the angelic orders with God is ineffable and unknowable.

50. Even the gospels affirm that the angels see God's face and that Gabriel stands in front of God. Therefore, they do not participate in God through a created sanctity which lacks a hypostasis.

51. Basil also writes that Moses was deemed worthy of an immediate vision of God.

52. Having investigated the vision of the angels, let us now examine how men see God. You argue that they participate in

God through a created sanctity, while we believe that they see God directly, like the superior angels. Christ calls His disciples friends, brothers and sons. Paul affirms that we shall obtain the sanctity of God itself.

53. But the sanctity of God cannot be created. It is that sanctity that deifies all those who participate in it.

54. Paul also writes that our life is hidden in Christ. He is not referring to our mortal life. Christ says that He Himself is life.

55. When Christ asks His Father to give Him the glory He had before the creation of the world, He did not imply that He had lost that glory, because in such a case He would not be God anymore; He asked the Father to give Him that glory as a man. The glory is the fullness of divinity that was bestowed upon us. If Christ had inherited something created, we would also have inherited a creature. But this is not the case; we inherit something uncreated, not an image lacking substance. No theologian makes any reference to the image you argue we inherit, although they refer to all manner of images. But we do not participate in God through an image, because in such a case Christ would have become man in vain.

56. Christ died and was resurrected in order to honour our nature. He wanted us to participate in eternal life and inherit the fullness of His divinity. Therefore, we did not inherit a created sanctity.

57. Anyone who believes that our head, i.e. Christ, inherited the divinity, while we inherited only a created sanctity, is a sinner like the one who pierced Christ's body with his spear.

58. If somebody argues that Christ's human body inherited the fullness of divinity because it was united with His divinity, while this is not possible for us, we answer that we too are part of His body, i.e. the church, and we obtain a part of His divinity. Otherwise, Paul would not have called us joint-heirs with Christ. Christ wants all of the faithful to become one with Him. Peter says that he will share in the glory to be revealed.

59. Not only the prophets and apostles, but Christ himself also affirms that we are one with him. He who divides us from

Christ resembles Arius. The Holy Scripture affirms that angels want to look upon the mysteries of the divine dispensation; angels could not wish to look on things that are created! No-one can understand the way Christ became man.

60. We do not wish to investigate things that are beyond our comprehension. However, you have a tendency to agree with the Fathers when their teaching is acceptable to you, but you deny their teaching when it is disagreeable.

61. Nothing of what I am saying is to be accepted, unless it is confirmed by the teaching of the theologians. Therefore, let us quote the evidence of what I said.

62. Maximus the Confessor writes that the kingdom of God is the participation in God's natural qualities, while the kingdom of heaven is the knowledge of the reasons of all beings, which are hidden inside God.

63. He also writes that the seven lamps seen by Zechariah are the gifts or energies of the Holy Spirit, which are identical to the seven spirits referred to by Isaiah.

64. He also writes that the kingdom of God is the eternal rest of all virtuous men, which is beyond the limitations of time.

65. Additionally, Athanasios affirms that the good things promised to virtuous men are beyond the grasp of the human mind and timeless. All the theologians agree that these good things are eternal and natural proprieties of God; therefore, they are not created. Men are united with God directly, not through a created sanctity.

66. Cyril of Alexandria writes that God does not inhabit in us through a creature. But if our opponents ask how a creature, like a man or an angel, can be united with something uncreated, we answer that this is beyond the intellectual capacities not only of us, mortal men, but even of the angels. The works of God cannot be explained with human arguments, but must be accepted only through faith.

67. This last passage of Cyril proves that we do not participate in God through a created sanctity. As Paul writes, "having started with the Spirit, you are now ending with flesh". But you also admit that no creature can be sanctified through another creature.

68. But you insist that we participate in a creature, although John the Evangelist and Paul speak about the fullness of divinity. The reason is that you do not admit any difference between the divine essence and the divine energies. I will prove that you contradict the Holy Fathers.

69. Anastasius writes that the energy of God cannot be divided from His essence, as some heretics, who call the energy simply a result of God's essence, maintain.

70. Anastasius affirms that, wherever there is energy, there is also essence; he does not speak about certain created results, but about the essential and uncreated energy of God. Otherwise, he would have said that wherever there is energy, there are also creatures, making God consubstantial with His creatures.

71. Referring to them, he employs the terms "indivisible" and "indescribable", which cannot be applied to any creatures.

72. His conclusion is that energy surrounds the divine essence, being indivisible from it.

73. Justin the Philosopher castigates the Greeks for maintaining that the will of God is not different from God's essence, arguing that the one who denies the distinction between God's essence and His will denies the existence of God.

74. He also writes that if we say that essence and will are the same thing, we deny the existence of the willing one; therefore, the will is different from God's essence, though near to it.

75. This passage cuts the heretics like a knife.

76. There are many patristic passages that prove the existence of a distinction between God's essence and His energy. According to the fathers of the Sixth Ecumenical Council, there is a distinction between the divine and the human energy of Christ; it safeguards the distinction of the two natures, which are united in the person of Christ. According to the Acts of that Council, His divine energy is a natural quality of His divine essence, emanating from it.

77. Therefore, this energy is not identical to His essence.

78. Cyril writes that the life of Christ belongs to Him in a natural and essential way, not being something external.

79. Are you persuaded by all these? Your enmity against the divine energies has made you suggest that there are two divinities, one uncreated and another created! You affirm that the fullness of divinity is Christ's divine nature, but at the same time you argue that the fullness of divinity that dwells inside Christ's body is identical to the created gifts we inherit from Him!

80. But the fullness of divinity cannot be a creature. Even the Evil One would not say such a thing. Therefore, we inherit an uncreated grace.

81. Like Nestorius, who divided the one and indivisible Christ into two sons, you divide the one and unique divinity into two entities, committing a far more serious blasphemy against God.

82. If you admit that there is a unique fullness of divinity, of which we become inheritors, we do not need anything else; such a divinity must be uncreated! But if you insist that there is a created divinity as well, you become atheists.

83. You also enquire in which way God is considered beyond all things that participate in Him, being inferior to Him. I answer: no one can find the term "inferior" in my works. However, if there is something superior, there must also be something inferior.

84. Chrysostom, interpreting the passage of John, "God gives the Spirit without measure", writes that in this case the Spirit must be identified with the divine energy, which is immeasurable; but if the energy is immeasurable, the essence must be immeasurable to a higher degree.

85. Cyril of Alexandria writes that being God is inferior to being Father, since the term "God" refers to the relationship of God with His servants, while the term "Father" refers to the coeternal Son.

86. I wonder why you accuse us of maintaining that God is beyond all those who participate in Him; if you believe that men partake in a created sanctity, this sanctity must be inferior to God. Regardless, since we receive only a part of the fullness of divinity, the part is immeasurably inferior to God, as Maximus affirms.

87. It is now time to explain to you in which way we say that God has something. The energy is not something different from the divine essence; it does not resemble an accident or a quality; the essence is simple, while the energy extends over it, being similar to it. Athanasius affirms that God has one essence, one power and one energy.

88. The Savior Himself says that He has whatever His Father has and this applies to His life. Athanasius interprets the relevant passage, writing that these refer to uncreated things.

89. Justin argues that the fact that God has a Son does not destroy His simplicity; God is not like creatures: the fact that He has something does not make Him a composite essence; the same applies to His will and His other characteristics.

90. Since you deny the difference between God's essence and His energies and you cannot claim that man is united with God's essence, you are forced to teach these heretical views. You also insist on the simplicity of God with an excessive zeal. The same insistence on the simplicity of God prohibited the Jews from accepting the new teachings of Christ and led Arius, Sabellius, Nestorius and Apollinarius to disaster. But have no fear, trust in the teachings of the theologians.

91. Maximus wrote that faith is knowledge without proof, being beyond nature. This faith unites us with God. There is no way of explaining the nature of this union.

92. We must now briefly discuss the light of the Transfiguration. Since you have written a book full of blasphemies against the true doctrines, we shall now attempt to refute it.

93. Having discussed the teaching about the seven spirits, i.e. the energies of the Holy Spirit, the doctrine about the created and the uncreated grace, and having investigated the way men and angels are united with God, let us now discuss the light.

94. Our opponents believe the light to be a mere appearance, a phantom or a curtain hiding the body of Christ. Some of them regard it as something inferior to our mind, which appears and disappears, while some others consider it a symbol. Most of them believe it a product of Christ's body. They quarrel with each other about it, but the followers of the

true faith consider this light a natural and uncreated property of God.

95. Gregory of Nazianzus calls the light "a divinity revealed on the mountain".

96. Let us now examine the meaning of the term "divinity". Gregory of Nyssa believes that the divine nature has no name, being beyond all definitions. All the names applied to the divine nature specify a particular characteristic of it, without giving a definition of its totality. When we say that the divine nature is imperishable, we signify an attribute of that nature, without giving a proper definition of it. The term "God"/*theos* signifies such a particular characteristic of the divine nature; it comes from the verb "*theomai*", and denotes that one characteristic of the divine nature is its ability to see. Therefore, the word "God" signifies a divine energy; this is why there are not three gods, but only one God; the same applies to the term "Savior": there are not three saviors, but only one. The divine nature is beyond all names. Since "God" is just a name, it is the name of a divine energy.

97. Since the term "divinity" signifies an energy, and Gregory the Theologian called the light a divinity, the light is a divine energy, a natural and uncreated propriety of God. But you insist that the divine energy is a creature.

98. You argue that the light was a creature, because it was seen by the disciples with their senses. You also argue that Gregory the Theologian enumerates it among other created beings. But if it had been uncreated, he would have placed it first. However, Gregory had no wish to compare certain uncreated lights with some created ones. He placed the light of the Transfiguration in the last place, because it was seen near our own times. Otherwise, he would not have enumerated it among the other lights, because it is not, properly speaking, a light, but something beyond it.

99. Gregory the Theologian writes in another speech that the three most important disciples were permitted to see the divinity and what was hidden under the flesh.

100. In another passage he argues that, although God is invisible, He will be seen in the Second Coming as He was seen on

the mountain, because the divinity will overcome the flesh. As we see, here the Holy Father himself explains the meaning of his previous passage.

101. Although he admits that the divinity is invisible, he adds that it is revealed through the flesh, thus refuting those who argue that, since the light was seen by the disciples through their senses, it was a creature. The fact that the divinity itself was revealed proves that this was something beyond the bodily power, since the flesh could not prohibit the divinity from making itself manifest. All the Fathers affirm that the light of the Transfiguration was a divinity without beginning.

102. The argument of our opponents is the following: whatever may be seen by the senses is created; the light was seen by the disciples with their corporeal eyes; therefore, the light was created. But the term "light" was not used in this particular case in its proper sense, since it was far and beyond all other lights that can be seen by the eyes. It was far more powerful than the sun, because the disciples fell down as soon as they saw the light, but they never fell down whenever they saw the light of the sun.

103. We do not deny that the eyes of the disciples were sensitive; however, they saw the light with another, supernatural sense. With the same sense they will see the Lord return at the end of times, after their resurrection.

104. Dionysius affirms that God is neither triune nor single, although in another sense God is trinity indeed. In the same way the light of the Transfiguration is not light, although it may be called light.

105. You should not believe your false doctrines like the Jews who denied God.

106. It is madness to claim that the light at which the angels do not dare to look is created. We cannot transform supernatural events into natural ones. The same applies to the vision of the light: the eyes of the disciples were supernaturally transformed.

107. We must first refute the position of our opponents and then present our own point of view. You call the light a phantom,

an apparition, or something inferior to the human mind, while some of you call it a symbol and a miracle.

108. We will not refute your positions that the light of the Transfiguration was a mere apparition and a phantom; instead, we shall investigate your positions that it was something inferior to our mind, a miracle, a symbol and a product of Christ's body.

109. We do not need to discuss the theory that it was inferior to the human mind, since we have proved that this light was not only beyond the human senses, but that it was not even a light. It was not a miracle; something is called a miracle with reference to those who experience it, not with reference to God. This is why we make a distinction between greater and lesser miracles. For example, the resurrection of Lazarus was a greater miracle than the feeding of the multitude. The disciples were initially unable to perform certain miracles, for example they could not manage to liberate some people from the evil spirits, but after receiving the Holy Spirit, they managed even to resurrect some people who were dead.

110. The Transfiguration of the Lord was a miracle indeed, but a greater one than the others, since no other miracle is called "beyond the limits of time", "pre-eternal" and a "natural ray of the divinity".

111. Let us now examine the relevant passages of Maximus the Confessor. You argue that Maximus wrote that the supernatural light of the Transfiguration was a symbol and that the divine essence is beyond time, place and manner. However, you arbitrarily combine two passages that have nothing to do with each other.

112. Maximus also writes that Christ escaped the attention of the Evil One. Seeing that the face of Christ shone like the face of Moses on Sinai, the Evil One thought that this light was sensible as well, not realizing that it was something supernatural.

113. You argue that, since the supernatural light is a symbol of the divine essence, it must be different from it; since the divine essence is uncreated, the light must be created.

114. But your argument is irrational. There are certain symbols that are natural. The voice of a man who is hidden is a sym-

bol of the man's existence, but no one would say that the voice is different from the man who speaks. Your arguments concerning the passages of Maximus about the Evil One and the symbol are thus refuted.

115. That which destroys the arguments of our opponents is that Maximus calls the light a symbol of the invisible secrecy. The one who cannot bear the brightness of the light will not be able to even look at the invisible secrecy.

116. Maximus also writes that Christ appears as a servant to those who are still immature, but he reveals his divine shape to those who can follow Him to the mountain of His Transfiguration.

117. As if he had the desire to refute our enemies, Maximus says that this divine form existed before the creation of the world. Could this divine form ever be a creature?

118. They also argue that Christ's brilliance was identical to the radiance Adam's body had in Eden, which had been lost after the original sin. You also say that when Adam was created, his body was bright.

119. Would you also argue that the trees and the earth were created bright? Of course not. But the body of Adam was taken from the earth, which was not bright; therefore, it was not created bright, but it was like our own bodies. You also misinterpret the words of Anastasius of Sinai, who says that Adam's son had the same form as his father, arguing that the saint refers to the radiance of Adam. But how could Adam give to his son Seth the form he had already lost? You contradict yourselves.

120. In any case none of Adam's offspring was bright. If Adam had been created bright, God would not have taken this gift from him, because God never repents for His gifts. Even Satan has kept all the gifts of God to this day, as Dionysius the Areopagite affirms.

121. If Christ had received the flesh of Adam, we must conclude that since Adam was made of earth, and the earth was not created bright, Christ's body could not have been bright either; but this is absurd, since the body of Christ was bright; this was proved during the Transfiguration. On the other

hand, why did Christ, who willingly inherited death from Adam, not inherit his dark body as well? It is evident that Christ did not receive a bright body as a man, but a dark one, which He subsequently transformed during the Transfiguration. Otherwise, we will not be able to explain why He willingly accepted the corruption and all the other qualities of Adam before His resurrection without transforming them, but He did not keep the body of Adam as He received it, but transformed it. Why did He make such an exception?

122. It is ridiculous to argue that Adam lost his brightness, but bequeathed it to Seth so many years after his sin.

123. But one may ask: why did God withdraw Adam's immortality, if God's gifts remain eternally? The answer is that it is not God who deprived Adam of these gifts, but Adam himself who threw them away because of his sin, because he entered the cave of the dragon, not taking into account the divine prohibition.

124. It is not God who created corruption and death; He simply permitted their creation for certain reasons He alone knew. Even if somebody points out that it was God Himself who expelled Adam from Eden, we may answer that Adam was responsible for his exile.

125. Having preferred the mortal life, he could not remain in the place of immortality anymore. Having received a corporeal flesh after his sins, he could no longer find sustenance in paradise. Immortality and mortality cannot coexist. Paradise was not a place for those whose flesh was ephemeral. It was improper for Adam and Eve to have sexual intercourse, which was necessary for the preservation of our species, in paradise. God tried to make Adam repent, asking him where he was.

126. Christ, who did not hesitate to become man for the sake of Adam, could not exile Adam from Eden. But Adam did not repent, and instead tried to justify his behavior. Should the righteous God let the sin spiral out of control? It was impossible.

127. Therefore, Adam was justly punished, and exiled from Eden. But Christ destroyed Satan later on. If Adam had not sinned, Christ would not have become man.

128. If anybody says that sin caused our salvation, he is a blasphemer. We should be grateful to our saviour who made our nature sit near the Father and the Holy Spirit and be worshipped by the angels. We have received a part of the fullness of His divinity, as John the Evangelist says.

129. You also say that, since Christ had two natures, He was seen in two different ways: the human eyes saw His created body and its light, and through that vision the human mind understood that Christ also had a divine nature; this is confirmed by John Chrysostom, who says that the disciples saw Christ walking on the sea and then realized with their minds that He was God; the same is affirmed by Basil.

130. This is true, but the light of the Transfiguration is something different from the other miracles and was seen by human eyes, which were miraculously transformed. The eyes did not see a created light, but a light that was beyond time and belonged to the hypostasis of Christ. Something beyond time could not possibly be created.

131. You also quote a passage of John of Damascus from his canon on the Transfiguration, where it is said that Christ revealed the archetypal beauty of the image in His creature, not as an image, but in essence, since Christ had both a divine and a human essence, arguing that this is proof that the light of the Transfiguration was created. But it would have been better for you to hide this particular testimony of the saint, because it contradicts your views. Since Christ is the archetype of the image, the light was in fact beyond time, and had no beginning; it was a ray of the divinity. The fact that he adds the phrase "not as in an image", is a warning not to consider the light something belonging to the image, i.e. to the human nature of Christ (Christ's human nature was an image of God), but something belonging to His divinity.

132. You also quote the divine Anastasius, who wrote that there is nothing greater than seeing Christ's human form shining more than the sun, and indicating with his finger that the righteous will shine likewise at the end of times.

133. It is clear that Anastasius believed the light was part of the archetypal beauty, which was identical with God. The word

"finger" was used as a metaphor for the Holy Spirit; therefore, the light belonged to the nature of the Spirit.

134. Since I have refuted the arguments of my opponents, it is now time to quote those patristic passages that explain the orthodox teaching about the light of the Transfiguration. Basil says that the light seen by the disciples, who were unable to bear the glory of the Son, was the unapproachable light of the Holy Trinity.

135. The same saint writes that the beauty of God was the intelligible divinity itself and that the three disciples saw that very beauty. The saints do not praise the Transfiguration only on the day of its feast, taking every opportunity to sing its praises whenever they deal with great and perfect things.

136. It is clear that the beauty seen by the disciples during the Transfiguration was identical to the intelligible divinity. If the light of the Transfiguration was one of the ordinary miracles of the Lord like His walking on the sea, the fathers would not have called it "divine", "unapproachable" and "beyond time".

137. Basil also adds that the good things seen by the three disciples were beyond human comprehension. Therefore, it is evident that your heresy is due to your audacity in investigating things beyond your comprehension.

138. Basil also writes that at the end of times Christ will shine with His divine beauty, a small part of which was shown to the disciples during the Transfiguration.

139. John Chrysostom writes that Christ revealed the glory of His invisible kingdom to the disciples during the Transfiguration; if anyone asks how something invisible was seen, the answer is that Christ did not reveal it in a perfect way, because otherwise the disciples would have died.

140. Basil calls the light of the Transfiguration an intelligible divinity, while Chrysostom affirms that Christ revealed His divinity to the disciples, taking care to answer the objection of those who have an audacious tongue.

141. After writing that He did not reveal that glory in a perfect way, because He did not want His disciples to die, Chrysostom affirms that the glory of the Father and the Son

is one and the same, adding that God did not grant to Moses the perfect vision of His divinity, since it was impossible for any man to remain alive after seeing it.

142. Both Basil and Chrysostom teach that the light of Tabor is the glory of the Father and the Son.

143. It is clear that the disciples saw what Moses had asked to see in vain: it was an imperfect vision of the divinity.

144. God promised to reveal to Moses his backside, i.e. the mystery of His incarnation. A perfect vision of the divinity is not granted either to men or to the angels. Is there anybody who can understand how God is one and three at the same time, how each hypostasis preserves its hypostatic characteristics, and how the three hypostases are one God, without any confusion arising? Can anybody comprehend how the son was incarnated, or how Mary conceived the second person of the Trinity in her womb? Moses wanted to understand all these things, but received just a faint notion of them.

145. Chrysostom believed that the pre-eternal glory of God glorified His human body, since he writes in another passage that Christ revealed a small part of His divinity, and managed to show God who was hidden inside Himself to His disciples; this was done, after His face shone with a radiance surpassing the radiance of the sun, because of which the disciples fell down.

146. This is proof that the light was divine and that it was more than a light, although it was called so.

147. Anastasius of Antioch writes that Christ hid the form of God under the form of a servant during His conception inside the womb of His mother, but during the Transfiguration He transformed the form of the servant into His natural form, i.e. into the light seen by the disciples. Therefore, the light, which is the natural form of God, cannot be a creature. He also writes that He adorned the servant's form with the divine characteristics, i.e. with His natural form.

148. Andrew of Crete writes in his speech on the Transfiguration that the savior took the disciples to the mountain with Him in order to reveal His divine glory to them, adding that we commemorate the deification of our nature and its transfor-

mation; the Lord shone on Tabor, not becoming more radiant or more glorious, but by revealing His true self which was hidden; no creature can bear the radiance of that glory; this is proved by the fact that the disciples fell down as soon as they saw the inapproachable light of His flesh, which was beyond the limitations of time, emanating from His divinity.

149. Speaking about a transformation, he clearly refers to the transformation of the flesh, since Christ's divine nature could not be transformed. Andrew identifies Christ who shone with the light seen on the mountain. The fact that no creature, not even the higher angelic orders, can bear this radiance, indicates that only a part of the divinity may be seen.

150. But how could men be transformed into that light, if they could not bear its radiance? This question is an indication of our opponents' refusal to understand the patristic passages entirely; the saint did not deny that the disciples looked at the light; he simply said that no creature can bear its exceeding radiance.

151. Andrew calls the light unapproachable and beyond time. It is madness to call this light a creature.

152. He also writes that the ray of Christ's body emanated from His divinity.

153. Athanasius writes that the ineffable and natural glory of the Son, which is not identical to His grace and by which He was surrounded when ascending to heaven after His resurrection, was seen partially on the mountain; Christ did not suffer any alteration, being immutable.

154. Specifying that Christ went to heaven surrounded by his glory, which was not identical to His essence, Athanasius proves that the light of the Transfiguration was not one of the gifts of His human body, but was identical with the natural glory of His divinity.

155. Adding that Christ remained immutable, Athanasius indicates that the light was unalterable, belonging to His divinity.

156. John of Damascus writes that during the Transfiguration the divine brightness shone ineffably and the human body of

Christ emitted a divine radiance; that glory emanated from the divinity that was united with the human body. The most prominent disciples saw the divinity of the Lord, which the angels were forbidden to look at. As Dionysius writes, John, after seeing such timeless glory, realized that the Word is indeed God and then wrote this truth down.

157. Christ shone with the lightning of His divinity before the disciples. The ray of the divinity had no beginning, although it was hidden inside the body. He was transformed, not becoming something else, but revealing His true self to His disciples, whose eyes were opened. He shone more than the sun. This is not a mistake of the Evangelist, who could not find something more radiant among creatures, so he was forced to use the example of the sun, in order to compare the uncreated light with it.

158. Christ is the unique sun of justice, having two natures.

159. Whatever belongs to His divinity, also belongs to His flesh. The body participated in the glory of the divine nature of Christ. That is why the body shone like the sun.

160. All these prove that the light belongs to the divinity of Christ.

161. By stating that the glory of the body emanated from the divinity of Christ, John of Damascus clearly disproves the theories of those who argue that the body was glorified from outside.

162. How can something originating from His ineffable divinity be created?

163. Like Isaiah, John of Damascus writes that the angels do not dare to look at this light.

164. He also writes that He revealed the divinity that is beyond perfection to His disciples. Can a creature be beyond perfection?

165. He clearly writes that the light is the timeless glory of Christ and the natural ray of His divinity.

166. In his canon to the Transfiguration, he calls the people to ascend the mountain in order to see the immaterial divinity of the Father and the Spirit through the Son. But that divine glory glorified the body, because the Son is consub-

stantial both with His Father and with us; as Gregory the Theologian argues, the invisible divinity was seen through the flesh.

167. Refuting the theory of those who maintain that the light was inferior to our mind, because it was seen by the eyes of the disciples, John of Damascus writes that the image of the material sun is not appropriate to the light, but Mathew the Evangelist did not refrain from using it because he was speaking to mortal men and could not find a creature greater than the sun with which to compare that uncreated light. Here he clearly employs the term "uncreated".

168. If somebody objects that the term "uncreated" is not employed by the Evangelist but by John of Damascus, he should hold his tongue; nobody is wiser than this theologian. I omit all the other phrases of the saint, for example that this light is beyond all nature, and instead focus on the image of the sun.

169. John of Damascus, using the image of the sun in order to explain the unity of the two natures in Christ, implies that the light of the sun was not a body before the creation of the sun; likewise, the light of Tabor was not originally something belonging to a material body, but was identical to the divinity before time. Like the light of the sun, which became a body after the creation of the sun, being united with it, the light of the divinity was united with Christ's body after the incarnation; the glory of the divinity thus also became the glory of the body. The light did not suffer like the body during Christ's passion.

170. There is no need to quote more passages supporting my teaching. An honorable fighter stops striking his opponent who is dead. May the Lord of compassion help you see the truth and follow the orthodox theologians.

# RATIO EDENDI

The treatise of Isaac Argyros addressed to Gedeon Zographos is preserved in just one manuscript; therefore, it did not present any particular editorial problems, all the more so since the treatise was copied by the hand of Argyros himself. We were careful to reproduce all of the, admittedly few, idiosyncrasies of Byzantine orthography and punctuation.

Each of Argyros' two other treatises is preserved in two manuscripts. The first (*De quattuor modis*) was copied in its entirety in *Vaticanus gr.* 1096 by Argyros' own hand, while in *Vaticanus gr.* 1102, which represents an earlier version of the text, the treatise was copied partly by an unknown collaborator of Argyros and partly by Argyros himself. *Vaticanus gr.* 1096, which represents the final version of the text, has served as a basis for our edition, while the different readings of *Vaticanus gr.* 1102 were recorded in the critical apparatus. The differences between these two manuscripts are minimal. Their punctuation is almost identical, and there are no deviations in their writing style. Therefore, we were able to reproduce both the punctuation and the orthographic peculiarities of Argyros on the basis of these two manuscripts quite faithfully. The same applies to the *Solutio*, which is also preserved by two manuscripts, one written by Argyros himself (*Marcianus gr.* 162) and the other by one of his collaborators, albeit subsequently revised by the author himself (*Vaticanus gr.* 1102). In the case of certain idiosyncrasies of Argyros' punctuation not reproduced by his collaborator, our edition reproduces the punctuation of Argyros, as preserved in *Marcianus gr.* 162, although *Vaticanus gr.* 1102, which represents the final draft of the text and was prepared by Argyros himself, has served as a basis for our edition. The readings of the earlier version, that of *Marcianus gr.* 162, are recorded in the critical apparatus.

The case of the treatise of Kantakouzenos against Argyros is somewhat different. There are three main manuscripts, and although all of them were produced under the supervision of the former emperor, none of them was copied by the author's own hand. We have also pointed out that both B and E were copied directly from A. In spite of this, we could not avoid quoting all the different writings of B in the critical apparatus, bearing in mind that B represents a later stage in the production of the text. The copyist of B has inserted various passages that represent Kantakouzenos' later and more mature thoughts on his theological positions. There is no doubt that these changes were undertaken under his personal instruction. Therefore, the reader of our edition needs to be informed about them. However, we decided to adhere to the principles adopted during the edition of Argyros' treatises here as well, because there is no doubt that the scribes employed by Kantakouzenos reproduced the emperor's own writing style. As far as punctuation is concerned, *Parisinus gr.* 1247 and *Vatopedinus* 347 are almost identical, while the scribe of *Parisinus gr.* 1242, despite copying *Parisinus gr.* 1247, did not bother to reproduce all the punctuation marks of his original, in many cases omitting them altogether. Therefore, while editing the treatise of Kantakouzenos, I took care to reproduce all the punctuation marks and orthographic idiosyncrasies of *Parisinus gr.* 1247.

Generally speaking, in editing both the works of Argyros and Kantakouzenos, I made an effort to adhere as faithfully as possible to the punctuation of the manuscripts. Upper stops were substituted with commas when dividing certain secondary elements (participles, infinitives etc.) from the main clause of a period of speech. (¹)

There are no internal divisions in the manuscripts we used in preparing the edition of the texts. There are some brief notes in the margins of the manuscripts of both Argyros and Kantakouzenos (e.g. the names of the authors of the passages employed by Kantakouzenos in *Parisinus gr.* 1247). Therefore, the chapters of the texts we publish below have been introduced by us.

Let us now discuss some of the orthographic peculiarities of our manuscripts. There is no need to deal with the peculiarities of the manuscripts preserving the works of Isaac Argyros and with the conventions of the manuscripts of the treatise of Kantakouzenos separately, since both groups reflect the common practices

---

(1) Contrary to the practice of D. R. Reinsch, *Michaelis Pselli Chronographia.* Band 1: *Einleitung und Text* (*Millenium-Studien* 51), Berlin – Boston, 2014, p. XXXIV-XXXV. Instead, I followed the practice I have adopted in my edition of *Theodori Dexii Opera omnia,* Polemis, *Dexii,* p. LXXX.

of the Byzantine scribes of this period. The manuscripts have a tendency to omit the iota subscript, as do most byzantine manuscripts. I supplied it wherever needed, even in cases like ᾀσμάτων (*De quattuor modis participationis Dei* 6, 9), θνῄσκει (*Contra Argyrum* 12, 38/39). The name Ἡσαΐας is written with a rough spirit, contrary to the modern use of critical editions (e.g. *De quattuor modis participationis Dei* 15, 36, but see Ἡσαΐαν *De quattuor modis participationis Dei* 10, 28, which I have kept in the edition). I adopted the manuscript's writing πρόσχες (*Contra Argyrum* 24, 77) instead of πρόσσχες, as well as Μωϋσέος (*Contra Argyrum* 24, 121, and 123) instead of Μωϋσέως, Σωκράτην (*Solutio* 2, 29 and 31) instead of Σωκράτη, and Ἀρχιμήδην (*Contra Argyrum* 29, 17), instead of Ἀρχιμήδη. Φᾶναι (e.g. *Contra Argyrum* 8, 36), contrary to the modern use, is always written with a circumflex.

Several words that are nowadays written separately are combined into one word in most Byzantine manuscripts of the Palaeologan period. However, Argyros did not always adhere faithfully to this practice. Such combinations are comparatively rare in his manuscripts: διαπαντός (*De quatuor modis participationis Dei* 5, 60), δηλονότι (*De quattuor modis participationis Dei* 10, 76), διατοῦτο (*De quattuor modis participationis Dei* 11, 34), ἐξαρχῆς (*De quattuor modis participationis Dei* 15, 43), ἐξαϊδίου (*De quattuor modis participationis Dei* 15, 68), but see ἐξ ἀϊδίου (*De quattuor modis participationis Dei* 15, 63), καθόσον (*De quattuor modis participationis Dei* 18, 14), παρόσον (*De quattuor modis participationis Dei* 19, 2/3), ἐξαρχῆς (*De quattuor modis participationis Dei* 19, 14), ἐξεναντίου (*De quattuor modis participationis Dei* 24, 14) διατοῦτο (*De lumine* 1, 32; 3, 15; 6, 31), παραπολὺ (*De lumine* 4, 32). It is indicative of Argyros' tendency to avoid writing small words together that no such case was recorded in his *Solutio*.

The manuscripts of Kantakouzenos' treatise *Contra Argyrum* also have a tendency to avoid writing two words as one, although there are some exceptions here too: διατοῦτο (9, 4; 15, 19; 24, 45; but see διατοῦτο 123, 23), ἐξανάγκης (11, 16/17; 70, 9; 77, 4), ἐπιμᾶλλον (16, 9), ἀφοῦ (24, 81; 24, 103), ἀπαρχῆς (25, 39), ὁπωσποτοῦν (28, 11/12), κατάκρας (55, 20; 58, 1), ἐξαρχῆς (56, 29; 85, 13), τοσύνολον (68, 10), ἐπιμᾶλλον (103, 11), τομηδὲν (114, 21), ἀνακράτος (115, 6), μετὰταῦτα (119, 6), τοκαταρχὰς

(119, 10), οὐχήκιστα (119, 27), διαπάντων (120, 31), διαταῦτα (127, 1, but see διὰ ταῦτα 131, 6, and 145, 1), μεταταῦτα (141, 1; 141, 12; 142, 8, but see μετὰ ταῦτα 143, 5), μετατοῦτο (142, 15), διόλου (158, 3), ὡσπερεί (160, 3), ὁπωσποτοῦν (167, 2), διατούτων (169, 1). In the edition we decided to reproduce the peculiarities of the manuscripts faithfully, without attempting any harmonization.

As far as the rules governing accentuation are concerned, in most cases the rules of modern school orthography are kept to a considerable degree in both manuscripts of Argyros [ὅσα γε (*De quattuor modis participationis Dei* 1, 27), ἁπλοῦν τινα (*De quattuor modis participationis Dei* 2, 4), ἕν ἐστι (*De quattuor* 3, 4), μονότροπός ἐστιν (*De quattuor modis participationis Dei* 3, 13), μερικάς τινας (*De quattuor modis participationis Dei* 3, 30)], and those of Kantakouzenos [ἀκτίνας φαμὲν (5, 20), ὅ φησιν (5, 28), ἐγώ φησι (5, 33/34), ὥς που (7, 33), οἷόν τ'ἦν (8, 5), εἴπερ σοι (8, 17), μαθητής ἐστι (8, 32), οἷόν ἐστι (10, 19), ἑπτά φασιν (10, 41), μικράν τινα (10, 43), οἷόν τε (15, 14)]. However, there are also some slight deviations from it, both in the manuscripts of Argyros [ἔστι τὲ (*De quattuor modis participationis Dei* 2, 15), ὅπέρ ἐστι (*De quattuor modis participationis Dei* 3, 21)], and those of Kantakouzenos [τό δ' (98, 15; 125, 17), ἐκεῖθεν τὲ (7, 25), ἔτι τὲ (7, 23), Ἄρα γε (12, 1), τοῦτο τὲ (13, 8), Ἐπεί δ' (18, 12/13)]. In each case I kept the accentuation without normalizing or harmonizing it.

# CONSPECTVS ABBREVIATIONVM

| { } | *verba delenda* |
| <...> | *verba vel litterae suppleta* |
| [...] | *fenestram indicant* |

| *a. corr.* | *ante correctionem* |
| *add.* | *addidit* |
| *alt.* | *altera* |
| *corr.* | *correctum, correxit* |
| *del.* | *delevit* |
| *e corr.* | *e correctione* |
| *iter.* | *iteravit* |
| *in marg.* | *in margine* |
| *obl. rubr* | *omisit* |
| *in ras.* | *in rasura* |
| *sup. l.* | *supra lineam* |
| *trsp.* | *transposuit* |

ISAAC ARGYRVS

# DE QVATTVOR MODIS
# PARTICIPATIONIS DEI

# CONSPECTVS SIGLORVM

*M*    *Vaticanus gr.* 1102
*V*    *Vaticanus gr.* 1096

# Ἰσαὰκ μοναχοῦ περὶ διακρίσεως μετοχῆς Θεοῦ ἐν τέσσαρσι τρόποις

1. Ὁ περὶ τῆς τοῦ Θεοῦ μετοχῆς λόγος συνετώτατέ μοι ἀνδρῶν, ποικίλος τις καὶ δυσδιάκριτος καθάπαξ εἶναι δοκεῖ, μὴ ὅτι γε τοῖς εὐτελέσιν ἡμῖν καὶ ἀναξίοις τῶν θείων λογίων ἐξηγηταῖς, καθὰ δὴ καὶ πᾶς περὶ Θεοῦ λό-
5 γος, ἀλλὰ καὶ οἷς τὸ διορατικὸν τῆς ψυχῆς κεκαθαρμέ-νον τέ ἐστι, καὶ ἡ γλῶσσα πρὸς τὸ λέγειν ἐπιτηδειότητα τὴν ἐφικτὴν ἀνθρώποις πλουτεῖ, καὶ μάλισθ᾽ὅτι καὶ τὸν θεολογικώτατον καὶ γρήγορον νοῦν ἀκούομεν λέγοντα περὶ ἑαυτοῦ, φρίττειν καὶ νοῦν καὶ ἀκοὴν καὶ διάνοιαν, ὅταν
10 περὶ Θεοῦ λέγειν ἐπιχειρῇ. Καὶ γὰρ ὡς ἀληθῶς ἐπικίν-δυνόν τε ἐστὶ τὸ πρᾶγμα, καὶ διατοῦτο δέος οὐ μικρὸν ἐμποιοῦν, μή που καὶ βραχύ τι παρασυρεὶς ὁ ἐπιχειρῶν, μὴ μόνον τῆς ἀληθείας οὐκ ἐπιτεύξεται, ἀλλ᾽ἤδη καὶ εἰς ὄλισθον ἐμπεσεῖται, τίνος τῶν ἄλλων οὐ χαλεπώτερον.
15 Ἐγὼ μὲν οὖν οὕτως ἐξαρχῆς συστελλόμενος ἦν, καὶ τοῦ πράγματος ὁλοσχερῶς ἀφίστασθαι προτεθυμημένον εἶχον, κἂν ἡ τῶν νέων τουτονὶ καὶ παρεγγράπτων θε-ολόγων φατρία, τὰ ἀλλόκοτα τῶν δογμάτων ἡμῖν ἐπι-σωρεύουσα ὁσημέραι, τῆς προθέσεως ἡμᾶς παρεσάλευ-
20 σε ταύτης, καὶ περὶ Θεοῦ λέγειν ἐναντία τοῖς ἐκείνων ἠνάγκασεν. Ὅθεν ὡς ἴστε, καὶ ἐν ἄλλοις μέν, τοῖς παρ᾽ αὐτῶν καινοτομουμένοις τοῦ Θεοῦ συνεργοῦντος ἡμῖν, καὶ διδόντος λόγον ἐν ἀνοίξει στόματος ὑπὲρ τῆς ὀφει-λομένης αὐτῷ παρ᾽ἡμῶν πίστεως, τοὺς προσήκοντας
25 τῶν ἀντιρρητικῶν ἀντετάξαμεν λόγους, ἐξ αὐτῆς τῆς θείας γραφῆς ἀπαραγράπτους τὰς μαρτυρίας λαβόντες, οἷς καὶ ὑμεῖς ἐντυχόντες, καὶ καλῶς ἔχειν ὅσα γε εἰς

---

1, 9/10 Greg. Naz., *Or.* 39, 11, 10-11 (Moreschini p. 170)    23 Eph. 6, 19

---

**Tit.** Ἰσαὰκ – τρόποις] *om. V*
**1, 4** καὶ] ὁ *add.* M    **5** διορατικὸν] διανοητικὸν M    τῆς ψυχῆς] *sup. l.* M
**15** οὕτως] *om.* M    **18** ἀλλόκοτα] ἀλόκοτα M    **20** ταύτης] *sup. l.* M

ἀκρίβειαν πίστεως κρίναντες, ἔτι καὶ τὸν περὶ μετοχῆς
Θεοῦ λόγον ἡμῖν προσανέθεσθε, τῶν ἀντικαθισταμένων
30  ἡμῖν ὥς τινα κατὰ | τῆς ὀρθῆς ἡμῶν πίστεως ἐλέπολιν    M f.10ᵛ
ὡς οἴονται ἀνανταγώνιστον προβαλλομένων τὸν περὶ
τούτου λόγον συνήθως. Ἐρωτῶσι γὰρ συνεχῶς, « τίνος
μετέχομεν τοῦ Θεοῦ, τῆς οὐσίας, ἢ τῆς ἐνεργείας », τοῦ
καθάπαξ κυρωθέντος αὐτοῖς δόγματος τῆς εἰς πολυθεΐ-
35  αν κατατομῆς τοῦ ἑνὸς Θεοῦ, ὁλοσχερῶς ἀντεχόμενοι.

2. Τῇ ὑμῶν τοίνυν εἴξαντες κελεύσει, τὴν χεῖρα ἤδη
ἐμβάλλομεν τῷ ἀρότρῳ τοῦ λόγου, καὶ φαμὲν ταῦτα
περὶ τοῦ ζητουμένου. Τὸν περὶ Θεοῦ μετοχῆς λόγον
οὐχ ἁπλοῦν τινα καὶ μονότροπον παρέδοσαν ἡμῖν αἱ
5   τῶν ἱερῶν δέλτοι λογίων, ἀλλ' ἐν τέτρασι τούτοις τρό-
ποις συγκορυφούμενον. Ὧν πρῶτος ἐστὶν ὁ κατὰ τὴν
ἄφθεγκτον ὑποστατικὴν ἕνωσιν τῆς τῶν δύο φύσεων
συνδρομῆς τοῦ θεανθρώπου Λόγου, καθ' ἣν εἰς ἀλλήλας
περιεχώρησαν ἀσυγ|χύτως αἱ δύο αὗται φύσεις, καὶ    V f.94ᵛ
10  τὴν μίαν σύνθετον ὑπόστασιν συνεστήσαντο, μᾶλλον
δ' ἵν' ἀκριβέστερον εἴπω, καθ' ἣν αὐτὸς ὁ τοῦ Θεοῦ Υἱὸς
καὶ Λόγος ἐν τῇ ἑαυτοῦ θεϊκῇ ὑποστάσει τὸ ἡμέτερον
φύραμα προσλαβών, ὃ δημιουργικῶς ὑπὸ τοῦ παναγί-
ου Πνεύματος ἐκ τῶν παναγνῶν τῆς Θεοτόκου αἱμάτων
15  συνέστη, σὺν αὐτῷ μία ὑπόστασις σύνθετος ἔστι τὲ καὶ
λέγεται. Περὶ τοῦ τῆς μετοχῆς τούτου τρόπου ὁ ἐκ Δα-
μασκοῦ Ἰωάννης οὕτω φησί· Τρόπον ἀντιδόσεως, τὴν
τοῦ Χριστοῦ ἕνωσιν φαμέν, περιχωρουσῶν εἰς ἀλλήλας
τῶν δύο φύσεων, καὶ τὰ ἀλλήλων ἰδιοποιουμένων. Εἰ δὲ
20  καὶ περιχωρεῖν εἰς ἀλλήλας καὶ ἐν ἀλλήλαις ταύτας φαμέν,
ἀλλ' οὖν ἐκ τῆς θείας φύσεως ἡ περιχώρησις κυρίως. Αὕτη
μὲν γὰρ διὰ πάντων τῶν κτισμάτων ὡς βούλεται διήκει,
διὰ ταύτης δέ, οὐδέν. Ὅτι δὲ καὶ μετοχὴ λέγεται ἡ τοιαύ-
τη τῶν δύο φύσεων ἕνωσις, ὁ μέγας ἀπόστολος ἐν τῇ

---

2, 2 τῷ ἀρότρῳ] cf. Lc. 9, 62    17/19 Ioh. Dam., *Exp. fid.* 48, 38-40 (Kotter
p. 117)    19/23 Ioh. Dam., *Exp. fid.* 51, 57-60 (Kotter p. 126)

---

2, 6 Ὧν πρῶτος] πρῶτος τρόπος notitia in marg. V    15 σύνθετος] in marg.
M    24/27 ὁ – Καὶ] in marg. inferiore M    24 μέγας] θεῖος M

25 πρὸς Ἑβραίους φησίν· Ἐπεὶ δὴ οὖν τὰ παιδία κεκοινώ-
νηκε σαρκὸς καὶ αἵματος, καὶ αὐτὸς παραπλησίως με-
τέσχε τῶν αὐτῶν. Καὶ ἐκ τῶν | ἐπ᾽ἐκκλησίας ᾀσμάτων,    M f.11
Ὁ τοῦ Θεοῦ **φησὶ** Λόγος, μὴ ἐκστὰς τῆς ἑαυτοῦ φύσεως, με-
τέσχε τοῦ ἡμετέρου φυράματος, **εἰ καὶ τῷ ἁγίῳ Κυρίλλῳ,**
30 **μετοχὴν λέγεσθαι τοῦτον τὸν τρόπον ἀποδεδοκίμασται,**
**ἵνα μὴ νοῆται ὁ αὐτὸς ὢν τινὶ τῶν ἐφεξῆς ῥηθησομέ-**
**νων, φημὶ δὴ τῷ τε κατὰ τὴν ἐν τοῖς οὖσι πᾶσι κοινῇ**
**παρουσίαν, τῷ κατ᾽ἐνοίκησιν τοῖς ἀξίοις, ἢ καὶ σχετικὴ**
**λέγεται, καὶ τρίτῳ τῷ τοῖς αἰτιατοῖς πρὸς τὴν αἰτίαν**
35 **προσήκοντι. Φησὶ γὰρ αὐτὸς ἐν τῷ πρὸς τὰς βασιλίδας**
**προσφωνητικῷ·** Ἐν τίνι κατῴκει πᾶν τὸ πλήρωμα τῆς θε-
ότητος σωματικῶς; Ἰδικῶς μὲν οὖν καὶ κατὰ μόνας ἐν τῇ
τοῦ Λόγου φύσει τοῦτο πεπρᾶχθαι νομίζειν, εὔηθες κομιδῇ.
Ἴσον γὰρ εἰπεῖν ὡς αὐτὸς ἐν ἑαυτῷ κατῴκησεν ὁ μονογενής.
40 Πιστεύοντας δὲ ὅτι γέγονε σὰρξ ὁ Λόγος, οὐ κατὰ μετάστα-
σιν ἢ τροπὴν εὐσεβὲς εἰπεῖν, ὅτι δὲ τὴν ἐν τῇ ἁγίᾳ σαρκὶ τοῦ
Λόγου κατοίκησιν ἤγουν ἕνωσιν ἀληθῆ κατασημαίνων ὁ θε-
σπέσιος Παῦλος, ἐν αὐτῷ φησὶ κατοικεῖν πᾶν τὸ πλήρωμα
τῆς θεότητος, οὐ μεθεκτῶς μᾶλλον ἢ σχετικῶς, ἤγουν ὡς
45 ἐνδόσει χάριτος, ἀλλὰ σωματικῶς, ὅ ἐστιν οὐσιωδῶς. **Ἀρκεῖ**
**ταῦτα περὶ τοῦ τοιούτου τρόπου, ἐπεὶ οὐδὲ λόγος ἐστὶν**
**ἡμῖν περὶ αὐτοῦ πρὸς τοὺς Παλαμήτας, ἀλλ᾽ἢ μόνον εἰ-**
**πόντες, μεταβησόμεθα ἐπὶ τοὺς λοιπούς. Ἔχει δ᾽ὧδε.**
   **3. Οὗτος ὁ τρόπος, ἄφθεγκτός ἐστι πάντη καὶ κατὰ**
**πάντα λόγον, καὶ ἀπερινόητος, μὴ μόνον ἀνθρώποις,**
**ἀλλὰ καὶ αὐταῖς ταῖς οὐρανίαις δυνάμεσι, καθότι ἅπαξ**
**ἐπράχθη καὶ ἕν ἐστι καὶ ἔσται τὸ τῆς οἰκονομίας μυ-**
5 **στήριον. Δεύτερος τοίνυν τρόπος μετοχῆς, καθ᾽ὃν ἐν**
**πᾶσι τοῖς οὖσι πάρεστιν οὐσιωδῶς τοῖς τε ἐμψύχοις καὶ**

---

25/27 Hebr. 2, 14    28/29 locum non inveni    **36/45** *Concilium Generale*
*Ephesinum, a. 431* (Schwartz I, 1/5, p 37, 12-20)

27 ᾀσμάτων] ᾀδομένων ᾀσμάτων εἰσόμεθα M    37 κατὰ μόνας] καταμόνας
M    47 ἢ] ἐν M
**3, 2** καὶ ἀπερινόητος] *sup. l.* M    **5** Δεύτερος ... τρόπος] *notitia in marg.* V

ἀψύχοις, | ἐνεργῶν τὴν αὐτῶν συντήρησιν καὶ διαμο-　　*V* f.95
νήν. Ὧιτινι τρόπῳ πρόσκειται καὶ τό, ἀμεθέκτως, | οὐκ　　*M* f.11ᵛ
ἀντίφασιν ποιοῦν πρὸς τὸ μεθεκτόν, ἀλλὰ διαστέλλον
10　πρῶτον μὲν καὶ κατ'ἐξαίρετον, ἀπὸ τοῦ εἰρημένου πρώ-
του τρόπου ἐκείνου τοῦ κατὰ τὴν ὑποστατικὴν ἕνωσιν
τῶν δύο φύσεων τοῦ θεανθρώπου Λόγου (ἐκεῖνος γὰρ
μονότροπός ἐστι καὶ ἀκοινώνητος πᾶσι τοῖς ἄλλοις, καὶ
μηδαμῇ συμβαίνων αὐτοῖς), ἔπειτα δέ, καὶ πρὸς τὴν ἐν
15　τοῖς οὖσι λεγομένην μετοχήν, καθ'ἣν κατὰ τὸ κοινὸν τῆς
οὐσίας εἶδος λέγεται μετέχειν αὐτῆς τὰ ὑπ'αὐτὴν ἄτομα
ὁλικῶς, καὶ οὐ μερικῶς, ὡς ὅταν φέρε εἰπεῖν, λέγοντες
τὸν δεῖνα μετέχειν τῆς ἀνθρωπίνης φύσεως, οὐ μέρους
λέγομεν μετέχειν τῆς ἀνθρωπότητος, ἀλλ'αὐτὴν ὅλην
20　τὴν ἀνθρωπότητα, ἐν τῷ ὑπ'αὐτὴν ἀτόμῳ θεωρεῖσθαι,
καὶ μὴ ἕτερόν τι εἶναι τὸ ἄτομον ἐκεῖνο, ἢ ὅπέρ ἐστι
τὸ κοινόν, καὶ ἔτι μᾶλλον ὅταν δύο ἄτομα ὁμοειδῆ, τῆς
αὐτῆς οὐσίας μετέχειν λέγωμεν. Καὶ ἐν τούτοις γὰρ οὐκ
ἄλλα εἰσὶ τὰ ἄτομα τῇ φύσει, ἄλλο δὲ τὸ μετεχόμενον
25　εἶδος, ἤγουν αὐτὴ ἡ φύσις. Καὶ ἔτι πρὸς ταύτῃ κἀκεί-
νην τὴν μετοχήν, καθ'ἣν μέρους τῶν οὐσιῶν μεταλαμ-
βάνουσι τὰ μετέχοντα, ὡς ὅταν λέγωμεν μετέχειν ἡμᾶς
ἀέρος ἐν τῷ ἀναπνεῖν, ἢ ὕδατος ἐν τῷ πίνειν, ἢ τῶν ἐκ
τῆς γῆς καρπῶν, ἐν τῷ εἰς τροφὴν ἀπολαύειν αὐτῶν.
30　Ἐν ταύταις γὰρ ταῖς μετοχαῖς, κατὰ μερικάς τινας καὶ
βραχείας ἀπολαύσεις λέγεται ἕκαστος ἀπολαύειν, καὶ
οὐ καθ'ὅλην τὴν σωματικὴν ὕλην τοῦ μεθεκτοῦ. Ταύ-
τας τοίνυν τὰς μετοχὰς ἀναιροῦντες οἱ ἅγιοι, ἐπὶ τῆς
κατ'οὐσίαν μετοχῆς τοῦ Θεοῦ ἤτοι τῆς παρουσίας, τὸ
35　ἀμέθεκτον αὐτῇ προστιθέασι.

4. Τούτου δὴ διευκρινηθέντος, ἐπὶ τὸ προκείμενον
ἐπανέλθωμεν, τὴν τῶν γραφικῶν δηλαδὴ μαρτυριῶν
ἔκθεσιν. Περὶ τούτου τοίνυν τοῦ δευτέρου τρόπου, ὁ

---

7 συντήρησιν] συντήρησίν τε *M*　　16 ὑπ'αὐτὴν] *om. M*　　17 οὐ] *sup. l. V*
**21/22** καὶ – κοινόν] *om. M*　　32 ὅλην – ὕλην] ὅλον τὸ κοινὸν εἶδος *M*　　**34**
ἤτοι – παρουσίας] *om. M*
　　**4, 2** δηλαδή] *om. V*

Ἀρεοπαγίτης καὶ μέγας φησὶ Διονύσιος ἐν τῷ περὶ ἡνω-
5 μένης καὶ διακεκριμένης θεολογίας· Καὶ τοῦτο κοινὸν
καὶ ἡνωμένον καὶ ἕν ἐστι | τῇ ὅλῃ ἀγαθότητι, τό, πᾶσαν    M f.12
αὐτὴν καὶ ὅλην ὑφ᾽ἑκάστου τῶν μετεχόντων μετέχεσθαι,
καὶ ὑπ᾽οὐδενὸς ἐν οὐδενὶ μέρει, καθάπερ κέντρον πρὸς πα-
σῶν τῶν ἐν τῷ κύκλῳ εὐθειῶν, καὶ ὥσπερ σφραγῖδος ἐκτυ-
10 πώματα πολλὰ μετέχει τῆς ἀρχετύπου σφραγῖδος, καὶ ἐν
ἑκάστῳ τῶν ἐκτυπωμάτων ὅλης καὶ τῆς αὐτῆς οὔσης, καὶ
ἐν οὐδενὶ κατ᾽οὐδὲν μέρος. Ὑπέρκειται δὲ καὶ τούτων, ἡ τῆς
πανταιτίου θεότητος ἀμεθεξία, τῷ μήτε ἐπαφὴν αὐτῆς εἶ-
ναι, μήτε ἄλλην τινὰ πρὸς τὰ μετέχοντα συμμιγῆ κοινωνίαν.
15 Ὁ θεῖος ἐκ Δαμασκοῦ Ἰωάννης· Τὸ θεῖον ἀμερές ἐστιν,
ὅλον ὁλικῶς πανταχοῦ ὄν, καὶ οὐ μέρος ἐν μέρει σωματι-
κῶς διαιρούμενον, ἀλλ᾽ὅλον ἐν πᾶσι, καὶ ὅλον ὑπὲρ τὸ πᾶν.
Τί δέ ἐστι Θεοῦ οὐσία, ἢ πῶς ἐν πᾶσι, καὶ ἀγνοοῦμεν καὶ
λέγειν οὐ δυνάμεθα. Ὁ θεορρήμων Γρηγόριος ἐν τῷ δευ-
20 τέρῳ τῶν Εἰρηνικῶν· Οὐδὲν τῶν κτιστῶν καὶ δούλων καὶ
μετεχόντων καὶ περιγραπτῶν, ἐφικνεῖται τῆς ἀκτίστου καὶ
δεσποτικῆς καὶ μεταληπτῆς καὶ ἀπείρου φύσεως. Ὁ ἅγιος
Κύριλλος ἐν τοῖς Θησαυροῖς. | Τὸ ἐν πᾶσιν ὂν καὶ διὰ πά-    V f.97ʳ
ντων ἧκον, συμπλέκεσθαι τοῖς πᾶσιν ἀναγκαῖον (οὕτω γὰρ
25 ἂν εἴη καὶ ἐν πᾶσιν), ἀλλ᾽οὐ συμπεπλέχθαι μὲν τὴν οὐσίαν
τοῦ Θεοῦ, τῇ ποικιλίᾳ τῶν ἐν κόσμῳ σωμάτων ὁμολογήσο-
μεν (μένει γὰρ ἐφ᾽ἑαυτῆς καθαρά τε, καὶ τῆς πρὸς ἕτερον
κοινωνίας ἀσύμπλοκος, φυσικῶς διήκει δὲ ὅμως διὰ πάντων
παραδόξως καὶ ἀρρήτως. Ὁ αὐτὸς ἐν τοῖς πρὸς Ἑρμείαν·
30 Ὥσπερ ἡ γυνὴ δόξα κέκληται τοῦ ἀνδρὸς διὰ τὸ μέρος εἰλη-
φέναι τῶν αὐτοῦ μελῶν εἰς τὴν οἰκείαν σύστασιν, οὕτω καὶ
ὁ ἀνὴρ δόξα Θεοῦ, διὰ τὸ γεγονέναι μέτοχον τῆς οὐσίας
αὐτοῦ. Ὁ μέγας Ἀθανάσιος ἐν τῇ πρὸς Σαραπίωνα ἐπι-

---

**4, 5/14** Ps.-Dion. Areop., *De div. nom.* 2, 5 (Suchla p. 129, 4-11)    **15/19**
Ioh. Dam., *Exp. fid.* 2, 32-36 (Kotter p. 9-10)    **20/22** Greg. Naz., *Or.* 23, 11, 20-
22 (Mossay p. 302-304)    **23/29** Cyrill. Alex., *Thes.* 6 (*PG* 73, 73C)    **30/33**
Cyrill. Alex., *Thes.* 34 (*PG* 75, 585C); cf. Acind., *Ref. magn.* 3, 66, 12-16 (Nadal
p. 261)

---

**5** καὶ²] *sup. l.* V, *om.* M    **9** κύκλῳ] περικειμένων *add.* M    **30** ἡ] *sup. l.* M

στολῇ· Τὸ Πνεῦμα **τὸ ἅγιον**, ἀεὶ τὸ αὐτό ἐστιν. Οὐ γὰρ τῶν
35 | μετεχόντων ἐστίν, ἀλλ᾽αὐτοῦ τὰ πάντα μετέχει. Εἰ δὲ τοῦτο    M f.12ᵛ
μὲν ἀεὶ τὸ αὐτό ἐστι καὶ μεθεκτόν, τὰ δὲ κτίσματα μετέχον-
τα αὐτοῦ, οὐκ ἂν εἴη τὸ πνεῦμα τὸ ἅγιον, οὔτ᾽ἄγγελος, οὔτε
**Λόγος**, ἀλλ᾽ἴδιον τοῦ Λόγου, παρ᾽οὗ διδόμενον, μετέχεται
παρὰ τῶν κτισμάτων. **Ὁ αὐτὸς ἐν τοῖς πρὸς τοὺς Ἀρεια-**
40 **νούς**· Πανταχοῦ πάρεστι τῇ οὐσίᾳ τῆς μεγαλωσύνης αὐτοῦ
**ὡς ἰσότιμος ὁ Υἱὸς τῷ Πατρί, καὶ ὅτι σὺν τῷ Πατρὶ πά-**
**ρεστι πανταχοῦ τῇ θεότητι, καὶ ὅτι πάντα περιέχει τῇ**
**οὐσίᾳ αὐτοῦ.** Εἰ γὰρ εἴποις ὅτι οὐ πάρεστι πανταχοῦ, ἄρα
μείζονα ἐρεῖς τὰ γενόμενα τοῦ δημιουργοῦ. **Ὁ Νυσσαέων**
45 **Γρηγόριος ἐν τῷ εἰς τὸν Ἀβραάμ**· Οἶμαι παντὶ πρόδηλον
εἶναι, ὅτι ἡ θεία δύναμις καὶ φύσις πανταχοῦ οὖσα, καὶ διὰ
πάντων διήκουσα, καὶ τοῦ παντὸς **περιδεδραγμένη**, οὐκ ἂν
εἰκότως πέμπεσθαι λέγοιτο. Οὐ γάρ ἐστι τί κενὸν ἔξω αὐτῆς
ἐν ᾧ μὴ πρότερον οὖσα, ὅταν πεμφθῇ παραγίνεται, ἀλλὰ τῇ
50 συντηρητικῇ δυνάμει **διατηροῦσα** τὸ πᾶν, οὐκ ἔχει **ὅπη** με-
ταχωρήσει. **Ὁ αὐτὸς ἐν τῷ δωδεκάτῳ τῶν ἀντιρρητικῶν·**
Ὁ τὰ πάντα **συμπεριειληφώς**, ἐν ᾧ καθώς φησιν ὁ ἀπόστο-
λος ἐκτίσθη τὰ πάντα καὶ ἐν ᾧ τὰ πάντα **γέγονεν**, οὐδὲν τῶν
ἐν τοῖς οὖσιν ἔξω ἑαυτοῦ ἔχει, εἰς ὃ κατά τινα κίνησιν ἡ με-
55 ταχώρησις γίνεται. Οὐδὲ γάρ ἐστιν ἑτέρως ἐνεργεῖσθαι τὴν
κίνησιν, μὴ τοῦ μεθισταμένου τὸν μὲν ἐν ᾧ ἦν ἀπολείποντος,
ἕτερον δὲ **ἀντιλαμβάνοντος** τόπον, τὸ δὲ διὰ πάντων ἧκον,
καὶ ἐν πᾶσιν ὄν, καὶ πάντα περικρατοῦν, καὶ ὑπ᾽οὐδενὸς τῶν
ὄντων περιειργόμενον, οὐκ ἔχει ὅπου μεταχωρήσει, τῷ μη-
60 δὲν εἶναι κενὸν τοῦ θείου πληρώματος. **Ὁ φιλόσοφος καὶ**
**μάρτυς Ἰουστῖνος**· Τοῖς πᾶσι μὲν ἀεὶ πάρεστιν ὁ Θεὸς τὴν

---

**34/39** Athan. Alex., *Epist. ad Serap.* I, 27, 7-11 (Savvidis p. 518); cf. Andron.
Camat., *Floril.* 60, 1-7 (Bucossi p. 136)    **40** Ps.-Athan. Alex., *Disput. contra Arium*
11 (*PG* 28, 449B)    **43/44** ibid.    **39/44** Ὁ αὐτὸς – δημιουργοῦ] cf. Acind.,
*Ref. magn.* 3, 53, 7-12 (Nadal p. 237)    **45/51** Greg. Nyss., *De deit. fil. et spir.*
*sanct.* (*PG* 46, 564C)    **52/60** Greg. Nyss., *Contra Eun.* 3, 10, 4 (Jaeger p. 290, 11-
20); cf. Nic. Gregor., *Antirrh.* 1, 2, 1, 9 (Beyer p. 229, 20-22)    **61/67** Ps.-Iustin.
(= Theodoret. Cyr.), *Exp. rect. conf.* 13, 8-9 (Otto p. 44-46)

---

**46** δύναμις] δύναμίς τε M

συντηρητικὴν αὐτοῦ ποιουμένος πρόνοιαν, ἐν δὲ τῷ οἰκείῳ
ναῷ, χρείας μεγάλης ἕνεκα καὶ ἅμα βουλόμενος ἐν|δείξασθαι    M f.13
βεβαιότερον καὶ ἐμφανέστερον, ὅτι πάρεστιν πανταχοῦ. Ὡς
65 μὲν γὰρ ἐν τῷ οἰκείῳ ναῷ, οὕτω καὶ τοῖς πᾶσιν ἀμερίστως
πάρεστιν, οὐ μὴν καὶ τὸν ἴσον τρόπον διὰ τὸ τῶν δεχομέ-
νων μέτρον | ἀτονούντων πρὸς τὴν εἰσδοχὴν τὴν θείαν. **Καὶ**    V f.98
**μετά τινα·** Πῶς ὁ λόγος πανταχοῦ κατ᾽ οὐσίαν ἐστί, καὶ πῶς
ἐν τῷ οἰκείῳ ναῷ. Εἰ γὰρ ὡς ἐν ἅπασιν ἐκεῖ, οὐδὲν πλέον
70 ὁ ναὸς τῶν πάντων ἕξει, καὶ ποῦ θήσομεν τὸ ἐν ᾧ κατοι-
κεῖ πᾶν τὸ πλήρωμα τῆς θεότητος σωματικῶς; Εἰ δὲ ἐν τῷ
ναῷ δοίη τίς πλέον εἶναι, οὐ τοῖς πᾶσι κατ᾽ οὐσίαν πάρεστιν
ὅπερ ἴδιον Θεοῦ. **Καὶ πάλιν ὁ αὐτὸς ὁμοίως ἀπορῶν περὶ**
**αὐτοῦ, ἐπάγει καὶ τὴν λύσιν,** Πῶς ὁ λόγος **λέγων** ἕν τε τῷ
75 οἰκείῳ ναῷ **καὶ** ἐν τοῖς οὖσιν ὁμοίως κατ᾽ οὐσίαν ἐστί, καὶ
τί **πλέον** ὁ ναὸς τῶν ἁπάντων ἕξει. Ἀκούσωμεν δὴ λοιπὸν
τοῦ Λόγου λέγοντος, ὃς **καὶ** ἔστιν ἐν τοῖς κόλποις τοῦ πα-
τρὸς κατ᾽ οὐσίαν, καὶ τοῖς πᾶσιν ἀμερίστως πάρεστι, καὶ οὐχ
οὕτως αὐτὸν λέγομεν ἐν τῷ πατρί, ὡς ἐν τοῖς λοιποῖς εἶναι,
80 οὐ διὰ τὸ τὴν οὐσίαν ἐν τοῖς ἄλλοις γινομένην συστέλλεσθαι,
ἀλλὰ διὰ τὸ τῶν δεχομένων μέτρον, ἀτονούντων τὴν εἰσδο-
χὴν τὴν θείαν, οὕτως ἐν τῷ οἰκείῳ ναῷ ἀχώριστον λέγοντες,
καὶ οἱονεὶ τὸ πλήρωμα τῆς θεότητος κατοικεῖν **ὁμολογοῦν-**
**τες,** καὶ τοῖς πᾶσιν αὐτὸν κατ᾽ οὐσίαν παρεῖναι λέγομεν καὶ
85 οὐχ ὁμοίως. **Καὶ πάλιν ὁ αὐτός·** Ὥσπερ ὁ ἥλιος ὁμοίως
κατ᾽ ἐνέργειαν τοῖς πᾶσι προσβάλλων, οὐχ ὁμοίως ὑπὸ πά-
ντων χωρεῖται, οὕτως ὁ λόγος κατ᾽ οὐσίαν τοῖς πᾶσι παρών,
οὐχ ὁμοίως τοῖς ἄλλοις καὶ τῷ οἰκείῳ ναῷ πάρεστιν. **Ὁ σο-**
**φώτατος ἐν πατριάρχαις Φώτιος·** Ὁ διαπορῶν εἰ ἐν τῷ
90 παντὶ τὸ θεῖον οὐκ ἂν εἴη ὑπὲρ τὸ πᾶν, λέληθεν ἑαυτὸν τὴν
τῶν ἱερῶν ῥημάτων ἐπὶ τῆς θείας φύσεως χρῆσιν | ἀγνοῶν,    M f.13ᵛ
καὶ τῆς συνήθους περὶ τῶν ἐνύλων **φαντασίας** οὐδὲν ὑψηλό-

---

**68/85** ibid. 17, 2-9 (Otto p. 54)    **85/88** ibid. 17, 21 (Otto p. 56)    **89/127**
Phot. Patr., *Amph.* 75, 37-68 (Westerink p. 87-88); cf. Acind., *Refut. magn.* 3, 74, 10-
28 (Nadal p. 278)

---

**71** δὲ] δ᾽ *M*

τερον, οὐδὲ θειότερον περὶ τῶν ἀύλων φανταζόμενος. Ἀλλὰ
γὰρ πῶς ἐν τῷ παντί; Εἴρηται μέν, ὡς κατ' οὐδένα τρόπον
95 τῶν ὄντων, εἰ δὲ δεῖ τι μᾶλλον θεωρητικώτερον ἔτι φάναι
καὶ τοῖς τὴν διάνοιαν συνεπαρθῆναι μετεώροις, καὶ τῶν θεο-
λογικωτέρων δογμάτων πρὸς τὸ ὕψος μὴ ἀποδειλιᾶσαι, ἔστι
τὸ θεῖον ἐν τῷ παντί, καὶ κατ' ἐνέργειαν καὶ κατ' οὐσίαν. Καὶ
μή μοι λέγε πῶς. Προείρηται γάρ, ὡς κατ' οὐδένα τρόπον
100 τῶν ὄντων. Πῶς οὖν ἐστι κατ' οὐσίαν; Ὡς ἐνόησας κατ' ἐνέρ-
γειαν. Ἐπειδὴ γὰρ τὰ μὲν ἄλλα καὶ δυνάμει ἐστί ποτε καὶ
ἐνεργείᾳ, τὸ δὲ θεῖον ὡς ὁ διορατικώτατος ἐννοήσειε νοῦς
ἀεὶ πάρεστιν ἐνεργείᾳ (οὐ γὰρ ἐξ ἀτελοῦς εἰς τελειότητα
πρόεισιν, οὐδὲ ἄλλό τι παρὰ τὴν αὐτοενέργειαν ἐστὶ τὸ αὐτο-
105 ούσιον), δῆλον ὡς ἐν οἷς ἐστι κατ' ἐνέργειαν, ἐν αὐτοῖς καὶ
κατ' οὐσίαν. Ἐνεργεῖ μὲν γὰρ τὴν συνοχὴν καὶ διαμονὴν τῶν
ὄντων. **Ἀνορθοῖ** δὲ καὶ διακρατεῖ τῶν δημιουργηθέντων τὴν
φύσιν. Πῶς οὖν | φησιν, εἰ τὸ θεῖον ἐστιν ἐν τῷ παντὶ οὐ-    *V f.98ᵛ*
σιωδῶς, οὐ μία τις ἐκ τούτων ἀποτελεῖται συνουσίωσις καὶ
110 φύσις. Ὅτι **οὐδὲ** ὅταν νοῇς αὐτὸ κατ' ἐνέργειαν καὶ λέγῃς ἐν
τῷ παντὶ εἶναι, **οὐδὲ** οὕτως ἔσται συντετελεσμένον καὶ φύ-
σεως λόγον ἐπέχον, τὸ δυνάμενον ὁλόκληρόν πως ὑποσχεῖν
τὴν χρείαν ἔκ τε τοῦ παντός, καὶ ἐκ τῆς θείας καὶ κρείττο-
νος **ἐνεργείας**, **ὡς** συνελθεῖν ἑτέρῳ πρὸς μιᾶς ὑποστάσεως
115 αὐτοτέλειαν, καὶ πῶς τὸ κατ' οὐσίαν ὑπάρχον τινί (τοῦτο
γὰρ εὔλογον προσεπιζητεῖν δοκεῖ), μίαν ἐννοεῖν σὺν ἐκείνῳ
οὐκ ἀπαρτίζει ὑπόστασιν. Ἀλλ' οὐ χαλεπὸν ἐπιλύσασθαι, ὅτι
διττὸν λέγεται τὸ κατ' οὐσίαν **ὑπάρχον** τινί. Τὸ μὲν γὰρ τῶν
σημαινομένων, ἐν τῷ παρεῖναι δηλοῖ, μέρος τὲ γίνεσθαι τοῦ
120 συγκρίματος, καὶ ἀναπληρωτικὸν **ὑπάρχον** τῆς κατὰ τὴν
ὑπόστασιν τελειότητος, καθάπερ τῷ σώματι ἡ ψυχή, τὸ δέ, |    *M f.14*
οὔτε μέρος ἂν γένοιτό ποτε τοῦ φυράματος, οὔτε τοῖς ἰδι-
ώμασιν **ὑπαλλάττοιτο**, κοινοποιουμένων τῶν ἀφωρισμένων
ἑκατέρα τῶν φύσεων, οὔτε ὑπὸ θατέρου τῶν συγκριμάτων
125 **ἀπαρτίζοιτο**, ἀλλ' ἔστιν ἡ σύνοδος αὐτοῦ συστατική τε μᾶλ-

---

93 ἀύλων] ἐνύλων *M*    98 καὶ¹] *om. M*    100 ἐνόησας] ἐννοήσει *M*
108 φησιν] *om. M*    110 ὅταν] αὐτὸ *add. V*    118 ὑπάρχον] ὑπάρχειν *M*
122 οὔτε²] *iter. M*    123 κοινοποιουμένων] κοινωποιουμένων *M*

λον καὶ σωστικὴ τῆς συναπτομένης καὶ αὐτοτελοῦς ὑποστά-
σεως. **Καὶ πάλιν ὁ αὐτός·** Θεοῦ μέν, οὐδὲ θείας ἐλλάμψεως
οὐδένα τοσοῦτον κεκενωμένον εἶναι νομίζω, ὃς μὴ πανταχοῦ
παρεῖναι τὸ θεῖον ἀδιαστάτως, μὴ δὲ τὰ πάντα πληροῦν, ἐμ-
130  φύτῳ καὶ κοινῇ κατέλαβεν ἀντιλήψει. Εἰ δὲ πᾶσι πάρεστιν ὁ
Θεὸς τοῖς οὖσιν, οὐδὲν τῆς ὑπερφυοῦς αὐτοῦ φύσεως, ἐκ τῆς
περὶ τὰ δημιουργήματα αὐτοῦ παρουσίας συναλλοιουμένης,
οὔτε τοῖς καθ᾽ὑπόβασιν ἑτέρου πρὸς ἕτερον συνελαττουμέ-
νης ἐλαττώμασιν, οὐδὲ ταῖς ἐν τοῖς κτίσμασιν ἀναφυομέναις
135  κηλῖσιν ἐνυβριζομένης, ἀλλὰ τῇ ἀφράστῳ καὶ ἀπερινοήτῳ
τῆς μακαριότητος ὑπεροχῇ καὶ ἀπαθείας ὑπεριδρυμένος,
πάρεστί τε τοῖς οὖσι καὶ συνέχει ταῦτα καὶ διεξάγει, πῶς
ἂν ἀδύνατον εἴη, ἢ τίνα φέρον ὕβριν, τῷ ἀνθρωπίνῳ παρεῖναι
φυράματι, καὶ τὴν ἀπόρρητον αὐτοῦ φιλανθρωπίαν καὶ πρό-
140  νοιαν διὰ τῆς σαρκώσεως ἐπιδείξασθαι.

| **5. Αἵδε μὲν οὖν αἱ παρὰ τῶν ἁγίων μαρτυρίαι περὶ**   M f.14ᵛ
**τοῦ τοιούτου τρόπου τῆς μετοχῆς τοῦ Θεοῦ, παρετέθη-**
**σαν ἡμῖν ἐνταυθοῖ, σύμμετροι μὲν καὶ ἐκ πάνυ πολλῶν**
**ἐκλεγεῖσαι, πλὴν ἱκαναὶ καὶ τοῖς μὴ λίαν ἐσκεμμένοις**
5  **τὰ θεῖα, γνῶσιν ἐνθεῖναι τὴν ἐφικτήν, ὥστε τῆς περὶ τὸ**
**πρᾶγμα θεοπρεποῦς ἐννοίας ἀντιλαβέσθαι.** Πρὸς γὰρ

---

127/140 ibid. 185, 2-13 (Westerink p. 242); cf. Acind., *Refut. magn.* 3, 65, 112-
125 (Nadal p. 259)

---

135 ἀλλά] ἀλλ᾽ἐν M      140 ἐπιδείξασθαι] Ὁ θειότατος Νυσσαέων Γρηγόριος
ἐν τοῖς εἰς τὸν Ἀβραάμ· Οἶμαι παντὶ πρόδηλον εἶναι ὅτι ἡ θεία δύναμίς τε καὶ φύ-
σις πανταχοῦ οὖσα καὶ διὰ πάντων διήκουσα καὶ τοῦ παντὸς περιδεδραγμένη, οὐκ
ἂν εἰκότως πέμπεσθαι λέγοιτο. Οὗ γάρ ἐστι τι κενὸν ἔξω ἑαυτῆς, ἐν ᾧ μὴ πρότε-
ρον οὖσα, ὅταν πεμφθῇ, παραγίνεται, ἀλλὰ τῇ συντηρητικῇ δυνάμει διατηροῦσα τὸ
πᾶν, οὐκ ἔχει ὅποι μεταχωρήσει (Greg. Nyss., *De deit. fil. et spir. sanct.*, PG 46, 564C).
Ὁ αὐτὸς ἐν τῷ β῎ τῶν ἀντιρρητικῶν· Ὁ τὰ πάντα συμπεριειληφώς, ἐν ᾧ καθώς φη-
σιν ὁ ἀπόστολος, ἐκτίσθη τὰ πάντα καὶ ἐν ᾧ τὰ πάντα γέγονεν, οὐδὲν τῶν ἐν τοῖς
οὖσιν ἔξω ἑαυτοῦ ἀπολείπει, εἰς ὃ κατά τινα κίνησιν ἡ μεταχώρησις γίνεται. Οὐδὲ
γάρ ἐστιν ἑτέρως ἐνεργεῖσθαι τὴν κίνησιν, μὴ τοῦ μεθισταμένου τὸν ἐν ᾧ ἦν ἀπολεί-
ποντος, ἕτερον δὲ ἀντιλαμβάνοντος τόπον. Τὸ δὲ διὰ πάντων ἧκον καὶ ἐν πᾶσιν ὄν,
καὶ παντάπασι κρατοῦν, καὶ ὑπ᾽ οὐδενὸς τῶν ὄντων περιειργόμενον, οὐκ ἔχει ὅπου
μεταχωρήσει, τῷ μηδὲν εἶναι κενὸν τοῦ θείου πληρώματος (Greg. Nyss., *Contra Eun.*
3, 10, 4 Jaeger p. 290, 11-20) post ἐπιδείξασθαι add. *deinde lineis expunxit* M
**5, 2** τοῦ²] om. M      3 καὶ] om. M

τοὺς ἀντικαθισταμένους ἡμῖν περὶ τῶν τοιούτων, οὐδέ-
να λόγον ποιοῦμαι, καθάπαξ ἄσπονδον πόλεμον ἑλομέ-
νους κατὰ τῆς ἀληθείας. Μόνης γὰρ οὗτοι τῆς θείας δυ-
10 νάμεως ἔργον εἰσί, τῆς καὶ τοὺς νεκροὺς ζωοποιούσης,
καὶ | ἀξίους ἐξ ἀναξίων ἀπεργαζομένης, ὃ δι᾽εὐχῆς ὅτι     V f.99
πλείστης ἔγωγε ποιοῦμαι. Λοιπὸν δὲ ἐπισκεπτέον καὶ
περὶ τῶν ἄλλων, ὧν πρῶτος ἐστίν, ὁ μετὰ τοὺς εἰρημέ-
νους τρίτος. Οὗτος δ᾽ἂν εἴη, ὁ κατὰ τὴν ἐν τοῖς εὐηρε-
15 στηκόσι Θεῷ διὰ τῆς τῶν ἐντολῶν αὐτοῦ ἐργασίας ἐνοί-
κησιν αὐτοῦ, οὐσιωδῶς μὲν καὶ ἐν ταύτῃ παρόντος, ὡς
κἂν τῇ προτέρᾳ δέδεικται, πλὴν ἰδίως ἐν τούτοις αὐτῆς
τῆς τοῦ Θεοῦ οὐσίας ἀπεργαζομένης δημιουργικῶς, τὴν
τῶν ἀγαθῶν πάντων ὑπερβλύζουσαν χορηγίαν, τῶν καὶ
20 πνευματικῶν χαρισμάτων ὀνομαζομένων, ἃ καὶ κτιστὰ
δείξουσιν αἱ τῶν ἁγίων μαρτυρίαι, νοουμένου καὶ ἐν
ταύτῃ τῇ μετοχῇ τοῦ ἀμεθέκτως, διὰ τὰ προειρημένα.
Περὶ τοίνυν τούτου τοῦ τρόπου, αἵδε τῶν ἁγίων μαρτυ-
ρίαι προκείσθωσαν ἐνταυθοῖ, ὁ σωτὴρ ἐν εὐαγγελίοις
25 λέγων, ἐγὼ καὶ ὁ πατὴρ ἐλευ|σόμεθα, καὶ μονὴν     M f.15
παρ᾽αὐτῷ ποιήσομεν. Ὁ μέγας Παῦλος· Οὐκ οἴδατε ὅτι
ναὸς Θεοῦ ἐστέ, καὶ τὸ πνεῦμα τοῦ Θεοῦ οἰκεῖ ἐν ὑμῖν;
Καὶ πάλιν ὁ αὐτός· Ὑμεῖς ἐστὲ ναὸς Θεοῦ ζῶντος, κα-
θὼς εἶπεν ὁ Θεός, ὅτι ἐνοικήσω ἐν αὐτοῖς καὶ ἐμπερι-
30 πατήσω. Ὁ μέγας Ἀθανάσιος ἐν τῇ πρὸς Ἄρειον διαλέ-
ξει· Κατὰ ταῦτα ἡ τοῦ Πατρὸς καὶ Υἱοῦ θεότης ἐστίν, ἡ
ἁγία καὶ ἁγιοποιός, ἡ ἁγιάζουσα πάντα τὰ λογικὰ τὰ κατα-
ξιούμενα ἐξ αὐτεξουσίου γνώμης καὶ σπουδῆς, δέξασθαι τὴν
ἁγίαν καὶ μακαρίαν οὐσίαν εἰς κοινωνίαν ἁγιασμοῦ. Σημει-
35 ωτέον δὲ ἐκ τοῦ ἁγιοποιὸν ὀνομάσαι τὸν ἅγιον τὴν θείαν

---

5, 11 ἀξίους – ἀναξίων] cf. Ier. 15, 19     25/26 Io. 14, 23     26/27 I Cor.
3, 16     28/30 II Cor. 6, 16     31/35 Ps.-Athan. Alex., *Disput. contra Arium* 38
(*PG* 28, 489AB); cf. Acind., *Ref. magn.* 3, 53, 23-27 (Nadal p. 238)

---

12 δὲ] δὴ M     13 τοὺς εἰρημένους] τὸν εἰρημένον M     14 εὐηρεστηκόσι]
εὐαρεστοῦσι M     19/20 τῶν² – ὀνομαζομένων] om. M     20 ἃ – κτιστὰ] ἃς
κτιστὰς M     21/22 καὶ – μετοχῇ] κἀνταῦθα καὶ M     33/34 δέξασθαι – ἁγίαν]
τὴν ἁγίαν δέξασθαι M

οὐσίαν, ὅτι δημιουργὸν ἐνέφηνε ταύτην τῆς τῶν ἁγίων
ἁγιότητος, καὶ αὐτῶν τῶν ἁγίων, εἰ καὶ τουτὶ τὸ παρα-
λήρημα τῶν νέων τουτωνὶ θεολόγων ἐστί, λεγόντων,
μὴ μόνα τὰ παρὰ Θεοῦ διδόμενα τοῖς ἁγίοις χαρίσματα
40  ἄκτιστα εἶναι, ἀλλὰ καὶ τοὺς αὐτὰ δεχομένους ἁγίους.
Τὸ δ᾽ αὐτὸ καὶ ἐν ταῖς πλείοσι τῶν ἐκτεθησομένων ῥήσε-
ων γνωσόμεθα ἐμφαντικώτερον. Ὁ αὐτὸς ἐν τῇ πρὸς
Σαραπίωνα ἐπιστολῇ· Οὕτω γε σφραγιζόμενοι, εἰκότως
καὶ κοινωνοὶ θείας φύσεως γινόμεθα, καὶ οὕτω μετέχει πᾶσα
45  ἡ κτίσις τοῦ Λόγου ἐν Πνεύματι. Καὶ ἐν τῇ πρὸς Ἄρειον
διαλέξει· Ἐρωτᾷ Ἀθανάσιος, οἱ ἅγιοι ἄγγελοι τὸ Πνεῦμα
ἔχουσι, ναί, ἢ οὔ; Ἄρειος εἶπε, καὶ πάνυ. Ἀθανάσιος, διαπαν-
τὸς συνὸν αὐτοῖς τυγχάνει, ἢ πρὸς καιρὸν συνῆν αὐτοῖς τὸ
Πνεῦμα τὸ ἅγιον, καὶ εἰ τοῦτο, ἄρα πῇ μὲν λέξεις τοὺς ἀγ-
50  γέλους ἁγίους, πῇ δὲ οὐχ ἁγίους. Τῇ μὲν γὰρ παρουσίᾳ τοῦ
ἁγίου Πνεύματος, ἅγιοι τυγχάνουσι, τῇ δὲ ἀπουσίᾳ αὐτοῦ,
δῆλον μὴ εἶναι αὐτοὺς ἁγίους κατὰ τὸ εἰρημένον πρὸς τοῦ
Θεοῦ, Οὐ μὴ καταμείνῃ τὸ πνεῦμά μου μετὰ τῶν ἀνθρώπων
τῆς γενεᾶς ταύτης, διὰ τὸ εἶναι αὐτοὺς σάρκας. Διὸ καὶ
55  Παῦλος ὁ ἀπόστολος φησίν, Εἰ δέ τις Πνεῦμα Χριστοῦ οὐκ
ἔχει, οὗτος οὐκ ἔστιν αὐτοῦ. Εἰ οὖν ἡ τῶν κακῶν πράξεων
κτῆσις, αἰτία γίνεται μὴ συνεῖναι τὸ Πνεῦμα | τοῖς ἁμαρτά-    V f.99ᵛ
νουσιν ἐκ τοῦ μὴ εἶναι καὶ ἐνοικεῖν ἔν τισι τὸ Πνεῦμα, δεί-
κνυται μὴ εἶναι Χριστοῦ. Οὐκοῦν οἱ ἅγιοι ἄγγελοι ἁμαρτίας
60  διάκονοι, εἰ μὴ διαπαντὸς ἔχουσι τὸ Πνεῦμα τὸ ἅγιον. Πῶς
δὲ ἀδιαλείπτως προσέχουσι τῇ δόξῃ τοῦ Θεοῦ, εἰ μὴ ἅγιοι
καὶ κοινωνοὶ Πνεύματος ἁγίου εἶεν διαπαντός; Ἄρειος εἶπε,
διαπαντὸς | ἔχουσιν αἱ ἅγιαι δυνάμεις τὸ Πνεῦμα. Ἐρώτη-    M f.15ᵛ
σις Ἀθανασίου. Καὶ οἱ ἅγιοι πατέρες οἱ ἀπ᾽ αἰῶνος εὐαρε-
65  στήσαντες τῷ Θεῷ, συνὸν ἔσχον αὐτό, καὶ νῦν ἔχουσιν αὐτό,

43/45 Athan. Alex., *Epist. ad Serap.* I, 23, 34-36 (Savvidis p. 509-510); cf. Acind.,
*Ref. magn.* 3, 53, 45-46 (Nadal p. 238)    46/81 Ps.-Athan. Alex., *Disput. contra
Arium* 38 (*PG* 28, 489D-492B)

36 ἐνέφηνε] εἶναι *add.* M    40 αὐτὰ – ἁγίους] δεχομένους ἁγίους αὐτὰ M
42 ἐμφαντικώτερον] *om.* M    44 καὶ¹] *iter.* V    48 αὐτοῖς] *om.* M    49 ἅγιον]
ταῖς ἄνω δυνάμεσιν *add.* M

ναὶ ἢ οὔ; Ἄρειος εἶπεν, καὶ ἔσχον, καὶ ἔχουσι πάντες οἱ ἅγιοι
τὸ ἅγιον Πνεῦμα ἀχωρίστως. Ἀθανάσιος. Τοῖς ἀποστόλοις
συνῆν τὸ Πνεῦμα **τὸ** ἅγιον ἐν σαρκὶ οὖσι, ναὶ ἢ οὔ; Ἄρειος
εἶπεν, ἀθέμιτόν ἐστι φάναι, μὴ συνεῖναι τὸ ἅγιον Πνεῦμα
70 τοῖς ἀποστόλοις. Ἀθανάσιος. Ἅμα πάντες ἐπορεύοντο κηρύτ-
τοντες τὴν βασιλείαν τῶν οὐρανῶν, ἢ διεσπάρησαν εἰς τὰ
δώδεκα μέρη **τῆς οἰκουμένης**; Ἄρειος εἶπεν, ἐχωρίσθησαν
ἀπαλλήλων σαρκὶ πρὸς τὸ μαθητεῦσαι **ἅπαντα** τὰ ἔθνη εἰς
τὴν ἐν Χριστῷ πίστιν. Ἀθανάσιος εἶπεν. Εἰ οὖν ἀγγέλοις σύ-
75 νεστι τὸ ἅγιον Πνεῦμα, καὶ ταῖς ψυχαῖς τῶν **ἁγίων** πατέρων
τῶν εὐαρεστησάντων Θεῷ συνὸν τυγχάνει τὸ Πνεῦμα, καὶ
τῶν ἀποστόλων διαστάντων μακραῖς διαστάσεσιν ἀπ'ἀλλή-
λων πρὸς τὸ κηρύξαι τὴν βασιλείαν τῶν οὐρανῶν, παρῆν
αὐτοῖς τὸ Πνεῦμα **τὸ** ἅγιον, ἄρα τὰ σύμπαντα πληροῖ παντα-
80 χοῦ παρὸν κατ'οὐσίαν, ὥσπερ ὁ Θεὸς **καὶ** Πατήρ, καὶ ὁ μο-
νογενὴς Υἱὸς αὐτοῦ. **Ὁ μέγας Βασίλειος ἐν τῷ τετάρτῳ
τῶν ἀντιρρητικῶν·** Οὐδὲν κτίσμα μεθεκτόν ἐστι τῇ λογικῇ
ψυχῇ, ὡς ἐνοικίζεσθαι αὐτῇ οὐσιωδῶς, τὸ δὲ Πνεῦμα τὸ ἅγι-
ον ἐνοικίζεται αὐτῇ, κατὰ τὸν λέγοντα, *ναοὶ τοῦ Θεοῦ ἐστέ,*
85 *καὶ τὸ Πνεῦμα τοῦ Θεοῦ οἰκεῖ ἐν ὑμῖν.* **Καὶ πάλιν· Τοῦτο
καὶ** ἐν οὐρανῷ **ἐστι**, καὶ τὴν γῆν πεπλήρωκε, καὶ πανταχοῦ
πάρεστι, καὶ οὐδαμοῦ περιέχεται. Ὅλον ἑκάστῳ ἐνοικεῖ, καὶ
ὅλον ἐστὶ μετὰ τοῦ Θεοῦ. **Ἐκ τῆς Δογματικῆς Πανοπλίας·**
Ὁ μὲν Θεὸς πᾶσι πάρεστιν. Οὐ γὰρ ἐν τόπῳ ἐστὶν ἵνα καὶ
90 ἀπῇ τινός, ἀλλὰ πάντων ἐστὶ παρακτικός, οὐ πάντα δὲ αὐτῷ
πάρεστι, ἀλλ'ὅσα τῆς θείας ἐγγύτητος εἰσὶν ἄξια. **Πάλιν ὁ
μέγας Βασίλειος·** Παρὸν καὶ ἐνὸν ἡμῖν τὸ Πνεῦμα τὸ ἅγιον,
τὸ πάντα πληροῦν καὶ πάντα συνέχον, πάντα φωτίζον, πά-
ντα ἁγιάζον κατὰ τὴν αὐτῶν ὑπόστασιν, ἁγιάζει, φωτίζει,
95 βελτιοῖ τάς τε ψυχὰς καὶ τὰ σώματα, αὐτὸ δι'ἑαυτοῦ τὴν κα-

---

**82/85** Ps.-Bas. Caes. (= Didym. Alex.), *Adv. Eun.* V (*PG* 29, 713A); cf. Acind.,
*Ref. magn.* 3, 64, 3-7 (Nadal p. 255-256)     **85/88** Bas. Caes., *De fide* 3 (*PG* 31,
472A); cf. Anon., *Adv. Cantac.* 96, 21-23 (Polemis p. 143)     **89/91** locum non
inveni; cf. Cantac., *Epist.* I, 4, 5-6 (Tinnefeld p. 179)     **92/98** locum non inveni,
sed cf. Niceph. Gregor., *Antirrh.* 1, 2, 1, 10 (Beyer, p. 231, 6-11)

---

**83** αὐτῇ] οὐσιωδῶς *primum add., deinde del.* M

ταφάνειαν πληροῦν καὶ τὴν λαμπρότητα. Ὡς μὲν ἅγιον, ἁγι-
ότητος μεταδίδωσιν, ὡς δὲ φῶς, φωτός, ὡς δὲ σύνεσις καὶ
σοφία, σοφίας καὶ συνέσεως, ὡς δὲ Θεός, θεότητος. **Καὶ πά-
λιν ἐν τῷ περὶ πίστεως·** Τὸ Πνεῦμα τὸ ἅγιον, πανταχοῦ
100 πάρεστι, καὶ οὐδαμοῦ περιέχεται, ὅλον ἑκάστῳ ἐνοικεῖ, καὶ
ὅλον ἐστὶ μετὰ τοῦ Θεοῦ, οὐ λειτουργικῶς διακονεῖ τὰς δω-
ρεάς, ἀλλ᾿ αὐθεντικῶς διαιρεῖ τὰ χαρίσματα, καὶ ὥσπερ | ὁ    *V* f.100
ἥλιος ἐπιλάμπων τοῖς σώμασι, καὶ ποικίλως ὑπ᾿ αὐτῶν μετε-
χόμενος, οὐδὲν ἐλαττοῦται παρὰ τῶν μετεχόντων, οὕτω καὶ
105 τὸ πνεῦμα πᾶσι τὴν παρ᾿ ἑαυτοῦ χάριν παρέχον, ἀμείωτον
μένει καὶ | ἀδιαίρετον. **Ὁ αὐτὸς ἐν τῷ ἐνάτῳ κεφαλαίῳ**    *M* f.15α
**τῶν πρὸς Ἀμφιλόχιον· Τὸ Πνεῦμα τὸ ἅγιον** πάντα **πλη-
ροῖ,** μόνοις δέ **ἐστι** μεθεκτὸν τοῖς ἀξίοις, οὐχ ἑνὶ μέτρῳ με-
τεχόμενον, ἀλλὰ κατ᾿ ἀναλογίαν τῆς πίστεως διαιροῦν τὴν
110 ἐνέργειαν. **Καὶ πάλιν ἐν ἑτέρῳ·** Καὶ ἦν δὲ προίεται ζωὴν
εἰς ἄλλου ὑπόστασιν τὸ πνεῦμα, οὐ χωρίζεται αὐτοῦ,
ἀλλ᾿ ὥσπερ πυρός, τὸ μέν ἐστιν ἡ **ἐνοῦσα** θερμότης, τὸ δὲ ἦν
παρέχει τῷ ὕδατι, οὕτω καὶ αὐτό, καὶ ἐν ἑαυτῷ ἔχει τὴν
ζωήν, καὶ οἱ μετέχοντες αὐτοῦ, ζῶσι θεοπρεπῶς ζωὴν θείαν
115 καὶ οὐράνιον κεκτημένοι. **Ὁ ἅγιος Μάξιμος·** Ὁ τοῖς οὖσι μὴ
κατ᾿ οὐσίαν ὑπάρχων μεθεκτός, κατ᾿ ἄλλον δὲ τρόπον μετέχε-
σθαι τοῖς δυναμένοις βουλόμενος, τοῦ κατ᾿ οὐσίαν κρυφίου
παντελῶς οὐκ ἐξίσταται, ὁπότε καὶ αὐτὸς ὁ τρόπος καθ᾿ ὃν
θέλων μετέχεται, μένει διηνεκῶς τοῖς πᾶσιν ἀνέκφαντος.
120 Οὐκοῦν ὥσπερ θέλων ὁ Θεὸς μετέχεται καθ᾿ ὃν οἶδε τρόπον,
οὕτω καὶ θέλων ὑπέστησε τὰ μετέχοντα καθ᾿ ὃν αὐτὸς ἐπί-
σταται λόγον, δι᾿ ὑπερβάλλουσαν ἀγαθότητος δύναμιν.
Οὐκοῦν τὸ θελήσει τοῦ πεποιηκότος γενόμενον, οὐκ ἂν εἴη
τῷ θελήσαντι αὐτὸ γενέσθαι συναΐδιον. **Ὁ αὐτὸς ἐν τοῖς εἰς**
125 **τὸν ἅγιον Διονύσιον σχολίοις·** Ἡ προσκυνητὴ τριάς, τῆς

---

99/106 Bas. Caes., *De fide* 3 (*PG* 31, 472A)    107/110 Bas. Caes., *De spir.*
9, 22, 30-32 (Pruche p. 324-326)    110/115 Ps.-Bas. Caes., *Adv. Eun.* V (*PG* 29,
772B)    115/124 Max. Conf., *Cap. quinq. cent. cent.* I, 7 (*PG* 90, 1180C-1181A)
125/129 Ps.-Max. Conf. (= Ioh. Scythop.), *Scholia in librum De div. nom.* 111, 17
(Suchla p. 129, 3-8)

---

112 ἐνοῦσα] συνοῦσα M    120 θέλων] *ex* θέλω *corr.* M    124 αὐτὸ]
αὐτῷ M

μετὰ τὸ βάπτισμα δι'εὐζωΐας προκοπῆς καὶ τελειότητος ἄρ-
χουσα, ἅτε καὶ πάσης τελειότητος ποιητική, τελετάρχις
εἰκότως νοεῖται. Οἱ γοῦν τῇ προκοπῇ τελειούμενοι, θεοῦνται
πάντως, θείας κοινωνοὶ γενόμενοι φύσεως. Ὁ ἅγιος Διονύ-
130 σιος ἐν τῷ ἐνάτῳ κεφαλαίῳ τῶν περὶ θείων ὀνομάτων·
Οὕτως ἐπὶ Θεοῦ τὸ μικρὸν ἐκληπτέον, ὡς ἐπὶ πάντα καὶ διὰ
πάντων ἀνεμποδίστως χωροῦν, καὶ **ἐνεργὲς ὂν** καὶ **διικνού-
μενον ἄχρι μερισμοῦ ψυχῆς καὶ σώματος, ἁρμῶν τε καὶ
μυελῶν, καὶ ἐννοιῶν καρδίας,** μᾶλλον δὲ τῶν ὄντων ἁπάν-
135 των. **Οὐ γάρ ἐστι κτίσις ἀφανὴς ἐνώπιον αὐτοῦ.** Ὁ θεο-
λόγος Γρηγόριος ἐν τῷ περὶ τοῦ ἁγίου Πνεύματος· **Τὸ
Πνεῦμα τὸ ἅγιον** πάντα τῇ οὐσίᾳ **πληροῖ καὶ συνέχει,**
πληρωτικὸν κόσμου κατὰ τὴν οὐσίαν, ἀχώρητον κόσμῳ
κατὰ τὴν δύναμιν, ἀγαθόν, εὐθές, ἡγεμονικὸν φύσει οὐ θέσει,
140 ἁγιάζον, οὐχ ἁγιαζόμενον, μετροῦν, οὐ μετρούμενον, μετεχό-
μενον, οὐ μετέχον, πληροῦν, οὐ πληρούμενον, συνέχον, οὐ συ-
νεχόμενον. **Ὁ ἅγιος Κύριλλος ἐν τοῖς πρὸς Ἑρμείαν·**
Ὥσπερ ἡ γυνὴ δόξα κέκληται τοῦ ἀνδρός, διὰ τὸ μέρος εἰλη-
φέναι τῶν αὐτοῦ μελῶν εἰς τὴν οἰκείαν σύστασιν, οὕτως καὶ
145 ὁ ἀνὴρ δόξα Θεοῦ, διὰ τὸ γεγονέναι μέτοχον τῆς οὐσίας
αὐτοῦ. **Ὁ αὐτὸς | ἐν τοῖς αὐτοῖς·** Θεὸς ἄρα τὸ Πνεῦμα ἐστὶ    *V* f.100ᵛ
τὸ διαμορφοῦν πρὸς Θεόν, οὐχ ὡς διὰ χάριτος ὑπουργικῆς,
ἀλλ' ὡς θείας φύσεως μέθεξιν **αὐτὸ** τοῖς ἁγίοις δωρούμενον.
**Καὶ πάλιν ἐν τοῖς αὐτοῖς· |** Θεὸς ἄρα ἐστὶ τὸ Πνεῦμα κατὰ    *M* f.15αᵛ
150 φύσιν, τὸ τοὺς ἁγίους ἀναγεννῶν εἰς ἑνότητα τὴν πρὸς Θεόν,
διὰ τὸ κατοικεῖν ἐν αὐτοῖς, καὶ τῆς οἰκείας φύσεως ἐργάζε-
σθαι κοινωνούς. **Καὶ ἔτι ἐν τοῖς αὐτοῖς· Εἰ δὲ δοῦλον ἐστὶν**

---

131/135 Ps.-Dion. Areop., *De div. nom.* 9, 3 (Suchla p. 209, 2-6)    132/134
Hebr. 4, 12    135 Hebr. 4, 13    136/142 Greg. Naz., *Or.* 31, 29, 18-23 (Gallay
p. 334)    143/146 Cyrill. Alex., *Thes.* 34 (*PG* 75, 585C)    143/145 I Cor. 11,
7    146/148 Cyrill. Alex, *De sanct. trin. dialog.* 7, 639, 25-27 (Durand p. 166)
149/152 Cyrill. Alex., *Thes.* 34 (*PG* 75, 592C); cf. Acind., *Ref. magn.* 3, 66, 17-20
(Nadal p. 261)    151/152 II Petr. 1, 4    152/156 Cyrill. Alex., *Thes.* 34 (*PG*
601B)

---

127 τελετάρχις] τελεταρχικὴ M    131 ἐπὶ] τοῦ *add.* M    146 τοῖς]
*om.* M

ὡς ποιητὸν καὶ κτιστὸν τὸ Πνεῦμα τὸ ἅγιον, πῶς ἐν αὐτῷ
κράζομεν, «ἀββᾶ ὁ πατήρ»; Ἀλλὰ τῆς μὲν δουλείας ἀπαλ-
155 λάττει ἐν οἷς ἂν γένοιτο, ἀναμορφοῖ δὲ μᾶλλον εἰς τὴν ἐλευ-
θέραν υἱότητα, μετόχους ἀποδεικνύον τῆς οἰκείας φύσεως.
Καὶ πάλιν ἐν τοῖς αὐτοῖς· Ὅτε τοίνυν τοῦ ἁγίου Πνεύμα-
τος οἰκοῦντος ἐν ἡμῖν, οἶκος Θεοῦ καὶ ναὸς χρηματίζομεν,
πῶς οὐκ ἔσται τῆς θείας φύσεως, ἀλλ᾽ ἐν τοῖς γενητοῖς ἀριθ-
160 μηθήσεται, ὅτε κἀκεῖνο πρόδηλόν ἐστιν, ὡς οὐδὲν τῶν γενη-
τῶν καὶ πεποιημένων ὡς Θεὸς ἐν ναῷ λέγεται κατοικεῖν,
μόνης δὲ τῆς θείας φύσεως ἐστὶ καὶ τοῦτο μετὰ τῶν ἄλλων
ἐξαίρετον οὐδενὸς ἀτιμότερον; Καὶ πάλιν ἐν τοῖς αὐτοῖς·
Εἰ τῷ ἁγίῳ Πνεύματι σφραγιζόμενοι πρὸς Θεὸν ἀναμορφού-
165 μεθα, πῶς ἔσται γενητόν, δι᾽ οὗ τῆς θείας οὐσίας ἐν ἡμῖν
εἰκὼν ἐγχαράττεται, καὶ τῆς ἀγενήτου φύσεως ἐναπομένει
σήμαντρα;
    6. Μή τις δ᾽ ἐνταυθοῖ τῆς θείας οὐσίας εἰκόνα ἀκούων,
ἄκτιστον ταύτην οἰέσθω. Μόνη γὰρ ἄκτιστος εἰκών, ὁ
Υἱός ἐστι τοῦ Πατρός, καὶ μόνη ἄκτιστος εἰκὼν τοῦ Υἱοῦ
τὸ Πνεῦμα. Ὁ γὰρ τῆς ἐκκλησίας Χριστοῦ νέος Ὀρφεὺς
5 ὁ θεῖος Δαμασκηνός, περὶ μὲν ἀκτίστου εἰκόνος, Εἰκών
φησι τοῦ Πατρός, ὁ Υἱός, καὶ τοῦ Υἱοῦ τὸ Πνεῦμα πέφυκε,
καὶ τίς ἂν μανείη, κτιστὰς εἰκόνας ταῦτα λέγων; Περὶ
δὲ κτιστῆς, πάλιν ὁ αὐτός, ἔν τινι τῶν εἰς τοὺς κεκοι-
μημένους ᾀσμάτων, Ἐτίμησας φησι τὸ τῶν χειρῶν σου,
10 σῶτερ, πλαστούργημα, ζωγραφήσας ἐν ὑλικῇ μορφῇ τῆς
νοερᾶς οὐσίας σου τὸ ὁμοίωμα. Καὶ πάλιν ὁ αὐτὸς θεῖος
Κύριλλος ἐν τοῖς αὐτοῖς· Οὐκοῦν ἐπείπερ ἐν τοῖς δοκίμοις
κατοικοῦντος τοῦ Πνεύματος, Χριστός ἐστιν ὁ κατοικῶν,
ἀνάγκη λέγειν αὐτὸ τῆς θείας ὑπάρχειν οὐσίας, ἧς ἐργάζεται
15 κοινωνοὺς τοὺς μετασχόντας αὐτοῦ. Καὶ ἔτι ἐν τοῖς αὐτοῖς·

---

153/154 Rom. 8, 15    157/163 Cyrill. Alex., Thes. 34 (PG 75, 605A)
164 / 6, 1 Cyrill. Alex., Thes. 34 (PG 75, 609D)
    6, 2/11 locos non inveni    12/15 Cyrill. Alex., Thes. 34 (PG 75, 608C); cf.
Acind., Ref. magn. 3, 66, 36-39 (Nadal p. 261)    15/19 ibid. 34 (PG 75, 612AB)

6, 5/6 εἰκόνος – φησι] τούτου φησί, εἰκὼν M    6 ὁ Υἱός] om. M    8
δὲ – αὐτός] δ᾽ἐκείνου M    15 αὐτοῦ] sup. l. V

Εἰ τὸ Πνεῦμα λαβόντες Χριστοῦ, προσαγόμεθα δι'αὐτοῦ τῷ
Θεῷ καὶ Πατρί, τῆς θείας αὐτοῦ φύσεως ἀναδεδειγμένοι κοι-
νωνοί, πῶς ἂν εἴη ποίημα τὸ δι'οὗ τῷ Θεῷ ὡς γένος ἤδη συ-
ναπτόμεθα; **Καὶ πάλιν·** Οὐ γὰρ δήπου τὸ Πνεῦμα ἐν ἡμῖν
20 σκιαγράφου δίκην τὴν θείαν οὐσίαν ζωγραφεῖ, ἕτερον αὐτὸ
παρ'ἐκείνην ὑπάρχον, οὐδὲ τοῦτον τὸν τρόπον εἰς ὁμοίωσιν
**ἐστι** Θεοῦ, ἀλλ'αὐτὸ Θεός τε ὑπάρχον, καὶ ἐκ Θεοῦ προελ-
θόν, ὥσπερ ἔν τινι κηρῷ ταῖς τῶν δεχομένων αὐτὸ καρδίαις,
σφραγῖδος δίκην **ἀρρήτως** ἐνθλίβεται, διὰ τῆς πρὸς **αὐτὸ**
25 κοινωνίας τε | <καὶ> ὁμοιώσεως εἰς τὸ ἀρχέτυπον κάλλος    *V* f.101
ἀναζωγραφοῦν, καὶ κατ'εἰκόνα Θεοῦ | δεικνύον αὖθις τὸν ἄν-    *M* f.16
θρωπον. **Καὶ ἐν τοῖς περὶ Πνεύματος·** *Ἡ χάρις τοῦ Κυρίου*
*ἡμῶν Ἰησοῦ Χριστοῦ, καὶ ἡ ἀγάπη τοῦ Θεοῦ, καὶ ἡ κοινω-*
*νία τοῦ ἁγίου πνεύματος, εἴη μεθ'ὑμῶν φησιν ὁ ἀπόστολος.*
30 *Οὐ γὰρ κοινωνοὺς καὶ μετόχους κτίσματος ηὔχετο γενέσθαι*
*τοὺς πιστεύοντας, ἀλλ'ἐν μεθέξει μᾶλλον τῆς θείας φύσεως*
*ἁγιάζεσθαι. Πληροῦται δὲ τοῦτο, διὰ τῆς πρὸς τὸ πνεῦμα*
*κοινωνίας πνευματικῆς, δι'ἧς θείας φύσεως ἀποτελούμεθα*
*κοινωνοί.* **Καὶ ἐν τῷ δευτέρῳ λόγῳ τῶν Θησαυρῶν·** *Τίς*
35 *οὖν χρεία περιόδου μακρᾶς, καὶ πολυπλόκων νοημάτων;*
*Αὐτὴν γὰρ τὴν ἐκ Πατρὸς προϊοῦσαν δύναμιν ἁγιαστικήν,*
*τὴν τοῖς ἀτελέσι τὸ τέλειον παρεχομένην, φαμὲν εἶναι τὸ*
*Πνεῦμα τὸ ἅγιον, καὶ περιττόν, τὸ διὰ μέσου τινὸς ἁγιάζε-*
*σθαι τὴν κτίσιν, οὐκ ἀπαξιούσης τῆς τοῦ Θεοῦ φιλανθρωπί-*
40 *ας, καὶ μέχρι τῶν ἐλαχίστων διικνεῖσθαι, καὶ ἁγιάζειν αὐτὰ*
*διὰ τοῦ ἰδίου Πνεύματος.* **Ὁ Νυσσαέων Γρηγόριος ἐν τοῖς**
**εἰς τὸ Ἆισμα τῶν Ἀσμάτων·** *Οὐδὲν οὕτω τῶν ὄντων μέγα,*
*ὡς τῷ θείῳ μεγέθει παραμετρεῖσθαι. Ὁ οὐρανὸς ὅλος τῇ τοῦ*
*Θεοῦ σπιθαμῇ διαλαμβάνεται, γῆ δὲ καὶ θάλασσα τῇ δρα-*

---

**17/18** II Petr. 1, 4    **19/27** Cyrill. Alex., *Thes.* 34 (*PG* 75, 609D-612A)
**32/34** II Petr. 1, 4    **27/34** locum non inveni    **27/29** II Cor. 13, 13    **34/41**
Cyrill. Alex., *Thes.* 34 (*PG* 75, 597A); cf. Georg. Pelag., *Adv. Palam.* 35, 15-21
(Polemis p. 49)    **42/49** Greg. Nyss., *In Cant. cant.* 2 (Langerbeck p. 68, 10-17)
**43/44** Is. 40, 12    **44/45** Eph. 3, 17

---

**27** Θεὸς ἀνὰ [... ...] ἐστί *ante* Ἡ χάρις *primum add. M deinde linea expunxit*
**34** Καὶ] Ὁ αὐτὸς *M*    **40** μέχρι τῶν] μέχρις ἡμῶν τῶν *M*

45  κì τῆς χειρὸς αὐτοῦ περιείργεται. Ἀλλ'ὅμως ὁ τοσοῦτος, ὁ
τοιοῦτος, ὁ πᾶσαν τῇ παλάμῃ περισφίγγων τὴν κτίσιν, ὅλος
σοι χωρητὸς γίνεται, καὶ **ἐν σοὶ κατοικεῖ**, καὶ οὐκ ἐνστενο-
χωρεῖται τῇ φύσει ἐνδιοδεύων, ὁ εἰπών, ἐνοικήσω ἐν αὐτοῖς
καὶ ἐμπεριπατήσω. **Ὁ ἅγιος Μάξιμος, ἐν τῷ περὶ τοῦ πῶς**
50  **ἐνηνθρώπησεν ὁ Θεὸς Λόγος, καὶ τί ἐστιν ἐνοίκησις·** Εἰ
καὶ πανταχοῦ πάρεστι τῇ οὐσίᾳ ὁ Θεός, ἀλλ'ἐξαιρέτως πά-
ρεστιν εὐδοκίᾳ ὅπου περ ἂν θέλοι, εἰ καὶ ἐν ἑκάστῳ πλέον
παρὰ τὸν ἄλλον, κατὰ τὸ τῆς δικαιοσύνης ἢ τὸ τῆς εὐαρε-
στήσεως μέτρον, ἀλλ'οὖν γε ἐν ἄπασιν ὡς ἐν **οἰκείοις** οὕτως
55  εὐδοκεῖ, τῷ λόγῳ τῆς εὐαρεστήσεως μόνον τῆς ἐνοικήσεως
νοουμένης. **Ὁ τῶν τριαδικῶν ὕμνων ποιητὴς Μητροφά-**
**νης·** Φῶς μοναδικόν, καὶ τριλαμπές, οὐσία ἄναρχε, κάλλος
ἀμήχανον, ἐν τῇ καρδίᾳ μου οἴκησον, καὶ ναὸν τῆς σῆς θε-
ότητος, φωτοειδῆ καὶ καθαρὸν δεῖξον με. **Ὁ Δαμασκηνός,**
60  **ἐν τῷ περὶ τῶν ἁγίων εἰκόνων διαλεκτικῷ·** ἄνθρωποι με-
τέχουσι καὶ κοινωνοὶ θείας γίνονται φύσεως, ὅσοι μεταλαμ-
βάνουσι **τοῦ σώματος** τοῦ Χριστοῦ **τοῦ ἁγίου**, καὶ πίνουσι
τὸ αἷμα αὐτοῦ τὸ τίμιον. Θεότητι γὰρ ἥνωται, | καὶ δύο φύ-    M f.16ᵛ
σεις ἐν τῷ μεταλαμβανομένῳ ὑφ'ἡμῶν σώματι τοῦ Χριστοῦ
65  **ἠνωμένῳ** καθ'ὑπόστασιν **ἀδιαστάτως**, καὶ τῶν δύο φύσε-
ων μετέχομεν, τοῦ σώματος σωματικῶς καὶ τῆς θεότητος
πνευματικῶς. **Ἐν τῷ τετάρτῳ τῶν Εὐεργετηνῶν, ὁ ἅγιος**
**Κασιανὸς περὶ τοῦ ἀββᾶ Στερρίνου ἐρωτηθεὶς περὶ οὗ**
**ἀπολελόγηται εἶπεν οὕτως·** Οἱ δαίμονες διὰ τῶν λογισμῶν
70  συνάπτονται ταῖς λογικαῖς ψυχαῖς, οὐ κατ'οὐσίαν, | ὥστε    V f.95ᵛ
ἕτερον τοῦ ἑτέρου εἶναι δεκτικόν. Τοῦτο γὰρ μόνῃ τῇ θεότη-
τι δυνατὸν ὑπάρχει, ἥτις μόνη ἀσώματος καὶ ἁπλῆ τῇ φύσει
κυρίως ἐστί, διὸ καὶ πάσῃ τῇ νοερᾷ φύσει ἐνυπάρχει, δι'ὅλης
τῆς ὑποστάσεως καὶ οὐσίας διήκουσα, ὡς μόνη ἀληθῶς οὖσα

---

**48/49** II Cor. 6, 16    **50/56** Ps.-Max. Conf., *De adventu domini* (Epifanovič
p. 82-83)    **57/59** *PaR* 277; cf. Palam., *Adv. Acind.* 2, 17, 80 (Chrestou III, p. 142,
23-26) et Acind., *Ref. magn.* 1, 35, 28-30 (Nadal p. 41)    **60/67** Ioh. Dam., *De
imag.* 3, 26, 51-59 (Kotter p. 134)    **69/84** Paul. monach., *Everget.* 4, 21, 2-4
(Bakopoulos p. 364)

---

**68** Στερρίνου] *sic VM, ὡς add. M*

75 ἁπλῆ καὶ ἀσώματος. **Καὶ μετ'ὀλίγα·** Ἐκ τούτων οὖν μανθά-
νομεν, μηδὲν κυρίως ὑπάρχειν ἀσώματον, εἰ μὴ τὸν Θεὸν μό-
νον, ὃς δύναται ἐρευνᾶν τὰ κρύφια, καὶ διήκειν εἰς τὰ βάθη
τῆς διανοίας, καὶ γινώσκειν τὰς νοερὰς οὐσίας, διότι μόνος
καὶ ὅλος καὶ πανταχοῦ καὶ ἐν ἅπασι ὑπάρχει, διὸ καὶ τὰς ἐν-
80 θυμήσεις τῶν ἀνθρώπων μόνος ἐκεῖνος θεωρεῖ, καθὰ φησὶν ὁ
ἀπόστολος, *Ζῶν γὰρ ὁ λόγος τοῦ Θεοῦ, καὶ ἐνεργής, καὶ ὀξύ-*
*τερος ὑπὲρ πᾶσαν μάχαιραν δίστομον, καὶ δικνούμενος ἄχρι*
*μερισμοῦ σαρκὸς καὶ πνεύματος, ἁρμῶν τε καὶ μυελῶν, καὶ*
*κριτικὸς ἐνθυμήσεων καὶ ἐννοιῶν καρδίας.*

7. Ἀλλ' ἱκανὰς οἶμαι καὶ ταύτας εἶναι τῶν ἁγίων τὰς
ῥήσεις τῶν ἁγίων παριστώσας περὶ τοῦ εἰρημένου τοῦ-
δε τρόπου τῆς μετοχῆς, ἣν καὶ ἐνοίκησιν ἔφαμεν λέγεσ-
θαι παρὰ τῶν ἁγίων, ὡς αὐτὴ ἡ θεία φύσις παροῦσα καὶ
5 ἐνοικοῦσα τοῖς ἁγίοις, τὴν διὰ τῶν πνευματικῶν χαρι-
σμάτων βελτίωσιν ταῖς αὐτῶν ψυχαῖς ἐμποιεῖ, καὶ εἰς
τὴν κατ'εἰκόνα καὶ καθ'ὁμοίωσιν πρώτην πλάσιν καθ'ἣν
ὁ πρῶτος ἄνθρωπος δεδημιούργηται, ἀνάγει καινοπρε-
πῶς. Καὶ ἔχει μὲν καὶ οὗτος ὁ τρόπος κοινὸν τῷ πρὸ
10 αὐτοῦ, τὸ τὴν οὐσίαν αὐτὴν τοῦ Θεοῦ παρεῖναι τὲ καὶ
μετέχεσθαι ἀμεθέκτως, ὡς πολλάκις ἡμῖν εἴρηται, ἴδι-
ον δ'ὅτι κατ'ἐκεῖνον μέν, οὐσιωδῶς παρὼν ὁ Θεὸς τοῖς
πᾶσι, τὴν συντηρητικὴν αὐτῶν ἐνέργειαν καὶ διαμονήν,
ἔτι τὲ καὶ προνοητικὴν αὐτῶν ἐπιμέλειαν ἀπεργάζεται
15 ἐν τούτῳ δ'ὅτι, καὶ τὰ μεγάλα καὶ ἐξαίσια τῶν πνευμα-
τικῶν χαρισμάτων, τοῖς ἁγίοις οἷς ἐνοικεῖ δαψιλῶς πα-
ρέχει, θεοειδεῖς αὐτοὺς ἀποδεικνὺς καὶ οὐρανίους ἀντὶ
γηΐνων, καὶ εἰς ταύτην | τὴν ἔννοιαν ἀφορᾷ καὶ τὸ παρά       *M* f.17
τισι τῶν ἁγίων εἰρημένον, ὅτι ὁ Θεὸς ἀμέθεκτός ἐστι
20 κατ'οὐσίαν, μεθεκτὸς δὲ κατ'ἐνέργειαν, τοῦ μὲν κατ'οὐ-
σίαν ἀμέθεκτον εἶναι, τὸ κυρίως ἀμέθεκτον τῇ τοῦ Θεοῦ
μαρτυροῦντος οὐσίᾳ (τὸ γὰρ κυρίως μεθεκτὸν ἐπὶ τοῦ
Θεοῦ χώραν οὐκ ἔχει λέγεσθαι, ὡς τοῖς κτίσμασι προ-

81/84 Hebr. 4, 12

7, 2 τοῦδε] *om. M*      16 τοῖς – οἷς] ἐν τοῖς ἁγίοις ἐν οἷς *M*

σῆκον), τοῦ δὲ κατ'ἐνέργειαν, οὐδὲν ἄλλο δηλοῦντος,
25 ἢ τοῦτο, ὃ διὰ τῶν προεκτεθεισῶν γραφικῶν ῥήσεων
ἐμφαίνεται, ὅτι διὰ τῶν ἐνεργουμένων ὑπὸ τοῦ Θεοῦ
δημιουργικῶς χαρισμάτων καὶ διδομένων τοῖς ἁγίοις
καὶ ἀπ'αὐτῶν κυρίως μετεχομένων, λέγεται μετέχε-
σθαι ὑπὸ τῶν ἁγίων ὁ Θεός. | Τοῦτο δ'ἀγνοήσαντες οἱ    V f.96
30 ἀλάστορες οὗτοι καὶ τῆς εὐσεβείας πολέμιοι, μᾶλλον δὲ
κακουργήσαντες (ᾧ καὶ μᾶλλον προστίθεμαι. Διὰ γὰρ
τοῦτο καὶ τὴν λέξιν ἤμειψαν, τὴν ἄκτιστον ἐνέργειαν
τοῦ Θεοῦ λέγοντες, μεθεκτὴν εἶναι, τὴν δ'οὐσίαν ἀμέ-
θεκτον), καινήν τινα καὶ ἀλλόκοτον διαίρεσιν καὶ κατα-
35 τομὴν τοῦ ἀμεροῦς καὶ ἑνιαίου Θεοῦ ἐπενόησάν τε, καὶ
ἐπ'ἐκκλησίας ἐκήρυξαν, ἀναθέμασι καὶ πάσαις ἄλλαις
ὕβρεσι βάλλοντες τοὺς μετέχεσθαι λέγοντας τὴν οὐσίαν
τοῦ Θεοῦ, πρόσχημα μὲν ἡμᾶς ποιούμενοι, τῇ δ'ἀληθείᾳ
κατὰ τῶν ἁγίων φερόμενοι, οἷς τἀναντία δογματίζον-
40 τες, τὴν δικαίαν οὐ τρέμουσι τοῦ Θεοῦ κρίσιν.

8. Ἀλλὰ τὸ μὲν περὶ τούτου, πλατύτερον ἡμῖν ἐκτε-
θήσεταί τε καὶ ἀκριβέστερον ζητηθήσεται μικρὸν ὕστε-
ρον, νῦν δ'ἐχώμεθα τῆς τῶν εἰρημένων ἀκολουθίας.
Καὶ ἐπεὶ οἱ περὶ τὸν Παλαμᾶν, τὴν ἄκτιστον ἐνέργειαν
5 τοῦ Θεοῦ μεθεκτὴν κυρίως εἶναι λέγουσι, καὶ τὴν δό-
ξαν αὐτῶν ταυτηνὶ κατασκευάζειν ἐπιχειροῦντες δια-
τείνονται καὶ τὰ τοῦ πνεύματος χαρίσματα ἄκτιστα εἶ-
ναι, θείας ἐνεργείας ἀκτίστους ταῦτα προσονομάζοντες,
εὔλογον τὰς ἐπὶ τούτοις μαρτυρίας τῶν ἁγίων παραγα-
10 γόντας ἡμᾶς, τὴν ἀλλόκοτον αὐτῶν καὶ τερατώδη ταύ-
την δόξαν δι'αὐτῶν ἀπελέγξαι.

9. Ὁ τοίνυν μέγας καὶ ὑψίνους Βασίλειος, ἐν τῷ τε-
τάρτῳ τῶν ἀντιρρητικῶν φησίν· Ἀλλὰ κατὰ τὴν ἀληθῆ

---

28 ἀπ'] ὑπ' M    29 ὑπὸ - Θεὸς] om. M    29/30 οἱ - πολέμιοι] in marg. M
31 προστίθεμαι] τίθεμαι M    32 ἄκτιστον] sup. l. M    37 λέγοντας - οὐσίαν]
τὴν οὐσίαν λέγοντας M    38 ποιούμενοι] ποιοῦντες M
8, 1 μὲν - τούτου] περὶ τούτου μὲν M    4 Καὶ] sup. l. M    9 παραγα-
γόντας] προσαγαγόντας M
9, 2 φησίν] om. M

τοῦ Παύλου διδασκαλίαν, διαιρέσεις χαρισμάτων εἰσί, τὸ δὲ
αὐτὸ Πνεῦμα, καὶ διαιρέσεις διακονιῶν, καὶ ὁ αὐτὸς Κύριος,
5 καὶ διαιρέσεις ἐνεργημάτων, καὶ ὁ αὐτὸς Θεός, ὁ ἐνεργῶν τὰ
πάντα ἐν πᾶσι. **Καὶ πάντα καταλέξας τὰ θεῖα**, πάντα δὲ
ταῦτα ἐνεργεῖν **φησὶ** τὸ ἓν καὶ τὸ αὐτὸ Πνεῦμα. **Σκεπτέον
οὖν ἐνταῦθα ὅπως ὁ θεηγόρος καὶ μέγας Βασίλειος τὸν
μέγαν ἀπόστολον εἰς μαρτυρίαν παράγων, χαρίσματά
10 τε θεῖα καὶ ἐνεργήματα καὶ διακονίαν συστοίχως ἐκθέ-
μενος, ὑπὸ τοῦ αὐτοῦ καὶ ἑνός φησι Πνεύματος ἐνερ-
γεῖσθαι. Καὶ τίς ἂν εἰ μὴ μανίᾳ κάτοχος εἴη |** πολλῇ, M f.17ᵛ
τολμήσειεν εἰπεῖν συναΐδια ταῦτ'εἶναι Θεῷ, ὡς οἱ ἐμ-
βρόντητοι καὶ παραπλῆγες οὗτοι, τὰ ἀλλόκοτα τῶν δογ-
15 μάτων τερατευσάμενοι, εἰ καὶ μηδὲν ἕτερον δυνηθέντες
νοῆσαί γ'ἐξ ὅτι πλείστης ἀμαθίας, μᾶλλον δ'ἀν<ο>ίας
ἐμφύτου, τέως γε τὰς διακονίας πολὺ τὸ σαφὲς ἐχού-
σας καὶ τοῖς ἄλλοις συστοίχως παραδεδομένας εἰς νοῦν
βαλλομένους, μὴ τὸ ἄκτιστον αὐταῖς ἀσεβῶς ἐπιφημί-
20 ζειν λατρεύοντας τῇ κτίσει παρὰ τὸν κτίσαντα. **Καὶ μὴν
ἐμφαντικώτατα περὶ αὐτῶν ὁ θεορρήμων Γρηγόριος ἐν
τῷ περὶ τοῦ ἁγίου Πνεύματος οὕτω φησί· Τὸ Πνεῦμα τὸ
ἅγιον**, Πνεῦμα λέγεται υἱοθεσίας, ἐλευθερίας, Πνεῦμα σοφί-
ας, βουλῆς, ἰσχύος, γνώσεως, εὐσεβείας, φόβου Θεοῦ. Καὶ
25 γὰρ ποιητικὸν τούτων ἁπάντων. **Οἶμαι μὴ δεῖσθαι** | **μαρ-** V f.96ᵛ
**τυρίας παρὰ ταύτην ἄλλης, αὐτὸ τοῦτο σαφῶς τὸ ζη-
τούμενον δεικνύσης, ὅτι ταῦτα τὰ χαρίσματα, ποιήματα
εἰσὶ τοῦ ἁγίου Πνεύματος. Ὧν γὰρ τὸ Πνεῦμα ποιητι-
κόν, ἐκεῖνα πᾶς τις ἂν ὁμολογήσειε ποιήματα εἶναι. Ὁ**

---

9, 3/7 Ps.-Bas. Caes. (= Didym. Alex.), *Adv. Eun.* V (*PG* 29, 729AB)    3/6
I Cor. 12, 4-6    6/7 I Cor. 12, 11    9/12 cf. I Cor. 12, 4-6 et 11    23/25
Greg. Naz., *Or.* 31, 29, 14-18 (Gallay p. 334)    28/29 cf. supra l. 25 (ref. l. 23/25)

---

3 διδασκαλίαν] φησίν *add.* M    4 διακονιῶν] εἰσὶ *add.* M    5 ἐνεργημά-
των] εἰσὶ *add.* M    καὶ ὁ] ὁ δὲ M    6 θεῖα] ἐνεργήματα *add.* M    8 θεηγό-
ρος – μέγας] μέγας καὶ θεηγόρος M    9 παράγων] ἐφελκόμενος M    10 δι-
ακονίαν] διακονίας M    12 κάτοχος – πολλῇ] εἴη πολλῇ κάτοχος M    14/15
ἀλλόκοτα] τερατευσάμενοι *primum add., deinde linea expunxit* M    16 ἀνοίας]
*scripsi,* ἀνίας VM    18 παραδεδομένας] ἀποδεδομένας M    19 βαλλομένους]
βαλομένους M    αὐταῖς] αὐτοῖς M    27 δεικνύσης] ἀποφαινούσης M

30 δὲ μέγας Ἀθανάσιος ἐν τῇ πρὸς Ἄρειον διαλέξει, Δῆλον
δέ **φησι** καὶ οὐκ ἀμφιβάλοι τις ἄν, ὅτι **ὃ** δίδωσι ὁ Πατήρ,
διὰ τοῦ Υἱοῦ δίδωσι, καὶ ἔστι παράδοξον καὶ ἐκπλῆξαι δυ-
νάμενον ἀληθῶς. Ἣν γὰρ δίδωσιν ὁ Υἱὸς παρὰ τοῦ Πατρὸς
**καὶ** χάριν, ταύτην αὐτὸς ὁ Υἱὸς λέγεται δέχεσθαι, καὶ τὴν
35 ὕψωσιν ἣν ὁ Υἱὸς παρὰ τοῦ Πατρὸς ποιεῖ, ταύτην ὡς αὐτὸς
ὑψούμενος ἐστὶν ὁ Υἱός. Αὐτὸς γὰρ ὢν τοῦ Θεοῦ Υἱός, αὐτὸς
γέγονε καὶ υἱὸς ἀνθρώπου, καὶ ὡς μὲν Λόγος παρὰ τοῦ Πα-
τρὸς δίδωσι (πάντα γὰρ ἃ ποιεῖ, καὶ δίδωσιν ὁ Πατήρ, διὰ
**τοῦ Υἱοῦ** ποιεῖ τε καὶ παρέχει), ὡς δὲ υἱὸς ἀνθρώπου, αὐτὸς
40 ἀνθρωπίνως λέγεται τὰ παρ' αὐτοῦ δέχεσθαι, διὰ τὸ μὴ ἑτέ-
ρου, ἀλλ' αὐτοῦ εἶναι τὸ σῶμα τό, φύσιν ἔχον δέχεσθαι τὴν
χάριν, καθάπερ εἴρηται. Ἐλάμβανε γὰρ κατὰ τὸ ὑψοῦσθαι
τὸν ἄνθρωπον, ὕψωσις δὲ ἦν τὸ θεοποιεῖσθαι αὐτόν.
   **10.** Ἰδοὺ καὶ οὗτος ποιεῖν **φησι τὰ τοιαῦτα χαρίσμα-
τα** τὸν Πατέρα **διὰ** τοῦ Υἱοῦ. **Ὁ αὐτὸς καὶ ἐν τῷ πρὸς
Εὐνόμιον διαλόγῳ, ὡς ἀπὸ τοῦ ὀρθοδόξου τοῦ προσδια-
λεγομένου τῷ Εὐνομιανῷ·** Τὸ Πνεῦμα τὸ ἅγιον, πατέρα,
5 οὐκ ἔχει (οὐ γὰρ ἐγένετο), αἴτιον δὲ ἔχει τὸν Θεόν, παρ' οὗ
καὶ ἐκπορεύεται. **Καὶ ὁ Εὐνομιανός,** τὰ γὰρ ἄλλα πνεύμα-
τα οὐ παρ' αὐτοῦ ἐκπορεύεται; **Καὶ ὁ ὀρθόδοξος,** καὶ ἡμεῖς
ἐκ τοῦ Θεοῦ ἐγεννήθημεν. Ὅσοι γὰρ αὐτὸν ἔλαβον, γέγρα-
πται, ἔδωκεν αὐτοῖς ἐξουσίαν τέκνα Θεοῦ γενέσθαι, οἳ οὐκ
10 ἐξ αἱμάτων, οὐδὲ ἐκ θελήματος σαρκός, οὐδ' ἐκ θελήματος
ἀνδρός, ἀλλ' ἐκ Θεοῦ ἐγεννήθησαν. Ἀλλ' | ὥσπερ ἡμεῖς ἐκ   M f.18
Θεοῦ γεννηθέντες, οὐκ ἐκ γαστρὸς τῆς ὑποστάσεως ἐγεν-
νήθημεν, οὕτως καὶ τὰ ἐκπορευόμενα πνεύματα, οὐκ ἐκ γα-
στρὸς τῆς ὑποστάσεως αὐτοῦ εἰσι, τὸ δὲ πνεῦμα τὸ ἅγιον
15 ἐκ **τῆς γαστρὸς** τῆς ὑποστάσεώς ἐστιν. **Κἀνταῦθ' ὁμοστοίχως
ἀπέδωκε τῇ ἡμῶν υἱοθετήσει πρὸς τὸν Θεόν, καὶ τὴν**

---

30/43 Athan. Alex., *Or. contra Arian.* 1, 45, 6 (Metzler-Savvidis p. 155)
   10, 1/2 cf. supra 9, 38/39 (ref. 9, 30/43)   4/15 Ps.-Athan. Alex., *Dialog. de
sanct. trin.* I, 19 (*PG* 28, 1145C); cf. Ioh. Cypar., *Contra Tom. Palamit.* 6 (Liakouras
p. 315, 3-7)   **8/11** Io. 1, 13

---

**31** ὃ] ἃ *M*   **33** ὁ – Πατρὸς] παρὰ τοῦ Πατρὸς ὁ Υἱὸς *M*
**10, 5** οὐκ ἔχει] γενεσιουργὸν οὐκ ἔχει *add. M*   **7** Καὶ ὁ ὀρθόδοξος] *sup. l. M*

τῶν πνευματικῶν χαρισμάτων ἐκ τοῦ Θεοῦ πρόοδον,
καὶ ἐξ ἀληθοῦς ἀναλογίας, ὅτι ὥσπερ ἡμεῖς πρὸς τὸν
Θεὸν δημιουργικῶς υἱοθετούμενοι (τοῦτο γὰρ βούλεται
20 τό, οὐκ ἐκ γαστρὸς τοῦ Θεοῦ ἤγουν τῆς οὐσίας γεννηθῆ-
ναι ἡμᾶς), οὕτως καὶ τὰ ἐξ αὐτοῦ προϊόντα πνευματικὰ
χαρίσματα ἔχουσι πρὸς αὐτόν, καὶ εἰσί γε αὐτοῦ ποι-
ήματα ὡς καὶ ἡμεῖς, ἐπειδὴ οὐκ εἰσὶν ἐκ τοῦ στόματος
τῆς ὑποστάσεως αὐτοῦ. Ὁ χρυσορρήμων Ἰωάννης ἐν τῷ
25 δι' εἰκοσιτεσσάρων κεφαλαίων· Αὐτὸς ὁ Θεός ἐστι πηγή,
αὐτὸς αἴτιος τῶν ἀγαθῶν, αὐτὸς δημιουργός, αὐτὸς αὐτὰ
οὐκ ὄντα παρήγαγε, καὶ αὐτὸς παραχθέντα διακρατεῖ. Ὁ
ἅγιος Κύριλλος ἐν τῇ εἰς τὸν προφήτην Ἠσαΐαν ἐξη-
γήσει· Πνεῦμα Κυρίου, παρ' ἐμοῦ ἐξελεύσεται, ἐξελεύσεται
30 δέ, τίνα τρόπον, διεσάφησε λέγων, πνοὴν πᾶσαν ἐγὼ ἐποί-
ησα. Ἔστι μέν, γὰρ πνευμάτων Πατήρ, νοεῖται γε μὴν οὐχ
ὡς ἐξ ἰδίας φύσεως γεγεννηκὼς αὐτὰ καθὼς καὶ τὸν ἴδιον
Υἱόν, ἀλλ' οὐδ' ἐν ἴσῳ τῷ ἁγίῳ Πνεύματι τὴν ἐκ τῆς οὐσίας
πρόοδον, | δημιουργικῶς δὲ μᾶλλον ἐκ Θεοῦ προελθεῖν εἰς    Vf.97
35 τὸ εἶναι διαβεβαιούμεθα φρονοῦντες ὀρθῶς. Ὁ ἅγιος Μάξι-
μος ἐν ἐνενηκοστῷ κεφαλαίῳ τῆς τρίτης ἑκατοντάδος
τῶν Θεολογικῶν· Ὁ θεῖος ἀπόστολος τὰς διαφόρους ἐνερ-
γείας τοῦ ἑνὸς ἁγίου Πνεύματος, χαρίσματα λέγει διάφορα,
ὑφ' ἑνὸς δηλονότι καὶ τοῦ αὐτοῦ ἐνεργούμενα Πνεύματος. Εἰ
40 τοίνυν κατὰ τὸ μέτρον τῆς ἑκάστου πίστεως δίδοται ἡ φα-
νέρωσις τοῦ Πνεύματος, ἐν τῇ μετοχῇ τοῦ τοιοῦδε χαρίσμα-
τος ἕκαστος τῶν πιστῶν δηλονότι, κατὰ τὴν ἀναλογίαν τῆς
πίστεως, καὶ τῆς ὑποκειμένης αὐτῷ κατὰ ψυχὴν διαθέσεως,
συμμεμετρημένην ἐκδέχεται τοῦ Πνεύματος τὴν ἐνέργειαν,

---

20/21 cf. supra l. 10/11 (ref. l. 4/15)     25/27 locum non inveni     29/35
Cyrill. Alex., *In Is.* 5, 3 (*PG* 70, 1276B); cf. Ioh. Cypar., *Contra Tom. Palamit.* 6
(Liakouras p. 315, 8-15)     29/31 Is. 57, 16     37/46 Ps.-Max. Conf., *Diversa
cap. ad theol. et oec. spect.* 1, 96 (*PG* 90, 1220B); cf. etiam Max. Conf., *Ad Thalass.* 29,
12-21 (Laga – Steel I, p. 211)

---

17 πρόοδον] ἣν ὁ Ἀνόμοιος ἐκπόρευσιν ὠνόμασε καὶ δείκνυσιν ὁ ἅγιος μάλα
σαφέστατα *add. M*     18 ἡμεῖς] ἔχομεν *add. M*     19 υἱοθετούμενοι] υἱοθετηθέν-
τες *M*     20 ἐκ] τῆς *add. M*     32 καθὼς] καθὰ *M*     34 πρόοδον] ἐκπόρευ-
σιν ἐσχηκέναι φησὶν αὐτὰ *add. M*     44 ἐκδέχεται] δέχεται *M*

45  χαριζομένην αὐτῷ τῆσδε ἢ τῆσδε τῆς ἐντολῆς τὴν ἁρμόζου-
σαν πρὸς ἐνέργειαν ἕξιν. **Κεφάλαιον ἐνενηκοστὸν ἔνατον.**
Ὥσπερ ὁ μὲν λαμβάνει λόγον σοφίας, ὁ δὲ λόγον γνώσεως,
ἕτερος δὲ πίστεως, καὶ ἄλλος ἄλλό τι τῶν ἀπηριθμημένων
τῷ μεγάλῳ ἀποστόλῳ χαρισμάτων τοῦ Πνεύματος, οὕτως ὁ
50  μὲν δέχεται διὰ τοῦ Πνεύματος χάρισμα τελείας καὶ ἀμέσου
πρὸς Θεὸν ἀγάπης κατὰ τὴν ἀναλογίαν τῆς πίστεως, ἕτερος
δὲ διὰ τοῦ αὐτοῦ Πνεύματος τῆς τελείας ἀγάπης πρὸς τὸν
πλησίον χάρισμα, **ἄλλος δὲ ἄλλό τι** κατὰ τὸ αὐτὸ | πνεῦμα    M f.18ᵛ
ὡς ἔφην, ἔχοντος ἑκάστου ἐνεργούμενον τὸ οἰκεῖον χάρισμα.
55  **Πᾶσαν γὰρ ἐντολῆς ἕξιν ἐνεργουμένην, Πνεύματος εἶναι
χάρισμα λέγει. Ἐν τῷ τῆς πέμπτης ἑκατοντάδος κεφα-
λαίῳ εἰκοστῷ ἐνάτῳ.** Πάντα τὰ τῶν ἁγίων κατορθώματα,
Θεοῦ προδήλως ὑπῆρχον χαρίσματα, μηδενὸς τοπαράπαν
ἔχοντος μηδέν, ἢ τὸ δοθὲν ἀγαθόν, ὡς παρὰ δεσπότου τοῦ
60  Θεοῦ πρὸς ἀναλογίαν τῆς εὐγνωμοσύνης καὶ εὐνοίας τοῦ δε-
χομένου μετρούμενον, **καὶ μόνα κεκτημένου, ὅσα μόνῳ τῷ**
δεσπότῃ παρίσταται. **Κεφάλαιον τεσσαρακοστὸν τέταρ-
τον.** Γέγονεν ὁ Θεὸς **κατὰ** ἀλήθειαν ἄνθρωπος, καὶ δέδωκεν
ἄλλην ἀρχὴν τῇ φύσει δευτέρας γενέσεως, διὰ πόνου πρὸς
65  ἡδονὴν μελλούσης ζωῆς **ἀπολήγουσαν.** Ὡς γὰρ Ἀδὰμ ὁ προ-
πάτωρ τὴν θείαν ἐντολὴν παραβάς, ἄλλην ἀρχὴν γενέσεως
ἐξ ἡδονῆς μὲν συνισταμένην, εἰς δὲ τὸν διὰ **πόνων** θάνατον
τελευτῶσαν τῇ φύσει παρὰ τὴν πρώτην παρεισήγαγε, καὶ
**ἐπενόησε** κατὰ τὴν συμβουλὴν τοῦ ὄφεως ἡδονὴν οὐκ οὖ-
70  σαν, προλαβόντος πόνου διάδοχον, ἀλλὰ μᾶλλον εἰς **τὸν** πό-
νον περαιουμένην πάντας τοὺς ἐξ αὐτοῦ σαρκὶ γεννωμένους
αὐτῷ δικαίως πρὸς τὸ διὰ πόνου κατὰ τὸν θάνατον τέλος,
οὕτω καὶ ὁ Κύριος γενόμενος ἄνθρωπος, καὶ ἄλλην ἀρχὴν

---

**47/54** ibid. 1, 97 (*PG* 90, 1220C); cf. etiam Max. Conf. *Ad Thalass.* 29, 22-
30 (Laga – Steel I, p. 211)    **57/62** ibid. 3, 29 (*PG* 90, 1272B); cf. etiam Max.
Conf., *Ad Thalass.* 54, 86-91 (Laga – Steel I, p. 447)    **63/83** ibid. 4, 44 (*PG* 90,
1324C-1325A); cf. etiam Max. Conf., *Ad Thalass.* 61, 109-131 (Laga – Steel II, p. 91)

---

**46** ἐνενηκοστὸν ἔνατον] ϟθ′ *VM*    **52** τελείας] ἀγάπης *primum add., deinde
linea expunxit M*    **56** Ἐν τῷ] Ἐκ τῶν *M*    **73** *post* Κύριος *aliquid erasum in M*

δευτέρας γενέσεως ἐκ Πνεύματος ἁγίου τῇ φύσει δημιουρ-
75 γήσας, καὶ τὸν διὰ πόνου τοῦ Ἀδὰμ δικαιότατον καταδεξά-
μενος θάνατον, ἐν αὐτῷ **δηλονότι** γενόμενον ἀδικώτατον ὡς
οὐκ **ἔχοντι** τῆς ἰδίας **γεννήσεως** ἀρχὴν τὴν ἐκ παρακοῆς
ἀδικωτάτην τοῦ προπάτορος, ἀμφοτέρων τῶν ἄκρων ἀρχῆς
τε λέγω καὶ τέλους τῆς κατὰ τὸν Ἀδὰμ ἀνθρωπίνης **γεννή-**
80 **σεως**, οἷα δὴ προηγουμένως οὐκ ὄντων, ἐκ τοῦ Θεοῦ τὴν
ἀναίρεσιν ἐποιήσατο, καὶ πάντας τοὺς ἐξ αὐτοῦ πνεύματος
μυστικῶς ἀναγεννωμένους τῆς **ἐν** αὐτοῖς ἐνοχῆς ἐλευθέρους
**κατεστήσατο.**

**11.** Ἵνα δὲ καὶ διὰ μαρτυρίας τοῦ ἱεροφάντορος Διο-
νυσίου πολὺ τὸ ἀξιόπιστον προβαλλομένης καὶ τὸ αἰδέ-
σιμον, τὰς τῶν ἄλλων ἁγίων ἐπισφραγισώμεθα μαρτυ-
ρίας, | συντακτέον καὶ ταύτην ἐνθαδί. Ἔστι δὲ αὕτη, ἐκ     *V* f.101ᵛ
5 τοῦ περὶ ὄντος καὶ παραδειγμάτων κεφαλαίου πέμπτου,
παραδείγματα **μὲν αὐτοῦ λέγοντος** τοὺς ἐν **τῷ** Θεῷ τῶν
ὄντων οὐσιοποιοὺς καὶ **ἑνιαίους προϋφεστηκότας** λόγους,
οὓς ἡ θεολογία προορισμοὺς καλεῖ καὶ θεῖα καὶ ἀγαθὰ θε-
λήματα τῶν ὄντων ἀφοριστικὰ καὶ ποιητικά, καθ' οὓς ὁ ὑπε-
10 ρούσιος τὰ ὄντα πάντα καὶ προώρισε καὶ παρήγαγε. **Περὶ**
**ὧν καὶ ὁ ἅγιος Μάξιμος ἐν τοῖς εἰς αὐτὸν σχολίοις,** Αἱ
ἰδέαι **φησὶ** καὶ τὰ παραδείγματα τὰ ἐν τῷ Θεῷ, οὐχ ἕτερα
ἐν ἑτέρῳ εἰσίν, ἀλλὰ νοήσεις ἀίδιοι οὖσαι καὶ λόγοι ποιοῦν-
τες τὰ πάντα. **Καὶ πάλιν ἐν τοῖς αὐτοῖς·** Ἅτινα παραδείγ-
15 ματα, | αἱ ἀίδιοι νοήσεις τοῦ Θεοῦ εἰσί, δι' ἃς καὶ καθ' ἃς     *M* f.19
ἅπαντα ἦν ἐν αὐτῷ, οὐχ ἕτερα ὄντα αὐτοῦ. **Ταῦτα τοίνυν**
**τὰ ἐν τῷ Θεῷ μὲν ὄντα, μὴ μέντοι ἕτερα αὐτοῦ, ὁ ἱερὸς**
**Διονύσιος** παραδείγματα **αὐτοῦ καλῶν, τὰς δὲ τῶν ὄντων**
**καὶ εὖ ὄντων** {καὶ εὖ ὄντων} **μετοχάς, αἵ εἰσιν ἐκτὸς τοῦ**

---

11, 6/10 Ps.-Dion. Areop., *De div. nom.* 5, 8 (Suchla p. 188, 6-10)     11/16
Ps.-Max. Conf. (= Ioh. Scythop.), *Scholia in librum De div. nom.* 353, 19 (Suchla
p. 373, 2-4)     18/20 cf. supra 11, 6

---

74 δευτέρας] βας *M*     78 προπάτορος] ἡδονὴν *add. M*     79 γεννήσεως]
γενέσεως *M*     83 κατεστήσατο] κατέστησεν *M*
11, 1 Διονυσίου] ληφθείσης *add. M*     5 πέμπτου] *scripsi,* εου *VM*     7 ἑνι-
αίους] ἑνιαίως *M*     16 αὐτοῦ] *sup. l. M*     18 καλῶν] ἀποκαλῶν *M*

20 Θεοῦ εἰκόνας τὲ καὶ μιμήσεις καὶ ὁμοιώματα, ἐπειδὴ ὁ
τῆς Ῥώμης ἐπίσκοπος Κλήμης, τὰς εἰκόνας ταύτας πα-
ραδείγματα ἀπεκάλεσεν ὡς τῶν ὄντων ἀρχηγικώτερα τῇ
λέξει καταχρησάμενος, ἐπιλαμβανόμενος αὐτοῦ κατὰ
ταύτην δὴ τὴν λέξιν ὁ ἱερὸς ἐκεῖνος ἀνήρ, τάδε φησίν·
25 Εἰ δὲ ὁ φιλόσοφος ἀξιοῖ Κλήμης, καὶ πρός τι παραδείγματα
λέγεσθαι τὰ ἐν τοῖς οὖσιν ἀρχηγικώτερα, πρόεισι μέν, οὐ διὰ
κυρίων καὶ παντελῶν καὶ ἁπλῶν ὀνομάτων ὁ λόγος αὐτῷ,
συγχωροῦντας δὲ καὶ τοῦτο ὀρθῶς λέγεσθαι τῆς θεολογίας
μνημονευτέον, φασκούσης ὅτι Οὐ παρέδειξά σοι αὐτὰ τοῦ
30 πορεύεσθαι ὀπίσω αὐτῶν, ἀλλ᾽ ἵνα διὰ τῆς τούτων ἀναλογι-
κῆς γνώσεως ἐπὶ τὴν πάντων αἰτίαν ὡς οἷοί τε ἐσμὲν ἀνα-
χθῶμεν. Οὐ παρέδειξά σοι φησὶν αὐτὰ ἡ γραφὴ ὡς ἀπὸ τοῦ
Θεοῦ, ὥστε προσκυνεῖν ταῦτα λατρευτικῶς. Οὐδὲ γὰρ
εἰσιν ἐν τῷ Θεῷ, καὶ διατοῦτο ἄκτιστα, ἀλλ᾽ ἐκτὸς καὶ
35 πεποιημένα. Οὕτω γὰρ καὶ ὁ θεῖος Μάξιμος ἐν τοῖς εἰς
αὐτὸν σχολίοις ἡρμήνευσε λέγων· Κἂν γὰρ λέγοιτο πα-
ραδείγματα ἐν τῇ κτίσει, ἀλλ᾽ οὐ προσκυνητά εἰσιν ὥς φησι
Μωϋσῆς. Εἰ οὖν μὴ προσκυνητά, δῆλον ὅτι οὐδὲ ἄκτιστα.
Οἱ τοίνυν ἄκτιστα ταῦτα φρονοῦντες οὗτοι, οἱ περὶ τὸν
40 Παλαμᾶν ἐμβρόντητοι, τῇ κτίσει λατρεύειν οὐκ ἂν ἐκ-
φύγοιεν.
12. Ἀλλ᾽ ἱκαναὶ μὲν ὡς ἔγωγε οἶμαι καὶ αὗται αἱ
μαρτυρίαι τοῦτ᾽ αὐτὸ παραστῆσαι, μὴ εἶναι δηλονότι
ἀκτίστους τὰς παρὰ Θεοῦ ἐνεργουμένας ἐν τοῖς ἁγίοις
δωρεὰς καὶ εὐεργεσίας, ἃς καὶ πνευματικὰ χαρίσματα
5 ἔθος τοῖς ἁγίοις κατονομάζειν, ἢ καὶ ἄλλως πως τοῖς
αὐτοῖς φίλον καλεῖν, ὃ δὴ καὶ ἡμεῖς ἀνωτέρω ἐπηγγει-

---

21/22 Ps.-Dion. Areop., *De div. nom.* 7, 3 (Suchla p. 197, 21-22)     25/33 Ps.-
Dion. Areop., *De div. nom.* 5, 9 (Suchla p. 188, 11-17); cf. Ioh. Cypar., *Contra Tom.
Palamit.* 5, 19 (Liakouras p. 278, 21 – 279, 1)     29/32 Os. 13, 4; Ex. 25, 40;
Deut. 4, 19     36/38 Ps.-Max. Conf. (= Ioh. Scythop.), *Scholia in librum De div.
nom.* 329, 44-45 (Suchla p. 341, 6-7)     40 Rom. 1, 25

34 διατοῦτο] οὐδὲ *add. M*
12, 1 Ἀλλ᾽] *om. M*     ἔγωγε οἶμαι] ἐγῶμαι *M*     5 κατονομάζειν] προσο-
νομάζειν *M*     6 δὴ] δεῖ *M*

28    ISAAC ARGYRVS

λάμεθα. Εἰ δὲ σὺν αὐταῖς καὶ ἐπί τινῶν κατὰ μέρος δεῖν
ἡμᾶς καὶ ἑτέρας προσαγαγεῖν, φέρε δὴ καὶ τοῦτο ποιή-
σωμεν ἐνταυθοῖ, ἐντελέστερον | ποιοῦντες τὸν λόγον, V f.102
10  καὶ εἰσὶν αἵδε. Περὶ μὲν θεότητος ἧς ὁ Θεὸς τοὺς θεοὺς
ἤγουν τοὺς θεοποιουμένους ἀγγέλους δηλαδὴ καὶ ἀν-
θρώπους δικαίους μετέχειν ἀξιοῖ, ἥτις καὶ θέωσις πλη-
θυντικῶς λέγεται κατὰ τὸ θεοῦσθαι δηλονότι οὐ κατὰ τὸ
θεοῦν, καὶ κατὰ τὸν θεῖον Διονύσιον θεοποιὸν δῶρον καὶ
15  ἀμίμητον μίμημα τοῦ Θεοῦ, αὐτὸς ὁ ἱερώτατος Διονύσιος
ἐν κεφαλαίῳ δωδεκάτῳ τῶν περὶ τῆς οὐρανίου ἱεραρχί-
ας, φησίν· Ὅσα τῶν νοερῶν καὶ λογικῶν πρὸς τὴν ἕνωσιν
αὐτῆς τουτέστι τῆς θεαρχικῆς κρυφιότητος ὅλη δυνάμει
ὁλικῶς ἐπέστραπται, καὶ πρὸς τὰς θείας αὐτῆς ἐλλάμψεις
20  ὡς ἐφικτὸν ἀκαταλήπτως ἀνατείνεται τῇ κατὰ δύναμιν εἰ
θέμις εἰπεῖν θεομιμησίᾳ, καὶ τῆς θεϊκῆς ὁμωνυμίας ἠξίων-
ται. | Ἐνταῦθα ὁ ἅγιος τὴν τῶν λεγομένων θεῶν θεότη- M f.19ᵛ
τα ὁμωνύμως φησὶ λέγεσθαι τῇ τοῦ Θεοῦ θεότητι, ἄκτι-
στον δὲ οὐ συγχωρεῖ νοεῖσθαι ταύτην ὁ τῆς ὁμωνυμίας
25  τρόπος, καθότι τὰ ὁμωνύμως λεγόμενα κατὰ τὸ ὄνομα
μόνον ἀλλήλοις κοινωνεῖ, τῇ δὲ ὑπάρξει καὶ τῷ λόγῳ
τοῦ ὀνόματος, ὡς πορρωτάτω ἀλλήλων ἀφίστανται.
13. Πάλιν δ' ὁ αὐτὸς ἐν αὐτοῖς· Ἡ δὲ θέωσίς ἐστιν, ἡ
πρὸς Θεὸν ἀφομοίωσίς τε καὶ ἕνωσις. Περὶ τούτων καὶ
ὁ ἅγιος Μάξιμος, ἐν τοῖς εἰς αὐτὸν σχολίοις, Θεότητάς
φησιν ὑποβεβηκυίας νόησον τὰς τῶν ἀγγέλων καὶ δικαίων

12, 14/15 Ps.-Dion. Areop., *Epist.* 2 (Heil – Ritter p. 158, 4-5)    17/21 Ps.-
Dion. Areop., *De coel. hier.* 12, 3 (Heil – Ritter p. 43, 16-19)
13, 1/2 Ps.-Dion. Areop., *De eccl. hier.* 1, 3 (Heil – Ritter p. 66, 12-13)    3/5
Ps.-Max. Conf. (= Ioh. Scythop.), *Scholia in librum De div. nom.* 309, 43-44 (Suchla
p. 315, 11 – 316, 1)

7 Εἰ] Ἐπεὶ M    8 προσαγαγεῖν] προαγαγεῖν M    9 ἐντελέστερον – λό-
γον] *in marg.* M    13 δηλονότι] δηλαδὴ M    14/15 καὶ¹ – αὐτὸς] *om.* M
15 ἱερώτατος] ἅγιος M    24 νοεῖσθαι ταύτην] *om.* M    26/27 καὶ – ὀνόμα-
τος] *in marg.* V, *om.* M    27 ἀφίστανται] εἰ μή που ἐν ἀτόμοις ὁμοειδέσιν ὁ τῆς
ὁμωνυμίας τρόπος παραλαμβάνοιτο *add.* M
13, 2 Θεὸν] ὡς ἐφικτὸν *add.* M

5 ἀνθρώπων. Ὅτι δὲ τὸ ὑποβεβηκὸς **τὴν τοῦ Θεοῦ οὐσίαν
κτιστόν ἐστιν, ὁ ἅγιος Ἐπιφάνιος διαρρήδην ἐδήλωσε,
λέγων·** Ἐρῶ γάρ σοι περὶ τοῦ Πνεύματος, ὅπερ καὶ περὶ τοῦ
Υἱοῦ ἔλεγον ὅτι ὁ πλοῦτος τοῦ Θεοῦ, ἢ μείζων αὐτοῦ, ἢ ἴσος,
ἢ ἐλάττων **ἐστί,** καὶ μείζων μὲν αὐτοῦ οὐκ ἔστιν. Οὐδὲν
10 γὰρ τοῦ Θεοῦ μεῖζον. Ἐλάττων **δὲ οὐκ ἔστιν, ἐπεὶ θήσεις
αὐτὸν μετὰ τῶν κτισμάτων.** Τὸ γὰρ ἔλαττον τοῦ Θεοῦ κτί-
σμα. **Καὶ πάλιν ὁ ἅγιος Μάξιμος· Ἐχρῆν** ὡς ἀληθῶς τὸν
κατὰ φύσιν τῆς τῶν ὄντων οὐσίας δημιουργόν, καὶ τῆς κατὰ
χάριν αὐτουργὸν γενέσθαι τῶν γεγονότων θεώσεως. **Περὶ
15 δὲ ἀγαθότητος καὶ ἀθανασίας καὶ ἀρετῆς καὶ ζωῆς, ὁ
αὐτὸς ἐν τοῖς θεολογικοῖς κεφαλαίοις,** Τὰ ἀθάνατά **φησι**
πάντα, καὶ αὐτὴ ἡ ἀθανασία, καὶ τὰ ἀγαθὰ πάντα, καὶ αὐτὴ
ἡ ἀγαθότης, καὶ τὰ ἐνάρετα πάντα καὶ αὐτὴ ἡ ἀρετή, Θεοῦ
προδήλως ἔργα τυγχάνουσι. **Καὶ μετ'ὀλίγα·** Πάσης γὰρ
20 ζωῆς καὶ ἀθανασίας, ἁγιότητός τε καὶ ἀρετῆς δημιουργός
ἐστιν ὁ Θεός. **Κἂν τῇ βίβλῳ δὲ τῆς Δογματικῆς Πανο-
πλίας, ταῦτα ἔγκειται ὡς ἀπὸ τοῦ ἁγίου Διονυσίου·** Οὐκ
ἐναντιολογοῦσιν, οἱ ποτὲ μὲν λέγοντες τὸν Θεὸν αὐτοουσί-
αν, καὶ αὐτοζωήν, καὶ αὐτοδύναμιν καὶ αὐτοειρήνην, καὶ τὰ
25 τοιαῦτα, ποτὲ δὲ λέγοντες αὐτὸν ὑποστάτην καὶ δημιουργὸν
αὐτοουσίας καὶ αὐτοζωῆς, καὶ αὐτοδυνάμεως, καὶ αὐτοει-
ρήνης, καὶ τῶν τοιούτων. Τὰ μὲν γὰρ ὀνομάζεται ἐκ τῶν
ὄντων καὶ μάλιστα ἐκ τῶν πρώτως ὄντων ὡς αἴτιος αὐτῶν,

7/11 Epiph. Cypr., *Floril. Vat.* 604, f. 4; cf. Acind., *Ref. magn.* 3, 70, 34-38
(Nadal p. 272)    12/14 Max. Conf., *Ad Thalass.* 60, 117-119 (Laga – Steel II,
p. 79)    16/19 Max. Conf., *Cap. theol. et oecon.* 1, 50 (*PG* 90, 1101AB); cf. Acind.,
*Ref. magn.* 3, 17, 12-16 (Nadal p. 193)    19/21 Max. Conf., *Cap. theol. et oecon.*
1, 50 (*PG* 90, 1101B); cf. Acind., *Ref. magn.* 3, 17, 20-22 (Nadal p. 193)    22/29
Euthym. Zygaben., *Pan. dogm.* 3 (*PG* 130, 128B); cf. Ps.-Dion. Areop., *De div. nom.*
11, 6 (Suchla p. 222, 13 – 223, 3); Acind., *Ref. magn.* 2, 24, 24-32 (Nadal p. 122);
Proch. Cydon., *De lum. Thabor.* 6, 38-45 (Polemis p. 334); Ioh. Cypar., *Contra Tom.
Palamit.* 5, 19 (Liakouras p. 279, 16-19)

6/7 ὁ – λέγων] ἄκουσον τί φησιν ὁ ἅγιος Ἐπιφάνιος *M*    9 ἢ ἐλάττων ἐστί]
ἐλάττων δὲ οὐκ ἔστιν *M*    11 κτίσμα] καὶ ἔσται ποτὲ ὁ Θεὸς ἐνδεὴς καὶ ἐλλιπὴς
ὅπερ ἄτοπον. Ἀνάγκη τοίνυν ἴσος εἶναι add. *M*

τὰ δέ, ὑπεροχικῶς, ὡς ὑπὲρ πάντα | **καὶ τὰ πρώτως** ὄντα. | *V* f.102ᵛ,ᴬ

30 **Καὶ πάλιν ὁ ἅγιος Μάξιμος ἐν κεφαλαίῳ τεσσαρακοστῷ πρώτῳ τῆς ἕκτης ἑκατοντάδος τῶν Θεολογικῶν,** Τὸ μὲν σοφὸν τοῦ Θεοῦ **φησιν,** ἐν τῷ γενέσθαι φύσει κατ'ἀλήθειαν ἄνθρωπον δείκνυται, τὸ δὲ δίκαιον, ἐν τῷ τὸ παθητὸν κατὰ τὴν γένεσιν ὁμοίως ἡμῖν ἀνειληφέναι τῆς φύσεως, τὸ δὲ δυ-

35 νατόν, ἐν τῷ διὰ παθημάτων καὶ θανάτου, ζωὴν ἀίδιον δημι-ουργῆσαι καὶ ἀπάθειαν ἄτρεπτον. **Περὶ δὲ σοφίας ὁ μέγας Ἀθανάσιος ἐν τῷ δευτέρῳ Κατ'Ἀρειανῶν,** Ἵνα δέ **φησι** μὴ μόνον ὑπάρχῃ τὰ γενόμενα, ἀλλὰ καὶ καλῶς ὑπάρχῃ, **εὐδόκησεν** ὁ Θεὸς συγκαταβῆναι τὴν ἑαυτοῦ σοφίαν τοῖς

40 κτίσμασιν, ὥστε τύπον τινὰ καὶ φαντασίαν εἰκόνος αὐτῆς ἐν πᾶσι τὲ κοινῇ καὶ **ἐν** ἑκάστῳ ἐνθεῖναι, ἵνα καὶ σοφὰ τὰ γε-νόμενα, καὶ ἄξια τοῦ Θεοῦ ἔργα **δεικνύηται.** Ὡς γὰρ Λόγου ὄντος τοῦ Θεοῦ, εἰκών ἐστιν ὁ ἡμέτερος λόγος, οὕτως ὄντος αὐτοῦ σοφίας, εἰκὼν πάλιν ἐστὶν ἡ ἐν ἡμῖν γενομένη σοφία,

45 ἐν ᾗ τὸ εἰδέναι καὶ φρονεῖν ἔχοντες, δεκτικοὶ γινόμεθα τῆς δημιουργοῦ σοφίας. **Καὶ μετ'ὀλίγα·** Τοιούτου τοίνυν τύπου **ὑπὸ** τῆς σοφίας κτισθέντος ἐν ἡμῖν τε καὶ ἐν πᾶσι τοῖς ἔρ-γοις ὄντος, εἰκότως ἡ ἀληθινὴ **τε** καὶ δημιουργὸς σοφία τὰ τοῦ τύπου ἑαυτῆς εἰς ἑαυτὴν ἀναλαμβάνουσα, φησὶ τό, Κύ-

50 ριος ἔκτισέ με εἰς ἔργα αὐτοῦ. Ἃ γὰρ **ἂν** ἡ ἐν ἡμῖν σοφία εἶ-πεν, ταῦτα αὐτὸς ὁ Κύριος ὡς ἴδια λέγει λέγει, καὶ οὐκ ἔστι μὲν αὐτὸς κτιζόμενος, κτίστης ὤν, διὰ δὲ τὴν ἐν τοῖς ἔργοις

---

31/36 Max. Conf., *Ad Thalass.* 61, schol. 8, 41-45 (Laga – Steel I, p. 109)
37/46 Athan. Alex., *Or. contra Arian.* 2, 78, 3-9 (Metzler-Savvidis p. 255)   **46/53**
Athan. Alex., *Or. contra Arian.* 2, 78, 11-16 (Metzler-Savvidis p. 255-256)   **49/50**
Prov. 8, 22

---

29 ὄντα] αὐτοουσίαν δὲ ἤτοι αὐτοεῖναι καὶ αὐτοζωὴν καὶ αὐτοδύναμιν καὶ αὐτο[ειρήνην] καὶ τὰ τοιαῦτα λέγομεν, θεϊκῶς μὲν καὶ δημιουργικῶς τὴν μίαν ταύ-την καὶ ὑπεράρχιον ἀρχὴν καὶ αἰτίαν, μεθεκτῶς δὲ τὰς ἐκδεδομένας ἐκ Θεοῦ [μεθ-] ἕξεις, τὴν αὐτοουσίωσιν, τὴν αὐτοζώωσιν, τὴν αὐτοδυνάμωσιν, τὴν αὐτοειρήνευσιν, καὶ τὰ παραπλήσια, ἅπερ ἀπολύτως καὶ ἀρχικῶς | (f.20) καὶ πρώτως ἐκ Θεοῦ ὑπο-στῆναι λέγομεν. Τινὲς δὲ τῶν ἑτεροδιδασκάλων καὶ τῆς αὐτοαγαθότητος καὶ τῆς θεότητος ὑποστάτην φασὶ τὸν ὑπεράγαθον καὶ ὑπέρθεον Θεόν, αὐτοαγαθότητα καὶ θεότητα λέγοντες τὴν ἐκ Θεοῦ προερχομένην ἀγαθοποιὸν καὶ θεοποιὸν μέθεξιν καὶ δωρεὰν *primum add., deinde lineis expunxit M*   **30 Καὶ]** *om. M*   **30/31** τεσ-σαρακοστῷ πρώτῳ] μαφ *VM*

εἰκόνα κτισθεῖσαν αὐτοῦ, ταῦτα αὐτὸς ὡς περὶ ἑαυτοῦ λέ-
γει. Ὁ μέγας Βασίλειος ἐν τῷ τρίτῳ λόγῳ τῶν Ἠθικῶν,
55 Τό, Κύριος ἔκτισέ με ἀρχὴν ὁδῶν αὐτοῦ φησί περὶ τῆς ἐμ-
φαινομένης τῷ κόσμῳ σοφίας λέγεσθαι, μονονουχὶ φωνὴν
ἀφιείσης διὰ τῶν ὁρωμένων, ὅτι παρὰ Θεοῦ γέγονε καὶ οὐκ
αὐτόματος ἡ τοσαύτη σοφία τοῖς ἀποτελεσθεῖσιν ἐμπρέπει.
Ὡς γὰρ οἱ οὐρανοὶ διηγοῦνται δόξαν Θεοῦ, καὶ ποίησιν τῶν
60 χειρῶν αὐτοῦ ἀναγγέλλει τὸ στερέωμα, διηγοῦνται δ'ἄνευ
φωνῆς (οὐ γὰρ εἰσὶ λαλιαὶ οὐδὲ λόγοι ὧν οὐχὶ ἀκούονται αἱ
φωναὶ αὐτῶν), οὕτως εἰσὶ καὶ σοφίας λόγοι τῆς ἀρχεγόνου
τῆς πρὸ τῶν ἄλλων ἐν τῇ δημιουργίᾳ συγκατασκευασθείσης
τῇ κτίσει. Αὕτη σιωπῶσα βοᾷ τὸν ἑαυτῆς κτίστην καὶ Κύρι-
65 ον, ἵνα δι'αὐτῆς ἀναδράμῃς ἐπὶ τὴν ἔννοιαν τοῦ μόνου σοφοῦ.
Ὁ ἅγιος Διονύσιος· Καὶ γὰρ ἑπομένως τοῖς ἤδη σοι προει-
ρημένοις ἡ ὑπέρσοφος καὶ πάνσοφος αἰτία καὶ τῆς αὐτοσο-
φίας, | καὶ τῆς ὅλης, καὶ τῆς καθ'ἕκαστον ἐστὶν ὑποστάτις.   M f.20ᵛ

**14. Ἀλλ'ἐνταῦθα γρύξουσιν οἱ περὶ τὸν Παλαμᾶν,
ὑποστάτην φάσκοντες λέγειν τῆς σοφίας εἶναι τὸν Θεόν,
ἀλλ'οὐ δημιουργόν. Ἀλλ'ἡμεῖς οἱ τῆς εὐσεβείας τρό-
φιμοι καὶ μηδὲν παρὰ τὰ ἀποφαντικῶς εἰρημένα τοῖς
5 ἁγίοις, μὴ δὲ τὰ παρὰ τοῖς ὑστέροις σαφηνείας χάριν
ἐπὶ σημασίᾳ τῶν τοῖς προτέροις πρὸς τὸ ἀσαφέστερον
εἰρημένων δεδοκιμασμένα, μήτε λέγοντες, μήτε φρο-
νοῦντες, λήρους τούτους, | καὶ τὰ ἀπ'αὐτῶν λεγόμενα   V f.103
βεβαίως οἰώμεθα. Τὸ γὰρ σημαινόμενον τῆς τοιαύτης
10 λέξεως κατὰ τὴν τοῦ ἁγίου διάνοιαν ὅ τε θεῖος Μάξι-
μος, καὶ ἡ ἱερὰ τῶν δογμάτων βίβλος, ἣν καὶ Πανο-
πλίαν οἱ τῆς ἐκκλησίας ἐκάλεσαν τρόφιμοι, εἰς τὸ δη-
μιουργὸς ἀποδεδώκασιν, ὧν τὰς μαρτυρίας καὶ ἡμεῖς
ἐν τοῖς ἔμπροσθεν ταῖς ἄλλαις τῶν ἁγίων συνετάξαμεν**

---

55 cf. supra l. 49/50    55/65 Bas. Caes., In princ. Prov. 3 (PG 31, 392AB)
59/60 Ps. 18, 1    66/68 Ps.-Dion. Areop., De div. nom. 7, 1 (Suchla p. 194, 20 –
195, 2)
14, 2 cf. supra 13, 68 (ref. 13, 66/68)

---

68 τῆς²] τῶν M
14, 2 φάσκοντες λέγειν] λέγοντες φάσκειν M

15 ῥήσεσιν. Ἀλλὰ καὶ οἱ τῆς πρώτης συνόδου θεοφόροι πα-
τέρες διὰ τοῦ Εὐσεβίου, ὃν στόμα τῆς συνόδου κεχει-
ροτονήκασι, Νοητέον φασὶν ὅτι οὗτός ἐστιν ὁ Κύριος, ὁ
κτίσας τὴν λογικὴν σοφίαν εἰς ἀρχὴν ὁδῶν αὐτοῦ, ἣν ηὐτρέ-
πισε τῷ κατ'εἰκόνα αὐτοῦ ἀνθρώπῳ. Καὶ πάλιν οἱ αὐτοί·
20 Ὁ Υἱὸς τοῦ Θεοῦ ἐστιν, ὁ καὶ τὴν ἐν Σολομῶντι λογικὴν
σοφίαν, καὶ πάντα κτιστὰ κτίσας, καὶ οὐκ ἐργαλεῖον. Καὶ
πάλιν πρὸς τὸν συνελθόντα φιλόσοφον· Ἄκουε τοίνυν
πρὸς ἡμῶν ὦ φιλόσοφε, εἴπερ φιλόσοφος εἶ, καὶ πείθου μὴ
αὐτὸν εἶναι τὸν υἱὸν τοῦ Θεοῦ τὴν κτιστὴν σοφίαν τὴν λο-
25 γικήν, τὴν τῷ ἀνθρώπῳ ὑπ'αὐτοῦ τοῦ υἱοῦ δοθεῖσαν. Περὶ
δὲ βασιλείας, ὅτι ἔστι μὲν ἀΐδιος βασιλεία, μήτε ἀρχὴν
μήτε τέλος ἔχουσα, αὐτὸς ὁ Θεὸς κατ'οὐσίαν, ἔστι δὲ
καὶ ἄλλη ἔγχρονος, λεγομένη καὶ αὕτη τοῦ Θεοῦ εἶναι,
ὁ θεολογικώτατος Γρηγόριος ἐν τῷ περὶ Υἱοῦ δευτέρῳ
30 λόγῳ κατ'Ἀρειανῶν οὕτω φησί· Δεύτερον δέ τι τῶν με-
γίστων αὐτοῖς καὶ ἀμάχων. Δεῖ γὰρ αὐτὸν βασιλεύειν
ἄχρι τοῦδε, καὶ ὑπ'οὐρανῶν δεχθῆναι ἄχρι χρόνων ἀπο-
καταστάσεως, καὶ τὴν ἐκ δεξιῶν καθέδραν ἔχειν, ἕως τῆς
τῶν ἐχθρῶν ἐπικρατήσεως. Τὸ μετατοῦτο δέ, τί; Λῆξαι τῆς
35 βασιλείας, ἢ τῶν οὐρανῶν ἀπωσθῆναι. Τίνος παύσοντος, ἢ
δι'ἥντινα αἰτίαν; Ὡς τολμηρὸς ἐξηγητὴς εἶ, καὶ λίαν ἀβασί-
λευτος. Καὶ μὴν ἀκούεις τῆς βασιλείας αὐτοῦ μὴ εἶναι πέ-
ρας. Ἀλλὰ τοῦτο πάσχεις παρὰ τὸ μὴ διαιρεῖν τὰ σημαινό-
μενα. Βασιλεύειν γὰρ λέγεται, καθ'ἓν μέν, ὡς παντοκράτωρ,
40 καὶ θελόντων καὶ μή, βασιλεύς, καθ'ἕτερον δέ, ὡς ἐνεργῶν
| τὴν ὑποταγήν, καὶ ὑπὸ τὴν ἑαυτοῦ βασιλείαν τιθεὶς ἡμᾶς    M f.21
ἑκόντας δεχομένους τὸ βασιλεύεσθαι. Τῆς μὲν οὖν ἐκείνως
νοουμένης βασιλείας οὐκ ἔστι πέρας, τῆς δ'ἑτέρας, τί; Τὸ

---

17/19 Gelas. Cyzic., Hist. eccles. 2, 17, 12 (Hansen p. 58, 5-7)    20/21 ibid.
2, 17, 15 (Hansen p. 58, 18-19)    22/25 ibid. 2, 20, 7 (Hansen p. 67, 32-68,
2)    30/44 Greg. Naz., Or. 30, 4, 1-21 (Gallay p. 230-232)    31 I Cor. 15, 25
32/33 Act. 3, 21    33 τὴν – καθέδραν] cf. Ps. 109, 1; Mt. 22, 44; Hebr. 1, 13; Act.
7, 55

---

24 τὴν¹ – λογικήν] τὴν λογικὴν σοφίαν τὴν κτιστὴν primum scripsit, deinde
litteris γβα ordinem invertit M

λαβεῖν ἡμᾶς ὑπὸ χεῖρα καὶ σωζομένους. Ὁ μέγας Ἀθανά-
45 σιος ἐν τῷ κατ'Ἀρειανῶν· Οὐκοῦν μᾶλλον ὁ Πέτρος οὐ
ποίημα τὴν οὐσίαν τοῦ Λόγου σημαίνων ἔλεγεν (ᾔδει γὰρ
αὐτὸν Υἱὸν τοῦ Θεοῦ ὁμολογήσας, Σὺ εἶ ὁ Χριστὸς ὁ Υἱὸς
τοῦ Θεοῦ τοῦ ζῶντος), ἀλλὰ τὴν κατὰ χάριν ποιηθεῖσαν καὶ
γενομένην εἰς ἡμᾶς αὐτοῦ βασιλείαν καὶ κυριότητα.

**15.** Καὶ ἐπὶ τῶν ἄλλων δὲ κατὰ μέρος τοιούτων, εἰ
βουληθείην, μαρτυρίας ἀπὸ τῶν ἁγίων παραγαγεῖν,
ἐπιλιπεῖν μου τὸν χρόνον οἴομαι, πρὶν ἢ τὸν ἀριθμὸν
αὐτῶν συμπερᾶναι, ἄλλως τε καὶ τοῖς ἐντευξομένοις
5 προσκορὴς ἂν δόξαιμι, ἐν πᾶσιν ὡς τὸ εἰκὸς τὸ μέτριον
ἐπαινοῦσι. Διὸ ἱκανὰς εἶναι ταύτας νομίσας, καὶ δυναμέ-
νας | καὶ ὑπὲρ τῶν παρειμένων τῆς αὐτῆς αὐτοῖς ὄντων   V f.103ᵛ
συστοιχίας τὰ ὅμοια δεικνύειν, μετελεύσομαι ἐπὶ τὸν
λοιπὸν καὶ τέταρτον τρόπον τῆς μετοχῆς Θεοῦ καθ'ἣν
10 ἐν ἀρχαῖς ἐποιησάμην ἐπαγγελίαν, ἑνὸς μόνου μνη-
σθεὶς συμβεβηκότος μὲν ἐν ἡμετέρᾳ τινὶ διαλέξει πρός
τινα τῶν παρὰ τοῖς Παλαμήταις τὰ πρῶτα φερόντων
καὶ οἰόμενον πολλὴν καὶ ἄμαχον ἐν διαλέξεσι δύναμιν
ἔχειν, πλὴν ἀναγκαίου ὄντος κἀνταῦθα προστεθῆναι
15 παρ'ἡμῶν. Ἐτύγχανον μὲν γὰρ πρὸ ἐτῶν τοῦ παρόντος
οὐ πάνυ πολλῶν διαλεγόμενος αὐτῷ οὐ μάλα ἑκών,
ἀλλ'ἱκανῶς βιασθείς, καὶ τὸ ἀντιλέγειν καταδεξάμενος,
οὐκ ἀγνοῶν μέν, ὅτι συνήσει οὐδέποτε, ἅπαξ ἐνσχεθεὶς
τῇ πολυθεΐᾳ τοῦ Παλαμᾶ, τέως γε μὴν τοῦ κορυφαίου
20 τῶν ἀποστόλων Πέτρου μνησθείς, λέγοντος πρὸς πάντα
πιστὸν ἐν ἐπιστολῇ καθολικῇ, Ἑτοίμασον σεαυτὸν εἰς
τὸ διδόναι λόγον παντὶ τῷ αἰτοῦντι ὑπὲρ τῆς ἐν ἡμῖν
ἐλπίδος, κατεδεξάμην καὶ ἄκων ὡς ἔφην τὸ πρᾶγμα, κἀ-

---

45/49 Athan. Alex., *Or. contra Arian.* 2, 18, 1-4 (Metzler-Savvidis p. 194)
47/48 Mt. 16, 16
15, 21/23 I Petr. 3, 15

---

**15, 4** ἐντευξομένοις] ἐντυγχάνουσι M     **5** τὸ εἰκὸς] τοεικὸς M     **13** καὶ
οἰόμενον] *primum iter., deinde linea expunxit* V     **14/15** ἀναγκαίου – παρ'ἡμῶν]
ὀφείλοντος ἁρμοδιώτατα προστεθῆναι παρ'ἡμῶν ἐνταυθοῖ M     **17** ἀντιλέγειν] *e
corr.,* λέγειν *a. corr.* V     **21** ἐπιστολῇ καθολικῇ] *trsp.* M

πειδὴ προετέθη λόγος ἐξεπίτηδες ἐκείνου προαγαγόντος
25 περὶ τῶν τοιούτων πνευματικῶν χαρισμάτων, αὐτοῦ
μὲν συναΐδια τῷ Θεῷ καὶ ἄκτιστα λέγοντος πάντα καὶ
διισχυριζομένου ἐν πολλῷ τῆς διαλέξεως μέρει, ἐμοῦ
δ'ἐναντίως ἐκείνῳ κτιστά τε καὶ ἔγχρονα | διατεινομέ-    M f.21ᵛ
νου, ἐπεὶ προεκομίσθησαν παρ'ἐμοῦ εἰς ἀπόδειξιν τοῦ
30 κτιστὰ εἶναι αἱ προεκτεθεῖσαί μοι τῶν ἁγίων μαρτυρί-
αι, μὴ ἔχων ἀντιβλέπειν πρὸς φανερὰν τὴν ἀλήθειαν,
ἀλλ'οὐδὲ πάλιν θέλων τῆς ἐξαρχῆς αὐτοῦ προθέσε-
ως ἀποστῆναι, τέως ὅ φασιν πρύμναν κρουσάμενος,
«ἀλλ'ἐγώ» φησιν «οὐ πάντα λέγω ἄκτιστα εἶναι τὰ
35 πνευματικὰ χαρίσματα, ἀλλὰ μόνα τὰ ἑπτὰ τὰ κατὰ τὸν
προφήτην Ἡσαΐαν ἐπαναπαυσάμενα τῷ ἐκ ῥίζης τοῦ
Ἰεσσαὶ βεβλαστηκότι θεανθρώπῳ Λόγῳ» οἰόμενος διὰ τὸ
διπλοῦν τῶν ἐν τῷ Χριστῷ δύο φύσεων, εἴπερ ἀποδοίη
ταῦτα τῇ θεότητι τοῦ θεανθρώπου Λόγου, προσφυῶς ἂν
40 φαίνοιτο καὶ τὸ ἄκτιστον τούτοις ἀποδιδούς. Ἐγὼ δὲ
πρὸς αὐτὸν οὕτως ἀπήντηκα, «πρῶτον μὲν ὦ οὗτος»
εἰπών, «τὸ ἐν ἀρχῇ καὶ πάλιν αἰτῇ, καθὰ δὴ καὶ πρό-
τερον εἶπον. Τοῦτο γάρ ἐστι τὸ ζητούμενον ἐξαρχῆς,
περὶ οὗ δὴ καὶ καθάπαξ ἡμῖν ὁ πρὸς ὑμᾶς συνέστηκε
45 πόλεμος, εἰ δυνατόν ἐστιν ἀποδειχθῆναι παρ'ὑμῶν,
εἴτ'ἐκ τῶν κοινῶν περὶ Θεοῦ ἐννοιῶν, εἴτ'ἀπὸ γραφικῆς
μαρτυρίας εἰ καὶ μὴ πλειόνων τέως μιᾶς, προσεῖναί τι
τῷ Θεῷ ἐξ ἀιδίου κατ'οὐσίαν διάφορον. Ἀλλὰ τοῦτο ὃ
ὑμεῖς μὲν ἀρτίως καινοτομοῦντες συνεστήσασθε, ἅπας
50 δ'ὁ τῶν ἁγίων χορὸς διαγράφει τῶν περὶ Θεοῦ λόγων
καὶ ἐς κόρακας ἀποδιοπομπεῖται, οὐδ'ἂν εἴ τι καὶ γένοι-
το, δυνατὸν ἔσται πώποθ'ὑμῖν ἀποδεῖξαι. Πῶς γὰρ τὸ
μὴ ὄν; | Διὸ ἄκουε τὰς ἀναιρετικὰς τῶν σῶν σφαλερῶν    V f.104
δογμάτων ἀποφάνσεις τῶν ἁγίων. Ὁ γὰρ θεῖος Μάξι-
55 μος, Οὐδαμῶς τις φησι δυάδα ἢ πλῆθος ἄναρχον ἢ ἀρχὴν

36/37 Is. 11, 1-2    55/64 Max. Conf., *Ambig. ad Ioh.* 10, 99 (Constas p. 306-308)

35 χαρίσματα] εἶναι *primum add., deinde linea expunxit* M    36/37 τοῦ Ἰεσ-
σαὶ] *in marg.* M    52 πώποθ'] *om.* M    53 σφαλερῶν] *om.* M

τοσύνολον τινὸς λέγειν δυνήσεται **εἶναι**, εὐσεβῶς ζῆν **καὶ
ἀληθῶς** βεβουλημένος. Εἷς γὰρ διὰ πάσης τῆς κατὰ λόγον
καὶ νοῦν θεωρητικῆς δυνάμεως καὶ ἐπιστήμης αὐτῷ Θεὸς
ἀναφανήσεται, πάσης ἀπειρίας ὑπάρχων ἐπέκεινα, καὶ μη-
60  δενὶ καθόλου τῶν ὄντων καθ'ὁτιοῦν **ληπτός**, πλὴν τοῦ διὰ
πίστεως μόνον γινώσκεσθαι, καὶ τοῦτο ἐκ τῶν αὐτοῦ ποιη-
μάτων, ὅτι ἔστιν, οὐχ ὅ,τί ποτέ ἐστι διεγνωσμένος, οὐδὲν το-
παράπαν ἐξ ἀιδίου καθ'**οἷον δή τινα** τρόπον αὐτῷ **συνεπι-
νοούμενον ἔχων. Καὶ πάλιν ὁ αὐτός·** Ἡ δυὰς **οὔτ'**ἄπειρος
65  **οὔτ'**ἄναρχος, **οὔτ'**ἀκίνητος, οὔτε μὴν | ἀρχὴ καθόλου τινὸς    M f.22
εἶναι δυνήσεται, περιγραφομένη καθ'ἕνωσίν τὲ καὶ διαίρεσιν.
Οὐδεὶς δὲ μεμοιραμένος ὁπωσοῦν τοῦ λογίζεσθαι, εἴποι ἂν
ἄπειρον εἶναι, ᾧ ἐξαϊδίου συνθεωρεῖταί τι ἢ συνεπιθεωρεῖται
κατ'οὐσίαν διάφορον. Καθ'ὃν γὰρ ἂν εἴποιμεν λόγον ἢ τρό-
70  πον δύνασθαί τι ἕτερον αὐτῷ κατ'οὐσίαν διάφορον παραβάλ-
λεσθαι, τὸν ὅλον τῆς ὅλης ἀπειρίας αὐτῷ συναφαιρούμεθα
λόγον. Εἰ δ'ἄπειρον εἶναι οὐ δύναται ᾧ ἐξ ἀιδίου συνυπάρχει
ἕτερόν τι κατ'οὐσίαν διάφορον, ἄπειρον εἶναι οὐδαμῶς ἐνδέ-
χεται δυάδα. Αἱ γὰρ κατ'αὐτὴν μονάδες ἀλλήλαις κατὰ πα-
75  ράθεσιν συνυπάρχουσαι, ἀλλήλας ὁρίζουσιν. Εἰ δ'ἄπειρον ὡς
δέδεικται **οὐκ** ἐνδέχεται εἶναι δυάδα, **οὐδ'**ἄναρχον δηλονότι.
Ἀρχὴ γὰρ πάσης δυάδος μονάς, εἰ δὲ μὴ ἄναρχον, **οὐδ'**ἀκίνη-
τον. Κινεῖται γὰρ τῷ ἀριθμῷ ἐκ μονάδων καθ'ἕνωσιν. Τὸ **δὲ**
κινούμενον, οὐκ ἀρχή, ἀλλ'ἐξ ἀρχῆς τοῦ κινοῦντος δηλαδή,
80  μονὰς δὲ μόνη κυρίως ἀκίνητος. **Ἤκουσας ὅπως ἀπηγό-
ρευται τοῖς ἁγίοις μετὰ μάλα λαμπρῶν καὶ ἀναμφισβη-
τήτων τῶν ἀποδείξεων τὸ προσεῖναι τῷ Θεῷ ἐξ ἀιδίου
κατ'οὐσίαν διάφορον; Ἀλλ'εἰ καὶ μὴ ἦν ἀπηγορευμένον,
ἵνα τὸ ὂν ὡς μὴ ὂν ὑποθεμένοι, περιφανέστερον ἀπελέγ-**
85  **ξωμεν τὰ δοκοῦντα σοι σφαλερῶς πρῶτον ὡς ἔφημεν
ἀναγκαῖον ἦν σοι δεῖξαι τἀναντία τοῖς εἰρημένοις, καὶ**

---

**64/80** Max. Conf., *Ambig. ad Ioh.* 10, 95-97 (Constas p. 300-304)

---

**56** εὐσεβῶς ζῆν] *trsp. M*    **72** συνυπάρχει] *e corr.,* ὑπάρχει *a. corr. M*    **82**
τῶν] *om. M*    **86** τἀναντία] τὰ ἐναντία *M*

οὕτως εἵπετο ἄν σοι κατὰ τὸ ἀκόλουθον συμπεραίνειν,
ἢ καὶ ἅπαν τὸ πλῆθος τῶν πνευματικῶν χαρισμάτων
ἄκτιστον, ἢ ταῦτα μόνα τὰ τὸν ἔβδομον ἀριθμὸν συμ-
90 πληροῦντα, ἐφ'ᾧ τὸ τοῦ ἀγῶνος συμπέρασμα συνήγα-
γες. Ἐν μὲν οὖν δὴ καὶ πρῶτον τουτί, καὶ λίαν οἶμαι
συντρέχον τῇ ἀπαντήσει τῇ σῇ. Δεύτερον δ'ὃ τοῖς σοῖς
| λόγοις ἀνακολούθως ἔχουσιν ἀλλήλοις καὶ πρὸς ἑαυ- Vf.104ʳ
τὸν οἱονεὶ στασιάζουσιν ἀναγκαίως ἔπεται. Οἰκειότερον
95 γὰρ ἦν σοι τῷ προτέρῳ λόγῳ στοιχεῖν, καθ'ὃν ἔφασκες
ἄκτιστα εἶναι τὰ τοῦ πνεύματος πάντα χαρίσματα, καὶ
ἅμα τούτοις συναποδεικνύειν καὶ τὰ ἑπτά. Ἐν γὰρ τῷ
ὅλῳ καὶ τὰ μέρη πάντως περιλαμβάνονται. Νῦν δὲ τί ἂν
εὔλογον εἴη, οὕτως μεταπηδῶντι σοι ἀφ'ἑτέρου εἰς ἕτε-
100 ρον πρὸς διαλέξεις συμπλέκεσθαι; Ὅμως σὴν | χάριν, M f.22ʳ
ἐπειδὴ τὸ διαλέγεσθαι περὶ πολλοῦ ποιῇ, τῆς οἰήσεώς σοι
τὸ νικᾶν ἐν ἐλπίσι ὑποτιθείσης, κἂν οὐ προχωρῇ σοι τὸ
πρᾶγμα κατὰ τὴν ἔφεσιν, ἐγώ σοι καὶ περὶ αὐτῶν τούτων
τῶν ἑπτά, γραφικὰς μαρτυρίας προκομιῶ τῇ λογικῇ καὶ
105 νοερᾷ ψυχῇ τοῦ θεανθρώπου λόγου ταῦτα προσμαρτυ-
ρούσας, καὶ οὐ τῇ θεϊκῇ αὐτοῦ, καὶ ἄκουε τοῦ θείου πα-
τρὸς Μαξίμου ταῦτα περὶ τούτων λέγοντος, ἐν κεφαλαίῳ
τριακοστῷ ἐνάτῳ τῆς δευτέρας ἑκατοντάδος τῶν θεολο-
γικῶν κεφαλαίων· Ἐπαναπαύσεται ἐπ'αὐτὸν ἑπτὰ πνεύ-
110 ματα, πνεῦμα σοφίας, πνεῦμα συνέσεως, πνεῦμα γνώσεως,
πνεῦμα ἐπιστήμης, πνεῦμα βουλῆς, πνεῦμα ἰσχύος, πνεῦμα
φόβου Θεοῦ, ἔστι δὲ ἴδιον τῶν πνευματικῶν τούτων χαρι-
σμάτων, φόβου μέν, ἡ ἀποχὴ τῶν κακῶν, ἰσχύος δέ, ἡ πρᾶξις
τῶν ἀγαθῶν, βουλῆς δέ, ἡ τῶν ἀντικειμένων διάκρισις, ἐπι-

---

109/122 Ps.-Max. Conf., *Diversa cap. ad theol. et oec. spect.* 3, 43 (*PG* 90,
1276BC); cf. etiam Max. Conf., *Ad Thalass.* 54, 309-311 (Laga – Steel I, p. 461) et
schol. 21, 172-182 (Laga – Steel p. 477)     109/112 Is. 11, 2     113/118 cf. supra
l. 111/110 (ref. l. 109/112)

---

89 ἄκτιστον] ὃ ἐξαρχῆς προέθου add. M     92 συντρέχον – σῇ] ἁρμοδιώτα-
τον πρὸς ἀπάντησιν σὴν M     93 ἀλλήλοις] om. M     98 τί] τίς M     99 εἴη]
οἰηθείη M     101 ἐπειδή] ἐπεὶ M     πολλοῦ] γε add. M     106 θεϊκῇ] θεότητι
M     107 τούτων] τουτωνὶ M     109 κεφαλαίων] om. M

115 στήμης δέ, ἡ τῶν καθηκόντων ἀνόθευτος εἴδησις, γνώσεως
δέ, ἡ κατ'ἐνεργείαν τῶν ἐν ἀρετῇ θείων λόγων περίληψις,
συνέσεως, ἡ πρὸς τὰ γνωσθέντα διόλου τῆς ψυχῆς συνδιάθε-
σις, σοφίας δέ, ἡ πρὸς Θεὸν ἀδιάγνωστος ἕνωσις, καθ'ἣν τοῖς
ἁγίοις ἡ ἐφέσις, ἀπόλαυσις γίνεται, μεθέξει ποιοῦσα Θεὸν
120 τὸν μετέχοντα, καὶ τῆς θείας αὐτὸν ὑποφήτην καθιστῶσα
μακαριότητος, κατὰ τὴν ἀένναον πρὸς τοὺς δεομένους τῶν
θείων μυστηρίων ἀνεκπόμπευτον προβολὴν καὶ διέξοδον.

**16.** Εἰ προσέσχες τίνα ἐστὶν ἅπερ ἐνταυθοῖ ὁ ἅγιος
ἀποφαίνεται, ἐρωτῶντι, καθ'ἕκαστον ἀποκρίνου μοι.
Ἔστι **φησὶν** ἴδιον τῶν πνευματικῶν τούτων χαρισμάτων,
φόβου μέν, ἡ ἀποχὴ τῶν κακῶν, **καὶ πῶς ἦν ὦ ἐξ ἄμμου**
5 **σχοινία πλέκων, ὁ φόβος, οὐσιώδης ἐστὶ τοῦ Θεοῦ, καὶ**
ἄκτιστος, καὶ τίνα ὁ Θεὸς φοβούμενος, ἀποχὴν ποιεῖται
τῶν κακῶν; Βαβαὶ τῶν ληρήματων πλέον ἢ τῶν ἀσεβη-
μάτων, τίνος δ'ἡ πρᾶξις τῶν ἀγαθῶν, τοῦ προσλήμμα-
τος, ἢ τοῦ ἡνωμένου τούτῳ Θεοῦ Λόγου; Ἢ οὐκ ἤκου-
10 σας τοῦ αὐτοῦ προφήτου, ἢ ἀκούσας οὐκ ἐφρόντισας,
τοῦ αὐτοῦ προφήτου περὶ τοῦ κυριακοῦ ἀνθρώπου λέ-
γοντος οὑτωσί, καὶ κατ'ἄμφω ταῦτα τὰ δύο πνευματικὰ
χαρίσματα τό τε τοῦ φόβου καὶ τὸ τῆς ἰσχύος. Πρινὴ
γνῶναι φησὶν αὐτόν, ἢ προελέσθαι πονηρά, ἐκλέξεται
15 τὸ ἀγαθόν, διότι πρινὴ γνῶναι τὸ παιδίον ἀγαθόν, | ἢ   V f.105
κακὸν ἀπειθεῖ τῇ πονηρίᾳ τοῦ ἐκλέξασθαι τὸ ἀγαθόν,
διὰ μὲν τοῦ ἀπειθεῖν τῇ πονηρίᾳ τὸν φόβον αἰνιττομέ-
νου, ὃς τὴν ἀποχὴν τῶν κακῶν τίκτει, διὰ δὲ τοῦ ἐκλέ-
ξασθαι τὸ ἀγαθόν, τὴν πρᾶξιν τῶν ἀρετῶν, ὃ τῆς ἰσχύος
20 ἴδιον ἐστί. Καὶ ποῦ ταῦτα τῇ θεότητι τοῦ Λόγου προσή-
κει, καὶ τίς ἂν τῷ Θεῷ ἀποδιδόναι ταῦτ'οὐσιωδῶς τολ-
μήσειεν, εἰ μὴ λαμπρᾷ | μανίᾳ κάτοχος εἴη; Καὶ αὐτὸ   M f.23
δὲ μάλιστα τὸ τῆς σοφίας χάρισμα, καὶ ἅ φησιν ὁ θεῖος

16, 3/4 cf. supra 15, 112/113    4/5 Karathanasis, no. 191    13/19 Is. 7,
15-16    20/21 cf. supra 15, 112/118    23 cf. supra 15, 110 (ref. 15, 109/112)

16, 4 ὦ] om. V    5 καὶ] διατοῦτο add. M    9/10 post ἤκουσας rasura in
M    10/11 ἢ – προφήτου] om. M    17 αἰνιττομένου] αἰνιττόμενος M    21
οὐσιωδῶς] om. M    22/29 Καὶ – αἰσθάνεσθε] om. M

Μάξιμος ἐπὶ τούτῳ, ἐλέγξει τὸ σφαλερὸν τῆς σῆς δόξης.
25 Τί γάρ φησιν; Ἴδιον δὲ σοφίας, ἡ πρὸς Θεὸν ἀδιάγνωστος
ἕνωσις. Τίνος ἐστὶν ἡ πρὸς Θεὸν ἀδιάγνωστος, τῶν ἁγίων
πρὸς τὸν Θεὸν ἢ τοῦ Θεοῦ πρὸς ἄλλον Θεόν; Βαβαὶ τῆς
παραπληξίας, καὶ ὅπως τὰ εὐηθέστατα, μᾶλλον ἢ ἀσε-
βέστατα λέγοντες, οὐκ αἰσθάνεσθε.

17. Ἀλλ'ἵνα καὶ δι'ἐτέρας γραφικῆς μαρτυρίας πολὺ
τὸ σαφὲς προβαλλομένης, καὶ ὁμοίως καὶ αὐτῆς τὰ πνευ-
ματικὰ ταῦτα χαρίσματα, περὶ ὧν ὁ πολύς σοι λόγος κε-
κίνηται κτιστὰ μαρτυρούσης, ἧς καὶ ἀκούσας, κἂν μὴ
5 καταγνῷς σεαυτοῦ, τέως ἵν'ἡμῖν ἀπόσχῃ τοῦ δι'ὄχλου
γίνεσθαι, δείξωμέν σοι τὰ λεγόμενα σύμφωνα, ἄκουσον
τοῦ θείου πατρὸς Χρυσοστόμου ἐν τῇ εἰς τὸν Ἰὼβ ἐξη-
γήσει ταυτὶ λέγοντος· Ἐγένοντο δὲ αὐτῷ παῖδες ἑπτὰ καὶ
θυγατέρες τρεῖς. Ὁ δὲ τῶν παίδων κατάλογος, τίμιος παρὰ
10 τῇ γραφῇ, καὶ λόγοις σύμφωνος μυστικοῖς. Ἡ γὰρ ἑβδόμη
ἀπαρίθμησις, τῶν ἑπτὰ χαρισμάτων μηνύει τὴν συνδρο-
μήν, ἡ δὲ τρίτη, πρὸς τελειότερον ὁρᾷ καὶ θειότερον, ἵνα
μάθωμεν τὴν ἐν τῇ Τριάδι πίστιν τῆς ἑβδόμης χάριτος εἶναι
δημιουργόν. Τί λέγεις; Ἄρα δυνήσῃ κἂν ταύτῃ, ὡς κἂν
15 ταῖς ἄλλαις ῥήσεσι ποιεῖν, τὸν τῆς ἀληθείας ὑπορύξας
μοχλόν, ᾧ ἡ τοῦ ἁγίου αὕτη ῥῆσις, περιφανῶς κατη-
σφάλισται, τὸν ἐν ταύτῃ τεθησαυρισμένον πλοῦτον τῆς
εὐσεβείας ἀποσυλήσειν; Καὶ ἔμεινε σιωπῶν τοπαράπαν,
μὴ δὲ γρῦ τὸ τοῦ λόγου δυνηθεὶς ἀντιφθέγξασθαι, τοῦ
20 γε μὴν πρὸς τὴν ἀλήθειαν ἐπανελθεῖν, οὐδένα πεποίηται
λόγον, τὸν τοῦ ψεύδους ὃν ἡρετίσατο δρόμον, ὅση δύνα-

---

17, 8/14 Didym. Alex., *Comm. in Iob in Cat.* (PG 39, 1120C)    8/9 Iob 1, 2

---

17, 1 δι'ἐτέρας] σοι add. M    2/3 καὶ¹ – χαρίσματα] καὶ αὐτῆς ταύτης τὰ
ἑπτὰ πνευματικὰ χαρίσματα M    4 ἧς καὶ] om. M    5 καταγνῷς σεαυτοῦ]
σαυτοῦ καταγνοίης M    5/7 τέως – τοῦ] τέως γε μὴν ἀπόσχου τοῦ δι' ὄχλου
ἡμῖν γίνεσθαι περὶ τούτου. Ἄκουσον τοιγαροῦν τοῦ M    11 συνδρομήν] σύνοδον
M    14/15 κἂν – ῥήσεσι] καὶ ἐν ἄλλαις ἔθος σοι M    16 αὕτη ῥῆσις] trsp. M
17 ταύτῃ] αὐτῇ M    18 ἀποσυλήσειν] ἀποσυλήσασθαι Ἦ καὶ τί φής; M    20
ἐπανελθεῖν] μετασκευασθῆναι M    20/21 πεποίηται λόγον] trsp. M    21/24
τὸν – συνεσχημένος] τὸν ἑαυτοῦ τῆς κακίας ἰὸν ἀμεταμέλητα περιφέρων καὶ δια-
παντὸς ἔν τε τοῖς λεγομένοις ἔν τε τοῖς γραφομένοις αὐτῷ διαρρήδην ἐμφαίνων M

μις, θέων ἀμεταστρεπτί. Καὶ γὰρ ἔμεινε διαπαντὸς ἕν τε
τοῖς λεγομένοις ἕν τε τοῖς γραφομένοις αὐτῷ, οἷς ἐξαρ-
χῆς συνέθετο συνεσχημένος.

**18.** Ἀλλ' οὗτος μέν, τὴν ἑαυτοῦ ὁδευέτω. Τὰ γὰρ δε-
δογμένα ὁποῖα ποτ' ἂν εἴη, ὁ ἀδέκαστος κριτής, καὶ τὸ
πῦρ ὃ ἐξέκαυσεν ἑαυτῷ καὶ τοῖς μετ' αὐτοῦ δοκιμάσει.
Ἡμεῖς δ' ἐπεὶ τοῦ προτεθέντος τούτου προεισοδίου ἐμνή-
5 σθημεν, ἀκολουθίαν σώζοντος ὡς ἔστιν ὁρᾶν | πρὸς τὰ    *V* f.105ᵛ
ἡμῖν ἔμπροσθεν εἰρημένα, ἐπὶ τὸ πρότερον ἴχνος τοῦ λό-
γου, ὃ καταλιπόντες μετέβημεν διὰ τὴν χρείαν τοῦ πα-
ρεισοδίου ἐκείνου, ἐπανέλθωμεν αὖθις. Κἀπειδὴ ἱκανῶς
τῷ περὶ τοῦ τρίτου τρόπου τῆς μετοχῆς λόγῳ, καὶ ὡς
10 ἡ δύναμις ἡμῖν ἐχορήγησεν ἐνδιετρίψαμεν, μᾶλλον δ' αἱ
τῶν ἁγίων μαρτυρίαι παρέστησαν, φέρε δὴ καὶ περὶ τοῦ
λοιποῦ καὶ τετάρτου τρόπου καθ' ὃν τὰ αἰτιατὰ τουτέστι
τὰ δημιουργικῶς παραχθέντα ὑπὸ τοῦ Θεοῦ, λέγονται
τούτου ὡς αἰτίου μετέχειν σκεψώμεθα, καθόσον καὶ ὁ
15 περὶ τούτου λόγος ἀπαιτεῖ, καὶ ὁ Θεὸς ἐν ἀνοίξει τοῦ
στόματος ἡμῶν δύναμιν | χορηγήσει τοῖς ὑπὲρ τῆς εἰς    *M* f.23ᵛ
αὐτὸν ἀληθείας ἀγωνιζομένοις.

**19.** Τέταρτος τρόπος. Ἔστι μὲν οὖν ὁ τοιοῦτος τρό-
πος τῆς μετοχῆς σχεδὸν ὁ αὐτὸς τῷ πρὸ αὐτοῦ, παρό-
σον ὅτι καὶ ἐν ἐκείνῳ τὰ ταῖς ψυχαῖς τῶν ἁγίων, ὡς
τῷ Θεῷ διὰ τῆς τῶν ἐντολῶν ἐργασίας εὐαρεστούντων
5 διδόμενα χαρίσματα, κτιστὰ ἐδείκνυτο ταῖς τῶν ἁγίων
ἐπ' αὐτοῖς μαρτυρίαις. Αἰτιατὰ γὰρ καὶ ταῦτα, κἂν τού-
τῳ δ' ὁμοίως κτιστά εἰσι τὰ τοῖς οὖσιν ἐκ τῆς πρώτης
δημιουργίας συναπαρτισθέντα, καὶ ὥσπερ δι' ἐκείνων

---

18, 15/16 Eph. 6, 19

---

18, 2 εἴη] ἢ *M*    τὸ] ἡτοιμασμένον *add. M*    3 ὃ ἐξέκαυσεν] *om. M*
ἑαυτῷ] αὐτῷ τε *M*    μετ'] κατ' *M*    4 τούτου προεισοδίου] παρεισοδίου τού-
του *M*    5/6 ἀκολουθίαν – εἰρημένα] ὡς ἀνάγκην ὀφείλοντος προστεθῆναι τῷ
περὶ τοῦ τρίτου τρόπου τῆς μετοχῆς *M*    7/8 διὰ – ἐκείνου] *om. M*    8 αὖθις
*om. M*    9 τοῦ – μετοχῆς] τούτου τοῦ τρόπου *M*    12 τρόπου] τῆς μετοχῆς
τοῦ Θεοῦ *add. M*
19, 1 Τέταρτος τρόπος] *om. M*    6 ἐπ' αὐτοῖς] *om. M*    8 καὶ] ὁμοίως
*add. M*

μετέχεσθαι λέγεται ὁ Θεός, ὡς αἴτιος διὰ τῶν αἰτια-
10 τῶν, οὕτω καὶ διὰ τούτων, καὶ τὸ τῆς μετοχῆς σημαι-
νόμενον κοινὸν καὶ ἐν ἀμφοτέροις καὶ κατὰ κυριολεξίαν
λέγεται, ὅτι τὲ κἀκεῖνα ὑπὸ τῶν ἁγίων ἀμέσως μετέ-
χονται, καὶ εἰς τὴν αὐτῶν ὑπόστασιν συμφύονται, καὶ
ταῦτα δ'ὁμοίως ἐξαρχῆς συνυποστάντα τοῖς οὖσιν, εἰς
15 τὸ τούτων σύγκριμα συνεφύησαν καὶ ὑπ'αὐτῶν ἀμέσως
μετέχονται. Διαφέρουσι δ'ἀλλήλων, ὅτι καὶ ἡ οὐσία τοῦ
Θεοῦ ἐλέγετο ἐν ἐκείνῳ μετέχεσθαι ἀμεθέκτως καὶ οὐ
κατὰ κυριολεξίαν δηλονότι, τῆς τοιαύτης μετοχῆς κατὰ
τὴν ἐν τοῖς ἁγίοις ἐνοίκησιν τοῦ Θεοῦ καὶ νοουμένης καὶ
20 λεγομένης, καθὰ τὸν λόγον διὰ πλείστων μαρτυριῶν
ἐπιστωσάμεθα, ἐν τούτῳ δ'οὐκ ἔστι χρεία τὴν κατ'οὐ-
σίαν τοῦ Θεοῦ μετοχὴν παραλαμβάνεσθαι, οὐχ ὅτι ἐν
τοῖς αἰτιατοῖς ἤγουν τοῖς κτίσμασιν οὐ πάρεστιν οὐσιω-
δῶς ὁ Θεός (τοῦτο γὰρ δέδεικται, ὅτι πάρεστιν), ἀλλ'ὅτι
25 τούτου ἀποδειχθέντος ἐν τῷ περὶ τοῦ δευτέρου τρόπου
τῆς μετοχῆς, περιττόν ἐστι κἂν τούτῳ διαλαμβάνεσθαι.
Διαφέρουσι δ'ἔτι καὶ καθὸ ἡ μὲν ὕπαρξις ἐκείνων δηλο-
νότι τῶν πνευματικῶν χαρισμάτων ὑστερογενής ἐστι
τῆς ἀπὸ γενέσεως τῶν ἁγίων ὑπάρξεως, καὶ κατὰ βελ-
30 τίωσιν καὶ προκοπὴν ἐγγίνεται ταῖς τῶν ἁγίων ψυχαῖς,
ταῦτα δ'ἅμα τῇ εἰς τὸ εἶναι τῶν ὄντων παραγωγῇ συνε-
τελέσθησαν, καὶ τούτοις οἰονεὶ συνυφάνθησαν.

---

11 κοινὸν] *om. M* καὶ¹] *sup. l. V, om. M* 12/13 ὑπὸ – καὶ¹] *om. M*
13 αὐτῶν] ἁγίων *M* 14 δ'ὁμοίως] *om. M* συνυποστάντα – οὖσιν] *om. M*
15 τούτων] τῶν ὄντων ἑκάστου *M* 15/16 συνεφύησαν – μετέχονται] συνυπέ-
στησαν *M* 16/17 ἡ – καὶ] καὶ (*erasum*) ἐν ἐκείνῳ καὶ (*sup. l.*) κατ'οὐσίαν μὲν
ἐλέγετο ὁ Θεὸς μετέχεσθαι διὰ τὴν ἐν τοῖς ἁγίοις ἐνοίκησιν (διὰ τὴν ἐν τοῖς ἁγίοις
ἐνοίκησιν *in marg.*), ἀλλ' *M* 18 δηλονότι – τοιαύτης] τῆς *M* 18/21 κατὰ –
ἐπιστωσάμεθα] διὸ προσέκειτο καὶ τὸ ἀμεθέκτως, ὡς τοῦτο μᾶλλον ἁρμόζον ταῖς
περὶ Θεοῦ ἐννοίαις ἤπερ ἐκεῖνο, ὡς διὰ πολλῶν δέδεικται *M* 22/25 οὐχ – ἀπο-
δειχθέντος] ὡς συμπεριλαμβανομένην *M* 25 ἐν] κἂν *M* τῷ – τρόπου] τῷ
β' τρόπῳ *M* 26 περιττόν – διαλαμβάνεσθαι] ἥτις ἐλέγετο κατὰ τὸ παρεῖναι τὸν
Θεὸν τοῖς πᾶσιν οὐσιωδῶς *M* 31 τῶν – παραγωγῇ] προόδῳ τῶν ὄντων πάντων
*M* 32 καὶ – συνυφάνθησαν] καὶ τοῖς γινομένοις συνυφαίνονται *partim sup. l.,*
*partim in marg. M*

20. Καὶ ταῦτα μὲν ἱκανῶς εἰρῆσθαί μοι δοκεῖ, ὅσον πρὸς διάκρισιν διαφέρειν ἀλλήλων τοὺς δύο τούτους τρόπους, καὶ μὴ διὰ τὰ προσόντα κοινὰ καὶ ἀμφοῖν, ἕνα τοὺς δύο νομίζεσθαι. Ἃ δ'ἔχομεν | ὡς ἴδια περὶ τοῦ   *V* f.106
5 τοιούτου τετάρτου τρόπου, ἐκ τῶν ἁγίων διδαχθέντες, ταῦτ'ἂν εἴη, καὶ μάλιστ'ἐκ τῶν τῷ ἱεροφάντορι Διο-νυσίῳ ἐν τῷ περὶ τοῦ ὄντος εἰρημένων. Σχεδὸν γὰρ τὸ τοιοῦτον ἅπαν κεφάλαιον περὶ τῶν δημιουργικῶς ὑπο-στάντων ἐκ Θεοῦ διαλαμβάνει, τοῦ τε εἶναι, καὶ τῆς
10 ζωῆς, καὶ τῆς σοφίας καὶ τῶν λοιπῶν. Ἀλλ'ἐπεὶ φορτι-κὸν οἶμαι δόξειν τοῖς ἐντυγχάνουσιν, εἴπερ ἅπας ὁ περὶ τούτων συντεθειμένος λόγος τῷ ἁγίῳ τεθείη παρ'ἡμῶν ἐνταυθοῖ, ὀλίγων τινῶν ἐξ αὐτῶν μνησθέντες ῥημάτων, ἀπὸ τούτων καὶ περὶ τῶν λοιπῶν εἰδότες ἐσόμεθα. Εἰσὶ
15 δὲ ταῦτα.

α΄. Ἡ τοῦ ἀγαθοῦ φησι θεωνυμία, τὰς ὅλας τοῦ πάντων αἰτίου προόδους ἐκφαίνουσα, καὶ εἰς τὰ ὄντα καὶ εἰς τὰ οὐκ ὄντα ἐκτείνεται, καὶ ὑπὲρ τὰ ὄντα καὶ τὰ οὐκ ὄντα ἐστίν.

β΄. Ἡ δὲ τῆς ζωῆς εἰς πάντα τὰ ζῶντα ἐκτείνεται, καὶ
20 ὑπὲρ τὰ ζῶντα ἐστίν, ἡ δὲ τῆς σοφίας, εἰς πάντα τὰ νοερὰ καὶ λογικὰ καὶ αἰσθητικὰ ἐκτείνεται, καὶ ὑπὲρ πάντα ταῦτα ἐστί.

γ΄. Ταύτας οὖν ὁ λόγος ὑμνῆσαι ποθεῖ, τὰς τῆς προόδου ἐκφαντορικὰς θεωνυμίας. Οὐ γὰρ ἐκφράσαι τὴν αὐτοϋπε-
25 ρούσιον ἀγαθότητα καὶ οὐσίαν, καὶ ζωήν, καὶ σοφίαν τῆς αὐτοϋπερουσίου θεότητος ἐπαγγέλλεται, τῆς ὑπὲρ πᾶσαν ἀγαθότητα καὶ θεότητα, καὶ οὐσίαν, καὶ ζωήν, καὶ σοφίαν ἐν ἀποκρύφοις ὡς τὰ λόγια φησὶν ὑπεριδρυμένην, ἀλλὰ τὴν ἐκπεφασμένην ἀγαθοποιὸν πρόνοιαν.

---

20, 16/112 Ps.-Dion. Areop., *De div. nom.* 5, 1-5 (Suchla p. 181, 1 – 184, 16)

---

**20, 1** μὲν] οὖν *add.* M    **2** διάκρισιν] τοῦ *add.* M    τοὺς – τούτους] τούσδε M    **4** ὡς ἴδια] *sup. l.* M    **12** συντεθειμένος] *in marg.* M    **14** *post* εἰδότες *folia quaedam ceciderunt in* M; *itaque oratio abrumpit media sententia* **16/102** α΄, β΄, γ΄, ... ιε΄] *in marg. manu Argyri* V

30 δ'. Ὑπεροχικῶς δὲ ἀγαθότητα καὶ πάντων ἀγαθῶν αἰτίαν ὑμνεῖ, καὶ ὄν, καὶ ζωήν, καὶ σοφίαν, τὴν οὐσιοποιόν, καὶ ζωοποιόν, καὶ σοφοδότιν αἰτίαν τῶν οὐσίας καὶ ζωῆς καὶ νοῦ, καὶ λόγου, καὶ αἰσθήσεως μετειληφότων.

ε'. Οὐκ ἄλλο δὲ εἶναι τὸ ἀγαθὸν φημί, καὶ ἄλλο τὸ ὄν,
35 καὶ ἄλλο τὴν ζωήν, ἢ τὴν σοφίαν, οὐδὲ πολλὰ τὰ αἴτια, καὶ ἄλλων ἄλλας παρακτικὰς θεότητας ὑπερεχούσας καὶ ὑφειμένας, ἀλλ'ἑνὸς Θεοῦ τὰς ὅλας ἀγαθὰς προόδους, καὶ τὰς παρ'ἡμῶν ἐξυμνουμένας θεωνυμίας,

ϛ'. καὶ τὴν μὲν εἶναι τῆς παντελοῦς τοῦ ἑνὸς Θεοῦ προ-
40 νοίας ἐκφαντορικήν, τὰς δέ, τῶν ὁλικωτέρων αὐτοῦ καὶ μερικωτέρων.

ζ'. Καίτοι φαίη τις ἄν, ἀνθ'ὅτου τοῦ ὄντος τὴν ζωήν, καὶ τῆς ζωῆς τὴν σοφίαν ὑπερεκτεινομένης, τῶν ὄντων μὲν τὰ ζῶντα, τῶν δὲ ὅσα ζῆ, τὰ αἰσθητά, καὶ τούτων τὰ λογικά,
45 καὶ τῶν λογικῶν ἅ γε ὑπερέχουσι καὶ περὶ Θεόν εἰσι, καὶ μᾶλλον αὐτῷ πλησιάζουσι. Καίτοι ἔδει τὰ τῶν μειζόνων ἐκ Θεοῦ δωρεῶν μετέχοντα, καὶ κρείττονα εἶναι, καὶ τῶν λοιπῶν ὑπερέχειν.

η'. Ἀλλ'εἰ μὲν ἀνούσια καὶ ἄζωά τις ὑπετίθετο τὰ νοερά,
50 καλῶς ἂν εἶχεν ὁ λόγος.

θ'. Εἰ δὲ καὶ εἰσὶν οἱ θεῖοι νόες ὑπὲρ τὰ λοιπὰ ὄντα, καὶ ζῶσιν ὑπὲρ τὰ ἄλλα ὄντα, καὶ νοοῦσι, καὶ γινώσκουσιν ὑπὲρ αἴσθησιν καὶ λόγον, καὶ παρὰ πάντα τὰ ὄντα τοῦ καλοῦ καὶ ἀγαθοῦ ἐφίενται καὶ μετέχουσιν, αὐτοὶ μᾶλλον εἰσὶ περὶ τὸ
55 ἀγαθόν, οἱ περισσῶς αὐτοῦ μετέχοντες, καὶ πλείους καὶ μείζους ἐξ αὐτοῦ δωρεὰς εἰληφότες, | ὥσπερ καὶ τὰ λογικὰ τῶν αἰσθητικῶν ὑπερέχει, πλεονεκτοῦντα τῇ περιουσίᾳ τοῦ λόγου, καὶ ταῦτα, τῇ αἰσθήσει, καὶ ἄλλα τῇ ζωῇ, καὶ ἔστιν ὡς οἶμαι τοῦτο ἀληθές, ὅτι τὰ μᾶλλον τοῦ ἑνὸς καὶ ἀπειροδώ-
60 ρου Θεοῦ μετέχοντα, μᾶλλον εἰσὶν αὐτοῦ πλησιαίτερα καὶ θειότερα τῶν ἀπολειπομένων. Ἐπειδὴ δὲ καὶ περὶ τούτων εἴπομεν, φέρε τὸ ἀγαθόν, ὡς ὄντως ὄν, καὶ τῶν ὄντων ἁπάντων οὐσιοποιὸν ἀνυμνήσωμεν.

ι'. Ὁ ὤν, ὅλα τοῦ εἶναι κατὰ δύναμιν ὑπερούσιον ἔστιν
65 ὑπόστασις, οὐσία καὶ δημιουργός, ὄντος, ὑπάρξεως, οὐσίας, φύσεως, ἀρχὴ καὶ μέτρον αἰώνων καὶ χρόνων ὀντότης, καὶ αἰὼν τῶν ὄντων, χρόνος τῶν γενομένων, τὸ εἶναι τοῖς ὅπω-

V f.106ᵛ

σοῦν οὖσι, γένεσις τοῖς ὁπωσοῦν γενομένοις, ἐκ τοῦ ὄντος,
αἰών, καὶ οὐσία, καὶ ἕν, καὶ χρόνος, καὶ γιγνόμενον, τὰ ἐν
70 τοῖς οὖσιν ὄντα, καὶ τὰ ὁπωσοῦν ὑπάρχοντα, καὶ ὑφεστῶτα.
Καὶ γὰρ ὁ Θεός, οὐ **ποσῶς** ἐστιν ὤν, ἀλλ᾽ ἁπλῶς καὶ ἀπεριο-
ρίστως, ὅλον ἐν ἑαυτῷ τὸ εἶναι συνειληφώς.

ια΄. Διὸ καὶ βασιλεὺς λέγεται τῶν αἰώνων, ὡς ἐν αὐτῷ
καὶ περὶ αὐτὸν παντὸς τοῦ εἶναι καὶ ὄντος καὶ ὑφεστηκότος,
75 καὶ οὔτε ἦν, οὔτε ἔσται, οὔτε ἐγένετο, οὔτε **γεννηθήσεται.**

ιβ΄. Μᾶλλον δὲ οὐδὲ ἔστιν, ἀλλ᾽ αὐτός ἐστι τὸ εἶναι τοῖς
οὖσι, καὶ οὐ τὰ ὄντα μόνον, ἀλλὰ καὶ αὐτὸ τὸ εἶναι τῶν
ὄντων ἐκ τοῦ προαιωνίως ὄντος. Αὐτὸς γάρ ἐστιν ὁ **ὢν** τῶν
αἰώνων, ὁ ὑπάρχων πρὸ τῶν αἰώνων. **Ἀναλαμβάνοντες** οὖν
80 εἴπωμεν, ὅτι πᾶσι τοῖς οὖσι καὶ τοῖς αἰῶσι τὸ εἶναι παρὰ τοῦ
προόντος, καὶ πᾶς μὲν αἰὼν καὶ χρόνος, ἐξ αὐτοῦ, παντὸς δὲ
καὶ αἰῶνος καὶ χρόνου, καὶ παντὸς ὁπωσοῦν ὄντος, ὁ προών,
ἀρχὴ καὶ αἰτία, καὶ πάντα αὐτοῦ μετέχει, καὶ οὐδενὸς τῶν
ὄντων ἀποστατεῖ, *Καὶ αὐτός ἐστι πρὸ πάντων, καὶ τὰ πάντα*
85 *ἐν αὐτῷ συνέστηκε,* καὶ ἁπλῶς εἴ τι ὁπωσοῦν ἐστιν, ἐν τῷ
προόντι καὶ ἔστι, καὶ ἐπινοεῖται καὶ σώζεται.

ιγ΄. Καὶ πρὸ τῶν ἄλλων αὐτοῦ **μετασχών,** τὸ εἶναι προ-
βέβληται, καὶ ἔστιν αὐτὸ καθ᾽**ἑαυτὸ** τὸ εἶναι, πρεσβύτερον
τοῦ αὐτοζωὴν εἶναι, καὶ αὐτοσοφίαν εἶναι, καὶ αὐτοομοι-
90 ότητα θείαν εἶναι, καὶ τὰ ἄλλα ὅσων τὰ ὄντα μετέχοντα,
πρὸ πάντων αὐτῶν, τοῦ εἶναι μετέχει, μᾶλλον δὲ καὶ αὐτὰ
καθ᾽αὐτὰ πάντα ὧν τὰ ὄντα μετέχει, τοῦ αὐτὸ καθ᾽αὐτὸ εἶ-
ναι μετέχει, καὶ οὐδέν ἐστιν ὄν, οὗ μὴ ἔστιν οὐσία καὶ αἰών,
τὸ **αὐτοεῖναι.**

95 ιδ΄. Πάντων οὖν τῶν ἄλλων ἀρχηγικωτέρων, ὡς ὢν
ὁ Θεός, ἐκ τῆς πρεσβυτέρας τῶν ἄλλων αὐτοῦ **δωρεᾶς**
ὑμνεῖται. Καὶ γὰρ **τῷ** προεῖναι καὶ ὑπερεῖναι προέχων καὶ
ὑπερέχων τὸ εἶναι, πᾶν αὐτό φημι καθ᾽αὐτὸ τὸ εἶναι **ὑπε-
στήσατο,** καὶ τῷ εἶναι **αὖ τὸ παντὸς** ὁπωσοῦν ὂν ὑπεστήσα-
100 το. Καὶ γοῦν αἱ ἀρχαὶ τῶν ὄντων πᾶσαι, τοῦ εἶναι μετέχουσι
καὶ εἰσίν, ἔπειτα ἀρχαί εἰσι.

ιε΄. Καὶ εἰ βούλει τῶν ζώντων ὡς ζώντων | ἀρχὴν φάναι    *V* f.107
τὴν αὐτοζωήν, καὶ τῶν ὁμοίων ὡς ὁμοίων τὴν αὐτοομοιό-

---

84/85 Col. 1, 17

τητα, καὶ τῶν ἡνωμένων ὡς ἡνωμένων τὴν αὐτοένωσιν, καὶ
105 τῶν τεταγμένων ὡς τεταγμένων τὴν αὐτοτάξιν, καὶ τῶν
ἄλλων ὅσα τοῦδε ἢ τοῦδε ἢ ἀμφοτέρων ἢ πολλῶν μετέχον-
τα, τόδε ἢ τόδε ἢ ἀμφότερα ἢ πολλά ἐστι, τὰς αὐτομετοχὰς
εὑρήσεις τοῦ εἶναι πρῶτον αὐτὰς μετεχούσας, καὶ τῷ εἶναι
πρῶτον μὲν οὔσας, ἔπειτα τοῦδε ἢ τοῦδε ἀρχὰς οὔσας, καὶ
110 τῷ μετέχειν τοῦ εἶναι, καὶ οὔσας καὶ μετεχομένας. Εἰ δὲ
ταῦτα τῇ μετοχῇ τοῦ εἶναι ἐστί, πολλῷ γε μᾶλλον τὰ αὐτῶν
μετέχοντα.

**21.** Ἀλλὰ ταῦτα μὲν ἐκ τῶν τοῦ θείου πατρὸς Διονυ-
σίου θεοσόφων ῥημάτων ἡμῖν ληφθέντα, ἱκανῶς ἔχειν
νενόμισται, καὶ μὴ συνείρειν τὰ ἐφεξῆς τοῦ αὐτοῦ τοῖς
εἰρημένοις ὄντα σκοποῦ, καὶ μάλισθ'ὅτι καὶ τὸν τοῦ
5 λόγου κόρον ἐπαχθῆ τοῖς ἀκούουσι γίνεσθαι σύνισμεν.
Ὁ δ'ἀναγκαιότερον δόξειεν ἂν τοῖς συνετωτέροις τῶν
ἐντευξομένων, καὶ μὴ παρέργως εἰρῆσθαι, τὸ καὶ ἐκ τῶν
εἰς αὐτὰ σχολίων τοῦ θειοτάτου Μαξίμου σαφηνείας
χάριν ἐνταυθοῖ παραθεῖναι, διὰ τὸ μὴ πᾶσιν ἁπλῶς πρό-
10 χειρον εἶναι καὶ εὐπόριστον τὴν τοῦ ἁγίου διάνοιαν τῇ
τε τῶν νοημάτων σεμνότητι πεπυκασμένην, καὶ προσέτι
τῇ τῆς λέξεως ἐμβριθείᾳ πρὸς τὸ ἀσαφέστερον διακειμέ-
νην, τοῦτο δὴ καὶ ποιήσας, πεπαύσομαι τῶν μαρτυριῶν.
Προσθήσω δὲ τοῖς σχολίοις καὶ σημεῖα δι'ἀριθμῶν εἰς
15 δήλωσιν τῶν ἡρμηνευμένων ἐν τοῖς τῷ ἁγίῳ Διονυ-
σίῳ εἰρημένοις, ἐχόντων κἀκείνων ὁμοίως τὰ αὐτὰ τοῖς
σχολίοις ἀριθμῶν. Καὶ εἰσὶ τὰ σχόλια ταῦτα.

**22.** α'. Εἰς τὰ οὐκ ὄντα **ἐκτείνεσθαι** τὸ ἀγαθὸν ὁ **θεῖος
Διονύσιος** εἴρηκεν, ὡς εἰς τὸ εἶναι **ταῦτα καλοῦντος τοῦ
Θεοῦ**, ἢ καὶ κατὰ τὸ εἰρημένον αὐτῷ τῷ πατρί, ὅτι καὶ αὐτὸ
τὸ μὴ ὄν, καλόν, ὅταν ἐν τῷ Θεῷ διὰ τὸ ὑπερούσιον θεω-
5 ρῆται, ἢ **καὶ** οὕτως, ἐπειδὴ οὐ περιγράφεται τόπῳ ὁ Θεός,

---

22, 1/5 Ps.-Max. Conf. (= Ioh. Scythop.), *Scholia in librum De div. nom.* 309,
13-15 (Suchla p. 314 in app. crit.)      5/36 ibid. 309, 18 – 312, 15 (Suchla p. 314,
1 – 317, 5)

---

22, 1/198 α', β', γ', ... ιε'] *in marg. manu Argyri V*

εἰκότως φησὶ καὶ ὑπὲρ τὰ οὐκ ὄντα αὐτὸν εἶναι, ἵνα δείξῃ τὸ ἀπερίγραπτον αὐτοῦ.

β′. Ἐπισημήνασθαι χρή, πῶς ὅτε μὲν περὶ ἀγγέλων φησὶ καὶ ἀνθρώπων, τοὺς μὲν ἀγγέλους **νοητούς** φησι, τὰς ἡμε-
10  τέρας δὲ ψυχάς, νοεράς, νῦν δὲ ἐπειδὴ περὶ Θεοῦ πρῶτον φησιν, εἰκότως καὶ τοὺς ἀγγέλους μεθ᾽ ἡμῶν νοεροὺς φησιν, ἅτε καὶ αὐτοὺς διὰ τὸ νοεῖν τὸν Θεὸν ὅσον οἷόν τε, **στρεφο-μένους** τῇ νοήσει τῷ ἐπεστράφθαι ἐπὶ τὴν θείαν σοφίαν, ὡς καὶ αἱ ἀνθρώπιναι ψυχαί, καὶ τὰ αἰσθητικὰ δέ, τουτέστι τὰ
15  ἄλογα **μὲν** ἔμψυχα δέ, ὅμως πάντα σοφίας μετέχουσι θείας, καὶ ἐν ταῖς φυσικαῖς αὐτῶν ὁρμαῖς, ὡς καὶ ὁ θεῖος Βασίλειος ἐν τῇ Ἑξαημέρῳ δείκνυσι. Καὶ αὐτὸ δὲ τὸ ἐν σοφίᾳ γενέσθαι πάντα, κατὰ τὸ εἰρημένον Πάντα ἐν σοφίᾳ ἐποίησας.

γ′. **Σημείωσαι** ὅτι καλῶς λέγομεν τὸ ὑπὲρ πᾶσαν ἀγα-
20  θότητα καὶ θεότητα. Ὑποβεβηκυίας **γὰρ** | θεότητας νόησον ἀγγέλων καὶ ἀνθρώπων δικαίων.     *V* f.107ᵛ

δ′. Ἐν ἀποκρύφοις, ὡς τὸ Ἔθετο σκότος ἀποκρυφὴν αὐτοῦ καὶ πάλιν Ἐν ἀποκρύφῳ καταιγίδος.

ε′. Ἐπειδὴ πρὸ μικροῦ ἔδοξέ πως ὑπόβασιν λέγειν τὸ
25  ἀγαθόν, εἰπὼν τοῦ ὄντος αἴτιον, καὶ οὕτω καθεξῆς, ἵνα μὴ οἱ ἀσυνέτως ἀναγινώσκοντες εὕρωσι μέμψεως ἀφορμήν φησι, « οὐκ ἄλλο δὲ τὸ ἀγαθόν, καὶ ἄλλο τὸ ὄν, καὶ **αὖ πάλιν** ἄλλο τὴν ζωήν, ἢ τὴν σοφίαν. Ἓν γὰρ εἶναι τῶν ἁπάντων αἴτιον, καὶ οὐ πολλά, καὶ μίαν εἰκότως θεότητα πάντα παράγουσαν,
30  τὴν ἁγίαν καὶ **μακαρίαν** Τριάδα, καὶ μὴ πολλὰς θεότητας δημιουργούς ». Τοῦτο δὲ οὐ περιττῶς εἶπεν, ἀλλὰ καθαπτό-μενος τῶν παρ᾽Ἕλλησι σοφῶν, καὶ τῶν ἀπὸ Σίμωνος αἱρε-τικῶν, οἳ κοσμοποιοὺς φασι θεοὺς καθόσον ὑποβεβήκασι, τοσοῦτον καὶ τὰ ἀσθενέστερα τῶν κτισμάτων παράγοντας,
35  ἕως καὶ τῆς τῶν ἁπάντων ὑποστάθμης ὥς φασι, τουτέστι τῆς ὕλης.

ϛ′. Τὴν τοῦ ἀγαθοῦ ἐπωνυμίαν παντελοῦς προνοίας δε-κτικὴν εἶναί φησι, τὰ δὲ λοιπάς, μερικάς, οἷον ζωὴν καὶ σο-

---

**16/17** cf. Bas. Caes., *In hex.* 9, 3-6 passim (Giet p. 488-522)     **17/18** Ps. 103, 24     **22/23** Ps. 17, 12 et 80, 8     **37/46** Ps.-Max. Conf. (= Ioh. Scythop.), *Scholia in librum De div. nom.* 312, 15-27 (Suchla p. 317 in app. crit.)

φίαν, καὶ λόγον. Καὶ πάντα μὲν γὰρ τὰ ὄντα δι'ἀγαθότητα
40 Θεοῦ παρήχθη πρὸς ὕπαρξιν, καί εἰσιν ἀγαθά, ἤτοι καλὰ
λίαν, οὐ πάντα δὲ ζωῆς ἢ λόγου ἢ σοφίας μετέχουσι. Διὸ τὰς
τοιαύτας ἐπωνυμίας κατὰ ἀντιδιαστολὴν τῆς παντελοῦς τέ-
θεικεν. Ὁλικωτέρας δέ φησι τὰς ἐπὶ πλειόνων θεωρουμένας,
οἷον ζωήν (φθάνει γὰρ ἐπὶ φυτῶν καὶ ζῴων, λογικῶν τε καὶ
45 ἀλόγων), σοφία δὲ καὶ λόγος μερικώτεραι. Ἐπὶ μόνων γὰρ
λογικῶν ὁρῶνται ταῦτα.

ζ'. Ἀσαφέστερόν πως ἐγκειμένης τῆς ῥήσεως, οἶμαι τὸ
λεγόμενον τοιοῦτόν τινα νοῦν ὑποφαίνειν, ὥς τινος ἐπαπο-
ροῦντος καὶ λέγοντος, διατί τοῦ ὀνόματος αὐτοῦ τοῦ ὄντος
50 ὑπερέχοντος τῆς ζωῆς τὴν προσηγορίαν, καὶ πάλιν τοῦ ὀνό-
ματος τῆς ζωῆς ὑπεραίροντος τὴν σοφίαν, ἅτε καὶ τῆς τάξε-
ως τοῦτο ἀπαιτούσης, ὡς καὶ αὐτὸς πρὸ βραχέος ἐδήλωσεν
εἰπών, «καὶ ὄν καὶ ζωήν, καὶ σοφίαν τὴν οὐσιοποιόν, καὶ
ζωοποιόν, καὶ σοφοδότιν αἰτίαν τῶν οὐσίας, καὶ ζωῆς, καὶ
55 νοῦ, καὶ λόγου μετειληφότων, καὶ αἰσθήσεως, οὐκέτι τὴν τά-
ξιν ταύτην ὁρῶμεν ἐν τοῖς οὖσι. Δέον γὰρ κατὰ τοὺς εἰρημέ-
νους ὑπὸ σοῦ βαθμούς, τὰ ὄντα πλέον τῶν ζώντων, καὶ τῶν
αἰσθανομένων, καὶ τῶν νοερῶν καὶ λογικῶν, τουτέστι τῶν
νοῦ καὶ λόγου μετειληφότων, πλησιάζειν Θεῷ, οὐκέτι μὲν
60 οὕτως, ἐξ ἐναντίου δέ ἐστιν, οἷον οὐρανοῦ, καὶ ἄστρων, καὶ
γῆς καὶ ὕδατος, καὶ ἀέρος, καὶ τῶν ἐξ αὐτῶν πλησιαίτερα
περὶ τὴν πρόνοιαν τοῦ Θεοῦ τὰ ζῶντα, εἰ καὶ τὴν φυτικὴν
ζῶσι ζωήν, οἷον τὰ φυτὰ καὶ τὰ τοιαῦτα, καὶ τῶν ζώντων
πλησιαίτερα τὰ αἰσθητικά, τουτέστι τὰ ἄλογα (τῶν γὰρ
65 φυτῶν καὶ βοτανῶν τιμιώτερα ἐν ζωῇ τὰ ἄλογα), καθὸ κἂν
μόνον αἰσθάνωνται, τῶν φυτῶν μὴ αἰσθανομένων, τῶν δὲ
αἰσθητικῶν ἐγγύτερα τῷ Θεῷ τὰ λογικά, τῶν δὲ λογικῶν
οἱ νόες, τουτέστιν αἱ ὑπερκόσμιοι | δυνάμεις, ὡς ἡμῶν τῶν Vf.108
λογικῶν ἀνώτεραι, κατὰ τὸ ἄυλον καὶ νοερὸν ἐγγίζουσαι
70 μᾶλλον ἡμῶν τῷ Θεῷ, καίτοι ἔδει τὸ ἐναντίον τὰ ὄντα καὶ
μειζόνων δωρεῶν ἀπολαύοντα τοῦ Θεοῦ ὑπὲρ τὰ ἄλλα εἶναι,
οἷον τὸν οὐρανόν, τὰ ἄστρα, καὶ τὰ τοιαῦτα. Καὶ αὕτη μὲν ἡ

---

**40/41** Gen.1, 31    **47/75** Ps.-Max. Conf. (= Ioh. Scythop.), *Scholia in librum*
*De div. nom.* 312, 28 – 313, 7 (Suchla p. 317, 6 – 319, 8)

ἐπαπόρησις. Λοιπὸν οὖν ἀποκρίνεται ὁ θεῖος Διονύσιος, ἐκ
τοῦ νοῦ, καὶ τοῦ λόγου, καὶ τῆς αἰσθήσεως καθ' ὑπόβασιν καὶ
75  τὰς προτιμήσεις τάττων. Οὕτως εὑρήσεις μετὰ μίαν σελίδα.
η'. Μείζονας δωρεὰς φησὶ τὰς ἐπὶ πλειόνων θεωρουμέ-
νας, οἷον τὸ ὄν, καὶ τὴν ζωήν. Ἀλλὰ τὰ τούτων μόνον με-
τέχοντα οὐκ ἐν πρώτοις καὶ κρείττοσιν, ἀλλ' ἐν τοῖς ἥττοσιν
ὁρῶνται, ἐπειδὴ τὰ μὲν ὑπερέχοντα, καὶ τὰς τῶν ὑφειμένων
80  ἔχουσιν ἰδιότητας τοῦ εἶναι, τοῦ ζῆν, καὶ κατὰ τοῦτο κρείτ-
τονα, εἰ καὶ διὰ μερικωτέρων ἐπωνυμιῶν σημαίνονται, τὰ δὲ
τῶν ὁλικωτέρων οὐ μετέχουσι τῆς τῶν κρειττόνων ἰδιότη-
τος, τουτέστι σοφίας, καὶ λόγου καὶ νοερότητος, καὶ κατὰ
τοῦτο ἥττονα, ὡς ἡττόνων, ἤγουν ὁλικωτέρων δωρεῶν μετέ-
85  χοντα, ὥσπερ οὖν τὰ ἕτερα, ὡς πλειόνων, καὶ κρείττονα καὶ
Θεῷ πλησιαίτερα.
θ'. Ὅτι τὰ ὑπερκείμενα καὶ μᾶλλον Θεῷ πλησιάζοντα λέ-
γεται πλέον ζῆν τῶν ὑποβεβηκότων, οἷον οἱ θεῖοι νόες ὑπὲρ
ἡμᾶς ζῶσιν, ὡς μᾶλλον Θεῷ πλησιάζοντες. Πάλιν ἡμεῖς ὡς
90  λογικοί, τῶν ἀλόγων πλέον λεγόμεθα ζῆν. Πάλιν τὰ ἄλογα,
ὡς αἴσθησιν ἔχοντα, πλέον ζῇ τῶν φυτῶν, ὡς αἴσθησιν μὴ
ἐχόντων, ἀλλὰ μόνην τὴν φυτικὴν ζωήν.
ι'. Τὸ ὂν ἐπὶ τοῦ Θεοῦ λεγόμενον, ὅλου συλλήβδην τοῦ
εἶναι ὑπέρεστι. Τοῦτο γάρ φησι ὑπερούσιον, ἀντὶ τοῦ ὑπὲρ
95  τὸ ἐν γενέσει ὄν. Τὸ γὰρ ὂν οὐσία. Ἀπὸ γὰρ τοῦ εἶναι τὸ
ὄνομα παρῆκται τῆς οὐσίας. Ὁ οὖν Θεὸς ὡς καὶ τοῦ εἶναι
ὑπερκείμενος (τὸ γὰρ εἶναι ἐξ αἰτίας τινὸς δηλοῖ εἰς τὸ εἶ-
ναι ἀχθῆναι), ὢν ὑπερουσίως νοεῖται, διὸ καὶ αἰὼν λέγεται
τῶν παρηγμένων ὑπ' αὐτοῦ αἰώνων. Ὅπερ γὰρ μήτε ἦν, μήτε
100  ἔσται, ἀλλ' ἔστιν μόνον, τοῦτο ἑστὼς ἔχον τὸ εἶναι, **τὸ** μὴ με-
ταβάλλειν εἰς τὸ ἔσται, μήτ' αὖ μεταβεβληκέναι ἀπὸ τοῦ ἦν
εἰς τὸ ἔστι, **τοῦτό ἐστιν** αἰών. Οὐ γὰρ μόνον τὰ ὄντα πάντα
δεῖ παρεῖναι τῷ παντὶ καὶ ὅλῳ, ἀλλὰ καὶ τὸ μηδὲν τοῦ ποτὲ
μὴ ὄντος. Οὐδὲ γάρ τι προσγέγονεν αὐτῷ, μὴ ὂν πρότερον.
105  Αὕτη οὖν ἡ διάθεσις καὶ φύσις καλοῖτο ἄν, καὶ εἴη αἰών.
Αἰὼν γὰρ ἀπὸ τοῦ ἀεὶ ὄντος **εἴρηται**. Εἴ τις οὖν οὕτω τὸν

---

**76/86** ibid. 313, 8-26 (Suchla p. 319 in app. crit.)   **87/137** ibid. 313,
28 – 316, 23 (Suchla p. 320, 1 – 323, 4)

αἰῶνα λέγοι ζωὴν ἄπειρον, τῷ πᾶσαν ἤδη εἶναι καὶ μηδὲν
ἀναλίσκειν αὐτῆς τῷ παρεληλυθέναι, μηδ'αὖ μέλλειν, οὐκ ἂν
εἴη πᾶσα, ἐγγὺς δ'ἂν εἴη τοῦ ὁρίζεσθαι τί αἰών. ἐκεῖνο γοῦν
110 ἐστιν ἄπειρον, τὸ μὴ ἐπιλεῖπον, καὶ τοῦτο κυρίως, ὅτι μη-
δὲν ἑαυτοῦ ἀναλίσκει. Οὕτως οὖν ὁ Θεὸς καὶ αἰών, καὶ αἰῶ-
νας ποιῶν. Αἰὼν τοίνυν ἐστὶν οὐ τὸ ὑποκείμενον, ἀλλὰ τὸ ἐξ
αὐτοῦ τοῦ ὑποκειμένου ἐκλάμπον. Τὰ οὖν νοητὰ καὶ τὰ μὴ
ὁρώμενα κατὰ τὸν ἀπόστολον αἰώνια, αἰώνιον δὲ οὐκ αὐτός
115 ἐστιν ὁ αἰών, ἀλλὰ τὸ αἰῶνος μετέχον, τουτέστι | τῆς ἀδια- *V f.108ᵛ*
στάτου καὶ ἀπείρου ζωῆς. Ὡς οὖν καὶ **τοῦ** αἰῶνος τουτέστι
τοῦ ἀεὶ ὄντος μετεχόντων, καθ'ὁμοιότητα αἰώνων λεγομέ-
νων ποιητὴς ὁ Θεὸς πεποιηκέναι λέγεται τοὺς αἰῶνας ἀντὶ
τοῦ τὰ νοητά, αἰὼν αὐτῶν ὢν καὶ συνοχεύς, οὕτω καὶ χρόνος
120 ὁ ἄχρονος λέγεται, ἅτε χρόνων αἴτιος. Ὅπερ γὰρ ἐν τοῖς νο-
ητοῖς αἰών, **τοῦτο** ἐν τοῖς αἰσθητοῖς χρόνος. Ὥσπερ οὖν τὰ
ὁρώμενα εἰκόνες εἰσὶ τῶν ἀοράτων καὶ νοητῶν, καὶ αἰῶνα
λέγομεν τὴν ἀτρεμῆ ἐκείνην καὶ πᾶσαν ζωὴν καὶ ἄπειρον
ἤδη καὶ ἀκλινῆ πάντῃ, καὶ ἐν ἑνὶ καὶ πρὸς ἓν ἑστῶσαν, οὕτω
125 καὶ **τῶν χρόνων** τό γε μὲν ἐν τῷ ἀεὶ ὄντι ἀναπαύεσθαι ἐκ-
φανῆναι δὲ καθ'ὑπόβασιν, ὅτε καὶ **ὑπὲρ** τὴν ὁρατὴν φύσιν
ἐχρῆν προελθεῖν. Τὴν οὖν εἰς τὰ αἰσθητά, πρόοδον τῆς εἰς
τὸ ταῦτα δημιουργεῖν ἀγαθότητος τοῦ Θεοῦ, καλοῦμεν χρό-
νον. Οὐ γὰρ ἡ κίνησις τῶν εἰς **ὥρας** καὶ ἡμέρας καὶ νύκτας
130 δι'ἀστέρων, τοῦτο χρόνος, ἀλλ'ὁμώνυμον τῷ χρόνῳ. Ὥσπερ
γὰρ τὸ μετροῦν καὶ **τὸ** μετρούμενον εἰώθαμεν ὁμωνύμως μέ-
τρον καλεῖν, οὕτω καὶ ἐνταῦθα, οἷον **τε αὐτὸ** τὸ ὑπὸ **πήχει**
μετρούμενον, εἴτε ἔδαφος εἴτε τοῖχον ἢ καὶ ἕτερόν τι πῆ-
χυν λέγωμεν. Αἱ γοῦν τῶν ἄστρων φοραὶ κατὰ τὸ εἰρημένον
135 ἔστωσαν εἰς σημεῖα καὶ εἰς καιροὺς καὶ εἰς ἐνιαυτοὺς πρὸς
διορισμὸν καὶ δήλωσιν ἡμῖν ἐναργῆ παρὰ Θεοῦ ἐγένοντο. Ὁ
οὖν καὶ ταῦτα διατάξας, αὐτὸς ἂν **ἄγοι** ταῦτα ὡς αἴτιος.

ια'. Ὅτι οὔτε τὸ ἦν οὔτε τὸ ἐστίν, οὔτε τὸ ἔσται κυρί-
ως λέγεται ἐπὶ Θεοῦ (ὑπὲρ γὰρ ταῦτα ὁ Θεός), λέγεται δὲ
140 ταῦτα, διὰ τὸ κατὰ πᾶσαν ἐπίνοιαν ὑπερουσίως αὐτὸν εἶναι.

---

114 Rom. 1, 20; II Cor. 4, 18    138/140 Ps.-Max. Conf. (= Ioh. Scythop.),
*Scholia in librum De div. nom.* 316, 24-27 (Suchla p. 323 in app. crit.)

ιβ΄. Προσυπακουστέον **κατὰ** ταῦτα οἷς ἐπιλέγει κυρίως τὸ ἐγένετο καὶ τὰ σὺν αὐτῷ κείμενα, ἢ καὶ ἑτέρως νοητέον, ὡς ὑπὲρ πᾶσαν τοῦ εἶναι ἔννοιάν τε καὶ φαντασίαν ὑπάρχων, διὰ δὲ τοῦ εἰπεῖν τὰ ὄντα, τὸ ὅλως αὐτὰ πρὸς ὕπαρξιν ἀχθῆ-
145 ναι δηλοῖ. Τὸ δὲ καὶ αὐτὸ τὸ εἶναι τῶν ὄντων προσθείς, τὴν διαμονὴν αὐτῶν **ἐσήμηνε.**

ιγ΄. Ταῦτα οὐ δεῖ νομίζειν περὶ τοῦ τῶν **πάντων** αἰτί-ου λέγεσθαι, ἀλλὰ περὶ τῶν ἐξ αὐτοῦ δημιουργικῶς ὑπο-στάντων, νοητῶν τε καὶ νοερῶν, καὶ αἰσθητῶν καὶ λοιπῶν.
150 Καθ᾽**ἅπερ** γὰρ προειρήκαμεν, ὁ Θεὸς καὶ πρὸ τοῦ εἶναι (καὶ γάρ ἐστι προών), τὸ δὲ εἶναι, ἔμφασιν οἱονεί τινα ἔχει προ-ϋπόντος αἰτίου. Προὼν μὲν οὖν ὁ Θεὸς λέγεται, καὶ ὤν, ὡς **πάντων** αἴτιος, εἶτα τὸ εἶναι τὰ πάντα, ἐξ αὐτοῦ. Τὸ οὖν εἶ-ναι κατ᾽ἐπίνοιαν ἐκ μετοχῆς ὑπέστη τοῦ προυπεῖναι αὐτοῦ,
155 οὐχ ὡς τοῦ Θεοῦ μερισθέντος εἰς τὸ εἶναι, ἀλλὰ τὸ θέλημα αὐτοῦ τὸ παραγαγὸν εἰς τὸ εἶναι τὰ **πάντα**, τοῦτο λέγεται εἶναι, προϋποστὰν ἐν τῷ Θεῷ, καὶ τούτου τοῦ θελήματος **τοῦ** θείου εἰς τὸ εἶναι τὴν κτίσιν προορισθέντος, εἰκότως πρὸ τῶν ἄλλων | ὧν μετέχει τὰ ὄντα τοῦ Θεοῦ, πρεσβυτέ-        *V* f.109
160 ρα τις ἀρχὴ τοῦ εἶναι ἐπινοεῖται αὐτὸς ὁ Θεός. Πρῶτον γάρ ἐστι τί, καὶ τότε ἔσται ζωή, καὶ σοφία. Οἱ γοῦν ἀόρατοι καὶ θειότεροι νόες, πρῶτοι τοῦ εἶναι μετέσχον, καὶ οὕτω ζωῆς καὶ σοφίας. Ὥσπερ γὰρ ἐφ᾽ἡμῶν, πρώτη τις ὑπέστη ἡ ὕλη, ἀφ᾽ἧς ἐσμέν, οὕτως ἐπὶ τῶν ἀσωμάτων νόων, οἱονεὶ ὕλη
165 νοεῖται αὐτὸ τὸ ὂν ἑκάστου, **εἶτα ὡς εἶδος, ἡ ζωή,** ἢ καὶ καθὸ οὐσίωται εἰς ζωὴν καὶ σοφίαν καὶ ὁμοιότητα, ὁμοιότη-τα δέ, καὶ ἄνω διεξήλθομεν καὶ ταυτότητα, τὰς ἀναγωγοὺς ἐπὶ Θεὸν δυνάμεις, καθ᾽ἃς ὁμοιοῦνται αὐτῷ προσεχεῖς αὐτῷ οὖσαι, καὶ τούτων καθ᾽ὑπόβασιν μετέχουσι τὰ μετὰ ταῦτα,
170 **πρώτου** εἶναι καὶ αὐτὰ μετέχοντα, ἀρχὰς δὲ τῶν ὄντων, τὰς πρώτως ὑποστάσας ἐν τῇ κτίσει οὐσίας νόησον, ἀρχὰς λε-γομένας, οὐχ ὅτι ἐξ αὐτῶν τὰ ὄντα ὡς ἀπὸ στοιχείων, ἀλλὰ καθὰ εἴρηται, ὅτι **πρῶται** τῶν μετ᾽αὐτὰς ἐδημιουργήθησαν, οἷον ἐπὶ μὲν τῶν νοητῶν ἀρχὴ κτίσεως οἱ **θεῖοι νόες**, καὶ

---

141/146 ibid. 316, 39-45 (Suchla p. 323 in app. crit.)        147/183 ibid. 316, 46 – 317, 40 (Suchla p. 324, 1 – 326, 11)

175 οὕτω τὰ ἑξῆς, ἐπὶ δὲ τῶν αἰσθητῶν, ἀρχαὶ κτίσεως, οὐρα-
νός, καὶ γῆ. Ἐν ἀρχῇ γὰρ ἐποίησεν ὁ Θεὸς τὸν οὐρανὸν καὶ
τὴν γῆν. Τῶν γὰρ αἰσθητῶν πρωτόκτιστα **νοοῦνται**, οἱονεὶ
στοιχεῖα καὶ ἀρχαὶ καὶ ὕλη ἄυλος καὶ ἀσώματος τῶν μετε-
χόντων αὐτῶν τῶν ἰδεῶν, οἷον τῶν παραχθεισῶν ἀσωμάτων
180 τάξεων. Ἡ γὰρ αὐτοζωή, καὶ αὐτοσοφία, καὶ **αὐτοτάξις**, καὶ
τὰ ἄλλα τὰ ἐν **τῷ** Θεῷ, παράδειγματά εἰσιν, ὧν μετέχου-
σιν αἱ δημιουργίαι, ὡς σημείου ἤτοι κέντρου αἱ κατ᾽εὐθεῖαν
γραμμαὶ ἐπὶ τὸν κύκλον φερόμεναι.
    ιδ′. Ἑαυτῷ ταύτην τὴν προσηγορίαν ἔθετο ὁ Θεός, εἰ-
185 πών, ἐγώ εἰμι ὁ ὤν, ἐξ ἧς πρὸ τῶν ἄλλων ὅσα περὶ αὐτοῦ
λέγεται, οἷον ζωῆς καὶ σοφίας, καὶ τῶν τοιούτων, εἰκότως
ἀναγορεύεται, τῷ δὲ εἰπεῖν προεῖναι καὶ ὑπερεῖναι, τὸ ἄναρ-
χον εἶναι πάντῃ καὶ ἀκατανόητον τὸν Θεὸν ὑφηγήσατο. Ὃς
καὶ τῷ προορισμῷ τῆς οἰκείας ἀρρήτου γνώσεως προϋπε-
190 στήσατο τὸ ὅλως εἶναι τὰ πάντα. Τούτῳ γὰρ ἀθρόως κατὰ
πρώτην προσβολὴν ἐπιβάλλει ὁ νοῦς τοῦ εἶναι, εἶθ᾽οὕτως τὸ
ὁπωσοῦν εἶναι αὐτὰ θεωρεῖ. Τὸ οὖν ἁπλῶς εἶναι, οὐ τὸ πῶς
εἶναι ἐδήλωσεν, εἰπὼν καθ᾽αὐτὸ τὸ εἶναι, ὥσπερ καὶ ἑξῆς,
τὴν αὐτοζωήν, τὴν αὐτοομοιότητα, καὶ τὰ σὺν αὐτοῖς εἰπών,
195 τὸ ὅλως εἶναι ζωήν, καὶ ἁπλῶς τὸ ζῆν, οὐχὶ δὲ τὴν τοιάνδε
ζωὴν ἐνέφηνε, καὶ τὰ ἄλλα δὲ ὁμοίως, ὧν πρώτως κατηγο-
ρεῖται τὸ εἶναι.
    ιε′. Ὥσπερ λόγῳ τινὶ ἐπὶ τῶν ποιοτήτων, οἱονεὶ προὔ-
πεισιν αἱ αὐτοποιότητες, εἶτα συμβαίνουσαι ποιοῦσιν, οὕτως
200 καὶ ταῦτα νόει, οἷον ἡ **ἀσώματος** αὐτολευκότης ἐπιγινομένη
σώματι, λευκαίνει τοῦτο, οὕτως καὶ τὰ εἰρημένα ὧδε νόησον
ἀναλόγως, ὅτι προϋπὼν ὁ Θεός, ἤτοι ἡ ζωή, ζωοῖ **τὰ** πάντα
τὰ αὐτοῦ μετέχοντα.
    23. Μέχρι τοῦδ᾽ἔστω καὶ ταῦτα, ἱκανῶς ἔχοντα ὡς
γέ μοι δοκεῖ τὸ προκείμενον | ἡμῖν εἰς σκέψιν καὶ περὶ   _V f.109ᵛ_
τοῦ τοιούτου τρόπου τῆς μετοχῆς ἐπισκέψασθαι, λέγω

---

**176/177** Gen. 1, 1    **184/197** Ps.-Max. Conf. (= Ioh. Scythop.), *Scholia in librum De div. nom.* 317, 41 – 320, 3 (Suchla p. 327 in app. crit.)    **185** Ex. 3, 14
**198/203** Ps.-Max. Conf. (= Ioh. Scythop.), *Scholia in librum De div. nom.* 320, 4-10 (Suchla p. 327, 1-6)

δὴ καθ᾽ ὃν λέγονται τὰ αἰτιατὰ ἤγουν τὰ ὑπὸ Θεοῦ δημι-
5 ουργικῶς παραχθέντα μετέχειν τοῦ Θεοῦ ὡς αἰτίου καὶ
δημιουργοῦ, καὶ ἔστι φανερὸν ἐξ αὐτῶν τῶν τοῖς ἁγίοις
εἰρημένων, οἷς καὶ ἡμεῖς εἰς ἀπαράγραπτον ἐχρησάμε-
θα μαρτυρίαν, ὅτι οὐδὲ οὗτος ὁ τρόπος τῆς μετοχῆς τοῦ
Θεοῦ κατὰ κυριολεξίαν λέγεται, ὡς οὐδὲ οἱ πρὸ αὐτοῦ
10 δύο. Ἐκείνην γὰρ ἐλέγομεν κυρίως εἶναι καὶ λέγεσθαι
μετοχὴν ἥτις δηλοῖ διά τε τοῦ μετέχοντος καὶ τοῦ με-
τεχομένου, ἓν σύγκριμα καὶ μίαν σύνθετον οὐσίαν ἢ
ὑπόστασιν ἀποτελεῖσθαι, ὡς ἐν τοῖς ἔμπροσθεν ἱκανῶς
τὸν περὶ τούτου λόγον ἀποδεδώκαμεν. Διὸ καὶ ἐλέγομεν
15 προσκεῖσθαι τῇ μὴ κυρίως λεγομένῃ τοιαύτῃ μετοχῇ
καὶ τὸ ἀμέθεκτον, εἰς δήλωσιν τοῦ κυρίως λέγεσθαι μη-
δενὸς τῶν ὅσα ἐστὶν ὁ Θεὸς μετέχειν τὰ ὄντα, ἀλλὰ τῶν
ὑπ᾽ αὐτοῦ παραχθέντων δημιουργικῶς, τοῦ εἶναι δηλα-
δή, τῆς ἀγαθότητος, τῆς ζωῆς, τῆς σοφίας, καὶ τῶν λοι-
20 πῶν ἅτινα καὶ μετοχὰς ἤγουν μεθεκτά, καὶ δωρεὰς τοῦ
Θεοῦ, καὶ εἰκόνας τῶν ἐν τῷ Θεῷ ἀϊδίων παραδειγμάτων, ὅ
τε ἱερώτατος κέκληκεν Διονύσιος, καὶ ὁ αὐτὸν ἐξηγού-
μενος θεῖος Μάξιμος. Κατὰ γὰρ ταῦτα ἡ κυρίως μετοχή.
Ἕκαστον γὰρ τούτων σὺν τῷ μετέχοντι, μίαν φύσιν καὶ
25 ἓν ἀποτελεῖ σύγκριμα, καὶ τοῦτο μάλιστα δεδήλωκεν ὁ
τὴν ἱερὰν τῶν δογμάτων συνθεὶς Πανοπλίαν. Περὶ γὰρ
τοῦ τοιούτου τρόπου τῆς μετοχῆς λέγων ὡς ἀπ᾽ αὐτοῦ τοῦ
θείου Διονυσίου, καὶ παραφραστικῶς τὰ αὐτῷ εἰρημένα
σαφηνίζων φησί· Μεθεκτὸς μὲν ὁ Θεός, κατὰ τὰς μεταδό-
30 σεις αὐτοῦ, ἀμέθεκτος δέ, κατὰ τὸ μηδὲν μετέχειν αὐτῆς τῆς
οὐσίας αὐτοῦ, ἢ τῆς ζωῆς αὐτοῦ, ἢ τῆς σοφίας αὐτοῦ, ἢ
τινὸς τῶν τοιούτων, ἅπερ ἔχει πάντα, ὁ Θεὸς καθ᾽ ὑπερο-
χὴν καὶ ἐξαιρέτως, καὶ εἰκότως. Τὰ μὲν γὰρ ἐν τῷ Θεῷ,
ἥ τε σοφία, καὶ ἡ σοφία αὐτοῦ, καὶ τἄλλα ὅσα λέγεται
35 ἔχειν αὐτός, ταυτά εἰσι τῇ οὐσίᾳ αὐτοῦ, διὸ καὶ συστοί-
χως τῇ οὐσίᾳ λέγονται μὴ μετέχεσθαι παρ᾽ οὐδενὸς τῶν

---

23, 20/21 cf. supra 20, 47 et 56 (ref. 20, 16/112) et 22, 76 (ref. 22, 76/86)
29/31 Ps.-Max. Conf. (= Ioh. Scythop.), *Scholia in librum De div. nom.* 404, 5-18
(Suchla p. 439, 1-12)

ὄντων, ταῦτα δὲ τὰ ἐν τοῖς οὖσι μεθεκτά, εἰκόνες εἰσὶ
καὶ ὁμοιώματα ἐκείνων παραδειγμάτων λεγομένων, καὶ
ἔστι πάντως σύμφωνα τὰ ἐν τῇ τοιαύτῃ ῥήσει διειλημ-
40 μένα, κἀκείνοις τοῖς ὑπὸ τῶν ἄλλων ἁγίων λεγομένοις,
μετέχεσθαι μὲν τὸν Θεὸν κατ' ἐνέργειαν, ἤγουν διὰ τῶν
δημιουργικῶς παραχθέντων ὑπ' αὐτοῦ, κυρίως ὄντων
ὡς εἴρηται μεθεκτῶν, μὴ μετέχεσθαι δὲ πάλιν κυρίως
κατ' οὐσίαν, ἐν τῇ οὐσίᾳ νοουμένης τῆς τε ζωῆς καὶ τῆς
45 σοφίας καὶ τῶν ἄλλων, ἅπερ ἡ ἀνωτέρω περιέχει ῥῆσις,
κἂν | οἱ περὶ τὸν Παλαμᾶν τοὺς τῶν ἁγίων παραφθείραν-  V f.110
τες λόγους σὺν τῇ διανοίᾳ, καθὰ καὶ πρότερον εἴρηταί
μοι, οὕτω λέγωσι περὶ τούτου τὴν μὲν ἐνέργειαν μετέ-
χεσθαι τοῦ Θεοῦ, ἐνέργειαν λέγοντες, τὴν ἐν τῷ Θεῷ
50 ζωὴν καὶ σοφίαν καὶ τὰ λοιπά, τὴν δὲ οὐσίαν μὴ μετέ-
χεσθαι, τὴν εἰς πολλὰ κατατομὴν καὶ πραγματικὴν δι-
αίρεσιν τῆς θεότητος, συνιστᾶν καὶ διὰ τούτου μάλιστα
πειρώμενοι, ὅπερ ἐν πολλοῖς ἡμῶν λόγοις καὶ διαφόρως
ἠλέγξαμεν διὰ τῶν τῆς γραφῆς μαρτυριῶν, οὐχ ἧττον
55 δὲ καὶ διὰ τῶν παρόντων ἐλεγχθήσονται. Οὐδὲ γὰρ οὐ-
δαμῇ παύονται πώποτε δι' ὄχλου ἡμῖν γινόμενοι, ὡς καὶ
ὑμεῖς ἴστε, πολλάκις ὑπ' αὐτῶν ἐρωτώμενοι περὶ τού-
του, ἀλλ' ἐρωτῶσιν αὐτοῖς καὶ οὕτω τὴν ἐρώτησιν ὡς
ἔθος προάγουσι, οὕτω δέον ἡμᾶς ἀπαντᾶν, « πρῶτον μὲν
60 ὦ οὗτοι » λέγοντας, « οὐκ εὔλογον ὑμῖν ἀπόκρισιν περὶ
τούτου διδόναι πανούργως μᾶλλον δ' ἀμαθῶς τὴν ἐρώ-
τησιν ποιουμένοις. Μὴ ἀποκριθῇς γάρ φησι τῷ ἄφρονι
κατὰ τὴν αὐτοῦ ἐρώτησιν. Εἰ γὰρ ἠρωτᾶτε κατὰ τὴν ἐμ-
φαινομένην ἀπορίαν δῆθεν ταῖς τῶν ἁγίων γραφαῖς ὅτι
65 καὶ μετέχεσθαι, λέγεται παρ' αὐταῖς ὁ Θεὸς κατ' οὐσίαν,
καὶ αὖθις μὴ μετέχεσθαι, ῥᾷστ' ἂν καὶ προσφυῶς τὰς
ἀποκρίσεις ὑμῖν ἐπήγομεν, καὶ διηυκρινοῦμεν πῶς ἑκάτε-
ρον λέγεται, νῦν δὲ πολλῷ πλέον τοῖς συνετωτέροις ἡμεῖς
δόξομεν πρὸς τοιαύτας ἐρωτήσεις ἀποκρινόμενοι, ἤπερ
70 ὑμεῖς οἱ τὰς ἐρωτήσεις ἀφρόνως ποιούμενοι ». Οὕτω

---

62/63 Prov. 26, 4-5

τοίνυν δέον ὥς γέ μοι δοκεῖ διαλύεσθαι πρὸς αὐτούς,
καὶ μὴ διὰ τοῦ ἐρεσχελεῖν, συναφραίνειν δοκεῖν αὐτοῖς.

24. Ἀλλ'ἔχετε τὸν περὶ μετοχῆς Θεοῦ λέγων συνετώ-
τατοί μοι ἀνδρῶν, ὃν ἐπετάξατε τοῖς εὐτελέσιν ἡμῖν, εἰ
καὶ μὴ λογικώτερόν πως καὶ ἐμβριθέστερον συντεταγ-
μένον ὡς ἂν εἴποιεν οἱ πολλοὶ καὶ μάλισθ'οἱ λόγους με-
5  λετᾶν ἠσκημένοι, ἀλλ'ὅσον πρὸς τὴν ὑπόθεσιν οὐδενὸς
μὲν τῶν ὀφειλομένων εἰρῆσθαι λειπόμενον, κατὰ δὲ τὴν
ἐμὴν δύναμιν προενηνεγμένον, οὗ χάριν ὀφειλόμενον
ἐστι καὶ ὑμῖν σὺν ἐμοὶ τῷ Θεῷ χάριτας ἀποδοῦναι τῷ
συνεργῷ τῶν καλῶν, ἰδίως δ'ὑμῖν ἐμέ, ὅτι τὲ πρὸς εὐά-
10  ριστον ἔργον Θεῷ παρωτρύνατε, καὶ ὅτι ἔκπαλαι σκο-
πουμένῳ μοι περὶ τοῦ πονηθέντος, εἰς ἔργον προαγαγεῖν
τὰ μελετώμενα οὐκ ἐξεγένετο, ἄλλης ἄλλοτε παρεμπι-
πτούσης αἰτίας, καὶ τὸ τῆς ψυχῆς μὴ συγχωρούσης
βούλημα συμπερανθῆναι, νῦν δ'ὑμεῖς ἐξεναντίου πᾶν
15  ἐμπόδιον περιελόντες τῇ ἐπιτάξει, συνεπεράνατέ μοι τὸ
φρόντισμα.

---

24, 9 εὐάριστον] *sic pro* εὐάρεστον V

ISAAC ARGYRVS

# DE LVMINE TRANSFIGVRATIONIS
# AD GEDEONEM ZOGRAPHVM

# CONSPECTVS SIGLORVM

| | |
|---|---|
| *M* | *Vaticanus gr.* 1102 |
| *Ca* | Candal |

## | Τοῦ Ἰσαὰκ τῷ μοναχῷ κῦρ Γεδεὼν τῷ Ζωγράφῳ περὶ τοῦ κατὰ τὴν μεταμόρφωσιν τοῦ σωτῆρος φωτός

1. Πάτερ ἅγιε, οἶδεν ἡ ἁγιωσύνη σου, ὅτε πρὸ ἡμερῶν τινῶν ἦλθον εἰς τὸ κελλίον σου ὁμιλήσειν σοι τὰ συνήθη, μετὰ τὸ πρὸς ἀλλήλους ἱκανῶς, περὶ ὧν ἡ τότε χρεία ἡμᾶς παρεσκεύασε συντυχεῖν, εἶπέ μοι ἡ ἁγιωσύνη σου
5 περὶ τοῦ πάντα ἀρίστου καὶ τῇ ἀληθείᾳ φερωνυμοῦντος Δεξιοῦ, ὅτι « νῦν ἤδη σύμφωνα πάσῃ τῇ ἀδελφότητι διαρρήδην φησί, κτιστὸν δοξάζων καὶ αὐτὸς τὸ ἐν τῇ μεταμορφώσει τοῦ σωτῆρος τοῖς ἀποστόλοις ὁραθὲν φῶς, διόπερ εὔλογόν ἐστι λῦσαι ὑμᾶς τὴν πρὸς ἐκεῖ-
10 νον διάστασιν, ἣν ὁ ἐχθρὸς καὶ μισόκαλος διάβολος τῆς συμπνοίας καὶ τοῦ κατὰ τῆς ἀσεβείας ὑμῖν φθονήσας ἀγῶνος, εἰς τὸ μέσον ὑμῶν ἐνέβαλεν. » Ἐγὼ δὲ εἰδὼς ἐξ ὧν πολλάκις αὐτήκοος αὐτοῦ ἐγενόμην καὶ ζητῶν ἐξ αὐτοῦ τὴν οἰκείαν δόξαν ἀποκαλύψαι μοι, τοιοῦτόν
15 τι οὐκ ἤκουσα παρ'αὐτοῦ, ἀπιστῶν ἦν τῷ λόγῳ τῆς σῆς ὁσιότητος. Σὺ δ'ἐπηρεαστικὸν τὸν ἐμὸν ἡγησάμενος λόγον, σφόδρα ἐνέκεισο πειρώμενος πείθειν ἐμέ, παραδέξασθαι τὰ λεγόμενά σοι καὶ μὴ ἀντιλέγειν, καὶ τρόπον τινὰ σεαυτὸν ἀχθόμενον ἐδείκνυς ἐφ'οἷς ἐγὼ οὐ πα-
20 ρεδεχόμην. Ὡς δ'ἠνάγκασα τὴν ἁγιωσύνην σου δεῖξαί μοι τὸν λόγον μετὰ παραστάσεως ἀληθοῦς, τουτέστιν ἢ ὡς ἐγγράφως δηλώσαντος ἐκείνου περὶ τούτου, κἀμοὶ τὸ ἔγγραφον ἐμφανίσαι, ἢ διὰ ζώσης φωνῆς εἰπόντος μὲν ἐκείνου, σοῦ δὲ τὴν φωνὴν ἔχοντος ἔνηχον εἰπεῖν
25 ταύτην αὐτολεξεί, οὕτως εἶπές μοι λέγειν ἐκεῖνον, ὅτι « ὅπερ εἶδον οἱ ἀπόστολοι σωματικοῖς ὀφθαλμοῖς, κτιστὸν ἦν τε καὶ αἰσθητόν. » Εἶπον δ'ἐγὼ τηνικαῦτα πρὸς τὴν ἁγιωσύνην σου, ὅτι ὁ λόγος οὗτος ἀληθὴς μέν ἐστιν, οὐκ ἔστι δὲ πρὸς τὸ ζήτημα, ὡς ἐντεῦθεν δοκεῖν ἢ συμ-
30 φωνεῖν ἢ διαφωνεῖν πρὸς ἡμᾶς, καὶ τοῦτ'ἔστιν ὅπερ ἀεὶ πρὸς ἡμᾶς ἐρωτῶντας λέγει, παραπαίοντας ὡς ἔοικεν ἡγούμενος, καὶ διατοῦτο μὴ ἀξιῶν ἀποκρίσεως. Ὡς δὲ

καὶ οὕτως ἐνέκεισο λέγων φιλονείκως τὰ αὐτὰ ἄπερ
καὶ πρότερον ἔλεγες, ἐμὲ δὲ βουλόμενον πλατύτερόν σοι
35 τὸν περὶ τούτου λόγον ἀποδοῦναι, καὶ καθὼς ἡ περὶ τοῦ
πράγματος ζήτησις ἀπαιτεῖ, καὶ ὁ τότε καιρὸς ἐνεπόδι-
σε, πρὸς ἑσπέραν ὤν, καὶ οἴκαδε ἀπιέναι καταναγκάζων,
εἶπόν σοι· «τανῦν μὲν σιωπᾶν χρεών, ἑξῆς δ᾽ἐκθήσομαί
σοι διὰ γραφῆς πᾶν ὃ λέγειν ἔχω περὶ τοῦ προκειμέ-
40 νου», ὃ δὴ καὶ ποιῶ τανῦν κατὰ τὴν ὑπόσχεσιν.

2. Οὐ πᾶς λόγος ἀληθής, τιμιώτατε πάτερ, ὁποιον-
δηποτοῦν νῦν ζήτημα λύειν δύναται, εἰ μὴ πρὸς τῷ
ἀληθεύειν, καὶ περὶ αὐτοῦ καθαρῶς τοῦ ζητήματος ἀπο-
φαίνεται· οὐ γὰρ εἰ δύο τινῶν ἀνθρώπων φέρε εἰπεῖν
5 ἡμέρας οὔσης καὶ ἐν ἀέρι αἰθρίας, πρὸς τὴν θάλασσαν
ἀφ᾽ἱκανοῦ διαστήματος ὁρώντων, καί τινος νεφελοει-
δοῦς ἐν αὐτῇ φαινομένου, ὁ μὲν νεφέλην εἴποι | τὸ φαι-  M f.35ᵛ
νόμενον εἶναι, ὁ δ᾽ἡμέραν εἶναι καὶ τὸν ἀέρα εὐδιεινόν,
ὁ δεύτερος οὑτοσὶ τὸν λόγον περὶ τοῦ ζητήματος ἐποι-
10 ήσατο, κἂν ἀληθεύων φαίνηται· χρεὼν γάρ, ἢ κἀκεῖνον
νεφέλην εἰπεῖν εἰ βούλοιτο μὴ ἀντιλέγειν, ἢ μὴ νεφέ-
λην εἰ ἀντιλέγειν ἐθέλοι. Κἀπὶ τοῦ παρόντος τοίνυν
ζητήματος, πάσης τῆς ἐν Χριστῷ ἡμῶν ἀδελφότητος
τὸ ἐπὶ τῆς μεταμορφώσεως τοῦ σωτῆρος τοῖς τρισὶν
15 αὐτοῦ μαθηταῖς σωματικῶς ὁραθὲν φῶς κατὰ τὸ κυρια-
κὸν πρόσωπον κτιστὸν φρονούντων κατὰ τὰς τῶν ἁγί-
ων περὶ τούτου γραφάς, ἐξ ὧν ἀπείρων οὐσῶν, ὀλίγας
ἐνταυθοῖ παραθήσομαι μετ᾽ὀλίγον καὶ συμμέτρους τῇ
χρείᾳ, διὰ τὴν πρὸς τοὺς πολυθέους Παλαμήτας ἡμῶν
20 ἔνστασιν, ἄκτιστον θεότητα λέγοντας εἶναι τὸ τοιοῦτον
φῶς, καὶ ἄλλην θεότητα παρὰ τὴν τοῦ Θεοῦ οὐσίαν, ὡς
ἐντεῦθεν συστατικὸν αὐτοῖς τὸν λόγον γίνεσθαι τουτο-
νὶ τῆς ἧς ἐπρέσβευσαν πολυθεΐας, φανερὸν ὡς εἰ κἀκεῖ-
νος ἢ ἐγγράφως ἢ ἀγράφως ἔλεγεν οὑτωσί, " τὸ ἐπὶ
25 τῆς μεταμορφώσεως τοῦ σωτῆρος ὀφθὲν τοῖς σωματι-

1, 34 καὶ] sup. l. M
2, 2 πρὸς τῷ] περὶ τοῦ Ca      5 ἀέρι] e corr. M      18 συμμέτρους τῇ] συμ-
μέτρου σῆς Ca      19 Παλαμήτας] παλαμίτας Ca

κοῖς ὀφθαλμοῖς τῶν μαθητῶν φῶς, κτιστόν ἐστι», περὶ
αὐτοῦ τε τοῦ ζητήματος ἐποιεῖτο ἂν τὸν λόγον, καὶ ἡμῖν
συμφώνως, ἀορίστως δὲ τὸν λόγον προάγων, καὶ μὴ
προστιθεὶς τὸ τοῦ φωτὸς ὄνομα (περὶ τούτου γὰρ ἡ ζή-
30 τησις), ὅσον κατὰ τοῦτο τὸ μέρος, οὔτε συμφωνεῖν ἡμῖν
ἢ ἀντιλέγειν φαίνεται. Ἀλλ' εἰ καὶ μέχρι τούτου τὸν λό-
γον ἐποιεῖτο, καὶ μὴ συνεῖρεν ἐφεξῆς ὅτι " οὐχ ἕτερόν
ἐστι τὸ φῶς ἐκεῖνο παρὰ τὸ δεσποτικὸν πρόσλημμα»,
ὡς ἐν τῷ γράμματι ὃ ἡμῖν ἐνεχείρισε διαλαμβάνεται,
35 οὐδ' ἡμεῖς εἴχομεν ἂν ἀνάγκην ζυγομαχεῖν πρὸς ἐκεῖ-
νον διὰ τὸ πρότερον. Λέγων δὲ φῶς εἶναι τὸ δεσποτικὸν
πρόσλημμα, οὐδέποτ' ἂν δύναιτο συμφωνήσειν ἡμῖν·
ἡ τοιαύτη γὰρ δόξα τρισὶν τούτοις ἀτόποις περιπίπτει
καὶ πρόσχες ἀκριβῶς. Ἢ γὰρ οἴεται ὁ δοξάζων οὕτως,
40 τὸ δεσποτικὸν πρόσλημμα κατὰ τὴν μεταμόρφωσιν εἰς
τοῦτο τὸ φῶς μεταβεβλῆσθαι, πρὸ τοῦ καιροῦ τῆς μετα-
μορφώσεως μὴ ὑπάρχον φῶς, ἀλλὰ σῶμα βρότειον, ἢ
καὶ ἐξ αὐτῆς τῆς προσλήψεως τοιοῦτον ὂν δηλαδὴ φῶς,
καὶ τοῦτο διχῇ, ἢ ἀνούσιον ποιότητα, ἢ φῶς ἐνούσιον.
45 Ἀλλ' ἡ μὲν τελευταία δόξα, τὸν τῆς οἰκονομίας ἅπαντα
λόγον ἀνασκευάζει, μὴ ὁμοούσιον ἡμῖν εἶναι τὸ τοῦ σω-
τῆρος τερατευομένη σῶμα (ἑτερογενῆ γὰρ πάντως τό τε
φῶς καὶ τὸ ἀνθρώπινον σῶμα), ἡ δὲ μέση τὸ μὴ δ' ὁπω-
σοῦν σεσαρκῶσθαι, ἀλλὰ κατὰ φαντασίαν ἄνθρωπον
50 ὁρᾶσθαι, ὅπερ τῆς τῶν Μανιχαίων αἱρέσεως γέννημά
ἐστίν, ἡ δὲ πρώτη τῆς τῶν εἰκονομάχων. Βουλόμενοι
γὰρ κατασκευάζειν, ὅτι οὐ δεῖ τὸ τοῦ σωτῆρος ἀνθρώ-
πινον χρώμασιν εἰκονίζεσθαι, εἰς φῶς ἔλεγον μεταβε-
βλῆσθαι τοῦτο κατὰ τὴν μεταμόρφωσιν, καὶ συνῆγον
55 ἐντεῦθεν ὅτι ὥσπερ τὸ φῶς οὐκ εἰκονίζεται χρώμασιν,
οὐδὲ τὸ τοῦ σωτῆρος ἀνθρώπινον δεῖ εἰκονίζεσθαι, φῶς
γεγονὸς ἐκ μεταβολῆς.

---

28 ἀορίστως] ἀρίστως Ca    32 συνεῖρεν] συνεῖρον Ca    34 ἡμῖν] ὑμῖν
a. corr. M    39 πρόσχες] προέχει Ca    47 τερατευομένη] τερατευόμενον Ca
50 ὁρᾶσθαι] ὁρῖσθαι Ca

3. Ἵνα δὲ μὴ δόξωμεν τοῖς ἀσκέπτως ἐντευξομένοις ὡς ἀφ' ἑαυτῶν ταῦτα λέγομεν, αὐτὰ τὰ τῶν εἰκονομάχων ἐκθήσομεν ῥήματα δι' ἑνὸς τοῦ ἐκείνων προϊσταμένου Εὐσεβίου λογογραφηθέντα. Τί γάρ φησιν ἐκεῖνος ἐν
5 τῷ πρὸς τὴν τότε βασίλισσαν; Ἐν ἀνθρώποις ἔτι βιοτεύων ὁ Θεὸς Λόγος, τοῖς ἐκκρίτοις τῶν αὐτοῦ μαθητῶν προαρραβωνιζόμενος τὴν θέαν τῆς αὐτοῦ βασιλείας, μεταβαλὼν τὴν τοῦ δούλου μορφήν, αὐτὴν ἐκείνην ἐπὶ τοῦ ὄρους ὑπὲρ τὴν ἀνθρωπείαν φύσιν ἐπιδέδειχεν, ὅτε τὸ μὲν πρόσωπον αὐτοῦ
10 ἀπήστραψεν ὡς ὁ ἥλιος, τὰ δὲ ἱμάτια αὐτοῦ ἐγένοντο λευκὰ ὡς τὸ φῶς. Τίς οὖν τῆς τοσαύτης ἀξίας τὲ καὶ δόξης τὰς ἀποστιλβούσας καὶ ἀπαστραπτούσας μαρμαρυγὰς οἷός τε ἂν εἴη | καταχαράξαι νεκροῖς καὶ ἀψύχοις χρώμασι καὶ   M f.36
σκιαγραφίαις; Ταῦτα μὲν ὁ Εὐσέβιος. Τί δ' ἐπὶ τούτοις
15 ὁ μέγας τῆς ἀληθείας ὁμολογητὴς Θεόδωρος, ὁ διατοῦτο τὴν τιμίαν ὄψιν καταστιχθείς, καὶ Γραπτὸς ἐπικεκλημένος ἐντεῦθεν, ἀνθυποφέρων φησί; Ἐντεῦθεν, οἶμαι, ὁ θεμέλιος καὶ πᾶσα ἡ τῆς δοκήσεως πραγματεία Εὐσεβίῳ καταβέβληται. Ὡς γὰρ ἐβούλετο τὰ προσεχῶς αὐτῷ εἰρη-
20 μένα κατασκευάσας, καὶ τέλειον τὴν προσειλημμένην τῷ Λόγῳ καθ' ἡμᾶς φύσιν ἀθετήσας, τὸ ἑπόμενον λοιπὸν τοῖς προκατηρτισμένοις αὐτῷ ἐπάγει, τὸ μὴ οἷόν τε εἶναι ἀπὸ τοῦ μεταμεμορφῶσθαι τὸν Κύριον εἰκονίζεσθαι. Τί ταῦτα τῶν τοῦ θεοστυγοῦς Μάνεντος μυσαρῶν διενήνοχε λόγων, ἐν
25 οἷς Σκυθιανῷ ἐπιστέλλει γράφων οὕτως· «ὁ δὲ τοῦ ἀιδίου φωτὸς υἱὸς τὴν ἰδίαν οὐσίαν ἐν τῷ ὄρει ἐφανέρωσεν, οὐ δύο ἔχων φύσεις, ἀλλὰ μίαν ἐν τῷ ἀοράτῳ τὲ καὶ ὁρατῷ»; Τί δὲ τῶν μιαρῶν τοῦ θεηλάτου Μαρκίωνος βλασφημιῶν ἀπέοικε, δι' ὧν τὸν δυσώδη τῆς φαντασίας βόρβορον ἐκ τῆς ἐξαγί-
30 στου καρδίας ἀπερεύγεται; Πάλιν τοῦ Εὐσεβίου εἰπόντος,

---

3, 5/14 Niceph. Patr., *Antirrh. contra Eusebium*, Epist. Eus. 3-4 (Pitra col. 384, 10-24)   9/11 Mt. 17, 2   17/30 Niceph. Patr., *Antirrh. contra Eusebium* 20-21 (Pitra col. 405, 15 – 406, 7)

3, 4 λογογραφηθέντα] λογογραφθέντα *Ca*   16 καταστιχθείς] κατατυχθεὶς *Ca*

Ἀλλὰ μεταμεμόρφωται, καὶ ἀπηθανάτισται, καὶ ἄφθαρτόν
ἐστιν, ὁ ἅγιος ἐπάγει· Εἶτα μεταμορφωθὲν καὶ ἀπαθανατι-
σθέν, μεμένηκε σῶμα ἢ οὔ; Εἰ μὲν οὖν μεμένηκε, μάταιος ὁ
τοῦ Εὐσεβίου ὁρᾶται λόγος. Εἰ δὲ οὐ μεμένηκεν, οὐδὲ μετα-
35  μεμόρφωται· οὐδὲ γὰρ εἶχεν εἰς ὃ μεταμορφωθήσεται.
    **4.** Ὅρα τοίνυν πάτερ τιμιώτατε, ὡς ἐνταῦθα ὁ ἅγιος
δι' ὧν ἐλέγχει τὸν εἰκονομάχον, καὶ τὰς λοιπὰς δύο δό-
ξας στηλιτεύει. Φανερὸν γὰρ ἐποίησε διὰ τῶν προσφά-
τως εἰρημένων, ὅτι εἴπερ ἦν τὸ δεσποτικὸν σῶμα καὶ
5  πρὸ τῆς μεταμορφώσεως φῶς, οὐδὲ μεταμεμόρφωται·
οὐδὲ γὰρ εἶχεν εἰς ὃ μεταμορφωθήσεται. Καὶ πάλιν τοῦ
Εὐσεβίου εἰπόντος, Οὐκοῦν καὶ ἡ τοῦ δούλου μορφὴ ἐν
τοιούτοις γινομένη, ἐξ ὅλων ὅλη μεταβέβληται ἐπὶ φῶς ἄρ-
ρητον καὶ ἀνεκδιήγητον, αὐτῷ τῷ Θεῷ Λόγῳ πρέπον, ἐπά-
10  γει ὁ ἅγιος· Ἀναπλάττεται μὲν ἡ μορφὴ ἐπὶ τὸ ἀσυγκρίτως
ἄμεινον ἀναβαίνουσα, τὸ δὲ εἶναι μορφήν, οὐκ ἀποβέβληκε.
Τοιγαροῦν, ἐπειδὴ σῶμα ἐστί, καὶ σῶμα ἄφθαρτον, καὶ μορ-
φὴ περὶ αὐτό ἐστι, καὶ μεταμεμορφωμένον σῶμά ἐστι κρειτ-
τόνως ἢ πρότερον μακρῷ, καὶ γράφεται δήπου καὶ ὁρίζεται
15  πάντως. Ὅρα δὴ καὶ ἐν τούτοις πάτερ, ὅτι καὶ ἐνταῦθα
ὁ ἅγιος μεμορφωμένον σῶμα φησὶ τὸ δεσποτικὸν εἶναι,
καὶ περὶ τὸ σῶμα τὴν μορφὴν καθ' ἣν ἡ μεταμόρφωσις
γέγονεν, ἀπὸ τοῦ ἀμαυροτάτου εἰς τὸ φωτοειδὲς καὶ
λαμπρὸν μεταμειφθεῖσαν, μὴ ἕτερον δὲ λέγειν εἶναι τὸ
20  σῶμα, καὶ ἕτερον τὴν περὶ τὸ σῶμα φωτοειδῆ μορφήν,
ἐσχάτης ἂν εἴη παραπληξίας. Καὶ μετά τινα, πάλιν ὁ
ἅγιος τὰς προτέρας ἐκείνας δύο δόξας ἐλέγχων, αἵτινες
ἐξ αὐτῆς προσλήψεως τὸ δεσποτικὸν σῶμα φῶς εἶναι
λέγουσι, τάδε φησίν. Εἰ γὰρ ἐκ παρθενικῆς νηδύος καὶ ἐξ

**31/35** ibid. 26 (Pitra col. 414, 23-31)

**4, 5/6** cf. supra, 3, 35    **7/9** Niceph. Patr, *Antirrh. contra Eusebium,* Epist.
Eus., 5 (Pitra col. 385, 10-13)    7 Phil. 2, 7    **10/16** Niceph. Patr., *Antirrh.
contra Eusebium* 26 (Pitra col. 415, 30-36)    **24/41** ibid. 26 (Pitra col. 421, 12 –
422, 4)

**4, 18** ἀμαυροτάτου] ἀμαυρότου *Ca*    **22** τὰς] γὰρ *Ca*

25 αὐτῆς πρώτης συλλήψεως ἡ δουλικὴ μορφὴ **μεταβέβλητό**
τε καὶ ἀνεκέκρατο, ζητεῖν ἄξιον εἰ γεγέννηται τὸ ἄρρητον
καὶ ἀνεκδιήγητον (οὐ γὰρ περιγέγονε φύσει γεννητῇ προά-
γειν τὸ ἄρρητον διὰ γεννήσεως), ἢ δώσουσι πρότερον αὐτὴν
μεταβεβλῆσθαι τὴν τίκτουσαν, ἵνα τῷ ὁμοίῳ συνενεχθείη τὸ
30 ὅμοιον, καὶ ἀναλόγως καὶ προσφυῶς **ἕξει** πρὸς τὴν τοῦ ἐμ-
φεροῦς ἀπότεξιν, ἐπείπερ φωτὸς φύσις, καὶ ἀνθρώπου φύσις
καὶ σώματος παραπολὺ καὶ ἀπείρῳ τῷ ἐξηλλαγμένῳ διήνε-
γκεν. Ἄτοπον οὖν, μᾶλλον δὲ καὶ ἀδύνατον καὶ παραφροσύ-
νης ἐπὶ πολὺ | ἦκον, ταῦτα νοεῖν τε καὶ φράζειν. Ἡμεῖς γὰρ    *M f.36ᵛ*
35 καὶ ὡς ὁ τῆς ἀληθείας ἔχει λόγος, οὐ γυμνόν, ἀλλὰ μετὰ τοῦ
προσλήμματος ἐκ τῆς ἁγίας παρθένου προεληλυθέναι τὸν
Λόγον ὁμολογοῦμεν. Εἰ δὲ καὶ γεννηθῆναι ἐκείνως ἐνεδέχε-
το, οὐκ ἂν ἔδει μεταμορφώσεως, αὐτόθεν ἐχούσης τῆς μορ-
φῆς τὸ ἐξῃρημένον **τὲ** καὶ ὑπέρλαμπρον· οὐ γὰρ εἶχεν εἰς ὃ
40 μεταβάλοι **ἂν** λαμπρότητος, τό γε ἅπαξ εἰς ἄκρον ἦκον φαι-
δρότητος.

**5.** Δι' ὧν μὲν οὖν ὁ μέγας οὗτος τῆς ἀληθείας ὑπέρ-
μαχος τὰς τοιαύτας τῶν ἑτεροδόξων βλασφημίας ἐλέγ-
χει, ταῦτ' ἂν εἶεν. Ἐπεὶ δὲ καθάπερ ἡ θεολόγος σάλπιγξ
φησί, τὸ μὲν ἐπιτιμᾶν, οὐ μέγα (ῥᾷστον γὰρ καὶ τοῦ βουλο-
5 μένου παντός), τὸ δὲ ἀντεισάγειν τὴν ἑαυτοῦ γνώμην, ἀνδρὸς
εὐσεβοῦς καὶ νοῦν ἔχοντος, **φέρε καὶ ἡμεῖς κατ' ἐκεῖνον,
τῷ ἁγίῳ θαρρήσαντες Πνεύματι**, τὴν περὶ τοῦ φωτὸς
τῆς μεταμορφώσεως δόξαν, ἣν ἐκ τῆς ἐκκλησιαστικῆς
παραδόσεως καὶ τῶν ἱερῶν γραφῶν ἔσχομεν, ταύτην
10 ἐκθώμεθα ἐπὶ τοῦ παρόντος, βραχυλογίας τὲ κατὰ τὸ
δυνατὸν ἐπιμεληθέντες, καὶ ἅμα ταῖς παρὰ τῶν ἁγίων
μαρτυρίαις πιστωσάμενοι τὰ λεγόμενα, καὶ ταύταις ἐκ
πολλῶν ὀλίγαις, καὶ ὅσας ἡ χρεία ἡμᾶς ἀπαιτεῖ.

**6.** Ὁμολογία περὶ τοῦ φωτὸς τῆς μεταμορφώσεως.
Ἔστι τοίνυν περὶ τούτου δόξα τῆς ἐκκλησίας ἣν καὶ
ἡμεῖς πρεσβεύομεν, ὡς τὸ ἐπὶ τοῦ προσώπου τοῦ Κυρί-

---

5, 3/6 Greg. Naz., *Or.* 29, 1, 4-6 (Gallay p. 176)

---

32 παραπολὺ] παρὰ πολὺ *Ca*    39 τὲ] *om. Ca*

ου λάμψαν φῶς κατὰ τὴν θείαν ἐκείνην μεταμόρφωσιν,
5 ἡ λαμπρότης ἦν καὶ τὸ ἀρχέτυπον καὶ φυσικὸν κάλλος,
μεθ᾽ οὗ παρὰ Θεοῦ ὁ πρῶτος δεδημιούργηται ἄνθρωπος,
ὃ καὶ ἀπώλεσε παραβὰς τὴν ἐντολὴν ὡς μὴ ὤφελε, κα-
θάπερ δὴ καὶ τὸ ἀθάνατον, ἔτι τὲ τὸ ἀνενδεές, τὸ κοῦ-
φον τὲ καὶ λεπτόν, εἰς τὴν ἀμαυρὰν ταυτηνὶ καὶ ἐζο-
10 φωμένην καὶ παχυτέραν καὶ θνητὴν καὶ ἀντίτυπον κατὰ
τὸν θεολόγον Γρηγόριον μεταπεσεῖν σάρκα κατακριθείς.
Ἀλλ᾽ ὁ φιλάνθρωπος Κύριος, σπλάγχνοις τῆς οἰκείας
ἐπικαμφθεὶς χρηστότητος, δι᾽ οὐδὲν πάντως ἕτερον τὴν
ἡμετέραν φύσιν προσελάβετο, ἢ ἵνα καθάρας ταύτην
15 τοῦ παλαιοῦ πτώματος εἰς τὴν πρὸ τῆς παραβάσεως τοῦ
Ἀδὰμ πρώτην πλάσιν ἐπανάγῃ, καὶ μέντοι καὶ ἐπανήγα-
γε, καθά φησιν ὁ αὐτὸς πατήρ, ἁπάντων, λέγων τῶν κατὰ
Χριστὸν μυστηρίων κεφάλαιον ἕν, ἡ ἐμὴ τελείωσις καὶ ἀνά-
πλασις, καὶ πρὸς τὸν πρῶτον Ἀδὰμ ἐπάνοδος. Ἐνήργησε δὲ
20 τὴν τοιαύτην εἰς ἡμᾶς εὐεργεσίαν, ἡνίκα τριημερεύσας
ἐν τῇ τοῦ Ἅιδου κοιλίᾳ μετὰ τὸν διὰ σταυροῦ θάνατον,
ἀνέστη, μεταβαλὼν καὶ ἀποδοὺς τῇ αὐτοῦ προσληφθεί-
σῃ σαρκὶ τὰ τῆς πρώτης πλάσεως προτερήματα, καὶ ἀντὶ
μὲν δουλικῆς, δεσποτικὴν ἐργασάμενος, ἀντὶ δ᾽ ἀμαυρᾶς,
25 λαμπρὰν καὶ ὑπὲρ τὸν ἥλιον ἀστράπτουσαν, ἄφθαρτόν
τε ἀντὶ φθαρτῆς, καὶ ἔτι λεπτήν τε καὶ κούφην, καὶ
ἀνενδεᾶ, μὴ οὕτως ἔχουσαν πρὸ τοῦ πάθους· πάντα γὰρ
τὰ ἡμέτερα διὰ φιλανθρωπίαν ᾠκειώσατο ἐξ αὐτῆς τῆς
προσλήψεως, καὶ σὺν αὐτοῖς γε τοῖς ἀδιαβλήτοις καὶ
30 φυσικοῖς ἡμῶν πάθεσιν οἷς κατεκρίθημεν διὰ τὴν ἐκ
παραβάσεως ἁμαρτίαν, ἃ καὶ διατοῦτο ἐκλήθησαν φυ-
σικά, ὅτι ἐκ τοῦ Ἀδὰμ ἀρξάμενα πρώτως, μετ᾽ ἐκεῖνον
καὶ εἰς τὴν τῶν ὅλων ἀνθρώπων διέβησαν φύσιν, μόνης
δ᾽ ἁμαρτίας οὔμενουν μετέχων, ὁ διὰ τὸ τὴν ἁμαρτίαν
35 ἐξελεῖν τῆς φύσεως, εἰς αὐτὴν δὴ τὴν βροτείαν φύσιν

---

6, 10/11 cf. Greg. Naz., *Or.* 38, 12, 26 (Moreschini p. 130)     17/19 cf. Greg.
Naz., *Or.* 38, 16, 17-19 (Moreschini p. 142)

6, 18 ἕν] ὃν *Ca*     34 οὔμενουν] οὐμενοῦν *Ca*

συγκαταβάς. Ἀλλὰ τὴν μὲν τοιαύτην τῆς φύσεως ἀνα-
καίνισιν ὁ δημιουργὸς τῆς φύσεως ἐν ἑαυτῷ μετὰ τὴν
ἀνάστασιν, καθ'ὂν εἰρήκαμεν τρόπον εἰργάσατο, κατὰ
μόνην μέντοι τὴν λαμπρότητα θαυματουργῶν καὶ πρὸ
40 τῆς ἀναστάσεως, | ἡνίκα καὶ τὸ τῆς ταπεινώσεως περι- M f.37
έφερε σῶμα, ἔδειξε τοῖς μαθηταῖς τὴν τοῦ δοξασθησο-
μένου μετὰ τὴν ἀνάστασιν σώματος αὐτοῦ λαμπρότητα,
σὺν αὐτοῖς ἀνελθὼν ἐν τῷ τῆς μεταμορφώσεως ὄρει.
Τοῦτο δ'ἐπραγματεύσατο δυοῖν ἕνεκα, καὶ ἑνὸς μέν, ἵνα
45 μὴ μόνῳ τῷ φαινομένῳ τοῦ σωτῆρος προσέχοντες οἱ
ἀπόστολοι, ψιλὸν αὐτὸν νομίζωσιν ἄνθρωπον, ἀλλὰ διὰ
τῆς τοιαύτης τοῦ σώματος λαμπρότητος, εἰς τὸν ἐντὸς
καὶ κρυπτόμενον χειραγωγηθέντες, καὶ Θεὸν αὐτὸν εἶ-
ναι πιστεύσωσι (καὶ δὴ καὶ πεπιστεύκασιν εἰδότες μὲν
50 ἐκ τῶν προφητικῶν λόγων, ὡς αὐτὸς ὁ Κύριος ἥξει καὶ
σώσει ἡμᾶς, σωτηρίαν δ'ἔσεσθαι προσδοκῶντες τὴν εἰς
τὸ ἀρχαῖον τοῦ βροτείου γένους ἀποκατάστασιν), δευ-
τέρου δέ, ἵνα τούτους ὡς ἐν ἀρραβῶνος μέρει πληρο-
φορήσῃ, μὴ μόνον τὸ οἰκεῖον σῶμα μετὰ τὴν ἀνάστα-
55 σιν τοιοῦτον εἰς τὸν ἅπαντα αἰῶνα ἐλπίζοντας ἔσεσθαι,
ἀλλ'ὅτι καὶ πάντες οἱ δίκαιοι μετὰ τοιούτων λελαμπρυσ-
μένων σωμάτων ἐν τῇ παλιγγενεσίᾳ τῶν νεκρῶν ἀνα-
στήσονται.

7. Αὕτη ἐστὶν ὡς ἐν συντόμῳ εἰπεῖν, ἡ δόξα ἣν ἔχο-
μεν περὶ τοῦ φωτὸς τῆς μεταμορφώσεως, καὶ πρὸς μὲν
τοὺς πολυθέους Παλαμήτας, ἄκτιστον εἶναι λέγοντας
θεότητα τὸ τοιοῦτον φῶς, καὶ ἄλλην παρὰ τὴν οὐσίαν
5 τοῦ Θεοῦ καὶ τἆλλα, ὅσα δὴ τερατεύονται, τὸ κτιστὸν
ἀντιτίθεμεν, τῷ σωματικῷ τοῦ Χριστοῦ προσαρμόζον-
τες καὶ οὐ τῇ θείᾳ φύσει, πρὸς δὲ τοὺς μὴ ἄλλό τι λέγον-

---

50/51 Is. 35, 4

---

36 μὲν τοιαύτην] μέντοι αὐτῆς Ca    46 νομίζωσιν] νομίζωσι Ca    56 λε-
λαμπρυσμένων] λελαμπρυσαμένων Ca
7, 3 Παλαμήτας] παλαμίτας Ca

τας εἶναι τοῦτο, παρὰ τὸ ἐξ ἀρχῆς προσληφθὲν τῷ Θεῷ
Λόγῳ ἀλλὰ ταὐτόν, ὃ καὶ παραφροσύνην ὁ θεῖος Γραπτὸς
10 ὠνόμασε, τοῦ προσλήμματος εἶναι φαμὲν καὶ μορφὴν
αὐτοῦ δεδοξασμένην, καὶ οὐκ αὐτὸ τὸ πρόσλημμα, ἀλλὰ
περὶ αὐτό, ἐπειδὴ καὶ κατ'ἀλλοίωσιν ἐγένετο, τῆς τα-
πεινοτέρας μορφῆς εἰς τὸ ἐνδοξότερον διὰ τοῦ τοιούτου
φωτὸς μετασχηματισθείσης.
8. Ἵνα εἰδῇς δὲ πάτερ τιμιώτατε, ὡς οὔτε νόημα
ἡμεῖς ἀφ'ἑαυτῶν ἐπὶ τούτου κεκαινοτομήκαμεν, ἀλλ'οὐ-
δεμίαν λέξιν ἐκαινοφωνήσαμεν, παραθήσομαί σοι κἀκ
τῶν ἁγίων μαρτυρίας, συμμέτρους τῷ παρόντι σκοπῷ,
5 τὴν ἡμετέραν ταυτηνὶ δόξαν περὶ τοῦ τοιούτου φωτὸς
ὑγιῶς ἔχουσαν μαρτυρούσας. Καὶ πρῶτον ὅτι μετὰ τοι-
ούτου φωτὸς ἐπλάσθη ὁ πρῶτος ἄνθρωπος, τάδε φάσκει
ὁ χρυσορρήμων· Ἡμεῖς μὲν ὅτι γῆ ἐσμεν, ἴσμεν σαφῶς καὶ
ἀπ'αὐτῆς τῆς πείρας τῶν πραγμάτων, ἐκεῖνος δέ, ὁ Ἀδὰμ
10 δηλονότι οὐδένα εἶδε πρὸ αὐτοῦ τετελευτηκότα, οὐδὲ διαλυ-
θέντα εἰς κόνιν, ἀλλὰ πολὺ τὸ κάλλος ἦν αὐτῷ τοῦ σώμα-
τος, καὶ καθάπερ χρυσοῦς ἀνδριὰς ἀπὸ χωνευτηρίου ἄρτι
προελθών, οὕτως ἀπέλαμπε. Τούτῳ συμμαρτυρῶν καὶ ὁ
μουσικώτατος νέος Ὀρφεὺς Ἀνδρέας ὁ Κρήτης, Ἀπώ-
15 λεσά φησι τὸ πρωτόκτιστον κάλλος, καὶ τὴν εὐπρέπειάν
μου. Ὁ δ'ἐκ Δαμασκοῦ Ἰωάννης αὐτὸ τοῦτο τὲ δεικνύς,
καὶ ἅμα ὅτι μεταμορφωθεὶς ὁ Κύριος ἐκεῖνο τὸ πρῶτον
ἀνέλαβε κάλλος, Ὁ πάλαι φησι τῷ Μωσεῖ συλλαλήσας
ἐπὶ τοῦ ὄρους Σινᾶ διὰ συμβόλων, Ἐγώ εἰμι λέγων ὁ ὤν,
20 σήμερον ἐπ'ὄρους Θαβὼρ μεταμορφωθεὶς ἐπὶ τῶν μαθη-
τῶν, ἔδειξε τὸ ἀρχέτυπον κάλλος τῆς εἰκόνος ἐν ἑαυτῷ τὴν
ἀνθρωπίνην ἀναλαβοῦσαν οὐσίαν. Καὶ ὁ μελῳδικώτατος

7, 9 cf. supra 4, 33/34 (ref. 4, 24/41)
8, 8/13 Ioh. Chrys., De mut. nom. II, 4 (PG 51, 129, 55 – 130, 3); cf. Anon.,
Adv. Cantac. 42, 6-11 (Polemis p. 96)    8 Gen. 3, 19    14/16 Andr. Cret.,
Canon magnus (PG 97, 1337A); cf. Anon., Adv. Cantac. 42, 23-24 (Polemis p. 96)
18/22 MR VI, 335; cf. Anon., Adv. Cantac. 39, 13/18 (Polemis p. 94)    19 Ex.
19, 20

11 δεδοξασμένην] δεδοξαμένην Ca
8, 13 προελθών] προσελθών Ca

**Κοσμᾶς·** Ὅλον τὸν Ἀδὰμ φορέσας Χριστέ, τὴν ἀμαυρωθεῖσαν ἀμείψας, ἐλάμπρυνας πάλαι φύσιν, καὶ ἀλλοιώσει τῆς
25 μορφῆς σου ἐκαινούργησας. **Καὶ ἕτερος τῶν μελωδῶν·** Ἐν
τούτῳ γὰρ ἐπιβὰς τῷ ὄρει | σῶτερ, μετὰ τῶν μαθητῶν, τὴν    M f.37ᵛ
ἀμαυρωθεῖσαν ἐν Ἀδὰμ φύσιν μεταμορφωθείς, ἀπαστράψαι
πάλιν πεποίηκας. **Πάλιν ὁ θεῖος Χρυσόστομος σωματι-
κὸν εἶναι δεικνὺς τοῦτο τὸ φῶς, καὶ οὐκ αὐτὸ τὸ σῶμα**
30 **ἀλλὰ τοῦ σώματος δόξαν,** Πορευθῶμεν **φησι** ἐπὶ τὸ ὄρος
τῷ λόγῳ ἔνθα μετεμορφώθη ὁ Χριστός. Ἴδωμεν αὐτὸν λάμ-
ποντα, ὥσπερ ἔλαμψε, καίτοι οὐδ᾽οὕτω πᾶσαν ἡμῖν ἔδειξε
τὴν τοῦ μέλλοντος αἰῶνος λαμπρότητα. Ὅτι γὰρ συγκατά-
βασις ἦν τὸ φαινόμενον, ἀλλ᾽οὐκ ἐπίδειξις τοῦ πράγματος
35 ἀκριβής, ἀπ᾽αὐτῶν δῆλον τῶν τοῦ εὐαγγελίου ῥημάτων. Τί
γάρ φησιν; Ἔλαμψεν ὡς ὁ ἥλιος. Ἡ δὲ τῶν ἀφθάρτων σωμά-
των δόξα, οὐ τοσοῦτον ἀφίησι τὸ φῶς, ὅσον τὸ σῶμα τοῦτο
τὸ φθαρτόν, οὐδὲ τοιοῦτον οἷον καὶ θνητοῖς ὄμμασι γενέσθαι
χωρητόν, ἀλλ᾽ἀφθάρτων καὶ ἀθανάτων ὀφθαλμῶν δεόμενον
40 πρὸς τὴν θέαν αὐτοῦ. **Ὁ μέγας Κύριλλος Ἀλεξανδρείας
ἐν ταῖς εἰς τὸ ἱερὸν εὐαγγέλιον, ἐξηγήσεσι,** Πεπράχθαι
**λέγει τὴν μεταμόρφωσιν,** οὐχὶ δήπου τὸ σχῆμα τὸ ἀν-
θρώπινον ἀποβαλόντος τοῦ σώματος, ἀλλὰ δόξης τινὸς πε-
ριστελλούσης αὐτό· μείναντος γὰρ ἐπὶ τοῦ σχήματος, ἐπὶ
45 τὸ ἐνδοξότερον οἱ χαρακτῆρες διὰ φωτοειδοῦς χρώματος
διεχρώννυντο. **Ὁ Σιναΐτης Ἀναστάσιος ὃς καὶ πατριάρχης
γέγονεν Ἀντιοχείας,** τὴν **τῶν ἀνθρώπων** φύσιν ἀνακαθαρ-
θεῖσαν **λέγει** δεῖξαι βουληθείς, τοῦ ἐπ᾽αὐτῇ κενωθέντος ἰοῦ
τοῦ ὄφεως, ὁ τοῦ Θεοῦ Πατρὸς συνάναρχος Λόγος, τὸ ἐπὶ

---

**23/25** Cosmas Melod., *Canon in transf.*, 29-33 (Christ-Paranikas p. 177); cf.
Anon., *Adv. Cantac.* 39, 2-4 (Polemis p. 93)    **25/28** *MR* VI, 335; cf. Anon.,
*Adv. Cantac.* 39, 25-27 (Polemis p. 94)    **27** Mt. 17, 2; Mc. 9, 2    **30/40** Ioh.
Chrys., *Ad Theod. lapsum* 11, 51-61 (Dumortier p. 140); cf. Anon., *Adv. Cantac.*
22, 26-36 (Polemis p. 76)    **30** cf. Mt. 17, 1-2; Mc. 9, 2    **31/32** Mt. 17, 2
**36** Mt. 17, 2    **41/46** Cyrill. Alex., *In Mt. fragm.* 198, 1-5 (Reuss p. 218); cf. Anon.,
*Adv. Cantac.* 23, 2-6 (Polemis p. 78)    **47/57** Anast. Sin., *In transf.* (Guillou p. 241,
5-8, 11-13; p. 239, 12-14)

---

**41** Πεπράχθαι] πεπρᾶχθαι *Ca*    **44** γὰρ] τοῦ σώματος add. *Ca*    **46** ὃς]
ὁ *Ca*

50  τοῦ ὄρους Θαβὼρ μυστήριον δείκνυσι τοῖς ἑαυτοῦ μαθηταῖς.
**Καὶ μετ' ὀλίγα**· Πιστοῦν **δὲ** αὐτοὺς βουλόμενος ἀπὸ τῶν πα-
ρόντων τὸ μέλλον, ὡς ἐν εἰκόνι τινὶ πρόδρομόν τι οὐρανῶν
βασιλείας ἴνδαλμα, τὴν ἐν τῷ **Θαβὼρ** ὄρει παραδόξως θε-
οφάνειαν εἰργάσατο. **Καὶ αὖ μετά τινα**· Σήμερον ἐπὶ τοῦ
55  ὄρους, ὁ τοὺς στυγνοὺς ἐκείνους καὶ κατηφεῖς περιβληθεὶς
δερματίνους χιτῶνας, ἀμπεχόνην ὑπέδυ θεότευκτον, **ἀναβα-**
**λόμενος** φῶς ὡς ἱμάτιον.
    **9.** **Ἐπὶ τούτοις πᾶσι καὶ ἕνα μόνον εἰς μαρτυρίαν πα-**
**ραγαγών, τὸν μέγαν ἐκεῖνον ὁμολογητήν φημι τὸν Γρα-**
**πτόν, τῶν πλειόνων ἀποστήσομαι μαρτυριῶν.** Τί οὖν
φησιν ἐκεῖνος ἐν ἐκείνοις τοῖς κατὰ τῶν εἰκονομάχων
5  λόγοις; Ἐπειδὴ τὸν περὶ κινδύνων λόγον τοῖς μαθηταῖς ὁ
σωτὴρ πρότερον διεξήρχετο, Ὅστις θέλει ὀπίσω μου ἐλθεῖν,
ἀπαρνησάσθω ἑαυτὸν λέγων, καὶ ἀράτω τὸν σταυρὸν αὐτοῦ
καὶ ἀκολουθείτω μοι, καὶ τὰ τούτοις παραπλήσια, ἣν δὲ δή-
που βαρύτατα καὶ δύσοιστα τὰ ἐπιταττόμενα, ἵνα μὴ τῇ δυσ-
10  χερείᾳ τῶν λεγομένων ἀποκάμοιεν, ἀναρρώννυσιν αὐτῶν
τὰ φρονήματα, καὶ τῶν ἐν ἐλπίσι κειμένων καὶ μελλόντων
ὑπ' ὄψιν ἄγει εὖ μάλα τὴν λαμπρότητα. Διὸ δὴ **καὶ** ὡς ἐνε-
χώρουν οἱ τῆς μυστικῆς ταύτης ἐποπτείας θεαταί, τὴν δό-
ξαν ἐκείνην, μεθ' ἧς μέλλει ἐπὶ συντελείᾳ τῶν αἰώνων ἥκειν
15  παραδείκνυσι, καθ' ἣν καὶ αὐτοὶ συλλαμπρυνθήσονται, τῶν
ἄθλων ταύτην ἀντίδοσιν ἐκδεξόμενοι, ἵνα καὶ μᾶλλον ἐν τοῖς
κινδύνοις θαρροῖεν καταφρονοῦντες τῶν ἐν χερσί, καὶ οὐ-
δενὶ λόγῳ τοῖς προσδοκωμένοις παρεξετάζοντες, οὐ δὴ ἄξια
κρίνοντες τὰ παθήματα τοῦ νῦν καιροῦ πρὸς τὴν μέλλουσαν
20  δόξαν ἀποκαλύπτεσθαι. Οὐ μὴν εἰς ἀεί γε κατὰ ταῦτα δια-
μεμένηκε, πρὸς καιρὸν δὲ οἰκονομηθέντα πεπραγμάτευται·
οἰκονομίας γὰρ ὁ τρόπος. Ὁ αὐτὸς οὖν ἦν, καὶ ἄνθρωπος

---

56 Gen. 3, 21    56/57 Ps. 103, 2
**9, 5/24** Niceph. Patr., *Antirrh. contra Eusebium* 21 (Pitra col. 408, 2-30); cf.
Anon., *Adv. Cantac.* 34, 4-21 (Polemis p. 89-90); Theod. Dex., *Epist.* I, 9, 2-17 (Pole-
mis p. 200-201)    **6/8** Mt. 16, 24; Mc. 8, 34    **18/20** Rom. 8, 18

---

**9, 11** μελλόντων] ἐκκαλύπτων *add. Ca*    **20** ταῦτὰ] ταῦτα *Ca*

ὤν, καὶ μετὰ τὴν θέαν ἐκείνην τὴν τοῦ δούλου μορφὴν ἔχων, μεθ'ἧς καὶ τὸν ὑπὲρ ἡμῶν ἀνέτλη διὰ | σταυροῦ θάνατον.　　　M f.38

10. Ἔχεις ἰδού, τὰς μαρτυρίας τῶν εἰρημένων ἀπαραγράπτους, καὶ πάντως εἰ βούλει μὴ παρεκκλίνειν τῆς ἀληθείας, εἴσῃ φιλαλήθως εἰρῆσθαί μοι πρός σε διὰ στόματος ἃ δὴ καὶ εἶπον. Ἔσο οὖν ἐπ'ἀσφαλοῦς κρηπῖδος
5　ἱστάμενος τῶν τῆς εὐσεβείας δογμάτων, καὶ μὴ περιτρέπου λόγοις, οἵτινες οὔτ'ἐξ ἑαυτῶν, οὔτ'ἐκ γραφικῆς μαρτυρίας τὸ στάσιμον ἔχουσιν. Ἐπεὶ δ'ἤρου με πολλάκις, πῶς τοῦ θειοτάτου Δαμασκηνοῦ τὸ φῶς ἐκεῖνο λέγοντος οὐκ ἔξωθεν προσγενέσθαι τῷ κυριακῷ προσλήμ-
10　ματι, τινὲς ἔξωθεν εἶπον καὶ τῷ ἁγίῳ ἀπεναντίας, ἐγὼ δ'ὅσον ἐνεχώρει τὸν περὶ τούτου λόγον διεσάφησά σοι, βέλτιον ᾠήθην καὶ διὰ γραφῆς ἀποδοῦναί σοι τὸν περὶ τούτου λόγον, εἰς μονιμωτέραν τῶν λόγων μνήμην. Ἴσθι τοίνυν ὦ τίμιε πάτερ, ὡς ὅσα ἐπὶ τοῦ σωτῆρος
15　λέγεται, οὐ πάντα ἁπλῶς καὶ ἀπαρατηρήτως λέγονται, ἀλλὰ πολλῆς ἀκριβείας δεῖ καὶ συνέσεως ἐν τοῖς λεγομένοις, ὡς ἂν μήτε ἐν τῷ τῆς μιᾶς ὑποστάσεως τοῦ θεανθρώπου Λόγου τὸ ἑνιαῖον ἐνδείκνυσθαι ἢ συγχυτικὴ τῶν δύο φύσεων τοῦ Χριστοῦ παρεισάγηται δόξα, μήτε
20　ἐν τῷ τὰς δύο φύσεις τῷ οἰκείῳ λόγῳ διακρίνεσθαι, ἡ τῆς μιᾶς ὑποστάσεως διαίρεσις παρρησίαν λαμβάνῃ. Διατοῦτο τοίνυν ἴδοις ἂν τοὺς ἁγίους, ὡς ἡνίκα μὲν ὡς ἐπὶ μιᾶς ὑποστάσεως τοῦ σωτῆρος τὸν λόγον ποιοῦνται, μετὰ συμπλοκῆς ἑκατέρας τῶν φύσεων τὸν λόγον
25　ποιοῦνται, τὸν αὐτὸν Θεὸν καὶ ἄνθρωπον λέγοντες, δηλαδὴ τῇ ὑποστάσει· τοῦτο γὰρ βούλεται τὸ λέγειν τὸν αὐτόν. Ὅταν δὲ ἀκούσῃς λεγόντων αὐτὸν Θεὸν παθητόν, καὶ παιδίον προαιώνιον, τὴν μὲν συμπλοκὴν τῶν τοιούτων τῇ μιᾷ ὑποστάσει λογίζου, τὸ δὲ διῃρημένον, του-
30　τέστι Θεόν, προαιώνιον, καὶ αὖ παιδίον, καὶ παθητόν, ταῖς δυσὶ φύσεσιν ἐπιμέριζε, τὰ μὲν ὑψηλὰ τῇ θεότητι, τὰ δὲ ταπεινά, τῇ ἀνθρωπότητι. Κατὰ τὰ αὐτὰ τοίνυν ἔχει καὶ

10, 9 Ioh. Dam., In transf. 2, 38-39 (Kotter p. 438); cf. Anon., Adv. Cantac. 33, 2-5 (Polemis p. 89)　　27/32 Greg. Naz., Or. 29, 18, 21-25 (Gallay-Jourjon p. 216)

10, 31/32 τῇ θεότητι ... τῇ ἀνθρωπότητι] τῆς θεότητος ... τῆς ἀνθρωπότητος Ca

τὸ ἔσωθεν λέγειν εἶναι τὸ φῶς ἐκεῖνο, καὶ αὖ τὸ ἔξωθεν.
Εἰ μὲν γάρ τις κατὰ τοπικὴν διάστασιν νοοίη ἐνταῦθα τὸ
35 ἔσωθεν καὶ τὸ ἔξωθεν, πρὸς τῷ βλασφημεῖν καὶ πάσης
εὐηθείας ἔσται πλήρης. Ἀλλὰ τὸ μὲν ἔσωθεν λέγεται διὰ
τὴν μίαν ὑπόστασιν, ὡς ἂν εἰ ἔλεγεν, ὅτι ὁ Χριστὸς ἐξ
ἑαυτοῦ ἐλαμπρύνθη, τουτέστιν ὁ αὐτὸς ἦν λαμπρύνας
καὶ λαμπρυνθείς, εἶτα καὶ κατὰ διαίρεσιν τῶν φύσεων,
40 λαμπρύνας μὲν ὡς Θεός, λαμπρυνθεὶς δὲ ὡς ἄνθρωπος,
τὸ δὲ ἔξωθεν κατὰ μόνην τὴν τῶν φύσεων διαίρεσιν, ὅτι
τὸ πρόσλημμα τοῦ σωτῆρος, οὐκ ἐξ ἑαυτοῦ, τουτέστι
τῷ οἰκείῳ τῆς φύσεως λόγῳ πεφώτισται, ἀλλ᾽ ὑπὸ τῆς
ἐνοικούσης αὐτῷ τοῦ Λόγου θεότητος δημιουργικῶς.

11. Ταῦτά σοι πρὸς τὰ ζητηθέντα συντετμημένως ἐκ-
θέμενοι, βουλόμεθα, εἰ καὶ σοὶ δοκεῖ, μὴ ἐν παραβύστῳ
καὶ γωνίᾳ κεῖσθαί σοι, ἀλλ᾽ ἐμφανίζειν πρὸς οὓς ἂν βού-
λοιο. Τὸν γὰρ τῆς πίστεως λόγον παρρησιάζεσθαι δεῖ,
5 καὶ ὥσπερ ἐν τῇ καρδίᾳ πιστεύεται, καὶ διὰ στόματος
κηρύσσεσθαι πρὸς τοὺς ἔξωθεν, κατὰ τὸν θεῖον ἀπόστο-
λον. Ἕτοιμοι γάρ ἐσμεν, τῇ τοῦ Θεοῦ χάριτι, παντὶ καὶ
τῷ ἐπηρεαστικῶς ἡμᾶς ἀπαιτοῦντι λόγον ἀποδιδόναι,
καθὰ δὴ καὶ φρονοῦμεν, ὡς ἂν εἴ που καὶ τῆς ἀληθείας
10 ἐκπίπτομεν, διορθοίμεθα τοῖς ἐλέγχοις. Ὑγιαίνοις μοι
διὰ βίου παντὸς τιμιώτατε, καὶ τὸν φίλον εὐφραίνοις,
τοῦτ᾽ αὐτὸ βουλόμενον περὶ σέ.

---

11, 7/8 I Petr. 3, 15

---

11, 3 πρὸς οὓς] sup. l. M     10 ἐκπίπτομεν] ἐκπίπτοιμεν exspectavisses

ISAAC ARGYRVS

# SOLVTIO QVAESTIONIS CVIVSDAM PALAMITICAE

# CONSPECTVS SIGLORVM

| | |
|---|---|
| *M* | *Vaticanus gr.* 1102 |
| *A* | *Marcianus gr.* 162 |
| *Ca* | Candal |

| Ἰσαὰκ μοναχοῦ τοῦ Ἀργυροῦ
Λύσις ἀπορίας τινὸς Παλαμητικῆς

1. Ἐρωτῶσι τινὲς τῶν νῦν θεολόγων, ἢ τό γε οἰκει-
ότερον εἰπεῖν καινολόγων ὡς ἐν σχήματι ἀπορίας, περὶ
τῆς ἐν τῇ μακαρίᾳ Τριάδι λεγομένης πατρότητος καὶ υἱό-
τητος, πότερον ἑκάτερον ταυτόν ἐστι τῇ θείᾳ οὐσίᾳ καὶ
5 ἀλλήλοις, ἢ τῆς μὲν οὐσίας ἕτερα, ἀλλήλοις δὲ ταυτά,
ἢ τὸ ἀνάπαλιν, τῇ μὲν οὐσίᾳ ταυτά, ἀλλήλων δὲ ἕτερα,
οἰόμενοι διὰ ταύτης δῆθεν τῆς ἀπορίας ὡς δι'ἀφύκτου
τινὸς ἀνάγκης, τοὺς ἐρωτωμένους ὁμολογήσαντας ἑτε-
ρότητα τούτων εἶναι καθ'ὁποιονδήτινα τρόπον τῶν ἐν τῇ
10 ἐρωτήσει περιεχομένων, κατασκευάσειν διὰ τῆς αὐτῶν
ἑτερότητος, καὶ τὴν τῆς θείας οὐσίας πρὸς τὴν ἐνέργει-
αν ἑτερότητα, ὃ περισπούδαστον ἔχουσιν ἐς τὰ μάλιστα,
καὶ συναποδείξειν, ὅτι ὥσπερ ἡ τούτων ἑτερότης πρὸς
τὴν οὐσίαν, ὧν αὐτῇ συμπλεκομένων αἱ ὑποστάσεις χα-
15 ρακτηρίζονται, τῷ τῆς θεότητος οὔμενουν λυμαίνηται
ἑνιαίῳ, οὕτως οὐδὲ ἡ τῆς οὐσίας καὶ ἐνεργείας ἑτερότης,
ἢ τῶν ἄλλων τῶν ἐν τῇ θείᾳ οὐσίᾳ θεωρουμένων, τῆς
ἁπλότητος ἀποστερήσει τὸ θεῖον.

2. Ταῦτα μὲν οὗτοι προβάλλονται κακοσχόλως,
ἡμεῖς δ'ἐπὶ τούτοις τοῦ Θεοῦ Λόγου συναιρομένου τοῦ
διδόντος ἐν ἀνοίξει τοῦ στόματος τοῦ ὑπὲρ τῆς ἀληθεί-
ας καὶ τῆς κατ'αὐτὴν ὀρθῆς δόξης ἀνοιγομένου πνεῦμα
5 σοφίας, ἐκεῖνα ἐροῦμεν ἐκ τῆς θείας γραφῆς | τὰς μαρ-
τυρίας ἐρανισάμενοι, ὅσαπερ αὐτὸ τὸ Πνεῦμα χαρίσεται
φιλανθρώπως ὑπὲρ αὐτοῦ. Ὀλίγα δέ τινα προεκθέμενοι
περί τε ταυτοῦ καὶ ἑτέρου ποσαχῶς ἑκάτερον λέγεται,
δι'εὐκρίνειαν τῶν ἐπ'αὐτῇ τῇ λύσει τοῦ ζητήματος ῥη-
10 θησομένων, ἐπ'αὐτὸ τὸ προκείμενον εὐθὺς μετελευσό-
μεθα ζήτημα. Φησὶ τοίνυν ὁ θεῖος ἐκ Δαμασκοῦ Ἰωάν-
νης ἐν τῷ πρώτῳ τῆς ἱερᾶς αὐτοῦ δογματικῆς βίβλου,

---

1, 15 οὔμενουν] οὐμενοῦν corr. Ca
2, 2 ἐπὶ] ἐν A    8 ἑκάτερον] ἑκάτερον M

ἦν Πηγὴν γνώσεως αὐτὸς ὀνομάζει, ὡς ἐκ πάντων μὴ
μόνων τῶν καθ'ἡμᾶς θεολόγων τὰ κάλλιστα τῶν δογ-
15 μάτων συλλεχθέντα παρ'αὐτοῦ περιέχουσαν, ἀλλὰ καὶ
ὅσα τεχνικῶς καὶ ἐπιστημονικῶς οἱ σοφοὶ τῶν Ἑλλή-
νων παρέδοσαν, ὡς ἐν προοιμίοις αὐτός φησι λέγων
οὕτως· Πρότερον μὲν τῶν παρ''Ελλησι σοφῶν τὰ κάλλιστα
παραθήσομαι, εἰδὼς ὡς εἴ τι ἀγαθόν, ἄνωθεν παρὰ Θεοῦ τοῖς
20 ἀνθρώποις δεδώρηται. Καὶ μετά τινα, Ἐπειδή φησιν ὁ θεῖος
ἀπόστολος {φησὶ} πάντα δοκιμάζοντες, τὸ καλὸν κατέχετε,
ἐρευνήσωμεν καὶ τῶν ἔξω σοφῶν τοὺς λόγους, ἴσως τι καὶ
παρ'αὐτοῖς τῶν ἀγωγίμων εὑρήσομεν καί τι ψυχωφελὲς
καρπωσόμεθα. Πᾶς | γὰρ τεχνίτης δεῖται καί τινων ὀργά- M f.25ᵛ
25 νων πρὸς τὴν τῶν ἀποτελουμένων κατασκευήν. Τάδ'οὖν
φησι τεχνολογῶν περὶ ταυτοῦ ἐν τριακοστῷ ὀγδόῳ κε-
φαλαίῳ τοῦ αὐτοῦ πρώτου βιβλίου. | Τὸ ἓν καὶ ταὐτὸν A f.105
τριχῶς λαμβάνεται, ἢ γένει (ὑφ'ἓν γὰρ γένος ἐστίν, ὡς ὁ ἄν-
θρωπος καὶ ὁ ἵππος ὑπὸ τὸ ζῷον), ἢ εἴδει, ὡς Σωκράτην
30 φαμὲν καὶ Πλάτωνα, ὑφ'ἓν εἶδος ὄντας ὑπὸ τὸν ἄνθρωπον,
ἓν εἶναι τῷ εἴδει καὶ ταυτόν, ἢ ἀριθμῷ, ὡς Σωκράτην φαμὲν
ἕνα εἶναι καθ'ἑαυτόν, τῶν λοιπῶν ἀνθρώπων κεχωρισμένον.

3. Ταῦτα μὲν ὁ τὰ θεῖα σοφὸς Ἰωάννης φησὶ περὶ
τοῦ ταυτοῦ καὶ ἑνός. Ἡμεῖς δ'ἐνταῦθα κατὰ τὸν ὅμοιον
λόγον, καὶ περὶ τοῦ ἑτέρου τεχνολογήσομεν, ὅπερ ἐπει-
δὴ πρὸς τὸ ἓν καὶ ταυτὸν ἀντικειμένως καὶ ἔστι καὶ λέ-
5 γεται, καὶ κατ'ἐκεῖνο τριχῶς λαμβάνεται. Ἡ γὰρ γένει
λέγονταί τινα ἕτερα, ὡς ζῷον καὶ ἐπιστήμη (ὑφ'ἕτερον
γὰρ καὶ ἕτερον γένος ἑκάτερον τούτων ἀνάγεται, ζῷον
μέν, ὑπὸ τὴν οὐσίαν, ἐπιστήμη δέ, ὑπὸ τὴν ποιότητα), ἢ
τῷ εἴδει, ὡς ἄνθρωπος καὶ βοῦς (ἄλλο γὰρ εἶδος ἀνθρώ-

2, 18/20 Ioh. Dam., Dialect. Prooem. 43-45 (Kotter p. 52)    20/25 Ioh.
Dam., Dialect. 1, 52-57 (Kotter p. 54)    21 I Thess. 5, 21    27/32 Ioh. Dam.,
Dialect. 37, 29-33 (Kotter p. 105)
3, 5/11 cf. supra 2, 28/30 (ref. 2, 27/32)

14 μόνων] μόνον a. corr. MA    17 φησι] sup. l. M    22 καὶ – λόγους] in
marg. manu Argyri M    26 τριακοστῷ ὀγδόῳ] ληω M    27 πρώτου] αου M
32 ἕνα] ἓν a. corr. M

10  που, καὶ ἄλλο εἶδος βοός), ἢ τῷ ἀριθμῷ, ὡς Σωκράτης
καὶ Πλάτων. Καὶ συμβαίνει κἂν τούτῳ, ὥσπερ ἐν τῇ τοῦ
ταυτοῦ καὶ ἑνὸς διαιρέσει, τὰ μὲν τῷ εἴδει ταυτά, καὶ τῷ
γένει ταυτά εἰσιν, τὰ δὲ τῷ γένει ταυτά, οὐκ ἀνάγκη καὶ
τῷ εἴδει ταυτά εἶναι, οἷον Σωκράτης καὶ Πλάτων ταυ-
15  τὰ ὄντες τῷ εἴδει, ὑπὸ τὸν ἄνθρωπον γάρ, καὶ τῷ γένει
ταυτά εἰσίν· ἀνάγονται γὰρ καὶ ὑπὸ τὸ ζῷον γένος ὄν,
ἢ τὴν οὐσίαν γενικώτατον, οὕτως καὶ ἐν τῇ τοῦ ἑτέρου,
πλὴν ἀν|τιστρόφως διὰ τὴν τοῦ ταυτοῦ πρὸς τὸ ἕτερον        *A* f.105ᵛ
ἀντίθεσιν. Τὰ μὲν γὰρ τῷ γένει ἕτερα, καὶ τῷ εἴδει ἐξα-
20  νάγκης ἕτερά εἰσιν, ὁμοίως καὶ τῷ ἀριθμῷ, τὰ δὲ τῷ εἴ-
δει ἕτερα, καὶ τῷ ἀριθμῷ μὲν ἕτερά εἰσιν ἐξανάγκης, τῷ
δὲ γένει οὐκ ἐξανάγκης. Ἐνδέχεται γάρ τινα τῷ ἀριθ-
μῷ, ἅμα καὶ τῷ εἴδει διαφέροντα, τῷ γένει ταυτά εἶναι.
Ὁμοίως δ'ἔχει καὶ τὰ τῷ ἀριθμῷ ἕτερα. Ἐνδέχεται γάρ
25  τινα τῷ ἀριθμῷ ἕτερα ὄντα ὡς Σωκράτης καὶ Πλάτων, τῷ
τε εἴδει καὶ τῷ γένει ταυτά εἶναι.

4.  Τούτων δ'οὕτως ἐχόντων, θεωρήσωμεν ἔν τισι
μὲν καὶ ἄμφω συμπίπτουσιν, ἡ ταυτότης τέ καὶ ἡ ἑτε-
ρότης, ἐν τίσι δ'αὖ οὐδαμῶς, καὶ εὑρήσομεν τὰ μὲν ἑτε-
ρογενῆ καθόλου ἀνεπίδεκτα τῆς ταυτότητος ὄντα, διὰ τὸ
5  καὶ τὰ γένη εὐθὺς ἀντιδιῃρῆσθαι, εἰ μή που τις φήσειε
καὶ ταῦτα κατὰ τὴν τοῦ ὄντος ὁμωνυμίαν ταυτίζεσθαι,
τὰ δέ γε τῷ γένει ταυτά, ἕτερα πάντως τῷ εἴδει, καὶ ἔτι
τὰ τῷ εἴδει ταυτά, ἕτερα τῷ ἀριθμῷ, τὰ δὲ τῷ ἀριθμῷ
ταυτά, εἰ μὴ πολυώνυμα εἴη, τῷ λόγῳ ἕτερα δύναιντ'ἄν,
10  οἷά εἰσιν τὰ λεγόμενα ἑτερώνυμα. Ὅταν γὰρ ἐπὶ τοῦ

---

15 cf. supra 2, 30 (ref. 2, 27/32)    19/26 Τὰ – εἶναι] cf. Ioh. Philopon.,
*Comm. in Arist. Phys.* (Vitelli p. 720, 29-31)    25 cf. supra 2, 29/30 (ref. 2, 27/32)

---

3, 16 ὄν] ἐν *A*    24/26 Ὁμοίως – εἶναι] *in marg. manu Argyri M*
4, 1/11 θεωρήσωμεν – μὲν] εὑρίσκεται πολλάκις ἐπὶ τοῦ αὐτοῦ καὶ ἑνὸς τῷ
ἀριθμῷ λεγόμενον καὶ τὸ ἕτερον, ἀλλ'οὐκ ἔστιν ἀντίφασις. Οὐ γὰρ λέγεται κατ'αὐτὸ
τὸ ἓν τῷ ἀριθμῷ, ταυτόν τε καὶ ἕτερον, ἀλλ'οὕτω μὲν ταυτόν, οὕτω δ'ἕτερον. Τοῦτο
δὲ γίνεται, ὅταν ἐπὶ τοῦ αὐτοῦ καὶ ἑνὸς πράγματος λέγωνται *A*    1/5 θεωρήσω-
μεν – φήσειε] *in ras. manu Argyri M*    6/10 καὶ – γὰρ] *in marg. inferiore manu
Argyri M*

αὐτοῦ καὶ ἑνὸς πράγματος λέγωνται μὲν ὀνόματα διά-
φορα, καί τινα τούτων πολλάκις ἀντικείμενα καθ'οίαν-
δήτινα τῶν ἀντικειμένων ἀντίθεσιν, ὧν αἱ σημασίαι πάν-
τως καὶ οἱ λόγοι διάφοροι εἰσί, τὸ δὲ ὑποκείμενον τοῖς
15 πολλοῖς ἐκείνοις ὀνόμασιν, ἕν τι ὑπάρχῃ καὶ ταυτὸν τῷ
ἀριθμῷ, ἑτερώνυμον ἐκεῖνο τὸ ὑποκείμενον λέγεται.
Διὸ καὶ ἀποδίδοται οἰκείως ἐπὶ τῶν οὕτως ἐχόντων ἡ
μὲν | ταυτότης τῷ πράγματι, ἡ δ'ἑτερότης τῷ λόγῳ τῆς    *A* f.106
τῶν σημαινομένων διαφορᾶς, ὡς ἐπὶ τῆς κλίμακος ἔχει,
20 | ἐφ'ἧς αὐτὸ τὲ τὸ κλίμαξ ὡς κύριον λέγεται ὄνομα, σὺν    *M* f.26
αὐτῷ δὲ καὶ τὸ ἀνάβασις καὶ κατάβασις ἀντικείμενα
ὄντα. Ἕν γὰρ ὂν ὑποκείμενον αὐτὸ τὸ πρᾶγμα ὅπερ ἐξ
ὕλης τῆς τῶν λίθων ἢ τῶν ξύλων εἰς τὸ τῆς κλίμακος
εἶδος τοῖς τεχνίταις κατασκευάζεται, αὐτὸ τὲ τὸ κλίμαξ
25 ἔσχε καλεῖσθαι κἀπὶ τούτῳ, ἀνάβασίς τε καὶ κατάβα-
σις. Διὸ καὶ λέγονται τὰ τοιαῦτα ὀνόματα ταυτὰ μὲν τῷ
ὑποκειμένῳ πράγματι ὃ ἓν καὶ ταυτόν ἐστι τῷ ἀριθμῷ,
ἕτερα δὲ τῷ λόγῳ τῷ πρὸς ἕκαστον ἀποδιδομένῳ τῶν
ὀνομάτων, καὶ ἔστι μὲν ἡ ταυτότης τῶν ὀνομάτων, πρὸς
30 τὸ πρᾶγμα θεωρουμένων, ἡ δ'ἑτερότης, τῆς τῶν ὀνομά-
των σημασίας πρὸς ἄλληλα.

5. Πολλὴ δὲ ἡ χρῆσις τοῦ τοιούτου τρόπου καθ'ὃν
συμπεπλεγμένως τὸ ταυτὸν καὶ τὸ ἕτερον λέγεται, καὶ
παρὰ τοῖς διδασκαλικοῖς λόγοις τῶν ἔξω σοφῶν, ἀλλὰ
δὴ καὶ τῶν τῆς καθ'ἡμᾶς εὐσεβείας διδασκάλων καὶ
5 θεοφόρων ἀνδρῶν, ἐν οἷς πρὸς τοὺς αἱρετικοὺς ἀγωνί-
ζονται, μὴ μόνον τὸν τῆς εὐσεβείας | λόγον λυμαινομέ-    *A* f.106ᵛ
νους, ἀλλὰ καὶ τοὺς τῆς ἐπιστήμης κανόνας παρορῶντας
ὑπ'αὐθαδείας, καὶ αὐτονομίᾳ χρῆσθαι σπουδάζοντας.
Καὶ ἡμῖν δ'ἐν τῇ σκέψει τοῦ παρόντος ζητήματος, ἱκανὴ
10 χρεία τούτου γενήσεται, καί μοι παρέστω μάρτυς τῶν
λεγομένων ὁ ὑψηγόρος καὶ μέγας Βασίλειος ἐν τοῖς
πρὸς τὸν αἱρετικὸν Εὐνόμιον ἀντιρρητικοῖς αὐτοῦ λό-

---

11 μὲν] *sup. l. M*    15 τι] τὲ *A*    16 ἑτερώνυμον – λέγεται] *in marg.*
*inferiore manu Argyri M Ca, om. A*    17 οὕτως] ὄντως *Ca*
5, 5 ἀγωνίζονται] ἀγωνίζοντο *Ca*

γοις περί που τὰ μέσα τοῦ πρώτου, προθέμενος τεχνο-
λογῆσαι περὶ τοῦ κατ'ἐπίνοιαν ἐν πόσοις λέγεται σημαι-
15 νομένοις καὶ τὸν λόγον δι'ὑποδείγματος σαφηνίζων καὶ
λέγων ταῦτα· Τοῦ σίτου νόημα μὲν ἁπλοῦν ἐνυπάρχει τοῖς
πᾶσι, καθ'ὃ φανέντα γνωρίζομεν, ἐν δὲ τῇ ἀκριβεῖ περὶ αὐτοῦ
ἐξετάσει, θεωρία τε πλειόνων προσέρχεται, καὶ προσηγορίαι
διάφοροι τῶν νοηθέντων σημαντικαί. Τὸν γὰρ αὐτὸν σῖτον,
20 νῦν μὲν καρπὸν λέγομεν, νῦν δὲ σπέρμα, καὶ πάλιν τροφήν,
καρπὸν μέν, ὡς τέλος τῆς παρελθούσης γεωργίας, σπέρμα
δέ, ὡς ἀρχὴν τῆς μελλούσης, τροφὴν δέ, ὡς κατάλληλον εἰς
προσθήκην τῷ τοῦ προσφερομένου σώματι. Τούτων ἕκαστον
τῶν λεγομένων, κατ'ἐπίνοιαν θεωρεῖται, καὶ τῷ ψόφῳ τῆς
25 γλώττης οὐ συναπέρχεται, ἀλλὰ τῇ ψυχῇ | τοῦ νενοηκότος      A f.107
ἐνίδρυται τὰ νοήματα, καὶ ἀπαξαπλῶς πάντα τὰ τῇ αἰσθή-
σει γνώριμα, καὶ ἁπλᾶ μὲν εἶναι τῷ ὑποκειμένῳ δοκοῦντα,
ποικίλον δὲ λόγον κατὰ τὴν θεωρίαν ἐπιδεχόμενα, ἐπινοίᾳ
θεωρητὰ λέγεται. | Ἐγγὺς δὲ τοῦ τοιούτου τρόπου τῆς ἐπι-      M f.26ᵛ
30 νοίας τὴν χρῆσιν καὶ παρὰ τοῦ θείου δεδιδάγμεθα Λόγου.
**Καὶ συνείρων εὐθὺς πῶς δεῖ λέγειν τὲ καὶ νοεῖν τὰ
ἐπὶ Θεοῦ λεγόμενα, τάδε φησίν·** Ὁ Κύριος ἡμῶν Ἰησοῦς
Χριστὸς ἐν τοῖς περὶ **αὐτοῦ** λόγοις τὴν φιλανθρωπίαν τῆς
θεότητος καὶ τὴν ἐξ οἰκονομίας χάριν τοῖς ἀνθρώποις πα-
35 ραδηλῶν, ἰδιώμασί τισι τοῖς θεωρουμένοις περὶ αὐτὸν **ἀπε-
σήμηνε** ταύτην, θύραν ἑαυτὸν λέγων καὶ ὁδὸν καὶ ἄρτον, καὶ
ἄμπελον, καὶ ποιμένα, καὶ φῶς, οὐ πολυώνυμός τις ὢν (οὐ
γὰρ πάντα τὰ ὀνόματα εἰς ταὐτὸν ἀλλήλοις φέρει· ἄλλο γὰρ
τὸ σημαινόμενον φωτός, καὶ ἄλλο ἀμπέλου, καὶ ἄλλο ὁδοῦ,
40 καὶ ἄλλο ποιμένος), ἀλλ'ἓν ὢν κατὰ τὸ ὑποκείμενον, καὶ μία
οὐσία, καὶ ἁπλῆ καὶ ἀσύνθετος, ἄλλοτε ἄλλως ἑαυτὸν ὀνομά-
ζει, ταῖς ἐπωνυμίαις διαφερούσαις ἀλλήλων τὰς προσηγορί-
ας μεθαρμοζόμενος. Κατὰ γὰρ τὴν τῶν ἐνεργειῶν διαφοράν,

---

5, 16/30 Bas. Caes., *Adv. Eun.* I, 6, 44 – 7, 2 (Sesboüé p. 186-188)     32/56
Bas. Caes., *Adv. Eun.* I, 7, 4-29 (Sesboüé p. 188-190)     36/37 Io. 10, 9; 14, 6; 6,
51; 15, 1; 10, 11; 8, 12

---

26 τὰ²] *om. A*     35 ἀπεσήμηνε] ἀπεσήμαινε *Ca*

καὶ τὴν | πρὸς τὰ εὐεργετούμενα σχέσιν, διάφορα ἑαυτῷ καὶ    *A* f.107ᵛ
45 τὰ ὀνόματα τίθεται. Φῶς μὲν γὰρ ἑαυτὸν τοῦ κόσμου **καλεῖ**,
τό τε ἀπρόσιτον τῆς ἐν θεότητι δόξης τῷ ὀνόματι τούτῳ δια-
σημαίνων, καὶ ὡς τῇ λαμπρότητι τῆς γνώσεως, τοὺς κεκα-
θαρμένους τὸ ὄμμα τῆς ψυχῆς καταυγάζων, ἄμπελον δέ, ὡς
τοὺς ἐν αὐτῷ ἐρριζωμένους κατὰ τὴν πίστιν, ἐπ᾽ἔργων ἀγα-
50 θῶν καρποφορίαις ἐκτρέφων, ἄρτον δέ, ὡς οἰκειοτάτη τροφὴ
λογικοῦ τυγχάνων, τῷ διακρατεῖν τὴν σύστασιν τῆς ψυχῆς,
καὶ τὸ ἰδίωμα αὐτῆς διασώζειν, **πληρῶν** ἀεὶ παρ᾽ἑαυτοῦ τὸ
ἐνδέον, καὶ πρὸς τὴν ἐξ ἀλογίας ἐγγινομένην ἀρρωστίαν οὐκ
ἐῶν ὑποφέρεσθαι. Καὶ οὕτως ἄν τις ἕκαστον τῶν ὀνομάτων
55 ἐφοδεύων, ποικίλας εὕροι τὰς ἐπινοίας, ἑνὸς τοῦ κατὰ τὴν
οὐσίαν τοῖς πᾶσιν ὑποκειμένου.

6. Ἄξιον δὲ κἀνταῦθα τὸν νοῦν ἐπιστῆσαι, ὅπως τὸν
**Θεὸν** οὔ **φησιν** ὁ ἅγιος οὗτος πολυώνυμον εἶναι, **καίτοι
τοῦ ἱεροῦ Διονυσίου καὶ ἄλλων πλείστων ἁγίων** πολυώ-
νυμον ἀποκαλούντων αὐτόν, οὐ πρὸς ἐκείνους ἐναντιού-
5 μενος. Ἄπαγε· τοῦ γὰρ ἑνὸς πάντες ὄργανα πνεύματος,
ἓν μέλος ἡμῖν εὐάρμοστον ἀληθείας καὶ εὐσεβείας, ἐξ
ἀντιφώνων μὲν δοκούντων ῥημάτων, τῇ δ᾽ἀληθείᾳ καὶ
μάλα | συμφώνων προσανεκρούσαντο. Διὸ οἱ μὲν ἄλλοι    *A* f.108
τῶν ἁγίων ὅσοι τῷ τὸν Θεὸν πολυωνύμως λέγεσθαι κα-
10 τεχρήσαντο, τὸ κατὰ τὴν ἀπαρίθμησιν τῶν ὀνομάτων
μόνον πλῆθος ἐμφῆναι βουλόμενοι, πολυώνυμον αὐτὸν
εἶναι λέγουσιν, ὁ μέντοι θεῖος οὗτος ἀνήρ, κατὰ τὴν ἀκρι-
|βεστέραν χρῆσιν τοῦ ὀνόματος τοὺς περὶ Θεοῦ λόγους    *M* f.27
ποιούμενος, οὔ **φησι** πολυώνυμον λέγεσθαι, καὶ μάλα
15 εἰκότως. Ἐκεῖνα γάρ φασιν εἶναι πολυώνυμα, ἃ διαφό-
ροις μὲν ὀνόμασι κέκληται, οὐ μὴν καὶ διαφορὰν σημα-
σίας πρὸς ἄλληλα ἔχουσιν, ὡς τὸ λώπιον καὶ τὸ ἱμάτιον,
οὔτε πράγματι οὔτε τῷ τῶν ὀνομάτων λόγῳ διαφέρον,
πολυώνυμον λέγεται. Τῷ μὴ ἔχειν γοῦν οὕτως καὶ ἐπὶ

---

45 Io. 15, 1    50 Io. 6, 51
6, 2/20 cf. Ps.-Dion. Areop., *De div. nom.* 1, 6 (Suchla p. 118, 11)

---

53 ἐγγινομένην ἀρρωστίαν] *iter., deinde cancellavit* M

20  Θεοῦ τὰ ὀνόματα, οὔ φησιν ὁ ἅγιος πολυώνυμον εἶναι
τὸν Θεόν, καὶ συμβαίνει ἐντεῦθεν τὰ μὲν κατ'ἄμφω τὸ
ἓν ἔχοντα καὶ ταυτόν, ἤγουν τῷ τε πράγματι καὶ τοῖς
ὀνόμασι, πολυώνυμα λέγεσθαι, τὰ δὲ τῷ μὲν πράγματι
ὄντα ταυτά, τὴν δὲ σημασίαν τῶν ὀνομάτων κεκτημένα
25  διάφορον, κυρίως οὐ πολυώνυμα, μᾶλλον δ'ἑτερώνυμα
λέγεσθαι παρέδοσαν οἱ καταρχὰς τὴν περὶ τούτων διδα-
σκαλίαν ποιησά|μενοι.                                                    *A* f.108ᵛ

7. Ἀλλὰ ταῦτα μὲν ἡμῖν ἱκανῶς περὶ τῆς τοῦ προ-
τεθέντος ζητήματος σκέψεως προτεχνολογηθέντα,
διὰ τὴν τῆς ταυτότητος καὶ ἑτερότητος ἐν τῷ ζητήμα-
τι χρῆσιν, κείσθωσαν μέχρι τούτου. Ἀρχόμενοι δὲ σὺν
5  Θεῷ τῆς αὐτοῦ τοῦ ζητήματος σκέψεως, προθεωρήσο-
μεν πότερον τά τε κοινὰ τῆς θείας Τριάδος, καὶ τὰ ἴδια
ταῖς τρισὶν ὑποστάσεσι καθ'ἑκάστην ἁρμόζοντα, οὕτω
λέγεται ὡς κἀπὶ τῶν ὄντων ἢ οὐχ οὕτως. Καὶ εὑρήσο-
μεν τοὺς ἁγίους πατέρας διαρρήδην φάσκοντας μὴ οὕτω
10  λέγεσθαι. Αὐτίκα γὰρ ὁ ἐκ Δαμασκοῦ θειότατος Ἰωάν-
νης, ἐν ὀγδόῳ κεφαλαίῳ τοῦ δευτέρου τῆς δογματικῆς
αὐτοῦ βίβλου τάδε φησί· Χρὴ εἰδέναι ὅτι ἕτερόν ἐστι τὸ
πράγματι θεωρεῖσθαι, καὶ ἄλλο τὸ λόγῳ καὶ ἐπινοίᾳ. Ἐπὶ
μὲν οὖν πάντων τῶν κτισμάτων. ἡ μὲν τῶν ὑποστάσεων δι-
15  αίρεσις, πράγματι θεωρεῖται (πράγματι γὰρ ὁ Πέτρος τοῦ
Παύλου κεχωρισμένος θεωρεῖται), ἡ δὲ κοινότης καὶ ἡ συν-
άφεια καὶ τὸ ἕν, λόγῳ καὶ ἐπινοίᾳ θεωρεῖται. Νοοῦμεν γὰρ
τῷ νῷ ὅτι ὁ Πέτρος καὶ ὁ Παῦλος τῆς αὐτῆς φύσεως εἰσί,
καὶ κοινὴν μίαν ἔχουσι φύσιν· ἕκαστος γὰρ αὐτῶν ζῷόν ἐστι
20  λογικὸν | θνητόν, καὶ ἕκαστος σάρξ ἐστιν **ἐψυχωμένη** ψυχῇ    *A* f.109
λογικῇ τε καὶ νοερᾷ. Αὕτη οὖν ἡ κοινὴ φύσις, ἐστὶ τῷ λόγῳ
θεωρητή. Οὐδὲ γὰρ αἱ ὑποστάσεις ἐν ἀλλήλαις εἰσίν, ἰδίᾳ δὲ
ἑκάστη καὶ ἀνὰ μέρος, ἤγουν καθ'ἑαυτὴν κεχώρισται, πλεῖ-

---

7, 12/38 Ioh. Dam., *Exp. fid.* 8, 223-244 (Kotter p. 28)

---

7, 10 θειότατος] θεῖος *A*    11 ὀγδόῳ] ηῳ *M*    13 λόγῳ καὶ] *sup. l. manu
Argyri M*    19 ἕκαστος] ἑκάτερος *Ca*    20 ἐψυχωμένη] ἐμψυχωμένη *ACa*
23 ἑκάστη] ἐν ἑκάστῃ *Ca*

στα τὰ **διαιρούμενα** ταύτην ἀφ' ἑκάστης ἔχουσα· καὶ γὰρ
25 καὶ τόπῳ διεστήκασι, καὶ χρόνῳ διαφέρουσι, καὶ γνώμῃ | M f.27ᵛ
μερίζονται, καὶ ἰσχύι, καὶ μορφῇ, **ἤγουν** σχήματι, καὶ ἕξει
καὶ κράσει, καὶ ἀξίᾳ, καὶ ἐπιτηδεύματι, καὶ πᾶσι τοῖς χαρα-
κτηριστικοῖς ἰδιώμασι, πλέον δὲ πάντων τῷ μὴ ἐν ἀλλήλαις,
ἀλλὰ κεχωρισμένως εἶναι. Ὅθεν καὶ δύο καὶ τρεῖς ἄνθρωποι
30 καὶ πολλοὶ λέγονται. Τοῦτο δὲ καὶ ἐπὶ πάσης ἔστιν ἰδεῖν τῆς
κτίσεως. Ἐπὶ δὲ τῆς ἁγίας καὶ ὑπερουσίου καὶ πάντων ἐπέ-
κεινα καὶ **ἀκαταλήπτου** Τριάδος τὸ ἀνάπαλιν. Ἐκεῖ γὰρ τὸ
μὲν κοινὸν καὶ ἐν πράγματι θεωρεῖται, διά τε τὸ συναΐδιον
καὶ τὸ ταυτὸν τῆς οὐσίας καὶ τῆς ἐνεργείας καὶ τοῦ θελή-
35 ματος, καὶ τὴν τῆς γνώμης σύμπνοιαν, τήν τε τῆς ἐξουσίας
καὶ τῆς δυνάμεως καὶ τῆς ἀγαθότητος ταυτότητα. Οὐκ εἶ-
πον ὁμοιότητα, ἀλλὰ ταυτότητα καὶ ἐν ἔξαλμα τῆς κινήσε-
ως. **Καὶ ἐπὶ τούτοις τὰ κοινῇ προσήκοντα τῇ ἁγίᾳ Τριάδι**
**ἐξαριθ|μήσας, εἶτ' ἐπάγει**· Ἐπινοίᾳ δὲ τὸ διῃρημένον. Ἕνα A f.109ᵛ
40 γὰρ Θεὸν γινώσκομεν, ἐν μόναις δὲ ταῖς ἰδιότησι τῆς τε πα-
τρότητος, καὶ τῆς υἱότητος, καὶ τῆς ἐκπορεύσεως.

8. **Τούτων οὕτω προτεθεωρημένων ἡμῖν διὰ τῆς τῶν**
**γραφικῶν μαρτυριῶν ἐκθέσεως, λέγομεν ἐπὶ τοῦ προ-**
**κειμένου ζητήματος, ὅτι αὐτὴ μὲν ἡ πατρότης καὶ ἡ υἱό-**
**της ἀναφορικῶς λεγόμενα, καθότι ἀλλήλαις ἀντίκειν-**
5 **ται κατὰ τὴν τῶν πρός τι ἀντίθεσιν, καὶ ταύταις τὰ θε-**
**αρχικὰ διακρίνονται πρόσωπα, διαφέρουσι πρὸς ἄλληλα**
**τῇ ἐπινοίᾳ, ἥτις ἕπεται ἐκ τοῦ λόγου τῆς ἀντιθέσεως**
**τῶν πρός τι, ἣν πρὸς ἄλληλα ἔχουσιν. Οὕτω γὰρ ὁ θεῖος**
**οὗτος πατὴρ Ἰωάννης εἴρηκεν ἐν τοῖς ἄνω, ὅτι** τὸ διῃρη-
10 μένον **ἐπὶ τῆς θείας Τριάδος** ἐπινοίᾳ θεωρεῖται, **τῆς ἐπι-**
**νοίας ἐνταῦθα νοουμένης παρ' ἡμῶν, οὐχ ὥστε τὰς τρεῖς**
**τῆς θεότητος ὑποστάσεις εἰς μίαν συναλείφεσθαι, κατὰ**
**τὸν Λίβυν Σαβέλλιον (ἄπαγε τῆς βλασφημίας), ἀλλὰ**

---

39/41 Ioh. Dam., *Exp. fid.* 8, 249-251 (Kotter p. 29)
8, 9/10 cf. supra 7, 39 (ref. 7, 39/41)

---

26 σχήματι] σχήμασι A    30 καὶ – λέγονται] λέγονται καὶ πολλοὶ A
8, 2 λέγομεν] λύσις τοῦ ζητήματος *in marg.* M *(manu Argyri) A*

κατὰ τὸν λόγον τῆς ἀντιθέσεως ἣν ἔχουσιν ὡς εἶπον
15 πρὸς ἄλληλα. Ἑκάτερον μέντοι τούτων πρὸς αὐτὴν συγ-
κρινόμενον τὴν οὐσίαν, ταυτόν ἐστι καὶ ἕν, οὐ τῷ λόγῳ
τῆς ἐπινοίας, ἀλλὰ τῷ πράγματι. Ἓν γὰρ τῷ ἀριθμῷ
ἐστιν ἡ μακαρία οὐσία τε καὶ θεότης, ἐν τρισὶ προσώποις
τε|λείοις ὑφισταμένη, καὶ ὅλη ἐν ἑκάστῳ τούτων πράγ-    A f.110
20 ματι θεωρουμένη, κατὰ αὐτὸν τὸν θεῖον πατέρα, καὶ οὐχ
ὥσπερ ἐν τοῖς κτίσμασιν. Ἐν τούτοις γὰρ ἡ κατ'αὐτὰ
λεγομένη κοινὴ οὐσία, κατ'ἐπίνοιαν θεωρεῖται, διὸ καὶ
τὰ ὑφ'ἕκαστον εἶδος | ἄτομα τῷ κατ'ἐπίνοιαν λαμβανο-    M f.28
μένῳ κοινῷ εἴδει, ταυτὰ εἶναι λέγονται καὶ οὐ τῷ πράγ-
25 ματι, ἡ δὲ καθ'ἕκαστον αὐτῶν θεωρουμένη οὐσία, πράγ-
ματι λέγεται εἶναι αὐτοῖς, διὸ καὶ πληθυντικῶς οὐσίαι
ἄτομοι λέγονται, ὡς δῆλον καὶ τοὺς ἀγγέλους νοερὰς
οὐσίας ὑπὸ τῆς γραφῆς πληθυντικῶς ὀνομάζεσθαι. Ἐπὶ
δὲ τῆς μακαρίας Τριάδος, ἡ ἐν τῷ Πατρὶ οὐσία τὲ καὶ θε-
30 ότης, ἡ αὐτὴ καὶ μία ἐστὶ τῷ ἀριθμῷ, τῇ ἐν τῷ Υἱῷ, καὶ
ἡ αὐτὴ καὶ μία τῷ ἀριθμῷ τῇ ἐν τῷ ἁγίῳ Πνεύματι.

9. Ὡς ἐν κεφαλαίῳ τοίνυν εἰπεῖν, περὶ τοῦ προκειμέ-
νου ζητήματος, ὅτι ἡ πατρότης μὲν καὶ ἡ υἱότης διαφέ-
ρουσιν ἀλλήλων τῷ λόγῳ τῆς ἀντιθέσεως, ἑκάτερον δὲ
τῇ θείᾳ οὐσίᾳ ταυτόν ἐστιν, ὡς τῆς θείας οὐσίας πράγ-
5 ματι θεωρουμένης καὶ οὐ τῷ λόγῳ τῆς ἐπινοίας. Καὶ ὁ
θεῖος δὲ Μάξιμος, ἢ ὡς ἕτεροι λέγουσιν ὁ μέγας Ἀθανά-
σιος, σαφῶς τοῦτο παραδιδοὺς ἡμῖν ἐν τῷ διαλόγῳ οὗ
τὰ πρό|σωπα Ὀρθόδοξος καὶ Εὐνομιανός, δῆλον ποιή-    A f.110ᵛ
σει. Καὶ γὰρ εἰσάγει τὸν Εὐνομιανὸν ἐρώτησιν πρὸς τὸν
10 Ὀρθόδοξον ποιούμενον, καὶ λέγοντα οὕτως· Ἄλλο ἐστὶν
οὐσία καὶ ἄλλο ὑπόστασις; Ὀρθόδοξος. Ἄλλο καὶ ἄλλο. Εὐνο-
μιανός. Οὐκοῦν σύνθεσις. Ὀρθόδοξος. Ἄλλο καὶ ἄλλο εἶπον,
οὐχ ὡς πρᾶγμα ἄλλο καὶ ἄλλο, ἀλλ'ὡς ἄλλό τι σημαινούσης
τῆς ὑποστάσεως, καὶ ἄλλο τῆς οὐσίας, ὡς ὁ κόκκος τοῦ σί-

20 cf. supra 7, 33 (ref. 7, 12/38)
9, 10/18 Ps.-Athan. Alex., De sanct. trin. dial. I, 12 (PG 28, 1136D-1137A)

20 τὸν] om. Ca    27 νοερὰς] νοερᾶς A

15 του λέγεται καὶ ἔστι σπέρμα καὶ καρπός, οὐχ ὡς πρᾶγμα
ἄλλο καὶ ἄλλο, ἄλλο δέ τι σημαίνει τὸ σπέρμα, καὶ ἄλλό τι
ὁ καρπός, ὅτι τὸ μὲν σπέρμα, τοῦ μέλλοντος γεωργίου ἐστὶ
σπέρμα, ὁ δὲ καρπός, τοῦ παρελθόντος καρπός. Ἀλλ'ἴσως
ἐνταῦθ'ἡμῖν οἱ φιλέριδες, καὶ μάλισθ'ὅτι σπουδάζου-
20 σι τὴν προσφάτως αὐτοῖς εὑρημένην πολυτροπωτάτην
ἐκείνην τῆς θείας οὐσίας τὲ καὶ ἐνεργείας, κατὰ πάντα
τρόπον καὶ λόγον διαφορὰν συνιστᾶν, ἀντιστήσονται,
πειρώμενοι δῆθεν ἀπαγαγεῖν τὸν λόγον εἰς τὸ ἀδύνατον,
καὶ ἐροῦσιν ἐνιστάμενοι, ὡς εἴπερ ἑκάτερον τούτων, ἡ
25 πατρότης λέγω καὶ ἡ υἱότης, ταυτόν ἐστι τῇ θείᾳ οὐ-
σίᾳ, τί τὸ κωλῦσον καὶ πρὸς ἄλληλα ταυτὰ εἶναι; Καὶ
φήσουσιν ἀξιοῦντες· τὰ γὰρ τῷ αὐτῷ τὰ αὐτά, καὶ | ἀλ-  *A f.111*
λήλοις ἐστὶ τὰ αὐτά, καὶ τὸ ἐντεῦθεν ἄτοπον, φανερόν.
Ἔσται γὰρ ἡ πατρότης καὶ ἡ υἱότης ἓν τῷ ἀριθμῷ, καὶ
30 τὰ τούτοις διακρινόμενα πρόσωπα. Τούτου δὲ μὴ οὕτως
ἔχοντος, οὐδὲ ἡ οὐσία | πρὸς ἑκάτερον αὐτῶν ταυτότητα  *M f.28ᵛ*
ἕξει τῷ ἀριθμῷ. Καὶ πόθεν ὑμῖν ὦ οὗτοι κὰκ ποίας ἀνά-
γκης τὰ τοιαῦτα προφέροντες, οἴεσθε τὸ σπουδαζόμενον
κατορθοῦν, ὡς καὶ ἀξιώματα πλάττειν ἀφ'ἑαυτῶν; Οὐ
35 γὰρ ἁπλῶς καὶ ἐν πᾶσι τὰ τῷ αὐτῷ τὰ αὐτά, καὶ ἀλλή-
λοις ἐστὶ τὰ αὐτά, ἀλλ'ἔν τισι μὲν οὕτως, ἔν τισι δὲ οὐχ
οὕτως. Αὐτίκα γὰρ τὸ λογικὸν καὶ τὸ ἄλογον, οὐσιώδεις
οὖσαι τοῦ ζώου διαφοραί, καὶ ἀντιδιηρημένα πρὸς ἄλ-
ληλα, καὶ τῷ ζώῳ ἑκάτερον ὄντα ταυτὰ τῷ πράγματι
40 καὶ οὐ τῷ λόγῳ τοῦ καθόλου καὶ μέρους, πρὸς ἄλληλα
διαφέρειν, οὐ κωλύει τῷ πράγματι. Οὐ γὰρ ὁμοία καὶ
ἐπ'ἀμφοῖν ἡ διαίρεσις, ἀλλὰ ζώου μὲν καὶ λογικοῦ,
καὶ ζώου ὡσαύτως καὶ ἀλόγου, κατὰ βάθος, καὶ λο-
γικὴ ἡ διαίρεσις, καὶ πρὸς ἄλληλα ἔχουσιν ὡς φωναί,
45 καθολικωτέρα τὲ καὶ μερική, λογικοῦ δὲ καὶ ἀλόγου,
κατὰ πλάτος καὶ πραγματική. Διὸ καὶ ἀντιδιηρημένα
πρὸς ἄλληλα λέγονται | καὶ οὐδέποτε ἕτερον καθ'ἑτέ-  *A f.111ᵛ*
ρου καταφάσκεται. Ἡ καὶ ὅπερ προσφυέστερόν ἐστι τῷ

---

9, 18 Ἀλλ'ἴσως] ἀντίθεσις *in marg.* M *(manu Argyri)* A    32 Καὶ πόθεν] λύ-
σις *in marg.* M *(manu Argyri)* A    κὰκ] καὶ Ca

παρόντι λόγῳ, πατὴρ μὲν καὶ ἄνθρωπος τῷ πράγματι
50  ταυτόν, οὐ τῷ λόγῳ, καὶ υἱὸς ὡσαύτως καὶ ἄνθρωπος,
πατὴρ δὲ καὶ υἱὸς εἴπερ ἐν δυσὶν ἀτόμοις θεωροῦνται,
οὔτε τῷ λόγῳ ταυτόν, οὔτε τῷ πράγματι, ὡς εἰ ἐφ' ἑνὸς
θεωροῦνται ἀτόμου, τῷ μὲν λόγῳ φανερὸν ὅτι διαφέ-
ρουσιν ἀλλήλων, οὐ μὴν καὶ τῷ πράγματι. Ὁ γὰρ αὐτὸς
55  καὶ εἷς ἐνδέχεται καὶ πατὴρ εἶναι καὶ υἱός, πρὸς ἄλλον
μέντοι πατήρ, πρὸς ἕτερον δὲ υἱός. Καὶ μυρία δ' ἄν τις
ἕτερα τοιαῦτ' ἐξετάζων εὕροι, ψευδῆ τὸν λόγον ἀπελέγ-
χοντα τουτονί.

10. Ἀλλ' αὖθις ἐπιφύονται ἡμῖν ἐνστατικῶς λέγον-
τες, ὡς οὐ δεῖ λογικῶν περιόδων καὶ ἀποδείξεων, ἅπαξ
τοῦ μὲν αἱρετικοῦ Εὐνομίου, τοῦ τῶν ὀρθοδόξων ἀπο-
βληθέντος συστήματος, τῷ τὴν ἀγεννησίαν ἤγουν τὴν
5  πατρότητα, ταυτὸν φρονεῖν τῇ τοῦ Πατρὸς οὐσίᾳ, καὶ
τὴν γέννησιν ὡσαύτως τουτέστι τὴν υἱότητα, ταυτὸν
τῇ τοῦ Υἱοῦ, τοῦ δὲ θεηγόρου Βασιλείου διὰ τῆς αὐτῶν
ἑτερότητος ὡς ἐν τοῖς πρὸς ἐκεῖνον ἀντιρρητικοῖς αὐτοῦ
λόγοις δείκνυσιν, ἀσεβῶς φρονεῖν αὐτὸν ἀπελέγξαντος.
10  Οἱ ἄρα τὴν πατρότητα ἢ τὴν υἱότητα ταυτὸν τῇ οὐσίᾳ
λέγοντες, ταυτὰ τῷ Εὐνομίῳ φρονοῦσι καὶ συναπε-
λέγχονται κακοδοξεῖν. Ἀλλ' οὔθ' ὁ Εὐνόμιος ᾧ οὗτοι
τὴν ταυτότητα τῇ πατρότητι καὶ τῇ οὐσίᾳ τοῦ Πατρὸς
κατὰ τὸν προσήκοντα λόγον ἀπεδίδου (πράγματί τε
15  γὰρ ἅμα καὶ λό|γῳ ταυτὰ ἔλεγεν εἶναι ταῦτα καθάπερ    A f.112
τὰ πολυώνυμα, δέον κατὰ μὲν τὸ πρᾶγμα λέγειν ταυ-
τά, κατὰ τὸν λόγον δὲ ἕτερα), οὔθ' ὁ θεηγόρος Βασίλειος
ἁπλῶς τὴν ἑτερότητα τούτοις ἀπένειμεν, ὡς ἐξανάγκης
καθ' ὁποιονδήτινα | τρόπον βούλοιτ' ἄν τις ἐκλαμβάνειν    M f.29
20  ἐξεῖναι, ἀλλὰ μόνην τὴν κατ' ἐπίνοιαν καὶ λόγον, ἣν
αὐτὸς ὁ αἱρετικὸς Εὐνόμιος τῶν περὶ Θεοῦ λόγων καὶ

---

51 εἴπερ – θεωροῦνται] in marg. M Ca, om. A    52/56 ὡς – υἱός] in marg.
M Ca, om. A

10, 1 Ἀλλ' αὖθις] ἑτέρα ἀντίθεσις in marg. M (manu Argyri) A    4 ἤγουν]
κως Ca    7 δὲ] sup. l. manu Argyri M    12 Ἀλλ' οὔθ'] λύσις in marg. M (manu
Argyri) A

ἐννοιῶν ἀπώσασθαι περιφανῶς ἐσπούδαζε. Διὰ πάντων γὰρ τῶν τοιούτων ἀντιρρητικῶν λόγων, τοῦτο καὶ βού-λεται, καὶ διὰ τούτου τοὺς ἐκείνου λόγους ὡς δυσσεβεῖς

25 ἀποτρέπεται.

11. Καὶ ἔστι μὲν ἡμῖν ἐπὶ τούτοις ἱκανὴ μαρτυρία καὶ ἀναμφισβήτητος, ἡ ἄνωθεν ἐκ τῶν αὐτῶν ἀντιρρη-τικῶν ἐκτεθεῖσα, μνησθησόμεθα ὅμως καὶ ἑτέρων, εἰς πλείονα τῶν λεγομένων παράστασιν, ὅτι πατρότητος

5 καὶ οὐσίας πατρὸς πραγματικὴν ὁ ἅγιος ἐφρόνει ταὐτό-τητα καὶ οὐ λογικήν, καὶ αὖ λογικὴν ἑτερότητα καὶ οὐ πραγματικήν, τοῦ Εὐνομίου καὶ πραγματικὴν ἅμα καὶ λογικὴν τὴν ταυτότητα τούτων διισχυριζομένου, καὶ συγχέοντος τὴν τῶν ὀνομάτων ἑκάστου σημασίαν πρὸς

10 ἄλληλα. Καὶ πρῶτον ἐν τῷ αὐτῷ τῶν ἀντιρρητικῶν πρώτῳ λόγῳ μετὰ πάνυ βραχέα τῆς ῥήσεως ἐκείνης, Τί οὖν ἄτοπον φη|σίν, οὕτω καὶ ἐπὶ τοῦ Θεοῦ τῶν ὅλων λαμβά-νεσθαί τινα κατ'ἐπίνοιαν, καὶ αὐτὸ τοῦτο πρῶτον, περὶ οὗ ὁ σύμπας ἡμῖν κεκίνηται λόγος; Εὑρήσομεν γὰρ οὐδαμῶς ἑτέ-

15 ρως λεγόμενον τὸ ἀγέννητον. Ἄφθαρτον γὰρ καὶ ἀγέννητον εἶναι τὸν Θεὸν τῶν ὅλων λέγομεν κατὰ διαφόρους ἐπιβολὰς τοῖς ὀνόμασι τούτοις προσαγορεύοντες. Καὶ μετά τινα· Ὡς οὖν τὸ ἀτελεύτητον τῆς ζωῆς ἄφθαρτον, οὕτω καὶ τὸ ἄναρ-χον αὐτῆς ἀγέννητον ὠνομάσθαι, τῇ ἐπινοίᾳ θεωρούντων

20 ἑκάτερα. Τίς οὖν ἀντερεῖ λόγος, καὶ ἐπινοεῖσθαι τῶν ὀνομά-των τούτων ἑκάτερον, καὶ ὁμολογίαν εἶναι τοῦ κατ'ἀλήθειαν τῷ Θεῷ προσόντος; Καὶ πάλιν· Πῶς οὖν οὐ μανία σαφής, μὴ ἴδιον σημαινόμενον ἑκάστῳ τῶν ὀνομάτων ὑπολελεῖφθαι λέγειν, ἀλλὰ παρὰ τὴν ἐνάργειαν, πάντα ταυτὸν δύνασθαι δι-

25 ορίζεσθαι ἀλλήλοις τὰ ὀνόματα;

A f.112ᵛ

---

11, 11/25 Bas. Caes., *Adv. Eun.* I, 7, 32-37 et 42-46; 8, 42-45 (Sesboüé p. 190-192, 192, 196)

---

22 ἐσπούδαζε] *sup. l. manu Argyri M*

11, 8 διισχυριζομένου] διϊσχυριζομένου *M*    11 πρώτῳ] αω *M*    15 ἀγέννητον ... ἀγέννητον] ἀγένητον ... ἀγένητον *A Ca*    24 ἐνάργειαν] ἐνέργειαν *Ca*    19 θεωρούντων] ἡμῶν *add. Ca*

12. Προσεκτέον τοίνυν ἀκριβῶς, ὅτι ἐν μὲν ἐκείνῃ τῇ ἄνωθεν ἐκτεθείσῃ ῥήσει, τὴν πραγματικὴν τῶν ὀνομάτων τούτων ἐμφαίνων ταυτότητα, ἓν ἔφη τὸ κατὰ τὴν οὐσίαν ἤγουν αὐτὸ τὸ πρᾶγμα, τοῖς πᾶσιν ὀνόμασιν
5 ὑποκείμενον εἶναι, τὴν δὲ λογικὴν ἑτερότητα τῶν ὀνομάτων ἐν ταύταις δείκνυσι ταῖς ῥήσεσι, τῷ τοῖς ὀνόμασιν ἴδιον σημαινόμενον ἀπονέμειν. Καὶ πάλιν· Ἕν μὲν οὐδέν ἐστιν ὄνομα ὃ πᾶσαν ἐξαρκεῖ τὴν τοῦ Θεοῦ φύσιν περιλαβόν, ἱκανῶς ἐξαγγεῖλαι, | πλείω δὲ καὶ ποικίλα, κατ᾽ ἰδίαν ἕκα- M f.29ᵛ
10 στον σημασίαν, ἀμυδρὰν μὲν καὶ παντελῶς μικροτάτην ὡς πρὸς τὸ ὅλον, ἡμῖν γε μὴν ἐξαρκοῦσαν τὴν ἔννοιαν συναθροίζει. Καὶ ἐν ταύτῃ δὲ μάλιστα τῇ ῥήσει σαφῶς ἔδειξε καὶ ἀμφότερα, τὸ μὲν ταὐτὸν ἐν τῷ εἰπεῖν Οὐδέν ἐστιν ὄνομα ὃ πᾶσαν ἐξαρκεῖ δηλοῦν τὴν τοῦ Θεοῦ φύσιν, τὴν δ᾽ ἑτε-
15 ρότητα, ἐν τῷ εἰπεῖν Τὰ ὀνόματα πλείω καὶ ποικίλα καὶ κατ᾽ ἰδίαν ἕκαστον τὴν σημασίαν.

13. Ἀλλ᾽ οὐ μόνον οὗτος ὁ θεηγόρος Βασίλειος σχεδὸν ἐν ὅλοις τοῖς ἀντιρρητικοῖς τούτοις λόγοις περὶ τῆς τοιαύτης ταυτότητος ἅμα καὶ ἑτερότητος τὸν λόγον ποιεῖται, ἀλλὰ καὶ ὁ τῶν Νυσσαέων θεῖος Γρηγόριος, ἐν οἷς
5 κατὰ τοῦ αὐτοῦ Εὐνομίου συντέταχεν ἀντιρρητικοῖς, καὶ μάλιστα ἐν τῷ τρίτῳ καὶ δεκάτῳ τῷ καὶ τελευταίῳ λόγῳ· σχεδὸν γὰρ ἅπας τούτου χάριν ἐκείνῳ πεπόνηται. Διὸ καὶ παρεῖται ἡμῖν ἐξ ἐκείνου μαρτυρίας λαβεῖν, ἀρκοῦντος ὅλου πρὸς μαρτυρίαν. Καὶ ὁ μέγας δὲ Ἀθανά-
10 σιος, ἐν τῇ πρὸς Ἄρειον διαλέξει σαφέστατα τοῦτο παρέστησεν. Ἐρωτήσας γὰρ τὸν Ἄρειον ὡς Τὸ ἀγέννητον ὄνομα, οὐσία ἐστίν, ἢ οὐσίας δηλωτικόν, ἐκείνου εἰπόντος ὡς οὐσία ἐστί, Ψεύ|δῃ φησίν, οὐκ ἔστιν οὐσία, ἀλλ᾽ οὐσί- A f.113

12, 3/7 cf. supra 11, 23 (ref. 11, 11/25)   7/16 Bas. Caes., *Adv. Eun.* I, 10, 1-5 (Sesboüé p. 204)

13, 11/15 Ps.-Athan. Alex., *Disp. Contra Arium* 23 (*PG* 28, 465C)

12, 6 δείκνυσι] e δεικνύς manu *Argyri M*, δεικνύει *A*, δεικνὺς *Ca*   13 ἀμφότερα] ἀμφότερον *Ca*
13, 5 αὐτοῦ] om. *A*   6 τρίτῳ καὶ δεκάτῳ] ιγῳ *M*   7 πεπόνηται] πεποίηται *A*   9 ὅλου] ὅλον *Ca*   11 ἀγέννητον] ἀγένητον *A*

ας δηλωτικόν, διὰ μὲν τοῦ οὐκ ἔστιν οὐσία, τὴν λογικὴν
15 ἑτερότητα δεικνύς, διὰ δὲ τοῦ ἀλλ᾽οὐσίας δηλωτικόν, τὴν
κατὰ τὸ ὑποκείμενον πραγματικὴν ταυτότητα.

14. Ἀλλ᾽αὖθις οὗ φασιν ἀνήσειν ἡμᾶς ταῖς ἀντιθέσε-
σι παίοντες, εἰ μὴ καὶ ἑτέραν προσθεῖεν ἀνανταγώνιστον
ὡς οἴονται, καὶ πολὺ τὸ ἰσχυρὸν ἔχουσαν παρ᾽αὐτοῖς,
ἥτις καὶ ἔστιν αὕτη. Φασὶ τὸν θεηγόρον Βασίλειον ἐν
5 τοῖς πρὸς τὸν αἱρετικὸν Εὐνόμιον ἀντιρρητικοῖς διευκρι-
νοῦντα τὸν περὶ οὐσίας καὶ ὑποστάσεως λόγον, φάσκειν
οὕτως· Κοινὴ μὲν ἡ θεότης, ἰδιώματα δὲ ἡ πατρότης καὶ ἡ
υἱότης, ἐκ δὲ τῆς ἑκατέρου συμπλοκῆς κοινοῦ τε καὶ ἰδίου,
ἡ κατάληψις ἡμῖν τῆς ἀληθείας ἐγγίνεται. Συμπλοκὴν οὖν
10 κοινοῦ τε καὶ ἰδίου τὴν ὑπόστασιν εἰρηκότος τοῦ ἁγίου,
φανερὸν ὅτι πραγματικῶς διαφέρουσι τὸ κοινόν τε καὶ
ἴδιον, τουτέστιν, ἡ οὐσία καὶ ἡ πατρότης, ἢ ἡ οὐσία καὶ ἡ
υἱότης, διὸ καὶ συμπλέκονται, ὥστε ἀπαρτίζειν ὑπόστα-
σιν. Καὶ ποῦ ἐνταῦθα ἡ πραγματικὴ ταυτότης; Πρῶτον
15 μὲν οὖν περὶ αὐτῆς τῆς θείας ῥήσεως τοῦ ἁγίου, κακῶς
καὶ ἐπισφαλῶς ἐλέγξει νοοῦντας ὑμᾶς ὁ θεῖος Ἀλεξαν-
δρείας Εὐλόγιος, ὡς ὁ πολὺς ἐν σοφίᾳ καὶ | συνέσει        M f.30
| Φώτιος ἐν τῇ πονηθείσῃ παρ᾽αὐτοῦ βίβλῳ, ἀπορίας καὶ        A f.113ᵛ
λύσεις περιεχούσῃ τῶν ἐν τῇ θείᾳ ἐμφερομένων γραφῇ,
20 τάδε λέγων κατὰ λέξιν ὡς ἀπ᾽αὐτοῦ τοῦ Εὐλογίου· Φασί
τινες συμπλοκὴν οὐσίας καὶ ἰδιώματος εἶναι τὴν ὑπόστασιν,
ὃ περιφανῶς οἶδε συνεισάγειν τὴν σύνθεσιν, καὶ ποῦ ἂν εἴη
τὸ ἁπλοῦν καὶ ἀσύνθετον τῆς ἐν τῇ Τριάδι θεότητος; Οἱ δὲ
καὶ Βασίλειον προϊστῶσι τὸν μέγαν τῆς φωνῆς διδάσκαλον,
25 οὐκ ἐθέλοντες νοεῖν ὡς ὁ σοφὸς ἐκεῖνος ἀνήρ, οὔτε ὅρον οὔτε
ὑπογραφὴν ἀποδιδοὺς ὑποστάσεως, τὸ τῆς συμπλοκῆς παρέ-
λαβεν ὄνομα, ἀλλ᾽οἰκονομῶν τοὺς λόγους ἐν κρίσει, τῷ κοι-

---

14, 7/10 Bas. Caes., Adv. Eun. II, 28, 35-37 (Sesboüé p. 120)        20/66 Phot.
Patr., Bibl. 230, 279b12-19, 26-41 et 289a, 4-30 (Henry p. 44-46)

---

14, 1 Ἀλλ᾽αὖθις] ἑτέρα ἀντίθεσις in marg. M (manu Argyri) A        7 οὕτως]
οὕτω A        ἰδιώματα] ἰδίωμα A        14 πραγματικὴ] om. A        14/15 Πρῶτον –
οὖν] λύσις in marg. M (manu Argyri) A        19 περιεχούσῃ] περιεχούσης A        22
οἶδε] εἶδε A

νῷ συμπλέκει τὸ ἴδιον, ἀσύγχυτον ἡμῖν καὶ διακεκριμένην
μεθοδεύων τὴν τῆς ἀληθείας κατάληψιν. Ἀπορεῖ μὲν γὰρ ὁ
30 ἀνθρώπινος νοῦς ἁπλῇ καὶ μιᾷ προσβολῇ, τὸ ἑνιαῖον ἅμα
καὶ ἁπλοῦν καὶ τὸ τρισσὸν καταλαβεῖν τῶν ὑποστάσεων.
Διὸ τῇ τῶν ἰδιωμάτων ὡς ὁ διδάσκαλος ἔφη προσθήκῃ, τὴν
ἰδιάζουσαν ἀφορίζει τῶν ὑποστάσεων ἔννοιαν. Καὶ ἔστι μὲν
ἡ μέθοδος ἀσθενείας ἐπίκουρος, καὶ τῆς περὶ τὸ ἀκατάλη-
35 πτον συνεργὸς καταλήψεως, οὐ μήν γε συμπεπλεγμένον τὸ
ἁπλοῦν τῆς θεότητος, ἢ ὅλως τινὰ | τῶν ταύτης ὑποστάσε-   *A* f.114
ων οὔμενουν οὐδαμῶς ἀπεργάσαιτο. Διὸ καὶ ἐπήγαγεν, ὡς
ἀμήχανον ἔννοιαν ἰδιάζουσαν Πατρὸς λαβεῖν ἢ Υἱοῦ, μὴ
τῇ τῶν ἰδιωμάτων προσθήκῃ τῆς διανοίας διαρθρουμένης,
40 καὶ ὅπερ ἐν τοῖς προλαβοῦσι συμπλοκὴν ἐκάλεσε, τοῦτο
νῦν προσθήκην ὠνόμασε. Ταῦτά **φησιν ὁ Φώτιος** διελθὼν
ὁ καλὸς Εὐλόγιος, ἄλλην ἀπορίαν κινουμένην ἵστησιν. Ἄρα
γάρ φασιν «ἡνίκα τὸ ἴδιον **συμπλεκόμενον προφέρου-**
**σι** τῷ κοινῷ, ψευδόμενοι τοῦτο **ποιοῦσιν** ἢ ἀληθεύοντες;
45 Ἀλλ' εἰ μὲν ψευδόμενοι, τί καὶ προφέρομεν λέξεις, ὧν μὴ ἔστι
λαβεῖν ὑποκείμενον; Εἰ δ' ἀληθεύοντες, **συμπεπλεγμέναι** ἂν
εἶεν καὶ **αἱ** τῆς Τριάδος ἐφ' ἣν φέρομεν **ὑποστάσεις.**» Ἡ
μὲν ἀπορία τοιαύτη, ἀνασκευάζει δὲ αὐτὴν δι' ὧν εἶπε πρό-
τερον. Ἐξασθενῶν γάρ φησι περὶ τὴν τοῦ ὄντος θεωρίαν ὁ
50 νοῦς, βιάζεταί πως συμπεπλεγμέναις χρῆσθαι φωναῖς, καὶ
τῷ κοινῷ συνάπτει τὸ ἴδιον, τὸ ἁπλοῦν ἅμα καὶ διακεκριμέ-
νον τῶν ὑποστάσεων, ἁπλῶς καὶ καθ' αὑτὸ ὑποδηλῶσαι μὴ
δυνάμενος, ὡς εἴ γε οἷόν τε ἦν ἁπλῇ τὸ ἁπλοῦν ἀπαγγεῖλαι
φωνῇ, τῇ συμπλοκῇ | τῶν λέξεων οὐκ ἂν ὁ νοῦς **ἀπεχρήσα-**   *M* f.30ᵛ
55 **το.** Ἀλλ' οὐ | συμφέρεται τῇ εὐτελείᾳ τῶν ῥημάτων τῆς θείας   *A* f.114ᵛ
οὐσίας τὸ ἀκατάληπτον, ἐπεὶ καὶ αὐτὸς ὁ **θεῖος** διδάσκαλος
συμπλοκὴν εἰπών, ἐφεξῆς τὸ θεῖον ἁπλοῦν πάντη καὶ ἀσύν-
θετον καὶ ἀλλαχοῦ πολλάκις ἀνύμνησε, μονονουχὶ βοῶν, ὡς
ἀσθενείας ἐστὶν ἡ προσθήκη, καὶ ἡ **συμπλοκὴ** πρόβλημα ˙
60 πρὸς κατάληψιν ἡμᾶς τῆς ἀληθείας χειραγωγοῦσα, οὐ μέν-
τοι γε τὸ ἁπλοῦν τῆς φύσεως καὶ ἀσύνθετον εἰς διπλόην καὶ

---

37 οὔμενουν] οὐμενοῦν *Ca*   43 φασιν] φησιν corr. *Ca*   45 ὧν] ᾧ *A*
49 ὄντος] ὄντως add. *Ca*   49/50 ὁ νοῦς] ἐν οἷς *A*

σύνθεσιν καταγαγεῖν ποθὲν τόλμαν εἴληφεν. Ἀρρήτως γὰρ
καὶ ἀνεπινοήτως ἕν τε ὑπάρχον καὶ Τριὰς θεωρούμενον τὸ
προσκυνούμενον, τὸ μὲν κατὰ τὴν ἄσχετόν τε καὶ ὑπὲρ ἡμᾶς
65 θεολογίαν κατανοεῖται, τὸ δὲ κατὰ τὴν σχετικήν τε καὶ περὶ
ἡμᾶς.

15. Ταῦτα μὲν ὁ ἱερὸς οὗτος καὶ θεῖος ἀνήρ, τὴν ἀπὸ
τῆς εἰρημένης τῷ μεγάλῳ Βασιλείῳ συμπλοκῆς ἐπὶ τῶν
ζωαρχικῶν ὑποστάσεων, τῆς θεότητος ὑπονοηθεῖσαν
τισὶ τῶν αἱρετικῶν διπλόην καὶ σύνθεσιν, ἀπορραπί-
5 ζων τῆς περὶ τὸ θεῖον εὐσεβοῦς ὑπολήψεως, διευκρι-
νῶν εἴρηκεν, ὡσανεὶ λέγων, ὡς εἴ τις τὴν συμπλοκὴν
ταῖς φωναῖς μὲν ἀποδοίη, δι'ὧν τό, τε κοινὸν σημαί-
νεται καὶ τὸ ἴδιον (αὗται γάρ εἰσιν αἱ διαφέρουσαι τῷ
λόγῳ κατ'ἐπίνοιαν ἀλλήλων, ὡς αἱ ἄνωθεν τῶν ἁγίων
10 περιέχουσι μαρτυρίαι· Οὐ δυνατὸν γάρ φησι τῇ ἡμετέρᾳ
τοῦ λόγου ἀσθενείᾳ, μὴ συμπεπλεγμέναις χρησαμένη
φωναῖς, τὸ ἁπλοῦν τῆς θείας φύσεως ἀπαγγεῖλαι), τῷ
δ'ὑπ'ἀμφοτέρων τῶν φωνῶν οὐ πολυωνύμως ἀλλ'ἑτε-
ρωνύμως σημαινομένῳ πράγματι αὐτῇ δηλαδὴ τῇ ὑπο-
15 στάσει τὸ ἓν καὶ ταυτὸν τῷ πράγματι καὶ τῷ ἀριθμῷ
λογίζοιτο, καλῶς ἔσται φρονῶν, καὶ καθὰ τῷ περὶ Θεοῦ
λόγῳ πρέπον ἐστίν. Εἰ δ'ἐκ τοῦ διττοῦ ἢ καὶ ποικίλου
τῶν ὀνομάτων ὁρμώμενος, δύο πραγμάτων ἢ πλειόνων
ἡγοῖτο τὴν ὑπόστασιν συμπλοκήν, καθὰ δὴ καὶ ὑμεῖς
20 αὐτοί, πόρρω τῆς θείας αὐλῆς μετὰ τῶν αἱρετικῶν ἐκεί-
νων ἑστήξει, τῶν ἀξιούντων ὡς ἔχουσιν πρὸς ἀλλήλας
αἱ περὶ Θεοῦ συμπεπλεγμέναι φωναί, οὕτως ἀνάγκη
καὶ τὸ θεῖον ἔχειν καθ'ἑαυτό, καὶ ἑκάστην τῶν ζωαρχι-
κῶν ὑποστάσεων συμπεπλεγμένην ἐκ διαφόρων εἶναι
25 πραγμάτων, ὑφ'ἑκάστου τῶν ὀνομάτων ἐκείνων δηλου-
μένων καθ'ἕκαστον.

16. Οὕτω δὴ πάντες οἱ μέχρι τοῦ νῦν τῆς καθ'ἡμᾶς
ὀρθοδόξου πίστεως καὶ εὐσεβείας διδάσκαλοι περὶ τῶν

---

15, 12 cf. supra 14, 53 (ref. 14, 20/66)    19 cf. supra 14, 59 (ref. 14, 20/66)

---

15, 14 τῇ] om. Ca    19 ἡγοῖτο] ἡγεῖτο A    20 τῶν] om. Ca

τοιούτων ἐφρόνουν, καὶ τοῖς ἄλλοις οὕτω φρονεῖν πα-
ρεδίδοσαν, καὶ οἱ μετα|γενέστεροι δὲ τὰς πρὸ αὐτῶν   M f.31
5  ἱερὰς ῥήσεις | ἐκ τοιαύτης τῆς ἐννοίας ὁρμώμενοι διε-   A f.115
λεύκαινον, εἴ που τις παρά τινος ἀνέκυπτεν ἐπὶ ταύταις
ἀμφιβολία. Ὑμεῖς δὲ κακοσχόλως καὶ τὰς ἱερὰς νοοῦν-
τες γραφάς, ἔστι δὲ ἃς καὶ μὴ παραδεχόμενοι καθάπαξ,
ἔτι καὶ τοῖς τῶν αἱρετικῶν λόγοις συμφέρεσθε, τὰ αὐτὰ
10  καὶ ὀνόματα καὶ νοήματα προτείνοντες ἅπερ κἀκεῖνοι.
Ἀλλ᾽ ἡμεῖς ἐνταῦθα τῷ λόγῳ πέρας ἐπιθήσομεν, ἀρκε-
τὸν ἡγησάμενοι καὶ τὸ ὀλίγον τοῖς εὐγνώμοσιν ἔσεσθαι.
Τοῖς γὰρ μὴ τὸ σύμμετρον ἱκανὸν ὁποῖοι ὑμεῖς, οὐδὲ τὸ
πολλαπλάσιον φανήσεται πώποτε. Διὸ τὴν προσήκου-
15  σαν ἀποδιδόντες δόξαν Θεῷ, τῷ στηρίζοντι ἡμᾶς τοῖς
τῆς εὐσεβείας ὅροις ἑδραίους μένειν καὶ ἀσαλεύτους,
ὑπερευλογοῦμεν αὐτὸν εἰς ἅπαντας τοὺς αἰῶνας, ἀμήν.

---

16, 4 δὲ] δὴ A    6 που] πού Ca

IOHANNES CANTACVZENVS

CONTRA ARGYRVM

# CONSPECTVS SIGLORVM

# &lt;Prologus&gt;

| Τῶν ἀντιλεγόντων τις τῇ ἐκκλησίᾳ, μοναχὸς Ἰσαὰκ
καλούμενος, τὸ ἐπώνυμον Ἀργυρός, ἐντυχών ποτε τῷ
βασιλεῖ, καὶ περί τινων ὧν αὐτὸς ἀμφιβάλλων ἦν,
ἐπερωτῶν καὶ διαλεγόμενος, μεταξὺ τῶν λεγομένων,
5 οὐκ ὀλίγην καὶ ταύτην αἰτίαν προσῆπτε τῇ ἐκκλησίᾳ,
ὅπως δηλαδὴ τὰς ὑπὸ τοῦ προφήτου Ἡσαΐου κατ᾽ὄνο-
μα δηλουμένας ἑπτὰ τοῦ θείου καὶ παναγίου Πνεύμα-
τος ἐνεργείας, αἳ καὶ πνεύματα παρ᾽αὐτῷ καλοῦνται,
ἀκτίστους ταύτας δοξάζει, ὅπως τὲ τὴν παρὰ Θεοῦ τοῖς
10 ἀξίοις χορηγουμένην χάριν καὶ δωρεάν, ἄκτιστον καὶ
ταύτην ἀνυποστόλως κηρύττει, ἀγγέλους τὲ διατείνεται
καὶ τοὺς ἀγαθοὺς τῶν ἀνθρώπων, ἀμέσως ἐντυγχάνειν
τῷ κρείττονι, ἔτι τέ, πῶς ὅλως ὑφειμένον ἐπὶ Θεοῦ τι
λέγει καὶ ὑπερκείμενον, καὶ ὅπως αὖ ἔχειν τι τὸν Θεὸν
15 δογματίζει, | μήτ᾽ἔχοντός τινος ὄντος ἐπὶ Θεοῦ τοπαρά-
παν, μήτ᾽ἐχομένου. Τούτων τοίνυν ἀπάντων τὴν ἐκκλη-
σίαν αἰτιώμενος, οὐκ ἀνίει σφοδρῶς ἐγκείμενος καὶ λύ-
σιν παρὰ τοῦ βασιλέως ἐξαιτούμενος ὑπὲρ πάντων. Ὁ
δὲ βασιλεὺς πάντων μᾶλλον ἑτοιμότατος ὢν τοὺς ὑπὲρ
20 τῶν τοιούτων ἀναδέχεσθαι | πόνους καὶ λόγους τοῖς
αἰτοῦσι διδόναι, μάλα γε προθύμως τὴν ἀξίωσιν καὶ
τούτου περαίνει, πάντων ὡς ἔπος λύων τὴν ἀπορίαν,
καὶ πρὸς εὐκρίνειαν μετατιθεὶς ἀληθῆ, προφήταις ἐν
πᾶσι καὶ ἀποστόλοις καὶ διδασκάλοις, ἡγεμόσι χρώμε-
25 νος τῶν ἑαυτοῦ λόγων, καὶ μηδόλως τούτων ἀποστα-
τῶν, εἰθισμένον ὂν τούτῳ, καὶ πανταχοῦ τῶν ἑαυτοῦ
λόγων τὲ καὶ συγγραμμάτων, μηδὲν ἴδιον παρενείρειν,
ἀλλ᾽ἐκεῖθεν πάντα πορίζεσθαι. Ὅθεν ὡς ὁρᾶται, καὶ τῆς
εἰρημένης ἕνεκεν ὑποθέσεως τοὺς λόγους ὧδε ποιεῖται.

| Τοῦ βασιλέως τοῦ Καντακουζηνοῦ
πρὸς τὸν μοναχὸν Ἰσαὰκ τὸν Ἀργυρόν

**1.** Τὸν περὶ τῶν τοῦ ἁγίου Πνεύματος ἐνεργειῶν λό-
γον καὶ τῶν λοιπῶν ζητημάτων ὦ καλὲ Ἰσαάκ, πρῶτον
μὲν δι'ὄκνον ἀναβαλλόμενος ἄκαιρον νομίζων καὶ πε-
ριττὸν ἄλλως τὸ περὶ τούτων διαλαμβάνειν, ἐν οἷς οὐκ
5 ὀλίγοι τῶν θείων διδασκάλων καὶ θεολόγων ἀριδηλότα-
τα διειλήφασιν, ὥστε δοκεῖν τὰ σαφῆ πρὸς πλείω σα-
φήνειαν ἐκβιάζεσθαι, σὴν χάριν ὑπέστην τὸν μικρὸν
τοῦτον πόνον τυραννηθείς. Ἐρῶ τοίνυν ἐμὸν οὐδέν,
ἀλλ'ὅπερ εἶπον ἀρχόμενος, ὅσα τοῖς θείοις διδασκάλοις
10 καὶ θεολόγοις πεπραγμάτευται περὶ τούτου. Ἀρξώμεθα
τοιγαροῦν ἐντεῦθεν.

**2.** Αὐτίκα τοίνυν περὶ τῶν ἑπτὰ πνευμάτων, ἤτοι
τῶν θείων ἐνεργειῶν τοῦ παναγίου | Πνεύματος, ὁ μέ- *B* f.2ᵛ
γας Βασίλειος ἐν τετάρτῳ τῶν ἀντιρρητικῶν, οὕτω
**φησί·** *Πνεῦμα Κυρίου πεπλήρωκε τὴν οἰκουμένην φησὶν*
5 ὁ Σολομῶν. Διὸ καὶ ἐπείπερ καθ'ἑπτὰ ἐνεργείας γινώσκε-
ται τὸ Πνεῦμα, ἃς ὁ Ἠσαΐας ἔφρασεν ἑπτὰ ὀφθαλμούς, τὸ
Πνεῦμα Κυρίου εἶπε, καὶ ὁ Ζαχαρίας **αὐτός**, οὕτω λέγων·
*Οὗτοι οἱ ὀφθαλμοὶ ἐπιβλέποντες τὴν γῆν,* καὶ τὸ λεγόμε-
νον *Τὸν οὐρανὸν καὶ τὴν γῆν ἐγὼ πληρῶ λέγει Κύριος,* τὴν
10 διὰ τοῦ Πνεύματος σημαίνει πλήρωσιν, ὥσπερ καὶ διὰ τοῦ
**αὐτοῦ** Ζαχαρίου φησὶν ὁ Θεός, *Ἐγὼ εἰμὶ ἐν ὑμῖν,* | καὶ τὸ *A* f.150ᵛ
*Πνεῦμα μου ἐφέστηκεν ἐν μέσῳ ἡμῶν.* Προείρηται δὲ καὶ
ἕτερα πλείονα τοιαῦτα, περὶ τοῦ τὸ Πνεῦμα εἶναι τὸ πλη-
ροῦν τὴν κτίσιν.

**3.** Ὁράτωσαν τοίνυν οἱ τὰς τοῦ θείου Πνεύματος
ἀκτίστους καὶ θείας ἐνεργείας, κτίσματα καλοῦντες καὶ

---

2, 4/14 Ps.-Bas. Caes. (Didym. Alex.), *Adv. Eun.* V (*PG* 29, 741CD)    4/5
Sap. 1, 7    6/8 Zach. 4, 10    9 Ier. 23, 24    11/12 Agg. 2, 5

Tit. τοῦ² – Ἀργυρόν] *alt. manu A*
1, 10 / 2, 3 περὶ – τετάρτῳ] *e corr. alt. manu A*
2, 11 αὐτοῦ] *om. B*

ἐνεργήματα, τί ταύτας ἑρμηνεύων | ὁ θεῖος φησὶ Βασί-    *B f.3*
λειος, μᾶλλον δὲ πρὸ τούτου, καὶ οἷς αὐτὸς τὴν τούτων
5 ἐξήγησιν καὶ σαφήνειαν ἀνατίθησιν. Ἀκτίστους γὰρ
ταύτας ἀποφῆναι βεβουλημένος, τὸν Ἡσαΐαν καὶ Σολο-
μῶντα καὶ Ζαχαρίαν παρήγαγε μάρτυρας, ὀφθαλμοὺς εἶ-
ναι λέγοντας τοῦ Θεοῦ τοὺς ἐπιβλέποντας τὴν γῆν. Ὡς ἂν
δὲ ἐκδηλότερον ὅ φησι παραστήσῃ, καὶ τοῖς αἱρετικοῖς
10 τὰς γλώσσας ἐπίσχῃ, τοῖς μὴ νομίζουσι Θεὸν εἶναι τὸ
θεῖον Πνεῦμα, ἐμφανέστερον εἴρηκεν, ὅτι διὰ τῶν ἐνερ-
γειῶν τούτων, Τὸν οὐρανὸν καὶ τὴν γῆν ἐγὼ πληρῶ λέγει
Κύριος. Ἐπεὶ τοίνυν οὔποτε διὰ κτίσματος τὸν οὐρανὸν
καὶ τὴν γῆν τὸν Θεὸν πληροῦν ἄν τις εὐσεβεῖν ἐθέλων
15 ὁμολογήσοι, λοιπὸν διὰ τῶν ἀκτίστων τὸν Θεὸν καὶ θεί-
ων ἐνεργειῶν ταῦτα λέγειν | πληροῦν. Καὶ γάρ, ἐπεὶ τὸν    *B f.3ᵛ*
Θεὸν κατ’οὐσίαν πᾶσι παρεῖναι φαμέν, πολλῆς οἶμαι
τῆς ἀνάγκης κατὰ τοὺς θείους διδασκάλους, | καὶ κατὰ    *A f.151*
τὴν ἐνέργειαν αὐτὸν λέγειν ὑπάρχειν ἁπανταχοῦ. Αὐτοὶ
20 γάρ φασιν, ὡς ἔνθα ἂν ἡ οὐσία ᾖ, ἐκεῖ ἡ ταύτης ἐνέργεια,
καὶ ἔνθα ἂν ἡ ἐνέργεια, ἐκεῖ καὶ ἡ οὐσία. Ἐπεὶ τοίνυν
ἁπανταχοῦ ἐστιν ἡ τοῦ Θεοῦ οὐσία, ἐκεῖ συμπαροῦσα
τυγχάνει καὶ ἡ ἐνέργεια. Καὶ μήν, οὐδὲ τούτοις ἠρκέσθη
Βασίλειος, ἀλλὰ προσέθηκεν, ὅτι προείρηται δὲ καὶ ἕτερα
25 πλείονα τοιαῦτα, περὶ τοῦ τὸ Πνεῦμα εἶναι τὸ πληροῦν τὴν
κτίσιν.

4. Καὶ ὁ μέγας δ’αὖ Ἀθανάσιος ἐν τῇ πρὸς Σαραπίω-
να δευτέρᾳ ἐπιστολῇ, Εἰ καὶ Υἱός φησίν, οὐκ ὠνομάσθη
τὸ Πνεῦμα τὸ ἅγιον, ἀλλ’οὐκ ἔστιν ἐκτὸς τοῦ Υἱοῦ. Πνεῦμα
γὰρ υἱοθεσίας εἴρηται. Ἐπεὶ δὲ | Χριστὸς Θεοῦ δύναμις καὶ    *B f.4*
5 Θεοῦ σοφία, ἀκολούθως εἴρηται περὶ τοῦ Πνεύματος, πνεῦμα
σοφίας, πνεῦμα δυνάμεώς ἐστι. Τοῦ γὰρ Πνεύματος μετέ-
χοντες, ἔχομεν τὸν Υἱόν, καὶ τὸν Υἱὸν ἔχοντες, ἔχομεν τὸ

3, 6/8 cf. supra 2, 4/8 (ref. 2, 4/14)    12/13 cf. supra 2, 9 (ref. 2, 4/14)
24/26 cf. supra 2, 12/14 (ref. 2, 4/14)
4, 2/9 Athan. Alex., *Epist. ad Serap.* III, 4, 1-8 (Savvidis p. 571)    3/4 Rom.
8, 5    4/5 I Cor. 1, 24    5/6 Is. 11, 2-3    7/8 Gal. 4, 6

*Πνεῦμα, κράζον ἐν ταῖς καρδίαις ἡμῶν ἀββᾶ ὁ Πατὴρ* ὡς
ὁ Παῦλος εἴρηκε. Καὶ οὗτος πάντως, παραπλησίως τοῖς
10 προαπηριθμημένοις Βασιλείῳ δηλονότι καὶ τοῖς θείοις
προφήταις, περὶ τούτου πεφρόνηκεν, εἰδὼς ἀκριβῶς,
ὅτι αὐτό ἐστι τὸ Πνεῦμα τὸ ἅγιον, τό, τὰς ἀπηριθμημέ-
νας ἔχον ἐνεργείας, καὶ διὰ τούτων φησὶν ἀριδηλότατα
καὶ αὐτός, μετόχους ἡμᾶς εἶναι Πατρὸς καὶ | Υἱοῦ καὶ     *A f.151ᵛ*
15 ἁγίου Πνεύματος. *Πνεῦμα γὰρ υἱοθεσίας* λαμβάνοντες,
καὶ *πνεῦμα σοφίας καὶ πνεῦμα* δυνάμεως, μετέχομεν ὡς
εἴρηται τοῦ Θεοῦ.
   5. Εἰ δὲ καὶ ἐν ἄλλοις ὁ αὐτὸς μέγας Ἀθανάσιος, Ὥσπερ
ἡμεῖς **φησιν** ἐκ Θεοῦ γεννηθέντες, οὐκ ἐκ γαστρὸς | τῆς     *B f.4ᵛ*
ὑποστάσεως ἐγεννήθημεν, οὕτω καὶ τὰ ἐκπορευόμενα πνεύμα-
τα ἐκ τοῦ Θεοῦ οὐκ ἐκ τοῦ στόματος τῆς ὑποστάσεως αὐτοῦ
5 ἔστιν, **οὐδὲν τοῦτο τῷ λόγῳ προσίσταται, παραδειγματικ-
ῶς εἰρημένον.** Ἡ γὰρ τοῦ παρακλήτου ὑπόστασις, ὡς ὁ
προφήτης Δαυΐδ, ἐν τριακοστῷ δευτέρῳ ψαλμῷ φησι,
*Τῷ λόγῳ Κυρίου οἱ οὐρανοὶ ἐστερεώθησαν* λέγων, *καὶ τῷ
πνεύματι τοῦ στόματος αὐτοῦ, πᾶσα ἡ δύναμις αὐτῶν.* Καὶ
10 ὁ μέγας Βασίλειος ἐν τετάρτῳ τῶν ἀντιρρητικῶν· Ἐκ
τοῦ στόματος προέρχεται τοῦ Πατρός, οὐ μὴν δὲ τὰ ἀπηριθ-
μημένα πνεύματα. Ὁ μὲν γὰρ παράκλητος ἐκ τῆς πατρικῆς
ὑποστάσεως ἐκπορεύεται, τὰ δὲ δηλωθέντα πνεύματα, **του-
τέστιν αἱ ἐνέργειαι,** ἐκ Πατρὸς καὶ Υἱοῦ καὶ ἁγίου Πνεύ-
15 ματος φυσικῶς ἐκλάμπονται. **Ταύτῃ γὰρ τῇ διανοίᾳ καὶ
ὁ πολὺς ἐν θεολογίᾳ στοιχῶν Γρηγόριος,** τὰς ἐνεργείας
**ἔφησε** τοῦ Πνεύματος, *πνεύματα* φίλον τῷ Ἡσαΐᾳ καλεῖν, **τὸ
δὲ πνεύματα καὶ ἐνεργείας φᾶναι πληθυντικῶς, οὐκ ἂν
οἶμαί τι τῷ λόγῳ λυμήναιτο. Ὡς γὰρ ἡλίου** | **καὶ ἀκτίνα**     *B f.5*
20 **καὶ ἀκτίνας φαμέν, μηδ'ὁπωστιοῦν θατέρου τῷ ἑτέρῳ**

---

15/16 cf. supra l. 3/6 (ref. l. 3/4, 4/5 et 5/6)
   5, 1/9 Ps.-Athan. Alex., *De sanct. trin. dial.* I, 19 (*PG* 28, 1145D)     8/9 Ps.
32, 6     10/15 locum non inveni     16/17 Greg. Naz., *Or.* 41, 3, 3-4 (Moreschini
p. 318)     17 Is. 11, 2

---

4, 8 ἀββᾶ] ἀββὰ *A*     12 ἀπηριθμημένας] ἀπηριθμημένοις *B*
5, 6/10 ὡς – τετάρτῳ] *e corr. alt. manu A*     19 ἀκτίνα] ἀκτῖνα *B*

λυμαινομένου, οὕτω δὴ κἀπὶ τούτου, καὶ ἐνέργειαν καὶ
ἐνεργείας | καλοῦντες, οὐκ ἀδικοῦμεν. Ἀνεξαρίθμητοι γάρ    *A* f.152
φησιν ὁ θεῖος Βασίλειος εἰσὶ διὰ τὸ πλῆθος, ἄρρητοι δὲ διὰ
τὸ μέγεθος, ὃ γενητὴν πᾶσαν φύσιν ἐκπέφευγεν. Οὐ γὰρ
25 δὴ καθ'αὑτήν, ἀλλὰ πρὸς τοὺς ὑποδεχομένους ἡ φυσι-
κὴ τοῦ Θεοῦ μερίζεται καὶ οὐσιώδης ἐνέργεια. Ἀλλ'οἱ
τοῖς ὑγιέσι τῶν πατέρων δόγμασι, καὶ ταῖς ἀδιαστρό-
φοις αὐτῶν ἐννοίαις οὐκ ἀρεσκόμενοι, κακῶς ὅ φησιν
ὁ θεῖος θεολόγος ἐκλαμβάνουσι τὸ φάσκον, ὅτι τούτων
30 ἁπάντων ποιητικόν ἐστι τὸ Πνεῦμα τὸ ἅγιον. Οὐκοῦν εἰ
συνιέναι βούλοιντο, κἄν, ἐπ'ὀλίγον δοκεῖν, ἐφιστᾶν δί-
καιον τῇ διανοίᾳ τοῦ θεολόγου, καὶ τίσι διαλεγόμενος,
τίνα κατασκευάσαι βεβούληται. Πρῶτον | μὲν γὰρ Ἐγώ    *B* f.5ᵛ
φησι φρίττω, ἐννοῶν τὸν πλοῦτον τῶν κλήσεων, καὶ καθ'ὅ-
35 σων ἀναισχυντοῦσιν οἱ τῷ Πνεύματι ἀντιπίπτοντες. Τί οὖν,
περὶ κτιστῶν τινῶν κλήσεων ἀναισχυντεῖν φησι τοὺς
πνευματομάχους, ὁ θεολόγος, ἢ φρίττειν ἑαυτὸν ἐννοοῦν-
τα; Οὔμενουν.

6. Ἀλλ'ἐπείπερ κτίσμα τὸ Πνεῦμα τὸ ἅγιον ἔσπευδον
ἀποδεῖξαι, οὐκ ἀπὸ κτιστῶν τινων ἐχρῆν τὸν θεολόγον,
τὸ Πνεῦμα τὸ ἅγιον ἀποδεῖξαι Θεόν, ἀλλ'ἀπὸ τῶν ἀκτί-
στων τούτων κλήσεων, τῶν ἐνεργειῶν δηλαδή, ἃς ἀπα-
5 ριθμῶν, φησί· Πνεῦμα Χριστοῦ, νοῦς Χριστοῦ, πνεῦμα Κυ-
ρίου, | αὐτοκύριος, πνεῦμα υἱοθεσίας, ἀληθείας, ἐλευθερίας,    *A* f.152ᵛ
πνεῦμα σοφίας, συνέσεως, βουλῆς, ἰσχύος, γνώσεως, εὐσεβεί-
ας, φόβου Θεοῦ. Καὶ γὰρ ποιητικὸν τούτων ἁπάντων, πάντα
τῇ οὐσίᾳ πληροῦν, πάντα συνέχον, πληρωτικὸν κόσμου, κατὰ
10 τὴν οὐσίαν, ἀχώρητον κόσμῳ, | κατὰ τὴν δύναμιν. Ταῦτ'οὖν    *B* f.6
ἅπανθ'ὁ θεολόγος ἀριθμησάμενος, ὅτι σοφίας, συνέσεως,
βουλῆς, ἰσχύος, γνώσεως, εὐσεβείας, φόβου Θεοῦ ὑπάρχει τὸ
θεῖον Πνεῦμα, ἐπήγαγε, τούτων ἁπάντων ποιητικόν. Ἀσα-
φὲς μέν, τὸ εἰρημένον, διδάξει δὲ προϊὼν ὁ λόγος. Ἐπεὶ

22/24 Bas. Caes., *De spir. sanct.* 19, 49, 1-2 (Pruche p. 418)        33/37 Greg.
Naz., *Or.* 31, 29, 12-14 (Gallay p. 332)
6, 5/10 Greg. Naz., *Or.* 31, 29, 14-20 (Gallay p. 334)        5 Rom. 8, 9        5/6
cf. I Cor. 2, 16; Sap. 1, 5; II Cor. 3, 17; Rom. 8, 15; Io. 14, 17; 15, 26        7/8 Is. 11,
2-3        9 Sap. 1, 7        11/13 cf. supra l. 7/8 (ref. l. 5/10)

15 γὰρ ἐν τοῖς πλείοσιν ἑαυτῶν οἱ θεῖοι θεολόγοι, ὁμοῦ μὲν
περὶ τῶν ἀκτίστων ἐνεργειῶν τοῦ παναγίου Πνεύμα-
τος, ὁμοῦ δὲ καὶ περὶ τῶν διδομένων τισὶ κτιστῶν δια-
γορεύουσι δωρεῶν, ἀναμὶξ τὸν ὑπὲρ ἀμφοῖν ποιούμενοι
λόγον, δίκαιον ἥγημαι διαστεῖλαι μὲν ἀπ'ἀλλήλων εἰς
20 δύναμιν, τὰς αὐτῶν θείας ῥήσεις, καὶ δεῖξαι λευκότε-
ρον, πότε μὲν περὶ ἐκείνων φασί, πότε δ'αὖ, περὶ τού-
των. Εἰ μὲν γὰρ εὐγνωμόνως πρὸς οὓς οἱ παρόντες εἰσὶ
λόγοι τῶν θεολογικῶν ἀκούειν φωνῶν ἐβούλοντο, πάν-
τως οὐδ'ἄν, μίαν εὖρον ἀμφιβολίαν. Ἀλλ'ἐπεὶ τὰ οὕτω
25 μὲν σαφῆ περιορῶντες, | τὸ δ'ὑπερφυὲς τῶν θείων τοῦ    B f.6ᵛ
Πνεύματος ἐνεργειῶν οὐδ'ἐπὶ νοῦν ὅλως ἄγειν βουλό-
μενοι, κτίσματα καὶ ταῦτα | ἀνυποστόλως καὶ οἴονται    A f.153
καὶ φασί, συνηγοροῦντας ὡς αὐτοὶ λέγουσι κεκτημένοι,
Γρηγόριόν τε καὶ Κύριλλον τοὺς θεολόγους, τὸν μέν,
30 ποιητικὸν εἶναι τὸ Πνεῦμα τὸ ἅγιον λέγοντα, σοφίας, συ-
νέσεως, βουλῆς, ἰσχύος, γνώσεως καὶ τῶν λοιπῶν, τὸν
δ'αὖ, δημιουργικῶς ἐκπορεύεσθαι τὰς εἰρημένας ἐκ τοῦ
Πνεύματος ἐνεργείας, ἐπεὶ τοίνυν οὕτω μὲν περὶ τού-
των ἔχουσι, ἐκ τοιούτων δὲ προτάσεων κτίσματα τὰς
35 ἐνεργείας τοῦ θείου συμπεραίνουσι Πνεύματος, ἄγε λοι-
πὸν τὸν ἀληθῆ περὶ αὐτῶν σκοπήσωμεν λόγον. Τὸ μὲν
οὖν τὰς ἔτι περιοῦσι τισὶ τῶν ἀξίων διδομένας ὀτὲ ἐκ
μέρους δωρεὰς κτιστὰς ὑπάρχειν, ἐγὼ μέν, οὔτ'ἀμφι-
βάλλω, καὶ συμφαίην ἂν τοῖς λέγειν ἐθέλουσιν. Ὑμεῖς
40 δ'αὐτονομίᾳ τῶν θεολογικῶν ὑπερορῶντες δογμάτων,
καὶ ταῦθ'οὕτω τρανῶς | βοώντων, αὐτὸ τοῦθ'ὑπάρχειν    B f.7
τὸ πανάγιον Πνεῦμα, τὰ ἐπαναπεπαυμένα τῷ Χριστῷ
ἑπτὰ πνεύματα καὶ πολλαῖς τοῦτ'ἐμπεδούντων γραφι-
καῖς ῥήσεσιν, ὧν οὐκ ὀλίγων ἐν τοῖς εἰρημένοις εἰς μνή-
45 μην ἧκον, ἀσθενέσι λίαν ἐννοίαις ἐπιστηρίζεσθε.

---

30/31 cf. supra l. 7/8 (ref. l. 5/10)    32 Cyrill. Alex., In Is. 5, 3 (PG 70,
1276B); cf. Ioh. Cypar., Contra Tom. Palamit. 6 (Liakouras p. 315, 13-14)    42
Is. 11, 2-3

---

6, 15/17 ὁμοῦ ... ὁμοῦ] ποτὲ ... ποτὲ e corr. B (fort. ex ὁμοῦ)    37 διδομένας
ὀτὲ] ὀτὲ (e corr.) διδομένας B

7. Πλήν, ἀλλ'ἵν'ἐκ περιουσίας τὸ τηλαυγὲς τῶν θε-
ολογικῶν ἀπαστράψῃ ῥήσεων, καὶ τῶν τὰς τοιαύτας
ἐνεργείας κτίσματα καλούντων ἐμ|φραγῶσι τὰ στόμα-   *A* f.153ᵛ
τα, ἄγε δὴ καὶ Κυρίλλου τοῦ θείου, τοῖς πρὶν συνάδον-
5 τος, ἐπακούσωμεν. Ὥσπερ γάρ φησιν εἷς μέν ἐστιν ὁ ἐκ
Θεοῦ Πατρὸς Λόγος, ὀνομάζεται δὲ καὶ ἐνεργεῖ πολυτρό-
πως (ζωὴ γάρ ἐστι καὶ φῶς καὶ δύναμις), οὕτω καὶ ἐπὶ τοῦ
ἁγίου συνήσεις Πνεύματος. Ἓν γὰρ ὑπάρχον, νοεῖται πολυει-
δῶς, ἐνεργεῖ δὲ καὶ οὕτω. Πῶς οὖν ἂν εἴη σωφρονούντων,
10 τῆς καθαρᾶς ἀφεμένους τῶν θεολόγων διδασκαλίας,
ἐπὶ τήν, ποιητικὸν | τὸ Πνεῦμα καταφεύγειν φωνήν, ὡς   *B* f.7ᵛ
ἐν πέτρᾳ λεπάς; Φέρε τοιγαροῦν ἴδωμεν ἀκριβέστερον,
ὅπερ ἡμῖν ἡ θεία διαγορεύει θεολογία. Τῆς γάρ τοι θεί-
ας ἡμῖν γραφῆς, νῦν μὲν ἐκ τῶν ἀνωτάτω καὶ ὑπὲρ
15 ὑμᾶς τὰ ὑπὲρ φύσιν βροντώσης, ὥσπερ ὅταν ἐκ προ-
σώπου τοῦ Λόγου, τό, Ἐγὼ καὶ ὁ Πατὴρ ἕν ἐσμεν λέγῃ,
καὶ αὖθις, Ἐγὼ ἐν τῷ Πατρὶ καὶ ὁ Πατὴρ ἐν ἐμοί, καὶ
φῶς αὐτὸν ἐκ φωτὸς κηρύττῃ, νῦν δ'ἐκ τῶν κάτω καὶ
ταπεινῶν ἀνθρωπικώτερον διαλεγομένης, ὅταν ἥττω
20 τοῦτον κόπου καὶ πείνης καὶ ὕπνου δείκνυσιν, ἔστι
δ'ὅτε καὶ ἐξ ἀμφοῖν ποιουμένης τὸν λόγον, ὅπερ ἡμῖν
ἡ καθ'ὑγρῶν ὁδοιπορία παρίστησι, καὶ ἡ τῶν ὀλίγων
ἄρτων εἰς πλῆθος ἐπίδοσις, ἔτι τέ καὶ ἡ τῆς Ἰαείρου |   *A* f.154
παιδὸς ἀναβίωσις, εἰ δὲ βούλει, καὶ εἰς οὐρανοὺς ἄνοδος
25 καὶ ἐν δεξιοῖς τοῦ Πατρὸς καθέδρα, ἐκεῖθεν τέ αὖθις | ἐν   *B* f.8
τοῖς καθ'ἡμᾶς δευτέρα τοῦ κριτοῦ καὶ σωτῆρος ἔλευσις,
οὕτως οὖν τῆς θείας ἡμῖν γραφῆς διαλεγομένης, καὶ
πρὸς τὸ ἑκάστοτε χρήσιμον ἁρμοζόντως ποικιλλομένης,
ἐπείπερ ὁ μὲν Υἱὸς τοῦ Θεοῦ καὶ Λόγος τὸ ἡμέτερον κατ-

---

7, 5/9 Cyrill. Alex., *In Is.* 2, 1 (*PG* 70, 316A)    11 cf. supra 6, 7/8 (ref. 6,
5/10)    16 Io. 10, 30    17 Io. 14, 10    18 Io. 8, 12    22 cf. Mt. 14, 25;
Mc. 6, 48    23 cf. Mt. 15, 34;16, 9; Mc. 6, 38; 8, 19; Lc. 9, 13; Io. 6, 9    23/24
cf. Lc. 8, 54    25 Act. 7, 56; Rom. 8, 34    25/26 cf. Mt. 14, 30

---

7, 28 ποικιλλομένης] τῶν δὲ πολλῶν τὴν αὐτῆς ἀγνοούντων δύναμιν, καὶ ματαί-
αις δόξαις καὶ κατ'ἄλλα μέν, πλεῖστα περιπιπτόντων, μάλιστα δὲ τοῦτο πασχόντων
ἐν τοῖς ἔχουσι τὴν αὐτὴν ἐκφώνησιν add. B

30 ἐδέξατο, τριχῇ κατὰ τὰ εἰρημένα καὶ τῶν ὑπὲρ αὐτοῦ
λόγων ἅπτεσθαι φαμὲν τὴν γραφήν, τὸ δὲ Πνεῦμα τὸ
ἅγιον, εἰ καὶ περιστερᾷ καὶ γλώσσαις ἀπεικάσθη πυρί-
ναις, ἀλλ'ἐπείπερ οὐκ ἐνηνθρώπησεν ὥς που σύνισμεν,
διττὰ περὶ αὐτοῦ τὴν γραφὴν οἶδα φθεγγομένην. Ποτὲ
35 μὲν γάρ, τὸ μεγαλεῖον αὐτοῦ παρίστησιν, ὅταν τὸν Υἱὸν
τοῦ Θεοῦ τὸ Πνεῦμα φάσκῃ λέγειν τῆς ἀληθείας, ὃ παρὰ
τοῦ Πατρὸς ἐκπορεύεται (ὅ γε δὴ Πνεῦμα ἀληθείας εἰ-
πών, ἑαυτοῦ | ὠνόμασε Πνεῦμα, καθάπερ καὶ ὁ ἀπόστο-    B f.8ᵛ
λος, Πνεῦμα τοῦ Υἱοῦ τοῦτο εἶναι διδάσκει), ποτὲ δ'αὖ
40 εἰ καὶ τόθ'ὑψηλῶς, ἀλλ'οὖν γε χρῆται μετρίᾳ συγκατα-
βάσει, περὶ τῶν ἐνεργειῶν αὐτοῦ καὶ τῶν εἰς ἡμᾶς ῥη-
τορεύουσα χαρισμάτων, καὶ τούτων αὖ αὐτῶν, νῦν μὲν
τῶν ἀκτίστων καὶ συμφυῶν αὐτῷ, νῦν δὲ τῶν κτιστῶν.

8. Ἀλλὰ περὶ μὲν τῶν ἀκτίστων ἐνεργειῶν | τοῦ    A f.154ᵛ
θείου καὶ παναγίου Πνεύματος, ἀρρήτων καὶ ἀνεξαριθ-
μήτων οὐσῶν διὰ μέγεθός τε καὶ πλῆθος κατὰ τὸν μέγαν
φᾶναι Βασίλειον ἐν τοῖς περὶ τῶν ἑπτὰ πνευμάτων λό-
5 γοις, ὅσον οἷόν τ'ἦν εἴρηται καὶ εἰρήσεται προϊοῦσι,
νυνί δ'ἀναγκαῖον καὶ περὶ ὧν φημι κτιστῶν δωρεῶν,
ὅ,τι ποτὲ τοῖς θεολόγοις συνδοκεῖ, παραστῆσαι. Ὁ μέ-
γας τοιγαροῦν καὶ θεῖος Βασίλειος ἐν τῇ τῆς Πεντη-
κοστῆς ἑορτῇ ἐπευχόμενος ἑαυτῷ, Γνώρισόν μοι φησὶν
10 Κύριε ὁδὸν ἐν ᾗ πορεύσομαι, πνεῦμα σοφίας σου, τοῖς ἐμοῖς
παράσχου διαλογισμοῖς, τοῦτο λέγων, ὃ καὶ Σολομῶντι
δοκεῖ, τό, Ἀρχὴ σοφίας, φόβος Κυρίου, πνεῦμα συνέσε-

---

32 Mt. 3, 16; Mc. 1, 10; Lc. 3, 22     32/33 Act. 2, 3     36/37 Io. 15, 26
39 Gal. 4, 6
8, 2/3 cf. supra 5, 22/24     9/16 locum non inveni     9/10 Ps. 142, 8
10/11 Is. 11, 2-3     12 Prov. 1, 7     12/13 Ps. 50, 12

---

31 φαμὲν] in marg. A     33 ἐνηνθρώπησεν] scripsi, ἐνηνθρώπισεν AB
8, 7/16 ὅ,τι – χρυσοῦς] τῶν ἀποτελεσμάτων εἰπεῖν. Τό, τε γὰρ λαλεῖν γλώσ-
σαις, καὶ τὸ διὰ μετανοίας τὴν ἀρετὴν ἐκ κακίας μεταβαλεῖν, ἥ, τε θεραπεία τοῦ πα-
ραλύτου, καὶ τοῦ ἐκ γενετῆς τὰς ὄψεις πεπηρωμένου, ἔτι γε μὴν καὶ |(f. 9) τὸ περὶ
τὸν Ζακχαῖον πραχθέν, ταῦτα δὴ πάντα χαρίσματα πεφυκότα, πόρρω τοῦ τελεῖν
ἄκτιστα παντάπασιν ἔστηκεν. Ἀκούσωμεν οὖν εἴ γε δοκεῖ καὶ τί τοῖς θεολόγοις περὶ
τούτων δοκεῖ. Ὁ τοίνυν θεῖος Χρυσόστομος B

ὡς τῇ ἀφροσύνῃ μου δωρούμενος, πνεῦμα φόβου σου, τοῖς
ἐμοῖς ἐπισκίασον ἔργοις, πνεῦμα εὐθές, ἐγκαίνισον ἐν τοῖς
15 ἐγκάτοις μου, καὶ πνεύματι ἡγεμονικῷ, τό, τῆς διανοίας μου
στήριξον ὀλισθηρόν. Ὁ δὲ τὴν γλῶτταν χρυσοῦς, ἐν τῷ
περὶ τοῦ ἁγίου Πνεύματος λόγῳ, Εἴπερ σοι φησίν, δο-
θείη νοῆσαι νόημα ἀπόκρυφον καὶ ἀσαφές, ἐδόθη σοι πνεῦμα
ἀποκαλύψεως, τουτέστι, χάρισμα ἀποκαλύπτον τὰ βάθη, ἐν
20 ᾧ καὶ τὸν ἀπόστολον παράγει δοθῆναι τοῖς Ἐφεσίοις,
πνεῦμα σοφίας καὶ ἀποκαλύψεως. Εἶτ' ἐπιφέρει· Ὅπου
δεῖ ἀγάπην ἔχειν, καλεῖται πνεῦμα ἀγάπης, ὅπου δὲ | σοφῶς      *A f.155*
λαλῆσαι τὸν διδάσκαλον, καλεῖται πνεῦμα σοφίας, ὅπου δὲ
νοῆσαι τὸν ἀκροατὴν συνετῶς, καλεῖται πνεῦμα συνέσεως.
25 Τὸ πνεῦμα τῆς σοφίας, δίδοται χάρισμα τοῖς διδασκάλοις,
διὰ τὸ διδάσκειν τὸ πνεῦμα τῆς συνέσεως τοῖς ἀκροαταῖς.
| Καὶ αὖθις· Διδάσκαλος εἶ; Ἐδόθη σοι φησὶ πνεῦμα σοφί-      *B f.9ᵛ*
ας. Διδασκόμενος εἶ; Ἐδόθη σοι πνεῦμα συνέσεως, ὃ δὴ καὶ
οὗτος παρὰ τοῦ Δαυὶδ εἰληφέναι δοκεῖ μοι. Τὸ στόμα μου
30 γὰρ κἀκεῖνος φησί, λαλήσει σοφίαν, καὶ ἡ μελέτη τῆς καρδί-
ας μου σύνεσιν. Καὶ εἰκότως. Ὁ αὐτὸς γὰρ θεῖος Δαυΐδ, καὶ
μαθητής ἐστι καὶ διδάσκαλος, μαθητὴς μὲν τοῦ Πνεύματος,
διδάσκαλος δὲ τῶν ἀνθρώπων. Ὡς μὲν οὖν τῶν ἀνθρώπων
διδάσκαλος, τὸ στόμα μου φησί, λαλήσει σοφίαν, ὡς δὲ τοῦ
35 θείου πνεύματος μαθητής, ἡ μελέτη λέγει, τῆς καρδίας μου
σύνεσιν. Καὶ ὅσοις δ' αὖ ἄλλοις ἐπῆλθέ τι φᾶναι περὶ τῶν
τοῦ θείου Πνεύματος δωρεῶν, τῆς αὐτῆς πάντες ἥψαντο
διανοίας.
     9. Ἔτι ὁ θεῖος Δαυΐδ, Οὐ φοβηθήσομαι λέγων ἀπὸ
μυριάδων λαοῦ τῶν κύκλῳ συνεπιτιθεμένων μοι, πε-
φραγμένον οἷον ἑαυτὸν εἶναι θεία συμμαχία δηλοῖ, καὶ

---

**14/16** Ps. 50, 14      **17/18** cf. Rom. 15, 30      **17/19** Ioh. Chrys., *De spir.
sanct.* (*PG* 52, 817); cf. Callist. Angelic., *Or.* 23, 18, 13-17 (Koutsas p. 210-212)
**18/19** I Cor. 2, 10      **18/21** Is. 11, 2-3      **21** Eph. 1, 17      **21/22** locum non
inveni, sed cf. Ioh. Beccus, *De process. spir. sanct.* 2 (*PG* 141, 241A)      **21/36** locos
non inveni      **22/26** Is. 11, 2      **30/36** Ps. 48, 4
     **9, 1/2** Ps. 3, 7

---

**37** πάντες] *om.* B

διατοῦτο μὴ δεδιέναι. Καὶ αὖθις καρδίαν φάσκων κα-
5 θαρὰν κτίσον ἐν ἐμοὶ ὁ Θεὸς καὶ πνεῦμα εὐθὲς ἐγκαίνι-
σον | ἐν τοῖς ἐγκάτοις μου, τὴν ἐπάνοδον καὶ ἀνανέωσιν          *A* f.155ᵛ
| τοῦ χαρίσματος τῆς πρὶν προφητείας αἰτεῖται λαβεῖν          *B* f.10
καὶ τὴν ὑπὸ τῆς ἁμαρτίας θολωθεῖσαν καρδίαν, ἐκκα-
θαρθῆναι. Τούτου γὰρ δὴ ἕνεκεν καὶ τὸ Προσώζεσαν
10 ψάλλων οἱ μώλωπές μου καὶ ἐσάπησαν, ἀπὸ προσώπου
τῆς ἀφροσύνης μου, ἵνα ταῦθ᾽ἅπερ εἶχον ἀνειληφώς,
σὺν παρρησίᾳ ἔψαλλεν, Εὐλόγει ἡ ψυχή μου τὸν Κύρι-
ον, καὶ πάντα τὰ ἐντός μου, τὸ ὄνομα τὸ ἅγιον αὐτοῦ.
    10. Ἔτι ὁ Θεὸς διὰ τοῦ προφήτου Ἰεζεκιήλ, δώσειν
ἐπαγγέλλεται τοῖς ἀπαχθεῖσιν ἐν Βαβυλῶνι δορυαλώ-
τοις, καρδίαν καινήν, καὶ πνεῦμα καινόν. Τί ποτ᾽ἂν οὖν
τις εἴποι νοεῖν τὸ παλαιὸν καὶ τὸ νέον ἐνταῦθα, ἢ ὅταν
5 παλαιόν τινα φαμὲν ἄνθρωπον καὶ νέον, πότερον, δύο
λέγομεν ἀνθρώπους, ὡς ἄν τινες εἴποιεν νέον ἕνα καὶ
παλαιὸν ἕτερον; Οὐδαμῶς. Ἀλλὰ παλαιὸν μὲν καὶ ἐκτὸς
ἄνθρωπον, τὴν ἁμαρτίαν τροπικῶς | ἐκλαμβάνομεν,          *B* f.10ᵛ
ἐντὸς δὲ καὶ νέον, τὸν ὑπὸ τοῦ θείου λουτροῦ καὶ τῆς
10 τῶν ἐντολῶν ἀναγεννώμενον φυλακῆς. Ταῦτα τοίνυν
καὶ τὰ παραπλήσια τούτοις, κτιστὰς οἶδα δωρεὰς ἔγω-
γε, καὶ οὕτω γ᾽ἂν χρῆναι φαίην μεταξὺ τῶν ἀκτίστων
διαστέλλειν καὶ τῶν κτιστῶν, μὴ δὴ καθ᾽ὑμᾶς πάνθ᾽ὅ
φασι χρήματα μιγνύναι | καὶ συγκυκᾶν. Παντὸς γὰρ δὴ          *A* f.156
15 κυκεῶνος τῷ ὄντι καὶ φυρμοῦ χαλεπώτερον, τῶν μὲν
θεολογικῶν ῥήσεων ταυτό δ᾽εἰπεῖν τῆς θεόθεν τούτοις
κεχορηγημένης σοφίας καὶ διανοίας ἀλογοῦντας ἐλέγ-
χεσθαι, λεξειδίοις δὲ στοιχεῖν, καὶ τούτοις ὅλους ἑαυ-
τοὺς ἐπιτρέπειν ἐπισφαλῶς, οἷόν ἐστι, καὶ ἡ τὸ Πνεῦμα
20 ποιητικὸν λέγουσα τοῦ θείου Γρηγορίου φωνή. Ταύτῃ
καὶ γὰρ ὑμεῖς οὐκ οἶδ᾽ὅ,τι τὸ ποιητικὸν νοοῦντες ἐπερει-

---

4/6 Ps. 50, 12      9/11 Ps. 37, 6      12/13 Ps. 102, 1
10, 1/3 Ez. 36, 26      5 Rom. 6, 6      19/21 cf. supra 6, 7/8 (ref. 6, 5/10)

---

9, 5/6 καὶ – μου] *om.* B
10, 11 κτιστὰς – ἔγωγε] τὴν μὲν δύναμιν ἄκτιστον, τὰ δὲ ταύτης ἀποτελέσ-
ματα κτίσματα εἶναί φημι B

δόμενοι, κτιστὰς ἀποφῆναι τὰς φυσικὰς ἐνεργείας τοῦ
θείου καὶ παναγίου Πνεύματος σπεύδετε, καίτοι γε, παν-
τάπασιν ἐστὶν ἀποπλανωμένων τῆς διανοίας | τοῦ λέ-    *B f.11*
25  γοντος. Τί γὰρ ἂν εἴποι τις, ὅταν τὸν ἥλιον φῶμεν τὴν
ἡμέραν ποιεῖν, καὶ τὸ πῦρ ποιεῖν, πυρακτοῦσθαι τὸν σί-
δηρον, καὶ τὸ πῦρ αὖθις, τὸν ἄνθρωπον ποιεῖν θερμαίνε-
σθαι, καὶ τὸν ἑαυτοῦ τινα ποιεῖν υἱόν, πότερα κτίζεσθαι
τὴν ἡμέραν ὑπονοήσομεν καὶ τὴν θέρμην καὶ τὸν υἱὸν
30  ὑφ' ὧν εἴπομεν, τοῦ ἡλίου δηλαδὴ καὶ τοῦ πυρός, ὁμοί-
ως καὶ τοῦ ἀνθρώπου; Ἢ τοῦτο καθάπαξ ἀνόητον ὑπο-
λάβοι τις, ἐνεργείας δὲ ταῦθ' ἕκαστα φυσικὰς εἴποιμεν
καὶ ἀπροαιρέτως ἐνεργούσας, τό τε πῦρ καὶ τὸν ἥλιον,
τὸ δὲ Πνεῦμα τὸ ἅγιον, ἔχει μὲν τὰς κατὰ φύσιν ἐνερ-
35  γείας κοινὰς οὔσας αὐτῷ τε καὶ Πατρὶ καὶ Υἱῷ, χορηγεῖ
δ' οἷς | ἂν αὐτὸ βούλοιτο, ταυτό δ' εἰπεῖν ἡ Τριάς, καὶ ὅτε    *A f.156ʳ*
καὶ ὅπως, καθὰ δήπου καὶ ἐν ὑστέροις κατῴκησε τοῖς
καιροῖς, τὸ πλήρωμα πᾶν τῆς θεότητος ἐν τῷ κυριακῷ
ἀνθρώπῳ, σωματικῶς, ὅ γε δὴ πλήρωμα θεότητος οἱ
40  θεῖοι θεολόγοι, τὰ παρ' ὑμῖν μέν, ἀτιμαζόμενα, παρ' ἡμῖν
δὲ τιμώμενα, ἑπτά φασιν εἶναι πνεύματα, ἐξ οὗ δὴ πλη-

---

37/39 Col. 2, 9     41 Is. 11, 2-3     41/42 Io. 1, 16

---

30 ὦν] *in marg. A*     30/31 ὁμοίως – ἀνθρώπου] *e corr. alt.
manu A*     10, 34 / 11, 1 τὰς – δὲ] A, ὥς γε εἴρηται, καὶ τὰς κτιστὰς δωρεὰς δηλαδὴ τὰ ἀπο-
τελέσματα, διανέμον ἑκάστοις, ὡς ἂν αὐτὸ βούλοιτο, καὶ οἷς ἂν καὶ ἡνίκα καὶ ὅσον,
ἔχει δὲ καὶ τὰς ἐμφύτους αὐτῷ καὶ τῇ Τριάδι κοινὰς ἀκτίστους δωρεάς τε καὶ χά-
ριτας, ὧν καὶ μεταδίδωσι τοῖς τούτων ἠξιωμένοις, ὡς ὁ λόγος νῦν παραστήσειεν. |
(f. 11ʳ) Ὁ γάρ τοι Θεὸς Λόγος σάρκα πρὸς τῷ τέλει τῶν αἰώνων ἀνειληφώς, ἐν αὐτῷ
κατοικῆσαι ἔσχεν, αὐτὸς μὲν ἅπαν τὸ πλήρωμα τῆς θεότητος ὥς φησιν ὁ θεσπέσιος
Παῦλος, ἐκ δὲ τοῦ πληρώματος αὐτοῦ σταγόνα ὡς ἀπὸ πελάγους ἀφάτου. Ὅ γε δὴ
πλήρωμα θεότητος, καὶ πάντες μὲν οἱ θεῖοι θεολόγοι τῷ αὐτῷ κινούμενοι θείῳ καὶ
παναγίῳ Πνεύματι, τὰ παρ' ὑμῖν μὲν ἀτιμαζόμενα, παρ' ἡμῖν δὲ τιμώμενα ἑπτά φασιν
εἶναι πνεύματα, τανῦν δ' ὁ χρυσορρήμων Ἰωάννης οἷον τῷ δακτύλῳ δεικνὺς καὶ γνω-
ρίζων ἕκαστα, περὶ τῶν ἑπτὰ θεολογεῖ πνευμάτων τῶν ἐπαναπαυσαμένων ἐν τῷ ἐκ
ρίζης Ἰεσσαὶ ἀνατεταλκότι ἄνθει τῷ κυριακῷ φημι σώματι. Ὁρᾷς, ὅπως τὸ τῆς ἐκ-
φωνήσεως | (f. 12) ταυτὸν τῆς ἀκριβείας τῶν νοουμένων ὑμᾶς ἀπέστησεν ἀπατῆσαν;
Πνεῦμα γὰρ σοφίας, καὶ βουλῆς, καὶ ἰσχύος, καὶ τὰ ἑξῆς ἀκηκοότες, καὶ μὴ τῆς δια-
νοίας εἴσω τῶν λεγόντων διαβῆναι θελήσαντες καίτοι σαφέστατα τοῦτο γε ποιούν-
των καὶ ταῦτα λεγόντων εἶναι τὸ πλήρωμα τῆς θεότητος, εἰς κτίσματα ταῦτ' ἀθλίως
ὡς μὴ ὤφελε κατεσπάσατε. Πλὴν ἀλλ' ἐπείπερ μικρὸν ἀνωτέρω B

ρώματος ὡς ὁ ἠγαπημένος φησί, καὶ ἡμεῖς λαμβάνομεν,
οἷον μικράν τινα ῥανίδα καὶ σταγόνα, ὡς ἀπὸ πελάγους
ἀφάτου.

11. Ἐπεὶ δὲ τοῦ πυρὸς ἐπεμνήσθημεν, εἰ καὶ κατὰ τὸ
παρὸν οὐκ ἔστι πρὸς τὸ ζητούμενον τὸ λεχθησόμενον,
ἀλλ'οὐ δοκεῖ μοι παντάπασιν, ἀνοικείως ἔχειν. Ὑμῖν
καὶ γὰρ μηδαμῶς ἀρέσκον ἄκτιστόν τι χορηγεῖσθαι τοῖς
5 ἀνθρώποις παρὰ Θεοῦ, κτιστὸν ὁμοῦ τοῖς ἄλλοις καὶ τὸ
κατοικῆσαν ἐν τῷ Χριστῷ δοξάζεται πλήρωμα, καὶ πρό-
χειρος ὑμῖν ἀπόδειξις καὶ ἀρραγεστάτη καθάπερ οἴεσθε,
τό, ἐν τετάρτῳ τῶν ἀντιρρητικῶν τῷ θείῳ Βασιλείῳ δι-
ειλημμένον. Ποῖον δὴ τοῦτο; Ἦν προΐεται ζωὴν εἰς ἄλλου
10 ὑπόστασιν τὸ Πνεῦμα, οὐ χωρί|ζεται αὐτοῦ, ἀλλ'ὥσπερ πυ-        B f.12ᵛ
ρός, τὸ μέν, ἐστιν ἡ συνοῦσα θερμότης, τὸ δέ, ἣν παρέχει τῷ
ὕδατι ἤ τινι τῶν τοιούτων, οὕτω καὶ τὸ Πνεῦμα | ἐν ἑαυτῷ        A f.157
ἔχει τὴν ζωήν, καὶ οἱ μετέχοντες αὐτοῦ, ζῶσιν θεοπρεπῶς,
ζωὴν θείαν καὶ οὐράνιον κεκτημένοι. Λέγετε τοιγαροῦν, ὡς
15 ἐπεί, τὸ μέν, τῆς θερμότητος τῷ πυρὶ σύνεστι καὶ μένει
παρ'ἑαυτῷ, τὸ δέ, μεταδίδοται, δύο θερμότητας ἐξανάγ-
κης ἔχει τὸ πῦρ, καὶ τὴν μέν, κατέχει παρ'ἑαυτῷ, τὴν
δέ, δίδωσιν. Ὥστε κἀπὶ τοῦ ἁγίου Πνεύματος, ὅσον μὲν
ἄκτιστον, παρ'αὐτῷ μένειν νοητέον, ὅσον δὲ κτιστόν,
20 μεταδιδόσθαι κατὰ τὸν θεῖον Βασίλειον.

12. Ἀλλ'ὦ βέλτιστοι φαίη τις ἂν πρὸς ὑμᾶς, Ἆρά γε
γινώσκετε τοῦτο δὴ τὸ πολυθρύλλητον, ἃ ἀναγινώσκε-
τε; Ἐγὼ μέν, οὐκ οἶμαι. Πῶς γὰρ ἂν κατέγνωτε, εἴπερ
ἔγνωτε, πῶς δ'ἂν τῶν ὑψούντων καταφρονοῦντες, τῶν
5 ἐλαττούντων ἀντεποιεῖσθε; Πρῶτον μὲν γὰρ ἐκεῖνο δεῖ
κατὰ νοῦν τιθέναι, | ὅτι τῶν ἀπὸ τῆς κτίσεως παραδειγ-        B f.13
μάτων ἡ χρῆσις, οὐ διόλου τἀκριβὲς τετήρηκεν ἐπὶ τοῦ
Θεοῦ. Ἔπειτα, οὐδ'ὁ θεολόγος τὰ ὑμέτερα πεφρονηκὼς
φαίνεται, καὶ θεωρήσωμεν, εἰ δοκεῖ. Ἦν προΐεται φησὶ

42 Io. 19, 26
11, 9/17 Ps.-Bas. Caes., Adv. Eun. V (PG 29, 772B); cf. Palam., Pro hes. 3, 1, 38
(Chrestou p. 651, 3-8)
12, 1/2 Act. 8, 30        3/4 Iulian. imper., Epist. 157 (Bidez p. 9-11)        9/14
cf. supra 11, 9/10 (ref. 11, 9/17)

10  ζωὴν εἰς ἄλλου ὑπόστασιν τὸ Πνεῦμα, οὐ χωρίζεται αὐτοῦ.
Εἰ μὲν οὖν οὐ χωρίζεται, πῶς διχοτομεῖται, πῶς δ᾽ ὅλως
χωρίζεται, εἰ δ᾽ ὅλως χωρίζεται, πῶς τὸ μὴ χωρίζεσθαι
τηρηθήσεται; Ἀλλ᾽ οὐδ᾽ ὁπωσοῦν ἐγχωρεῖ χωρίζεσθαι
φᾶναι, εἰ δ᾽ ἐπάναγκες | μὴ χωρίζεσθαι, τῆς αὐτῆς ἀνάγ-    A f.157ᵛ
15  κης ἂν εἴη δήπου, τὸ ἀχώριστον τῷ θείῳ καὶ παναγίῳ
Πνεύματι, καὶ ἄκτιστον ὁμολογεῖν ἐκ παντὸς εἶναι τρό-
που. Εἰ δὲ τοῦθ᾽ ὡμολόγηται, σκοπῆσαι δεῖ καὶ περὶ τοῦ
παραδείγματος. Εἰ μὲν οὖν δυσὶ τὸ πῦρ ἐνεργείαις δρᾷ,
ὡς τὴν μέν, παρακατέχειν, τὴν δέ, προΐεσθαι, προβαίνοι
20  ἂν ὑμῖν ὁ λόγος κατὰ σκοπόν, νῦν δ᾽ οὐδεὶς εὖ φρονῶν,
τοῦτ᾽ ἂν εἴποι. Ὥσθ᾽ ἕτερόν τι | παρὰ τοῦτο βούλεται    B f.13ᵛ
τἀληθές. Τί δὴ τοῦτο; Τὸ μὲν πῦρ μεταδιδόναι φαμέν,
τῆς ἑαυτοῦ θέρμης ᾡτινιοῦν, οὐκ ἐξιστάμενον ταύτης,
ἢ ἀποβάλλον αὐτήν, ἀλλὰ τὸν μὲν σίδηρον ἢ τὸ ὕδωρ
25  ἔγγιον μὲν ὄντα, τῇ διαδόσει θερμαίνεσθαι, ἀφεστηκότα
δὲ μέχρι μέν τινος, παρακατέχειν ἣν ἐκ τοῦ πυρὸς εἰλή-
φεσαν θέρμην, τὴν αὐτὴν οὖσαν, τῇ τῷ πυρὶ συνούσῃ
θερμότητι, μιᾷ καὶ ἐν ἀμφοῖν οὔσῃ, ἀλλ᾽ οὐ δύο καθάπερ
ὑμῖν δοκεῖ, χρόνῳ δὲ κατ᾽ ὀλίγον ψύχεσθαι, οὐχ ὡς τοῦ
30  πυρὸς ἀποβάλλοντος τὴν ἑαυτοῦ θέρμην (ἐμπέφυκε γὰρ
ἀεὶ τούτῳ, καὶ θερμαινομένων τινῶν, καὶ μή), ἀλλ᾽ ὡς
παρὰ τὴν ἀπόστασιν ἢ τὴν ἐγγύτητα τοῦ ὕδατος τοῦτο
πασχόντων, ἢ τοῦ σιδήρου. Εἰ δὴ οὕτω γε τοῦτ᾽ ἔχειν
ἀναγκαῖον καὶ οὐχ ἑτέρως, καὶ ὁ τῶν ἐντολῶν λοιπὸν
35  | ἐργάτης τῶν θείων, | ἑνωθεὶς μὲν τῷ ἁγίῳ Πνεύματι,    B f.14, A f.158
λαμβάνει ζωήν, οὐ τοιαύτην δὲ καθ᾽ ἣν τὸ θνητὸν του-
τὶ σῶμα ζῇ, παρὰ τῆς ψυχῆς λαμβάνον, ἀλλ᾽ ἥτις ποτέ
ἐστιν ἡ οὐράνιος καὶ θεία ζωή, ἀποστὰς δ᾽ αὐτίκα, θνή-
σκει καίτοι γε ζῆν δοκῶν, θάνατον δὲ τοιοῦτον, οἷον ὁ
40  θεῖος ἀπόστολος τεθνηκέναι λέγει, τὴν σπαταλῶσαν χή-
ραν, ψυχῆς δὲ θάνατος, τὸ μακρυνθῆναι Θεοῦ.

---

19 cf. supra l. 9 (ref. l. 9/14)     27/28 cf. supra 11, 11 (ref. 11, 9/17)
40/41 I Tim. 5, 6

---

12, 18 ἐνεργείαις] scripsi, ἐνεργείας AB

13. Περὶ μὲν δὴ τούτων, οὕτως. Ἐρέσθαι δέ τι βού-
λομαι, τοὺς ὥσπερ ἐξ ὁρμητηρίου τῆς τοῦ θεολόγου
φωνῆς τῆς ποιητικὸν εἶναι λεγούσης τὸ Πνεῦμα τὸ ἅγι-
ον ἀκήρυκτον κατὰ τῶν ἀκτίστων ἐνεργειῶν τοῦ θείου
5 καὶ παναγίου Πνεύματος ἐξενεγκόντας τὸν πόλεμον.
Ὅταν ὁ προφήτης Κύριε λέγῃ καταφυγὴ ἐγενήθης ἡμῖν
καὶ Ἐγένετο Κύριος καταφυγὴ τῷ πένητι, τί ποτ᾽ ἂν εἴ-
ποιεν, προσφάτως ἄρα τὸν Κύριον γεγενῆσθαι | ἢ ἐκτί-    B f.14ᵛ
σθαι φαῖεν καταφυγὴν ἡμῖν; Ἐροῦσι δήπου. Ταυτὸ γάρ
10 ἐστι τοῦτο τὲ οἴεσθαι, καὶ τὸ κτίζειν λέγειν τὸ Πνεῦμα
τὰς φυσικὰς καὶ θείας ἐνεργείας αὐτοῦ. Καίτοι γε, πολ-
λά τοιαῦτ᾽ ἄν τις εὕροι παρὰ τοῖς λόγοις τῶν θεολόγων,
εἴ γε κακουργεῖν βούλοιτο. Ψυχικὸς γάρ φησιν ὁ ἀπό-
στολος ἄνθρωπος οὐ δέχεται τὰ τοῦ Πνεύματος. Μωρία
15 γὰρ αὐτῷ ἐστιν. Ἀλλὰ τούς γε σωφρονοῦντας, οὐδέν
τι τούτων τῶν ὀρθῶν παρασαλεύσειε λογισμῶν. Αὐτί-
κα γὰρ ὁ Δαμασκόθεν θεῖος Ἰωάννης, Ἔργον μέν φησι
θείας φύσεως, ἡ προαιώνιος γέννησις, | ἔργον δὲ θείας θε-    A f.158ᵛ
λήσεως, ἡ κτίσις. Οὐκοῦν ἐπείπερ ἔργον, κτίσμα καὶ ποί-
20 ημα λέγοιτ᾽ ἂν καθ᾽ ὑμᾶς ἡ προαιώνιος γέννησις τοῦ Υἱοῦ.
Οἰκειότερον γὰρ ταῖς ὑμῶν ἐξηγήσεσι, τό, ἐγενήθη, |    B f.15
καὶ τὸ ἐγένετο καὶ τὸ ἔργον. Ἀλλ᾽ οὔ φασιν ἐπιτρέψειν
οἱ θεολόγοι, καὶ πρό γε τῶν ἄλλων ὁ μέγιστος Ἀθανά-
σιος. Ἐν γὰρ τῷ κατ᾽ Ἀρειανῶν ἕκτῳ λόγῳ, Τὰ μὲν κτί-
25 σματα, φησί, κτιστὴν ἔχοντα τὴν οὐσίαν, τῶν γενητῶν ἐστι,
καὶ λέγεται κτίζεσθαι, καὶ πάντως τὸ κτίσμα, κτίζεται. Ἡ
δὲ τοῦ ἔκτισε μόνη λέξις λεγομένη, οὐ πάντως τὴν οὐσίαν ἢ
τὴν γέννησιν σημαίνει, ἀλλά τι ἕτερον δηλοῖ γενέσθαι περὶ
ἐκεῖνο, περὶ οὗ λέγει, καὶ οὐ πάντως τὸ λεγόμενον κτίζε-
30 σθαι, ἤδη τῇ φύσει καὶ τῇ οὐσίᾳ κτίσμα ἐστί. Καὶ ταύτην

---

13, 3 cf. supra 6, 8 (ref. 6, 5/10)    6/9 Ps. 89, 1    7 Ps. 9, 10    13/15
I Cor. 2, 14    17/22 Ioh. Dam., Exp. fid. 8, 67-70 (Kotter p. 21); cf. Ioh. Cantac.,
Ref. II, 6, 30-32 (Tinnefeld p. 118)    21/22 cf. supra 13, 6/7 (ref. 13, 6/9)    22
cf. supra 6, 8    24/30 Athan. Alex., Or. contra Arian. 2, 45, 4-8 (Metzler-Savvidis
p. 221-222)    27 Prov. 8, 22

τὴν διαφορὰν οἴδασιν οἱ σεπτοὶ θεολόγοι, περὶ τῶν κτι-
σμάτων λέγοντες.

14. Ἀλλὰ καὶ ὁ θεῖος Βασίλειος, τό, *Κύριος ποιῶν*
*εἰρήνην καὶ κτίζων κακὰ θεωρῶν*, Μάλιστα μέν φησιν
*εἰρήνην ποιεῖ ἐν σοί,* ὅταν διὰ τῆς καλῆς ἐργασίας κατειρη-
νεύσῃ τὸν νοῦν σου καὶ **καταλλάξῃ** τὰ πάθη, τὰ πρὸς τὴν
5  ψυχὴν στα|σιάζοντα, κτίζει δὲ κακὰ τουτέστι μετακοσμεῖ   *B* f.15ᵛ
αὐτὰ καὶ εἰς βελτίωσιν ἄγει, ὥστε ἀποθέμενα τὸ εἶναι κακά,
τὴν τοῦ καλοῦ φύσιν | μεταλαβεῖν. **Ἀκηκόατε πάντως** οἱ   *A* f.159
πικροὶ τῆς ἐνεργείας λογισταί, ὅτι τὸ *ἐγένετο* καὶ τὸ
*γενήσεται* καὶ τὸ *ἔργον*, οὐ μόνον οὐδ' ὁτιοῦν βλάβος γί-
10  νεται ταῖς ἐμφύτοις τοῦ θείου Πνεύματος ἐνεργείαις,
ἀλλ' οὐδὲ τὸ *ἔκτισε* λεγόμενον, τοῖς ἀκτίστοις τί λυμα-
νεῖται κατ' αὐτό γε τοῦτο τὸ εἶναι καὶ δοκεῖν ἄκτιστα,
καὶ τοῦθ' ὡς ὁρᾶται τρανῶς, ἥ τε θεία γραφὴ καὶ τὸ σμῆ-
νος ἅπαν τῶν διδασκάλων διαγορεύει.

15. Εἰ δ' οὐκ ἀρκεῖ τὰ λεχθέντα, καὶ τοῦτο προσθή-
σομεν, μᾶλλον δὲ τοῖς εἰρημένοις ἐπιθήσομεν κορωνίδα.
Ὁ γὰρ ἠγαπημένος καὶ ἐπιστήθιος, τοιάδε φησί· *Καὶ ἐκ*
*τοῦ πληρώματος αὐτοῦ, ἡμεῖς πάντες ἐλάβομεν καὶ χά-*
5  *ριν ἀντὶ χάριτος, ὅτι ὁ νόμος, διὰ* | *Μωσέως ἐδόθη, ἡ χά-*   *B* f.16
*ρις καὶ ἡ ἀλήθεια, διὰ Ἰησοῦ Χριστοῦ ἐγένετο.* Ἀρ' οὖν,
τί ποτ' ἂν εἴη τὸ πλήρωμα ἐξ οὗ πάντας ἡμᾶς λαμβάνειν
φησί; Πάντως, αἱ πολλαχῶς καὶ πολλάκις διαληφθεῖ-
σαι φυσικαὶ τοῦ Πνεύματος εἰσὶν ἐνέργειαι, αἱ τῷ ἐκ
10  τῆς ῥίζης Ἰεσσαὶ ἀνατεταλκότι ξένῳ καὶ ὑπὲρ φύσιν
δεδομέναι ἀνθρώπῳ τῷ σωτῆρι Χριστῷ, καθάπερ Ἡσα-
ΐας ἐκήρυξεν, ἐξ οὗ δὴ πληρώματος ὡς ἀνωτέρω μικρὸν
εἰρήκειν, μέρους καὶ οἷον σταγόνος ἡμεῖς μετέχομεν. Οὐ
γὰρ δὴ οἷόν τε γενητῇ τινὶ τῶν ἀπάντων | φύσει, πάν-   *A* f.159ᵛ
15  τα δέξασθαι τὰ χαρίσματα καὶ τὰς δωρεὰς τοῦ ἁγίου
Πνεύματος, κατὰ τὸν ξένον καὶ ὑπὲρ ἡμᾶς ἄνθρωπον,

---

14, 1/6 Is. 45, 7     2/7 Bas. Caes., *Quod deus non sit auct. mal.* 4 (PG 31,
336B)     8/9 cf. supra 13, 21/22     11 cf. supra 13, 27
15, 3 Io. 19, 26     3/5 Io. 13, 25     5/6 cf. Io. 1, 16-17     10 Is. 11, 1

τὸν ἐκ τῆς ἀειπαρθένου Μαρίας γεγεννημένον, χάριν δὲ
τὴν ἀληθῆ φησὶν ἀντιλαβεῖν ἡμᾶς τοῦ σκιώδους νόμου.
Διατοῦτο καὶ γάρ, τὸν μὲν νόμον δεδόσθαι φησίν, ἐπεὶ
20 οὐκ αὐτὸς ἦν ὅ τε δοὺς καὶ ὁ θέμενος. Τοῦ Θεοῦ γὰρ νε-
νομοθετηκότος, ὁ Μωσῆς ὑπούργησε, τὴν δὲ χάριν, διὰ
Ἰησοῦ γενέσθαι Χριστοῦ.
	16. Τί οὖν ὑμῖν δοκεῖ περὶ τοῦ ἐγένετο, ἄρ' ἀντὶ τοῦ
ἔκτισται λέλεκται; Θαυμάσαιμ' ἂν, εἰ μὴ καὶ τοῦθ' ὑμῖν
ὁμοῦ τοῖς ἄλλοις συνδόξειε. Τοιαῦται γὰρ αἱ παρ' ὑμῶν
ἀποφάνσεις, οἷα δὴ καὶ ἡ τὸ Πνεῦμα ποιητικὸν εἶναι λέ-
5 γουσα δόξα, ἀλλ' ἡμεῖς τοι, χάριν καὶ ἀλήθειαν, καὶ οἰό-
μεθα καὶ φαμέν, αὐτόν τε τὸν Λόγον, καὶ τὸ θεῖον καὶ
ὁμοφυὲς αὐτῷ Πνεῦμα ἅγιον, καὶ ταυτηνὶ τὴν χάριν
καὶ τὴν ἀλήθειαν δίδοσθαι μὲν κἀνταῦθα τοῖς ἠγαπηκό-
σι τὸν Κύριον, δοθήσεσθαι δ' ἐπιμᾶλλον, τοῦ κριτοῦ καὶ
10 σωτῆρος ἐληλυθότος τοῦ δικαίου τῶν ἑκάστοις εἰργα-
σμένων ἀγωνοθέτου τὲ καὶ διανομέως, εἰρῆσθαι δὲ λέ-
γομεν τὸ ἐγένετο ἡ χάρις διὰ Χριστοῦ περιαιροῦν τὰς
τῶν αἱρετικῶν, μᾶλλον δὲ τῶν ἀθέων | ἐπηρεαστικὰς   A f.160
προφάσεις, καὶ γλωσσαλγίας, ὡς ἂν δὴ μὴ λέγοιεν ὡς
15 ὑπουργόν τινα καὶ τὸν Ἰησοῦν Χριστὸν κατὰ τὸν Μω-
σῆν δεδωκέναι τὴν χάριν.
	17. Πρὸς ἀντιδιαστολὴν οὐκοῦν, τοῦ ὡς ὑπηρέτου
τὸν νόμον δεδωκότος Μωσέως, γενέσθαι φησὶν ὁ εὐαγ-
γελιστὴς τὴν χάριν διὰ Χριστοῦ, τὸν αὐτὸν εἶναι καὶ
χάριν καὶ δοτῆρα διατεινόμενος. Περὶ μὲν οὖν τῆς ποιη-
5 τικὸν εἶναι λεγούσης τὸ θεῖον Πνεῦμα φωνῆς, ἀρκούντως

---

19 cf. supra l. 5 (ref. l. 5/6)		21/22 cf. supra l. 5/6
16, 1 cf. supra 15, 6 (ref. 15, 5/6)		4 cf. supra 6, 7/8 (ref. 6, 5/10)		7/9
cf. supra 15, 19		12 cf. supra 15, 5/6		15 Io. 1, 16-17		15/16 cf. supra
15, 5/6
17, 2/3 cf. supra 15, 5/6		4/9 cf. supra 6, 7/8 (ref. 6, 5/10)

---

15, 17 / 17, 4 χάριν – διατεινόμενος] Ἐκεῖνος μὲν γάρ, ἅπαν ἔσχε τὸ πλήρω-
μα, μέρους δ' ἡμεῖς ἐξ αὐτοῦ, καὶ χάριν ἀντὶ χάριτος, τουτέστιν, ἀντὶ τοῦ σκιώδους
νόμου, ὃς καὶ αὐτός, χάρις πέφυκε, τὴν τοῦ εὐαγ|(f. 16ᵛ)γελίου χάριν ἐλάβομεν ἢ τῆς
ἀληθείας ἐστί τε καὶ λέγεται B

ὥς γε οἶμαι διεσκεψάμεθα. Ταῦτα καὶ γὰρ ἔγωγε εἰδώς,
οὔτ᾽ἀναίνομαι κτίσματα καὶ ἐνεργήματα τὰς διειλημμέ-
νας δωρεὰς λέγειν, καὶ τοῖς λέγουσι συναινῶ, τούτων
καὶ τῶν ἁπάντων εἶναι ποιητικὸν τὸ Πνεῦμα τὸ ἅγιον,
10 ἀλλ᾽οὐ μέχρι τούτων ἔγωγε τοὺς τὸν ἀληθῆ λόγον ἀνε-
ρευνῶντας χρῆναι φαίην ἄν, ἵστασθαι, μὴ προβαίνειν
δὲ περαιτέρω, καὶ τὸ μεγαλεῖον ζητεῖν μανθάνειν τῶν
τοῦ Πνεύματος ἀκτίστων καὶ θείων ἐνεργειῶν, ἀλλὰ τὰ
μὲν ἀποτελούμενα ἐκ τῶν ἐν τῷ παρόντι βίῳ διδομένων
15 τοῖς ἀξίοις δωρεῶν τε καὶ χαρισμάτων, κτίσματα ταῦτα
νομίζειν καθάπερ εἴρηται, Ὅταν δὲ καθὼς ὁ θεῖος εἶπε
Γρηγόριος, εἰς τὸν ἄνω βυθὸν ὁ νοῦς ἀποβλέψῃ, καὶ τοῦ παν-
αγίου Πνεύματος τὰς ἐνεργείας | λογίσηται, δηλαδὴ τὰ     *A* f.160ᵛ
ἐν τῷ τῆς ῥάβδου ἄνθει, τῷ κυριακῷ σώματι ἐπαναπε-
20 παυμένα ἑπτὰ πνεύματα, ἔτι δέ, καὶ τὰς τῶν | προφητῶν     *B* f.17
καὶ ἀποστόλων καὶ διδασκάλων θείας φωνάς, μετέωρον
μὲν τῷ νῷ γίνεσθαι καταλιπόντα τὴν γῆν, θαυμάζειν δὲ
τὴν θαύματος πολλοῦ γέμουσαν συμφωνίαν τῶν θεο-
λόγων. Καὶ γάρ, οἰονεί τις λύρα γεγονότες ἅπαντες εὐ-
25 φυῶς ἠσκημένη καὶ ἡρμοσμένη, καὶ τῶν πλαττομένων
Σειρήνων ἐμμελέστερον ᾄδουσι, νῦν μέν, περὶ τῶν διδο-
μένων δωρεῶν τοῖς ἀξίοις φιλοσοφοῦντες, νῦν δέ, περὶ
τῶν φυσικῶν τοῦ θείου Πνεύματος θεολογοῦντες ἐνερ-
γειῶν, τῶν ἑπτὰ δηλαδὴ πνευμάτων, ἐνιαχοῦ δέ, καὶ
30 περὶ τῆς διδομένης ἀκτίστου δωρεᾶς, τοῖς ἠξιωμένοις
τῆς ὑποδοχῆς τοῦ ἁγίου Πνεύματος.
18. Ἐπὶ πᾶσι δὲ τούτοις, δίκαιόν ἐστι καὶ τοῖς Παύ-
λου τοῦ θεσπεσίου προσχεῖν. Ἃ ὀφθαλμὸς γάρ φησιν
οὐκ εἶδε, καὶ οὓς οὐκ ἤκουσε, καὶ ἐπὶ καρδίαν ἀνθρώπου
οὐκ ἀνέβη, ἀπεκάλυψεν ἡμῖν | ὁ Θεὸς διὰ τοῦ Πνεύματος     *B* f.17ᵛ
5 αὐτοῦ· τὸ γὰρ Πνεῦμα, πάντα ἐρευνᾷ καὶ τὰ βάθη τοῦ
Θεοῦ. Εἶτα κατασκευάζων τὸν λόγον, καὶ ἐνάγων τὸν
ἀκροατήν, μὴ ἄν, ἄλλό τι λαμβάνειν οἴεσθαι τοὺς ἀξί-
ους, ἢ τὸ ἐκ τοῦ Θεοῦ πανάγιον Πνεῦμα, εἰ καὶ κτιστὰς

16/17 Greg. Naz., *Or.* 38, 8, 3 (Moreschini p. 118)     19/28 cf. Is. 11, 1-3
18, 2/6 I Cor. 2, 9

ὑμεῖς, οὐκ οἶδ᾽|ὅπως, καλεῖτε τὰς τοῦ Πνεύματος ἐνερ- *A* f.161

10 γείας, ἐπάγει· *Τίς οἶδεν ἀνθρώπων, τὰ τοῦ ἀνθρώπου, εἰ μὴ τὸ πνεῦμα τοῦ ἀνθρώπου τὸ ἐν αὐτῷ, οὕτω καὶ τὰ τοῦ Θεοῦ οὐδεὶς οἶδεν, εἰ μὴ τὸ Πνεῦμα τοῦ Θεοῦ.* Ἐπεί δ᾽ οὖν τηλαυγῶς ἡμῖν παρέδωκεν ὅτι τὸ πανάγιόν ἐστι Πνεῦμα, τὸ τὰ βάθη τοῦ Θεοῦ ἐρευνῶν, αὖθις ἐπιφέ-

15 ρει· *Ἡμεῖς δὲ οὐ τὸ πνεῦμα τοῦ κόσμου ἐλάβομεν, ἀλλὰ τὸ Πνεῦμα τὸ ἐκ τοῦ Θεοῦ.* Εἶτα λέγει καὶ τὴν αἰτίαν· *Ἵνα εἰδῶμεν* φησι *τὰ ὑπὸ τοῦ Θεοῦ χαρισθέντα ἡμῖν, οὐκ ἐν διδακτοῖς ἀνθρωπίνης σοφίας λόγοις, ἀλλ᾽ ἐν διδακτοῖς Πνεύματος ἁγίου.* Ὑποκατιὼν δ᾽ αὖ, *Τίς* φησιν

20 *ἔγνω νοῦν Κυρίου;* | *Ἡμεῖς δέ, νοῦν Κυρίου ἔχομεν.* Διά *B* f.18 τοι τοῦτο, καὶ ὁ πολὺς ἐν θεολογίᾳ Γρηγόριος, μετὰ τὰς ἠριθμημένας ἀνωτέρω κλήσεις τοῦ Πνεύματος, καὶ *νοῦν Χριστοῦ* τὸ Πνεῦμα τὸ ἅγιον κέκληκεν.

19. Ὃ, δ᾽ οὖν φησι νοῦν ἡμᾶς **κεκτῆσθαι** Χριστοῦ, οὐκ ἂν τί ποθ᾽ ἕτερον εἴη, ἀλλ᾽ ἢ, ἡ ἄκτιστος ἐνέργεια τοῦ ἁγίου Πνεύματος, ὥσπερ καὶ Μάξιμος ὁ θεῖος ἐν τῇ εἰς τὸν Ζαχαρίαν θεωρίᾳ τῷ περὶ τῶν ἑπτὰ λύχνων καὶ

5 τοῦ λαμπαδίου, ἐν τῇ ἑξηκοστῇ τρίτῃ τῶν ἐρωτήσεων, οὕτω φησίν· *Ἑπτὰ λύχνους ἐνταῦθα καθ᾽ ἕτερον τρόπον ἐκληπτέον ἡμῖν, παρ᾽ ὃν ἤδη τὸν ἐν τῷ εὐαγγελίῳ λύχνον προεκλαβὼν ἐξέδωκεν ὁ λόγος.* | *Οὐ γὰρ πάντοτε καὶ πάντη* *A* f.161ᵛ *τά, τὴν αὐτὴν ἐκφώνησιν ἔχοντα, καθ᾽ ἕνα καὶ τὸν αὐτὸν πάν-*

10 *τως νοηθήσεται τρόπον, ἀλλ᾽ ἕκαστον τῶν λεγομένων, πρὸς τὴν ὑποκειμένην δηλονότι τῷ τόπῳ τῆς ἁγίας γραφῆς δύνα- μιν νοητέον, εἰ μέλλοιμεν ὀρθῶς τοῦ σκοποῦ τῶν γεγραμ-* *B* f.18ᵛ *μένων καταστοχάζεσθαι.* Λύχνους οὖν ἐνταῦθα φᾶναι τὴν ἁγίαν γραφὴν ὑπονοῶ, τὰς ἐνεργείας, ἤγουν τὰ χαρίσματα

15 τοῦ ἁγίου Πνεύματος, ἅπερ δωρεῖσθαι τῇ ἐκκλησίᾳ πέφυκεν ὁ Λόγος, ὡς κεφαλὴ τοῦ παντὸς σώματος. *Καὶ ἐπαναπαύ- σεται γὰρ ἐπ᾽ αὐτόν* φησι, *πνεῦμα Θεοῦ, πνεῦμα σοφίας καὶ*

---

**10/14** I Cor. 2, 11    **15/16** I Cor. 2, 9    **17/19** I Cor. 2, 12-13    **19/23** I Cor. 2, 16    **22/23** cf. Greg. Naz., *Or.* 31, 29, 15 (Gallay p. 334)

**19, 1** cf. supra 18, 22/23    **4/35** cf. Zach. 4, 2-3 passim    **6/38** Max. Conf., *Ad Thalass.* 63, 140-175 (Laga – Steel II, p. 153-155)    **16/20** Is. 11, 2-3

συνέσεως, πνεῦμα βουλῆς καὶ ἰσχύος, πνεῦμα γνώσεως καὶ
εὐσεβείας, ἐμπλήσει αὐτόν, πνεῦμα φόβου Θεοῦ. Εἰ δὲ τῆς
20  ἐκκλησίας κεφαλή, κατὰ τὴν ἐπίνοιαν τῆς ἀνθρωπότητός
ἐστιν ὁ Χριστός, ἄρα τῇ ἐκκλησίᾳ δεδώρηται ὁ κατὰ φύ-
σιν ἔχων τὸ Πνεῦμα καὶ τὰς ἐνεργείας τοῦ Πνεύματος ὡς
Θεός. Ἐμοὶ γὰρ ὁ Λόγος γενόμενος ἄνθρωπος, ἐμοὶ καὶ τὴν
ὅλην πραγματεύεται σωτηρίαν, διὰ τῶν ἐμῶν ἐμοὶ τὰ οἰκεῖα
25  αὐτῷ κατὰ φύσιν ἀντιδιδούς, δι᾽ ὃν καὶ ἄνθρωπος γέγονε, καὶ
ὡς λαμβάνων δι᾽ ἐμὲ ποιεῖται τῶν οἰκείων τὴν ἔκφανσιν, καὶ
ἑαυτῷ μέν, τὴν | ἐμὴν ὡς φιλάνθρωπος λογιζόμενος χάριν,   B f.19
| ἐμοὶ δὲ τὴν οἰκείαν αὐτοῦ κατὰ φύσιν τῶν κατορθωμάτων   A f.162
ἐπιγραφόμενος δύναμιν, δι᾽ ὃν καὶ νῦν λαμβάνειν λέγεται τὸ
30  φύσει προσόν, ἀνάρχως καὶ ὑπὲρ λόγον. Τὸ γὰρ Πνεῦμα τὸ
ἅγιον ὥσπερ φύσει κατ᾽ οὐσίαν ὑπάρχει τοῦ Θεοῦ καὶ Πα-
τρός, οὕτω καὶ τοῦ Υἱοῦ φύσει κατ᾽ οὐσίαν ἐστίν, ὡς ἐκ τοῦ
Πατρὸς οὐσιωδῶς δι᾽ Υἱοῦ γεννηθέντος, ἀφράστως ἐκπορευό-
μενον καὶ τῇ λυχνίᾳ τουτέστι τῇ ἐκκλησίᾳ καθάπερ λύχνους
35  τὰς οἰκείας ἐνεργείας δωρούμενον. Λύχνου γὰρ τρόπον τὸ
σκότος λύοντος, πᾶσα τοῦ Πνεύματος ἐνέργεια, τὴν πολύ-
τροπον γένεσιν τῆς ἁμαρτίας, ἐξωθεῖσθαι τῆς ἐκκλησίας καὶ
ἀπελαύνειν πέφυκεν.

20. Ὁ αὐτὸς θεῖος Μάξιμος, καὶ ἐν κεφαλαίῳ τεσ-
σαρακοστῷ τρίτῳ τῆς τρίτης ἑκατοντάδος τῶν θεολο-
γικῶν, οὕτω φησί· Πᾶς ὁ τῆς πίστεως ἐν ἑαυτῷ διὰ τῆς
ἀργίας τῶν ἐντολῶν τοὺς τοιούτους ἀνορύξας ὀφθαλμούς,
5  πάντως κατάκριτος, | μηκέτι τὸν Θεὸν ἔχων εἰς αὐτὸν ἐπι-   B f.19ᵛ
βλέποντα. Εἰ γὰρ τὰς ἐνεργείας τοῦ Πνεύματος φησὶ **προσα-
γορεύει** ὁ λόγος ὀφθαλμοὺς Κυρίου, ὁ μὴ τούτους τῇ πράξει
τῶν ἐντολῶν διανοίγων, ἐπιβλέποντα τὸν Θεὸν ἐπ᾽ αὐτὸν οὐκ
ἔχει. Δι᾽ ἄλλων γὰρ ὡς εἰκὸς ὀφθαλμῶν | ἐπισκοπεῖν τοὺς ἐπὶ   A f.162ᵛ

19/21 Eph. 5, 23
20, 3/6 Ps.-Max. Conf., *Diversa cap. ad theol. et oec. spect.* 3, 43 (*PG* 90, 1280A);
cf. etiam Max. Conf., *Ad Thalass.* 54, 358-360 (Laga – Steel I, p. 463)    6/11 Id.,
*Ad Thalass.* 54, schol. 25, 207-212 (Laga – Steel I, p. 479)

20, 8 οὐκ] *sup. l. A*

10 γῆς, οὐ πέφυκεν ὁ Θεός, εἴπερ θείας ὁράσεως ἀκτίς ἐστιν, ὁ
κατ᾽ἀρετὴν ἡμῶν φωτισμός.

**21.** Ἀλλὰ καὶ ὁ θεῖος Κύριλλος τὸ τοῦ Ἡσαΐου διασα-
φῶν ῥητόν, τὸ λέγον, Ἐπαναπαύσεται ἐπ᾽αὐτὸν Πνεῦμα
Κυρίου, πνεῦμα σοφίας καὶ συνέσεως, πνεῦμα βουλῆς
καὶ ἰσχύος, πνεῦμα γνώσεως καὶ εὐσεβείας ἐμπλήσει
5 αὐτόν, πνεῦμα φόβου Θεοῦ, οὕτω φησί· Δέδοται ἐν ἀρ-
χαῖς τῇ τοῦ γένους ἡμῶν ἀπαρχῇ, τουτέστι τῷ Ἀδάμ, ἀλλὰ
γέγονε ῥάθυμος περὶ τὴν τήρησιν τῆς δοθείσης αὐτῷ ἐντο-
λῆς, κατημέλησε τῶν προστεταγμένων, κατεβιβάσθη πρὸς
ἁμαρτίαν, οὐχ εὗρεν | ἀνάπαυσιν ἐν ἀνθρώποις τὸ Πνεῦμα. *B f.20*
10 Πάντες γὰρ ἐξέκλιναν, ἅμα ἠχρειώθησαν, οὐκ ἦν ὁ ποιῶν
χρηστότητα, οὐκ ἦν ἕως ἑνός. Εἶτα γέγονεν ἄνθρωπος, ὁ μο-
νογενὴς τοῦ Θεοῦ Λόγος, τὸ εἶναι Θεός, οὐ **μεταθείς**. Ἐπει-
δὴ δέ, καίτοι γεγονὼς καθ᾽ἡμᾶς ἀνάλωτος ἦν ἁμαρτίαις,
ἐπανεπαύσατο τῇ **τοῦ** ἀνθρώπου φύσει, τὸ Πνεῦμα τὸ ἅγιον,
15 ὡς ἐν αὐτῷ καὶ πρώτῳ καὶ ὡς ἐν ἀπαρχῇ τοῦ γένους δευ-
τέρᾳ, ἵνα καὶ ἡμῖν **ἐπαναπαύσηται**, καὶ μείνῃ λοιπὸν ταῖς
τῶν πιστευόντων διανοίαις ἐμφιλοχωροῦν. Οὕτω γάρ που
καὶ ὁ θεσπέσιος | Ἰωάννης, τεθεᾶσθαι φησὶν ἐξ οὐρανοῦ κα- *A f.163*
ταφοιτῆσαν τὸ Πνεῦμα, **μεῖναι τέ** ἐπὶ Χριστόν. Ὥσπερ **γὰρ**
20 **κληρονόμοι** γεγόναμεν τῶν συμβεβηκότων τῷ πρωτοπλά-
στῳ κακῶν, οὕτως ἐσόμεθα μέτοχοι τῶν ὑπαρχθέντων οἰκο-
νομικῶς, τῇ δευτέρᾳ τοῦ γένους ἡμῶν ἀπαρχῇ, τουτέστι, **τῷ**
Χριστῷ. Ὅτι δὲ οὐ μερικὴν | αὐτῷ χάριν εἰργάζετο καθάπερ *B f.20ᵛ*
ἐν τοῖς ἁγίοις τὸ ἐπαναπαύεσθαι λεγόμενον Πνεῦμα, ἀλλ᾽ἦν
25 **τὸ** πλήρωμα τῆς θεότητος ἐν τῷ ἰδίῳ ναῷ, καταλῦον τῇ **ἁγίᾳ**
σαρκὶ καὶ οὐκ ἀψύχῳ ποθέν, **ἐμψυχωμένη** δὲ μᾶλλον ψυχῇ
νοερᾷ, σαφηνιεῖ λέγων ὁ προφήτης, Ἐμπλήσει αὐτὸν πνεῦμα
φόβου Θεοῦ. Ἑνὶ δὲ τῷ Πνεύματι, πολυειδῆ δέδωκε τὴν
ἐνέργειαν. Οὐ γάρ τοι Πνεῦμα μὲν **ἕτερον τὸ** σοφίας **ἐστίν**,

---

21, 2/5 Is. 11, 2-3    5/30 cf. Is. 11, 2-3 passim    5/37 Cyrill. Alex., *In
Is.* 2, 1 (*PG* 70, 313C-316B)    10/11 Ps. 14, 3; Rom. 3, 12    18/19 Io. 1, 32
24/25 Col. 2, 9    27/28 Is. 11, 3

---

21, 12/13 Ἐπειδὴ δέ] Ἐπεὶ δὴ *A*

30 ἕτερον δὲ τὸ συνέσεως, ἢ τὸ βουλῆς καὶ ἰσχύος καὶ τῶν λοι-
πῶν, ἀλλ᾽ ὥσπερ εἷς μέν ἐστιν ὁ ἐκ Θεοῦ Πατρὸς Λόγος, ὀνο-
μάζεται δὲ καὶ ἐνεργεῖ πολυτρόπως (ζωὴ γάρ ἐστι καὶ φῶς
καὶ δύναμις), οὕτω καὶ ἐπὶ τοῦ ἁγίου συνήσεις Πνεύματος.
Ἓν γὰρ ὑπάρχον, νοεῖται πολυειδῶς, ἐνεργεῖ δὲ καὶ οὕτω.

35 Καὶ γοῦν ὁ σοφώτατος Παῦλος διαφόρους ἡμῖν χαρισμάτων
ἰδέας | ἀπαριθμούμενος, Ταῦτα πάντα φησὶν ἐνεργεῖ, τὸ ἓν    *B* f.21
καὶ τὸ αὐτὸ Πνεῦμα, διαιροῦν ἰδίᾳ | ἑκάστῳ καθὼς βούλεται.    *A* f.163ᵛ

**22.** Τοιαῦτα περὶ τῶν τοῦ παναγίου Πνεύματος ἐνερ-
γειῶν τε καὶ χαρισμάτων, καὶ ὁ θεῖος ἡμῖν διέξεισι Κύ-
ριλλος. Ὥρα δὴ καὶ τὸν χρυσορρήμονα παραγαγεῖν ἤδη
καλῶς ἡμῖν ἕκαστα διαιροῦντα καὶ τὸν προσήκοντα περὶ
5 πάντων λόγον καλῶς ποιούμενον. Καὶ γὰρ οὗτος μετὰ
τὸ διδάξαι σαφῶς τὸν περὶ τῶν δωρεῶν καὶ χαρισμάτων
λόγον τοῦ ἁγίου Πνεύματος, ἃ δημιουργικῶς τοῖς ἀξίοις
εἴπομεν δίδοσθαι, ὡς ἂν μή τις κατὰ τοὺς πνευματομά-
χους ἐν μόνοις τούτοις τὸν νοῦν ἐρείσειε, καὶ δόξας οὐκ
10 οὔσας περὶ Πνεύματος σχοίη τοῦ θείου, Ἀγνοήσαντές
φησιν οἱ αἱρετικοί, ἀνέ|γνων τὰ τῶν δωρεῶν, καὶ εἰς τὴν φύ-    *B* f.21ᵛ
σιν ἀνήγαγον. Ἀλλὰ δέον νοῆσαι τίνα τὰ ὀνόματα τὰ τὴν
φύσιν δηλοῦντα, καὶ τίνα τὰ τὴν χάριν ἑρμηνεύοντα.
Ταύτῃ τοι καὶ μετὰ τὴν ἑρμηνείαν καὶ σαφήνειαν τῶν
15 διδομένων τοῖς ἀξίοις ὡς εἴρηται παρὰ τοῦ Πνεύματος
δωρεῶν, ἐπὶ τὸν ἕτερον τῶν λόγων μεταβαίνει, διδάξαι
σκοπὸν ποιούμενος, πῶς τὰ λεγόμενα ἑπτὰ πνεύματα
φυσικὰ τυγχάνουσιν ὄντα τῷ θείῳ καὶ παναγίῳ Πνεύ-
ματι. Ἧς δὴ θεολογίας καὶ διανοίας, καὶ Βασίλειος ὁ μέ-
20 γας ἀντιποιεῖται, | Γρηγόριός τε καὶ Ἀθανάσιος, καὶ Κύ-    *A* f.164
ριλλος αὖθις ὁ θεῖος μετὰ Μαξίμου, καὶ πάντες ὡς ἔπος
οἱ πρὸ αὐτῶν, ὡς ὁ θεῖος ἔφη Βασίλειος. Ὁ μέντοι χρυ-
σορρήμων ὅπερ ἐλέγομεν, τὸν Ἡσαΐαν, μᾶλλον δ᾽ αὐτὸν

---

32 Io. 14, 6; 8, 12     33 I Cor. 1, 24     35/37 I Cor. 12, 4 et 11
**22, 10/12** locum non inveni, sed cf. Ios. Caloth., *Or.* 6, 319-321 (Tsamis p. 246)
**17** Is. 11, 2-3

**22, 1** παναγίου] ἁγίου *A a. corr.*     **22** ἔφη] λέγει *B*

τὸν Χριστὸν παράγων | Πνεῦμα λέγοντα Κυρίου ἐπ’ἐμὲ     B f.22
25 οὗ εἴνεκεν ἔχρισέ με, καὶ αὐτὸ τὸ ἅγιον ἀποφαινόμενος
εἶναι Πνεῦμα τὸ ἀγαγὸν τὸν Χριστὸν εἰς τὴν ἔρημον καὶ
τοῦ διαβόλου περιγενέσθαι παρασκευάσαν, μετὰ ταῦτα
πάντα, Ἀγωνιῶ καὶ τρέμω φησί, μὴ τὸ ἀσθενὲς τῆς γλώσ-
σης, ἀμβλύνῃ τὸ μέγεθος τοῦ κηρυττομένου. Πῶς οὐκοῦν
30 τὴν ἀγωνίαν ἣν ἐκέκτητο καὶ τὸν τρόμον, οὐ περὶ ὧν ἔφα-
μεν τοῖς ἀξίοις δίδοσθαι δωρεῶν τὸν λόγον ποιούμενος
ἐνεδείξατο, ἀλλ’ἡνίκα περὶ τῶν ἐπαναπεπαυμένων ἑπτὰ
πνευμάτων τῷ Χριστῷ θεολογεῖν ἐπεβάλλετο; Τοῦτο
γὰρ σκοπεῖν ἀναγκαῖον, κἀντεῦθεν τοῖν λόγοιν ἑκατέρῳ
35 τὸ προσῆκον ἀποδιδόναι. Ἡνίκα καὶ γὰρ ἀγωνιᾶν εἴρηκε     B f.22ᵛ
καὶ τρέμειν, τότε καὶ τοὺς θείους ἀποστόλους παράγει, |
τὸν μέν, εἰληφέναι τὴν δεσποτικὴν σάρκα λέγοντα τῆς
θεότητος, πᾶν τὸ πλήρωμα, τὸν δέ, κατοικῆσαι πᾶν ἐν
αὐτῷ σωματικῶς τὸ πλήρωμα τῆς θεότητος. | Ἃς οὗτος     A f.164ᵛ
40 ῥήσεις διασαφῶν, τὰ ἑπτὰ πνεύματα, τὰς ἑπτὰ ἐνεργεί-
ας εἶναι λέγει τὸ πλήρωμα τῆς θεότητος, συνῳδὰ καὶ
οὗτος τοῖς ἄλλοις διεξιών.

23. Ἀλλ’εἰ δοκεῖ, πλατύτερον αὐτοῦ ταῦθ’ἅπαντα δι-
εξιόντος, ἀκούσωμεν ἐν τῷ περὶ τοῦ ἁγίου Πνεύματος
λόγῳ αὐτοῦ, τοῖς τὸ πανάγιον Πνεῦμα κτίσμα λέγουσιν,
ἀντικαθισταμένου· Μαρτυρεῖ Ἡσαΐας ἐκ προσώπου τοῦ
5 Χριστοῦ, Πνεῦμα Κυρίου ἐπ’ἐμὲ οὗ εἴνεκεν ἔχρισέ με, καὶ
Παῦλος, Ὁ δὲ Κύριος, τὸ Πνεῦμα ἐστίν, οὗ δὲ τὸ Πνεῦμα
Κυρίου, ἐκεῖ ἐλευθερία. Εἰ ὅπου παραγίνεται ἐλευθερία, αὐτὸ
| δοῦλον; Εἰ οἷς ἐπιφοιτᾷ τὸ Πνεῦμα τὸ ἅγιον, λύει τὸν τῆς     B f.23
δουλείας ζυγὸν καὶ χαρίζεται τὸ τῆς ἐλευθερίας πρόσωπον,
10 πῶς αὐτὸ δοῦλον, πῶς χαρίζεται ὃ μὴ ἔχει, πῶς αὐτὸ δοῦλον

24/25 Is. 61, 1; Lc. 4, 18     26/27 Mt. 4, 1     28/30 Ps.-Ioh. Chrys., De spir.
sanct. 6 (PG 52, 821, 35-37)     32/33 Is. 11, 2-3     35/36 cf. supra l. 28 (ref.
l. 28/30)     38/39 Col. 1, 19 et 2, 9
23, 4/18 Ps.-Ioh. Chrys., De spir. sanct. 1-2 (PG 52, 815, 23-41)     5 Is.
61, 1     6/9 II Cor. 3, 17

25 τὸ] sup. l. A     34 κἀντεῦθεν τοῖν] e corr. B
23, 4 Μαρτυρεῖ] καὶ add. B

ὄν, ἐλευθεροῖ; Οὐκ ἤκουσας Παύλου λέγοντος, Ὁ γὰρ νόμος
τοῦ Πνεύματος τῆς ζωῆς ἐν Χριστῷ Ἰησοῦ ἠλευθέρωσέ με;
Ἐλευθεροῖ τὸ Πνεῦμα τοὺς δούλους, τὸ μὴ ἔχον ἐν τῇ φύσει
τὴν ἐλευθερίαν; Εἰ γὰρ ἔκτισται καὶ δεδούλωται, οὐκ ἐλευ-
15 θεροῖ. Μὴ κατασοφιζέσθωσαν ὑμᾶς αἱρετικοί. Οὐ λέγω αὐτὸ
δοῦλον, οὐδὲ κτίσμα. Καινὴ τοῦτο αἵρεσις. Κινδυνεύουσι γὰρ
τρεῖς ἀρχὰς εἰσάγοντες, ἄκτιστον, κτιστήν, καὶ ἄλλην |, ἣν    *A* f.165
οὐκ οἶδα πῶς καλέσω. Πνεῦμα Θεοῦ, Πνεῦμα τὸ ἐκ Θεοῦ,
**ἄρχεται** Ἡσαΐας πάλιν. Τὸ γὰρ αὐτὸ Πνεῦμα, διαπάντων |    *B* f.23ᵛ
20 καλεῖ. Ὥσπερ οὖν εἶπε Παῦλος, Πνεῦμα ζωῆς, πνεῦμα ἀγά-
πης, πνεῦμα δυνάμεως, πνεῦμα σωφρονισμοῦ, πνεῦμα ἐπαγ-
γελίας, πνεῦμα πίστεως, πνεῦμα πραότητος, πνεῦμα υἱοθεσί-
ας, οὕτω καὶ ὁ μακάριος Ἡσαΐας, Ἐξελεύσεται φησὶν ἐκ τῆς
ῥίζης Ἰεσσαὶ ῥάβδος, τουτέστιν, ἡ βασιλικὴ τοῦ σωτῆρος.
25 Ῥάβδον γὰρ καλεῖ, βασιλικὸν σύνθημα ὥς φησιν ὁ Δαυΐδ,
Ῥάβδος εὐθύτητος, ἡ ῥάβδος τῆς βασιλείας σου. Ἐξελεύσεται
ῥάβδος ἐκ τῆς ῥίζης Ἰεσσαί, καὶ ἄνθος ἐξ αὐτῆς ἀναβήσεται,
καὶ ἐπαναπαύσεται ἐπ᾽αὐτόν, πνεῦμα Θεοῦ. Ὧδε τὸ ὄνομα
τῆς φύσεως αὐτοῦ τοῦ Πνεύματος. Λοιπὸν τὰ χαρίσματα.
30 Πνεῦμα σοφίας καὶ συνέσεως, πνεῦμα βουλῆς καὶ ἰσχύος,
πνεῦμα γνώσεως, πνεῦμα εὐσεβείας, πνεῦμα φόβου Θεοῦ.
Οἷον ἀναπτύσσων | γραφήν, ἢ σὺ ὁ πιστός, ἢ ἄλλος Χριστια-    *B* f.24
νός, ἐὰν ᾖ ἀπόκρυφον νόημα καὶ ἀσαφές, δῷ δὲ τὸ Πνεῦμα
τὸ ἅγιον ὥστε τὰ κεκρυμμένα τῶν νοημάτων ἀποκαλυφθῆ-
35 ναι, ἔλαβες πνεῦμα ἀποκαλύψεως, τουτέστι, χάρισμα ἀποκα-
λύπτον τὰ βάθη. Ὅθεν ὁ ἀπόστολος βουλόμενος τοὺς μαθη-
τὰς τῆς εὐσεβείας νοεῖν τὰ τῶν γραφῶν, λέγει. Εὔχομαι τῷ
Θεῷ, ἵνα δῴη ὑμῖν, πνεῦμα σοφίας καὶ ἀποκαλύψεως, ἐν ἐπι-
γνώσει πεφωτισμένους τοὺς ὀφθαλμοὺς τῆς διανοίας ὑμῶν.
40 Εἶδες πνεῦμα ἀποκαλύψεως; Ἀλλὰ πρὸς τὸ προκείμενον
ἐπανέλθωμεν. Ὅπου δεῖ μαθεῖν τὰ βάθη, καλεῖται πνεῦμα
ἀποκαλύψεως, | ὅπου δεῖ ἀγάπην ἔχειν, καλεῖται πνεῦμα    *A* f.165ᵛ

---

**11/14** Rom. 8, 2     **18** Is. 11, 2     **19/55** Ps.-Ioh. Chrys., *De spir. sanct.* 3
(*PG* 52, 817, 13-57)     **20** Rom. 8, 2     **20/21** II Tim. 1, 7     **21** Eph. 1, 13
**22** II Cor. 4, 13; I Cor. 4, 21     **22** Rom. 8, 15     **23/25** Is. 11, 2-3     **26/28**
Ps. 44, 7     **30/31** Is. 11, 2     **35/42** Eph. 1, 17; cf. I Cor. 2, 10     **42/43** cf.
supra l. 20/21

ἀγάπης, ὅπου δεῖ **σοφῶς** λαλῆσαι τὸν διδάσκαλον, καλεῖται
πνεῦμα | σοφίας, ὅπου δεῖ νοῆσαι τὸν ἀκροατὴν συνετῶς,     B f.24ʳ
45 καλεῖται πνεῦμα συνέσεως. Τὸ πνεῦμα τῆς σοφίας, δίδοται
τοῖς διδάσκουσι, τὸ πνεῦμα τῆς συνέσεως, τοῖς ἀκροαταῖς.
Κηρύττω ἐγώ, ἀλλὰ σὺ νοῆσαι οἶδας, οὐ διδάξαι, ὃ λεγόμε-
νόν ἐστι χάρισμα σοφίας, διὰ τὸ διδάσκειν. Βουλόμενος δὲ ὁ
Θεὸς δεῖξαι, ὅτι ὥσπερ πέμπει τῷ διδάσκοντι λόγον σοφίας,
50 οὕτω πέμπει καὶ τῷ μανθάνοντι δῶρον συνέσεως, ἵνα νοήσῃ
τὰ τοῦ Θεοῦ, φησί. Σοφίας χάριν ἔχει, στόμα κηρύττον συ-
νέσεως χάριν ἔχει, καρδία μανθάνουσα, ἡ σοφία, ὅπλον ἐστὶ
τοῦ στόματος, ἡ σύνεσις, ὅπλον τῆς καρδίας, διατοῦτο Δαυὶδ
λέγει, Τὸ στόμα μου λαλήσει σοφίαν, καὶ ἡ μελέτη τῆς καρ-
55 δίας μου, σύνεσιν. **Καὶ ὁ αὐτὸς αὖθις** αἰτεῖ πνεῦμα εὐθές,
τὸ εἰς εὐθύτητα φέρον, καὶ πάλιν αἰτεῖ χάρισμα, ἡγε|μονεῦον     B f.25
τῶν παθῶν, καὶ ποιοῦν τὴν ψυχὴν μὴ δουλεύειν τοῖς πάθε-
σιν. Ἐπειδὴ γὰρ διεστράφη ἡ καρδία τοῦ Δαυίδ, καὶ ἀπὸ
σωφροσύνης ἦλθεν εἰς κακίαν παθῶν καὶ ἡδονῆς, καὶ ἐπειδὴ
60 οὐ δικαίως ἔκρινεν ἀναιρεθῆναι τὸν ἄνδρα, καὶ δοῦλος ἐγένε-
το ἐπιθυμίας, καὶ εἰς μοιχείαν ἐτράπη, αἰτεῖ Πνεῦμα εὐθές,
λέγων, ἐγκαίνισον ἐν τοῖς ἐγκάτοις μου, καὶ Μὴ ἀπορρίψῃς
με φησὶν ἀπὸ τοῦ προσώπου σου, | ἀπόδος μοι τὴν ἀγαλλία-     A f.166
σιν τοῦ σωτηρίου σου, καὶ πνεύματι ἡγεμονικῷ, στήριξόν με,
65 τουτέστι χαρίσματι ἡγεμονεύοντι τῶν παθῶν καὶ κρατοῦντι
τῶν ἡδονῶν. Ταῦτα ἡμῖν εἴρηται περὶ τῆς τοῦ ἁγίου Πνεύ-
ματος θεϊκῆς αὐθεντίας, καὶ τῆς κατὰ τὰ ἐνεργήματα δια-
φορᾶς, οἱ δὲ αἱρετικοὶ ἀγνοήσαντες, ὅτι ὅταν λέγῃ πνεῦμα
ἁγιωσύνης ἢ ἐπαγγελίας τῶν δωρεῶν μέμνηται, αὐτοὶ **ἐπὶ**
70 | τὴν φύσιν ἀνάγουσι, λέγοντες, ὅτι ὁ Θεὸς ἔδωκε, καὶ τὸ     B f.25ʳ
Πνεῦμα τὸ ἅγιον ἐδωρήσατο. Εἶδες φησὶν ὅτι δῶρον ἔστι
Θεοῦ; Ἀνέγνων τὰ τῶν δωρεῶν, καὶ εἰς τὴν φύσιν ἀνήγαγον,
δέον νοῆσαι τίνα τὰ ὀνόματα τὰ τὴν φύσιν δηλοῦντα, καὶ

---

44/53 cf. supra l. 30     54/55 Ps. 48, 4     55 / 24, 24 Ps.-Ioh. Chrys., De
spir. sanct. 4-5 (PG 52, 819, 30 – 820, 10)     55 Ps. 50, 12     61/64 Ps. 50, 12-13
68/69 Rom. 1, 4     69 Eph. 1, 13

---

55 Καὶ – αὖθις] e corr. B

τίνα τὰ τὴν χάριν ἑρμηνεύοντα, ἐκαπήλευσαν τὴν ἀλήθειαν,
75 **συνέχεαν** τὰ πάντα, **ἀνέτρεψαν** ἑαυτούς, ἐξώκειλαν τῆς
ἀληθείας, ἐσκοτίσθη ἡ ἀσύνετος αὐτῶν καρδία, φάσκοντες
εἶναι σοφοί, ἐμωράνθησαν.

**24.** Διό, ἐπάγουσιν. Ἐπειδή φησι περὶ Πνεύματος καὶ
ἀπὸ γραφῶν διδάσκεις, καὶ βούλει μάρτυρας ἔχειν τὰς γρα-
φάς, ἀπ᾽αὐτῶν τῶν γραφῶν κινούμενοι, λέγομεν ἅπερ ὁ σω-
τὴρ περὶ τοῦ Πνεύματος εἶπε τοῦ ἁγίου. Τί οὖν λέγει; Ὅταν
5 δὲ ἔλθῃ φησὶν ὁ Παράκλητος τὸ Πνεῦμα τῆς ἀληθείας, ὃ
παρὰ τοῦ Πατρὸς ἐκπορεύεται, ἐκεῖνος ὑμᾶς ὁδηγήσει πρὸς
πᾶσαν τὴν | ἀλήθειαν. Οὐ γὰρ ἀφ᾽ἑαυτοῦ λαλήσει, ἀλλ᾽ὅσα ἂν    B f.26
ἀκούσῃ, ἀναγγελεῖ ὑμῖν, ὅτι ἐκ τοῦ ἐμοῦ λήψεται καὶ ἀναγ-
γελεῖ ὑμῖν. Εἶδες πῶς φησιν ἀφ᾽ἑαυτοῦ οὐ λαλεῖ, ἀλλ᾽ἐξ
10 αὐτοῦ λαμβάνει; Μή, δύναται ἡ αὐθεντία δειχθῆναι | τοῦ    A f.166ʳ
Πνεύματος; Οὐκ ἔδειξε φησὶν ἡ γραφὴ ὑποκείμενον αὐτὸ τῇ
ἐξουσίᾳ τοῦ Υἱοῦ καὶ δανειζόμενον παρ᾽αὐτοῦ, καὶ ἄλλοις
χορηγοῦν; Πρόσεχε ἀκριβῶς. Ὅταν τι τῶν **εἰρημένων** ἄπο-
ρόν σοι φανῇ, μὴ εὐθέως ἐπιπηδήσῃς τῇ λέξει, ἀλλ᾽ἀνάμει-
15 νον τὸ τέλος τοῦ νοήματος. Οὐκ εἶδες ἐν ταῖς παρασκευαῖς
τῶν οἰκοδομῶν, πῶς πάντα συγκεχυμένα, ἄσβεστος, λίθοι,
ξύλα, καὶ τῇ μὲν σῇ ὄψει, πάντα συγκέχυται, τῷ δὲ τεχνίτῃ
πάντα ἥρμοσται, καὶ οἶδε τὸν καιρὸν καθ᾽ὃν τοῦτο τὸ συγκε-
χυμένον, ἁρμόσει ἐκείνῳ, καὶ ἐκεῖνο τούτῳ, καὶ τὰ νῦν δια-
20 σκορπισμένα τὴν πρέπουσαν ἁρμονίαν λαμβάνοντα ἀποτελεῖ
| τὸ τῆς οἰκοδομῆς κάλλος; Ὅταν τοίνυν ἴδῃς τὸν λέγοντα    B f.26ᵛ
ἀπὸ τούτου εἰς τοῦτο καὶ ἀπ᾽ἐκείνου εἰς ἄλλο μεταβαίνοντα,
νόει τὰς ὕλας αὐτὸν παρασκευάζειν. Ὅταν γὰρ παραθῶ τὰς
ὕλας, τότε δείκνυμι τὴν ἁρμονίαν. Εἶπον προλαβών, οὐχ ὡς
25 μὴ ἀρκούσης τῆς θεότητος τοῦ Υἱοῦ, ἀλλ᾽ἵνα ἐντελὴς τῆς
Τριάδος ἡ γνῶσις ἐν τῷ πλάσματι τούτῳ δειχθῇ. Κατηξιώ-
θη οὖν ἡ σὰρξ ἡ δεσποτική, Πνεύματος ἁγίου, καὶ λοιπὸν
ἐβούλετο ὁ σωτὴρ τὸ πλάσμα ὃ ἀνέλαβεν οἰκειοῦν τῷ ἁγίῳ

---

76/77 Rom. 1, 21
**24, 4/10** Io. 15, 26; 16, 13-14    **24/55** Ps.-Ioh. Chrys., *De spir. sanct.* 5-6 (*PG*
52, 820, 33-69)

---

**24, 21** Ὅταν τοίνυν] Ὅταν *B a. corr.*    τοίνυν] *sup. l. A*

Πνεύματι, ἵνα ὅπερ ἂν ποιῇ ὁ Χριστὸς κατὰ σάρκα, ἐπιγρά-
30 φηται τῷ ἁγίῳ Πνεύματι, τῷ ἐνοικοῦντι ἐν αὐτῷ, ὡς ἐν
ἁγίῳ ναῷ τῷ ἀνθρωπίνῳ. Ἄνθρωπος γὰρ δι᾽ἡμᾶς, Θεὸς δέ,
δι᾽ἑαυτόν, Θεὸς μέν, δι᾽ἑαυτόν, ἄνθρωπος δέ, | διὰ φιλανθρω-    A f.167
πίαν. Ἐξέβαλλε δαιμόνια καὶ **ἠθέλησαν** τὴν ἀπέλασιν τῶν
δαιμονίων, ἐπιγράφειν τῷ ἁγίῳ | Πνεύματι, καὶ λέγει, Εἰ δὲ    B f.27
35 ἐγὼ ἐν Πνεύματι ἁγίῳ ἐκβάλλω τὰ δαιμόνια, καὶ οὐκ εἶπεν
ἐν τῷ Θεῷ Λόγῳ, ἀλλ᾽ἐπιγράφει τῷ ἁγίῳ Πνεύματι, ὡς
ἀνὴρ ἅγιος Πνεύματος ἁγίου κατηξιωμένος. Ἀμέλει καὶ ὅτε
εἰσῆλθεν εἰς τὸ ἱερόν, λαμβάνει τὸν προφήτην Ἡσαΐαν, καὶ
ἀναγινώσκει, ἀναγινώσκει δὲ τὰ περὶ ἑαυτοῦ γεγραμμένα.
40 Καὶ ἀναπτύξας φησὶ τὸ βιβλίον λέγει, Πνεῦμα Κυρίου
ἐπ᾽ἐμέ. Ταῦτ᾽ἄρα τῷ Θεῷ Λόγῳ ἁρμόζει; Θεὸς λέγει,
Πνεῦμα Κυρίου ἐπ᾽ἐμέ; Οὐκ ἀναντίρρητόν ἐστιν, ὅτι τὸ πρό-
σωπον τοῦ ἀνθρώπου λαλεῖ, Πνεῦμα Κυρίου ἐπ᾽ἐμέ, οὗ εἵνε-
κεν ἔχρισέ με; Διὰ τοῦ Πνεύματός φησι τοῦ ἁγίου ἐχρίσθην.
45 Διατοῦτο Πέτρος φησίν, Ἰησοῦν τὸν ἀπὸ Ναζαρὲτ ὃν ἔχρι-
σεν ὁ Θεός, Πνεύματι ἁγίῳ καὶ δυνάμει. Ὧδε τὸν νοῦν παρα-
καλῶ ἔχωμεν. Ταῦτα γὰρ ὅλα παρασκευὴ τοῦ Ἐκ τοῦ ἐμοῦ
λήψεται. Οὐ γὰρ ἀπ᾽ἄλλων εἰς **ἄλλα** ἐξηνέχθημεν, ἀλλ᾽ὡς |    B f.27ᵛ
ἔφθην εἰπών, τὰς ὕλας **εὐτρεπίζων**, ἵνα σὺ τὴν ἕνωσιν ἁρμό-
50 σῃς. Κατηξιώθη Πνεύματος ἁγίου, ἐβαπτίσθη ἐν τῷ Ἰορδά-
νῃ, καὶ λέγει ὁ Ἰωάννης, εἶδον τοὺς οὐρανοὺς ἀνεῳγμένους,
καὶ τὸ Πνεῦμα τοῦ Θεοῦ καταβαῖνον ὡσεὶ περιστερὰν καὶ
μένον ἐπ᾽αὐτόν. Εἶδες πῶς τύπῳ ἀνθρωπίνῳ λαμβάνει
Πνεῦμα ἅγιον; Οὐδεὶς οὕτως ἀσεβής, ἵνα νομίσῃ ὅτι ἡ θεό-
55 της ἔλαβε Πνεῦμα ἅγιον. Ἡ δεσποτικὴ σάρξ, τὸ κυριακὸν
πλάσμα, ὁ ξένος ἄνθρωπος, ὁ οὐράνιος, τὸ νέον βλάστημα,
τὸ ἀπὸ τῆς ξένης ὠδῖνος ἀνθῆσαν, | οὗτος λαμβάνει Πνεῦμα    A f.167ᵛ
ἅγιον. Ἔχεις τὰς μαρτυρίας, ὅτι ἐπεδήμησε Πνεῦμα ἐξ
οὐρανοῦ, ὅτι ἀνήγαγεν αὐτὸν τὸ Πνεῦμα, εἰς τὸ περιγενέσθαι

---

33/35 Mt. 12, 28    34/44 Lc. 4, 17-18    45/47 Act. 10, 38    47/48 Io.
16, 14    50/51 Mc. 1, 9    51/55 Io. 1, 32-33    55/141 Ps.-Ioh. Chrys., De
spir. sanct. 6-7 (PG 52, 821, 21 – 822, 46)    57 Is. 11, 1    59 Mt. 4, 1

---

44 φησι] sup. l. A, e corr. B

60 τοῦ διαβόλου. Ἡ τοῦ Ἀδὰμ εἰκὼν ἡ ἐν τῇ ἀρχῇ πλανηθεῖσα, ἵνα νικήσῃ λοιπὸν ὁ ἄνθρωπος ὁ ξένος, εἰσήρχετο δορυφορούμενος | τῇ δυνάμει τοῦ Πνεύματος. Διατοῦτο ὥσπερ *B f.28* εἶπεν ἀνήχθη ὑπὸ τοῦ Πνεύματος ἐν τῇ ἐρήμῳ πειρασθῆναι, οὕτως ὅτε ὡς νικητὴς ὑπέστρεψε, λέγει, Ἰησοῦς δὲ ὑπέστρε-

65 φεν ἐν τῇ δυνάμει τοῦ Πνεύματος ἀπὸ τῆς ἐρήμου. Εἶχεν οὖν ἡ σὰρξ Πνεῦμα ἅγιον, οὐ μέρος χαρισμάτων ὡς ἡμεῖς, τῷ μέν, σοφία, τῷ δέ, γνῶσις, ἀλλὰ πάντα ἔσχε τὰ χαρίσματα ἐπ' ἀληθείας. Ἀγωνιῶ καὶ τρέμω, μὴ τὸ ἀσθενὲς τῆς γλώττης, ἀμβλύνῃ τὸ μέγεθος τοῦ κηρυττομένου. Τὸ τοίνυν σῶμα

70 τὸ δεσποτικὸν καὶ ἡ σὰρξ ἡ ἁγία λαβοῦσα τοῦ ἁγίου Πνεύματος τὴν ἐνέργειαν, οὐκ ἔλαβεν ὡς ἐπὶ τῶν ἀποστόλων καὶ τῶν προφητῶν, μίαν χάριν ἢ δευτέραν. Ἄνθρωπος γὰρ πάντα χωρῆσαι οὐ δύναται, διὸ λέγει Παῦλος, Μή, πάντες ἀπόστολοι, μή, πάντες προφῆται, μὴ πάντες χαρίσματα ἔχουσιν | *B f.28ᵛ*

75 ἰαμάτων; Ἐφ' ἡμῖν γὰρ μερίζεται τὰ δῶρα, ἐν δὲ τῇ σαρκὶ τοῦ Χριστοῦ, ὅλα τὰ χαρίσματα, ὅλαι αἱ δωρεαὶ ἦσαν κατὰ τὴν τῆς σαρκὸς οὐσίαν. Καὶ **πρόσχες.** Ἐπλήρωσε πρῶτον τὸν ἴδιον | ναόν, πάσης χάριτος. Εἶχε χάρισμα, νόσους ἰᾶ- *A f.168*
σθαι, δαίμονας ἐκβάλλειν, νεκροὺς ἐγείρειν, προφητεύειν, τὰ

80 τῆς ἀληθείας ἐργάζεσθαι, πάντα ἐδύνατο, καὶ εἶχε τῶν χαρισμάτων τὸ πλήρωμα, ἀφοῦ ἐπληρώθη ἡ σὰρξ ἡ δεσποτικὴ πάντων τῶν χαρισμάτων. Χρεία δὲ ἦν πάντας ἡμᾶς λαμβάνειν ἐκ μέρους, ὡς ἀπὸ δεξαμενῆς ἀπὸ τοῦ κυριακοῦ σώματος. Χορηγεῖται καὶ ἀποστόλοις καὶ προφήταις ἐξ αὐτοῦ.

85 Ἰωάννης μαρτυρεῖ ὅτι, ἐν αὐτῷ ὅλον τὸ πλήρωμα τῆς θεότητος, καὶ Παῦλος, Ἐν ᾧ κατῴκησε τὸ πλήρωμα τῆς θεότητος σωματικῶς. Οὐκ εἶπεν ἁπλῶς ἐν ᾧ κατῴκησεν | ἡ θεότης, *B f.29*
ἀλλὰ τὸ πλήρωμα τῆς θεότητος. Καὶ ἵνα μή τις νομίσῃ ὅτι, ἐν τῷ Θεῷ Λόγῳ κατῴκησε, λέγει, Ἐν ᾧ κατῴκησε πᾶν τὸ

90 πλήρωμα τῆς θεότητος σωματικῶς. Ἐν τῇ σαρκὶ αὐτοῦ, πᾶν τὸ πλήρωμα, σοφίας, συνέσεως, δυνάμεως, σημείων, πάσης

---

**63/65** Lc. 4, 14    **73/75** I Cor. 12, 30    **85/86** Io. 1, 16    **86/92** Col. 2, 9    **90/91** Is. 11, 2

---

**78** ναόν] *sup. l. B*

ἐνεργείας. Λοιπόν, ἀπὸ τοῦ πληρώματος δανειζόμεθα πάντες. Μαρτυρεῖ Ἰωάννης ὁ βαπτιστής· Κἀγὼ οὐκ ᾔδειν αὐτόν, ἀλλ'ὁ πέμψας με βαπτίζειν, ἐκεῖνος μοι εἶπεν, ἐφ'ὃν ἂν ἴδῃς
95 τὸ Πνεῦμα καταβαῖνον καὶ μένον (οὐκ εἶπε χαριζόμενον αὐτῷ δῶρον ἕν, ἀλλὰ μένον ὅλον), οὗτός ἐστιν ὁ βαπτίζων ἐν Πνεύματι ἁγίῳ καὶ πυρί. Εἶτα βουλόμενος δεῖξαι ὁ Ἰωάννης ὅτι οὐχ ὡς ἄνθρωπος ἔλαβε χάριν ὁ σωτήρ, λέγει· Οὐκ ἐκ μέτρου δίδωσιν ὁ Θεὸς τὸ Πνεῦμα. Ὁ Πατὴρ ἀγαπᾷ τὸν
100 Υἱόν, καὶ πάντα δέδωκεν ἐν τῇ | χειρὶ αὐτοῦ. Ἡμεῖς οὖν πό- B f.29ᵛ
θεν λαμβά|νομεν; Ἐκ τοῦ πληρώματος αὐτοῦ ἡμεῖς πάντες A f.168ᵛ
λαμβάνομεν. Ἐκεῖνος τὸ πλήρωμα, ἡμεῖς ἐκ τοῦ πληρώματος. Πῶς; Ἀφοῦ ἐπλήρωσε τὴν δεσποτικὴν σάρκα, ἀπ'αὐτῆς ἤντλει ὡς ἀπὸ πηγῆς, καὶ ἐδάνειζε τοῖς ἀνθρώποις τὴν δω-
105 ρεάν. Πρόσεχε παρακαλῶ. Λέγει οὖν, Ὅταν ἔλθῃ ὁ Παράκλητος τὸ Πνεῦμα τῆς ἀληθείας, ὁδηγήσει ὑμᾶς πρὸς πᾶσαν τὴν ἀλήθειαν, ὅτι ἐκ τοῦ ἐμοῦ λήψεται. Πρόσεχε τῇ ἀκριβείᾳ. Οὐκ εἶπεν ἐξ ἐμοῦ, ἀλλ'ἐκ τοῦ ἐμοῦ. **Ἐκ τοῦ ἐμοῦ**; Τίνος; **Τοῦ Πνεύματος. Οὐ δώσει ὑμῖν, ἀλλὰ λήψεται**, λαμβάνει,
110 οὐ δανειζόμενον. Ἀλλ'ἐπειδὴ ἐπλήρωσε τὴν πηγὴν ὡς ἀρχὴν χαρισμάτων, ἀπὸ τῆς δεξαμενῆς ἀντλεῖ καὶ παρέχει πᾶσιν ἐκ τῶν ἰδίων. Καὶ πόθεν | τοῦτο, ὅτι τὸ λαβεῖν ἐκ τῶν ἰδίων B f.30 ἐστὶ λαβεῖν; Ἄκουε. Ἐπλήρωσεν ὁ Θεὸς τὸν Μωυσῆν Πνεύματος, καὶ λέγει Μωϋσῆς· Οὐ δύναμαι μόνος φέρειν τὸ βά-
115 ρος τοῦ λαοῦ τούτου, προχείρισον ἄλλον σεαυτῷ. Λέγει αὐτῷ ὁ Θεός, ἐπίλεξαι ἑβδομήκοντα πρεσβυτέρους, καὶ λήψομαι ἀπὸ τοῦ πνεύματος τοῦ ἐν σοί, καὶ δώσω ἐπ'αὐτούς. Οὐκ εἶπε λήψομαι τὸ σόν, ἀλλὰ ἀπὸ τοῦ πνεύματος τοῦ ἐν σοί. Ἐκ τοῦ ἐμοῦ λήψομαι λέγει ὁ Θεός. Ἐν ταῖς ἡμέραις ἐκείναις
120 ἐκχεῶ ἀπὸ τοῦ Πνεύματός μου, ἐπὶ πᾶσαν σάρκα, καὶ προφητεύσουσιν. Εἰ ὁ Θεὸς παρὰ Μωϋσέος λαμβάνων ἐδανείσατο, καὶ τὸ Πνεῦμα παρὰ τοῦ Υἱοῦ λαμβάνον ἐδανείσατο. Καὶ γὰρ Μωϋσῆς τύπος ἦν Χριστοῦ, ὅτι ὥσπερ ἀπὸ Μωϋσέος ἑβδομήκοντα ἐγένοντο, | οὕτως ἀπὸ τοῦ Χριστοῦ | ἡ οἰκου- A f.169,

---

93/97 Io. 1, 33    98/100 Io. 3, 34-35    101/103 Io. 1, 16    105/109 Io. 15, 26; 16, 13-14    115 Ex. 4, 13    116/118 Num. 11, 16-17    119 Io. 16, 14    119/121 Ioel 2, 28; Act. 2, 17    124/126 cf. supra l. 116/118

125 μένη ἐδέξατο τὸ Πνεῦμα τὸ ἅγιον. Ἐκ τοῦ ἐμοῦ λήψεται, ἐξ
ὧν ἐχορήγησέ μοι μόνῳ τῷ κυριακῷ ἀνθρώπῳ, λήψεται
αὐτό, τὸ δεδωκός, τὸ ἐλθὸν καὶ μεῖναν ἐν ἐμοί, τὸ χρῖσαν με,
τὸ ἁγιάσαν, τὸ ἀναγαγὸν εἰς τὴν ἔρημον, τὸ ὑποστρέψαν με
νικητήν, ἐκ τοῦ ἐμοῦ λήψεται καὶ ἀναγγελεῖ ὑμῖν. Καὶ ἵνα
130 δείξῃ ὅτι, οὐ τοῦ ἁγίου Πνεύματος ἐμνημόνευσεν, ἀλλὰ τῶν
δωρεῶν, ἐπάγει, μετὰ τὸ εἰπεῖν Ἐκ τοῦ ἐμοῦ λήψεται, εὐθύς,
Πάντα ὅσα ἔχει ὁ Πατήρ, ἐμά ἐστιν. Ἔλαβον αὐτά, ἐκ τοῦ
ἁγίου Πνεύματος, διατοῦτο εἶπον Ἐκ τοῦ ἐμοῦ λήψεται.
Ἐπειδὴ ὁ Θεὸς τὴν σάρκα ἡγίασε Πνεύματι ἁγίῳ, καὶ ἀπέ-
135 στειλε τὴν δωρεὰν τοῦ Πνεύματος ὁ Πατήρ, εἰς τὴν σάρκα
τοῦ Χριστοῦ, ἐλθοῦσα δὲ ἡ χάρις, ὅλα τὰ δῶρα ἐνέθηκε τῷ
Χριστῷ, λέγει· Ἐκ τοῦ ἐμοῦ λήψεται καὶ ἀναγγελεῖ ὑμῖν. Τί
οὖν ἔστι τό, Ἀφ' ἑαυτοῦ οὐ λαλήσει, ἀλλ' ὅσα ἂν ἀκούσῃ λαλή-
σει ὑμῖν; Εἴρηται πρὸ τούτου, ὅτι ἄλλο ἐστὶ Πνεῦμα ἅγιον,
140 καὶ ἄλλο χά|ρισμα, ἄλλο βασιλεύς, καὶ ἄλλο τὸ δῶρον τοῦ        B f.31
βασιλέως. Ἐὰν δὲ ἀκούσῃς λέγοντος, Ἀποστελῶ ὑμῖν τὸ
Πνεῦμα τὸ ἅγιον, μὴ κατὰ τὴν θεότητα ἐκλάβῃς. Θεὸς γὰρ
οὐκ ἀποστέλλεται. Ὀνόματά ἐστι ταῦτα, τὴν ἐνέργειαν ση-
μαίνοντα, ὀνόματα κρυπτόμενα, καὶ λάμποντα, κρυπτόμενα
145 τῇ ἀξίᾳ, λάμποντα τῇ θεωρίᾳ, οἷον, πᾶς ὁ ἀποστέλλων, εἰς
ἐκείνους ἀποστέλλει τοὺς τόπους, ἐν οἷς μὴ πάρεστιν, ὑπό-
θου ἐμὲ εἶναι τὸν λαλοῦντα, ἐν τῷ καθίσματι τούτῳ, οὐ δύ-
ναμαι | εἰπεῖν τινί, δεῦρο ἀποστελῶ σε ὧδε, τοῦτο οὐκ ἔστι        A f.169ᵛ
πέμψαι, ἀλλὰ συγκαθίσαι ἢ παραστῆναι. Εἰ δὲ ὁ Θεὸς παν-
150 ταχοῦ (Τὸν οὐρανὸν γάρ φησι καὶ τὴν γῆν ἐγὼ πληρῶ), ποῦ
πέμπει ὁ πανταχοῦ ὤν; Ἐὰν ἀναβῶ εἰς τὸν οὐρανόν, σὺ ἐκεῖ
εἶ, ἐὰν καταβῶ εἰς τὸν Ἅιδην, πάρει, ἐὰν ἀναλάβω τὰς πτέρυ-
γάς μου κατ' ὄρθρον, καὶ κατασκηνώσω | εἰς τὰ ἔσχατα τῆς        B f.31ᵛ
θαλάσσης, καὶ γὰρ ἐκεῖ ἡ χείρ σου ὁδηγήσει με. Ποῦ οὖν
155 Θεὸς ἀποστέλλει; Ἀλλ' ἄρα, μή, αὐτὸς μὲν πανταχοῦ, ὁ δὲ

---

127 cf. supra l. 53 et 44 (ref. l. 51/55 et 34/44)     128 cf. supra l. 63/65
129 cf. supra l. 107 (ref. l. 105/109)     131 cf. supra l. 107 (ref. l. 105/109)     132
Io. 16, 15     133 cf. supra l. 107 (ref. l. 105/109)     137 Io. 16, 14     138/139
cf. Io. 14, 7-9     141 / 25, 60 Ps.-Ioh. Chrys., De spir. sanct. 10-11 (PG 52, 825,
61 – 826, 84)     141/142 cf. Io. 15, 26     150 Ier. 23, 25     151/154 Ps. 138,
8-10     155/163 Io. 3, 17; 1, 3

ἀποστελλόμενος οὐ πανταχοῦ; Ἀπέστειλεν ὁ Θεὸς τὸν Υἱὸν αὐτοῦ εἰς τὸν κόσμον. Ἆρα ὡς μὴ παρόντα ἐν τῷ κόσμῳ; Καὶ μὴν ὁ κόσμος ἐκ τοῦ Υἱοῦ. Διατοῦτο οὖν ἦλθεν εἰς τὸν κόσμον, ὡς πρὸ τούτου μὴ ὢν ἐν τῷ κόσμῳ; Πῶς οὖν Ἰωάννης
160 ὁ εὐαγγελιστὴς λέγει, Πάντα δι'αὐτοῦ ἐγένετο· Ἐν τῷ κόσμῳ ἦν καὶ ὁ κόσμος δι'αὐτοῦ ἐγένετο. Πῶς οὖν ἀπεστάλη εἰς τὸν κόσμον; Πάλιν, εἰ ἀπεστάλη ὁ ἀποσταλείς, καὶ ἔμεινεν ὁ ἀποστείλας ἄνω, καὶ ὁ ἀποσταλεὶς κάτω, πῶς ἔλεγε, Καὶ ὁ πέμψας με, μετ'ἐμοῦ ἐστι;

25. Παρακαλῶ, πρόσχες μετὰ ἀκριβείας, ἀσφάλισαι τὸν λόγον. Δύναται γὰρ εἰπεῖν ὁ αἱρετικός, μετ'ἐμοῦ ἐστι τῇ βοηθείᾳ, ὡς λέγω κἀγώ, ὁ Θεὸς μετ'ἐμοῦ ἐστιν. Οὐκ εἶπεν ἁπλῶς, | ἀλλὰ τί; Ὁ Πατὴρ ὁ ἐν ἐμοὶ μένων. Εἰ μετ'αὐτοῦ    B f.32
5 ἦν, καὶ ἐν αὐτῷ ἔμενε, πῶς ἐκεῖνος ἀπέστειλεν, ἢ πῶς οὗτος ἀπεστάλη; Εἴτε γὰρ ἦλθον, οἱ δύο ἦλθον, καὶ οὐδεὶς ἀπεστάλη, | πάλιν οἱ δύο ἔμειναν. Εἰ ἔμεινεν ὁ πατὴρ ἄνω, πῶς λέγει    A f.170 ὁ Υἱός, Ὁ Πατὴρ μετ'ἐμοῦ ἐστιν; Εἰ ἄνω ἔμεινεν ὁ ἀποστείλας, πῶς μετ'αὐτοῦ ἔχει ὁ ἀποσταλεὶς τὸν ἀποστείλαντα;
10 Ἐγὼ γὰρ εἶπεν ἐν τῷ Πατρί, καὶ ὁ Πατὴρ μετ'ἐμοῦ ἐστι. Πῶς οὖν ἀπεστάλη, ὁ λέγων, Ὁ Πατὴρ ἐν ἐμοί ἐστι, πῶς δὲ πάλιν ἀπέστειλεν; Ὅταν οὖν λέγῃ Πέμψω ὑμῖν Πνεῦμα ἅγιον, τουτέστι τὴν δωρεὰν τοῦ Πνεύματος, καὶ ἵνα μάθητε ὅτι ἡ δωρεὰ πέμπεται, τὸ δὲ Πνεῦμα οὐκ ἀποστέλλεται, ὁ
15 σωτὴρ λέγει τοῖς ἀποστόλοις· Μείνατε εἰς Ἰερουσαλήμ, ἕως ἂν ἐνδύσησθε δύναμιν ἐξ ὕψους, καὶ λήψεσθε δύναμιν ἐπελθόντος τοῦ ἁγίου Πνεύματος ἐφ'ὑμᾶς. Ἄλλη ἡ δύναμις ἡ χορηγουμένη, καὶ ἄλλο | τὸ Πνεῦμα τὸ χορηγοῦν. Πάντα γὰρ    B f.32ᵛ ἐνεργεῖ, ἓν καὶ τὸ αὐτὸ Πνεῦμα, διαιροῦν ἰδίᾳ ἑκάστῳ καθὼς
20 βούλεται. Σὺ μὲν οὖν, οὐ δύνῃ δεῖξαι πεμπόμενον τὸ Πνεῦμα τὸ ἅγιον, ὑπὸ γυμνῆς τῆς θεότητος. Ἐὰν δέ σοι δείξω τὸν ποιητὴν οὐρανοῦ καὶ γῆς ἀποστελλόμενον ὑπὸ τοῦ Πνεύματος τοῦ ἁγίου, τί ποιεῖς; Ἢ ἀρνήσαι τὸν Χριστόν, καὶ ἀπάλειψον τὰς γραφάς, ἢ δοῦλος ὢν τῶν γραφῶν, ὑποτάττου

---

164 Io. 8, 29
25, 4 Io. 14, 25    8/10 Io. 16, 32    11 Io. 14, 10 et 10, 38    12 Io. 15,
26    15/17 Act. 1, 8    18/20 I Cor. 12, 11

25 ταῖς γραφαῖς. Καὶ ποῦ φησιν εἴρηται τοῦτο; Ἄκουε τοῦ Θεοῦ
λέγοντος διὰ τοῦ προφήτου Ἡσαΐου, τοῦ κήρυκος τῆς εὐσε-
βείας· Ἄκουέ μου φησὶν Ἰακὼβ καὶ Ἰσραήλ, ὃν ἐγὼ καλῶ,
ἐγὼ Θεὸς πρῶτος, καὶ ἐγὼ μετὰ ταῦτα, καὶ πλὴν ἐμοῦ, Θεὸς
οὐκ ἔστι. Πρόσεχε. Λοιπὸν γὰρ ἐνταῦθα τὸ ζητούμενον. Ἆρα
30 τίς ὁ εἰπὼν ταῦτα, ὁ Πατήρ, ἢ ὁ Υἱός; Ὅρα πῶς ἐν μοναρ-
χίας | τύπῳ, τὴν Τριάδα **διακηρύττει**, συγκεκαλυμ|μένως;     *A* f.170ᵛ, *B* f.33
Ἐγὼ Θεὸς πρῶτος, καὶ ἐγὼ μετὰ ταῦτα, καὶ πλὴν ἐμοῦ,
Θεὸς οὐκ ἔστι. Τίς ὁ ταῦτα λέγων; Ὁ δημιουργός. Ἐπάγει
γάρ· Ἐγὼ τῇ χειρί μου, ἐθεμελίωσα τὴν γῆν (βλέπε, ὁ δημι-
35 ουργὸς λαλεῖ), καὶ τὸ Πνεῦμα ἐστερέωσε τὸν οὐρανόν. Ἐγὼ
πᾶσι τοῖς ἄστροις ἐνετειλάμην, ἐγὼ ἤγειρα μετὰ δικαιοσύνης
βασιλέα, καὶ πᾶσαι αἱ ὁδοί μου εὐθεῖαι. Εἰπὼν ἑαυτὸν δη-
μιουργὸν καὶ ποιητὴν οὐρανοῦ καὶ γῆς, λέγει λοιπὸν ταῦτα.
Οὐκ ἀπαρχῆς ἐν κρυφῇ ἐλάλησα ταῦτα, οὐδὲ ἐν τόπῳ σκο-
40 τεινῷ, εἰπὼν ὅτι ἐθεμελίωσα τὴν γῆν καὶ ἐποίησα τὸν οὐρα-
νόν, ὅτε ἐγένοντο, ἐκεῖ ἤμην, καὶ νῦν Κύριος ἀπέστειλέ με
καὶ τὸ Πνεῦμα αὐτοῦ. Σὲ τὸν ποιήσαντα τὸν οὐρανὸν καὶ
τὴν γῆν, τὸν εἰπόντα τοῖς ἄστροις, Κύριος ἀπέστειλε καὶ τὸ
Πνεῦμα αὐτοῦ, ἐγέννησε κατὰ τὴν θεότητα, ἀπέστειλε κατὰ
45 τὴν σάρκα. | Ὁ ποιητὴς οὐρανοῦ **καὶ γῆς** λέγει, Κύριος ἀπέ-     *B* f.33ᵛ
στειλέ με καὶ τὸ Πνεῦμα αὐτοῦ. Τὴν ἀποστολὴν ὁ αἱρετικὸς
τοῦ Πνεύματος, εἰς ὕβριν λαμβάνει. Ἀπέστειλεν ὁ Πατήρ, οὐ
μεταστάς, οὐ μεταστήσας. Ἀπέστειλεν ὁ Υἱὸς τὸ Πνεῦμα,
οὐ διαιρῶν, οὐ διαιρεθείς. Διατοῦτο ἡ γραφή, Ὁ Θεός φησιν
50 ἐξέχεε τὴν δωρεὰν τοῦ ἁγίου Πνεύματος. Θεότης, οὐκ ἐκ-
χεῖται, ἀλλ᾽ἡ δωρεά. Διατοῦτο ἵνα δειχθῇ, ὅτι τὸ **ἐκκεχυμέ-**
**νον**, οὐ Πνεῦμα ἅγιον, ἀλλὰ Πνεύματος θείου χάρις, λέγει
Δαυὶδ τῷ Χριστῷ, Ἐξεχύθη χάρις ἐν χείλεσί σου. Χάρις ἐκ-
χεῖται, οὐχ ὁ δωρούμενος τὴν χάριν. | Εἰ οὖν ὁμοτιμία κη-     *A* f.171
55 ρύττεται, καὶ τὸ ἑαυτοῦ σεσαφήνισται, καὶ τὸ Ἀπὸ τοῦ ἐμοῦ
λήψεται, ὡς ἀπὸ δεξαμενῆς ἡρμήνευται, μὴ ἐχέτωσαν χώραν

---

27/33 Is. 48, 12-13     34/42 Is. 45, 12-13     41/48 Is. 48, 16     50/52
Act. 10, 45     53/54 Ps. 44, 3     55/56 Io. 16, 14

---

**25, 51** ἐκκεχυμένον] ἐκχυνόμενον *A a. corr.*     **56** ὡς] *sup. l. A, e corr.* B

ἢ παρείσδυσιν ἀσεβείας αἱρετικοί. Τίμησον Πνεῦμα τὸ ἅγι-
ον ὃ ἔλαβες. Εἶπον πολλάκις, ὅτι ἀντίδοσιν ἔσχες. Ἔλαβε
Χριστὸς παρὰ σοῦ, τὸ πλάσμα τὸ σόν, ἔδωκέ σοι αὐτός, τὸ
60  Πνεῦμα τὸ ἑαυτοῦ. Ἐτίμησε | τὸ πλάσμα τὸ σόν, ἐν δεξιᾷ    B f.34
τοῦ Πατρὸς καθίσας, καὶ σὺ τὸ Πνεῦμα αὐτοῦ, ἐν τάξει
δούλου ἔστησας; Ταῦτα ὁ σωτήριος νόμος ὑπαγορεύει,
προφῆται φθέγγονται, ἀπόστολοι θεσπίζουσι, μάρτυρες
ὁμολογοῦσιν, εὐσεβεῖς πιστεύουσιν, ἡ ἐκκλησία συντί-
65  θεται, ἡ ἀγνωμοσύνη μάχεται, ὁ πιστὸς πεπληροφόρη-
ται, ὁ Χριστὸς δοξάζεται. Αὐτοῦ γάρ ἐστιν ἡ δόξα καὶ ἡ
τιμὴ καὶ ἡ προσκύνησις, ἅμα τῷ Πατρὶ καὶ τῷ παναγίῳ
καὶ ζωοποιῷ Πνεύματι, νῦν καὶ ἀεὶ καὶ εἰς τοὺς αἰῶνας
τῶν αἰώνων, ἀμήν.

26. Τί τοίνυν ἐρεῖ τις, κτίσματά εἰσι τὰ ἑπτὰ πνεύ-
ματα ἤτοι αἱ ἐνέργειαι τοῦ ἁγίου Πνεύματος, περὶ ὧν ὁ
μὲν Σολομῶν φησιν ὅτι Πνεῦμα Κυρίου πεπλήρωκε τὴν
οἰκουμένην, τουτέστι, τὰς ἑπτὰ ἐνεργείας τοῦ Πνεύμα-
5  τος, ὁ δὲ Ζαχαρίας, Οὗτοι οἱ ὀφθαλμοὶ ἐπιβλέποντες
τὴν γῆν, ὁ δὲ μέγας Βασίλειος, ὅτι Ἐπειδήπερ καθ' ἑπτὰ
ἐνεργείας γινώσκεται τὸ Πνεῦμα, κατὰ τὸ δὴ λεγόμενον,
Τὸν οὐρανὸν καὶ | τὴν γῆν ἐγὼ πληρῶ λέγει Κύριος, τὴν διὰ    B f.34ᵛ
τοῦ θείου Πνεύματος σημαίνει πλήρωσιν, ὁ δ'Ἀθανάσι-
10  ος, Πνεῦμα υἱο|θεσίας, πνεῦμα σοφίας, πνεῦμα συνέσεως,    A f.171ᵛ
δι'ὧν γινόμεθα Θεοῦ κοινωνοί, Μάξιμος δ'ὁ θεῖος, οἰκεί-
ας τὰς ἐνεργείας ταύτας καὶ φυσικὰς τοῦ Θεοῦ ἀνάρχως
καὶ ὑπὲρ λόγον ὡς φύσει αὐτῷ προσούσας, καὶ δίκην λύχνου
τὸ σκότος λυούσας τῆς ἁμαρτίας, ὁ δέ γε Κύριλλος, πλή-
15  ρωμα ταύτας λέγει θεότητος, καὶ ταύτας εἶναι τὸ Πνεῦμα
τὸ ἅγιον, ὁ δὲ τὴν γλῶτταν χρυσοῦς Ἰωάννης, δῶρα
ταύτας καὶ ἐνεργείας Θεοῦ, ὃς καὶ ἀδύνατον εἴρηκεν ἑνὶ

_____

26, 1/2 cf. Is. 11, 2-3    3/4 cf. supra 2, 4 (ref. 2, 4/5)    5/6 cf. supra 2, 8
(ref. 2, 6/8)    6/9 cf. supra 2, 5/10 (ref. 2, 4/14)    10 cf. supra 4, 2/9    11/14
cf. supra 19, 26/38 (ref. 19, 6/38)    12/13 cf. supra 21, 25    14/15 cf. supra
21, 25 (ref. 21, 24/25)    16 cf. supra 24, 136 (ref. 24, 55/141)    17 cf. supra 24,
71 (ref. 24, 55/141)

58 ὃ] sup. l. A, e corr. B

τινι ἀνθρώπῳ χωρητὰς εἶναι, εἰ μὴ τῷ κυριακῷ σώμα-
τι, ὁ δ'αὐτὸς ἐκ προσώπου τοῦ θείου Ἰωάννου τοῦ ἀπο-
20 στόλου καὶ θεολόγου, ταύτας εἶναι φησὶ *τὸ πλήρωμα τῆς*
*θεότητος,* ὁ δ'αὐτὸς πάλιν καὶ τὸν Παῦλον εἰσάγει λέγον-
τα, τό, ἐν ᾧ κυριακῷ σώματι δηλονότι, *κατῴκησε πᾶν τὸ*
*πλήρωμα τῆς θεότητος,* καὶ ὅτι αὗται αἱ ἐνέργειαι εἰσὶ τὸ
Πνεῦμα τὸ ἅγιον, | καὶ αὗται *ἐκχέονται,* τουτέστι δια- B f.35
25 δίδονται, καὶ οὐχ ἡ τοῦ παναγίου Πνεύματος ὑπόστα-
σις, καὶ αὗται αἱ ἐνέργειαι τὸν κυριακὸν ἄνθρωπον
*ἀπὸ τῆς ἐρήμου νικητὴν ἐποίησαν ὑποστρέψαι,* καὶ ὅτι *ἐκ*
*τοῦ ἐμοῦ λήψεται* ἤτοι, ἐκ τοῦ χαρίσματος τοῦ, εἰς τὴν
σάρκα τὴν ἐμὴν ἐλθόντος; Κτίσματα οὖν ταῦτα νοῦν τις
30 ἔχων ἐρεῖ; Οὐδαμῶς, ἀλλ'ἄκτιστα μὲν καθὰ λαμπρῶς
ἀποδέδεικται, οὐ μὴν ὡς εὐθὺς οἴονταί τινες, ἀνούσιά τε
καὶ ἀνυπόστατα, ἀλλὰ τῇ τοῦ θείου καὶ παναγίου Πνεύ-
ματος ὑποστάσει, ἐνθεωρούμενα. Ὥστε εἰ τοῦτό γε ἀλη-
θές, ὡς ὁ μὴ τὸ Πνεῦμα ἔχων, οὐδὲ τὸν Υἱόν, | καὶ ὁ μὴ A f.172
35 τοῦτον, κατὰ τὸ ἐξανάγκης ἑπόμενον, οὐδὲ τὸν Πατέρα,
ἀθεΐας ἐγκλήματι κινδυνεύει περιπεσεῖν, ὁ τὰς τοῦ πα-
ναγίου Πνεύματος ἀκτίστους ἐνεργείας, κτίσμα λέγειν
ἐπιχειρῶν.

27. Ἃ μὲν οὖν περὶ οὗπερ ἐπηγγειλάμην δοῦναι σοι
λόγου, τῶν ἑπτὰ δηλαδὴ πνευμάτων, | ταῦτά ἐστιν, B f.35ᵛ
οὐκ αὐτάρκη μόνον πρὸς τὴν τῆς ἀληθείας ἔκφανσιν,
ἀλλὰ καὶ λίαν ὡς ἐμαυτὸν πέπεικα, βέβαιά τε καὶ ἀρ-
5 ραγῆ. Ἐπεὶ δ'ὁμοῦ τοῖς ἄλλοις ἀδύνατον καὶ τοῦτό σοι
καταφαίνεται, τό, τὴν διδομένην παρὰ Θεοῦ χάριν καὶ
δωρεὰν τοῖς ἀνωτάτω τὲ δυνάμεσι καὶ τοῖς καθ'ἡμᾶς ἐν-
θέοις ἀνδράσιν ἄκτιστον εἶναι, καὶ διατοῦτο μὴ δ'ὑπ'οὐ-
δενὸς τῶν θεολόγων τοῦτο πείθῃ κηρύττεσθαι, μαθεῖν
10 δ'ἐφίῃ τίνες οἱ καὶ τοῦτο διασαφοῦντες καὶ τί φασιν,

---

18 cf. supra 24, 72/73 (ref. 24, 55/141)     20/21 cf. supra 26, 14/15
22/23 cf. supra 24, 86/87 (ref. 24, 86/92)     24/26 cf. supra 25, 50/52, 53/54
26/27 cf. supra 24, 63/65
27, 2 cf. Is. 11, 2-3

---

26, 24/25 διαδίδονται καὶ] *in marg. A, e corr. B*     35 ἐξανάγκης] ἐξ ἀνάγκης B

οὐδὲ τοῦθ'ὑπερθέσθαι δίκαιον, εἰ καὶ πρὶν ἀπὸ μέρους
εἴρηται, ἀλλ'ἐκ τῶν πρὶν διαιτητῶν, καὶ τὴν περὶ τού-
του μαρτυρίαν καὶ τῶν ἀμφισβητουμένων λύσιν κομί-
σασθαι.

28. Οἶμαι δὴ καὶ σοὶ συνδοκεῖν δίκαιον εἶναι, προθε-
ωρῆσαι, τί ἐστι χάρις, καὶ τί τὸ εἶδος αὐτῆς, καὶ ποσα-
χῶς τοὔνομα ταύτης εἴληπται. Δοκεῖ δή μοι τὸ πρᾶγμα
λέγεσθαι, δόμα, καὶ τοῦτο δὴ τὸ δόμα, νοεῖσθαι τριχῶς,
5 κατὰ φύσιν, | κατὰ ὄφλημα, καὶ τοῦθ'ὃ ἔφαμεν κατὰ    B f.36
χάριν. Κατὰ μὲν δὴ φύσιν, ὡς ὅταν τὸν υἱὸν φῶμεν, τὰ
τοῦ πατρὸς ἔχειν φυσικά, καὶ τοῦ ζῴου, τὰ ἐξ αὐτοῦ,
καὶ τὸν καρπόν, τὰ ἐκ τοῦ φυτοῦ, ὅπερ οὔτ'ἂν κατὰ | χά-    A f.172ᵛ
ριν εἴη, οὔτε κατ'ὄφλημα, ἀλλὰ τῇ φύσει προσηκόντως
10 λογίζοιτο, ἀλόγῳ μὲν οὔσῃ, πάντα δ'οὐκ ἔξω λόγου
πραττούσῃ, κατὰ ὄφλημα δέ, ὥσπερ ὅταν τις ὁπωσπο-
τοῦν εὖ ὑπό τινος πεπονθώς, ἀντευποιεῖν προθυμοῖτο, ὃ
δὴ καὶ τοῦτο, χάρις οὐκ ἂν ποτ'εἴη, οὐ μήν, οὐδ'ὑπὸ τῆς
φύσεως πεπραγμένον, ἀλλ'ἀνταπόδοσίς τις καὶ ἀμοιβή,
15 τῶν ὑπηργμένων παρ'οὑτινοσοῦν εἰς ἕτερον, ἀγαθῶν.
Κατὰ δ'αὖ χάριν, ὅτάν τις ἐμφύτῳ διαθέσει καὶ ἀγαθῇ
κινούμενος, πᾶν οὗπερ ἄν, εἴτε κατὰ ψυχὴν ἕτερος εἴτε
κατὰ σῶμα δέοιτο, πρὸς ὠφέλειαν δρᾷ, μηδ'ὁτιοῦν ὑπο-
πτευκὼς ἀντιλαβεῖν παρὰ τοῦ πάσχοντος εὖ.

29. Πλὴν ἀλλ'ἐπείπερ ὁ λόγος εὕρηκε | δύνασθαί ποτε    B f.36ᵛ
καὶ μὴ ἑκόντά τινα χάριτας ἀντιλαβεῖν ἧς αὐτὸς ὑπῆρ-
ξεν εὐεργεσίας, ὥσπερ ἂν εἴ τις ἀνδροφόνοις τυχὸν τὸν
χαρισάμενον ἐμπεσόντα καθεωρακὼς ἀμύνοι (τότε καὶ
5 γὰρ ἄκων ὡς ἄν τις εἴποι καὶ μὴ προειδόμενος τὴν ἀμοι-
βὴν ἀπέλαβεν ὁ τῆς εὐεργεσίας ἄρξας), οὐδὲ τοῦτ'ἂν
πάντῃ τηροίη τὸν τῆς, κυρίως χάριτος λόγον, ἥπερ
μόνη καὶ παρὰ μόνου πέφυκεν, ἡ παρὰ Θεοῦ πρὸς τὴν
κτίσιν, οὔτε κατὰ φύσιν ὅπερ εἴρηται γεγονυῖα (οὐ γὰρ
10 τῆς ἐκείνου τυγχάνει φύσεως οὖσα), οὔτε κατὰ χρέος

---

27, 11 τοῦθ' – καὶ] *in marg. A, e corr. B*
28, 10 δ'οὐκ – λόγου] δὲ κατὰ λόγον B *(e corr.)*

(τί γὰρ καὶ παρὰ τίνος εἰληφότα τὸν ἀνενδεᾶ φήσομεν,
ἀνάγκαις | ὀφειλῆς ὑποκεῖσθαι καὶ διατοῦτ᾽ἀντευποιεῖν        A f.173
ζητεῖν τοὺς ὑπάρξαντας, οὐκ ἔστιν εἰπεῖν), ἀλλὰ ψιλή
τις καὶ κυριωτάτη χάρις ἐστί. Τί γὰρ ἀνταποδώσομεν
15  τῷ Κυρίῳ, ὑπὲρ πάντων ὧν εἰλήφαμεν καὶ λαμβάνο-
μεν, ὅπου γε καὶ λόγος οὐκ ἐφικνεῖται, | καὶ παράδειγ-        B f.37
μα πᾶν πολλοστὸν ἐλέγχεται; Τὸν μὲν γὰρ Ἀρχιμήδην
λόγος αἱρεῖ φᾶναι, κινῆσαι ἂν δυνηθῆναι τὴν γῆν, εἴ τι
ταύτης ὑπῆρχε ἔξω τοῖς ποσὶν αὐτοῦ δυνησόμενον πα-
20  ρασχεῖν ἔρεισμα καὶ βάσιν. Ἀλλ᾽ἐνταῦθα μὲν εἰ καὶ τὴν
ὕλην ἔπεσθαι μὴ δύνασθαι φήσομεν τῷ λόγῳ, τόν γε τοι
λόγον, οὐκ ἔξω πάντη πίπτειν τοῦ ἀληθοῦς. Καὶ γὰρ εἰ
καὶ τὴν γῆν ἀδύνατον, ἐπεὶ τὴν μεσαιτάτην τοῦ παντὸς
ἔχει χώραν, ἀλλ᾽εἴ τι βάρος ἰσόρροπον ταύτης ἦν ἔξω,
25  ὁ νοῦς τοῦτο συγχωρεῖ κινηθῆναι. Ἐν δὲ τῷ Θεῷ, οὐδὲ
καθ᾽ὁντινοῦν τῶν ἁπάντων τρόπον ἔνεστι λέγειν ἡμῖν
ἀντιδοῦναι τούτῳ δυνηθῆναι, καὶ μικρὰ γοῦν καὶ βρα-
χέα, ὑπὲρ ἀπείρων καὶ τηλικούτων.
     30. Περὶ μὲν δὴ τοῦ τῆς χάριτος σημαινομένου, οὐκ
ἀργῶς εἰρῆσθαι δοκῶ μοι τὰ εἰρημένα. Ἐπεί δ᾽ὑμῖν
διὰ τὸ κτιστὰς δωρεὰς | καὶ χάριτας διδόναι τὸν Θεὸν        B f.37ᵛ
τοῖς ἀνθρώποις, εἴτ᾽εἰς ψυχῆς βελτίωσιν, εἴτε σώματος
5  ὠφέλειαν συντεινούσας, τούτου μέν, ὡς ὅταν λέγῃ, Οἶ-
δεν ὁ Πατὴρ ὑμῶν ὁ οὐράνιος, ὧν χρείαν ἔχετε πρὸ τοῦ
ὑμᾶς αἰτεῖσθαι, καὶ αὖθις, Ζητεῖτε | πρῶτον τὴν βασι-        A f.173ᵛ
λείαν τῶν οὐρανῶν, καὶ ταῦτα πάντα τροφαὶ δηλαδὴ καὶ
περιβολαί, προστεθήσεται ὑμῖν, ἐκείνης δ᾽αὖ, ὅταν Καρ-
10  δίαν ὁ Δαυὶδ ψάλλῃ κτίσον ἐν ἐμοὶ ὁ Θεός, καὶ πνεῦμα
εὐθὲς ἐγκαίνισον ἐν τοῖς ἐγκάτοις μου, καὶ τὰ παραπλή-
σια τούτοις, ἐπεὶ τοίνυν διὰ τὸ τὰς δωρεὰς ταύτας εἶναι
κτιστάς, καὶ τὴν διδομένην ἄκτιστον τοῖς ἀξίοις χάριν
καὶ δωρεάν, κτιστὴν κατὰ ταύτας νομίζειν οἴεσθε δεῖν,

---

29, 18 κινῆσαι – γῆν] cf. Simplic., In Phys. (Diels p. 1110, 4-5)
30, 5/7 Mt. 6, 8      7/9 Mt. 6, 33      9/11 Ps. 50, 12

---

30, 3 δωρεὰς] τε erasum post δωρεὰς in A      καὶ] sup. l. A

15 αὐτὰς ὑμῖν τὰς τῆς θείας γραφῆς φωνὰς ἀντιστήσομεν,
καὶ τὰς τῶν αὐτὴν ὥς τινα κλῆρον διαδεδεγμένων ἁγί-
ων καὶ θεοσόφων ἀνδρῶν.

31. Αὐτίκα | τοίνυν τὸ ὑπὸ τοῦ Κυρίου πρὸς Πέτρον    B f.38
εἰρημένον, ὑπὲρ τῆς ἀσφαλοῦς ἐκείνης καὶ θερμοτάτης
ὁμολογίας, τό, Δώσω σοι τὰς κλεῖς τῆς βασιλείας τῶν
οὐρανῶν, καὶ ὅσα ἂν, λύσῃς καὶ δήσῃς, ἔσται δεδεμένα
5 καὶ λελυμένα, καὶ τό, πρὸς πάντας αὖθις τοὺς ἀποστό-
λους, Λάβετε Πνεῦμα ἅγιον, ἄν τινων ἀφῆτε τὰς ἁμαρ-
τίας, ἀφίενται αὐτοῖς, ἄν τινων κρατῆτε, κεκράτηνται,
ἔτι, καὶ τό, Καθίσατε ἐν τῇ πόλει Ἱερουσαλὴμ ἕως οὗ
ἐνδύσησθε δύναμιν ἐξ ὕψους, καὶ τὸ πρὸς Παῦλον δ᾽αὖ
10 εἰρημένον μετὰ τὴν φρικτὴν ἐκείνην εἰς οὐρανοὺς ἁρ-
παγήν, καὶ τῶν ἀρρήτων καὶ ἀκατανοήτων ὡς ἐφικτὸν
κατανόησιν καὶ κατάληψιν, ἡνίκα τοῦ ἐπηρεάζοντος ἀγ-
γέλου σατὰν τὴν ἀπαλλαγὴν ἐξήτει, τό, Ἀρκεῖ σοι ἡ χά-
ρις μου· ἡ γὰρ δύνα|μίς μου, ἐν ἀσθενείᾳ τελειοῦται, καὶ    A f.174
15 ὅταν ἔτι ὁ αὐτὸς Παῦλος τὰ ὑπὲρ φύσιν διαπραττόμενος
ἔλεγε, | τό, Οὐκ ἐγὼ ταῦτα ποιῶ, ἀλλ᾽ἡ χάρις ἡ ἐν ἐμοί,    B f.38ᵛ
ταῦτα δὴ πάντα, πῶς ποτ᾽ἄν τις εἰρῆσθαι φαίη; Ἆρά
γε τί ποτε παρὰ τῶν ἀποστόλων εἰληφότα τὸν Κύρι-
ον, ἀμοιβὰς αὐτοῖς ἀντιπαρέχειν τῶν δεδομένων; Ἀλλὰ
20 τοῦτό γ᾽ἀνόητον καθάπαξ νοῦν αὐτός τις ἔχων ἐρεῖ.
Οὐκοῦν εἰ μὴ κατ᾽ὄφλημα, δῆλον ὡς κατὰ χάριν. Εἰ δέ
τις εἰς ἀπόδειξιν τοῦ καὶ λαμβάνειν τὸν Θεὸν παρ᾽ἀν-
θρώπων ποτὲ καὶ ἀνταποδιδόναι τούτοις, τῷ πρὸς Τιμό-
θεον εἰρημένῳ τῷ Παύλῳ χρῶτο, οἷον, τῷ, Τὸν δρόμον
25 τετέλεκα, τὴν πίστιν τετήρηκα, λοιπὸν ἀπόκειταί μοι ὁ
τῆς δικαιοσύνης στέφανος, ἐροῦμεν, ὡς πολλὰ τῆς γρα-
φῆς ἀντικεῖσθαι δοκοῦντα, κομιδῇ συμφωνοῦσιν ἀλλή-
λοις, εἴ γε δὴ μόνον πρὸς τὸν ὑγιαίνοντα τῆς πίστεως
αἰχμαλωτίζοιτο λόγον, οἷον, ὁ μὲν προφήτης φησίν, ὅτι
30 Οὐ δικαιωθήσεται ἐνώπιόν σου πᾶς ζῶν, καὶ ὁ Παῦλος,

---

31, 3/5 Mt. 16, 19    6/7 Io. 20, 21    8/9 Lc. 24, 49    10/11 cf. II
Cor. 12, 4    13/14 II Cor. 12, 7-9    16 I Cor. 15, 10    24/39 II Tim.
4, 8    30 Ps. 142, 2

Τίς προέδωκεν αὐτῷ καὶ ἀνταποδοθήσεται, ἅ γε δὴ πάν-
τως, ἐναντίως κεῖσθαι φαίη τις ἄν, τῷ ὑπὸ τοῦ αὐτοῦ
Παύλου πρὸς | Τιμόθεον ὡς εἴπομεν γεγραμμένῳ, τῷ    B f.39
Ἀπόκειταί μοι ὁ τῆς δικαιοσύνης στέφανος. Ἀλλ᾿ οὐκ
35  ἔστι τοῦτο οὐκ ἔστιν, οὐδ᾿ εἶπέ τι Παῦλος, ἐναντίον τοῖς
ἑαυτοῦ, ἀλλὰ πάντ᾿ ἀλλήλοις συνᾴδοντά τε καὶ συμφρο-
νοῦντα. Οὕτω γὰρ αὐτῷ τοὺς | τῆς δικαιοσύνης ἀποκεῖ-    A f.174ᵛ
σθαι στεφάνους εἴρηκεν, ὥσπερ ἂν εἴ τις τυχὸν πατὴρ
ὤν, εἶπε πρὸς ἑαυτοῦ παῖδα, εἰ τῇ σχολῇ προσμενεῖς
40  ἐπιμελῶς ὦ παῖ, καὶ τόδε σοι τὸ μάθημα καλῶς ἐκμε-
λετηθήσεται, χρυσίον φέρε εἰπὲ τοσοῦτον, ἢ ἱμάτια,
ἤ τι τῶν τιμίων ἕτερον δοὺς χαριοῦμαί σοι, εἶθ᾿ ὁ παῖς
κατωρθωκώς, τὸ παρὰ τοῦ πατρὸς ὑπεσχημένον ἐξῄτει.
Οὕτω γὰρ καὶ ὁ Θεός, γονέων μᾶλλον ἁπάντων κηδε-
45  μονικώτερος τὰ πρὸς ἡμᾶς ὤν, καὶ τῆς τῶν ἀνθρώπων
σωτηρίας ἐρῶν, ἐπὶ τὸ κήρυγμα τὸν Παῦλον ἀπέστειλε,
καὶ ὅς, οὐ τὰ δυνατὰ μόνον, ἀλλὰ καὶ τὰ ὑπὲρ ἰσχὺν καὶ
δύναμιν ἀνθρωπίνην διαπραξάμενος | καὶ τετελεκώς,    B f.39ᵛ
εἰκότως ἀποκεῖσθαι καὶ τὸν τῆς δικαιοσύνης ἑαυτῷ στέ-
50  φανον ἰσχυρίζεται, ὃν καὶ πᾶσι παρασχέσθαι τοῖς αὐτὸν
ἠγαπηκόσι Θεὸς ἐπηγγείλατο.
      32. Εἰ δέ τις αὖθις ἀνθυποφέρει ὡς ἀγάπην ὁ Παῦλος
τῷ Θεῷ παρασχόμενος, ἀνταπαιτεῖ παρ᾿ ἐκείνου τὸν
στέφανον, ἐροῦμεν αὖθις πρὸς αὐτόν, ὡς καὶ αὐτοῦ τοῦ
ἀγαπᾶν καὶ τοῦ δύνασθαι καὶ τοῦ θέλειν, τὸν Θεὸν ἴσμεν
5  τοῖς ἀνθρώποις πάροχόν τε καὶ χορηγόν. Εἰ μὲν οὖν εὐ-
γνώμων τίς ἐστι ψυχή, τὸ μέγα τῆς ἀγάπης δῶρον δε-
δεγμένη παρὰ Θεοῦ, αὔξει τοῦτο δυνάμει θείᾳ, συμμα-
χοῦντος ἐν πᾶσιν αὐτῇ καὶ ἐπαρήγοντος τοῦ Θεοῦ, οὗ
χωρίς, οὐδὲν ἂν κατορθωθείη, ὥσπερ οὐδ᾿ ὑετῶν ἄνευ
10  καὶ ἀέρων ὑγιεινῶν γῆ σπέρμα τελεσφορήσειε, κἂν
ἀγαθή τις οὖσα τυγχάνῃ | καὶ γόνιμος. Ἀλλ᾿ εἰ καὶ τοῦ    A f.175
κατορθωθῆναι παρ᾿ οὑτινοσοῦν τὴν ἀγάπην ὁ Θεός ἐστιν
αἴτιος, ἀλλὰ τῷ γε ὑπερβάλλοντι τοῦ πρὸς ἡμᾶς ἔρωτος

---

31 Rom. 11, 35      37/38 cf. supra l. 25/26 (ref. l. 24/39)      49/50 cf. supra
l. 25/26 (ref. l. 24/39)
32, 2/3 II Tim. 4, 8

αὐτοῦ, καὶ τῆς | ἀμυθήτου καὶ ὑπὲρ νοῦν ἀγαθότητος,     B f.40
15 ἡμῖν καὶ οὐχ αὐτῷ λογίζεται τὸ κατόρθωμα, καὶ ὀφει-
λέτην οἷον καθίστησι ἑαυτόν, τοῖς οὐδ'ἐγγὺς τῆς ἀξί-
ας ἡμῖν εὐχαριστεῖν δυναμένοις, ὑπὲρ ὧν εὖ ὁσημέραι
πάσχομεν ὑπ'αὐτοῦ. Τί γὰρ ἔχεις ὃ οὐκ ἔλαβες φησὶν
ὁ αὐτὸς ἀπόστολος, τουτέστι, τίσιν οἰκείοις ἐνσεμνύνῃ
20 πλεονεκτήμασιν, εἰ δ'ἔλαβες αὖθις φησί, τί καυχᾶσαι
ὡς μὴ λαβών, οἰονεί, τί ὡς ἐπ'οἰκείοις τισὶ μεγαλαυ-
χῇ κατορθώμασιν. Οὔκουν οὐχ ἑαυτοῦ τις οὐδέν, ἀλλὰ
πάντες τὰ αὐτοῦ τῷ Θεῷ προσάγομεν, ἑνὸς καὶ μόνου
τούτου χρείαν ἔχοντι παρ'ἡμῶν, τοῦ, πᾶσαν φύσιν ἀγ-
25 γέλων τὲ καὶ ἀνθρώπων, αὐτοῦ μετέχειν τῆς ἀγιότητος.
    33. Περὶ μὲν δὴ τούτων, οὕτω νομίζω, εἰ δ'ἐνοχλῶν
τις αὖθις ἐπηρεάζοι, μὴ ἄκτιστον εἶναι τὴν παρὰ Θεοῦ
διδομένην χάριν τοῖς ἀνθρώποις διατεινόμενος, ὥσπερ
οὐδ'ἂν πόλιν βασιλεύς τις τῶν ὑπηκόων ἑνὶ δωρήσηται
5 (διακεκρι|μένα γάρ ἐστιν ἡ πόλις τὲ καὶ ἡ χάρις), τοὺν-     B f.40ᵛ
τεῦθεν, εἰ καὶ ἡ χάρις ἄκτιστός ἐστιν, ἀλλ'οὐχὶ καὶ ἡ
πόλις, εἰ οὖν τοῦτο λέγοι τις, φήσομεν πρὸς αὐτόν, ὡς
εἰ καὶ ἡ πόλις κτίσμα κατὰ σὲ πέφυκεν, ἀλλ'οὐχὶ καὶ ἡ
δύναμις εὐθύς, ἡ τὴν πόλιν οἰκοδομήσασα. Καὶ γάρ, εἰ
10 μὴ καὶ | ἡ δύναμις ἀλλ'ἡ πόλις δέδοτο μόνη, προυχώρει     A f.175ᵛ
γε ἂν ὁ λόγος. Νῦν δ'ἐπεὶ καὶ ἡ ἄκτιστος κεχάρισται δύ-
ναμις ὁμοῦ τῇ πόλει, καὶ οὐ πόλις μία μόνον ἀλλὰ καὶ
πλείους, τί πρὸς ταῦτα φαίη τις ἄν; Σκόπει γὰρ οὕτω-
σίν. Ἔτι τοὺς ἐν γῇ περιπάτους ποιούμενος ὁ σωτήρ,
15 πεζεῦσαι κατὰ θαλάττης εἶπε τῷ Πέτρῳ, καὶ τοὐπίταγ-
μα καθαπερεί τινα πτηνὸν ἐπὶ τῆς ὑγρᾶς ἐκεῖνον ἀνεῖχε
φύσεως. Ἦν οὔκουν μόνη τότε ἡ τοῦ Χριστοῦ δύναμις,
ἡ τὴν παράδοξον ἐκείνην ἐπὶ τῶν κυμάτων ὁδοιπορίαν
ἀνύσαι τὸν Πέτρον παρασκευάσασα. Μετὰ δὲ τὴν εἰς
20 οὐρανοὺς ἄνοδον τοῦ Κυρίου, | τὴν ἄκτιστον ἐκείνην χά-     B f.41
ριν καὶ οὐκ ἄλλην, ὅ, τε Πέτρος καὶ οἱ λοιποὶ τῶν ἀπο-
στόλων εἰληφότες, οὐ τὴν ἐπὶ κυμάτων μόνον πεζεύειν

18/21 I Cor. 4, 7
33, 15 Mt. 14, 29     19/20 εἰς οὐρανούς] cf. Lc. 24, 51; Act. 1, 9-10

ἀσφαλῶς ἔχουσιν ἐξουσίαν καὶ δύναμιν ἣν τότε οὐκ εἶ-
χον, ἀλλὰ καὶ τῷ ὄρει λέγειν μετάβηθι, καὶ τῇ συκαμί-
25 νῳ ἐν τῇ θαλάσσῃ φυτεύθητι, καὶ πάντ' ἐκ τοῦ ῥᾴστου
γίνεσθαι.

34. Ἀλλ' εἰ δοκεῖ, σκεπτέον τὰ περὶ τῆς ἀκτίστου χά-
ριτος, ἀκριβέστερον. Λάβετε Πνεῦμα ἅγιον τοῖς ἀποστό-
λοις μετὰ τὴν ἀνάστασιν φάμενος ὁ Χριστός, καὶ τό, οὗ
ἕνεκεν τοῦτο δίδωσι, λέγει· Ἄν τινων γάρ φησιν ἀφῆτε
5 τὰς ἁμαρτίας, ἀφίενται αὐτοῖς, ἄν τινων κρατῆτε, κε-
κράτηνται. Ὅτι τοίνυν τὸ ἀφιέναι ἁμαρτίας, οὐκ ἀν-
θρωπίνης, ἀλλὰ θείας ἦν δυνάμεως ἔργον, μάρτυρες οἱ
ἐχθροὶ τοῦ Θεοῦ Ἰουδαῖοι, βεβλασ|φημηκέναι τοῦτον    A f.176
ἀποφαινόμενοι, ἡνίκα μετ' αὐθεντίας τισὶν ἠφίει τὰς
10 ἁμαρτίας. Μόνου γὰρ ᾤοντο | τοῦτο εἶναι Θεοῦ. Ὅθεν    B f.41ᵛ
αὐτὸ τὸ Πνεῦμα δηλαδὴ τὴν τοῦ παναγίου Πνεύματος
δύναμιν, ὁ Χριστὸς δεδώκει τοῖς ἀποστόλοις, τὴν δύ-
ναμιν λύειν τὰ ἁμαρτήματα, ὅπερ οὔτ' ἀγγέλου δύνα-
μις, οὔτ' ἀνθρωπική τις ἰσχύει δρᾶσαι. Ὅτι δὲ τὴν τοῦ
15 παναγίου Πνεύματος δύναμιν εἰλήφεσαν οἱ ἀπόστολοι,
δῆλον ἀπό γε τῆς τοῦ Κυρίου φωνῆς. Λήψεσθε γὰρ εἶπε
τοῖς ἀποστόλοις, δύναμιν, ἐπελθόντος τοῦ ἁγίου Πνεύ-
ματος ἐφ' ὑμᾶς, καὶ Καθίσατε ἐν τῇ πόλει Ἱερουσαλήμ,
ἕως οὗ ἐνδύσησθε δύναμιν ἐξ ὕψους, ὃ καὶ γέγονε.

35. Τό, τοίνυν μεγαλεῖον τῆς τοιαύτης ἀνυμνῶν χά-
ριτος καὶ ὁ μέγας Ἀθανάσιος, ἐν τῷ εἰς τὸν εὐαγγελι-
σμὸν λόγῳ, διαπορούσης τῆς παρθένου καὶ τὸν λόγον
ζητούσης τῆς ἀφράστου συλλήψεως, Ἀποκριθείς φησιν ὁ
5 ἄγγελος, εἶπεν αὐτῇ. Πνεῦμα ἅγιον ἐπελεύσεται ἐπὶ σέ, καὶ
δύναμις ὑψίστου ἐπισκιάσει σοι. Οὗτος φησὶν ὁ τρόπος τῆς
| συλλήψεως, οὕτω συλλήψῃ ἐν γαστρί, Πνεύματος ἁγίου    B f.42
ἐπερχομένου σοι, καὶ δυνάμεως ὑψίστου ἐπισκιαζούσης. Καὶ
ἀπελθόντος τοῦ ἀγγέλου, ἐπῆλθε τὸ Πνεῦμα τὸ ἅγιον ἐπὶ τὴν

---

24 Mt. 17, 20     24/25 Lc. 17, 6
34, 2/6 Io. 20, 21     8/10 Mt. 9, 2-3; Lc. 5, 20-21     16/18 Act. 1, 8
18/19 Io. 20, 21
35, 4/10 Ps.-Athan. Alex., *In annunt.* 8 (*PG* 28, 928CD); Lc. 1, 35

10    παρθένον, καὶ ἐπεσκίασεν αὐτῇ, ἡ δύναμις τοῦ ὑψίστου. Τίς
οὐκοῦν ἐς τοσοῦτο μανίας οἰκειότερον δ'εἰπεῖν ἀθεΐας |    A f.176ᵛ
ἐλήλακε, ὥστε κτίσμα τὴν δύναμιν ταύτην καὶ τὴν χά-
ριν εἰπεῖν; Αὕτη γὰρ πάντως ἐστὶν ἡ χάρις, ἡ τὴν παν-
αμώμητον ἐνισχύσασα δέσποιναν καὶ πάρθενον, ὥστε
15    δύνασθαι φέρειν τὸ σωτήριον κύημα. Αὕτη καὶ οὐκ
ἄλλη τίς ἐστιν, ἡ τοὺς ἀποστόλους τὰ ὑπὲρ λόγον καὶ
φύσιν ἔργα διδοῦσα δρᾶν, ἡ δαιμόνων καὶ παντοίων νο-
σημάτων ἐλάτειρα. Εἰ δὲ μή, ποῖον ἄν τις φυσικὸν εἴποι
λόγον, ὁπότε τὰ σουδάρια καὶ τὰ σιμικίνθια καὶ αἱ σκι-
20    αὶ τούτων, τὰς ἀντικειμένας τὲ δυνάμεις δραπετεύειν
ἐποίουν, καὶ τὴν ὑγείαν τοῖς νοσοῦσιν ἐπανεσώζοντο;
| Πάντως οὐδένα. Ταύτην δὲ τὴν ἄκτιστον μόνην δύνα-    B f.42ᵛ
μιν, ἤν γε καὶ ἐπ'ὀλίγον σωφρονεῖν βούλοιτο.
36. Τὰ μὲν οὖν τῆς γραφῆς, ταῦτα. Ἴδωμεν οὖν, τί
σὺν τῷ Ἀθανασίῳ, καὶ τοῖς λοιποῖς διδασκάλοις περὶ τῆς
ἀκτίστου δοκεῖ ταύτης χάριτος. Ὁ θειότατος τοίνυν Μά-
ξιμος ἐν ἑξηκοστῷ πρώτῳ τῶν σχολίων, Ἡ θεία χάρις
5    φησίν, εἰ καὶ ἀπόλαυσιν δίδωσι τοῖς κατὰ χάριν μετέχου-
σιν, ἀλλ'οὐ κατάληψιν. Μένει γὰρ κἂν τῇ μεθέξει τῶν ἀπο-
λαυόντων αὐτῆς, ἀκατάληπτος, ὅτι κατὰ φύσιν ὡς ἀγένητος
ἔχει τὴν ἀπειρίαν. Οὐκοῦν εἰ ἀγένητος, ἄκτιστος. Οὐδὲ γὰρ
ἕτερόν τις φήσει τὸ ἀγέννητον δηλοῦν, εἰ μὴ τοῦτο. | Δῆλον    A f.177
10    γὰρ πᾶσιν, ὡς ἡνίκα τὸ ἀγέννητον μετὰ τῶν δύο λαμβάνεται
νν, τὴν ἀγεννησίαν δηλοῖ, ὅτε δὲ μεθ'ἑνός, τὸ ἄκτιστον. Ὁ
δὲ μέγας Βασίλειος ἐν τῷ περὶ τῆς πίστεως λόγῳ, Ἐκεῖ
Πνεῦμα φησὶ τὸ ἅγιον, ὅπου ὁ Υἱός, καὶ ὅπου ὁ Πατήρ, |    πά-    B f.43
ντα ἔχον καὶ αὐτὸ συνουσιωμένως κατὰ τὴν φύσιν, τὴν ἀγα-
15    θότητα, τὴν εὐθύτητα, τὸν ἁγιασμόν, τὴν ζωήν. Τούτων οὐ-
δὲν ἐπίκτητον αὐτῷ, οὐδὲ ὕστερον ἐπιγενόμενον, ἀλλ'ὥσπερ
ἀχώριστον τῷ πυρὶ τὸ θερμαίνειν, καὶ τῷ φωτὶ τὸ λάμπειν,
οὕτω τῷ Πνεύματι, τὸ ἁγιάζειν, τὸ ζωοποιεῖν, ἡ ἀγαθότης,

19/20 Act. 19, 12 et 5, 15
36, 4/11 Max. Conf., *Ad Thalass.* 61, schol. 15, 80-84 (Laga – Steel II, p. 111)
12/15 Bas. Caes., *De fide* 3 (*PG* 31, 468C)    15/22 Bas. Caes., *De fide* 3 (*PG* 31, 469AB)

ἡ εὐθύτης. Καὶ ὥσπερ ὁ ἥλιος ἐπιλάμπων τοῖς σώμασι καὶ
20 ποικίλως ὑπ'αὐτῶν μετεχόμενος, οὐδὲν ἐλαττοῦται παρὰ
τῶν μετεχόντων, οὕτω τὸ Πνεῦμα, πᾶσι τὴν ἑαυτοῦ χάριν
παρέχον, ἀμείωτον μένει καὶ ἀδιαίρετον.

**37.** Ἔτι **Μάξιμος ὁ μέγας ἐν λόγῳ οὗ ἡ ἀρχή,** Και-
ρὸς τοῦ ἄρξασθαι τὸ κρίμα ἀπὸ τοῦ οἴκου τοῦ Θεοῦ, Τοῦτό
ἐστι **φησὶ** τὸ τοῦ Θεοῦ εὐαγγέλιον, πρεσβεία Θεοῦ καὶ πα-
ράκλησις πρὸς ἀνθρώπους δι'Υἱοῦ σαρκωθέντος καὶ μισθὸν
5 δωρουμένου τοῖς πειθομένοις τῆς πρὸς τὸν Πατέρα καταλ-
λαγῆς, τὴν ἀγένητον θέωσιν. | Ἀγένητον δὲ **λέγω** θέωσιν, B f.43ᵛ
τὴν κατ'εἶδος ἐνυπόστατον ἔλλαμψιν | τῆς θεότητος, ἥτις A f.177ʳ
οὐκ ἔχει γένεσιν, ἀλλ'**ἀνεπινόητον** τοῖς ἀξίοις φανέρωσιν.

**38.** Ἔτι **ὁ χρυσορρήμων θεολόγος ἐν ἐξηγήσει τοῦ
τεσσαρακοστοῦ τετάρτου ψαλμοῦ, οὕτω φησίν·** Ἐξεχύθη
χάρις ἐν χείλεσί σου. Ὁρᾷς ὅτι περὶ τῆς οἰκονομίας ὁ λόγος;
Χείλη γὰρ ὁ Θεὸς οὐκ ἔχει, ἀλλὰ τῆς **σαρκός** ἐστι τὸ **μέλος.**
5 Ἕτερος δὲ ἑρμηνευτὴς **εἶπεν.** Ἀνεχύθη χάρις ἐν χείλεσίν
σου, σαφέστερον **εἰπών, τουτέστι, ἀνεδείχθη,** ὡς ἂν εἴποι
τις, ἡ ἔνδον οὖσα, ἀνέβλυσεν ἐπήγασε. Τίς ἐστιν αὕτη ἡ χά-
ρις; Δι'ἧς ἐδίδασκε, δι'ἧς ἐθαυματοποίει. Τὴν χάριν ἐνταῦθα
λέγει, τὴν ἐλθοῦσαν ἐπὶ τὴν σάρκα. Ἐφ'ὃν ἂν ἴδῃς τὸ Πνεῦμα
10 φησὶ καταβαῖνον ὡσεὶ περιστερὰν καὶ μένον ἐπ'αὐτόν, οὗτος
ἐστὶν ὁ **Υἱὸς τοῦ Θεοῦ.** Πᾶσα γὰρ ἡ χάρις ἐξεχύθη εἰς τὸν
ναὸν ἐκεῖνον. Οὐ γὰρ ἐν μέτρῳ δίδωσιν | ἐκείνῳ τὸ Πνεῦμα, B f.44
ἀλλ'ὁλόκληρον τὴν χάριν ὁ ναὸς ἔλαβεν, **ἡμεῖς δέ,** μικρόν
τι καὶ ῥανίδα ἀπὸ τῆς χάριτος **ἐκείνης ἔσχομεν.** Ἐκ τοῦ
15 πληρώματος **γὰρ φησιν** αὐτοῦ ἡμεῖς πάντες ἐλάβομεν,

---

37, 1/2 Max. Conf., *Ad Thalass.* 61, 2-3 (Laga – Steel II, p. 85); I Petr. 4, 17
2/6 Max. Conf., *Ad Thalass.* 61, 292-297 (Laga – Steel II, p. 101)     6/8 Max.
Conf., *Ad Thalass.* 61, schol. 14, 71-73 (Laga – Steel II, p. 111)
38, 2/3 Ioh. Chrys., *Exp. In Ps. XLIV,* 2 (*PG* 55, 185, 53-54)     2/11 Ps.
44, 3     3/8 Ioh. Chrys., *Exp. In Ps. XLIV,* 2 (*PG* 55, 185, 23-28)     8/13 Ioh.
Chrys., *Exp. In Ps. XLIV,* 2 (*PG* 55, 185, 55 – 186, 8)     9/11 Io. 1, 33     12 Io.
3, 34     13/14 Ioh. Chrys., *Exp. In Ps. XLIV,* 2 (*PG* 55, 186, 47-50 )     14/15
Ioh. Chrys., *Exp. In Ps. XLIV,* 2 (*PG* 55, 186, 13-14)     14/17 Ioh. Chrys., *Exp. In
Ps. XLIV,* 2-3 (*PG* 55, 186, 47-50); cf. Ioel 2, 28 et Act. 2, 17

---

37, 3/4 καὶ – ἀνθρώπους] *primum scripsit, deinde litteris* βαγ *ordinem invertit* B

ὡς ἂν εἴποι τις, ἐκ τοῦ ὑπερβλύζοντος, ἐκ τοῦ περιττεύοντος. **Καὶ πάλιν**, οὐκ εἶπε δίδωμι τὸ Πνεῦμα, ἀλλ᾽ *Ἐκχεῶ ἀπὸ τοῦ Πνεύματός μου, ἐπὶ πᾶσαν σάρκα.* Τοῦτο γοῦν καὶ ἐξέβη. **Πᾶσαν** γὰρ τὴν | οἰκουμένην, ἡ σταγὼν αὕτη καὶ ἡ     *A* f.178
20   ῥανὶς τοῦ Πνεύματος, ἐνέπλησε τῆς γνώσεως. Διὰ ταύτην τὰ σημεῖα ἐγένετο, τὰ ἁμαρτήματα ἐλύετο. Ἀλλ᾽ ὅμως ἡ ἐν τοσούτοις κλίμασι διδομένη χάρις, μέρος τὶ τῆς δωρεᾶς ἐστι καὶ ἀρραβών. Δοὺς γάρ φησι τὸν ἀρραβῶνα τοῦ Πνεύματος, ἐν ταῖς καρδίαις ἡμῶν, τὸ μέρος λέγει τῆς ἐνεργείας. | Οὐ     *B* f.44ᵛ
25   γὰρ δὴ ὁ παράκλητος μερίζεται.

**39.** Ὁρᾷς ὅτι περὶ τῆς οἰκονομίας ὁ λόγος; Θέα τοιγαροῦν τὴν συμφωνίαν, μᾶλλον δὲ τὴν διὰ τοῦ ἁγίου Πνεύματος ὁμογνωμοσύνην τῶν θεολόγων. Ἀθανάσιος μὲν γὰρ ὁ μέγας, μίαν καὶ τὴν αὐτὴν ἀποφαίνεται
5    χάριν εἶναι, τήν, τῇ παρθένῳ Μαρίᾳ καὶ τοῖς μαθηταῖς δεδομένην, Ἰωάννης δέ, τὴν αὐτὴν ταύτην φησὶν εἶναι, τήν, τὸν θεῖον ναόν, ἤτοι τὸ πρόσλημμα κατοικήσασαν καὶ πληρώσασαν, ἢ καὶ διδάσκειν τὸν Χριστόν φησι καὶ θαυματουργεῖν, ἐξ ἧς καὶ τοῖς ἁγίοις μέρος δεδόσθαι λέ-
10   γει. *Ἐκ τοῦ πληρώματος γάρ φησιν αὐτοῦ ἡμεῖς πάντες ἐλάβομεν.* Τί γὰρ ἕτερον, εἰ μὴ τοῦτο, τὰ τέρατά τε διὰ τῶν ἁγίων εἰργάζετο, καὶ τὰς ἁμαρτίας ἡφίει;

**40.** Ἔτι ὁ μέγας Ἀθανάσιος ἐκ περιουσίας ἐμφράττων τὰ στόματα τῶν λεγόντων κτίσμα τὴν χάριν ὑπάρχειν ταύτην, γράφει· Οὕτω φησὶ Παῦλος πρὸς Τιμόθεον· *Συγκακοπάθησον* | *τῷ εὐαγγελίῳ,* | *κατὰ δύναμιν Θεοῦ τοῦ*     *B* f.45
5    *σώσαντος ἡμᾶς, καὶ καλέσαντος κλήσει ἁγίᾳ, οὐ κατὰ τὰ*     *A* f.178ᵛ
*ἔργα ἡμῶν, ἀλλὰ κατὰ τὴν ἰδίαν πρόθεσιν καὶ χάριν, τὴν δοθεῖσαν ἡμῖν ἐν Χριστῷ Ἰησοῦ, πρὸ χρόνων αἰωνίων, φανερωθεῖσαν δὲ νῦν, διὰ τῆς ἐπιφανείας τοῦ σωτῆρος.* Πῶς δὲ

---

17/25 Ioh. Chrys., *Exp. In Ps. XLIV*, 3 (*PG* 55, 186, 26-34)     23/24 II Cor.
1, 22

39, 7 cf. supra 38, 13 (ref. 38, 12/14)     10 cf. supra 38, 14/15 (ref. 38, 14/17)
40, 3/8 Athan. Alex., *Or. contra Arian.* 2, 75, 19-22 (Metzler-Savvidis p. 253)
4/8 II Tim. 1, 8-10     8/11 cf. II Tim, 1, 8-10     Athan. Alex., *Or. contra Arian.*,
2, 76, 7-9 (Metzler-Savvidis p. 253)

---

39, 6 δεδομένην] διδομένην *B*

πρὸ χρόνων αἰωνίων ἐλαμβάνομεν μήπω γεγονότες, ἀλλ'ἐν
10 χρόνῳ γεγονότες, εἰ μὴ ἐν τῷ Χριστῷ ἦν ἀποκειμένη, ἡ εἰς
ἡμᾶς φθάνουσα χάρις; Οὐδὲ γὰρ οὐδὲ ἐν ἄλλῳ **θεμελίῳ θεῖ-
ναι** τὴν ζωὴν ἡμῶν ἔπρεπεν, εἰ μὴ ἐν τῷ Κυρίῳ, τῷ πρὸ τῶν
αἰώνων ὄντι, **δι'οὗ καὶ οἱ αἰῶνες** γεγόνασιν, ἵν'ὡς ἐν αὐτῷ
αὐτῆς οὔσης, δυνηθῶμεν καὶ ἡμεῖς αἰώνιον κληρονομῆσαι
15 ζωήν. **Ποῖος οὐκοῦν λόγος, τίς ἀνθρωπίνη σοφία, καὶ τίνα
πεῖσαι δυνήσεται, κτίσμα νομίζειν τὴν ἐν τῷ τοῦ Θεοῦ
Λόγῳ καὶ Υἱῷ πρὸ τῶν αἰώνων εὑρισκομένην χάριν·**
οὐδὲ γὰρ περὶ τοῦ προσλήμματος ἐν | τούτοις εἶναι φαί-	B f.45ᵛ
ης τὸν λόγον. Πρὸ τῶν αἰώνων καὶ γὰρ ἐνταῦθα λέγει,
20 **τὸ δὲ θεῖον πρόσλημμα, ἐπ'ἐσχάτων χρόνων ᾠκονομήθη.**
Ὅτε καὶ γὰρ ὁ σωτὴρ πεφανέρωτο, τότε καὶ ἡ ἐνοῦσα
τούτῳ προαιώνιος χάρις συνανεφάνη καὶ συνεξέλαμψε.
41. Περὶ μὲν οὖν τούτων, ἅλις. Ἐπεὶ δὲ τριῶν τῶν
ἡμῖν ἀντιλεγομένων ὄντων, ἑνὸς μέν, τοῦ περὶ ὧν |	A f.179
εἰρήκειμεν ἐν τῷ Χριστῷ ἐπαναπαυσαμένων ἑπτὰ πνευ-
μάτων, εἰ κτιστὰ δηλονότι ἢ ἄκτιστά εἰσί, δευτέρου δέ,
5 τοῦ φάσκειν ἢ μή, τοὺς ἁγίους τὴν παρὰ Θεοῦ διδομέ-
νην τοῖς ἀνθρώποις χάριν ἄκτιστον εἶναι, καὶ τρίτου,
τοῦ δεῖξαι, εἰ ἀμέσως δίδοται τοῖς ἁγίοις ἡ παρὰ Θεοῦ
χάρις, καὶ περὶ μὲν τοῦ πρώτου καὶ δευτέρου, καθόσον
οἷόν τ'ἦν ἡμῖν εἴρηται, λοιπὸν δὲ τὸ τρίτον, ἤδη καὶ περὶ
10 αὐτοῦ τὸ παρὰ Θεοῦ κεχορηγημένον ἡμῖν, ἐροῦμεν.
42. Ὑμεῖς τοίνυν | ἐρωτώμενοι παρ'ἡμῶν, εἰ με-	B f.46
τέχειν Θεοῦ τὸν ἄνθρωπον οἴεσθε, μετέχειν μὲν οὐκ
ἀπαγορεύετε, μετέχειν δὲ εἰκόνος Θεοῦ, καὶ κτιστῆς
ἁγιότητος, καὶ οὐκ ἀνθρώπους γε μόνον τῆς τοιαύτης
5 πενιχρᾶς μετοχῆς, ἀλλ'ἤδη καὶ αὐτοὺς τοὺς ἀγγέλους
οὐκ ἀπαξιοῦτε κληρονομεῖν, ὥστε καιρὸν εἶναι μάλ'ἐπι-
τήδειον φᾶναι καὶ ἐφ'ὑμῖν, τὸ πρὸς **Γαλάτας** εἰρημένον

---

11/15 Athan. Alex., *Or. contra Arian.* 2, 77, 1-3 (Metzler-Savvidis p. 254)
13 Hebr. 1, 2
41, 3 Is. 11, 2

---

41, 7 εἰ] δ' *add. B alt. manu*	7/8 εἰ – χάρις] *e corr. B alt. manu*

τῷ ἀποστόλῳ φημὶ δή, τό, Πνεύματι ἐναρξάμενοι, σαρ-
κὶ ἐπιτελεῖσθε. Ἄρα γάρ, οὐκ ἀτεχνῶς τοῦτο συμβαίνει
10 τοῖς παρ'ὑμῶν λεγομένοις; Καὶ γὰρ μετέχειν Θεοῦ τὸν
ἄνθρωπον τοῖς λέγουσι συγχωροῦντες, εἶτ'εἰς κτίσμα
κατάγειν αὐτὸν οὐχ ὑποστελλόμενοι, τοῦτ'ἐπιεικῶς
ἐκεῖνο κατασκευάζετε. Ποία γὰρ εἰκὼν ὡς καὶ αὐτοί
φατε τῆς Τριάδος οὐκ ἔστι κτίσμα, πλὴν τῆς τοῦ | ὡς    A f.179ᵛ
15 Θεοῦ καὶ Πατρὸς ἀπαραλλάκτου εἰκόνος, καὶ τοῦ ἀμετα-
ποιήτου χαρακτῆρος τῆς αὐτοῦ φύσεως, τοῦ Υἱοῦ δηλα-
δὴ καὶ Λόγου; Εἰ μὲν γὰρ | ἄλλος, οὐκ οἶδα, ὅσα δ'ἐμὲ    B f.46ᵛ
εἰδέναι, τρεῖς οἶδα ταύτας εἰκόνας Θεοῦ, καὶ κτίσματα
πάσας, ὧν εἴ τινος μετέχειν φαίη τις τοὺς ἀνθρώπους,
20 κτισμάτων ἄντικρυς κληρονόμους ἀποφανεῖ. Μίαν μὲν
γὰρ εἰκόνα Θεοῦ, γινώσκω τὸν ἄγγελον, ὃν ὅταν λέγω,
πάσας φημὶ τὰς οὐρανίους δυνάμεις (ἓν γὰρ ἅπαντες τῇ
φύσει τυγχάνουσιν ὄντες, εἰ καὶ τῇ τάξει διενηνόχα-
σιν), ἑτέραν δ'αὖ εἰκόνα, τὸν ἄνθρωπον, καὶ αὖ ἑτέραν
25 καὶ τελευταίαν, τὴν ἄψυχον κτίσιν, ὧν ὥσπερ εἶπον,
οὐδ'ἡτισοῦν ἄκτιστος. Οὐ μήν, οὐδ'ἑτέραν παρὰ ταύτας
ἔχοι τις ἂν δεικνύναι. Εἰ οὖν πρωτότυπον καὶ παράδειγ-
μα πασῶν εἰκόνων Θεός, αὗται δὲ πᾶσαι πλὴν ἧς εἴπο-
μεν κτίσματα, ἑτέρου δ'οὐδενὸς οἱ ἄνθρωποι μέτοχοι
30 πλὴν εἰκόνων, κτισμάτων ἄρα μετέχουσιν οἱ τῶν εἰκό-
νων μετέχοντες. Πόθεν οὖν | ἐρήσομαί σε τὰς κτιστὰς    B f.47
ταύτας εἰκόνας ὧν ἐσμὲν μέτοχοι κεκτῆσθαι φῄς, τὸν
ἁγιασμόν. Εἰ τοίνυν ἐρεῖς ὃ δὴ καὶ λέγεις, ὡς ἁγιωσύ-
νην πεποίηκεν ὁ Θεός, ἧς ἄγγελοί τε καὶ ἄνθρωποι με-
35 τέχοντες ἁγιάζονται, ἄκτιστον οὖν αὖθις ἐρήσομαί σε
τὴν ἁγιότητα ταύτην οἴει, ἢ τοὐν|αντίον κτιστήν. Τὸ    A f.180
μὲν οὖν πρῶτον εὖ οἶδ'ὡς οὐ μήποτ'ἐρεῖς. Οὐδὲ γὰρ λό-
γων ἂν τανῦν ἐδεόμεθα. Εἰ δὲ κτιστήν, ἑτέρας αὖθις ἐν
ἐνδείᾳ καταστήσεις ἡμᾶς ἁγιότητος. Εἰ δ'αὖ κἀκείνην
40 τοῖς κτίσμασιν ἐγκρίνειν ἐπιχειρήσεις, οὐκ οἶδ'ὅπου

---

42, 8/9 Gal. 3, 3     15 Col. 1, 15     16 Hebr. 1, 3     24 Gen. 1, 26

---

42, 25 ἄψυχον] sup. l. A

ποτ' ἂν σταίημεν. Οὐδὲ γὰρ ἔσται πάντως οὐδέν, ὃ τὴν
ἄλογον ταύτην στήσει φοράν, μέχρις ἂν ὡς ὁ τῆς ἀλη-
θείας βούλεται λόγος παρὰ Θεοῦ τὸν ἁγιασμὸν εἴποιμεν
ἄπαντα δέχεσθαι τὰ κτιστά. Τῷ ὄντι γὰρ ἂν ἀθλιωτάτη
45 πάντων ἡ κτίσις εἴη, | εἰ τῶν εἰκόνων ὡς ἀξιοῦτε καὶ     B f.47ᵛ
κτιστῆς ἁγιωσύνης, καὶ μὴ τοῦ Θεοῦ μετέχοι, καὶ ταύ-
της αὖ αὐτῆς, οἵ τε πρώτιστοι τῶν ἀγγέλων, ἔτι τὲ καὶ
οἱ ἄνθρωποι, εἰ μὴ κατ' ἐξαίρετον τῶν ἄλλων κτισμάτων
ἀμέσως οὗτοι μετέχοιεν.

43. Οὐ μήν, ἀλλ' ἐπείπερ οὐσίᾳ μὲν ἐνωθῆναι Θεοῦ,
πᾶσι τὲ θεολόγοις ἀπείρηται, καὶ τῇ ἀληθείᾳ τοῦτο
γε καὶ ὑμῖν συνδοκεῖ, τὸ δ' αὖ ἑνουμένους τῇ ἀκτίστῳ
αὐτοῦ ἐνεργείᾳ, κοινωνοὺς τελεῖν θείας φύσεως, ὡς τῷ
5 πυρὶ διὰ τῆς θέρμης, καὶ τῷ ἡλίῳ διὰ τοῦ ἀπαυγάσμα-
τος, παντάπασιν ὑμῖν ἀπαρέσκει, διαφορὰν ὅλως οὐσί-
ας καὶ ἐνεργείας μὴ δ' ἀκούειν ἀνεχομένοις, εἰ καὶ πᾶσι
τοῦτο τρανῶς βοᾶται τοῖς θεολόγοις, τῶν ὑμετέρων εἰ
δοκεῖ παρέντες ἐξηγήσεων τὸ στρεβλὸν | τοῖς δυναμέ-     A f.180ᵛ
10 νοις δικάσαι, καὶ | τὴν περὶ τούτων ἐπιτρέψατε ψῆφον.    B f.48
Μόνοι γὰρ τῶν τοιούτων ὑμᾶς θορύβων ἕξουσιν ἀπαλ-
λάξαι. Ὁ θειότατος οὐκοῦν τῶν Γραπτῶν Θεόδωρος, Οἱ
θεῖοι φησὶ Χερουβίμ, αὐτὸ μέν, ὅ,τί ποτέ εἰσί τὴν φύσιν,
ἀνείδεοί τε ὑπάρχουσι, καὶ ἀνθρωπείᾳ ἥκιστα καθορᾶσθαι
15 φύσει πεφύκασι, δυνάμεις δὲ ὅμως εἰσὶ ἀσώματοι καὶ πανά-
γιαι, περὶ Θεὸν τὲ ἱδρυμέναι, καὶ τὰ πρῶτα ἐκ Θεοῦ ἐλλαμ-
πόμεναι, πρὸς δέ, καὶ εἰκόνες εἰσὶν ἐκεῖνοι, τῆς θεαρχίας τὸ
κρύφιον καὶ ἀφανὲς φῶς ἐν ἑαυτοῖς ἐμφανίζοντες, καὶ πρὸς
τὸ θεοειδὲς ὡς θεμιτὸν ἀφομοιούμενοι, καὶ τὴν ὅλην τοῦ θεί-
20 ου φωτὸς ἀκτίνα θεοειδῶς εἰσδεχόμενοι, τοῦτο ἐν μεθέξει
ὑπάρχοντες ἑπομένως, ὅπερ κατ' οὐσίαν ἐστὶ τὸ μετεχόμενον
προηγουμένως.

---

43, 4 II Petr. 1, 4     12/22 locum non inveni     17/18 εἰκόνες – ἐμφανίζον-
τες] cf. Ps.-Dion. Areop., De div. nom. 1, 3 (Suchla p. 111, 5)

---

45/46 ὡς – ἁγιωσύνης] καὶ κτιστῆς ἁγιωσύνης ὡς ἀξιοῦτε B     καὶ κτιστῆς
ἁγιωσύνης] in marg. A

138    IOHANNES CANTACVZENVS

44. Τίνος οὐκοῦν ταῦτα | πρὸς Θεοῦ σαφηνείας    B f.48ᵛ
δεῖται, τί δ'ἄν, εἰ καὶ πάντων ἔσται τις ἐριστικώτερος
φαίη, ὅταν ἐστῶτα περὶ Θεὸν ἀκούῃ τὰ Χερουβὶμ καὶ τὰ
πρῶτα ἐκ Θεοῦ ἐλλαμπόμενα; Εἰ γὰρ ἐκ Θεοῦ τὰ πρῶτα,
5 τί μέσον ἀμφοτέρων παραληφθήσεται, καὶ εἰ τὴν ὅλην
θεοειδῶς ἀκτίνα τοῦ θείου φωτὸς εἰσδέχονται, τίνος
ἑτέρας παρ'αὐτὸν δεήσονται ἁγιότητος; Τῶν δὲ Γρηγο-
ρίων | ὁ τοῦ θεολογεῖν τῆς ἐπωνυμίας κληρονομήσας,    A f.181
ἐν τῷ εἰς τὸ Πάσχα λόγῳ, οὗ ἡ ἀρχὴ Ἐπὶ τῆς φυλακῆς
10 μου στήσομαι, μετὰ τὴν τῆς Τριάδος ἀρίστην θεολογίαν,
Πρῶτον μέν φησιν ὁ Θεὸς ἐννοεῖ τὰς ἀγγελικὰς δυνάμεις
καὶ οὐρανίους, καὶ τὸ ἐννόημα ἔργον ἦν, Λόγῳ συμπληρού-
μενον, καὶ Πνεύματι τελειούμενον, καὶ οὕτως ὑπέστησαν λαμ-
πρότητες δεύτεραι, λειτουργοί, τῆς πρώτης λαμ|πρότητος.    B f.49
15 Ἆρ'οὖ συνᾴδει ταῦτα τοῖς τοῦ Γραπτοῦ καὶ τῆς αὐτῆς
ἐννοίας καὶ τῶν δογμάτων ἑκάτερος ἅπτεται; Δευτέραν
γὰρ λαμπρότητα μετὰ τὴν κυρίαν καὶ πρώτην, τὸν ἄγγε-
λον εὐθὺς ἔταξεν, εἰ δ'ἑτέρα τις δύναμις ἦν ἢ τούτους
φωτίζουσα, τρίτην ἂν πάντως καὶ οὐ δευτέραν τοὺς ἀγ-
20 γέλους εἰρήκει. Ἀλλὰ μὴν δευτέραν τούτους εἶπε μετὰ
τὴν πρώτην.

45. Εἰ δὲ τὰ τῶν ἀνωτέρω καὶ πολὺ πρὸ τούτων διε-
ρευνῴη τις, Ἱεροθέου λέγω δὴ καὶ Διονυσίου, θαυμάσαι
ἂν ἐκείνους μὲν τοῦ, τῆς θεολογίας μεγέθους, τουτου-
σὶ δ'αὖ τοὺς μετ'αὐτούς, τοῦ μηδ'ὁπωστιοῦν τῆς ἐκεί-
5 νων διανοίας ἀπολειφθῆναι. Διονύσιος οὐκοῦν ὁ πολύς,
ταυτὸ δὲ φάναι καὶ Ἱερόθεος (ὃ γὰρ βιβλίον συνέταξε,
τῆς Ἱεροθέου θεολογίας ἐστίν, ὡς καὶ αὐτὸς | ὁ Διονύσιος    B f.49ᵛ
ἔφησεν), ἐν τετάρτῳ | τῶν περὶ θείων ὀνομάτων, οὕτω    A f.181ᵛ
φησί· Στάσις γάρ ἐστι πᾶσι καὶ κίνησις, τὸ ὑπὲρ πᾶσαν

---

44, 3/4 cf. supra 43, 13/17 (ref. 43, 12/22)    9/10 Greg. Naz., Or. 45, 1 (PG
36, 624A) et Hab. 2, 1    11/14 Greg. Naz., Or. 45, 5 (PG 36, 629A)    14/21
cf. supra l. 11/14
45, 7 Ps.-Dion. Areop., De div. nom. 3, 2 (Suchla p. 139, 17-20)    9/13 Ps.-
Dion. Areop., De div. nom. 4, 7-8 (Suchla p. 153, 1-5)

---

44, 12 τὸ] sup. l. A

10 στάσιν καὶ πᾶσαν κίνησιν ἐνιδρύον ἕκαστον ἐν τῷ ἑαυτοῦ
λόγῳ, καὶ κινοῦν ἐπὶ τὴν οἰκείαν κίνησιν. Κεκινῆσθαι μὲν
οἱ θεῖοι λέγονται νόες, κυκλικῶς μὲν ἑνούμενοι, ταῖς ἀνάρ-
χοις καὶ ἀτελευτήτοις ἐλλάμψεσι τοῦ καλοῦ καὶ ἀγαθοῦ.
Οὐκοῦν εἰπάτω τις, τί ποτ᾽ ἂν εἶεν αἱ ἄναρχοι ἐλλάμψεις
15 αὗται καὶ ἀτελεύτητοι, ἆρ᾽ οὐσία Θεοῦ; Ἀλλ᾽ οὐδαμῶς
οἵ τε θεολόγοι πάντως βοήσουσι καὶ ὑμεῖς συνερεῖτε.
Ἀλλὰ κτίσμα; Καὶ τί τῶν κτισμάτων ἄναρχον ἢ ἀτελεύ-
τητον; Εἶτα καὶ τὸ ἑνούμενοι, οὐκ ἐᾷ νοεῖν ἡμᾶς δι᾽ ἑτέρας
ἄλλης δυνάμεως τὰς ἐλλάμψεις ταύτας τοὺς ἀγγέλους
20 ἐλλάμπεσθαι, ὥσπερ δὴ τὸν δεύτερον διάκοσμον παρὰ |     B f.50
τοῦ πρώτου, καὶ τὸν τρίτον ἐκ τοῦ δευτέρου, ἀλλ᾽ ἀμέ-
σως ἐλλάμπεσθαι παρὰ Θεοῦ τὸν πρῶτον διάκοσμον,
Χερουβίμ, καὶ θρόνους, καὶ Σεραφίμ, τὰς μήτ᾽ ἀρχὴν
ἐχούσας ἐλλάμψεις, μήτ᾽ ἄρα τέλος. Εἰ δέ τις τὴν γελοι-
25 οτάτην ἐκείνην ἐξήγησιν οὐκ ἐρυθριᾷ λέγειν, ὅτι δηλαδὴ
καθάπερ ὁ κύκλος οὔτ᾽ ἀρχήν, οὔτε τέλος ἔχει, οὕτω χρὴ
κἀπὶ τῶν θείων τούτων νοεῖν ἐλλάμψεων, ἐροῦμεν πρὸς
αὐτόν, ὡς ἐμοὶ μὲν ὦ βέλτιστε καὶ σοί, καὶ | ὅλως τῇ     A f.182
αἰσθήσει, ἀφανὴς ἡ ἀρχὴ τοῦ κύκλου καὶ τὸ τέλος καθέ-
30 στηκε. Καθ᾽ αὑτὸν δέ γε πάντως, καὶ ἤρξατο, καὶ τετέλε-
σται, καὶ τέλος ἔσχεν, ὅθεν καὶ ἤρξατο. Καὶ τὸ μὲν ὅθεν
τὸ σημεῖον ἤρξατό τε καὶ ἔληξεν, οὐκ ἄν τις ἀκριβῶς
ἰσχυρίσαιτο, ἀλλ᾽ ὅ γε νοῦς φαίην δ᾽ ἂν καὶ ἡ αἴσθησις,
κατ᾽ ἐξουσίαν ὅθεν περ βούλεται, | καὶ ἀρχὴν ποιεῖται     B f.50ᵛ
35 καὶ τελευτᾷ. Ὥσθ᾽ ὁ παρ᾽ ὑμῖν ἄναρχος καὶ ἀτελεύτητος
νομιζόμενος, τῇ γε ἀληθείᾳ καὶ τῷ νῷ, καὶ ἤρξατο καὶ
πεπέρασται, οὐ μὴν ἄναρχοι αἱ τοῦ θεοῦ ἐλλάμψεις καὶ
ἀτελεύτητοι, κατὰ τὸν τοῦ κύκλου λόγον, ἀλλ᾽ ἄναρχοι
μέν, ὡς πρὸ τῶν αἰώνων (συναΐδιοι γὰρ καὶ οὐχ ὕστε-
40 ρον προσληφθεῖσαι), ἀτελεύτητοι δ᾽ αὖ, διὰ τὸ τούτων
ἐπέκεινα. Εἰκότως οὖν συναΐδιοι, ὅτι καὶ ἄναρχοι, καὶ
διατοῦτ᾽ ἄναρχοι, ὅτι καὶ συναΐδιοι.

---

46. Πῶς δὲ κυκλικῶς ὁ θεολόγος φησὶν ἐνοῦσθαι ταῖς
θείαις ἐλλάμψεσι τὰς ἀνωτάτω δυνάμεις, ἡμεῖς ἐροῦμεν.
Ἐκ Θεοῦ μὲν κατιέναι τὰς θείας ἐλλάμψεις, πρὸς τὸν
πρῶτον τῶν τριαδικῶν διάκοσμον λέγομεν, θρόνους δη-
5 λαδή, Χερουβὶμ τὲ καὶ Σεραφίμ, αὐτῶν δὲ τούτων ὅλον
τὸν νοῦν καὶ τὴν ἐπιθυμίαν καὶ τὸν ἔρωτα, | πρὸς Θεὸν     B f.51
ἀνιέναι. Καθάπερ γὰρ ὁ Παῦλος τὴν ἀνθρωπικὴν καὶ
ἐμπαθῆ ταύτην ἀποστέργων ζωήν, | μὴ ζῆν μὲν αὐτὸς     A f.182ᵛ
ἔλεγε, ζῆν δὲ τὸν Χριστὸν ἐν αὐτῷ, οὕτω δὴ καὶ οἱ θεῖοι
10 νόες, ταῖς ἀπὸ Θεοῦ ἐλλάμψεσι φωτιζόμενοι, καὶ πρὸς
ἐκεῖνον διὰ τούτων ὅλως ἀνατεινόμενοι, τὴν θείαν ζῶσι
ζωήν. Τοῦτ᾽ οὖν ἐροῦμεν κυκλικῶς, τὸ παρὰ Θεοῦ δηλαδὴ
πρὸς αὐτούς, καὶ πρὸς ἐκεῖνον ἐκ τούτων τὰς ἐλλάμψεις
κατιέναι τέ, καὶ ἀνάγεσθαι. Τὸ δὲ ἄναρχον καὶ ἀτελεύτη-
15 τον, ταῖς ἐλλάμψεσι προσαρμόζειν χρή. Ταύτας καὶ γὰρ
ὅπερ εἴρηται συναϊδίους οὔσας Θεῷ καὶ ὑπεραιωνίους,
τῷ μεγαλείῳ τουτωνὶ τῶν ὀνομάτων κατεκόσμησεν ὁ
διδάσκαλος. Ἀλλὰ καὶ κατ᾽ εὐθεῖαν καὶ ἑλικοειδῆ κίνησιν
τοὺς θείους νόας ὁ αὐτὸς θεολόγος φησὶ κινεῖσθαι, ὃ δή,
20 τὴν τῶν ὑφειμένων καὶ καταδεεστέρων | ἐπιστήμην, τοὺς     B f.51ᵛ
δευτέρους φησὶ καὶ τρίτους λαμβάνειν παρὰ τῶν πρώ-
των. Ἐν γὰρ τοῖς περὶ ἔρωτος ὕμνοις, Ὥσπερ ἔκφανσιν
φησὶν ὄντα ἑαυτοῦ δι᾽ ἑαυτοῦ καὶ τῆς ἐξῃρημένης ἑνώσεως
ἀγαθὴν πρόοδον καὶ ἐρωτικὴν κίνησιν, ἁπλῆν αὐτοκίνητον,
25 αὐτενέργητον, προοῦσαν ἐν τἀγαθῷ, καὶ ἐκ τἀγαθοῦ τοῖς οὖ-
σιν ἐκβλυζομένην, καὶ αὖθις εἰς τἀγαθὸν ἐπιστρεφομένην, ἐν
ᾧ καὶ τὸ ἀτελεύτητον ἑαυτοῦ καὶ ἄναρχον, ὁ θεῖος ἔρως ἐν-
δείκνυται διαφερόντως, | ὥσπέρ τις ἀΐδιος κύκλος, διὰ τἀγα-     A f.183
θὸν ἐκ τἀγαθοῦ, καὶ ἐν τἀγαθῷ καὶ εἰς τἀγαθὸν ἐν ἀπλανεῖ
30 συνελίξει περιπορευόμενος.
47. Τί ποτε οὖν τὰς ἐλλάμψεις ταύτας ὑπολαμβάνειν
χρεών, ἆρ᾽ ὥσπερ ἀστραπὴν παρὰ νέφους ῥαγεῖσαν, πρὸς
βραχὺ μὲν λάμψασαν, εὐθέως δ᾽ ἀπεσβηκυῖαν, οὕτω καὶ

---

46, 1/15 cf. supra 45, 12/13 (ref. 45, 9/13)     8/9 Gal. 2, 20     18/30 Ps.-
Dion. Areop., De div. nom. 4, 14 (Suchla p. 160, 8-14)
47, 1 cf. supra 45, 13 (ref. 45, 9/13)

ταύτας πρὸς ὀλίγον μὲν δίδοσθαι, ὁμοῦ δ'εὐθὺς | τῇ δόσει    *B f.52*
5 συναφανίζεσθαι, ἢ ἀεὶ ταύταις τοὺς ἀγγέλους συνεῖναι,
καὶ ἀεὶ παρ'αὐτῶν ἐκείνους ἐλλάμπεσθαι; Εἰ μὲν ὥσπερ
ἀστραπῆς τάχος οὐχ ἱσταμένης ὃ φθάσας εἰρήκειν, οὕτω
καὶ ταύτας ὑποληπτέον, τοῦ μεγέθους τῆς ἀτοπίας. Εἰ
δὲ τὰς ἀνυποστάτους ταύτας φωτίζειν λέγετε τοὺς ἀγ-
10 γέλους, ἡδέως ἂν ἐροίμην ὑμᾶς, τί τῆς φωτιστικῆς ταύ-
της δυνάμεως τοὔνομα. Τῶν κτισμάτων γὰρ ἕκαστον,
καὶ ἐνυπόστατόν ἐστι καὶ ὁρίζεται, καὶ λόγον ἔχει τινὰ
φυσικὸν καὶ δήλωσιν τῇ σημασίᾳ τοῦ ἰδίου ὀνόματος,
τὴν δ'ὑφ'ὑμῶν ἀναπεπλασμένην ταυτηνὶ δύναμιν, οὐκ
15 ἂν εἴποι τις τί ποτε ὂν ἐν τοῖς οὖσι τέτακται. Οὐδὲ γὰρ
ἐστιν, ἀλλὰ τῆς ὑμῶν ὑπάρχει κοιλίας τόκος, ὅπερ οὐκ
ἂν δοκοίη τοῖς διδασκάλοις τοῖς πάνυ, Θεοδώρῳ τὲ τῷ
Γραπτῷ καὶ Γρηγορίῳ τῷ θεολόγῳ, Ἱεροθέῳ τὲ αὖ | καὶ    *A f.183ᵛ*
Διονυσίῳ τοῖς θεολήπτοις, καθάπερ δέδεικται. Καὶ γὰρ |    *B f.52ᵛ*
20 ὥσπερ ἂν εἰ τὴν περὶ ὧν ἀμφιβάλλομεν δίαιταν ἐπιτε-
τραμμένην εἶχον, οὕτω καθαρὰν τὴν ψῆφον καὶ ἀκεραί-
αν ἡμῖν παρέχουσιν.

48. Ἐν γὰρ ἑβδόμῳ τῶν Περὶ οὐρανίας ἱεραρχίας,
Ἱερόθεός τε καὶ Διονύσιος ἐναργέστατα παριστᾶσιν,
ἀμέσως καὶ οὐ δι'ἄλλης καθ'ὑμᾶς δυνάμεως τῷ Θεῷ
τοὺς θείους ἑνοῦσθαι νόας. Εἰκότως καὶ γὰρ φασὶν ἡ
5 πρώτη τῶν οὐρανίων ἱεραρχιῶν πρὸς τῶν ὑπερτάτων οὐσιῶν
ἱερουργεῖται, τάξιν ἔχουσα, τὴν πασῶν ὑψηλοτέραν, τὸ περὶ
Θεὸν ἀμέσως ἱδρῦσθαι, καὶ τὰς πρωτουργοὺς θεοφανείας
καὶ τελειώσεις, εἰς αὐτὴν ὡς ἐγγυτάτην ἀρχικωτέρως δια-
πορθμεύεσθαι, ἡ δὲ τῶν Χερουβίμ, τὸ γνωστικὸν αὐτῶν καὶ
10 θεοπτικόν, καὶ τῆς ὑπερτάτης φωτοδοσίας δεκτικὸν καὶ θε-
ωρητικόν, ἐν πρωτουργῷ δυνάμει τῆς θεαρχικῆς εὐπρεπείας,
καὶ τῆς σοφοποιοῦ μεταδόσεως ἀναπεπλησμένον καὶ κοινω-
νικὸν ἀφθόνως πρὸς τὰ δεύτερα, τῇ χύσει τῆς δωρηθείσης
σοφίας, ἡ δὲ | τῶν ὑψηλοτάτων καὶ ἐπηρμένων θρόνων, τὸ    *B f.53*
15 πάσης ἀμιγῶς ἐξῃρῆσθαι περιπεζίας | ὑφέσεως καὶ τὸ πρὸς    *A f.184*

---

48, 4/9 Ps.-Dion. Areop., *De coel. hier.* 7, 1 (Heil – Ritter p. 27, 8-12)        9/21
Ibid. 7, 1 (Heil – Ritter p. 28, 2-12)

ἄναντες ὑπερκοσμίως ἀνωφερές, καὶ πάσης ἐσχατιᾶς ἀρρε-
πῶς ἀνῳκισμένον, καὶ περὶ τὸν ὄντως ὕψιστον ὁλικαῖς δυ-
νάμεσιν ἀκατασείστως καὶ εὐσταθῶς ἱδρυμένον, καὶ τῆς θε-
αρχικῆς ἐπιφοιτήσεως ἐν ἀπαθείᾳ πάσῃ καὶ ἀϋλίᾳ δεκτικόν,
20 καὶ τὸ θεοφόρον καὶ θεραπευτικῶς ἐπὶ τὰς θείας ὑποδοχὰς
ἀναπεπταμένον. Νῦν δὲ εἰπεῖν ἀξίως εὔχομαι τῶν ὑπερτά-
των νόων, πῶς ἡ κατ᾽ αὐτοὺς ἱεραρχία διὰ τῶν λογίων ἐκφαί-
νεται ταῖς πρώταις οὐσίαις, αἲ μετὰ τὴν οὐσιοποιὸν αὐτῶν
θεαρχίαν ἱδρυμέναι καὶ οἷον ἐν προθύροις αὐτῆς τεταγμέναι,
25 πάσης εἰσὶν ἀοράτου καὶ ὁρατῆς ὑπερβεβηκυῖαι, γεγονυίας
δυνάμεως. Τῆς δὲ Ἰησοῦ κοινωνίας ὡσαύτως ἠξιωμένας,
οὐκ ἐν εἰκόσιν ἱεροπλάστοις μορφωτικῶς ἀποτυποῦσι τὴν
θεουργικὴν ὁμοίωσιν, ἀλλ᾽ ὡς ἀληθῶς | αὐτῷ πλησιαζούσας     B f.53ᵛ
ἐν πρώτῃ μετουσίᾳ τῆς γνώσεως τῶν θεουργικῶν αὐτοῦ
30 φώτων, καὶ μὴν ὅτι τὸ θεομίμητον αὐταῖς ὑπερτάτως δεδώ-
ρηται, καὶ κοινωνοῦσι κατὰ τὸ αὐταῖς **ὡς** ἐφικτὸν ἐν πρω-
τουργῷ δυνάμει, ταῖς θεουργικαῖς αὐτοῦ καὶ φιλανθρώποις
ἀρεταῖς, τετελεσμένας δὲ ὡσαύτως, οὐχ ὡς ποικιλίας ἱερᾶς
ἀναλυτικὴν ἐπιστήμην ἐλλαμπομένας, ἀλλ᾽ ὡς πρώτης | καὶ     A f.184ᵛ
35 ὑπερεχούσης θεώσεως, ἀποπληρουμένας κατὰ τὴν ὑπερ-
τάτην ὡς ἐν ἀγγέλοις τῶν θεουργιῶν ἐπιστήμην. Οὐ γὰρ
δι᾽ ἄλλων ἁγίων οὐσιῶν, ἀλλὰ πρὸς αὐτῆς τῆς θεαρχίας ἱε-
ραρχούμεναι, τῷ ἐπ᾽ αὐτὴν ἀμέσως ἀνατείνεσθαι τῇ πάντων
ὑπερεχούσῃ δυνάμει καὶ τάξει, καὶ πρὸς τὸ πάναγνον καὶ
40 κατὰ πᾶν ἀρρεπὲς ἱδρύονται, καὶ πρὸς τὴν ἄϋλον καὶ νοητὴν
εὐπρέπειαν, ὡς θεμιτὸν εἰς θεωρίαν προσάγονται, καὶ τοὺς
τῶν θεουργιῶν ἐπιστημονικοὺς | λόγους, ὡς πρῶται καὶ     B f.54
περὶ Θεὸν οὖσαι, μυοῦνται, πρὸς αὐτῆς τελεταρχίας ὑπερτά-
τως ἱεραρχούμεναι. Τοῦτο γοῦν οἱ θεολόγοι σαφῶς δηλοῦσι,
45 τό, τὰς μὲν ὑφειμένας τῶν οὐρανίων οὐσιῶν διακοσμήσεις,
πρὸς τῶν ὑπερβεβηκυιῶν εὐκόσμως ἐκδιδάσκεσθαι τὰς θε-
ουργικὰς ἐπιστήμας, τὰς δὲ πασῶν ὑψηλοτέρας, ὑπ᾽ αὐτῆς

---

**21/26** Ibid. 7, 2 (Heil – Ritter p. 28, 18-22)     **26/44** Ibid. 7, 2 (Heil – Ritter
p. 29, 9-24)     **44/48** Ibid. 7, 3 (Heil – Ritter p. 30, 1-4)

θεαρχίας ὡς θεμιτὸν τὰς μυήσεις ἐλλάμπεσθαι. Οὐκοῦν, ἡ πρώτη τῶν οὐρανίων νόων ἱεραρχία, πρὸς αὐτῆς τελεταρχί-
50 ας ἱεραρχουμένη τῷ ἐπ'αὐτὴν ἀμέσως ἀνατείνεσθαι τῆς πα-
ναγεστάτης καθάρσεως τοῦ ἀπλέτου φωτός, τῆς προτελείου τελεσιουργίας, ἀναλόγως αὐτῇ πληρουμένη καθαίρεται καὶ φωτίζεται, καὶ τελεσιουργεῖται, πάσης μὲν ὑφέσεως ἀμιγής,
| πρώτου δὲ φωτὸς πλήρης, καὶ πρωτοδότου γνώσεως καὶ   *A* f.185
55 ἐπιστήμης, μέτοχος ἀποτελουμένη. Αὕτη μὲν οὖν ἐστιν ὡς κατ'ἐμὴν ἐπιστήμην, ἡ πρώτη τῶν οὐρανίων | οὐσιῶν δια-   *B* f.54ᵛ
κόσμησις, ἡ κύκλῳ Θεοῦ καὶ περὶ Θεὸν ἀμέσως ἑστηκυῖα, καὶ ἁπλῶς καὶ **ἀκαταλήπτως** περιχορεύουσα τὴν αἰώνιον αὐτοῦ γνῶσιν κατὰ τὴν ὑπερτάτην ὡς ἐν ἀγγέλοις ἀκίνητον
60 ἵδρυσιν.

**49.** Ἐκ τοῦ πρώτου τῶν Περὶ θείων ὀνομάτων· Ἀλλὰ καὶ αἱ τῶν ἁγίων δυνάμεων ἀγγελοπρεπεῖς ἑνώσεις, ἃς εἴτε ἐπιβολὰς εἴτε παραδοχὰς χρὴ φᾶναι τῆς ὑπεραγνώστου καὶ ὑπερφανοῦς ἀγαθότητος, ἄρρητοι τὲ εἰσὶ καὶ ἄγνωστοι, καὶ
5 μόνοις αὐτοῖς ἐνυπάρχουσι, τοῖς ὑπὲρ γνῶσιν ἀγγελικὴν ἠξι-
ωμένοις αὐτῶν ἀγγέλοις.

**50. Καὶ τὰ μὲν Διονυσίου τοιαῦτα, κεφάλαιον δ'ἐπὶ πᾶσι τοῖς εἰρημένοις, τὸ ἐν τοῖς εὐαγγελίοις κυριακὸν λόγιον, Ὁρᾶτε φάσκον, μὴ καταφρονήσητε ἑνὸς τῶν μικρῶν τούτων. Οἱ ἄγγελοι γὰρ αὐτῶν, διαπαντὸς βλέ-**
5 **πουσι τὸ πρόσωπον τοῦ Πατρός μου τοῦ ἐν οὐρανοῖς, καὶ τό, πρὸς τὸν Ζαχαρίαν εἰρημένον | τῷ ἄρχοντι Γαβριὴλ,**   *B* f.55
**τό, Ἐγώ εἰμι Γαβριὴλ ὁ παρεστηκὼς ἐνώπιον Κυρίου. Ἆρ'οὖν ἄν, διὰ τῆς ὑφ'ὑμῶν νῦν ἀναπεπλασμένης ἀνυ-
ποστάτου εἰκόνος καὶ ἁγιότητος τοὺς ἀγγέλους φαίημεν**
10 **ὁρᾶν τὸν Θεόν, ἢ ἀμέσως ὡς ὁ Γαβριὴλ εἶπε καὶ ὁ Κύρι-
ος ἐβεβαίωσεν;**

---

48/55 Ibid. 7, 3 (Heil – Ritter p. 30, 17-22)   55/60 Ibid. 7, 4 (Heil – Ritter p. 31, 6-9)
49, 1/6 Ps.-Dion. Areop., *De div. nom.* 1, 5 (Suchla p. 116, 10-13)
50, 3/5 Mt. 18, 10   7 Lc. 1, 19

---

49, 1 Ἐκ – ὀνομάτων] *in marg. A,* Ἐν δὲ τῷ πρώτῳ λόγῳ τῶν Περὶ θείων ὀνο-
μάτων, οὕτω φησὶν *B*

51. Ἀναγκαῖον δὲ καὶ τὰ τῷ θείῳ Βασιλείῳ περὶ τού-
του δοκοῦντα, διαλαβεῖν. Ἐν γὰρ τῷ | εἰς τὴν Ἑξαήμε-     *A* f.185ᵛ
ρον πρώτῳ λόγῳ, Μωσῆς φησιν ὁ ἐν τεσσαράκοντα ὅλοις
ἔτεσιν ἑαυτὸν τῇ θεωρίᾳ τῶν ὄντων ἀπασχολήσας, ὀγδο-
5   ηκοστὸν ἤδη γεγονὼς ἔτος, εἶδε Θεόν, ὅσον ἀνθρώπῳ ἰδεῖν
δυνατόν, μᾶλλον δέ, ὡς οὐδενὶ τῶν ἄλλων ὑπῆρξε, κατὰ τὴν
μαρτυρίαν αὐτὴν τοῦ Θεοῦ, ὅτι ἐὰν γένηται προφήτης ὑμῖν
ἐν Κυρίῳ, ἐν ὁράματι αὐτῷ γνωσθήσομαι, καὶ ἐν ὕπνῳ λα-
λήσω αὐτῷ, οὐχ οὕτω δέ, ὡς ὁ θεράπων μου Μωσῆς ἐν ὅλῳ
10   τῷ οἴκῳ μου πιστός ἐστι, στόμα κατὰ στόμα λαλήσω αὐτῷ,
ἐν εἴδει καὶ οὐ δι'αἰνιγμάτων. Οὗτος τοίνυν ὁ τῆς αὐτοπρο-
σώπου θέας τοῦ Θεοῦ ἐξίσου τοῖς ἀγγέλοις ἀξιωθείς, ἐξ
ὧν ἤκουσε παρὰ Θεοῦ, διαλέγεται ἡμῖν, ἤτοι, τὸ Ἐν ἀρχῇ
ἐποίησεν ὁ Θεὸς τὸν οὐρανὸν καὶ τὴν γῆν.
52. Ὅσα μὲν οὖν τό γε νῦν εἶναι περὶ τοῦ κυκλικῶς
καὶ τῶν ἄλλων εἰπεῖν δεδοκίμακα, παρὰ τῶν ἀδιαστρό-
φως τοῖς θείοις ἐπιβαλλόντων | χρησάμενος, ταῦτ'ἐστίν.     *B* f.55ᵛ
Ἄγε δὴ λοιπὸν τοῦτ'αὐτό, καὶ περὶ τἀνθρώπου σκοπῶ-
5   μεν, ἐπεὶ καὶ οὗτος εἰκὼν Θεοῦ, πῶς ποτ'ἄρα τῷ Θεῷ
λέγεται ἑνοῦσθαι δι'ἄλλης τινὸς ὡς αὐτοὶ λέγετε ἁγι-
ότητος, ἢ κατὰ τὸν τῆς ἀληθείας λόγον ἀμέσως, ὡς οἱ
πρώτιστοι τῶν ἀγγέλων. Καὶ πρῶτον γε πάντων, ἐκεῖνα
τῆς θείας γραφῆς θεώμεθα, τίνι τρόπῳ τοὺς αὐτὸν ὁ σω-
10   τὴρ ἠγαπηκότας υἱοποιεῖται | καὶ τῷ τῆς ἀδελφότητος     *A* f.186
καὶ φιλίας ὀνόματι, ἑαυτὸν αὐτοῖς προσαρμόζει, πατέρα
τούτων καλῶν ἑαυτόν, καὶ φίλους, ἑκασταχοῦ τούτους
προσονομάζων καὶ ἀδελφούς. Ἐν γὰρ τῷ τοῦ πάθους
καιρῷ, Τεκνία ἔλεγεν, ἔτι μικρὸν μεθ'ὑμῶν εἰμί. Τῆς δὲ
15   μητρὸς καὶ τῶν ἀδελφῶν προσομιλῆσαι τούτῳ ποτὲ ζη-
τούντων, Οὗτοι εἰσὶν εἶπε δείξας τοὺς μαθητάς, ἡ μήτηρ
μου καὶ οἱ ἀδελφοί μου, οἱ ποιοῦντες τὸ θέλημα τοῦ Πα-

---

51, 3/13 Bas. Caes., *In hex.* 1, 1 (Giet p. 90)     7/11 Num. 12, 6-8     13/14
Gen. 1, 1
52, 14 Io. 13, 33     14/18 Mt. 12, 47-50

---

52, 14 Τεκνία] Τέκνα *B a corr.*

τρός μου τοῦ ἐν | οὐρανοῖς, καὶ θυγατέρα τὴν αἱμορρο-          B f.56
οῦσαν οὐκ ἀπηξίωσε κεκληκέναι. Καὶ αὖθις ἐν ἄλλοις,
20  Οὐκέτι ἔφησεν ὑμᾶς λέγω δούλους, ὅτι ὁ δοῦλος οὐκ οἶ-
δεν τί ποιεῖ αὐτοῦ ὁ κύριος, ὑμᾶς δὲ εἴρηκα φίλους, ὅτι
πάντα ἃ ἤκουσα παρὰ τοῦ Πατρός μου, ἐγνώρισα ὑμῖν.
Διὰ γὰρ τοῦτο καὶ Παῦλος, Οὐκ ἐπαισχύνεται φησὶν ὁ
Χριστὸς καλεῖν αὐτοὺς ἀδελφούς, καὶ αὖθις ἐπιστέλ-
25  λων Ἑβραίοις, Εἰ τοὺς μὲν τῆς σαρκὸς ἡμῶν πατέρας
εἴχομεν παιδευτὰς καὶ ἐνετρεπόμεθα, οὐ πολλῷ μᾶλλον
ὑποταγησόμεθα τῷ Πατρὶ τῶν πνευμάτων καὶ ζήσομεν;
Οἱ μέν, γὰρ πρὸς ὀλίγας ἡμέρας κατὰ τὸ δοκοῦν αὐτοῖς,
ἐπαίδευον, οἱ δέ, ἐπὶ τὸ συμφέρον, εἰς τὸ μεταλαβεῖν
30  τῆς ἁγιότητος αὐτοῦ.

53. Ποίας οὐκοῦν ἁγιότητος μεταλαβεῖν ἡμᾶς λέγει,
μᾶλλον δέ, ποίαν τινα φησὶν ἐν τῷ | Θεῷ εἶναι ἁγιότη-          B f.56ᵛ
τα, ἧστινος δὴ μεταληψόμεθα καὶ ἡμεῖς, τὴν | κτιστὴν          A f.186ᵛ
ἄρα; Καὶ τίς ἐπ᾽ ἀναιδείᾳ ἢ ἀσεβείᾳ βεβοημένος, κτιστὴν
5  ἄν, προσεῖναι τῷ Θεῷ φήσειεν ἁγιότητα; Εἰ δὲ τοῦτο
καὶ τοῖς πάντα τολμηροῖς οὐ ῥηθήσεται, τί λοιπόν, ἢ
τὴν ἄκτιστον καὶ θείαν τοῦ Θεοῦ ἁγιότητα λέγειν τοὺς
αὐτῆς μετόχους, θεοποιεῖν τε καὶ ἁγιάζειν; Αὕτη γάρ
ἐστιν ἡ θεοποιὸς χάρις, ἥντινα φησὶν ἁγιότητα Παῦλος.

54. Ἔτι ὁ αὐτός, Κέκρυπταί φησιν ἡ ζωὴ ἡμῶν, ἐν
τῷ Θεῷ σὺν τῷ Χριστῷ. Ζωὴν οὖν ἐνταῦθα, οὐ τὴν τῆς
ψυχῆς φυσικὴν λέγει, καθ᾽ ἣν ζῇ μὲν αὐτή, συζῆν δὲ
καὶ τὸ σῶμα ποιεῖ, ἀλλὰ τὴν ἐγγεγραμμένην τῇ βίβλῳ
5  τῶν ζώντων, ἥτις ἐστὶν αὐτὸς ὁ Θεός. Ἐγὼ γάρ εἰμι ὁ
σωτὴρ εἴρηκεν, ἡ ζωή. Ὑπὲρ ταύτης δὲ τῆς ζωῆς ἔλε-
γε καὶ τοῖς ἑβδομήκοντα μαθηταῖς, | Μὴ χαίρετε ὅτι τὰ          B f.57
πνεύματα ὑμῖν ὑποτάσσεται, χαίρετε δέ, ὅτι τὰ ὀνόματα
ὑμῶν, ἐγράφη ἐν τοῖς οὐρανοῖς.

---

**18/19** Mt. 9, 20-22      **20/22** Io. 15, 15      **23/24** Hebr. 2, 11      **25/30**
Hebr. 12, 9-10
**53, 1/7** cf. supra 52, 29/30 (ref. 52, 25/30)
**54, 1/2** Col. 3, 3      **4/5** βίβλῳ – ζώντων] cf. Phil. 4, 3; Apoc. 3, 5      **5/6** Io.
11, 25; 14, 6      **7** Lc. 10, 17-18      **7/9** Lc. 10, 20

55. Ἔτι πρὸς τὸν ἑαυτοῦ πατέρα φησὶν ὁ σωτήρ·
Δόξασόν με πάτερ παρὰ σεαυτῷ, τῇ δόξῃ ᾗ εἶχον πρὸ
τοῦ τὸν κόσμον εἶναι παρὰ σοί. Πότερον οὖν, ὡς Υἱὸς
καὶ Λόγος ἐζήτει τὴν δόξαν ἣν εἶχε πρὸ τοῦ τὸν κόσμον
5 εἶναι; Οὐκοῦν, ἀποβεβληκέναι μὲν αὐτήν, ἀναλαβεῖν
δὲ ζητεῖν αὐτὸν φήσομεν. Εἰ δ'ἀπεβάλλετο τὴν δόξαν,
καὶ τὴν θεότητα, εἰ δὲ τοῦτο, | τίς ἂν ἑτέρα μείζων ἀσέ- *A f.187*
βεια ζητηθείη; Καὶ γὰρ (ἀλλ'ἵλαθι Κύριε), εἰς τὸ μὴ ὂν
ἂν ἐχώρησεν, οὐ μόνον αὐτός, ἀλλὰ καὶ ὁ Πατὴρ καὶ τὸ
10 Πνεῦμα. Οὐκοῦν οὐχ ὡς Θεός, ἀλλ'ὡς ἄνθρωπος καὶ
ᾔτει καὶ εἴληφεν, ὥσπερ καὶ τὸ δεδόσθαι παρὰ τοῦ Πα-
τρὸς αὐτῷ ἐξουσίαν ἔλεγεν ἐν οὐρανῷ καὶ ἐπὶ γῆς. Καὶ
γὰρ οὖν, καὶ ἔλαβεν ἑκάτερα, ὁ τῆς παρθένου υἱός, ὁ κυ-
ριακὸς | ἄνθρωπος, ἐξουσίαν φημὶ καὶ δόξαν. Οὐ γὰρ μό- *B f.57ᵛ*
15 νον γῆθεν εἰς οὐρανοὺς ὁ Υἱὸς τοῦ Θεοῦ ἀνήγαγε τὴν ἀν-
θρωπίνην ἐσχατιάν, ἀλλὰ καὶ πατρικῇ καὶ θείᾳ συνεδρίᾳ
τετιμηκὼς καὶ συμπροσκυνεῖσθαι τῇ θείᾳ Τριάδι μιᾷ
προσκυνήσει παρὰ πάντων ἀγγέλων τε καὶ ἀνθρώπων
παρασκευάσας, ὁμόθεον μὲν εἴργασται, ἀλλ'οὐχ ὁμοού-
20 σιον, πᾶσι κατάκρας αὐτὴν κοσμήσας αὐχήμασι τῆς θεό-
τητος, τηροῦσαν καὶ οὕτω, τὰ τῆς ἀνθρωπίνης ἰδιώματα
φύσεως, τὸ περιγραπτὸν δηλαδή, τὸ κτιστόν, τό, σάρκα
καὶ ὀστέα εἶναι. Οὐκοῦν τὸ πλήρωμα πᾶν τῆς θεότητος,
ὁ ξένος οὗτος καὶ θειότατος ἄνθρωπος, ὁ τῆς παρθένου
25 δεδεγμένος υἱός, μερίτας καὶ ἡμᾶς τοῦ τηλικούτου πλού-
του κατέστησε. Πᾶν μὲν γὰρ ἐκεῖνος εἶχε τὸ πλήρωμα,
μέρους δ'ἡμεῖς | κληρονόμοι. Σῶμα καὶ γὰρ ὄντες, πῶς *B f.58*
οὐκ ἂν τῇ ἡμετέρᾳ κεφαλῇ, | τῷ Χριστῷ συγκληρονο- *A f.187ᵛ*
μοῖμεν; Εἰ γὰρ σύσσωμοι, καὶ συγκληρονόμοι, εἰ δ'οὐ
30 συγκληρονόμοι, πῶς σύσσωμοι; Ἀλλὰ μήν, σύσσωμοι,
διὸ καὶ συγκληρονόμοι. Ταύτῃ τοι, καὶ εἰ κτισμάτων
κεκληρονόμηκεν ὁ Χριστός, τῆς αὐτῆς ἀνάγκη καὶ ἡμᾶς
αὐτῷ συμμετέχειν κληρονομίας, εἰ δ'ἄκτιστος ἡ'κείνου

55, 2/5 Io. 17, 5    11 cf. Io. 17, 5 et Mt. 28, 18    11/12 Mt. 28, 18
23 Col. 2, 9    24/26 cf. supra l. 23    29/30 Eph. 3, 6

55, 2 ᾗ] ἣν B

κληρονομία, καὶ οὐδεὶς ἀντερεῖ πλὴν ὑμῶν, ἀκτίστων
35 καὶ ἡμεῖς ἄρα καὶ οὐ καθ᾽ὑμᾶς εἰκόνων ἀνυποστάτων,
μᾶλλον δ᾽οὐδαμῇ οὐδαμῶς ὄντων κληρονομοῦμεν. Ἢ
πῶς οὐκ ἀνυπόστατοι καὶ ἀνώνυμοι καὶ μόνης τῆς ὑμε-
τέρας ἐξουσίας καὶ θεολογίας, εὕρημά τε καὶ κατασκεύ-
ασμα; Τῶν γὰρ ἄλλων ἁπάντων, ὥς που δὴ πρὸ βραχέος
40 εἶπον, αἰῶνος δηλαδὴ καὶ ἀγγέλου καὶ ἀνθρώπου, ἔτι τὲ
οὐρανοῦ καὶ γῆς καὶ τῶν | ἐν μέσῳ (ταῦτα καὶ γὰρ εἰκό-    *B f.58ᵛ*
νας ἔχουσι θείας), παρ᾽αὐτῆς τῆς γραφῆς κατ᾽ὄνομα δη-
λουμένων καὶ ὑφ᾽ἁπάντων συνεγνωσμένων, μόνης ταύ-
της τῆς εἰκόνος, οὔθ᾽ἡ γραφὴ πώποτε, οὔτ᾽οὐδεὶς τῶν
45 θεολόγων εἰς μνήμην ἦκε, μόνης δ᾽ὅπερ φθάσας εἶπον,
τῆς ὑμῶν διανοίας πέφυκε δημιούργημα. Εἰ δ᾽ἀληθὴς
ὑπάρχει κατὰ τὰς ἄλλας, δεικνύτω τις θεολόγον τὸν εἰ-
πόντα, καὶ νενι|κήμεθα. Ἀλλ᾽οὐκ ἔστιν, οὐδ᾽ἐγχωρεῖ καὶ    *A f.188*
ὑπονοεῖν γοῦν ὅλως, τό γε τοιοῦτον. Μάτην γὰρ ἂν ἦν
50 ἅπαντα τὰ διὰ σαρκὸς πεπραγμένα, τῷ, σεσωκότι πάν-
τας Χριστῷ. Τῆς γὰρ ἐν τοῖς καθ᾽ἡμᾶς ἐπιδημίας καὶ
τῆς ἀμυθήτου δι᾽ἡμᾶς πτωχείας, τοῦτ᾽ἦν κεφάλαιον,
τό, τὸν ὑπὸ τοῦ δυσμενοῦς ἠπατημένον ἄνθρωπον, καὶ
διὰ τῆς παρακοῆς ἐκβεβλημένον τοῦ παραδείσου, τῆς
55 ἀρχαίας αὖθις ἀποφῆναι κληρονόμον μακαριότητος. |    *B f.59*
Τούτου γὰρ δὴ ἕνεκεν πάνθ᾽ὁπόσα πᾶσι συνέγνωσται,
καὶ δέδρακέ τε καὶ πέπονθεν, ὅλον πλὴν ἁμαρτίας ἐνδὺς
τὸν Ἀδάμ, ἐκ τῶν τῆς πανάγνου Μαρίας παρθενικῶν
καὶ θείων αἱμάτων. Τί γὰρ δὴ τοῦ μυστηρίου τούτου
60 καινότερον, δύο φύσεων ἀνθρωπότητος καὶ θεότητος
συνελθουσῶν τε καὶ ἡνωμένων ἀκροτάτην καὶ ὑπερφυᾶ
ἕνωσιν, μίαν ἐξ ἀμφοῖν ὑπόστασιν χρηματίσαι, τῶν ἰδί-
ως ἀσυγχύτως τετηρημένων ἑκατέρας τῶν φύσεων, ὡς
μήτ᾽εἰς κτίσμα τὸ ἀξίωμα τῆς θεότητος ἀλλοιωθῆναι,
65 μήτ᾽εἰς ἄκτιστον ἀναχθῆναι τὴν ἀνθρωπότητα;
56. Περὶ μὲν δὴ τούτων, ἐς τοσοῦτο. Πλὴν ἀλλ᾽ὅ γε
προτεθύμημαι δεῖξαι, τοῦτ᾽ἦν, ὅτι πάνθ᾽ἅπερ ὡς ἐν κε-
φαλαίῳ φᾶναι, παρὰ τοῦ σωτῆρος ἐνήρ|γηται θαύματα,    *A f.188ᵛ*
καὶ πάθος, καὶ ταφή, καὶ ἀνάστασις, ἄνοδός τε αὖθις ἐν

---

**39/40** cf. supra 42, 17/27

5 τοῖς ἰδίοις καὶ τἄλλα, ταύτην καὶ μόνην | εἶχεν αἰτίαν,    B f.59ᵛ
τῆς ἡμετέρας φύσεως τὴν τιμήν, καὶ τὴν εἰς τἀρχαῖον
ἀποκατάστασιν, καὶ τό, θεοῦσθαι, τοὺς πρὸς αὐτὸν νεύον-
τας. Τί γὰρ ἂν καὶ εἴη μεῖζον εἰς λόγον εὐδαιμονίας, ἤ,
τό, τὴν ἡμετέραν εἰδέναι φύσιν, τῇ ἁγίᾳ Τριάδι συμπροσ-
10 κυνουμένην τέ, καὶ συνεδριάζουσαν; Τοῦτο καὶ γὰρ ἄν,
φαίην καὶ τό, ὑπὸ τοῦ σωτῆρος εἰρημένον νοεῖν, τό, Ἵνα
ζωὴν ἔχωσι, καὶ περισσὸν ἔχωσιν. Αὕτη καὶ γάρ ἐστι λέ-
γων ἐν εὐαγγελίοις πρὸς τὸν Θεὸν καὶ Πατέρα, ἡ αἰώνι-
ος ζωή, ἵνα γινώσκωσι σὲ τὸν μόνον ἀληθινὸν Θεόν, καὶ
15 ὃν ἀπέστειλας Ἰησοῦν Χριστόν, προσέθηκε μετὰ ταῦτα,
τό, Ἵνα ζωὴν ἔχωσι καὶ περισσὸν ἔχωσι, ὧν τὸ μὲν Ἵνα
ζωὴν ἔχωσι τῆς πρὶν ἀθανασίας καὶ ἀφθαρσίας ἔστιν
ἐμφατικόν, τό, δ᾽ ἵνα περισσὸν ἔχωσιν, ἐκεῖνο πάντως
σημῆναι βούλεται, ὅπερ ὁ νέος εἴληφεν Ἀδάμ, Ἰησοῦς
20 ὁ Χριστός, τό, τὴν ἀνθρωπίνην δηλαδὴ | φύσιν ὁμόθεον    B f.60
γεγονέναι καὶ συγκαθημένην τῇ Τριάδι, καὶ κληρονόμον
ἅπαντος τελεῖν τοῦ πληρώματος τῆς θεότητος, ἐξ οὗ καὶ
ἡμῖν δεδώρηται. Οὐκοῦν, οὐκ ἔνι δήπου φᾶναι, τὴν μὲν
ἡμῶν φύσιν εἰς τοῦτο τιμῆς ἀγαγεῖν, τόν, καὶ τὴν ἀρχὴν
25 σεσωκότα ταύτην, | ὡς κεφαλὴν ἡμῶν ἀξιῶσαι κεκλῆ-    A f.189
σθαι, εἶτ᾽ ἐκεῖνον μέν, τοῦ τῆς θεότητος πληρώματος,
κληρονόμον εἶναι, ἡμᾶς δ᾽ ὃ πᾶσαν παρέδραμε ἀτοπίαν,
κτιστῆς τινος ἁγιότητος, ἣν οὐκ ἂν ἔγωγε φαίην ἄλλως,
ἢ τὸν ἐξαρχῆς δυσμενῆ, τὸν ἀεὶ τὰ ζιζάνια τῷ ἀγρῷ παρ-
30 ενσπείροντα τῆς θείας γραφῆς, νῦν ταῖς τῶν λεγόντων
ἐνσπεῖραι καρδίαις.
    57. Ἐμοί δ᾽ ἐκεῖνο καὶ δοξάζειν καὶ λέγειν ἡ ἀλήθεια
παραινεῖ, ὡς εἰ μὴ πάντα τις μάταια καθὼς εἶπον τὰ τῆς
οἰκονομίας ἐλέγχειν βούλοιτο, τοῦτ᾽ ἀνάγκη πεπεῖσθαι,
Χριστὸν μὲν τοιαύτης εἶναι κληρονομίας | ἐπάξιον, ἡμᾶς    B f.60ᵛ

---

56, 11/12 Io. 10, 10    12/15 Io. 17, 3    16/18 Io. 10, 10    19 Ἀδάμ]
cf. I Cor. 15, 45-47    22/26 Col. 2, 9    25 κεφαλήν] cf. Eph. 1, 22; 4, 15
29 Mt. 13, 25-30

56, 28 ἁγιότητος] e corr. B

5    δ'ἐκείνου συγκληρονόμους καθεστηκέναι. Πλὴν εἰ μή
τις τὴν κεφαλὴν ἡμῶν τὸν Χριστόν, τῆς ὁλομελείας τοῦ
σώματος διϊστᾶν μέλλοι τῆς ἐκκλησίας, τῷ, τῆς μὲν θε-
ότητος ἐκεῖνον φάσκειν κληρονομεῖν, εἰκόνων δ'ἡμᾶς,
καὶ κτιστῆς ἁγιότητος, ὁ δὴ τοιοῦτος, ὅστίς ποτ'ἂν ᾖ,
10   ἐνάριθμος ἔμοιγε (φαίην δ'ἂν καὶ πᾶσι) σὺν ἀληθείᾳ κρι-
θήσεται, τοῖς τὴν ζωηφόρον ἐν τῷ πάσχειν τοῦ Χριστοῦ
σάρκα τοῖς ἥλοις καὶ τῇ λόγχῃ διαπείρασι καὶ τεμοῦσι.
Ἐκεῖνοι μὲν γάρ, αἰσθητῶς τωτότε, νῦν δ'οὗτοι νοητῶς
τοῦτο δρῶσιν.
      58. Εἰ δ'εἴποι τις, ὡς ὁ μὲν Χριστὸς κατάκρας καὶ
ὑπερφυῶς ἥνωται τῇ θεότητι, τοῦτο δ'ἐφ'ἡμῶν | τῶν    *A f.189ᵛ*
ἀνθρώπων ἀδύνατον, τοῦτο μὲν τῷ λέγοντι συνεροῦμεν,
ἀδύνατον εἶναι δηλαδὴ κατὰ τοιαύτην ἕνωσιν ἢν αὐτὸς
5    ἥνωται τῇ θεότητι, καὶ ἡμᾶς ἡνῶσθαι | αὐτῷ, ἐκεῖνο    *B f.61*
δέ, καὶ μάλα ἐροῦμεν, ὡς ἐπείπερ ἡμῶν, τῆς ἐκκλησί-
ας δηλονότι σώματος ὄντων καὶ μελῶν, οὐκ ἀπηνήνατο
κεφαλὴ κληθῆναι, οὐδὲ τοῦ συγκληρονόμους ἔχειν ἀπα-
ξιώσει, ἀλλ'αὐτοῦ μὲν ὁ θεῖος ναός, οἰκητήριον ἔσται
10   τῆς ὅλης θεότητος, ἡμεῖς δέ, τῆς ἀνηκούσης, μέρους δη-
λαδή, τοῦ παντός. Ἤ, πῶς ὁ Χριστῷ συγκληρονόμους
ἡμᾶς καλῶν ἀληθεύσει Παῦλος, καὶ ὁ ἐκ τοῦ πληρώμα-
τος αὐτοῦ ἡμᾶς Ἰωάννης εἰληφέναι λέγων; Καίτοι, τί
φημί, πῶς ἂν τὸ ἀσφαλές, τοῖς τοῦ Κυρίου ἡμῶν προ-
15   σείη λόγοις, μᾶλλον δέ, πῶς οὐκ ἂν, παντάπασι διαπί-
πτοιεν, εἴ γε μὴ ἀμέσως αὐτοῦ μετέχοιμεν, ἀλλ'ἀνυπο-
στάτου τινὸς ἁγιότητος; Ἀλλ'οὐκ ἔστι. Θᾶττον γὰρ ἄν,
εἰς τὸ μὴ ὂν ἀνελύθη τόδε τὸ πᾶν, ἢ τἀληθοῦς | ὁ λόγος    *B f.61ᵛ*
ἔξω πέπτωκε τοῦ Κυρίου. Πρὸς γὰρ τὸν Θεὸν καὶ Πατέ-
20   ρα, Οὐ περὶ αὐτῶν φησιν ἐρωτῶ μόνον, ἀλλὰ καὶ περὶ
τῶν πιστευόντων διὰ τοῦ λόγου αὐτῶν, εἰς ἐμέ, ἵνα πάν-
τες ἓν ὦσι, καθὼς σὺ Πάτερ ἐν ἐμοί, κἀγὼ | ἐν σοί, ἵνα    *A f.190*
καὶ αὐτοὶ ἐν ἡμῖν ἓν ὦσι, καὶ ὅπου δ'ἂν αὐτὸς ᾖ, ἐκεῖ καὶ

57, 5 Rom. 8, 17      6 κεφαλήν] cf. Eph. 1, 22      12 Io. 20, 25; 19, 34
58, 6/8 Eph. 5, 23      8/11 cf. Rom. 8, 17      12/13 Io. 1, 16      17 cf.
supra 52, 30 (ref. 52, 25/30)      20/24 Io. 17, 20-21; 17, 24

τοὺς φίλους εἶναι ζητεῖ μετ'αὐτοῦ, κοινωνοὺς ἐσομέ-
25 νους αὐτῷ τῆς οἰκείας δόξης. Καὶ μαρτυρεῖ μοι Πέτρος,
Πρεσβυτέρους φάσκων τοὺς ἐν ὑμῖν παρακαλῶ ὁ συμ-
πρεσβύτερος καὶ μάρτυς τῶν τοῦ Χριστοῦ παθημάτων,
ὁ καὶ τῆς μελλούσης ἀποκαλύπτεσθαι δόξης κοινωνός,
ποιμάνατε τὸ ἐν ὑμῖν ποίμνιον τοῦ Θεοῦ.

59. Οὐκοῦν, οὐ προφῆται μόνον ταῦτα καὶ ἀπόστο-
λοι κυροῦντες φαίνονται, ἀλλὰ καὶ αὐτὸ τὸ τοῦ Χριστοῦ
στόμα, καίτοι, κἀκεῖνοι στόμα Χριστοῦ. Ἀλλ'ὅμως το-
σοῦτον ἀσφαλείας τοῖς ὑφ'ἡμῶν περίεστι λεγομένοις,
5 ὡς καὶ διὰ ζώσης φωνῆς ἔχειν δεικνύναι τὸν | Κύριον        B f.62
λέγοντα, ἓν εἶναι μετ'αὐτοῦ, τοὺς διὰ τοῦ λόγου τῶν
ἀποστόλων πιστεύοντας εἰς αὐτόν. Τίς ἂν οὖν τὴν τη-
λικαύτην διασπῶν ἕνωσιν, ἢ τὴν κεφαλὴν τὸν Χριστὸν
τοῦ σώματος διατέμνων τῆς ἐκκλησίας, οὐ ταὐτὰ ποιῶν
10 ἐλεγχθήσεται τῇ μανικῇ Ἀρείου διαιρέσει τὲ καὶ κατα-
τομῇ; Μή, παρακαλῶ, μηδαμῶς τὰ καὶ ἀγγέλοις ἐφετὰ
διαπαίζωμεν. Τουτὶ γάρ ἐστι ποιεῖν ἄντικρυς, εἰ καὶ τὰ
τῆς οἰκονομίας μυστήρια εἰς ἃ παρακύψαι καὶ ἄγγελοι
ἐπεθύμησαν, ἅ γε δὴ πάντως, | αὐτή ἐστιν ἡ τῶν σωζο-        A f.190ᵛ
15 μένων κληρονομία, κτίσματα λογιζοίμεθα. Σκέψαι γὰρ
ὁπόσην ἔχει τὴν ἀτοπίαν, τὸ τοὺς ἀγγέλους εἰς κτίσματα
παρακύπτειν ἐπιθυμεῖν οἴεσθαι. Ἔμοιγε δή, τοῦτ'ἄνει-
σιν ἐπὶ νοῦν ὡς ἐς τοσοῦτον ὁ τοῦ Θεοῦ πρὸς ἀνθρώπους
ἔρως καὶ τὸ φιλάνθρωπον πάντα νοῦν ὑπερβέβηκεν, ὡς
20 κἂν ὑπὲρ ἑνὸς ἀνθρώπου γε μόνου τὸν αὐτοῦ Υἱὸν | ἀνα-       B f.62ᵛ
σχέσθαι τὴν ἡμετέραν σάρκα λαβεῖν, καὶ τοσαῦτα καὶ
πρᾶξαι καὶ παθεῖν, εἴπερ εἷς τις καὶ μόνος ᾤκει πᾶσαν
τὴν γῆν, ὅσα καὶ ὑπὲρ ἁπάντων ἴσμεν πεπονθότα, τῶν
ἐξ Ἀδὰμ μέχρι δεῦρο γεγεννημένων. Αὐτός γε μὴν ὁ λό-
25 γος ὁ τῆς οἰκονομίας, οὔπω παντάπασιν ἐκκεκάλυπται,
ἀλλὰ τὸ μέν τι, καὶ ἀγγέλοις ἔγνωσται καὶ ἀνθρώποις,
τό δ'οὐδένες ἴσασιν οὐδαμῇ. Γενέσθαι μὲν γὰρ ἄνθρω-

26/29 I Petr. 5, 1-2
59, 6/7 cf. supra 58, 21/22 (ref. 58, 20/24)    8/9 cf. supra 58, 6/8    13/15
I Petr. 1, 12

πον τὸν Θεὸν σάρκα παθητὴν εἰληφότα, ἐκ παρθένου τὲ
γεγεννῆσθαι καὶ τηρῆσαι ταύτης τὴν παρθενίαν ὡς πρὶν
30  ἀλώβητον, ἄγγελοι τὲ ἴσασι, καὶ ἡμεῖς πιστεύομεν, πῶς
δὲ τὰ καινὰ ταῦτα καὶ κρείττω λογισμῶν γέγονεν, οὐχ
ὅτι γε ἡμῖν, ἀλλ᾽οὐδ᾽ἀγγέλοις ἐρευνητά. Τὰ γοῦν καὶ
αὐταῖς ταῖς ἀνωτάτω δυνάμεσιν ἀγνοούμενα, πῶς ἄν
τις ἀνθρώπων ὅλως διερευνῴη, ὅπου γε καὶ ὁ τῆς ἡμε-
35  τέρας ψυχῆς μετὰ τοῦ σώματος σύνδεσμος, | ἀπόρρητος        *B f.63*
ὑπάρχει, | καὶ λόγου παντὸς ἀνῴκισται;        *A f.191*

60. Οὐκοῦν, ἀρέσκει μὲν ἡμῖν, τὸ μηδὲν ἐπέκεινα
τῶν δεόντων περιεργάζεσθαι, ἀλλ᾽εἰδέναι μέν, ὅσον
ἐφικτὸν καὶ τοῖς ἡμετέροις λογισμοῖς σύμμετρον, μαν-
θάνειν δὲ παρὰ τῶν εἰδότων θεολόγων, ὅσα τὲ ἡμᾶς δι-
5  απέφευγε, καὶ ὧν ἡμῖν ἡ γνῶσις οὐχ ἁλωτή, καὶ οὕτω
γε εἰρήνην ἄγειν τοῖς ἡμῶν ἐπιτρέπομεν λογισμοῖς. Ὁ
πολὺν ἂν εἶχε τὸν ἔπαινον, εἰ συνήρεσκε καὶ ὑμῖν. Νῦν
δ᾽ἐν ὁπόσοις μὲν ὑμῖν οἱ θεολόγοι συνᾴδουσι, φίλα
τἀκείνων, καὶ τὴν μαρτυρίαν οὐκ ἀποστέργετε, ἐν οἷς
10  δ᾽ὑμῖν μὲν ἄλλως, ἐκείνοις δ᾽ἄλλως δοκεῖ, παρορατέοι,
καὶ τὸ ἀξιόπιστον οὐδαμοῦ, ἀλλ᾽ἀποβλητέα μέν, ἡ ἐκεί-
νων διάνοια, πολλή δ᾽ἡ σπουδή, πρὸς τὸ κρατύναι τὴν
ὑμετέραν. Ταύτῃ τοι, καὶ τὸ μεγαλαυχεῖσθαι καθ᾽ἡμῶν
ὑμῖν ἅτε πάντ᾽εἰδόσι καὶ πᾶσιν ἀκριβῶς | ἐπιβάλλουσιν,        *B f.63ᵛ*
15  ἐπιγίνεται, καὶ τὸ διασύρειν ἡμᾶς ὡς ἀμαθεῖς καὶ ἀγροί-
κους. Πρὸς ὅ γε πάντως, οὐκ ἂν ποτ᾽ἔξαρνοι σταίημεν,
οὐδ᾽ἀποσταίημεν Παύλου, ἀλλ᾽ἑψόμεθά τε τούτῳ, καὶ
συγκατανεύσομεν καὶ ὁμολογήσομεν, ἰδιῶται μὲν εἶναι
τῷ λόγῳ, ἀλλ᾽οὐ τῇ γνώσει. Φημὶ δὴ τοῦτο, σκοπῶν
20  τοὐμόν, ἐπεί, σὺν Θεῷ δ᾽ἔστω φᾶναι, πολλοὶ τῶν τῆς
ἐκκλησίας ὑμῖν ἁμιλλᾶσθαι δύνανται, | καὶ παρατρέ-        *A f.191ᵛ*
χειν εἶπον ἄν, εἰ μή τινα κἀμὲ τηνάλλως ᾔδειν οἰήσε-
σθαι κομπάζοντα καὶ μεγαλαυχούμενον. Νῦν δ᾽ὅ φημι,
τοῦτ᾽ἐστίν, ὅτι πλεῖστα τῆς γραφῆς, ἠγνόητο μὲν ἡμῖν,
25  καὶ ἠγνοήθη γε ἂν καθάπαξ, εἰ μὴ τῇ τῶν θεολόγων μυ-
ήσει τὲ καὶ χειραγωγίᾳ, πρὸς τὴν τῶν ἠγνοημένων κα-
τάληψιν ἥκομεν. Ὡς εὐτυχεῖς δὲ ὑμεῖς, οἱ πάντ᾽εἰδότες,
καὶ μηδενὸς πρὸς μηδὲν δεόμενοι διδασκάλου.

**61.** Περὶ μὲν οὖν τούτων, | οὕτως, ἐμοί δ'ἐς ὅ,τι   B f.64
τείνει τὸ πάνθ'ἁπλῶς τὰ πρὶν εἰρημένα διεξελθεῖν,
τοῦτ'ἐστίν. Οἶσθα δή που πάντως ἐν ταῖς ἡμῶν διαλέ-
ξεσιν ὃ πολλάκις εἰρήκειν, ἔφθην δ'εἰπὼν καὶ πρὸς πολ-
5 λοὺς τῶν ἐμοὶ συγγεγονότων τὲ καὶ ἀεὶ περὶ τοιούτων
συγγινομένων, ὡς πᾶν ὁποῖον ποτ'ἂν ᾖ τὸ λεγόμενον
ὑπ'ἐμοῦ, μηδαμῶς ἔστω παραδεκτὸν μηδενί, εἰ μὴ μαρ-
τυρίαις τῶν θεολόγων ἀξιόπιστον φαίνοιτο. Ταύτῃ τοι,
καὶ περὶ ὧν νῦν εἰπεῖν προὐθέμην, εἴρηκα μέν, καὶ πρὸς
10 μαρτυρίαν ὅσων ἡ παροῦσα σπουδὴ καὶ ὁ λόγος ἐκ τῆς
γραφῆς ἐδεῖτο συγκέκληκα, εἰκὸς δὲ καὶ τὰ τῶν θεολό-
γων ἤδη σκοπεῖν.

**62.** Ὁ θειότατος οὐκοῦν **Μάξιμος**, *Ἡ τῶν οὐρανῶν*
**φησι** καὶ *τοῦ Θεοῦ βασιλεία, διαφέρουσι μὲν* **ἀλλήλων**, *οὐ*
*καθ'ὑπόστασιν δὲ* **ἀλλὰ κατ'ἐπίνοιαν.** Ἡ μὲν γάρ, | *τῆς τῶν*   A f.192
*ὄντων ἀκραιφνοῦς κατὰ τοὺς ἑαυτῶν* | *λόγους ἐν τῷ Θεῷ*   B f.64ᵛ
5 *προαιωνίου γνώσεως ἐστὶ κατάληψις, ἡ δὲ τοῦ Θεοῦ βασι-*
*λεία, τῶν προσόντων τῷ Θεῷ φυσικῶς ἀγαθῶν, κατὰ χάριν*
*ἐστὶ μετάδοσις.* Ἄλλοι δέ φασιν αὐτὴν εἶναι τὸ εἶδος αὐτὸ
τῆς θεϊκῆς ὡραιότητος τῶν φορεσάντων τὴν εἰκόνα τοῦ
ἐπουρανίου.

**63.** Ἔτι ὁ **αὐτός**, *Ἑπτὰ λύχνους ἐνταῦθα καθ'ἕτερον*
*τρόπον* **φησὶν** *ἐκληπτέον ἡμῖν, παρ'ὃν ἤδη τόν, ἐν τῷ εὐαγ-*
*γελίῳ λύχνον προεκλαβών, ἐξέδωκεν ὁ Λόγος.* Οὐ γὰρ πάν-
τοτε καὶ **πάντῃ**, τά, τὴν αὐτὴν ἐκφώνησιν ἔχοντα καθ'ἕνα
5 καὶ τὸν αὐτὸν πάντως νοηθήσεται τρόπον, ἀλλ'ἕκαστον τῶν
λεγομένων πρὸς τὴν ὑποκειμένην δηλονότι τῷ τόπῳ τῆς ἁγί-
ας γραφῆς δύναμιν, νοητέον, εἰ μέλλοιμεν ὀρθῶς τοῦ σκοποῦ
τῶν γεγραμμένων καταστοχάζεσθαι. Λύχνους οὖν ἐνταῦθα
φάναι τὴν ἁγίαν γραφὴν | ὑπονοῶ, τὰς ἐνεργείας, ἤγουν τὰ   B f.65
10 χαρίσματα τοῦ ἁγίου Πνεύματος, ἅπερ δωρεῖσθαι τῇ ἐκκλη-

---

62, 1/9 Max. Conf., *Cap. theol. et oec.* 2, 90 (*PG* 90, 1168C)   1 e.g. Mt. 3,
2   2/6 e.g. Mt. 5, 3   6/7 Max. Conf., *Cap. theol. et oec.* 2, 93 (*PG* 90, 1169A);
cf. etiam Ioh. Cantac., *Epist.* I, 8, 57-66 (Tinnefeld p. 186)
63, 1/33 Max. Conf., *Ad Thalass.* 63, 140-175 (Laga – Steel II, p. 153-155)
1 Zach. 4, 2   2/3 Mt. 5, 15   8 cf. supra l. 1

σία πέφυκεν ὁ Λόγος, ὡς κεφαλὴ τοῦ παντὸς σώματος. Καὶ
ἐπαναπαύσεται γὰρ ἐπ' αὐτόν φησι, πνεῦμα Θεοῦ, πνεῦμα σο-
φίας καὶ συνέσεως, πνεῦμα βουλῆς καὶ ἰσχύος, πνεῦμα γνώ-
σεως καὶ εὐσεβείας, ἐμπλήσει αὐτόν, πνεῦμα φόβου Θεοῦ. Εἰ
15  δὲ τῆς ἐκκλησίας κεφαλὴ κατὰ τὴν ἐπίνοιαν τῆς ἀνθρωπότη-
τος ἐστὶν ὁ Χριστός, ἄρα τῇ | ἐκκλησίᾳ δεδώρηται ὁ κατὰ   A f.192ᵛ
φύσιν ἔχων τὸ Πνεῦμα, καὶ τὰς ἐνεργείας τοῦ Πνεύματος ὡς
Θεός. Ἐμοὶ γὰρ ὁ Λόγος γενόμενος ἄνθρωπος, ἐμοὶ καὶ τὴν
ὅλην πραγματεύεται σωτηρίαν, διὰ τῶν ἐμῶν ἐμοὶ τὰ οἰκεῖα
20  αὐτῷ κατὰ φύσιν ἀντιδιδούς, δι' ὃν καὶ ἄνθρωπος γέγονε, καὶ
ὡς λαμβάνων δι' ἐμέ, ποιεῖται τῶν οἰκείων τὴν ἔκφανσιν, καὶ
ἑαυτῷ μέν, τὴν ἐμὴν ὡς φιλάνθρωπος λογιζόμενος χάριν, |   B f.65ᵛ
ἐμοὶ δέ, τὴν οἰκείαν αὐτοῦ κατὰ φύσιν τῶν κατορθωμάτων
ἐπιγραφόμενος δύναμιν, δι' ὃν καὶ νῦν λαμβάνειν λέγεται, τὸ
25  φύσει προσὸν ἀνάρχως καὶ ὑπὲρ λόγον. Τὸ γὰρ Πνεῦμα τὸ
ἅγιον, ὥσπερ φύσει κατ' οὐσίαν ὑπάρχει τοῦ Θεοῦ καὶ Πα-
τρός, οὕτω καὶ τοῦ Υἱοῦ φύσει κατ' οὐσίαν ἐστίν, ὡς ἐκ τοῦ
Πατρὸς οὐσιωδῶς δι' Υἱοῦ γεννηθέντος, ἀφράστως ἐκπορευ-
όμενον, καὶ τῇ λυχνίᾳ τουτέστι τῇ ἐκκλησίᾳ, καθάπερ λύ-
30  χνους, τὰς οἰκείας ἐνεργείας δωρούμενον. Λύχνου γὰρ τρό-
πον τὸ σκότος λύοντος, πᾶσα τοῦ Πνεύματος ἐνέργεια, τὴν
πολύτροπον γένεσιν τῆς ἁμαρτίας ἐξωθεῖσθαι τῆς ἐκκλησίας
καὶ ἀπελαύνειν πέφυκεν.

**64. Ἔτι ὁ αὐτός·** Οἴδαμέν τι κατὰ τὴν γραφὴν ὑπεραι-
ώνιον, ὅπερ ὅτι μέν ἐστιν, ἐσήμηνε, τί δὲ τοῦτό ἐστιν, οὐκ
ὠ|νόμασε, κατὰ τό, Κύριος βασιλεύων τὸν αἰῶνα καὶ ἐπ' αἰῶ-   B f.66
να καὶ ἔτι. Οὐκοῦν, ἔστι τι πρᾶγμα ὑπὲρ αἰῶνας, ἡ ἀκραιφ-
5  νὴς τοῦ Θεοῦ βασιλεία. | Οὐ γὰρ δὴ θέμις εἰπεῖν, ἦρχθαι, ἢ   A f.193
φθάνεσθαι ὑπ' αἰώνων ἢ χρόνων, τὴν τοῦ Θεοῦ βασιλείαν.
Ταύτην δὲ πιστεύομεν εἶναι, τῶν σωζομένων κληρονομίαν
καὶ μονήν, καὶ τόπον καθὼς ὁ ἀληθὴς παραδίδωσι λόγος, ὡς

---

11/16 Eph. 3, 6    11/14 Is. 11, 2-3    27/29 Io. 15, 26    29/30 Mt.
5, 15
64, 1/14 Max. Conf., *Cap. theol. et oec.* 2, 86 (*PG* 90, 1165AB); cf. Palam.,
*Adv. Gregor.* 3, 25 (Chrestou p. 335, 23-27)    3/4 Ex. 15, 18    4/5 cf. supra
62, 2/6

τέλος τῶν δι'ἐφέσεως πρὸς τὸ ἔσχατον ὀρεκτόν, κινουμένων,
10 ἐν ᾧ γινόμενοι, πάσης τῆς ὁποιασοῦν δέχονται παῦλαν κι-
νήσεως, ὡς μηκέτι χρόνου τινὸς ὄντος αὐτοῖς ἢ αἰῶνος τοῦ
διαβαθῆναι ὀφείλοντος, οἷα δὴ μετὰ πάντα καταντήσασιν εἰς
τὸν Θεόν, τὸν πρὸ πάντων ὄντα τῶν αἰώνων, καὶ ὃν φθάνειν
αἰώνων φύσις οὐ πέφυκεν.

**65.** Ὁ δὲ μέγας Ἀθανάσιος, Ὑπὲρ αἰῶνας εἰσί φησι, καὶ
πρὸ παντὸς αἰῶνος καὶ ὑπὲρ νοῦν καὶ λόγον, τὰ ἀποκείμενα
ἀγαθὰ τοῖς κληρονόμοις τῆς ἐπαγγελίας. Τίς ἄρα λύρα, καὶ
παρὰ τίνος | ἁρμοσθεῖσα, συνᾴδοντας οὕτω πάντας ἔσχε       B f.66ᵛ
5 φθόγγους καὶ συνηχοῦντας, ὡς ἡ τοῦ Πνεύματος αὕτη
λύρα τῶν θεολόγων ἀποστόλων καὶ τῶν διδασκάλων
θεολόγων φημί, τὸ σύστημα; Παῦλος μὲν γάρ, ἄλλως
μὴ δυνάμενος τὸ ἀκατανόητον μεγαλεῖον τῶν ἀποκειμέ-
νων τοῖς ἀξίοις ἀγαθῶν παραστῆσαι, οὔθ'ὁρατά τινῶν
10 ὀφθαλμοῖς ἐκεῖνα, οὔτ'ὠσὶν ἀκουστά, οὔτε διανοίαις
ἐρευνητὰ πεφυκέναι διϊσχυρίσατο. Τῶν δὲ θεολόγων,
ὁ μέν τις προαιώνια πάντως ἀποφαίνεται τὰ τοῖς δικαί-
οις ηὐτρεπισμένα, ὃ δ'αὖ, ἐκεῖνα τῷ Θεῷ προσεῖναι φυσι-
κῶς | ἀποφαίνεται τἀγαθά. Εἰ οὖν ἔστι τις ἢ γενήσεται       A f.193ᵛ
15 κτίσματα ταῦτα δεῖξαι δεδυνημένος, ἃ φύσει πρόσεστι
τῷ Θεῷ, καὶ διατοῦτο καὶ προαιώνια πέφυκε, δεικνύτω,
μᾶλλον δ'εἰ δεῖ τἀληθὲς εἰπεῖν, βλασφημείτω. Ἐγὼ
δ'ἕως ἂν τὰ τῆς γραφῆς καὶ τῶν θεολόγων διδασκάλων
εἰδῶ κρατοῦντα, τῷ Θεῷ καὶ ἀμέσως τοὺς ἀνθρώπους
20 ὡς καὶ τοὺς ἀγγέλους | ἐνοῦσθαι φήσω, ἀλλ'οὐχ ἁγιό-       B f.67
τητι κτιστῇ καὶ ἀνυποστάτῳ.

**66.** Σκόπει γὰρ ὁποῖα καὶ τῷ, τῆς Ἀλεξανδρέων ἐκ-
κλησίας προστάτῃ καὶ θεολόγῳ, τῷ θείῳ δοκεῖ Κυρίλ-
λῳ. Ὥσπερ γὰρ παρ'ἡμῶν ὑπὲρ ὧν ἀμφιβάλλομεν

---

65, 1/3 Thalass., *Cent.* 4, 71 (*PG* 91, 1465B); cf. Palam., *Adv. Acind.* 3, 20, 94
(Chrestou p. 229, 14-16)    **3** Hebr. 6, 17    **10** I Cor. 2, 9    **12/16** cf. supra
62, 5 et 6 (ref. 62, 1/9); 65, 2 (ref. 65, 1/3)    **20/21** cf. supra 52, 30 (ref. 52, 25/30)

65, 10 διανοίαις] διανοίας A

ἐρωτώμενος, θαυμαστῶς ἀποκρίνεται· Εἰ Θεὸς ἐν ἡμῖν
5 γενέσθαι πιστεύεται, ἐνοικισθέντος ἡμῖν τοῦ ἁγίου Πνεύ-
ματος, πῶς ἂν εἴη κτιστόν; Οὐ γὰρ ἐνδέχεται διὰ κτίσμα-
τος Θεὸν ἡμῖν ἐνοικίζεσθαι, τὸν ὑπὲρ τὴν κτίσιν. Ὥσπερ
γὰρ τοῦ κατὰ φύσιν ἐνοικοῦντος Θεοῦ, οὐ κτίσεως ἐσμέν,
ἀλλὰ θεότητος μέτοχοι, οὕτως ἐνοικοῦντος ἡμῖν κτίσμα-
10 τος, οὐ θεότητος ἐσμέν, ἀλλὰ κτίσεως μέτοχοι. Οὐκοῦν, τὸ
Πνεῦμα Θεός, εἴπέρ ἐστιν ἐν ἡμῖν δι'αὐτοῦ Θεός, ὁ φύσει
καὶ ἀληθής. Οὑτωσὶ δή τοι καὶ Κύριλλος ἐναργῶς ἡμῖν
ὡς ἀκήκοας διαλέγεται. Εἰ δέ τις τὰ ἀσύγχυτα βεβου-
λημένος συγχεῖν, ἐπηρεαστικῶς ἐρωτῴη, πῶς ἄν ποτε
15 γένοιτο δύναμιν ἔχον, τό, κτιστὴν καὶ ὑλώδη φύσιν τῇ
ἀκτίστῳ | καὶ ὑπερφυεῖ ἡνῶσθαι θεότητι, | οὑτωσὶ δή     B f.67ᵛ, A f.194
τοι καὶ μὴ μελ<λ>ήσαντες ἀποκρινούμεθα πρὸς αὐτόν,
ὅτι ὥσπερ εἶναι μὲν Θεὸν ἴσμεν, τί ποτε δέ ἐστιν ὁ Θεὸς
οὐκ ἴσμεν, οὔθ'ἡμεῖς, οὔτ'ἀγγέλων ἡ φύσις, καὶ αὖθις,
20 ὅπως μὲν ἐκ παρθενικῶν αἱμάτων τῆς ἀειπαρθένου Μα-
ρίας ὁ Υἱὸς τοῦ Θεοῦ σεσάρκωται, πεπιστεύκαμεν, πῶς
δὲ τοῦτο γέγονε, διαπεφευγέναι καθάπαξ καὶ ἀνθρώπων
γνῶσιν καὶ ἀγγέλων ὁμολογοῦμεν, οὕτω δὴ καὶ περὶ
τούτου γε φήσομεν, ὅτι τὸ μὲν ἀγγέλους καὶ ἀνθρώ-
25 πους τῇ μακαρίᾳ ἑνοῦσθαι θεότητι, καὶ ἐγνώκαμεν καὶ
πιστεύομεν (τούτου γὰρ δὴ ἕνεκεν ἥ τε, θεία πᾶσα γρα-
φὴ καὶ τῶν θείων καὶ μακαρίων ἀνδρῶν καὶ θεολόγων
ὁ κύκλος, ἐνανθρωπῆσαι φασὶ τὸν Υἱὸν τοῦ Θεοῦ καὶ
Λόγον, ἵνα δηλαδή, τὸν ἄνθρωπον θεὸν ἀπεργάσηται),
30 ὅπως δ'ἑνοῦται, μόνος ὁ τοῦτο ἐνεργῶν γινώσκει Θεός.
Εἰ γὰρ ἀναπόδεικτος ὡς ὁ θεῖος ἔφη που Μάξιμος γνῶσις
ἡ πίστις πέφυκεν, οὐδεὶς ἂν εἴποι μὴ μειζόνως ὑπὲρ λό-
γον εἶναι καὶ ἔννοιαν καὶ ἀπόδειξιν, | τὴν τῶν ἐπηρεαζόν-     B f.68

---

66, 4/12 Cyrill. Alex., *Comm. in Ioh.* 10, 14, 23 (Pusey p. 498, 11-22; ad sensum)
31/32 Ps.-Max. Conf., *Diversa cap. ad theol et oec. spect.* 2, 12 (*PG* 90, 1225B); cf. Ioh.
Cantac., *Ref.* I, 12, 18 (Tinnefeld p. 18)

---

66, 16 καὶ] *om.* B      17 μελλήσαντες] *scripsi*, μελήσαντες AB      33/34
τὴν ... ταύτην πεῦσιν] A *p. corr.*, ἡ ... αὔτη πεῦσις A *a. corr.* B

των ταύτην πεῦσιν. Κατὰ λόγον γὰρ καὶ φύσιν τὰ ὑπὲρ
35 ταῦτα ζητεῖν, οὔτε ἐδιδάχθημεν, καὶ παραπλήγων εἶναι
νομίζομεν, ἐρεύνῃ ζητεῖν ὑποβάλλειν λογισμῶν ἀνθρω-
πίνων, ἅ γε καὶ γνῶσιν διαπέφευγε τὴν ἀγγελικήν. Εἰ
γὰρ τὰ ἔργα τοῦ Θεοῦ ἐν πίστει φησὶν ὁ προφήτης εἶναι,
δῆλον, ὡς οὐκ ἐν ἀποδείξει. | Ποῖος γὰρ ἂν ἀποδείξειε     A f.194ᵛ
40 λόγος, ὅπως ἐκ τοῦ μηδαμῇ μηδαμῶς ὄντος, τόδε τὸ πᾶν
ὁ Θεὸς παρήγαγε; Πάντως οὐδείς, ἀλλ' ἢ τοῦτο μόνον,
ὅτι ἐνενόησε, καὶ τοῦτ' ἔργον γέγονεν. Εἰ δὴ οὖν τὰ ἔργα
τῆς κτίσεως οὐκ ἐν ἀποδείξει τοπαράπαν, ἀλλ' ἐν πίστει
γινώσκονται, τίς ἀναγκάσειε λόγος, μὴ οὐκ ἐν ἀποδεί-
45 ξει, πίστει δὲ μόνῃ, τὴν μετὰ Θεοῦ δέχεσθαι τῶν ἀνθρώ-
πων ἔνωσιν;

67. Πᾶσι μὲν οὖν δὴ τοῖς ὑφ' ὑμῶν πρὸς τὴν τῶν
νυνὶ προκειμένων σαφήνειαν παρακεκλημένοις θεί-
οις ἀνδράσι καὶ θεολόγοις, μία καὶ ἡ αὐτὴ διὰ πάντων
κυροῦται δόξα. Τὸ γὰρ αὐτὸ Πνεῦμα ἅγιον, διὰ τῆς |     B f.68ᵛ
5 ἁπάντων ἀναφθέγγεται γλώττης. Ἀλλ' ὅμως, Κύριλ-
λος ὁ θεῖος ἐν τοῖς ὀλίγοις τούτοις ῥήμασι, πᾶν ἡμῖν
συνεπέρανέ τε καὶ ἀπεφήνατο, καὶ τὸν μὲν κτίσματος
μετέχοντα, μηδαμῶς μετέχειν Θεοῦ φησὶν ἐκδηλότα-
τα, τὸν δ' αὖ Θεοῦ μετέχοντα, μηδαμῶς ὑπὸ κτίσματος
10 ἁγιάζεσθαι. Οὐκοῦν εἰ καθ' ὑμᾶς κτιστῆς ἁγιότητος οἵ,
τ' ἄγγελοι μετέχουσι, καὶ οἱ ἄνθρωποι, ἀλλὰ μὴ ἀμέσως
αὐτοῦ τοῦ Θεοῦ, καθά που τοῖς πατράσι καὶ τῇ ἀληθείᾳ
δοκεῖ, καὶ κτίσματος ἐξανάγκης, ἀλλ' οὐ τοῦ Θεοῦ εἰσι
μέτοχοι. Ταύτῃ τοι καὶ ὅπερ ἀρχόμενος εἶπον, ἁρμοζόν-
15 τως μάλα τὸ ἀποστολικὸν ὑμῖν ἐπιφθέγξαιτ' ἄν τις, τό,
Πνεύματι δηλαδὴ ἐναρξάμενοι, σαρκὶ ἐπιτελεῖσθε. Καὶ
μὴν οἶμαι, | πρὸ μικροῦ καὶ ὑπὸ σοῦ τοῦτ' εἰρῆσθαι καὶ     A f.195
ἀνωμολογῆσθαι, τὸ μὴ δύνασθαι δηλονότι παρ' οὐτι-
νοσοῦν τῶν κτιστῶν ἕτερον κτίσμα ἁγιασθῆναι, μὴ δὲ
20 κτίσματος, ἀλλ' αὐτοῦ τοῦ Θεοῦ, καὶ ἀγγέλους ἐφίεσθαι

---

38 cf. Ps. 32, 4     42/46 cf. supra 66, 38
67, 8 μηδαμῶς – Θεοῦ] cf. Cyrill. Alex., *Comm. in Ioh.* 10, 14, 23 (Pusey p. 498,
18) et supra 66, 7/9     10 cf. supra 52, 30 (ref. 52, 25/30)     16 Gal. 3, 3

καὶ ἀνθρώπους. | Τούτων οὐκοῦν εἰρημένων, ἐγὼ μέν,   *B f.69*
οὐκ ἀμφιβάλλω, εἰδεῖεν δ᾽ἄν, εἴπερ εἰσί τινες, οἱ πρὸς
πάντα ταῦτ᾽ἀντισπᾶν οἰόμενοι δεῖν.

68. Περὶ μὲν δὴ τούτου, τοσαῦτα. Ἐπεὶ δ᾽ὁμοῦ ταῖς
ἄλλαις καινοτομίαις, καὶ τὸ πλήρωμα τῆς θεότητος,
ὅπερ ὁ μὲν οὐρανοδρόμος Παῦλος, πᾶν φησιν ἐν τῷ Χρι-
στῷ κατοικῆσαι σωματικῶς, ὁ δ᾽ἠγαπημένος Ἰωάννης
5  καὶ θεολόγος, ἐκ τούτου καὶ ἡμᾶς τοῦ πληρώματος λα-
βεῖν ἀποφαίνεται, κτίσμα λέγειν οὐ παραιτεῖσθε, καὶ
ταύτης ὑμῶν τῆς πλάνης διελέγξαι βούλομαι τὴν αἰτί-
αν. Οἶδα γὰρ ἀκριβῶς, ὅθεν ὑμῖν, ὡς μή ποτ᾽ὤφελεν
ἐπεισῆλθεν ὁ τηλικοῦτος τῆς ἀπονοίας ὄλεθρος. Ἐπεὶ
10  γὰρ οὐδ᾽ἡντινοῦν τοσύνολον οὐσίας διαφορὰν καὶ ἐνερ-
γείας παραδέχεσθαι βούλεσθε, τοιαῦθ᾽ὑμῖν ὑπαγορεύει
λέγειν τὸ τῆς γνώμης αὐθέκαστον, ἃ καθάπαξ ἀπάδει,
ταῖς τῶν θεολόγων φωναῖς. Ὅτι δ᾽ἀπεναντίας | ταῖς   *B f.69ᵛ*
ἁπάντων θεολόγων περὶ τούτου φέρεσθε δόξαις, ἐνῆν
15  μέν μοι πᾶσιν ἐναργῶς δεῖξαι, πάντων ἐνταυθοῖ παρα-
θέντι τὰς ῥήσεις, ἀλλ᾽ὡς ἂν μὴ ὁ λόγος εἰς μῆκος ἐκτα-
θείη πολύ, συνελεῖν ὡς δυνατόν, καὶ βραχέων ἐπιμνη-
σθῆναι, | σπουδάσω, τὰ πλείω παρείς.   *A f.195ᵛ*

69. Αὐτίκα τοίνυν ὁ θειότατος καὶ μέγας Ἀναστάσι-
ος, Ἴδωμέν **φησιν** οἷα λέγειν περὶ Θεοῦ ἀνέχονται οἱ αἱρε-
τικοί. Τῇ ἐνεργείᾳ φασίν, ἐν πᾶσιν ἐστιν ὁ Θεός, τῇ οὐσίᾳ
δέ, οὐδαμοῦ, ἐνέργειαν λέγοντες, τό, προϊὸν ἐκ τῆς ἐνεργείας
5  ἀποτέλεσμα. Φαίην δ᾽ἂν ἔγωγε, τῆς τοῦ Θεοῦ φύσεως ἀχώ-
ριστον εἶναι τὴν ἐνέργειαν αὐτοῦ. Ἔνθα γὰρ ἂν ἡ ἐνέργεια
φανῇ, συνθεωρεῖται ταύτῃ, καὶ ἡ οὐσία ἐξ ἧς προέρχεται.
Ἑκάτερον γὰρ ἀπερίγραπτον, καὶ διατοῦτο παντελῶς ἀλλή-
λων ἐστὶν ἀχώριστα. Κηρύττει μὲν γὰρ ἡ ἐνέργεια, τὴν λαν-

---

68, 2/6 Io. 1, 16 et Col. 2, 9
69, 2/12 cf. Ioh. Cantac., *Ref.* II, 4, 8-19 (Tinnefeld p. 115)        2/6 Anast.
Ant., *De orth. fid.* II, 3-4 (Sakkos p. 43, 2-4 et 6-7)        6/10 Anast. Ant., *De orth. fid.*
II, 5 (Sakkos p. 43, 16-20)

---

68, 14 περὶ – φέρεσθε] φέρεσθε περὶ τούτου *B*

10 θάνουσαν οὐσίαν, θεωρεῖται δὲ | συμπαροῦσα τῇ ἐνεργούσῃ,   B f.70
χωρὶς αὐτῆς εἶναι μὴ δυναμένη. Περὶ γὰρ τὸ πᾶν ἐστὶν ἡ
ἐνέργεια, ταύτης δὲ ἀχώριστος ἡ οὐσία καθέστηκεν.

70. Οὐκοῦν εἴ τινι παντάπασιν ὁ νοῦς οὐκ ἐξήρη-
ται, σκοπείτω ταῦτα σὺν νῷ. Αἱρετικοὺς ἀποφαίνεται
πάντως, τούς, τὴν θείαν ἐνέργειαν, τῆς αὐτῆς οὐσίας
κεχωρισμένην εἶναι φρονοῦντας. Ὅθεν καὶ πάντα προ-
5 καταλαμβάνων τὸν ἀντεροῦντα, μάλα καλῶς τὸν λόγον
ἀνακαθαίρει. Ὡς ἂν γὰρ μή τις καθ' ὑμᾶς εἴποι, ὡς ἐπεί-
περ ὁ Θεὸς πανταχοῦ τε πάρεστι καὶ τὰ πάντα πληροῖ,
ἔνθα ἂν ἡ ἐνέργεια εἴη δηλονότι τὸ καθ' ὑμᾶς ἀποτέλε-
σμα, ἐξανάγκης ταύτῃ καὶ ἡ οὐσία σύνεστι τοῦ Θεοῦ,
10 τὴν τοιαύτην τοίνυν ὑπόληψιν ὑποτέμνων, καὶ τὰ τῶν   A f.196
ἀνοήτων αἱρετικῶν ἐμφράττων ἀπύλωτα στόματα, |   B f.70ᵛ
ἔτι τέ, καὶ τὸν ἀκούοντα | τῆς τοιαύτης ἀφιστῶν πλά-
νης καὶ δεικνύς, ὅτι οὐ περὶ ἀποτελεσμάτων φιλοσοφεῖ,
περὶ δὲ τῆς οὐσιώδους ἀκτίστου τέ καὶ ἐμφύτου θείας
15 ἐνεργείας θεολογεῖ, ἀχώριστον εἶναι διαρρήδην φησί, τὴν
ἐνέργειαν τῇ οὐσίᾳ. Τί δή ποτ' οὖν, ἆρα περὶ ἀποτελεσμά-
των ὁ θεολόγος διαλεγόμενος, ἔνθα ἂν ἡ οὐσία ᾖ τοῦ
Θεοῦ, ἐκεῖ φησὶν εἶναι καὶ τὰ κτίσματα; Καὶ τίς ἐς το-
σοῦτον ἄθλιος, τίς δ' ἀσεβὴς μᾶλλον, τοῖς οὕτως ἀτόποις
20 συναπαχθήσεται λογισμοῖς; Εἰ γὰρ ἐκεῖ καὶ τὰ κτίσμα-
τα ὅπου ἡ τοῦ Θεοῦ οὐσία, ἐπεὶ πανταχοῦ καὶ ὑπὲρ τὸ
πᾶν ὁ Θεός ἐστι, συνουσιωμένα ἂν εἴη καὶ τὰ κτίσμα-
τα τῷ Θεῷ, καὶ ὑπὲρ τὸ πᾶν. Ἧστινος ἀσεβείας, οὐδὲν
ἴσον εὕροι τις οὐδαμοῦ. Οὐκοῦν, οὐ περὶ τοιούτων, περὶ
25 δὲ τῆς οὐσιώδους καὶ ἐμφύτου τοῦ Θεοῦ ἐνεργείας ὁ θε-
ολόγος διαγορεύει.

71. Τὰ δὲ δὴ μετὰ ταῦτα, τῶν εἰρημένων ἐναργέστε-
ρα, καὶ πᾶν ἀμφιβολίας αἴ|ροντα πρόσκομμα. Καὶ γάρ,   B f.71
Ἔνθα ἂν ἡ ἐνέργεια φανῇ, συνθεωρεῖται φησὶ ταύτῃ καὶ ἡ

---

10/12 Anast. Ant., De orth. fid. II, 6 (Sakkos p. 43, 30-31)
70, 2/7 cf. supra 69, 2/5 (ref. 69, 2/6)     8/13 cf. supra 69, 5 (ref. 69, 2/6)
15/16 cf. supra 69, 12 (ref. 69, 10/12)     16 cf. supra 69, 5 (ref. 69, 2/6)
71, 3/9 cf. supra 69, 6/9 (ref. 69, 6/10)

οὐσία, ἐξ ἧς προέρχεται. Ἑκάτερον γὰρ ἀπερίγραπτον, καὶ
5 διατοῦτο παντελῶς ἀλλήλων ἐστὶν ἀχώριστα. Λεγέτω δή
τις, εἰ δυνατὸν ὅλως ἔσται τό, ἀλλήλων καὶ τὸ ἑκάτερον,
καὶ τό, ἀχώριστα, καὶ τό, προέρχεται, ἐφ'ἑνός τινός ποτε
νοηθῆναι, μὴ συνεπινοουμένης ὅλως διαφορᾶς. Ἐμοὶ
μὲν γάρ, οὐ δοκεῖ. Τούτων δ'ἔτι μεῖζον, τὸ ἀπερίγραπτον
10 εἶναι φᾶναι, ὅπερ ἐπὶ κτισμάτων εἰρῆσθαι λέγειν, | μὴ    *A f.196ᵛ*
καὶ λαμπρᾶς δόξειεν εἶναι μανίας.

72. Οὐκοῦν ἡ διαφορὰ καὶ μάλα γε σαφεστάτη,
καὶ ταύτης αὐτὸς ἡμῖν ὁ θεῖος Ἀναστάσιος κήρυξ, τῶν
αὐτὸς αὐτοῦ ῥημάτων ἐξηγητὴς καθιστάμενος. Κηρύττει
μὲν γάρ φησιν ἡ ἐνέργεια, τὴν λανθάνουσαν οὐσίαν, θεω-
5 ρεῖται δὲ συμπαροῦσα, τῇ ἐνεργούσῃ. Συμπε|ραίνων δὲ τὸν    *B f.71ᵛ*
λόγον, χωρὶς αὐτῆς φησιν εἶναι μὴ δυναμένη. Περὶ τὸ πᾶν
γάρ ἐστιν ἡ ἐνέργεια, ταύτης δὲ ἀχώριστος ἡ οὐσία καθέ-
στηκε.

73. Τοῦ δὲ θείου Ἰουστίνου καὶ φιλοσόφου τῶν Ἑλ-
λήνων πεπυσμένου, Εἰ τὸ εἶναι, καὶ οὐ τὸ βούλεσθαι ποι-
εῖ ὁ Θεός, οἷον θερμαίνει τὸ πῦρ τῷ εἶναι, πῶς αὐτὸς μέν
ἐστι καὶ ἁπλοῦν καὶ μονοειδές, διαφόρων δὲ οὐσιῶν ἐστι
5 ποιητής, κἀκείνων ἀποκριναμένων, Οὐκ οἰητέον ὥσπερ
ἐν ἡμῖν, ἄλλο μέν ἐστι τὸ εἶναι, ἄλλο δὲ τὸ βούλεσθαι, οὕτω
καὶ ἐν τῷ Θεῷ, ἀλλὰ τὸ αὐτὸ ἄντικρυς ὑπάρχει τὸ εἶναι καὶ
τὸ βούλεσθαι ἐν τῷ Θεῷ (ὃ γάρ ἐστι, καὶ βούλεται, καὶ ὃ
βούλεται, καὶ ἐστί, καὶ οὐδεμία διαίρεσις ἐπὶ τοῦ Θεοῦ, διὰ
10 τὸ αὐτοπάρακτον εἶναι τὸν Θεόν), ὥστε καὶ τὴν διαίρεσιν
τοῦ εἶναι πρὸς τὸ βούλεσθαι ἐπὶ τοῦ Θεοῦ, ἀπορ|ριπτέον, ὁ    *B f.72*
ἅγιος Ἰουστῖνος ἐλέγχων αὐτούς, οὕτω φησί· Τοῦ Θεοῦ
ἔχοντος οὐσίαν μέν, πρὸς ὕπαρξιν, βούλησιν δὲ πρὸς ποίησιν,
ὁ ἀπορρίπτων οὐσίας τε καὶ βουλῆς τὴν διαφοράν, καὶ τὴν

---

72, **3/8** cf. supra 69, 9/12 (ref. 69, 6/10 et 10/12)
**73, 2/11** Theodoret. Cyrr., *Quaest. et resp. ad orth.* (*PG* 6, 1428C-1429A); cf.
Ioh. Cantac., *Ref.* II, 23, 13-23 (Tinnefeld p. 148)     **12/16** Theodoret. Cyrr.,
*Quaest. et resp. ad orth.* (*PG* 6, 1429C); cf. Ioh. Cantac., *Ref.* II, 23, 30-34 (Tinnefeld
p. 149)

---

72, 2 κήρυξ] κῆρυξ *B a. corr.*

15 ὕπαρξιν ἀπορρίπτει τοῦ Θεοῦ καὶ τὴν ποίησιν, | ὕπαρξιν μέν, *A f.197*
τοῦ Θεοῦ, ποίησιν δέ, τῶν οὐκ ὄντων.

**74.** Ἔτι ὁ αὐτός· Εἰ ἄλλο τὸ ὑπάρχειν, καὶ ἄλλο τὸ ἐνυπ-
άρχειν, καὶ ὑπάρχει μὲν τοῦ Θεοῦ ἡ οὐσία, ἐνυπάρχει δὲ
τῇ οὐσίᾳ ἡ βουλή, ἄλλη ἄρα ἡ οὐσία τοῦ Θεοῦ, καὶ ἄλλη ἡ
βουλή. **Καὶ αὖθις·** Τὸ βούλεσθαι, ἢ οὐσία, ἐστίν, ἢ πρόσεστι
5 τῇ οὐσίᾳ. Ἀλλ᾽ εἰ **μὲν** οὐσία ἐστίν, οὐκ ἔστιν ὁ βουλόμενος, εἰ
δὲ πρόσεστι τῇ οὐσίᾳ, ἐξανάγκης ἄλλο καὶ ἄλλο ἐστίν. Οὐκ
ἔστι γὰρ τὸ ὂν καὶ τὸ προσόν, ταυτόν. **Καὶ πάλιν·** Εἰ πολλὰ
μὲν βούλεται ὁ Θεός, πολλὰ δὲ οὐκ ἔστιν, οὐκ ἄρα ταυτὸν
παρὰ Θεῷ, τὸ εἶναι **καὶ τὸ** βούλεσθαι. | *B f.72ʳ*

**75.** Τί οὖν ὑμῖν δοκεῖ, τοῖς τῶν ἀληθῶν ἐπηρεασταῖς,
δεῖ πρὸς Θεοῦ, τοῖς εἰρημένοις φωτός; Οὐδαμῶς. Οὐ
γάρ τις ἂν εὕροι τούτων ὡς ἐγῶμαι σαφέστερα καὶ τοῖς
ζητουμένοις ἁρμοδιώτερα, μόνον εἰ πρὸς ἀλήθειαν μὴ
5 δὲ πρὸς ἔριν ταῦτα σκοποίη. Κοπίδα γάρ τις ἂν ἴδοι, τὰς
περὶ τῆς θείας ἐνεργείας πονηρὰς ὑπολήψεις προρρίζους
ἐκτέμνουσαν. Ὅτι μὲν οὖν εἰ καὶ τούτοις μόνοις ἐξ ἁπάν-
των θεολόγων ἡ τῶν ἀμφισβητουμένων ἐπετέτραπτο
δίαιτα, πᾶν ἦμεν ἐκ τῶν εἰρημένων ἔχοντες τὸ ζητού-
10 μενον, δῆλον.

**76.** Ἀλλ᾽ ἐμφανιστέον ὅτι καὶ πλοῦτος ἡμῖν θεολογι-
κῶν ἔνεστιν ἀποδείξεων. Ἡ γὰρ οἰκουμενικὴ καὶ θεία
σύνοδος ἕκτη ἐν τόμῳ δευτέρῳ, Ἐπειδὴ ἀληθῶς ἐστὶν ὁ
Χριστός φησι καὶ Θεὸς καὶ ἄνθρωπος, ὅθεν καὶ ἀληθῶς πι-
5 στεύεται, ὅτι ὁ αὐτὸς οὗτος εἷς ὤν, | δύο ἔχει φυσικὰς ἐνερ- *B f.73*
γείας, τὴν θείαν | δηλονότι καὶ τὴν ἀνθρωπίνην, τὴν ἄκτιστον *A f.197ᵛ*
καὶ τὴν κτιστὴν ὡς ἀληθινὸς καὶ τέλειος Θεός, ἀληθινὸς καὶ
τέλειος ἄνθρωπος, εἷς ὁ αὐτὸς μεσίτης Θεοῦ καὶ ἀνθρώπων,

---

74, 1/9 Theodoret. Cyrr., *Quaest. et resp. ad orth.* (*PG* 6, 1432A-1433B); cf. Ioh.
Cantac., *Ref.* II, 23, 35-45 (Tinnefeld p. 149)
76, 3/9 *Synod. VI Gener., Constantinop. III, a. 680/681,* Agath. pap., *Epistula* I
(Mansi XI, 272CD); cf. Ioh. Cantac., *Epist.* I, 2, 19-24 (Tinnefeld p. 177) **8/9**
I Tim. 2, 5

---

75, 6 προρρίζους] *in marg. A*
76, 3 ἕκτη] *in marg. A*    τόμῳ δευτέρῳ] δευτέρῳ τόμῳ *B*

Κύριος Ἰησοῦς Χριστός. Ἡ αὐτὴ καὶ αὖθις ἐν πέμπτῳ
10 τόμῳ τῆς αὐτῆς ἕκτης συνόδου Τὴν ἑκατέρας φησὶ φύ-
σεως ἑκατέραν ἴσμεν ἐνέργειαν, τὴν οὐσιώδη λέγω καὶ φυ-
σικὴν καὶ κατάλληλον, ἀδιαιρέτως προϊοῦσαν, ἐξ ἑκατέρας
οὐσίας καὶ φύσεως, κατὰ τὴν ἐμπεφυκυῖαν αὐτῇ φυσικὴν καὶ
οὐσιώδη ποιότητα, καὶ τὴν ἀμέριστον ὁμοῦ καὶ ἀσύγχυτον
15 θατέρας οὐσίας συνεπαγόμενην ἐνεργείαν. Τοῦτο γὰρ καὶ
τῶν ἐνεργειῶν ἐπὶ Χριστοῦ ποιεῖ τὸ διάφορον, ὥσπερ δὴ καὶ
τὸ εἶναι τὰς φύσεις τῶν φύσεων. Καὶ πάλιν ἐν τῷ αὐτῷ
τόμῳ τῆς ἕκτης συνόδου αὐτῆς, Ὥσπερ φησὶ τῆς ἑκατέ-
ρας οὐσίας καὶ φύσεως, ἐξ ὧν ἡμῖν ἀσυγχύτως ἐπὶ Χριστοῦ
20 | γέγονεν ἡ ἕνωσις, καὶ τὸν ἕνα Χριστὸν καὶ Υἱὸν ἀπετέλεσεν     B f.73ᵛ
ὅλον Θεόν, ὅλον τὸν αὐτὸν πιστευόμενον ἄνθρωπον, ἑκατέ-
ραν φυσικὴν ὁμολογοῦμεν ἐνέργειαν, ἵνα μὴ τὰς ἀσυγχύτως
ἐνωθείσας φύσεις συγχέωμεν, εἴπερ ἐκ τῶν ἐνεργειῶν καὶ
μόνων κατὰ τοὺς τὰ τοιαῦτα δεινοὺς αἱ φύσεις γνωρίζονται,
25 καὶ τῶν οὐσιῶν ἀεὶ τὸ διάφορον ἐκ τοῦ διαφόρου τῶν ἐνερ-
γειῶν καταλαμβάνεσθαι πέφυκεν, οὕτω καὶ πᾶσαν φωνὴν
καὶ ἐνέργειαν, κἂν θεία τις ᾖ καὶ οὐράνιος, κἂν ἀνθρωπίνη τε
καὶ ἐπίγειος, ἐξ ἑνὸς τοῦ αὐτοῦ προϊέναι Χριστοῦ καὶ Υἱοῦ
δογματίζομεν, καὶ τῆς μιᾶς αὐτοῦ συνθέτου | καὶ μοναδικῆς     A f.198
30 ὑποστάσεως. Ὃς σεσαρκωμένος τοῦ Θεοῦ Λόγος ἐτύγχανεν,
ὁ καὶ ἑκατέραν ἀμερίστως καὶ ἀσυγχύτως ἐνέργειαν κατὰ
τὰς ἑαυτοῦ φύσεις, ἐξ αὐτοῦ φυσικῶς προβαλλόμενος, κατὰ
μὲν τὴν θείαν αὐτοῦ φύσιν, | καθ' ἢν ἦν καὶ τῷ Πατρὶ ὁμοού-     B f.74
σιος, τὴν θεϊκὴν καὶ ἀνέκφραστον, κατὰ δὲ τὴν ἀνθρωπίνην,
35 καθ' ἢν καὶ τοῖς ἀνθρώποις ἡμῖν ὁ αὐτὸς ὁμοούσιος ἔμεινε,
τὴν ἀνθρωπείαν καὶ πρόσγειον, τὴν ἑκάστῃ φύσει φίλην καὶ
πρόσφορον, καὶ οὐκ ἐῶν τῶν ὁρώντων τινὰ σκανδαλίζεσθαι,
ὡς οὐ Θεὸς ὁ αὐτὸς εἴη καὶ ἄνθρωπος, ὁ ταῦτα κἀκεῖνα φυ-

---

**10/17** Synod. VI Gener., Constantinop. III, a. 680/681, Sophron. Hieros., Syno-
dic.(Mansi XI, 481CD); cf. Ioh. Cantac., Epist. I, 2, 25-32 (Tinnefeld p. 177-178)
**18/49** Synod. VI Gener., Constantinop. III, a. 680/681, Sophron. Hieros., Synodic.
(Mansi XI, 481E-484C); cf. Ioh. Cantac., Epist. I, 2, 33-65 (Tinnefeld p. 178)

---

**9** Ἡ αὐτὴ] om. B     **10** Τὴν] γὰρ add. B     **17** αὐτῷ] πέμπτῳ add. B
**18/19** τῆς¹ – οὐσίας] τῆς αὐτῆς ἕκτης συνόδου ὥσπερ τὴν ἑκατέρας φησὶν οὐσίας B

σικῶς ἐργαζόμενος, διὰ μέντοι τοῦ τὸν αὐτὸν ἕνα Χριστὸν
40    καὶ Υἱὸν ἐνεργεῖν τὰ ἑκάτερα, τὴν Νεστορίου μιαρὰν ἐμ-
φραττόντων ἀπόρροιαν. Οὔτε γὰρ δύο κατ'αὐτὸν Χριστοὺς
καὶ υἱοὺς ὡς εἰρήκαμεν τοὺς ἐνεργοῦντας ταῦτά τε κἀκεῖνα
πρεσβεύομεν, διὰ δὲ τοὺς δεικνύναι τὰ ἑκατέρας ἴδια φύσε-
ως, ἀσύγχυτα μετὰ τὴν ἕνωσιν μένοντα, καὶ ἑκατέραν τὸν
45    αὐτὸν ὁμοίως προφέρειν ἐνέργειαν, τῷ φυσικῷ λόγῳ γνωρι-
ζομένην τῶν φύσεων, καὶ τὴν οἰκείαν | φύσιν φυσικῶς ἑρ-    B f.74ʳ
μηνεύουσαν, ἀφ'ἧς ἀμερίστως καὶ φυσικῶς ἐπηγάζετο, καὶ
οὐσιωδῶς ἀνεβλάστησαν, τὴν Εὐτυχοῦς ἐκτεφρῶν φιλοσύγ-
χυτον βλάστησιν.

**77.** Ἐπεὶ τοίνυν οὐδὲν πάντως ἐξ ἑαυτοῦ προέρχε-
ται, ἡ δ'οὐσιώδης | καὶ φυσικὴ τοῦ Θεοῦ ἐνέργεια, ἐκ    A f.198ʳ
τῆς μακαρίας οὐσίας αὐτοῦ ὡς οἱ θεολόγοι ἀριδήλως
βοῶσι προέρχεται, ἐξανάγκης οὐκ ἔστι ταυτὸν ἥ τε
5    Θεοῦ οὐσία, καὶ ἡ ἐξ αὐτῆς προερχομένη φυσικὴ ταύτης
ἐνέργεια. Σκοπεῖν οὐκοῦν οὐ παρέργως δίκαιον, πῶς ὁ
τῶν θεολόγων χορὸς συνάδει, κατὰ τὰς ἑαυτοῦ φασὶ τὸν
Χριστὸν φύσεις, προβάλλειν ἐξ αὐτοῦ φυσικῶς καὶ τὰς
ἐνεργείας αὐτοῦ, κατὰ μὲν τὴν θείαν αὐτοῦ φύσιν καθ'ἣν
10    ἐστι καὶ τῷ Πατρὶ ὁμοούσιος, τὴν θεϊκὴν καὶ ἀνέκφραστον,
κατὰ δὲ τὴν ἀνθρωπίνην, τὴν ἀνθρωπείαν καὶ πρόσγειον.

**78.** Ἀλλὰ καὶ Κύριλλος ὁ θεῖος ἐν πέμπτῳ τῶν Θη-
σαυρῶν λόγῳ | τοῦ πρώτου βιβλίου, οὕτω φησίν· Εἰ    B f.75
μὴ ζωὴ κατὰ φύσιν ἐστὶν ὁ Υἱός, πῶς **ἀληθεύσει** λέγων, Ὁ
πιστεύων εἰς ἐμὲ ἔχει ζωὴν αἰώνιον; Εἰ δὲ ὡς φύσει προσοῦ-
5    σαν ἑαυτῷ τὴν ζωὴν καὶ οὐσιωδῶς ὑπάρχουσαν, δώσειν τοῖς
εἰς αὐτὸν πιστεύουσιν ἐπαγγέλλεται, πῶς ἐνδέχεται νοεῖν
οὐκ ἔχοντα τὸν Υἱόν, εἰληφέναι ταύτην παρὰ τοῦ Πατρός;

---

77, **9/11** cf. supra 76, 32/36 (ref. 76, 18/49)
78, **2/12** Cyrill. Alex., *Thes.*, 14 (*PG* 75, 236B-237B); cf. Ioh. Cantac., *Ref.* I, 37,
28-38 (Tinnefeld p. 53-54)    **3/4** Io. 6, 47 cum app. crit.    **5** cf. supra l. 4 (ref.
l. 3/4)

---

77, **1** τοίνυν – πάντως] e corr. B    **3** οὐσίας αὐτοῦ] *trsp. B*    **4** ἥ] πάντη
add. B    **5** προερχομένη φυσικὴ] *trsp. B*
78, **1/2** ἐν – λόγῳ] ἐν πέμπτῳ βιβλίῳ τῶν Θησαυρῶν B

Ἀλλ'ὡς προείρηται προελθὼν ἐκ Πατρός, πάντα τὰ αὐτοῦ
κατὰ φύσιν ἐπάγεται, ἓν δὲ τῶν προσόντων τῷ Πατρί, καὶ ἡ
10 ζωή. Οὐκοῦν, οὐκ ἐπείσακτος τῷ Υἱῷ, ἡ ζωοποιὸς δύναμις,
ἀλλὰ κατὰ φύσιν αὐτῷ προσοῦσα καὶ οὐσιωδῶς, ὥσπερ καὶ
τῷ Πατρί.

79. Ἆρ'οὖν, | τὰ τοσαῦτα καὶ τηλικαῦτα ἤνυσέ τι,     *A* f.199
πρὸς τὸ δεῖξαι τὴν οὖσαν τῆς θείας οὐσίας καὶ ἐνεργεί-
ας διαφοράν, ἢ καὶ ὑμῖν τὸ θρυλλούμενον ἐπακολουθή-
σει, τό, Οὐ πείσεις, οὐδ'ἢν | πείσῃς; Ὁ γὰρ πρὸς τὴν θείαν     *B* f.75ᵛ
5 ἐνέργειαν πόλεμος, εἰς τηλικοῦτον βάραθρον ἀνομίας
ἐμπεσεῖν ὑμᾶς παρεσκεύασεν, ὥστε δύο θεότητας δογ-
ματίζειν ἐν τῷ Χριστῷ, κτιστήν τε καὶ ἄκτιστον. Τὸν
γὰρ ὑμῖν δοκοῦντα καπνὸν ἐκφεύγοντες, τήν, οὐσίας
δηλονότι καὶ ἐνεργείας διαφοράν, εἰς τὸ τῆς ἀσεβείας
10 ἐμπεπτώκατε πῦρ. Ὁρᾶτε γάρ. Ὑμεῖς φατέ· Πλήρωμα
θεότητος ἄκτιστον οὐχ ἕτερόν τι νοοῦμεν, ἀλλ'ἢ τὴν
φύσιν αὐτήν, Πατρὸς Υἱοῦ καὶ ἁγίου Πνεύματος. Ὃ δέ
φησιν ὁ ἀπόστολος πλήρωμα θεότητος ἐγκατοικῆσαι
τῷ κυριακῷ ἀνθρώπῳ σωματικῶς, τὰ κτιστὰ χαρίσμα-
15 τα εἶναι λέγομεν, τὰ ἐξ αὐτῆς τῆς θείας συλλήψεως κε-
χαρισμένα τῇ σαρκὶ τοῦ Χριστοῦ, καὶ περὶ τούτου καὶ
τὸν θεῖον ἀπόστολον φάσκειν λέγομεν συγκληρονόμους
ἡμᾶς ὑπάρχειν Χριστοῦ. Κτιστῶν γὰρ ὄντος τοῦ Χρι-
στοῦ κληρονόμου, | τοιούτων καὶ ἡμεῖς αὐτῷ συγκλη-     *B* f.76
20 ρονομοῦμεν.

80. Ὢ τῆς ἀπονοίας, φεῦ τῆς ἀποπληξίας. Καὶ γὰρ
ὥσπερ τήν, τῆς θείας οὐσίας καὶ ἐνεργείας διαφορὰν μη-
δαμῶς προσιέμενοι, ἀλλοκότοις περὶ Θεοῦ ἐννοίαις καὶ
δόγμασιν ἑαυτοὺς ἐκδεδώκατε, οὕτω κἀνταῦθα βαρεῖς
5 ὑμῖν ἡ ἀλήθεια | τοὺς ἐλέγχους ἐποίσει. Ἐν τῷ Χριστῷ     *A* f.199ᵛ

---

10 cf. supra l. 4 (ref. l. 3/4)
79, 4 cf. e.g. Eustath. Thessalonic., *Comm. in Il.* (Van der Valk II, p. 420, 8)
10/14 Col. 2, 9          17/18 Rom. 8, 17
80, 5/7 Col. 2, 9

---

79, 1 Ἆρ'οὖν – τι] *e corr. B*          16 τούτου] τούτων *B*          18 γὰρ] *sup. l. A*
80, 4 ἑαυτοὺς – κἀνταῦθα] *e corr. B*

γάρ φησιν ὁ ἀπόστολος κατοικῆσαι πᾶν τὸ πλήρωμα
τῆς θεότητος. Ὁ γε δὴ πλήρωμα, καὶ αὐτὸς ὁ διάβολος
ἐρωτώμενος, οὐκ ἄν ποτε συσκιάσαι δύναιτο, ἀλλ'ἄκτι-
στον εἴποι. Εἶτα ἐκ τοῦ πληρώματος αὐτοῦ φησιν ἡμεῖς
10 πάντες, ἐλάβομεν, τουτέστιν ὁ μὲν Χριστός, πᾶν εἴληφε
κατὰ σάρκα τὸ πλήρωμα τῆς θεότητος, ἡμεῖς δὲ ἐκ τοῦ
πληρώματος, ὥσπερ ἐξ ἀφάτου πελάγους, πολλοστόν
τι καὶ οἷον ῥανίδα μικράν. | Καὶ γὰρ ὁμοθέου τοῦ θείου      B f.76ᵛ
γεγονότος προσλήμματος, καὶ πλὴν τοῦ ὁμοουσίου τῇ
15 Τριάδι γενέσθαι πάντων τῶν θείων κληρονομήσαντος
αὐχημάτων, ἀσυγχύτων τὲ καὶ μετὰ τὴν ἄρρητον ἕνω-
σιν τῆς ὑποστάσεως τοῦ Υἱοῦ καὶ Θεοῦ καὶ Λόγου, τῶν
τῆς θείας τὲ καὶ ἀνθρωπίνης φύσεως μεμενηκότων ἰδι-
ωμάτων, ἐπείπερ ὁ Χριστὸς τοῦ, θεότητος πληρώματος
20 κληρονόμος γέγονεν, ἡμεῖς δ'ἐκείνου συγκληρονόμοι,
λοιπὸν ἤδη, τό, χάριτος ἀκτίστου καὶ ἡμᾶς εἶναι κληρο-
νόμους, κἂν Ἕλληνες ἀπαρέσκωνται.

81. Ὁ μὲν οὖν Νεστόριος, δύο υἱοὺς ἀσεβῶς ἐλή-
ρησεν εἶναι, τὸν μέν, τὸν Υἱὸν τοῦ Θεοῦ, τὸν δ'ἕτερον,
ἅγιον μὲν ἄνθρωπον, κατοικῆσαι δ'οὕτως ἐν αὐτῷ, τὸν
Υἱὸν τοῦ Θεοῦ, καθάπερ ἐν τῷ Πέτρῳ καὶ Παύλῳ καὶ
5 Ἰωάννῃ, καὶ τῶν ἄλλων ἁγίων χορῷ, δύο δ'ἐπὶ Θεοῦ
| θεότητας, οὐκ ἐτόλμησε φᾶναι. Ἀλλ'ὑμεῖς | οἱ πάντα      B f.77, A
τολμῶντες, κτιστήν τε καὶ ἄκτιστον κηρύττειν ἀνυπο-
στόλως προήχθητε. Κἀκεῖνος μέν, εἰς τὴν οἰκονομίαν,
ἀλλ'οὐκ εἰς φύσιν τὴν θείαν τὸ ἀσέβημα διεβίβασεν, ὡς
10 ἐκ τῶν αὐτοῦ συγγραμμάτων φαίνεται, ὑμεῖς δέ, κἀκεί-
νου, χεῖρον καὶ προπετέστερον διακείμενοι, αὐτῇ τῇ
θείᾳ Τριάδι τὴν βλασφημίαν προσάπτετε.

82. Οὐκοῦν, ἕν μοι τοῦτο λοιπὸν πρὸς ὑμᾶς εἰπεῖν,
ὡς εἰ μὲν μίαν ἐπὶ Θεοῦ θεότητα καὶ πλήρωμα θεότη-

9/12 Io. 1, 16    19 cf. supra l. 6/7 (ref. l. 5/7) et 11 (ref. l. 9/12)    20
Rom. 8, 17
82, 2 Col. 2, 9

16 ἄρρητον ἕνωσιν] ἕνωσιν ἄρρητον primum scripsit, deinde litteris βα superscrip-
tis ordinem invertit A

τος ἓν ὁμολογεῖν καὶ κηρύττειν βούλεσθε, καὶ ἡμᾶς ἐκ
τούτου λαμβάνειν τοῦ πληρώματος λέγειν, πᾶν ἔχομεν
τὸ ζητούμενον, καὶ οὐδ᾽ὁτιοῦν ἤδη λείπεται, τὸ μὴ οὐκ
5 ἀκτίστου χάριτος καὶ ἡμᾶς κληρονομεῖν λέγειν, ὥς που
γε δή, καὶ τοὺς ἁγίους | ἅπαντας ἔχομεν συμφθεγγομέ-        B f.77ᵛ
νους. Εἰ δὲ ταῦθ᾽ὑμῖν οὐκ ἀρέσκει, ἔτι δὲ μίαν θεότητα
ἄκτιστον ἰσχυρίζεσθε, καὶ κτιστὴν αὖ ἑτέραν τὴν ἐν τῷ
10 κυριακῷ κατοικήσασαν ἀνθρώπῳ, ὑμεῖς μέν, τῷ τῆς
ἀθεΐας ἐμπεσεῖσθε βαράθρῳ, καὶ κληρονόμοι κτίσμα-
τος ἔσεσθε, καὶ οὐχὶ Θεοῦ, ὅπερ ἀπευξαίμην ἂν ἔγωγε,
ἡμεῖς δέ, κληρονόμοι Θεοῦ, καὶ τῆς αὐτοῦ ἀκτίστου καὶ
θείας χάριτος.

83. Ἐπεὶ δ᾽ὁμοῦ τοῖς ἄλλοις ὅ,τι καὶ περὶ τοῦ ὑπερ-
κειμένου καὶ ὑφειμένου δοξάζω μαθεῖν ἐξήτηκας, ἔτι
τέ, καὶ πῶς ὁ Θεὸς ἀπειράκις ἀπείρως ὑπερεξῃρῆσθαι λέγε-
ται πάντων καὶ μετεχόντων καὶ μετοχῶν, καὶ ὅπως αὖθις
5 | ἔχειν τι λέγεται ὁ Θεός, ἔδοξέ μοι καὶ περὶ τούτου τὸ        A f.200ᵛ
δοκοῦν μοι διασαφῆσαι σοι. Φημὶ δή, | ὡς οὐδ᾽ἂν εἷς        B f.78
εὕροι τὸ ὑφειμένον, οὐθ᾽ἁπλῶς ἐν ταῖς τῶν οἷς ὡμίλη-
κα συντυχίαις εἰρημένον πώποτε παρ᾽ἐμοῦ, οὔτ᾽αὖ γε-
γραμμένον ἔν τινι, τῶν ἃ συντέταχα συγγραμμάτων.
10 Πλὴν ἀλλὰ καὶ οὕτω, μάταιον ὑπείληπταί μοι καὶ ἄλ-
λως εὔηθες εἶναι, τὸ μὲν ὑπερκείμενον καὶ στέργειν καὶ
λέγειν, τὸ δ᾽ὑφειμένον, καθάπαξ ἀναίνεσθαι. Θατέρου
καὶ γὰρ λεγομένου, καὶ τὸ ἕτερον ἀνάγκη συνέπεσθαι
καὶ συναναφαίνεσθαι. Ὅ, δ᾽ἐν τοῖς πρὶν εἶπον, αὐτό γε
15 τοῦτ᾽ἀρκεῖν ἡγοῦμαι κἂν τῷ παρόντι, ὡς εἰ μηδεὶς τῶν
τῆς πίστεως ἡγεμόνων ὁμολογεῖ μοι, ὡς νόθον ἐς κόρα-
κας ἀπερρίφθω.

84. Παρίτω τοίνυν ὁ τὴν γλῶτταν χρυσοῦς, καὶ
προτιθέτω τὰ ἑαυτοῦ, ἅπερ ἐν ὁμιλίᾳ τριακοστῇ διέξει-
σι τῆς κατὰ Ἰωάννην ἐξηγήσεως. Τί δέ ἐστιν ὅ φησιν;
Οὐκ ἐκ μέτρου | δίδωσιν ὁ Θεὸς τὸ Πνεῦμα. Ἡμεῖς μὲν πάν-        B f.78ᵛ

---

3/4 Io. 1, 16        10 Col. 2, 9        11/13 Rom. 8, 17
83, 3/5 Max. Conf., Cap. theol. et oec., 1, 49 (PG 90, 1101A); cf. Theod. Dex.,
Appell. 6, 30 (Polemis p. 14)        16/17 cf. Aristoph., Lys. 1240
84, 4/16 Ioh. Chrys., In Ioh. 30, 2 (PG 59, 174, 3-18)        4 Io. 3, 34

5 τες **φησί**, μέτρῳ τὴν τοῦ Πνεύματος ἐνέργειαν ἐλάβομεν.
Πνεῦμα γὰρ ἐνταῦθα, τὴν ἐνέργειάν φησίν. Αὕτη γάρ ἐστιν
ἡ μεριζομένη, οὗτος δέ, ἀμέτρητον ἔχει καὶ ὁλόκληρον πᾶ-
σαν τὴν ἐνέργειαν. Εἰ δὲ ἡ ἐνέργεια αὐτοῦ ἀμέτρητος, πολλῷ
μᾶλλον ἡ οὐσία. Ὁρᾷς καὶ τὸ Πνεῦμα ἄπειρον; Ὁ τοίνυν πᾶ-
10 σαν τοῦ Πνεύματος δεξάμενος τὴν ἐνέργειαν, ὁ τὰ τοῦ Θεοῦ
εἰδώς, ὁ λέγων, | *Ὁ ἠκούσαμεν λαλοῦμεν, καὶ ὃ ἑωράκαμεν*     A f.201
*μαρτυροῦμεν*, πῶς ἂν εἴη δίκαιος ὑποπτεύεσθαι; Οὐδὲν γάρ
φησι, ὃ μὴ τοῦ Θεοῦ ἐστιν, οὐδὲ ὃ μὴ τοῦ Πνεύματός ἐστι,
καὶ τέως περὶ τοῦ Θεοῦ Λόγου, οὐδὲν φθέγγεται ἀλλ᾽ἀπὸ
15 τοῦ Πατρὸς καὶ τοῦ Πνεύματος, ἀξιόπιστον ποιεῖται τὴν δι-
δασκαλίαν.

**85. Καὶ ὁ θεῖος δ᾽αὖ Κύριλλος ἐν κεφαλαίῳ δευτέρῳ
τοῦ πρώτου βιβλίου τῶν Θησαυρῶν·** Ἔλαττόν ἐστι, |     B f.79
τό, Θεὸν εἶναι, τοῦ Πατέρα εἶναι τὸν Πατέρα καὶ Θεόν. Ἢ
μὲν γὰρ Θεός, πρὸς τὰ δοῦλα τὴν σχέσιν ἔχει, ᾗ δὲ Πατήρ,
5 πρὸς τὸν ἴδιον καὶ ὁμότιμον Υἱόν. **Ἔτι ὁ αὐτὸς ἐν κεφα-
λαίῳ πρώτῳ τοῦ δευτέρου βιβλίου,** Εἰ μέγά τι **φησὶ** χα-
ρίζεσθαι νομίζουσιν οἱ χριστομάχοι τῷ Θεῷ, Πατέρα μὲν
ἐξαρχῆς οὐχ ὁμολογοῦντες αὐτόν, Θεὸν δὲ εἶναι διδόντες,
ἀκουέτωσαν, ὅτι λίαν ὑβρίζουσι, πράγματος ἀξιολογωτέρου
10 τὴν θείαν ἀποστεροῦντες φύσιν. Θεὸς μὲν γάρ, ὡς πρὸς τὰ
δοῦλα καὶ τὰ γενητὴν ἔχοντα τὴν οὐσίαν, ἔχει τὴν σχέσιν,
Πατὴρ δέ, ὡς πρὸς Υἱόν. **Οἱ** λέγοντες τοίνυν ὅτι Θεὸς μὲν
ἦν ἐξαρχῆς, οὔπω δὲ καὶ Πατήρ, τὴν πρὸς τὰ δοῦλα σχέσιν
προσάπτουσι τῷ Θεῷ, τοῦ μείζονος ἀποστεροῦντες αὐτόν.
15 Κρεῖττον γὰρ **τὸν** Πατέρα γεννήματος εἶναι. Εἰ μὴ **γὰρ** τό,
Πατὴρ ὄνομα κυριώτερόν πως ἐστὶ καὶ ἀξιολογώτερον ἐπὶ
Θεοῦ ἢ τὸ Θεός, ὅτου χάριν ὁ σωτὴρ οὐκ ἐκέλευσε βαπτί-
ζειν εἰς ὄνομα Θεοῦ καὶ Υἱοῦ καὶ ἁγίου Πνεύματος, ἀλλὰ τὸ

---

11/12 Io. 3, 11
85, 2/5 Cyrill. Alex., *Thes.* 5 (*PG* 75, 65CD) (ad sensum); cf. Ioh. Cantac.,
*Ref.* II, 17, 17-20 (Tinnefeld p. 138)     6/12 Cyrill. Alex., *Thes.* 5 (*PG* 75, 65CD)
12/15 Ibid. 5 (*PG* 75, 65B)     15/20 Ibid. 5 (*PG* 75, 68B)

---

84, 12 εἴη] *sup. l. A, e corr. B*
85, 3 / 90, 25 τό – ἄλλους] *om. B (folia quattuor sine textu)*

ἀληθέστερον | σημαίνων τῆς θείας φύσεως ἀξίωμα, εἰς Πα-      Α f.201ᵛ
20 τέρα φησὶ καὶ Υἱὸν καὶ εἰς τὸ Πνεῦμα τὸ ἅγιον; Καὶ πάλιν·
Οὐκ εἶπεν Ὁ ἑωρακὼς ἐμέ, ἑώρακε τὸν Θεόν, ἀλλὰ τὸν Πα-
τέρα, τὸ μεῖζον ἀπονέμων αὐτῷ, καὶ οὐ τὸ ἔλαττον. Οὐκοῦν,
πρῶτον ἔστω Πατήρ, εἶθ'οὕτω, Θεός, εἰ καὶ ἅμα καὶ συνημ-
μένως.

**86.** Τοιαύτη τις ἡμῖν καὶ περὶ τούτων ἡ μαρτυρία.
Θαυμάζω δ'ὅτι καὶ τοῦθ'ἡμῖν ἐγκαλεῖτε μετὰ τῶν ἄλ-
λων, τό, τὸν Θεὸν **δηλονότι** λέγειν ἀπειράκις ἀπείρως
ὑπερεξῃρῆσθαι πάντων, καὶ μετεχόντων καὶ μετοχῶν. **Καὶ**
5 γάρ, εἰ μηδὲν τῶν ἁπάντων ἄλλο, τοῦτο γοῦν ἐχρῆν ὡς
ὑμῖν συνηγοροῦν, ἀποδέχεσθαι. Μάλα γὰρ ἐν τῷ κτι-
στῶν τινων εἰκόνων λέγειν μετέχειν τοὺς ἀνθρώπους,
λυσιτελήσει καὶ βοήθημά τι τέως πρόχειρον δόξειε πρὸς
ἀπάτην, τῶν μὴ ὅπως τοῦτο φαμὲν εἰδότων. Καὶ γάρ,
10 εἰ κτιστῆς καθ'ὑμᾶς ἁγιότητος, οἵ τ'ἄγγελοι μετέχουσι
καὶ οἱ ἄνθρωποι, οὗ δὴ χάριν, καὶ τοσοῦτος ἡμῖν ἀνάλω-
ται λόγος, κτίσματα δὲ καὶ οἱ ταύτης μετέχοντες, οὐχ
ἁμαρτάνειν δήπουθεν, ὁ τὸν Θεὸν ὑπερκεῖσθαι πάντων λέ-
γων, καὶ μετεχόντων καὶ μετοχῶν. **Κτίσματα** γὰρ ἑκάτερα
15 καθ'ὑμᾶς, ἀλλὰ ψεῦδος. Καὶ γάρ, οὐκ ἔστιν, οὐδ'οὕτω
φαμέν. Ἀλλ'ἐπειδήπερ ὁ κυριακὸς μόνος καὶ ξένος ἄν-
θρωπος, ὁ ἐκ παρθένου γεγεννημένος, τὸ πλήρωμα πᾶν
ἐδέξατο τῆς θεότητος, | οὐχ ὡς μετέχων καὶ μετοχή,      Α f.202
ἀλλ'ὡς ἀκροτάτη καὶ ὑπερφυὴς ἕνωσις, οἱ δ'ἄλλοι πά-
20 ντες ἐξ ἐκείνου λαμβάνουσι τοῦ πληρώματος, κατὰ τὸ
ποσὸν ὑπερεξῃρῆσθαι τὸν Θεὸν ὁ μέγας εἴρηκε Μάξιμος,
οὗ μετέχουσιν οἱ ἐξ ἐκείνου λαμβάνοντες τοῦ πληρώμα-
τος, εἴ γε καὶ ποσὸν τοῦθ'ὅλως ὀνομάσαι προσήκει. Εἰ
γὰρ καὶ ὁ αὐτός ἐστι Θεός ὁ τοῖς μετέχουσι διδοὺς ἑαυ-
25 τόν, ἀλλὰ τό γε λῆμμα πρὸς αὐτὸν συγκρινόμενον, μᾶλ-

19/20 Mt. 28, 19     21/22 Cyrill. Alex., *Thes.* 5 (*PG* 75, 68C); cf. Ioh.
Cantac., *Ref.* II, 17, 37-40, (Tinnefeld p. 138); Io. 14, 9     22/24 Cyrill. Alex., *Thes.*
5 (*PG* 75, 69A)
  **86, 3/4** cf. supra 83, 3/4 (ref. 83, 3/5)     **10** cf. supra 52, 30 (ref. 25/30)
**13/14** cf. supra l. 3/4     **17/18** Col. 2, 9     **20** Io. 1, 16     **21** cf. supra l. 3/4

λον ἂν ὑποδεέστερον καὶ βραχύτερον ἐλεγχθήσεται, ἢ εἰ
σινήπεως κόκκος, ἤ τι τούτου φαυλότερον, πρὸς σῶμα
τὸ οὐράνιον, ἢ μᾶλλον ἀσυγκρίτως ὑπὲρ τοῦτο τὶ παρε-
τίθετο.

87. Σὺ δ'ἔχεις ἤδη παρ'ἡμῶν, καὶ τὸν περὶ τούτου
λόγον, τὸ δ'ἔχειν ὅπως ἐπὶ Θεοῦ δοξάζομεν, ὥρα φά-
ναι. Τὴν οὐσίαν τοίνυν τοῦ Θεοῦ φαμὲν ἔχειν ἐνέργει-
αν, οὔθ'ὡς ἕτερον ἐν ἑτέρῳ, οὔτ'αὖ ὡς οὐσίαν καὶ συμ-
5 βεβηκός, οὐ μὴν οὐδ'ὡς οὐσίαν καὶ ποιότητα, ἀλλ'ὡς
ἁπλῆν μὲν αὐτὴν οὖσαν, ἔχουσαν δ'ὁμοίαν αὐτῇ ὑπερη-
πλωμένην ἐνέργειαν. Ὅτι δὲ οὐδ'ἡτισοῦν ἕπεται λύμη
τῷ λόγῳ, ὁ μέγας Ἀθανάσιος μαρτυρήσει, καὶ ὁ θεῖος
ἀπόστολος πρὸ αὐτοῦ, Ὁ μόνος ἔχων λέγων ἀθανασίαν,
10 φῶς οἰκῶν ἀπρόσιτον, ὁ δὲ μέγας Ἀθανάσιος ἐν τῷ εἰς
τὸν εὐαγγελισμὸν λόγῳ, Ἕνα φάσκων Θεόν, ἐν τρισὶν
ὑποστάσεσι θεολογοῦμεν, μίαν ἔχοντα τὴν οὐσίαν καὶ τὴν
δύναμιν, καὶ τὴν ἐνέργειαν, καὶ ὅσα ἄλλα περὶ τὴν οὐσίαν
θεωρεῖται, θεολογούμενα καὶ ὑμνούμενα. |     A f.202ᵛ

88. Τί δεῖ πλείω συνείρειν; Αὐτός φησιν ὁ σωτήρ,
Πάντα ὅσα ἔχει ὁ Πατήρ, ἐμά ἐστι καὶ ὅτι, Ὥσπερ ὁ
Πατὴρ ἔχει ζωὴν ἐν ἑαυτῷ, οὕτως ἔδωκεν καὶ τῷ Υἱῷ
ζωὴν ἔχειν ἐν ἑαυτῷ. Ὅ, γε διαλευκαίνων ὁ μέγας Ἀθα-
5 νάσιος, δεδιώς που πάντως μή που τις οἰηθείη περὶ κτι-
στῶν τινων τοῦτ'εἰρηκέναι τὸν Κύριον, Οὐχ ἕνεκέν φησι
κτιστῶν πραγμάτων ἔφη ὁ σωτήρ, τὸ πάντα ὅσα ἔχει ὁ Πα-
τὴρ ἐμά ἐστι, καὶ τὰ ἑξῆς.

89. Ἀλλὰ καὶ τὸν θεῖον εἰ δοκεῖ παραγαγόντες Ἰου-
στῖνον, τῆς αὐτοῦ διακούσωμεν μαρτυρίας. Πάντως που
καὶ οὗτος τοῦτο διασαφήσει, καθὰ δὴ πρὸ μικροῦ καὶ ὁ
θειότατος ἡμῖν διεσάφει Κύριλλος, τό, μήτε κτισμάτων
5 μετέχειν τὸν Θεοῦ μετέχοντα, μήτ'αὖ Θεοῦ, τόν, κτισμά-
των. Ἐξαίρετον δ'ὅταν ταῦτα λέγωμεν, ἔστω, τὸ ὑπὲρ

---

27 Mt. 13, 31
87, 9/10 I Tim. 6, 16     11/14 Ps.-Athan. Alex., *In annunt.* 2 (*PG* 28, 920B);
cf. Ioh. Cantac., *Ref.* I, 26, 52-55 (Tinnefeld p. 37)
88, 2 Io. 16, 15     2/4 Io. 5, 26     6/8 Ps.-Athan. Alex., *Disput. contra
Arium*, 27 (*PG* 28, 473C); cf. Ioh. Cantac., *Epist.* III, 3, 35-38 (Tinnefeld p. 194)

πᾶσαν κτίσιν τίμιον σῶμα, καὶ τὸ αἷμα τοῦ σωτῆρος
ἡμῶν Χριστοῦ. Ὁ τοίνυν θεῖος Ἰουστῖνος ἐρωτηθείς,
Εἰ ἔχει ὁ Θεὸς ὑπόστασιν ὑπάρχουσαν καὶ Υἱὸν ὑπάρχοντα,
10  πῶς ἐκ τοσούτων συγκείμενος ἁπλοῦς ὀνομάζεται, οὕτω-
σὶν ἀποκρίνεται· Ὁ Θεός ὥσπερ ὅλος ἐστὶ πανταχοῦ, καὶ
ὅλος ἐν ἑκάστῳ, καὶ ὅλος ἐφ᾽ἑαυτοῦ, καὶ τούτου τὴν πίστιν
ἔχομεν, οὕτω καὶ τὸ ἁπλοῦν αὐτοῦ ὅλον Υἱός ἐστι, καὶ ὅλον
Υἱὸν ἔχον ἐστί, καὶ ὅλον βουλή ἐστί, καὶ ὅλον βουλὴν ἔχον
15  ἐστίν. Οὐ γάρ ἐστι κατὰ τὴν κτιστὴν φύσιν ὁ Θεός, ὥστε τὸ
εἶναι αὐτὸν καὶ τὸ ἔχειν, νοηθῆναι ἐν συνθέσει, ἀλλ᾽ὡς ὑπὲρ
τὴν φύσιν | ἐστὶν ὤν, οὕτω καὶ τὸ εἶναι αὐτὸν καὶ τὸ ἔχειν,    *A* f.203
ἐστὶν ὑπὲρ τὴν σύνθεσιν.
   **90.** Οὕτω γε ἡμῖν καὶ περὶ τοῦ ἔχειν ὁ τῶν θεολόγων
ἅπας ὅμιλος μαρτυρεῖ. Τοῦ, τοίνυν τούτων μὲν ὑμᾶς
καίτοι τὸ πείθειν πανταχόθεν ἐχόντων ὑπερορᾶν, ἐννοί-
αις δ᾽οὕτως ἀτόποις καὶ δόξαις ἀλλοκότοις παράγεσθαι,
5  πρῶτον μὲν αἴτιον ἐμοὶ καταφαίνεται, τὸ μηδεμίαν
ὅλως οὐσίας Θεοῦ καὶ ἐνεργείας διαφορὰν καταδέχε-
σθαι βούλεσθαι. Καὶ γὰρ ἐπεὶ τὸ μὲν μηδαμοῦ μετέχειν
Θεοῦ τοὺς ἀνθρώπους, οὐκ ἀληθές, οὐσίᾳ δ᾽αὖθις ἑνω-
θῆναι Θεοῦ, ἀδύνατον, ἑνοῦσθαι δ᾽αὐτῷ λέγειν διὰ τῆς
10  θείας καὶ ἀκτίστου ἐνεργείας οὐ βούλεσθε, λοιπὸν τὸ
πρὸς τοιαύτας καταφεύγειν ἀδρανεῖς δόξας, μήτε βέ-
βαιον κεκτημένας μηδέν, καὶ πολὺ τὸ ἄτοπον ἐπισυρο-
μένας, ἐπεὶ ταῖς ἀποστολικαῖς καὶ θεολογικαῖς φωναῖς
μὴ συνᾴδουσι, τουτὶ μὲν οὖν πρῶτον. Δεύτερον δ᾽αἴτιον
15  ἐπέρχεταί μοι, τὸ πλέον ἢ δεῖ, τῆς ἁπλότητος ἀντέχε-
σθαι βούλεσθαι τοῦ Θεοῦ, ὅ γε δή, πολλοῖς ἐν πολλοῖς
πολλάκις, μεγίστης ἀπωλείας καὶ διαφόρως ὑπῆρξε
πρόξενον. Αὕτη καὶ γάρ, Ἰουδαίους τῇ παλαιότητι μέν,
πέπεικεν ἐναπομεῖναι τοῦ γράμματος, τῆς δὲ καινότη-
20  τος, τοῦ Πνεύματος ἀποστῆναι. Αὕτη, καὶ βοσκημάτων
ἀβελτέρους τοὺς μέγα βρέμοντας σοφοὺς Ἕλληνας
ἐλεγχθῆναι κατέστησεν. Αὕτη, Μωάμεθ καὶ τὸ συναπα-

---

**89, 9/18** Theodoret. Cyrr., *Quaest. et resp. ad orth.* (*PG* 6, 1396D-1397A); cf.
Ioh. Cantac., *Ref.* I, 30, 26-36 (Tinnefeld p. 43)

χθὲν αὐτῷ καὶ συναπολλύμενον | πλῆθος ἄπειρον, το-    *A* f.203ᵛ
σοῦτον ἐξετόπισε τοῦ Θεοῦ. Αὕτη, Σαβελλίους, Ἀρείους,
25 Νεστορίους, Ἀπολιναρίους, καὶ τοὺς ἄλλους, | πτῶμα    *B* f.83
κατήνεγκε δακρύων ἐπάξιον. Αὕτη πάντως καὶ ὑμῖν,
τῶν ἀθέσμων ἐννοιῶν καὶ τῶν σαθροτάτων δογμάτων
ὑπῆρξεν ὑφηγητής. Ἀλλὰ δέομαι, μηδαμῶς τοῦτ' ἐγκεί-
σθω ταῖς καρδίαις ὑμῶν, μὴ δ' οὗτος οἷά τις τύραννος ὁ
30 κάκιστος λογισμός, τῆς αὐλῆς ὑμᾶς ἐξοριζέτω τῶν θεο-
λόγων, τό, οἴεσθαι δηλονότι μὴ δ' ὑπάρχειν εὐθύς, τὸ μὴ
ταῖς ὑμετέραις διανοίαις καταληπτόν. Μὴ δειλιᾶτε τοί-
νυν κατὰ τὸν εἰπόντα *φόβῳ, οὗ φόβος οὐκ ἔστιν*, ἀλλὰ
πεπεισμένοι καὶ τεθαρρηκότες πολὺ διαφέρειν τοὺς θεο-
35 λόγους ὑμῶν, οὕτω πιστεύσατε τοῖς αὐτῶν.
    91. Ὁ γὰρ θεῖος εἴρηκε Μάξιμος, ἡ πίστις, ἀναπό-
δεικτος γνῶσις ἐστίν. Εἰ δὲ γνῶσις ἐστὶν ἀναπόδεικτος,
ἄρα σχέσις ἐστὶν ὑπὲρ φύσιν ἡ πίστις, δι' ἧς ἀγνώστως
ἀλλ' οὐκ ἀποδεικτικῶς ἐνούμεθα τῷ Θεῷ, | κατὰ τὴν    *B* f.83ᵛ
5 ὑπὲρ νόησιν ἕνωσιν. Ἐπεὶ τοίνυν ὑπὲρ γνῶσιν ἐνούμεθα
τῷ Θεῷ, τίς ἔσται λόγος ἱκανὸς τῆς ὑπὲρ λόγον ἑνώσε-
ως; Ἑνοῦσθαι μὲν γὰρ αὐτῷ, καὶ δεδιδάγμεθα, καὶ πι-
στεύομεν, τὸ δὲ πῶς, ἀκριβῶς οὐκ οἴδαμεν. Ὑπὲρ γὰρ
τοῦτο καὶ ὑπὲρ πάντα πέφυκε λόγον.
    92. Ἀλλὰ τὰ μὲν περὶ αὐτῶν εἰς τοσοῦτον, μετὰ δὲ
ταῦτα, προσήκειν οἶμαι καὶ περὶ τοῦ θειοτάτου | φω-    *A* f.204
τὸς τῆς τοῦ Κυρίου μεταμορφώσεως, ἐφ' ὁπόσον ὁ τοῦ
παρόντος συντάγματος ἀπαιτεῖ λόγος, δεῖξαι καὶ πα-
5 ραστῆσαι τοῖς τὰ βελτίω μετὰ νοῦ σκοπεῖν ᾑρημένοις,
πηλίκη τις ὑμῖν ἡ βλασφημία καὶ κατ' αὐτοῦ, καὶ ὅπως
οὐδ' ὁτιοῦν ἡμεῖς ἔξω τοῦ θεολογικοῦ σκοποῦ καὶ κα-
νόνος, περιεργάζεσθαι βεβουλήμεθα. Ἐπειδὴ γὰρ ὑμῖν,
τοῖς τῇ ἐκκλησίᾳ καὶ τοῖς ὀρθοῖς πολεμοῦσι δόγμασι βι-
10 βλίον πεποίηται μεστὸν βλασφημίας, ἐν ᾧ ψεῦδος μὲν

90, 33 Ps. 13, 5
91, 1/3 cf. supra 66, 31/32

92, 1 Ἀλλὰ – τοσοῦτον] *om.* B

ἅπαν καὶ ὕβρις κατὰ τῶν τῆς ἀληθείας | θεραπευτῶν,    *B* f.84
σκαιώρημα δὲ πρὸς τὴν τῶν ὀρθῶν δογμάτων διαστρο-
φὴν καὶ τέχνασμα πᾶν ἐνέσπαρται, παραλέλειπται δὲ
οὐδὲν τῶν ὅσα τὴν κατὰ τῆς ἐκκλησίας ἀγνωμοσύνην
15 καὶ μάχην παριστᾶν ἔχει, καθά που καὶ πάντες οἱ τὴν
ἀλήθειαν ζητοῦντες ἐπιμελῶς εἴσονται, πάντα μὲν ὁπό-
σα γε ὑμῖν μετὰ τῶν ἄλλων καὶ κατὰ τοῦ θείου φωτὸς
βεβλασφήμηται πειρᾶσθαι νῦν διελέγχειν, ἄωρον ἂν
εἴη πρὸς τὴν ὁρμὴν τοῦ νυνὶ λόγου, λελέξεται δ'ὅμως,
20 εἰς ὅσον οἷόν τε περὶ αὐτοῦ τοῖς μὲν εὐγνώμοσιν ἱκα-
νά, καὶ τῇ ἀληθείᾳ σύμμετρα, ἂν δ'ἄρα τινὲς τῶν τοῖς
ἰδίοις στοιχούντων θελήμασι καὶ διατοῦτο τὸ σκότος
ἐπισφαλῶς ἑαυτοῖς τοῦ φωτὸς προτιμώντων, μὴ τῶν
λεγομένων ἐπαΐειν ἐθέλοιεν, τούτων μέν, ὀλίγον φρον-
25 τιοῦμεν, τὸ δ'ἡμῖν ἀναγκαῖον, ὑπὲρ τῆς ἀληθείας εἰσοί-
σομεν.
93. Φέρε τοιγαροῦν | τῷ θείῳ τεθαρρηκότες φωτί,    *A* f.204ᵛ
τῶν ὑπὲρ αὐτοῦ λόγων, ἀψώμεθα. Μετὰ γὰρ τόν, περὶ
τῶν τοῦ θείου καὶ παναγίου Πνεύματος ἐνεργειῶν τῶν
ἑπτὰ δηλαδὴ πνευμάτων λόγον, τῶν ἐπαναπαυσαμένων
5 ἐν τῷ κυριακῷ | σώματι, ἀλλὰ δή, καὶ τόν, περὶ τῆς    *B* f.84ᵛ
παρὰ τοῦ θείου καὶ παναγίου Πνεύματος τοῖς ἀξίοις δι-
δομένης ὁτὲ μέν, κτιστῆς, ὁτὲ δέ, ἀκτίστου χάριτος, ἔτι
γε μήν, καὶ τόν, περὶ τῆς τοῦ ὅπως ἀμέσως ἐντυγχά-
νουσι τῷ Θεῷ, καὶ μετέχουσιν αὐτοῦ, οἵ τ'ἄγγελοι καὶ
10 οἱ ἄνθρωποι, μετὰ τόν, τούτων τοίνυν ἀπάντων λόγον,
καλῶς ὡς ἔμοιγε καὶ τῇ ἀληθείᾳ δοκεῖ διηυκρινημένον,
ἀκόλουθον ἂν εἴη καὶ περὶ τοῦ φωτὸς διαλαβεῖν.
94. Δοκεῖ τοιγαροῦν, μᾶλλον δὲ τρανότατα βοᾶται
τοῖς ἀντικειμένοις τῷ θείῳ φωτί, τοῖς μέν, φάσμα εἶ-
ναι καὶ ἴνδαλμα, καὶ παραπέτασμα, καὶ νοὸς χεῖρον, καὶ
γενόμενον καὶ λυόμενον, τοῖς δέ, σύμβολον καὶ λέγε-
5 ται καὶ νενόμισται, τοῖς πλείοσι δέ, τοῦ σώματος εἶναι
ὑπείληπται τοῦ Χριστοῦ. Οὕτω τοι πολυειδὴς ὁ πόλε-

---

93, 4 Is. 11, 2-3

μος κατ'αὐτοῦ, μᾶλλον δ'οὕτω φιλεῖ τὸ ψεῦδος στα-
σιάζειν πρὸς ἑαυτό. Πλήν, ἀλλ'ἐπείπερ | τοιαῦται τοῖς    *B* f.85
μὲν ἐχθροῖς τοῦ θείου φωτὸς αἱ δόξαι, τοῖς δὲ τὴν μὲν
10 εἰλικρινῆ καὶ ἄπταιστον ἀσπαζομένοις θεολογίαν, τὴν
δ'ἀπὸ κοιλίας κατόπιν ἐῶσι, φυσικὸν ἰδίωμα τοῦ Θεοῦ,
καὶ ἄκτιστον ὡς τοεικὸς ὑμνεῖται τὲ καὶ πρεσβεύεται,
τοῖς θεολόγοις ἐπιτρεπτέον εἰ δοκεῖ καθάπερ ἐν τοῖς ἄλ-
λοις, καὶ τὴν περὶ αὐτῶν ψῆφον.

**95.** Αὐτίκα τοίνυν | ὁ ἐν θεολογίᾳ πολὺς Γρηγόριος,    *A* f.205
ἐν τῷ εἰς τὸ ἅγιον βάπτισμα προτρεπτικῷ, οὗ ἡ ἀρχή
Χθὲς τῇ λαμπρᾷ, Φῶς **φησιν** ἡ παραδειχθεῖσα θεότης ἐπὶ
τοῦ ὄρους τοῖς μαθηταῖς, μικροῦ στερροτέρα καὶ ὄψεως.

**96.** Οὐκοῦν ἐπειδὴ τῷ θεότητος ὀνόματι, τὸ τῆς μετα-
μορφώσεως φῶς ὑπὸ τοῦ παρόντος προσηγόρευται θεο-
λόγου, ἕτερος εἴ γε δοκεῖ θεολόγος ὁ Νυσσαέων καὶ ὁμώ-
νυμος τῷ προειρημένῳ παρακεκλήσθω διασαφῆσαι, | τί    *B* f.85ᵛ
5 ποτε δηλοῦν ἐθέλει, τὸ θεότητος ὄνομα. Φησὶ τοιγαροῦν
ἐν οὐκ ὀλίγοις ἀριδηλότατα, ὡς οὐκ ἐπὶ τῆς θείας μόνον
οὐσίας, ἀλλὰ κἀπὶ τῆς αὐτῆς ἐνεργείας κατηγορεῖται.
Ἐν γὰρ τῷ πρὸς Ἀβλάβιον λόγῳ, διὰ τί μίαν θεότητα
ἐπὶ Πατρὸς καὶ Υἱοῦ καὶ ἁγίου Πνεύματος ὁμολογοῦν-
10 τες κατασκευάζων, τρεῖς θεοὺς λέγειν ἀπαγορεύομεν,
Δοκεῖ μέν **φησι** τοῖς πολλοῖς ἰδιαζόντως, κατὰ τῆς φύσεως ἡ
φωνὴ τῆς θεότητος κεῖσθαι, καὶ ὥσπερ ὁ οὐρανὸς ἢ ὁ ἥλιος,
ἢ ἄλλό τι τῶν τοῦ κόσμου στοιχείων ἰδίαις φωναῖς διαση-
μαίνεται ταῖς τῶν ὑποκειμένων σημαντικαῖς, οὕτω φασὶ καὶ
15 ἐπὶ τῆς ἀνωτάτω καὶ θείας φύσεως, ὥσπέρ τι κύριον ὄνο-
μα προσφυῶς ἐφηρμόσθαι τῶν δηλουμένων τὴν φωνὴν τῆς
θεότητος. Ἡμεῖς δέ, ταῖς τῆς γραφῆς ὑποθήκαις ἑπόμενοι,
ἀκατονόμαστόν τε καὶ ἄφραστον αὐτὴν | μεμαθήκαμεν, καὶ    *B* f.86
πᾶν ὄνομα εἴτε παρὰ τῆς ἀνθρωπίνης | συνηθείας **ἐξεύρη**-    *A* f.205ᵛ
20 **ται**, εἴτε παρὰ τῶν γραφῶν παραδέδοται, τῶν περὶ τὴν θεί-

---

**95, 3** Greg. Naz., *Or.* 40, 1, 1 (Moreschini p. 198)    **3/4** Greg. Naz., *Or.* 40, 6,
18-20 (Moreschini p. 208)
    **96, 1/5** cf. supra 95, 3    **11/68** Greg. Nyss., *Ad Ablab.* (Mueller p. 42, 13 –
45, 4); cf. Ioh. Cantac., *Ref.* II, 16, 10-70 (Tinnefeld p. 134-136)

αν φύσιν νοουμένων ἑρμηνευτικὸν εἶναι λέγομεν, οὐκ αὐτῆς
τῆς φύσεως περιέχειν τὴν σημασίαν. Καὶ οὐ πολλῆς ἄν τις
δεηθείη πραγματείας πρὸς τὴν ἀπόδειξιν, τοῦ ταῦτα οὕτως
ἔχειν. Τὰ μὲν γὰρ λοιπὰ τῶν ὀνομάτων, ὅσα ἐπὶ τῆς κτίσε-
25 ως κεῖται, καὶ δίχα τινὸς ἐτυμολογίας, εὕροι τις ἂν κατὰ τὸ
συμβὰν ἐφηρμοσμένα τοῖς ὑποκειμένοις, ἀγαπώντων ἡμῶν
ὁπωσοῦν τὰ πράγματα, διὰ τῆς ἐπ᾽αὐτῶν φωνῆς σημειώσα-
σθαι, πρὸς τὸ ἀσύγχυτον ἡμῖν γενέσθαι, τῶν σεσημειωμένων
τὴν γνῶσιν. Ὅσα δὲ πρὸς ὁδηγίαν τῆς θείας κατανοήσεως
30 ἔστιν ὀνόματα, ἰδίαν ἔχει ἕκαστον, ἐμπεριειλημμένην διά-
νοιαν, καὶ οὐκ ἂν χωρὶς νοήματος οὐδεμίαν εὕροις φωνήν, |    B f.86ʳ
ἐν τοῖς θεοπρεπεστέροις τῶν ὀνομάτων, ὡς ἐκ τούτου δεί-
κνυσθαι, μὴ αὐτὴν τὴν θείαν φύσιν ὑπό τινος τῶν ὀνομάτων
σεσημειῶσθαι, ἀλλά τι τῶν περὶ αὐτήν, διὰ τῶν λεγομέ-
35 νων γνωρίζεσθαι. Λέγομεν γὰρ εἶναι τὸ θεῖον, ἄφθαρτον εἰ
οὕτω τύχοι, ἢ **ἀθάνατον**, ἢ ὅσα ἄλλα σύνηθές ἐστι λέγειν,
ἀλλ᾽εὑρίσκομεν ἑκάστου τῶν ὀνομάτων, ἰδιάζουσαν ἔμφα-
σιν, πρέπουσαν περὶ τῆς θείας φύσεως νοεῖσθαι καὶ λέγε-
σθαι, οὐ μὴν ἐκεῖνο σημαίνουσαν, ὅ ἐστι κατ᾽οὐσίαν ἡ φύσις.
40 | Αὐτὸ γὰρ ὅ,τί ποτέ ἐστιν, ἄφθαρτόν ἐστιν, ἡ δὲ τοῦ ἀφθάρ-    A f.206
του ἔννοια αὕτη, τὸ μὴ εἰς φθορὰν τὸ ὂν διαλύεσθαι. Οὐκοῦν,
ἄφθαρτον εἰπόντες, ὃ μὴ πάσχει ἡ φύσις εἴπομεν, τί δέ ἐστι
τὸ τὴν φθορὰν μὴ πάσχον, οὐ παρεστήσαμεν. Οὕτω κἂν ζωο-
ποιὸν **εἴποιμεν**, ὃ ποιεῖ διὰ τῆς προσηγορίας σημάναντες, τὸ
45 ποιοῦν τῷ λόγῳ | οὐκ ἐγνωρίσαμεν, καὶ **τἆλλα** πάντα κατὰ    B f.87
τὸν αὐτὸν λόγον, ἐκ τῆς ἐγκειμένης ταῖς θεοπρεπεστέραις
φωναῖς σημασίας εὑρίσκομεν, ἢ τὸ μηδὲν ἐπὶ τῆς θείας φύ-
σεως γινώσκειν ἀπαγορεύοντα, ἢ τὸ δέον διδάσκοντα, αὐτῆς
δὲ τῆς φύσεως ἑρμηνείαν οὐ περιέχοντα. Ἐπεὶ τοίνυν τὰς
50 ποικίλας τῆς ὑπερκειμένης δυνάμεως ἐνεργείας κατανοοῦν-
τες, ἀφ᾽ἑκάστης τῶν ἡμῖν γνωρίμων ἐνεργειῶν τὰς προση-
γορίας ἁρμόζομεν, μίαν καὶ ταύτην εἶναι τὴν ἐνέργειαν τὴν
ἐποπτικὴν καὶ ὁρατικὴν καὶ ὡς ἄν τις εἴποι θεατικήν, καθ᾽ἣν
τὰ πάντα ἐφορᾷ καὶ πάντα ἐπισκοπεῖ, τὰς ἐνθυμήσεις βλέ-
55 πων, καὶ ἐπὶ τὰ ἀθέατα τῇ θεωρητικῇ δυνάμει διαδυόμενος,
ὑπειλήφαμεν ἐκ τῆς θέας, τὴν θεότητα παρωνομάσθαι, καὶ
τὸν θεωρὸν | ἡμῶν, Θεὸν ὑπό τε τῆς συνηθείας καὶ τῆς τῶν    B f.87ᵛ

γραφῶν διδασκαλίας προσαγορεύεσθαι. Εἰ δὲ συγχωροῖ τις
ταυτὸν εἶναι **τῷ θεάσασθαι τὸ** βλέπειν, καὶ τὸν ἐφορῶντα
60 πάντα Θεόν, ἔφορον τοῦ παντὸς καὶ εἶναι καὶ λέγεσθαι, λο-
γισάσθω τὴν ἐνέργειαν ταύτην, | πότερον ἑνὶ πρόσεστι τῶν    A f.206ʳ
ἐν τῇ ἁγίᾳ Τριάδι πεπιστευμένων προσώπων, ἢ διὰ τῶν τρι-
ῶν διήκει ἡ δύναμις. Εἰ γὰρ ἀληθὴς ἡ τῆς θεότητος ἑρμη-
νεία, καὶ τὰ ὁρώμενα θεατά, καὶ τὸ θεώμενον Θεὸς λέγεται,
65 οὐκέτι ἂν εὐλόγως ἀποκριθείη τὶ τῶν ἐν τῇ ἁγίᾳ Τριάδι προ-
σώπων τῆς τοιαύτης προσηγορίας, διὰ τὴν ἐγκειμένην τῇ
φωνῇ σημασίαν. Τὸ γὰρ βλέπειν, ἐπίσης μαρτυρεῖ ἡ γραφὴ
καὶ Πατρὶ καὶ Υἱῷ, καὶ ἁγίῳ Πνεύματι. Εἰ δὴ πᾶν ἀγαθὸν
πρᾶγμα καὶ ὄνομα, τῆς ἀνάρχου δυνάμεώς τε καὶ βουλῆς |    B f.88
70 ἐξημμένον ἐν τῇ δυνάμει τοῦ Πνεύματος διὰ τοῦ μονογενοῦς
Θεοῦ, ἀχρόνως καὶ ἀδιαστάτως εἰς τελείωσιν ἄγεται, οὐδε-
μιᾶς παρατάσεως ἐν τῇ τοῦ θείου βουλήματος κινήσει ἀπὸ
τοῦ Πατρὸς διὰ τοῦ Υἱοῦ ἐπὶ τὸ Πνεῦμα γινομένης ἢ νοου-
μένης, ἐν δέ, τῶν ἀγαθῶν ὀνομάτων τὲ καὶ νοημάτων καὶ ἡ
75 θεότης, οὐκ ἂν εἰκότως εἰς πλῆθος, τὸ ὄνομα διαχέοιτο, τῆς
κατ᾽ἐνέργειαν ἑνότητος κωλυούσης, τὴν πληθυντικὴν ἀπα-
ρίθμησιν. Καὶ ὥσπερ Εἷς ὁ σωτὴρ πάντων ἀνθρώπων, μά-
λιστα πιστῶν, ὑπὸ τοῦ ἀποστόλου ὠνόμασται, καὶ οὐδεὶς ἐκ
τῆς φωνῆς ταύτης, ἢ τὸν Υἱὸν λέγει μὴ σώζειν τοὺς πιστεύ-
80 οντας, ἢ δίχα τοῦ Πνεύματος τὴν σωτηρίαν τοῖς μετέχουσι
γίνεσθαι, ἀλλὰ γίνεται πάντων σωτὴρ ὁ ἐπὶ πάντων Θεός,
ἐνεργοῦντος τοῦ Υἱοῦ τὴν σωτηρίαν, ἐν τῇ τοῦ Πνεύματος
χάριτι, καὶ οὐδὲν | μᾶλλον διατοῦτο τρεῖς σωτῆρες | ὑπὸ τῆς    B f.88ᵛ,
γραφῆς ὀνομάζονται εἰ καὶ ὁμολογεῖται παρὰ τῆς ἁγίας Τρι-
85 άδος ἡ σωτηρία, οὕτως οὐδὲ τρεῖς θεοὶ κατὰ τὴν ἀποδεδομέ-
νην τῆς θεότητος σημασίαν, κἂν ἐφαρμόζῃ τῇ ἁγίᾳ Τριάδι
ἡ τοιαύτη κλῆσις. Μάχεσθαι δὲ πρὸς τοὺς ἀντιλέγοντας, μὴ
δεῖν ἐνέργειαν νοεῖν τὴν θεότητα, οὐ πάνυ **τοι** τῶν ἀναγκαί-
ων μοι δοκεῖ, ὡς πρὸς τὴν παροῦσαν τοῦ λόγου κατασκευήν.
90 Ἡμεῖς μέν, ἀόριστον καὶ ἀπερίληπτον τὴν θείαν φύσιν εἶναι
πιστεύοντες, οὐδεμίαν αὐτῆς ἐπινοοῦμεν περίληψιν, ἀλλὰ

---

**68/106** Greg. Nyss., *Ad Ablab.* (Mueller p. 51, 16 – 53, 1); cf. Ioh. Cantac., *Ref.*
II, 16, 78-110 (Tinnefeld p. 136-137)      **77/81** I Tim. 4, 10

κατὰ πάντα τρόπον, ἐν ἀπειρίᾳ νοεῖσθαι τὴν φύσιν διοριζό-
μεθα. Τὸ δὲ καθόλου ἄπειρον, οὐ τινὶ μὲν ὁρίζεται, τινὶ δὲ
οὐχί, ἀλλὰ κατὰ πάντα λόγον, ἐκφεύγει τὸν ὅρον ἡ ἀπειρία.
95 Οὐκοῦν τὸ ἐκτὸς ὅρου, οὐδὲ ὀνόματι πάντως | ὁρίζεται. Ὡς     B f.89
ἂν οὖν διαμένοι ἐπὶ τῆς θείας φύσεως τοῦ ἀορίστου ἡ ἔννοια,
ὑπὲρ πᾶν ὄνομα **εἶναι τὸ θεῖον φαμέν**, ἡ δὲ θεότης, ἓν τῶν
ὀνομάτων ἐστίν. Οὐκοῦν, οὐ δύναται τὸ αὐτὸ καὶ ὄνομα εἶ-
ναι, καὶ ὑπὲρ πᾶν ὄνομα εἶναι νομίζεσθαι, πλὴν εἰ τοῦτο τοῖς
100 ἐναντίοις ἀρέσκοι, μὴ ἐνεργείας ἀλλὰ φύσεως εἶναι τὴν ση-
μασίαν, ἐπαναδραμούμεθα πρὸς τὸν ἐξαρχῆς λόγον, ὅτι τὸ
τῆς φύσεως ὄνομα, ἡμαρτημένως ἡ συνήθεια εἰς πλήθους
σημασίαν ἀνάγει, οὔτε μειώσεως, οὔτε αὐξήσεως κατὰ τὸν
ἀληθῆ λόγον προσγινομένης τῇ φύσει, | ὅταν ἐν πλείοσιν ἢ     A f.207ᵛ
105 ἐλάττοσι θεωρῆται. Μόνα γὰρ κατὰ σύνθεσιν ἀριθμεῖται ὅσα
κατ' ἰδίαν περιγραφὴν θεωρεῖται.

**97.** Λεγέτω δή μοι τίς, τί ποτ' ἂν σχοίη λέγειν πρὸς
| **ταῦτα.** Καὶ γὰρ ἐπεὶ τὸ θεότης ὄνομα τῇ ἐνεργείᾳ τοῦ     B f.89ᵛ
Θεοῦ μᾶλλον ἢ τῇ οὐσίᾳ προσήκειν ὑπὸ τοῦ παρόντος
ἀποπέφανται θεολόγου, θεότης δ' ὑπὸ τοῦ προτεταγ-
5 μένου Γρηγορίου τὸ φῶς προσηγόρευται, ἄκτιστος δ' ἡ
θεία ἐνέργεια κατὰ τὴν οὐσίαν, πῶς οὐκ ἐνέργεια θεία
καὶ φυσικὸν ἰδίωμα τοῦ Θεοῦ, καὶ ἄκτιστον διατοῦτο
δείκνυται τὸ φῶς τῆς τοῦ Κυρίου μεταμορφώσεως, ἡ
παραδειχθεῖσα **δηλαδὴ** θεότης ἐπὶ τοῦ ὅρους τοῖς μαθηταῖς;
10 Ἀλλ' οὔτε τούτων καίτοι γε δήλων καθάπαξ ὄντων, οὔτε
τῶν ἄλλων ὑμῖν οὐδὲν προσέστη, πάντα δ' ὑπερβαίνον-
τες τὰ σαφῆ, τοῖς ἀμφιβόλοις καὶ ἀσαφέσι καὶ σκο-
τεινοῖς, ἐνασμενίζειν προήρησθε, τοῦτο πανταχοῦ τῶν
ὑμετέρων συγγραμμάτων μέγα σπούδασμα κεκτημένοι,
15 εἰ μόνον ἐγγένοιτο τῆς θείας ἐνεργείας | τὸ μεγαλεῖον,     B f.90
συντάξαι τοῖς κτίσμασι.

**98.** Καὶ σκοπεῖτε τίσιν ἐπικουρίαις κέχρησθε πρὸς τὸ
κτίσμα δεικνύναι τὸ φῶς ἐκεῖνο. Ὤφθη φατὲ τοῖς ἀπο-
στόλοις, καὶ ὑποπέπτωκε τῇ αἰσθήσει, πᾶν δὲ τό, τοῦτο

---

**97, 2** cf. supra 96, 88 (ref. 96, 68/106)     **4/9** cf. supra 95, 3/4

πάσχον, ἐπάναγκες εἶναι κτίσμα. Καὶ αὖθις, ὁ θεολό-
5 γος Γρηγόριος ἐν τῇ τῶν κτιστῶν φώτων ἀπαριθμήσει,
| τοῦτο μετὰ πολλὰ τάττει, ὥστε διατοῦτο καὶ ὑφεῖται    *A* f.208
τῶν προρρηθέντων. Εἰ γὰρ ἄκτιστον ἦν, ἁπάντων ἂν
προετέτακτο, καὶ οὐ δήπου τοῖς ἄλλοις ἀπενεμήθη τὸ
προτετάχθαι. Φημὶ τοιγαροῦν ὑμῖν, ὡς οὐ τοῦτο γε
10 ὑπῆρχε τῷ μεγάλῳ σκοπός, σύγκρισίν τινα καὶ παρά-
θεσιν τῶν φώτων ποιήσασθαι. Κτιστοῦ γὰρ οὐδ'ἡτι-
σοῦν πρὸς ἄκτιστον σύγκρισις. Ἀλλ'ἐπεὶ πρὸ τῆς θείας
τοῦ Κυρίου μεταμορφώσεως φῶτα τισὶ κατὰ καιροὺς
ὤφθησαν, οὐ κατὰ τὴν τιμὴν καὶ τὸ μέγεθος, τὰ μέν,
15 προτάττει, | τὸ δ'ὑποτάττει, ἀλλὰ τῶν ἑκάστοτε καιρῶν    *B* f.90ᵛ
τὴν τάξιν τηρῶν, τὰ μὲν προφανέντα, καὶ προὔταξε, τὸ
δέ, μετ'ἐκεῖνα τέταχεν, ὅτι τῶν ἄλλων ὕστερον οὐχ ὡς
ἔλαττον, ἀλλ'ὡς ἐν ὑστέροις φανὲν τοῖς χρόνοις. Ποῦ δὲ
τοῖς ἄλλοις ὁρατοῖς τε καὶ αἰσθητοῖς, καὶ τοῦτο δίκαιον
20 συντετάχθαι τὸ φῶς; Εἰ γὰρ καὶ φῶς εἴρηται, ἀλλ'ὑπὲρ
πᾶν φῶς ἐστι, μᾶλλον δέ, οὐδὲ φῶς ἐστιν.
    99. Ὅτι δ'ἀληθὲς τοῦτο, πάντες μὲν τρανῶς ἐροῦσιν
οἱ θεολόγοι, τὰ δὲ νῦν, ὁ τῆς θεολογίας ἐπώνυμος Γρη-
γόριος, τίνα περὶ τούτων δόξαν ἔχει, τοῖς ῥηθησομένοις
σαφηνιεῖ. Ἐν γὰρ τῷ ἐπιγεγραμμένῳ λόγῳ αὐτοῦ Περὶ
5 εὐταξίας τῆς ἐν ταῖς διαλέξεσιν, οὕτω φησίν· Ὁρᾷς; Τῶν
Χριστοῦ μαθητῶν πάντων ὄντων ὑψηλῶν καὶ τῆς ἐκλογῆς
ἀξίων, ὁ μέν, Πέτρος καλεῖται, καὶ τοὺς θεμελίους | τῆς    *B* f.91
ἐκκλησίας | πιστεύεται, ὁ δέ, ἀγαπᾶται πλέον, καὶ ἐπὶ τὸ    *A* f.208ᵛ
στῆθος Χριστοῦ ἀναπαύεται, καὶ φέρουσιν οἱ λοιποί, τὴν
10 προτίμησιν. Ἀναβῆναι δὲ εἰς τὸ ὄρος δεῆσαν, ἵνα τῇ μορφῇ
λάμψῃ καὶ τὴν θεότητα παραδείξῃ, καὶ γυμνώσῃ τὸν ἐν τῇ
σαρκὶ κρυπτόμενον, τίνες συναναβαίνουσιν; Οὐ γὰρ πάντες
ἐπόπται τοῦ θαύματος. Πέτρος καὶ Ἰάκωβος καὶ Ἰωάννης, οἱ
πρὸ τῶν ἄλλων ὄντες καὶ ἀριθμούμενοι.

98, 5/20 cf. supra 95, 3/4
    99, 4/14 Greg. Naz., *Or.* 32, 18, 3-12 (Moreschini p. 122); cf. Ioh. Cantac., *Ref.*
I, 48, 30-39 (Tinnefeld p. 72)    7/8 Mt. 16, 18    8/9 Io. 13, 25    10/13 cf.
Mt. 17, 1; Mc. 9, 2; Lc. 9, 28

**100.** Ὁ δ'αὐτὸς καὶ πρὸς Κληδόνιον, οὕτω φησίν·
Εἴ τις ἀποτεθεῖσθαι νῦν τὴν σάρκα λέγει, καὶ γυμνὴν εἶναι
τὴν θεότητα σώματος, ἀλλὰ μὴ μετὰ τοῦ προσλήμματος
καὶ εἶναι καὶ ἥξειν, μὴ ἴδοι τὴν δόξαν τῆς παρουσίας. Ποῦ
5 γὰρ τὸ σῶμα νῦν, εἰ μὴ μετὰ τοῦ προσλαβόντος; Οὐ γὰρ δὴ
κατὰ τοὺς τῶν Μανιχαίων λήρους τῷ ἡλίῳ ἐναποτέθειται,
ἵνα τιμηθῇ διὰ τῆς ἀτιμίας, ἢ εἰς τὸν ἀέρα ἐχέθη καὶ ἐλύ-
θη, ὡς φωνῆς χύσις, καὶ ὀδμῆς ῥύσις, καὶ ἀστραπῆς δρόμος
οὐχ ἱσταμένης. | Ποῦ δὲ καὶ τὸ ψηλαφηθῆναι αὐτὸν μετὰ τὴν    *B f.91ᵛ*
10 ἀνάστασιν, ἢ ὀφθήσεσθαί ποτε, ὑπὸ τῶν ἐκκεντησάντων; Θε-
ότης γὰρ καθ'αὑτήν, ἀόρατος, ἀλλ'ἥξει μὲν μετὰ τοῦ σώμα-
τος, ὡς ὁ ἐμὸς λόγος, τοιοῦτος δέ, οἷος ὤφθη τοῖς μαθηταῖς
ἐν τῷ ὄρει ἢ παρεδείχθη, ὑπερνικώσης τὸ σαρκίον τῆς θεό-
τητος. Ἆρ'οὐκ ἀξιόχρεως τῶν αὐτὸς αὐτοῦ λόγων ἐξη-
15 γητής; Εἰ μὲν οὖν τις ἕτερος ἔστι διπλᾶ νοεῖν | ἐθέλων ἢ    *A f.209*
κακουργεῖν ὁπωσποτοῦν ὑπ'ἀγνωμοσύνης, ἕτερος οὗτος
λόγος. Ἔγωγε δή, τοῦ παντὸς δεήσω τοῦτον ἀφείς, ἐπὶ
τὰς ἑτέρων ματαίας ὑπολήψεις ἀναδραμεῖν.

**101.** Ὅρα γάρ μοι τῆς ἀληθείας τὸ ἀκριβές. **Πρῶτον**
**μέν,** Ἀναβῆναι εἰς τὸ ὄρος δεῆσαν, **ἵνα τῇ μορφῇ λάμψῃ, καὶ**
**τὴν θεότητα παραδείξῃ, καὶ γυμνώσῃ τὸν ἐν τῇ σαρκὶ κρυ-**
**πτόμενον. Εἴθ'ὥσπερ τὰ λεχθέντα διακαθαίρων,** | θεότης    *B f.92*
5 **φησὶ** καθ'αὑτὴν ἀόρατος, **ὥστε τἀμφίβολον ἤδη λέλυται.**
**Καὶ γὰρ εἰ** καθ'αὑτὴν ἀόρατος ἡ θεότης **πέφυκε, διὰ τοῦ**
**σώματος** παραδείκνυται **φαιδρύνας αὐτό, καὶ γυμνοῦται**
**μετρίως,** ὁ ἐν τούτῳ κρυπτόμενος, **ὁ Θεὸς δηλαδή. Θεότη-**
**τα τοίνυν τὸ φῶς εἰρηκώς, εἶτα καθ'αὑτὴν ταύτην ἀόρα-**
10 **τον εἶναι φάμενος,** παραδείκνυσθαι **δὲ καὶ** παραγυμνοῦσθαι
**διὰ τοῦ σώματος, τὰς ἀτόπους ἐννοίας καὶ βλασφήμους**
**δόξας ἄντικρυς ὑποτέμνεται, τῶν ἐπὶ τὸ λῆμμα τοῦτο**
**τρεχόντων, ὅτι ὦπται καὶ ὑποπέπτωκε τῇ αἰσθήσει, καὶ**

**100, 2/14** Greg. Naz., *Epist. theol.* 101, 25-29 (Gallay p. 46-48); cf. Ioh. Cantac.,
*Epist.* IV, 2, 18-31 (Tinnefeld p. 204)    **9** Io. 20, 27    **10** Io. 19, 37    **13**
Mt. 17, 2
    **101, 2/4** cf. supra 99, 10/12 (ref. 99, 4/14)    **4/6** cf. supra 100, 10/11 (ref.
100, 2/14)    **7/10** cf. supra 99, 10/11 (ref. 99, 4/14)

διατοῦτο κτιστόν. Ἀριδηλότατα γάρ, Θεότης μέν φησι
15 καθ᾽αὐτὴν ἀόρατος, ἀλλ᾽ἥξει μὲν μετὰ τοῦ σώματος, ὡς ὁ
ἐμὸς λόγος, τοιοῦτος δέ, οἷος ὤφθη τοῖς μαθηταῖς ἐν τῷ ὄρει
ἢ παρεδείχθη, ὑπερνικώσης | τὸ σαρκίον τῆς θεότητος, ὡσα-     B f.92ᵛ
νεὶ ἔλεγεν, εἰ καὶ καθ᾽αὐτὴν εἶπον ἀόρατον τὴν θεότητα
πεφυκέναι, ἀλλὰ διὰ μέσης σαρκὸς παρεδείχθη, ὥστε διὰ
20 πάντων ἐκεῖνο δείκνυται, τὸ μήτε τὴν θεότητα | φανῆναι     A f.209ᵛ
γυμνὴν διδάσκειν τὸν θεόλογον, μήτε τῆς σαρκικῆς τὸ
φανὲν ὑπάρχειν δυνάμεως, ἀλλὰ φανῆναι συμμέτρως
τὸ φῶς τῆς θεότητος, μὴ δεδυνημένου τοῦ σαρκικοῦ πά-
χους οἷον ἀντιφράξαι τότε τὴν ἀστραπὴν τῆς θεότητος,
25 ἢ μᾶλλον αὐτὴν τὴν θεότητα. Τοῦτο γὰρ δὴ καὶ πᾶσι
τοῖς τὸ θεῖον φῶς τῆς μεταμορφώσεως τεθεολογηκόσι
θείοις πατράσι δοκεῖ, θεότητα καλοῦσι τοῦτο, καὶ προαι-
ώνιον καὶ ἄναρχον, καὶ τὰ παραπλήσια τούτοις, ὅσα τὸ
ἄκτιστον εἶναι συμμαρτυρεῖ, ὧν καὶ ἡμεῖς τῇ θεοσοφίᾳ
30 στοιχοῦντες, οὐδέποτε καθ᾽ὑμᾶς | κατὰ φύσιν καὶ λόγον     B f.93
τὰ ὑπὲρ ταῦτα ζητεῖν θελήσομεν. Μόνων γὰρ δὴ τοῦτο,
τῶν ἐχθρῶν τοῦ θείου φωτός, τῶν συλλογισμοῖς ἐν τοῖς
τοιούτοις κεχρῆσθαι βεβουλημένων, καὶ μεθόδοις τισὶν
ἀποδεικτικαῖς.
102. Ὅρα γάρ. Πᾶν φησιν αἰσθητόν, κτιστόν, οἱ
τὸ φῶς ἐκεῖνο τεθεαμένοι, αἰσθητοῖς τοῦθ᾽ἑωράκασιν
ὄμμασιν. Εἰ γοῦν ὀφθαλμοῖς ὑπέπεσεν αἰσθητοῖς, αἰ-
σθητὸν κἀκεῖνο χωρὶς ἁπάσης ἀντιλογίας, καὶ κτίσμα.
5 Ἀλλ᾽ἐροῦμεν ὑμῖν, ὅτι τῶν προτάσεων ψευδῶν ἀναφαι-
νομένων, ὅμοιον ἀνάγκη πεφυκέναι καὶ τὸ συμπέρασμα.
Ἔστι μὲν γὰρ ὅτε καὶ τῶν προτάσεων ψευδομένων,
ἀληθές τι συνάγεσθαι. Ἀλλ᾽ἐνταῦθα τοῦ συλλογισμοῦ
τὸ τοιοῦτον εἶδος, οὐκ ἔχει χώραν. Αὐτίκα γὰρ εἰ καὶ

---

14/27 cf. supra 100, 10/14 (ref. 100, 2/14)

---

101, 29 συμμαρτυρεῖ] προσμαρτυρεῖ B
102, 7 ὅτε] om. B     8 τι] in ras. A     συνάγεσθαι] οὐχ ὅτι αἱ ψευδεῖς προ-
τάσεις αἴτιαι εἰσὶ τῆς ἀληθείας, ἀλλ᾽ἁπλῶς οὕτω συμβαίνει ἀπὸ τῆς θέσεως τῶν
προτάσεων add. B

10 φῶς ἐκεῖνο τοῖς ἀποστόλοις καὶ θεολόγοις | ὠνόμασται,    B f.93ᵛ
   ἀλλ᾿οὐκ ἔστι φῶς, εἴρηται δ᾿οὕτω διὰ τὸ μὴ δεῖν μήτ᾿
   οὐρανὸν μήτε γῆν μήτ᾿ἀέρα | μήθ᾿ὕδωρ ὀνομασθῆναι,    A f.210
   μηδ᾿εἶναι τούτων πρὸς ἐκεῖνο μηδεμίαν ἐμφέρειαν. Τίνι
   δὲ καὶ τῶν ὅσα γε ἡμῖν ἔγνωσται φώτων αὐτὸ παρει-
15 κάσομεν; Πάντα γὰρ ἐφεξῆς, αἰσθητὰ καὶ κτίσματα
   κατὰ τὸ ἑπόμενον, ἥλιος φημὶ καὶ σελήνη ἄστρα τε καὶ
   πῦρ, καὶ τὸ ἐξ αὐτοῦ διακονοῦν φῶς. Τούτοις δὲ δήπου
   κατὰ τόν, τοῦ ἐκτίσθαι λόγον, καὶ τὸ ἀγγελικὸν συντε-
   τάξεται φῶς, εἰ καὶ τῇ αἰσθήσει μὴ ὑποπέπτωκεν. Εἰ
20 μὲν οὖν ἔστι τι τούτων ἢ ἐγγὺς τούτοις καὶ τὸ φῶς
   τῆς μεταμορφώσεως, εἰπάτω τις. Εἰ δ᾿οὐδὲν οὐδ᾿ὅμοι-
   ον, οὐδ᾿ἄρα φῶς, εἰ καὶ φῶς ὠνόμασται. Ἥλιον μὲν γάρ
   φησιν ὁ τὴν γλῶτταν χρυσοῦς καθημέραν οἱ ἀπόστολοι
   θεωροῦντες, οὐκ ἔπιπτον, τὸ φῶς δ᾿ἐκεῖνο μὴ φέρειν δεδυνη-
25 μένοι, κατέπεσον.
   103. Τοῦτο διὰ τούτων καὶ οὗτος δεικνύς, ὡς ὑπὲρ
   πᾶν ἐστι φῶς, εἰ καὶ φῶς | προσείρηται. Ὅτι δ᾿αἰσθη-    B f.94
   τοὶ τῶν ἀποστόλων ἦσαν οἱ ὀφθαλμοί, παντί τῳ δῆλον.
   Ἀλλ᾿ἐπείπερ ἐν τῷ καιρῷ τῆς ἀναστάσεως ἄφθαρτα
5  καὶ ἀθάνατα τὰ φθαρτὰ μέλλει ἀναστήσεσθαι καὶ θνη-
   τὰ σώματα, καὶ ὁρᾶν μέν, ὄψει δ᾿ἑτέρᾳ παρὰ τὴν πρώ-
   την, βεβουλημένος ὁ θεολόγος τὴν καὶ τότε γεγενημένην
   παραστῆσαι τῶν ἀποστολικῶν ὀφθαλμῶν ὑπὲρ φύσιν
   ἀλλοίωσιν, πρῶτον μὲν Ἥξει φησὶν ὁ σωτήρ, ὡς ὁ ἐμὸς
10 λόγος, τοιοῦτος δέ, οἷος ὤφθη τοῖς μαθηταῖς ἐν τῷ ὄρει ἢ
   παρεδείχθη. Εἶτ᾿ἐπιμᾶλλον τῶν ἐπηρείαις μὲν καὶ κα-
   κουργίαις χαιρόντων, ἐμφράξαι θέλων | τὰ στόματα,    A f.210ᵛ
   τῶν δὲ τἀληθὲς ζητούντων τὸν νοῦν ἐπᾶραι, ὑπερνικώ-
   σης ἔφη τὸ σαρκίον τῆς θεότητος. Εἰκότως ἄρα καὶ ἡμῖν

---

102, 22/25 Ps.-Ioh. Chrys., *Hom. de Eutr.* (*PG* 52, 405, 9-15) (ad sensum); cf.
Ioh. Cantac., *Ref.* I, 29, 45-48 (Tinnefeld p. 42)
   103, 9/11 cf. supra 100, 11/13 (ref. 100, 2/14)     13/14 cf. supra 100, 13/14
(ref. 100, 2/14)

---

18 ἀγγελικὸν] κατὰ φύσιν *add.* B     20/21 τούτοις – Εἰ δ᾿] *e corr.* A
103, 3 τῶν – ἦσαν] ἦσαν τῶν ἀποστόλων *primum scripsit, deinde litteris* βα
*superscriptis ordinem invertit* A

15 εἴρηται μὴ δὲ φῶς εἶναι, κἂν φῶς ὠνόμασται, μὴ δὲ
τῶν φώτων μηδενὶ παραπλήσιον, ὁπόσα ἡμῖν | ἠρίθμη-     B f.94ᵛ
ται, ἀλλὰ φῶς θεῖον, καὶ φυσικὸν ἰδίωμα τοῦ Θεοῦ, καὶ
ἄκτιστον διατοῦτο.

104. Ὥσπερ γὰρ ὁ ἐν θεολόγοις ἄκρος καὶ μέγιστος
Διονύσιος, λέγει μὲν ὡς ὁ Θεὸς οὔτε τριάς ἐστιν, οὔτε μο-
νάς, οὔτε πατήρ, οὔτε υἱός, οὔτε πνεῦμα ἅγιον, οὔτε τὶ τῶν
ἁπάντων ἕτερον, ὡς ἂν δὲ μή τινες οἰηθεῖεν μηδαμῇ μη-
5 δαμῶς τὸν Θεὸν αὐτὸν λέγειν, διακαθαίρων τὸν λόγον,
τῶν παρ'ἡμῖν φησιν ἐγνωσμένων καὶ ἑτέρων διεγνωσμέ-
νων, ἤγουν τῶν ἀγγέλων, ἀλλ'ἔστι Τριὰς καὶ μονὰς καὶ
Πατὴρ καὶ Υἱὸς καὶ Πνεῦμα ἅγιον, οἷα μέν, οὔθ'ἡμεῖς
ἴσμεν οὔτε μὴν αἱ ἀνωτάτω ταξιαρχίαι, μόνη δ'αὕτη
10 ἑαυτὴν ἡ Τριάς, οὕτω δεῖ κἀπὶ τοῦ φωτὸς νοεῖν τού-
του, φῶς μὲν εἰρῆσθαι, διὰ τὸ μηδέν τι κρεῖττον εἶναι
τῶν ὄντων, μὴ δ'ἁρμοδιώτερον ὄνομα, φῶς δὲ μὴ εἶναι,
ἀλλ'οἷον | μόνος ἐκεῖνος οἶδεν, ὁ τοῦτ'ἔχων Θεός.     B f.95

105. Οὕτω δοκεῖ μοι δεῖν εἶναι τῶν θεολογικῶν
ἀκούειν φωνῶν, καὶ οὕτω στέργειν τῇ διὰ τοῦ θείου
καὶ παναγίου Πνεύματος αὐτοῖς δοθείσῃ γνώσει τὲ καὶ
σοφίᾳ, καὶ μὴ τὴν ἑαυτοῦ τινα ζητεῖν συνιστάναι βού-
5 λησιν, μὴ δὲ καθ'ὑμᾶς θεολογεῖν μὲν ἀπὸ κοιλίας, τὰ
δὲ τῶν ἀληθῶν καὶ θεοσόφων | θεολόγων χαίρειν ἐᾶν.     A f.211
Ὥσπερ γὰρ οἱ Ἰουδαῖοι τῷ νόμῳ τοῦ εὐαγγελίου καὶ τῇ
δικαιοσύνῃ μὴ στέργοντες, τὴν δὲ τοῦ νόμου ζητοῦντες
εἰς νόμον ἀληθείας οὐκ ἔφθασαν, οὕτω δὴ καὶ ὑμεῖς,
10 τοῖς θεολόγοις μὲν μὴ πειθόμενοι, τοῖς δ'ἑαυτῶν ἐμμέ-
νοντες δόγμασι, τοῦ φωτὸς τῆς ἀληθείας ἔξω πεπτώκα-
τε, καὶ Ἰουδαίοις μὲν πρόφασις, τὸ παρὰ Θεοῦ δεδόσθαι
τὸν νόμον, τὸ δ'ὑμᾶς ἀπροφάσιστον | ἔχειν τὴν κακουρ-     B f.95ᵛ

---

104, 2/4 Ps.-Dion. Areop., *De div. nom.* 13, 3 (Suchla p. 229, 6-7)     6 Ps.-
Dion. Areop., *De myst. theol.* 5 (Heil – Ritter p. 149, 9 – 150, 1)
105, 5/15 cf. Is. 8, 19

---

105, 8 νόμου] τάχα *add.* B

γίαν, καὶ χείρονας ἐκείνων δοκεῖ ποιεῖ, μηδαμόθεν ἄλ-
15 λοθεν, ἀλλ᾽ ἢ ἀπὸ κοιλίας λέγοντας ἅπαντα.

106. Ἄρα γάρ, οὐκ ἀποπληξίας πάσης ἐπέκεινα, τῶν
μὲν θεολόγων βοώντων, Αὕτη ἡ ἀλλοίωσις τῆς δεξιᾶς
τοῦ ὑψίστου μὴ ἐπαΐειν, μὴ δ᾽ ἀνερευνᾶν τί ποτ᾽ ἄρ᾽ ἂν
εἴη τὸ φῶς, ᾧ οἱ ἄγγελοι τὸ ὄμμα ἐνερείδειν οὐ σθένουσι,
5 καὶ τἄλλ᾽ ὅσα προϊὼν ὁ λόγος διδάξει, μεγάλα πεφυκό-
τα καὶ ὑψηλά, συκίνη δ᾽ ἀτεχνῶς χαίρειν ἐπικουρίᾳ, τὰ
αἰσθητὰ καὶ κατὰ φύσιν προφέροντας; Ἐμοὶ μὲν ῥᾷον
εἶναι δοκεῖ, τὸν οὐρανὸν καὶ τὴν γῆν εἰς τὰς ἀλλήλων
φύσεις μεταμειφθῆναι, ἤ τινα τὰ ὑπὲρ φύσιν καὶ λόγον,
10 εἰς τὰ κατὰ φύσιν καὶ λόγον καταγαγεῖν. Οὐ γὰρ δήπου        *B f.96*
φθάνοι ἂν ὁ τοιοῦτος διὰ πολλῶν | ἐλεγχόμενος, καὶ
πολλοῖς τοῖς μαρτυρίοις ἀνατρεπόμενος. Αὐτίκα γάρ,
τίνι τοὺς θείους ἀποστόλους φυσικῇ ὁδοιπορίᾳ πρὸς τὴν
ἀπὸ γῆς εἰς οὐρανοὺς ἐκδημίαν τῆς θεομήτορος, ὁμαδὸν
15 ἀπαντῆσαι φήσομεν, τοσοῦτο καὶ ταῦτα γε ἀλλήλων |        *A f.211ᵛ*
διεστηκότας, ὡς μὴ δ᾽ ἐνεῖναι καλῶς τεκμήρασθαι; Πῶς
δ᾽ Ἀββακοὺμ ἐκ Παλαιστίνης εἰς Βαβυλῶνα, πρὸς Δα-
νιὴλ ἥρπασται, πῶς δὲ Φίλιππος ἀπὸ Κανδάκου, πρὸς
Ἄζωτον, πῶς δ᾽ οἱ ἐν Ἐφέσῳ παῖδες, τὸν πολυετῆ καὶ
20 μακρότατον ὕπνον ὕπνωττον; Ἡλίας δέ, τίνι φυσικῇ
τροφῇ ζῆν ἐς δεῦρο, καὶ συντηρεῖσθαι καὶ ἥξειν πεπί-
στευται; Πάντως οὐδὲν τούτων κἂν πλεῖστα κάμοι τις
κατὰ φύσιν εἴποι πεπρᾶχθαι. | Ὥσπερ οὐκοῦν ταῦτα τὲ        *B f.96ᵛ*
ὑπὲρ λόγον γέγονε καὶ τοὺς χρησμοὺς οἱ προφῆται και-
25 νοῖς ὠσὶν ἤκουον καὶ πνευματικῷ νῷ (Προσέθετο γάρ
μοι Κύριος ὁ προφήτης ἔφη, οὓς τοῦ ἀκούειν ὑπὲρ φύ-
σιν δηλαδή), οὕτω δὴ καὶ τὰ τῶν ἀποστόλων, οὐ κατὰ
φύσιν ἠλλοιῶσθαι φασὶν οἱ θεολόγοι τὰ ὄμματα.

---

106, 2/3 Ps. 76, 11        4 Ioh. Dam., *In transf.* 3, 22-23 (Kotter p. 439); cf. infra
156, 13/14        6 cf. Karathanasis no. 210        13/15 τοὺς – ἀπαντῆσαι] cf. *Synax.*
*Eccl. Constant.* (Delehaye col. 893, 11-18)        17/18 Bel et Draco 33-39        18/19
Act. 8, 7 et 39-40        19/20 οἱ – ὕπνωττον] cf. *Synax. Eccl. Constant.* (Delehaye col.
865, 38 – 866, 38)        20/21 Ἡλίας – πεπίστευται] cf. Mal. 3, 22-23        25/26 Is.
50, 4        27/28 cf. supra 103, 6/7

## 107. Τὰ μὲν δὴ περὶ αὐτῶν, οὕτως. Ἐπεὶ δὲ περὶ δύο ταῦτα παντὸς ἀγωνιζομένου σκοπὸς ὁρᾷ, κατασκευὴν

107, 1 Τὰ – περὶ¹] Τί ποτε γὰρ ἂν εἴποιεν οἱ περὶ μὲν τὴν αἴσθησιν ἐπτοημένοι, καὶ τοῖς κατὰ φύσιν προστετηκότες, τῶν δ᾽ὑπὲρ φύσιν παντάπασιν ἀλογοῦντες, πῶς ἄρα τῶν Πέτρου χειρῶν αἱ ἁλύσεις ἐξερρυήκεσαν, πῶς τὸ σκληρὸν καὶ ἀντίτυπον τουτὶ σῶμα ὄγκῳ σαρκῶν συνδεδεμένον καὶ ὀστῶν πάχει, τῷ ἀΰλῳ καὶ ἀσωμάτῳ συνεξῆλθεν ἀγγέλῳ, πῶς τὸ τριχῇ διαστατὸν | (f. 97) τῷ τούτων ἀμοίρῳ κεκλεισμένων τῶν θυρῶν συνεξέπεσε, ποίοις ὀφθαλμοῖς ὁ τῶν μαρτύρων τοῦ Χριστοῦ πρωτάθλος Στέφανος ἐν μέσῳ τῷ συνεδρίῳ τῶν παρανόμων τοὺς οὐρανοὺς ἀνεῳγμένους καὶ τὸν Ἰησοῦν ἑστῶτα ἐκ δεξιῶν ἑώρακε τῆς δυνάμεως; Τίς δ᾽ἐστὶν ἡ δύναμις ἧς ἐκ δεξιῶν ὁ Στέφανος ἵστατο, ἆρ᾽οὐχὶ ὁ Θεὸς καὶ Πατὴρ τοῦ Κυρίου; Εἴ τι οὖν σοι τῶν ὀφθαλμῶν ἐκείνων μέλει γνῶναι τὴν δύναμιν, καὶ τῶν πραγμάτων ἃ τεθέανται τὸ ὑπερφυές, τῆς χρυσῆς γλώττης ἄκουσον. «Οὐδὲν ἐν ἔργοις καὶ λόγοις ἀκολουθῶν ὁ μάρτυς, ἐνέλιπε τῷ δεσπότῃ, ἀλλ᾽ἔδειξε καὶ τὸ τῆς ψυχῆς ἀνεξίκακον, καὶ τῆς ὑπομονῆς τὸ ἀνδρεῖον. Ὅθεν καὶ τῆς ὀπτασίας ἀξιοῦται τῆς θείας. Ἀτενίσας γάρ φησιν εἰς τὸν οὐρανόν, εἶδε δόξαν Θεοῦ, καὶ Ἰησοῦν ἑστῶτα ἐκ δεξιῶν τοῦ Θεοῦ. Ἡ δὲ τιμὴ τοῦ σωτῆρος αὕτη, ὡς καὶ | (f. 97ᵛ) τῶν ἀγγέλων προτιμηθῆναι τὸν μάρτυρα. Ἀτενίσας γάρ φησιν εἰς τὸν οὐρανόν, εἶδε δόξαν Θεοῦ, καὶ Ἰησοῦν ἑστῶτα ἐκ δεξιῶν τοῦ Θεοῦ. Εἶδε τῶν ἀοράτων οὐ μόνον καὶ δόξαν καὶ τόπον, ἀλλὰ καὶ αὐτὸν τὸν ποθούμενον, ὅπου καὶ φοβεῖται τῶν ἀγγέλων ἡ στρατιὰ παρακύπτειν. Ἐκεῖ γὰρ ὁ μάρτυς ἀτενίζει τὸ βλέμμα, ὅπου τὰ Χερουβὶμ καλύπτει τὰ πρόσωπα, ἐκεῖ καθορᾷ, εἰς ἃ προσβλέψαι τὰ Σεραφίμ, οὐ τολμᾷ. Ἀνῆλθε τοῖς ὀφθαλμοῖς, εἰς ἀπέραντον ὕψος, ὤφθη κατὰ τοῦτο, τῶν ἀγγέλων ἀνώτερος, τῶν ἐξουσιῶν ὑψηλότερος, τῶν θρόνων ἐπέκεινα. Εἷλκε γὰρ αὐτὸν ἡ τοῦ δεσπότου φωνὴ προεπαγγειλαμένη καὶ λέγουσα, ὅπου ἐγώ εἰμι, ἐκεῖ καὶ ὁ διάκονος ὁ ἐμὸς ἔσται. Πρῶτος δὲ οὗτος τοῦ σωτῆρος διάκονος, ὡς καὶ πρῶτος τῆς ἀθλήσεως μάρτυς, ὃν ὁρῶντες πολλοί, γεγό|(f. 98)νασι μάρτυρες. Περιπόθητος γὰρ τοῖς ἀθλοῦσιν ὁ στέφανος. Διὸ καὶ ἐκ τῶν πραγμάτων αὐτῶν, πρὸ τοῦ Παύλου βοᾷ, μιμηταί μου γίνεσθε καθὼς κἀγὼ Χριστοῦ. Δυνατὸν γὰρ καὶ συμφέρον τοῖς θέλουσι, καὶ μάρτυς ἐγώ, ὁ καὶ πρῶτος μετὰ τοῦ δεσπότου ἀθλήσας, καὶ πρῶτος ἐν οὐρανοῖς, τὰ κρυπτὰ θεωρήσας. Εἶδον γὰρ εἶδον ἐκ δεξιῶν τοῦ Πατρός, τὸν Υἱὸν ἑστῶτα, κἀκεῖνο περιεσκόπου γενόμενον, τό, Εἶπεν ὁ Κύριος τῷ Κυρίῳ μου, κάθου ἐκ δεξιῶν μου, ἕως ἂν θῶ τοὺς ἐχθρούς σου, ὑποπόδιον τῶν ποδῶν σου.» (Proclus, In sanct. Steph., PG 59, 701, 46 – 702, 4, 13-28, 35-37, 39-41, 44-50; cf. etiam Ioh. Cantac., Ref. I, 28, 1-54, Tinnefeld p. 39-40) Ταῦτα μὲν οὖν περὶ τούτων ὁ χρυσορρήμων διέξεισι. Λουκᾶς δὲ ὁ θεηγόρος, «Στέφανός» φησιν «ὑπάρχων πλήρης Πνεύματος ἁγίου, ἀτενίσας εἰς τὸν οὐρανόν, εἶδε δόξαν Θεοῦ, καὶ Ἰησοῦν ἑστῶτα ἐκ δεξιῶν τοῦ Θεοῦ, καὶ εἶπεν, Ἰδοὺ θεωρῶ τοὺς οὐρανοὺς ἀνεῳγμένους | (f. 98ᵛ) καὶ τὸν Υἱὸν τοῦ ἀνθρώπου, ἐκ δεξιῶν ἑστῶτα τοῦ Θεοῦ.» (Act. 7, 55-56) Τὴν δὲ διὰ θαῦμα μέχρι δεῦρο τεθρυλλημένην καὶ εἰσαεὶ ταῖς ἁπάντων ἐγκεισομένην γλώσσαις ἄρρητον ὀπτασίαν τοῦ Παύλου καὶ ἀποκάλυψιν, τί τις ἂν λέγοι; Εἰ γὰρ εἶδεν ἃ μηδεὶς εἶδε, καὶ ἤκουσεν ὁμοίως ἃ ἤκουσται μηδέποτε μηδενὶ καὶ συνῆκεν ἃ οὐκ ἀνέβη ἐπ᾽ἀνθρώπου καρδίαν (cf. I Cor. 2, 9) τί ζητεῖς περαιτέρω; Οὐ γὰρ δὴ τοῖς ἑτέρων μέλεσι Στέφανος καὶ Παῦλος ταῦτα ἑώρων, ἀκοαῖς φημι καὶ ὀφθαλμοῖς καὶ καρδίαις, ἀλλὰ τοῖς αὐτῶν. Τὸ δὲ σοὶ δοκοῦν ἄπορον, Λουκᾶς ὁ θεῖος διακαθαίρει. «Πλήρης» γάρ φησιν «ὑπάρχων Στέφανος Πνεύματος ἁγίου», ἑώρακεν ἅπερ εἴρηται. Ὥστε καὶ Πέτρος πρὶν σὺν Ἰακώβῳ καὶ Ἰωάννῃ ταυτὰ τοῖς μακαρίοις τούτοις παθόντες, τὰ ὑπὲρ φύσιν καθ᾽ὅσον ἐνῆν ἑωράκεσαν, ἀλλοιωθέντων αὐτοῖς Πνεύματι

μὲν τῶν οἰκείων, τῶν δ'ἐναντίων ἀνατροπήν, χρεὼν
κἀμὲ τὸ ἀντιπίπτον, πρῶτον πειραθῆναι κατενεγκεῖν.
5 Τούτου γὰρ πεπτωκότος, καλῶς ἐστήξει καὶ τὰ ἡμέτερα
κατ'ἀνάγκην. Σκοπεῖν οὐκοῦν προσήκει, πῶς οὐδ'ἑαυτῷ
ποτε συμβαίνει | τὸ ψεῦδος, ἀλλ'ἀφ'ἑστίας ὅ φασιν τὴν  *B f.99ᵛ*
λύσιν ἑαυτῷ συνεπάγεται, τῷ, τῶν δογμάτων πολυσχι-
δεῖ καὶ ἀσυμφώνῳ, τὴν ἀσθένειαν οἷον ἑαυτοῦ κεκρα-
10 γός. Καὶ γάρ, οἱ μέν, ὑμῶν, ὥς που καὶ τῶν ὑπὲρ τούτου
λόγων ἁπτόμενος εἶπον, | φάσμα καλεῖτε τὸ φῶς τῆς  *A f.212*
τοῦ Κυρίου μεταμορφώσεως, καὶ ἴνδαλμα καὶ παραπέ-
τασμα, γεγονὸς καὶ αὖθις λυθέν, οἱ δέ, κατώτερον καὶ
χεῖρον νοός, ἕτεροι δέ, σύμβολον, ἢ ἓν τῶν θαυμάτων,
15 ἄλλοι δ'αὖ, τοῦ ἀνθρωπίνου τοῦτ'εἶναι φατὲ τοῦ Χρι-
στοῦ.

108. Περὶ μὲν οὖν τῶν μὴ δ'ἀπολογίας χώραν ἐχόν-
των, ὡς ἄν μοι πάντας δοκῶ συμφᾶναι τοὺς λογισμῶν
ὀρθῶν καὶ νοῦ μετασχόντας, οὐδαμῶς ὡραῖον οἶμαι μά-
την ἐρεσχελοῦντας, τὸ φάσμα νυνὶ περιερ|γάζεσθαι καὶ  *B f.100*
5 τὸ παραπέτασμα, καὶ τὸ ἴνδαλμα (ἀνοητότεροι γὰρ εἶεν
τῶν ταῦτα δοξαζόντων, οἱ διελέγχειν πειρώμενοι), ἀλλὰ
τῷ ἀέρι συμφερέσθων, ἀνεμιαῖα πεφυκότα καὶ ἀνυπό-
στατα. Περὶ δὲ τοῦ χεῖρον εἶναι νοὸς καὶ σύμβολον καὶ
τοῦ ἀνθρωπίνου τοῦ Χριστοῦ καὶ θαῦμα, ἐροῦμεν ἢν ὁ
10 Θεὸς ἐθέλοι, τὰ δυνατά, καὶ πᾶσιν ὡς εἰπεῖν γνωριμώ-
τατα καὶ σεβάσμια.

109. Περὶ μὲν δὴ τοῦ πρώτου, τοῦ χεῖρον εἶναι φημὶ
νοός, ὡς τὸ μέν, καὶ αἰσθητοῖς ὀφθαλμοῖς θεαθέν, καὶ
αἰσθητόν, τὸν δὲ νοῦν ὑπὲρ αἴσθησιν, τὴν ἐν τοῖς φθά-
σασιν ἀπολογίαν ἱκανὴν εἶναι μοι δοκῶ. Εἴρητο γάρ, μὴ
5 ὑπὲρ αἴσθησιν μόνον εἶναι διὰ πολλῶν δείκνυσθαι τὸ
φῶς ἐκεῖνο, ἀλλὰ μὴ δὲ φῶς, κἂν οὕτως ὠνόμασται.
Τὸ δὲ τῶν θαυμάτων ἓν καὶ τοῦτ'εἶναι λέγειν | τῶν  *B f.100ᵛ*

___

θείῳ τῶν ὀφθαλμῶν. | (f. 99) Οὐκοῦν, εἰπάτωσαν ἡμῖν οἱ πάντ'εἰδότες, πῶς ταῦτα
γέγονεν. Εἰ γάρ τι τούτων κατὰ φύσιν πεπρᾶχθαι δείξουσι, προχωρήσει γε αὐτοῖς
ἴσως εἰ καὶ τότε ψυχρῶς, ὁ περὶ τοῦ θείου φωτὸς ἀλόγιστος λόγος. Εἰ δ'ἐκεῖνα ὑπὲρ
φύσιν, πῶς τὰ τοῦ θείου φωτὸς κατὰ φύσιν; Ἀλλὰ τὰ μὲν περὶ *B*
**109, 2** αἰσθητοῖς] ὑλικοῖς *B*

ἐνηργημένων ὑπὸ Χριστοῦ, μακρὰν ἑστάναι κομιδῇ νο-    *A* f.212ᵛ
μίζω τῆς ἀληθείας. | Οὐ γὰρ δὴ τοῖς θαύμασιν ἐκείνοις
10   ἐνάριθμον εἶναι φήσω ποτέ, τῇ ἀναβιώσει δηλαδὴ τῆς
Ἰαείρου παιδός, καὶ τῷ τῶν ἄρτων πληθυσμῷ, καὶ τῇ
καθ'ὑγρῶν ὁδοιπορίᾳ τοῦ Κυρίου καὶ σωτῆρος Χριστοῦ,
ἀλλὰ θαῦμα μὲν δοκεῖ γὰρ τοῖς θεολόγοις, οἳ καὶ θαῦμα
φασὶ θαύματος εἶναι μεῖζον καὶ ὑψηλότερον, ἐχρῆν δὲ
15   γινώσκειν ὑμᾶς, ὅτι θαῦμα πᾶν, πρὸς τοὺς θαυμάζοντας
ἡμᾶς ἔχει τὴν ἀναφοράν, πρὸς δὲ τὸν Θεόν, οὐδαμῶς,
ἀλλὰ μόνον αὐτοῦ κατανοοῦμεν τὸ παντοδύναμον, καὶ
τό, τῇ βουλήσει, καὶ τὴν δύναμιν ἔχειν ἑπομένην εὐθύς.
Μείζω δ'ἐπὶ Θεοῦ καὶ ἐλάττω δύναμιν, οὐκ ἂν εἴποι
20   τίς, μιᾷ δὲ καὶ τῇ αὐτῇ δεδημιουργῆσθαι φαίη, τόν, τε
κώνωπα, | καὶ τὸν Χερουβείμ. Θαῦμα δ'οὕτως ἁπλῶς    *B* f.101
λεγόμενον, καὶ μεῖζον καὶ ἔλαττον, πρὸς ἡμᾶς ἔχει τὴν
ἀναφοράν, ὥσπερ εἴρηται. Καὶ γὰρ πρὸς μείζω καὶ τελε-
ωτέραν ἡμᾶς γνῶσιν, τὰ μείζω τῶν θαυμάτων ἀνάγου-
25   σι. Δεῖγμα δέ, ὁ τῶν ἄρτων πληθυσμός, καὶ τὸ πεζεῦσαι
κατὰ κυμάτων, οὐκ ἦν ἴσα τοῦ Λαζάρου τῇ ἀναστάσει.
Τοῦ μὲν γάρ, τότε καὶ Πέτρος τὴν ἰσχὺν εἴληφε, νεκρὸν
δὲ τέτταρσιν ἤδη κατορωρυγμένον ἡμέραις, καὶ πρὸς
λύσιν ἠπειγμένον καὶ ὀδωδότα, οὐκ ἤγειρεν, ὥστε, μεί-
30   ζονος αἰτία τοῖς ἀνθρώποις θεογνωσίας, τὸ κατὰ τὸν
Λάζαρον θαῦμα, καὶ πολὺ τῶν ἄλλων ἐκπληκτικώτερον
ἔδοξε, καὶ διαφερόντως δεσπότην τὸν αὐτὸν θανάτου |    *A* f.213
καὶ ζωῆς ἀνεκήρυξε. Πρὸ γὰρ τῆς τοῦ Χριστοῦ ἀναστά-
σεως, εἷς τῶν ἀποστόλων οὐδεὶς νεκρὸν τετραήμερον
35   ἀναστῆσαι ἴσχυσε, καίτοι, παντοδαπὰ | κατεργασαμέ-    *B* f.101ᵛ
νων ἕτερα θαύματα. Οὔπω γὰρ τὸ τέλειον εἶχον. Ἐπεὶ
δ'ὁ Κύριος ἀνῆλθεν ὅθεν κατῆλθε, καὶ τὸ θεῖον τούτοις
ἐπῆλθε Πνεῦμα, οὐκ αὐτοί γε οἱ ἀπόστολοι μόνον, ἀλλὰ
καὶ οἱ δι'αὐτῶν πεπιστευκότες, οὐχ ὅτι τετραημέρους,
40   ἀλλὰ καὶ πολυετεῖς καὶ πάντη διεφθαρμένους νεκροὺς

---

**109, 10/11** Lc. 8, 51-55     **11** cf. Mt. 14, 17; Mc. 6, 38-41; 8, 4; Lc. 9, 13; Io.
6, 9     **11/12** cf. Mt. 14, 25-26     **25/26** cf. supra l. 11/12     **26** Io. 11, 43-44
**27** Mt. 14, 29     **27/34** cf. Io. 11, 39     **37** ἀνῆλθε – κατῆλθε] cf. Act. 2, 1-4

ἀνήγειραν, ὥς που τῶν ἱστορηκότων ἀκούομεν. Ὅτι
δ'ἀτελεῖς ἐπεφύκεσαν οἱ ἀπόστολοι, τό, μὴ ἀπελάσαι
δεδυνῆσθαι τοῦ μαινομένου τὸν ἐπηρεάζοντα δαίμονα,
παρίστησιν ἀκριβῶς ὃν τοῦ Κυρίου τεθεραπευκότος,
45 κἀκείνων διαπυθομένων, πῶς οὐ καὶ αὐτοὶ τοιαύτης με-
τέσχον δυνάμεως, Τοῦτο φησὶν ὁ σωτὴρ τὸ δαιμόνιον
οὐκ ἐξέρχεται, εἰ μὴ ἐν προσευχῇ καὶ νηστείᾳ. Καὶ μήν,
ἀπορήσειεν ἄν τις, πῶς τοῦ Κυρίου δεδωκότος αὐτοῖς
δαίμονας μὲν ἀπελαύνειν, ἀσθενεῖς δὲ θεραπεύειν, καὶ
50 πᾶσαν νόσον καὶ μαλακίαν | ἰᾶσθαι, τὸν υἱὸν τοῦ [...]      B f.102
οὐκ ἐδυνήθησαν θεραπεῦσαι. Δοκεῖ μοι τοίνυν ὅτι, κατὰ
δαιμόνων μὲν εἰλήφεσαν δύναμιν, πλὴν οὐ κατὰ πάν-
των, ἀλλ'ἀπὸ μέρους.

110. Ὃ δέ μοι λέγειν ὁ λόγος ὥρμηται, τοῦτ'ἐστίν,
ὡς ἡ τοῦ Κυρίου καὶ Θεοῦ μεταμόρφωσις, θαῦμα μέν
ἐστιν, ἀλλ'οὐ κατὰ τἆλλα. Ἄλλο μὲν γάρ ἐστιν ὥσπερ
εἴπομεν, ὁ ἐν τῇ θαλάσσῃ περίπατος, καὶ ἕτερον ἡ τῆς
5 Ἰαείρου | θυγατρὸς ἔγερσις, μεῖζον δ'ἀπάντων καὶ φο-      A f.213ᵛ
βερώτερον, ἡ παρ'ὑμῶν ἀτιμαζομένη τοῦ Χριστοῦ με-
ταμόρφωσις. Ποῖον γὰρ τῶν θαυμάτων καὶ παρά τινος
ἄναρχον ὠνόμασται πώποτε, καὶ προαιώνιον, καὶ φυσικὴ
ἀκτίς, καὶ τἆλλ'ὁπόσοις παρὰ τῶν θείων θεολόγων, τὸ
10 φῶς ἀνύμνηται τῆς μεταμορφώσεως.

111. Ἀλλὰ ταῦτα μέν, καὶ προϊὼν ὁ λόγος σαφέστε-
ρον παραστήσει, νῦν δέ, καὶ τὰ παρ'ὑμῶν προφερόμενα
τοῦ θείου Μαξίμου, φέρειν εἰς μέσον ὥρα, καὶ δεῖξαι
πῶς εὐθῆ μὲν | τὰ τοῦ θεολόγου καὶ ἀδιάστροφα, τοῖς      B f.102ᵛ
5 δὲ καθ'ὑμᾶς ἐπηρεασταῖς, καὶ διεστραμμένην πρὸς τὸ
θεῖον φῶς τὴν διάνοιαν ἔχουσιν, αἴτια τῆς κατ'αὐτοῦ
βλασφημίας γέγονεν. Ἐν μὲν οὖν ἐστι τὸ λέγον, ὅτι Τὸ
φανὲν τοῖς ἀποστόλοις ὑπὲρ τὴν αἴσθησιν φῶς, σύμβολον εἶ-

---

42/47 cf. Mt. 17, 21; Mc. 9, 29      49/50 Mt. 4, 23
110, 4/5 cf. supra 109, 10/11      8/9 Ioh. Dam., In transf. 12, 4-5 (Kotter
p. 449); 13, 20 (Kotter p. 451)
111, 7/9 Max. Conf., Ambig. ad Ioh. 10, 64 (Constas p. 254)

---

50 post τοῦ fenestra in AB

ναι μανθάνομεν, ἄλλο δ'αὖ, Ἡ θεία οὐσία, τὴν τοῦ πότε
10 καὶ ποῦ καὶ πῶς ἔχει, παντάπασιν ἀπωθεῖται ἔννοιαν. Εἰ
μὲν οὖν ἔστι τις ἢ γενήσεται τηλικαύτης μετασχήσων
μανίας, ὡς τὴν τοῦ πότε καὶ ποῦ καὶ πῶς ἔχειν ἔννοιαν
προσίεσθαι τὸν Θεὸν ἐννοῆσαι, ὑπὲρ ἑαυτοῦ τὸν νομι-
οῦντα δίκαιον ἀπολελογῆσθαι. Νῦν δ'ἐπεὶ μηδείς ἐστιν
15 αὐθάδης οὕτω καὶ τολμητής, ὡς τήν, καὶ αὐτοῖς ἀνεπί-
βατον τοῖς ἀγγέλοις οὐσίαν περιεργάζεσθαι τοῦ Θεοῦ,
τί δεῖ λόγων ἐν τῷ παρόντι; Πῶς γὰρ γνωσθήσεται, τὸ
τῶν διεγνωσμένων ἔχον οὐδέν, οὐκ εἶδος, οὐ χρῶμα,
οὐ περιγραφήν, οὐ ποιότητα, | οὐ ποσότητα, | οὐ τόπον,   *A f.214, r*
20 οὐ σχῆμα, οὐ στοχασμόν, οὐκ εἰκασμόν, οὐκ ἀναλογίαν,
οὐκ αἴσθησιν, οὐ φαντασίαν, οὐ δόξαν, οὐκ ὄνομα, οὐ
λόγον, οὐκ ἐπαφήν, οὐκ ἐπιστήμην, ἀλλὰ πάσης ἀεὶ κα-
ταληπτικῆς ἐφόδου ἐξώτερον εὑρισκόμενον; Οὐκ ἔστιν
εἰπεῖν, ἀλλ'ὑμῖν εἰωθὸς ἄλλων ζητουμένων, ἐπ'ἄλλα
25 τοὺς ἀκούοντας παράγειν πειρᾶσθαι, τοῖς ὁμοίοις ἐγχει-
ρεῖτε χρῆσθαι καὶ νῦν. Περὶ γὰρ τοῦ θείου φωτὸς τῶν
λόγων ὄντων ἡμῖν, περὶ τῆς θείας ἡμεῖς οὐσίας λέγετε,
καὶ τὸν θεῖον λέγοντα παράγετε Μάξιμον, ὅτι Ἔλαθε τὸν
διάβολον διὰ τῆς αἰσθητῶς δηλαδὴ κἀνταῦθα φανείσης
30 λαμπρότητος.

112. Ὁρᾶτε τοιγαροῦν, πῶς καὶ τοῦτο καθ'ὑμῶν γί-
νεται, τῶν ὑπὲρ ἑαυτῶν προφερόντων. Λεγέτω γάρ μοι
τις, τί τὸ λῆσαν ἐστὶ τὸν διάβολον, ἄρ'ὅτι ὁ Χριστὸς ἄν-
θρωπός ἐστιν; Οὐδαμῶς. Πάντα γὰρ τὰ τῆς ἀνθρωπίνης
5 ἐν αὐτῷ φύσεως ἀδιάβλητα βλέποντα πάθη, | πῶς ἐν-   *B f.103ᵛ*
δοιάζειν εἰκὸς ἦν; Ἀλλ'ἄνθρωπον ὁρῶν τέλειον τὰ ὑπὲρ
ἄνθρωπον ἐργαζόμενον, ἀπόρους ἑώρα πάντας οὓς ἂν
στρέψειε λογισμούς. Ὅθεν καὶ ὁ κατὰ τὴν ἔρημον πει-
ρασμός, οἷον ἀκριβής τις ἦν πολυπραγμοσύνη. Εἰ γὰρ

9/10 Max. Conf., *Cap. theol. et oec.* 1, 1 (*PG* 90, 1084A); cf. Ioh. Cypar., *Contra
Tom. Palamit.* 6 (Liakouras p. 337, 20-21)     28/29 locum non inveni; cf. Gregoras,
*Antirrh.* 1, 2, 7, 4 (Beyer p. 345, 5-9); Anon., *Adv. Cantac.* 28, 46 (Polemis p. 86)
112, 3/23 cf. supra 111, 28/29

10  εἶ Υἱός φησι τοῦ Θεοῦ, εἰπὲ τοὺς λίθους, ἵνα ἄρτοι γέ-
νωνται. Ὥσπερ οὐκοῦν οἱ λοιποί φασι θεολόγοι ὡς ὁ
διάβολος ἀνθρώπῳ συμπλακείς, ἔλαθε Θεῷ περιπεπτω-
κώς, οὕτω τοι καὶ ὁ θεῖος Μάξιμος εἴρηκε, ὅτι Ἔλαθε τὸν
διάβολον, διὰ τῆς αἰσθητῶς δηλαδὴ κἀνταῦθα φανείσης
15  λαμπρότητος. Ὁ δὲ λέγει, τοιοῦτόν ἐστι, τὸ ἐν τῷ προ-
σώπῳ τοῦ Χριστοῦ λάμψαν φῶς ἑωρακὼς ὁ διάβολος
καὶ πρῶτον τί ποτ᾽ἐστὶ τὸ φανὲν ζητήσας καὶ ἠπορη-
κώς, εἰς μνήμην ἧκεν ἔπειτα, τῆς τοῦ Μωσαϊκοῦ προ-
σώπου λαμπρότητος. Ὅθεν οὕτω λελαμπρύνθαι καὶ τὸν
20  Χριστόν, καὶ τοιοῦτον κατ᾽ἐκεῖνον ἄνθρωπον | δηλονό-    B f.104
τι ψιλὸν οἰηθεὶς ὑπάρχειν, τοῖς πᾶσιν ἠπάτηται. Τοῦτο
οὖν ἐστι τὸ ὑπὸ τοῦ θείου λεχθὲν Μαξίμου, ὅτι Ἔλαθε
τὸν διάβολον διὰ τῆς αἰσθητῶς κἀνταῦθα | φανείσης λαμ-    A f.214ᵛ
πρότητος. Οὐδὲ γὰρ συνῆκεν ὁ δείλαιος, ὡς ὑπὲρ πᾶ-
25  σαν αἴσθησιν τὸ φῶς ἐκεῖνο τυγχάνει ὄν, ὅπερ αὐτὸς
αἰσθητὸν ὑπείληφε.

113. Τοῦτο μὲν οὖν τοιοῦτον, ἕτερον δ᾽αὖ καὶ
τοῦθ᾽ὁμοίως ὑφ᾽ὑμῶν προφερόμενον, ὅτι Τὸ φανὲν
αὐτοῖς ἤγουν τοῖς ἀποστόλοις ὑπὲρ τὴν αἴσθησιν φῶς,
σύμβολον εἶναι μανθάνομεν. Τί οὖν φατέ, οἱ πᾶσαν πρὶν
5  εἰσαγηοχότες σπουδὴν αἰσθητὸν ἐκεῖνο δεῖξαι τὸ φῶς,
νῦν ὥσπερ ἑαυτῶν ὁμοῦ καὶ τῶν εἰρημένων ἐκλελησμέ-
νοι, τοῦθ᾽ὑπὲρ αἴσθησιν εἶναι λέγετε; Οὐ πέφυκεν ὡς
ἀληθῶς ἡ ἀλήθεια κρύπτεσθαι, κἂν οἱ καταχωννύντες
καὶ συγκαλύπτοντες πολλοί τε ὦσι, | καὶ πᾶν τεχνά-    B f.104ᵛ
10  σαιντο. Πῶς δὲ καὶ σύμβολον ἀκηκοότες, τοὺς τοιούτους
πλέκειν προήχθητε συλλογισμούς; Ὅρα γάρ. Πᾶν φατε
σύμβολον, ἑτέρού του πέφυκε σύμβολον. Οὐ γὰρ δὴ ἔστι
τι σύμβολον αὐτὸ ἑαυτοῦ. Ἐπεὶ τοίνυν ἕτερον | ἡ τοῦ    A f.215
Θεοῦ πέφυκεν οὐσία, τὸ δὲ σύμβολον ἕτερον, ἐξανάγκης
15  καὶ κτίσμα ὡς ἕτερον παρὰ τὴν οὐσίαν, ὥστε καὶ τὸ φῶς
ὡς σύμβολον, κτίσμα.

---

**15/16** Mt. 4, 3; Lc. 4, 3     **18/19** Ex. 34, 30
**113, 2/16** cf. supra 111, 7/9

114. Ἑτέρων μὲν οὖν ἕτερα σύμβολα πεφυκέναι, καὶ πάνυ φημί, ὡς ἡ ἐρυθρὰ τὲ σκηνὴ τὸν βασιλέα, καὶ ἡ σημαία τὸν ἄρχοντα, καὶ πόλεμον ἡ σάλπιγξ, τὸ ἐνυάλιον ἠχήσασα, καὶ ἀργίαν τὸ ἀνακλητικὸν προσημαίνου-
5 σιν. Ἀλλ᾽ ἔστι παρὰ ταῦτα, καὶ σύμβολον ἄλλο φυσικὸν δηλαδὴ τινὸς καὶ ἀχώριστον, οἷον, ὁ μὲν τῶν λεόντων βρυχηθμὸς καὶ τῶν δρακόντων ὁ συριγμός, εἰ καὶ ἀφανεῖς τύχοιεν ὄντες, ἀλλ᾽ ὁ μέν, τούτους, | ὅ, δ᾽ ἐκείνους *B f.105* καὶ μὴ ὁρωμένους ἐμήνυσεν. Ἔτι γε μὴν καὶ τὸ ὀρθρι-
10 νὸν τοῦ ἡλίου φῶς, μετ᾽ ὀλίγον ὑπερκύψαι τὸν ἥλιον δηλοῖ τὸν ὁρίζοντα, οὐ μήν, ἀλλὰ καὶ τῆς ὑποστάσεως τοῦ ἀνθρώπου σύμβολον καθέστηκεν ἡ ἐκείνου φωνή. Οὔκουν λοιπὸν ἐν ἅπαντι συμβόλῳ κρατεῖ, τό, ὡς ἕτερον ἐν ἑτέρῳ. Εἰ δὲ τοῦθ᾽ ὡμολόγηται, ἕωλος ἄρα καὶ ὁ
15 κατὰ τοῦ θείου φωτὸς ὑμῶν συλλογισμὸς ἀναφαίνεται, ὥστε καθ᾽ ὑμῶν ἅπαντα γίνεται, τὰ παρ᾽ ὑμῶν προφερόμενα. Τό, τε γὰρ λαθεῖν τὸν διάβολον ὑπὸ τῆς αἰσθητῶς φανείσης λαμπρότητος, οὐ παρέργως ἡρμήνευται, καὶ τὸ ὑπὲρ τὴν αἴσθησιν τὸ φῶς εἶναι φᾶναι τὸν αὐτὸν θει-
20 ότατον Μάξιμον, τοὺς κτίσμα λέγοντας ὑπάρχειν αὐτὸ κατέστρεψε, καὶ τομηδὲν συλλογιζομένους ἀπέφηνεν, ἀλλ᾽ ἢ ψεῦδος καὶ ἀπάτην καὶ παραλογισμόν. |                    *A f.215ᵛ*

115. Ὅ δ᾽ ἐκ περιουσίας κατὰ τοῦ | ψεύδους τὸ κρά-  *B f.105ᵛ*
τος ἔχει, τοῦτ᾽ ἐστίν, ὅτι τῆς ἀφανοῦς τὸ φῶς ὁ θεῖος οὗτος εἴρηκεν εἶναι κρυφιότητος σύμβολον. Τί δὲ τὸ τῆς ἀφανοῦς φᾶναι κρυφιότητος βούλεται, ἡμεῖς ἐροῦμεν. Ὡς
5 γὰρ ὁ τῶν εἰρημένων θηρῶν τῆς φωνῆς ἀκούσας, οὐκ ἂν ἐκείνοις συμπλακῆναι θελήσειεν, ἀνακράτος δὲ φεύγειν μᾶλλον, τὸ ἐκείνων φοβερὸν ἀναλογιζόμενος, καὶ ὡς οὐκ ἄν τις κατὰ μέσον ποτὲ τὸν ἡλιακὸν δίσκον τὸ ὄμμα στηρίξειεν (αὐτὸς γὰρ πρῶτον τὰς ὄψεις ἀμαυρω-

---

114, 17 cf. supra 111, 28/29      19 cf. supra 111, 8 (ref. 111, 7/9)
115, 2/13 cf. Max. Conf., *Ambig. ad Ioh.* 10, 64 (Constas p. 254)

---

115, 6 ἀνακράτος – φεύγειν] ἀνακράτος φεύγειν δὲ *primum scripsit, deinde litteris* αγβ *superscriptis ordinem invertit B*

10 θήσεται), οὕτω κἀπὶ τῆς ἀφανοῦς κρυφιότητος. Ὁ γὰρ τὴν ἐκεῖθεν ἐξαλλομένην ἀστραπὴν καὶ λαμπρότητα μὴ δεδυνημένος φέρειν, πῶς ἂν εἰς ἔρευναν ἔλθοι τῆς τοιαύτης ἀφανοῦς κρυφιότητος;

116. Δύο μὲν οὖν ταῦτα τήν, περὶ τοῦ θείου φωτός, τοῦ θεολόγου Μαξίμου δόξαν σαφῶς παρίστησι, τό, τε ὑπὲρ τὴν αἴσθησιν φανῆναι εἰπεῖν, καὶ τό, σύμβολον εἶναι τοῦτο, | τῆς ἀφανοῦς κρυφιότητος. Ἕτερον δέ γε τρίτον, *B f.106*
5 τῶν εἰρημένων οὐκ ἀποδέον, ὅ φησιν ἐν τρισκαιδεκάτῳ κεφαλαίῳ, τῆς δευτέρας ἑκατοντάδος τῶν θεολογικῶν. Καὶ γὰρ Ὁ γνώσεώς **φησιν** ἐφιέμενος, ἀμετακινήτως τὰς βάσεις τῆς ψυχῆς ἐρεισάτω παρὰ τῷ Κυρίῳ, καθά φησιν ὁ Θεὸς τῷ Μωϋσεῖ, *Σὺ δὲ αὐτοῦ στῆθι μετ᾽ ἐμοῦ.* Ἰστέον δὲ ὅτι,
10 καὶ ἐν αὐτοῖς τοῖς ἱσταμένοις | παρὰ τῷ Κυρίῳ, ἔστι διαφο- *A f.216* ρά, εἴπερ ἐκεῖνο μὴ παρέργως ἀναγινώσκεται τοῖς φιλομαθέσι, τό, *Εἰσί τινες τῶν ὧδε ἑστώτων, οἵτινες οὐ μή, γεύσωνται θανάτου ἕως ἂν ἴδωσι τὴν βασιλείαν τοῦ Θεοῦ ἐληλυθυῖαν ἐν δυνάμει.* Οὐ γὰρ πᾶσιν ἀεὶ μετὰ δόξης ἐπιφαίνεται ὁ Κύριος,
15 τοῖς παρ᾽ αὐτῷ ἱσταμένοις, ἀλλὰ τοῖς μὲν εἰσαγομένοις, ἐν δούλου μορφῇ παραγίνεται, τοῖς δὲ δυναμένοις ἀκολουθῆσαι αὐτῷ ἐπὶ τὸ ὑψηλὸν ἀναβαίνοντι τῆς αὐτοῦ μεταμορφώσεως ὄρος, ἐν μορφῇ Θεοῦ | ἐπιφαίνεται, ἐν ᾗ ὑπῆρχε πρὸ τοῦ τὸν *B f.106ᵛ* κόσμον εἶναι. Δυνατὸν οὖν ἐστι, μὴ κατὰ τὸ αὐτὸ τὸν αὐτὸν
20 πᾶσι τοῖς παρ᾽ αὐτῷ τυγχάνουσιν ἐπιφαίνεσθαι Κύριον, ἀλλὰ τοῖς μέν, οὕτω, τοῖς δέ, ἑτέρως, κατὰ τὸ μέτρον τῆς ἐν ἑκάστῳ πίστεως δηλονότι, ποικίλ<λ>ων τὴν θεωρίαν.

117. Συνῆκας ἄρα τῶν λεγομένων, καὶ τίνα περὶ φωτὸς τοῦ θείου δόξαν ὁ θειότατος ἔχει Μάξιμος, ὃν ἀγνοοῦντες προφέρετε μάρτυρα; Τοῖς μὲν εἰσαγομένοις, ἤτοι τοῖς ἄρτι γευομένοις τῶν μυστηρίων τῆς ἀρετῆς, ἐν δού-

116, 3 cf. supra 111, 7/9    4 cf. supra 115, 3/4    7/22 Max. Conf., *Cap. theol. et oec.* 2, 13 (*PG* 90, 1129C-1132A); Ioh. Cantac., *Epist.* V, 10, 2-19 (Tinnefeld p. 228)    9 Deut. 5, 31    12/14 Mc. 9, 1    16 Phil. 2, 7    17/18 Mt. 17, 1; Mc. 9, 2    18 Phil. 2, 6    18/19 Io. 17, 5
117, 3/17 cf. supra 116, 15/19 (ref. 116, 7/22)

116, 22 ποικίλλων] *scripsi*, ποικίλων *AB*

5 λου μορφῇ τὸν Χριστόν φησιν ἐπιφαίνεσθαι, ὥσπερ τοῖς
ἱσταμένοις ἐννέα τῶν μαθητῶν ἐν τῇ ὑπωρείᾳ, καὶ θεω-
ροῦσιν αὐτὸν ἐν τῇ τοῦ δούλου μορφῇ, τοῖς δὲ δυναμένοις
ἀκολουθῆσαι αὐτῷ ἐπὶ τὸ ὑψηλὸν ἀναβαίνοντι τῆς μεταμορ-
φώσεως ὄρος, τουτέστιν ἐν τῷ ὕψει τῶν ἀρετῶν, ἐν μορ-
10 φῇ Θεοῦ | ὡς τοῖς τρισὶ τοῖς συνανελθοῦσιν ἐν τῷ ὄρει,     *A* f.216ᵛ
τῷ διδασκάλῳ. | Ταῦτα δ'εἰπών, οὐ μέχρι τούτων τὸν     *B* f.107
λόγον ἔστησεν, ἀλλὰ τὰ ὑμῶν ἄντικρυς στόματα θέλων
ἐμφράξαι τῶν, τῷ θείῳ πολεμούντων φωτί, ἐπήγαγε
μετὰ τό, ἐν μορφῇ Θεοῦ φᾶναι, τό, ἐν ᾗ μορφῇ δηλαδὴ
15 ὑπῆρχε πρὸ τοῦ τὸν κόσμον εἶναι. Εἰ οὖν κτίσμα λέγειν τις
βούλοιτο τὴν πρὸ τοῦ, τὸν κόσμον οὖσαν, καὶ φανεῖσαν
ἐν τῷ τοῦ Κυρίου προσώπῳ μορφὴν Θεοῦ, λεγέτω μέν,
τὸ δὲ τῆς ἀτοπίας ὑπερφυές, οἱ βουλόμενοι συνοράτω-
σαν.

118. Εἰ δὲ τοῦτο μὲν τηλικοῦτον ὄν, οὐ καταστέλλει
τὸ ἰταμὸν οὐδὲ τοῖς βλασφημεῖν προῃρημένοις προσί-
σταται, ἀσθενέσι δὲ καὶ φαύλαις ἐπικουρίαις ἑαυτοὺς
ἐπιτρέπουσι, κἀκεῖνο σκοπῶμεν ὅσης γέμει τῆς ματαιό-
5 τητος. Ὁ Ἀδάμ φησι λαμπρὸς δημιουργηθείς, ἀπεβάλε-
το τὴν λαμπρότητα μετὰ τὴν παράβασιν. Ὁ τοίνυν Χρι-
στὸς τὴν Ἀδὰμ ἀνειληφὼς σάρκα, καὶ υἱὸς αὐτοῦ κατὰ
τὸ ἀνθρώπινον γεγονώς, ἐν ἑαυτῷ τὴν ἀπολωλυῖαν λαμ-
πρότητα τοῦ Ἀδὰμ ἀνελάβετο. Τοιαῦτα μὲν | συλλογί-     *B* f.107ᵛ
10 ζεσθε, προκαταλαμβάνοντες δὲ καὶ τοὺς ἀπαντήσοντας
ἐλέγχους, εἰ οὐκ ἐκτίσθη φατὲ λαμπρὸς ὁ Ἀδάμ, αἰ-
σχρὸς ἄρα δεδημιούργηται καὶ ἐζοφωμένος.

119. Ἀλλ'ὦ σοφώτατοι, καὶ τὸν νοῦν διαβατικώτα-
τοι, τὰ μὲν ἄλλα, λέγειν ἐῶ, οὐρανόν φημι καὶ ὕδωρ, καὶ
βοτάνας, | καὶ δένδρων φύσιν, ὡς οὔτε λαμπρὰ δεδημι-     *A* f.217
ούργηται, καὶ τό, αἰσχρὰ δοκεῖν καὶ ἐζοφωμένα εἶναι,
5 διαπεφεύγασι. Περὶ δὲ τῆς γῆς, τί ἂν εἴποιτε, λαμπρὰν ἄρα
δεδημιουργημένην, ἀποβεβληκέναι μεταταῦτα φήσετε
τὸ κάλλος καὶ τὴν λαμπρότητα; Ἀλλ'οὐκ ἔστι τοῦτο οὐκ
ἔστι, κἂν αὐτοὶ φαίητε, ἀλλὰ πάνθ'ἁπλῶς ὡς ἐκτίσθη

118, 5 ἀπεβάλετο] *scripsi*, ἀπεβάλλετο *AB*

καὶ διαμένει, τοὺς ὅρους τηροῦντα καὶ τὴν τάξιν, ἐν οἷς
10 τοκαταρχὰς ἕκαστα τούτων διατέτακται καὶ κεκόσμη-
ται, ὑπὸ τῆς αὐτὰ παραγαγούσης καὶ πηξάσης φύσεως
καὶ προνοίας. Οὐ γὰρ προαιρέσει καὶ αὐτεξουσιότητι κέ-
χρηνται, | ἵνά ποτε καὶ σφαλῶσιν ὡς ὁ διάβολος καὶ ὁ     *B f.108*
ἄνθρωπος, ἀλλ᾽ὅσα λαμπρὰ παρῆκται, τὴν φύσιν μέχρι
15 δεῦρο τηρεῖ, ὅσα δὲ μὴ τοιαῦτα, καὶ ταῦθ᾽ὁμοίως οὐ πα-
ραβαίνει τοὺς ὅρους. Ἐπεὶ τοίνυν μεταβέβληται μὲν οὐ-
δέν, πάντα δ᾽ὡς ἐκτίσθη καὶ διαμένει, οὐδὲ τὸ σῶμα τοῦ
Ἀδὰμ ἄρα λαμπρὸν καθ᾽ὑμᾶς ἐκτίσθη. Ἐκ γῆς γὰρ εἴλη-
πται ἣν οὐ λαμπρὰν δεδημιουργῆσθαι σύνισμεν. Οὐδὲ
20 γὰρ ἄλλο τὸ καθόλου, καὶ τὸ μερικὸν ἕτερον, ἀλλὰ ταυ-
τὸν ἄμφω. Οἷον γὰρ τὸ μέρος, τοιοῦτον ἂν εἴη δή που
καὶ τὸ καθόλου, ὥσπερ καὶ τὸ ἀνάπαλιν. Οὐκοῦν ἐπεὶ
λαμπρὰ μὲν οὐδαμῶς ἡ γῆ παρῆκται, μέρος δ᾽αὐτῆς ὁ
Ἀδάμ, ὡς ἐξ ἐκείνης ληφθεὶς ὑπῆρχε, καὶ κατὰ τὸ εἰρη-
25 μένον οὐδὲ λαμπρός, ποίαν ἀπεβάλλετο λαμπρότητα, |     *A f.217ᵛ*
ἣν οὐκ εἶχεν; Ἀλλ᾽οὐκ ἀπώλεσεν, ἐπείπερ οὐδ᾽εἶχεν.
Οὐχήκιστα δὲ κἂν τοῖς τοῦ θείου Ἀναστασίου πλείστην
ἄν τις κακουργίαν ὑμῶν, καταγνοίη. Τῶν τούτου γὰρ |     *B f.108ᵛ*
οὐδενὸς οὔπερ μὴ καλλίστου καὶ θειοτάτου τυγχάνον-
30 τος, πάντα πρὸς τοὐναντίον ὑμεῖς, ὥσπερ καὶ τὰ τῶν
ἄλλων στρέφετε θεολόγων. Τοῦ γὰρ ἀνδρὸς τούτου τοῦ
θείου, *Ἔζησεν ὁ Ἀδὰμ* **φαμένου** *ἔτη διακόσια τριάκοντα,*
*καὶ ἐγέννησε υἱὸν κατὰ τὴν ἰδέαν αὐτοῦ καὶ κατὰ τὴν εἰκό-*
*να αὐτοῦ,* πρὸς τὸ ὑμῖν λυσιτελοῦν ἐκλαμβάνοντες τὸ
35 ῥητόν, τοιαύτην τὸν Ἀδὰμ **φατὲ** τῷ υἱῷ δεδωκέναι, οἵαν
καὶ αὐτὸς εἶχεν εἰκόνα καὶ ἔλλαμψιν, ὅτε τὸ πρῶτον ἐδημι-
ουργήθη παρὰ Θεοῦ. Τί οὖν ἂν εἴποι τις, πρὸς τοσαύτην
λόγων ἀσυμφωνίαν τὲ καὶ ἐναντιότητα, ἆρ᾽οὐχ ὑμεῖς
ἑκασταχοῦ τῶν ὑμετέρων λόγων καὶ συγγραμμάτων,
40 κτίσμα δεῖξαι προτεθυμημένοι τὸ θεῖον φῶς, τοῦτ᾽ἄνω

---

**119, 32/37** Anast. Sin., *Viae dux* 13, 8, 61-63 (Uthemann p. 245)     **32/34**
Gen. 5, 3

---

**119, 32** διακόσια] διακόσια καὶ *(sup. l.) B*

καὶ κάτω περιάγετε καὶ κυκλεῖτε ὡς ὅπερ ὁ Ἀδὰμ πρω-
τόπλαστον ἀπώλεσε κάλλος, τοῦθ'ὁ Χριστὸς ἀνεκαλέ-
σατο, τὴν ἰδίαν | λαμπρύνας σάρκα; Πῶς οὐκοῦν ὅπερ ὁ     B f.109
Ἀδὰμ ἀπώλεσεν, αὖθις ὥσπερ ἔχων τῷ υἱῷ δίδωσι μετὰ
45 τοσούτων ἐτῶν ἀριθμόν; Καὶ γὰρ εἰ τὸ ἕτερον ἀληθείας
ἅπτεσθαι δώσομεν, θάτερον ἀνάγκη ταύτης λέγειν δι-
αμαρτάνειν. Ἢ γὰρ ἔχων δέδωκε τῷ Υἱῷ, καὶ ψεῦδος
ἐντεῦθεν τὸ ἀπολέσαι φρονεῖν, ἢ μὴ ἔχων, ἄμοιρον λαμ-
πρότητος ἐγέννησε | καὶ τὸν Σήθ. Ἀλλ'ἔγωγε φαίην ἄν,     A f.218
50 ὡς ἑκάτερον ψεῦδος. Οὔτε γὰρ εἶχε τοιαύτην ὁ Ἀδὰμ
ἔλλαμψιν, καὶ διατοῦτ'οὐδ'ἀπώλεσε, οὔτ'αὖ μὴ ἔχων,
δέδωκε τῷ Υἱῷ. Ὁ γὰρ μὴ ἔχει τίς, πῶς ἂν ὅλως καὶ
δοίη, ἐπεί, εἰ κατὰ τὴν ἑαυτοῦ εἰκόνα καὶ ἰδέαν οὖσαν
λαμπρὰν καθ'ὑμᾶς ἐγέννησεν ὁ Ἀδὰμ υἱόν, ἔδει δήπου
55 καὶ τοὺς ἐξ αὐτῶν φύντας ἅ|παντας, κατ'αὐτοὺς εἶναι,     B f.109ᵛ
λαμπροὺς δηλαδὴ καὶ φωτοειδεῖς.

120. Ἀλλ'ὅπως τοῦτό γε ψεύδεται, τρανότατα παρί-
στησι καὶ ἡ αἴσθησις. Εἷς γὰρ οὐδεὶς τῶν ἐξ ἐκείνων,
λαμπρός. Ἔτι, εἰ λαμπρὸς ὁ Ἀδὰμ ὑπῆρχε τὴν φύσιν,
οὐκ ἄν ποτε τὸ συνεκτισμένον | ἀπώλεσε τῇ ἑαυτοῦ φύ-     B f.110ᵛ
5 σει. Οὔτε γὰρ μετεμέλησέ ποτε τῷ Θεῷ τῶν δώρων ἃ
δέδωκεν ἁπάσῃ τῇ κτίσει, καὶ τῶν ὑπ'αὐτοῦ παρηγμέ-
νων, ἓν οὐδὲν φθορὰν ὑποστήσεται κατ'αὐτό γε τοῦτο,
τό, οὐσία καὶ φύσις εἶναι, ἀλλὰ τῇ ἐλλείψει τῆς κατὰ

---

120, 3 λαμπρός¹] Οὐ πάντων τοίνυν τὸ κατὰ τὴν τοῦ Ἀδαμιαίου εἴδους μορ-
φὴν καὶ τοὺς σωματικοὺς χαρακτῆρας, γεγεννῆσθαι φησὶ τὸν Σὴθ ὁ προφήτης, τῷ
κατ'εἰκόνα καὶ ἰδέαν εἰπεῖν, ἀλλὰ τὸ τοῦ τρόπου καὶ τῆς ἀρετῆς ὁμογνωμονοῦν παρι-
στᾶν ἐθέλει, περὶ τῆς ἐν τῇ ψυχῇ διαλεγόμενος καταστάσεως, ἐπείπερ εἴ γε περὶ τῆς
σωματικῆς ἰδέας ὁ σκοπὸς ὑπῆρχεν αὐτῷ δηλῶσαι, τοῦ Κάϊν ἂν ἐμέμνητο πρότερον
ὡς καὶ πρότερον γεγεννημένου. Νῦν δ'ἐκεῖνον παραδραμών, τὸν μετ'ἐκεῖνον εἴρηκε
Σὴθ κατὰ τὴν πατρικὴν εἰκόνα γεγεννῆσθαι καὶ τὴν ἰδέαν. Οὗτος γὰρ | (f. 110) δὴ
καὶ τοῦ γένους τελῶν ὑπῆρχε διάδοχος. Ἐπεὶ τοιγαροῦν ὁ Χριστὸς οὔτε κατὰ τὴν
σωματικὴν τοῦ Ἀδὰμ εἰκόνα γεγέννηται (οὐδὲ γὰρ περὶ ταύτης ὡς εἴπομεν ὁ προφή-
της ἡμῖν ἐνταῦθα διείλεκται), οὔτε μὴν κατὰ τὴν ἀρετὴν (οὐδὲ γὰρ εἰκὸς τοπαράπαν
φᾶναι. Πολλοστὴ γὰρ τις ἦν ἡ τοῦ Ἀδὰμ ἀρετὴ καὶ καθάπαξ ἀσύμβλητος τῇ ἀρε-
τῇ τοῦ Χριστοῦ. Ἐκάλυψε γάρ φησιν οὐρανοὺς ἡ ἀρετή σου Χριστέ), πῶς καθ'ὑμᾶς
κατὰ τὴν τοῦ Σὴθ εἰκόνα καὶ ἰδέαν ὁ Χριστὸς γέγονεν, ἤτοι λαμπρὸς κατ'ἐκεῖνον;
Μάταιον πάντως, εἰ μή τις αὐτὸς μάταιος εἶναι βούλοιτο, τοῦτ'ἂν ὑπολάβοι add. B
4 ἑαυτοῦ] ἐξ αὐτοῦ B

φύσιν τάξεως, ὁ τῆς ἁρμονίας καὶ συμμετρίας λόγος,
10 ἀσθενεῖ μένειν ὡσαύτως ἔχων. Δεῖγμα δέ, τὰ μείζω
πάντων ὁ διάβολος πεπλημμεληκώς, ὅμως οὐδὲν τῶν
δεδομένων αὐτῷ χαρισμάτων ἀπέβαλε, μένει δὲ εἰσέτι
καὶ κατεπαρθεὶς τοῦ πεποιηκότος, ὁ αὐτὸς κατά γε | τὴν   *A f.218ᵛ*
φύσιν, ὁποῖος ἦν πρὶν πεσεῖν, ἄγγελος ἀσώματος, ἀκά-
15 μας, νοῦς, εἰ καὶ ἠλογημένος | διὰ τὸν τρόπον. Εἰ γὰρ   *B f.111*
καὶ σκοτεινὸς καὶ ἐζοφωμένος ἔστι τὲ καὶ λέγεται, τοὺς
αὐτοῦ καταμύσας νοεροὺς ἑκὼν ὀφθαλμούς, ἀλλὰ τήν
γε φύσιν, λαμπρὸς ὑπάρχει καὶ παμφαής, καὶ μαρτυ-
ρεῖ τοῖς λόγοις ὁ Διονύσιος. Ἐν τετάρτῳ γὰρ τῶν περὶ
20 θείων ὀνομάτων, Οὐκ ἠλλοιώθη φησὶ τὸ δοθὲν ὅλως τοῖς
δαίμοσιν ἀγαθόν, ἀλλ'αὐτοὶ τοῦ δοθέντος ἀποπεπτώκασιν
ὅλου ἀγαθοῦ, καὶ τὰς δοθείσας αὐτοῖς ἀγγελικὰς δωρεάς, οὐ
μή ποτε αὐτὰς ἠλλοιῶσθαι φῶμεν, ἀλλ'εἰσί, καὶ ὁλόκληροι,
καὶ παμφαεῖς εἰσι, κἂν αὐτοὶ μὴ ὁρῶσιν, ἀπομύσαντες ἑαυ-
25 τῶν τὰς ἀγαθοπτικὰς δυνάμεις. Εἰ τοίνυν ὁ διάβολος τη-
λικαύτης αὐτουργὸς ἀνομίας ὤν, τὸ κατὰ φύσιν αὐτῷ
δεδομένον οὐκ ἀποβέβληκε, πῶς τὸν Ἀδὰμ καὶ ταῦτα
μὴ κατ'ἐκεῖνον ἡμαρτηκότα, τοῦ συμ|πεπλαστουργημέ-   *B f.111ᵛ*
νου παρὰ Θεοῦ δώρου φήσομεν ἐστερῆσθαι τῆς λαμπρό-
30 τητος δηλαδή; Οὐκ ἔστιν εἰπεῖν. Ὥστε τοῦτο δείκνυται
διαπάντων, τὸ μήτε τὴν ἀρχὴν λαμπρὸν παρῆχθαι τὸν
ἡμέτερον πρόγονον, μήθ'ὕστερον ἀπολέσαι τῶν αὐτοῦ
φυσικῶν μηδέν.

121. Ἔτι, | εἰ τὸν Ἀδὰμ ὅλον ὁ Υἱὸς τοῦ Θεοῦ ἐνέ-   *A f.219*
δυ καὶ πάντα τἀκείνου πλὴν ἁμαρτίας, ὁ δ'Ἀδὰμ ἐκ γῆς
εἴληπται, λαμπρὰ δ'οὐδαμῶς ἡ γῆ παρῆκται καθά που
σύνισμεν, ἕπεται, μὴ δὲ τὴν τοῦ Κυρίου σάρκα χοϊκὴν
5 κατὰ τὴν Ἀδὰμ καὶ γηΐνην οὖσαν, λέγειν ἔχειν λαμπρό-
τητα. Ἔτι, εἰ τὴν ἀθανασίαν ὁ Ἀδὰμ καὶ τὴν ἀφθαρσί-
αν εἶχεν, ὁμοῦ δὲ τούτοις καὶ τὴν λαμπρότητα, ἔρημος
δὲ τούτων παρακούσας κατέστη, φθορὰν καὶ θάνατον,

---

120, 20/25 Ps.-Dion. Areop., *De div. nom.* 4, 23 (Suchla p. 172, 2-6)

τῶν μακαρίων τούτων ἀλλαξάμενος δώρων, καὶ σῶμα
10 ἐζοφωμένον, πῶς ὁ Κύριος τὴν φθορὰν μὲν κατεδέξα-
το καὶ τὸν θάνατον ὡς υἱὸς ἐκείνου κατὰ τἀνθρώπινον,
τὸ δ' ἐζοφωμένον σῶμα οὐ κατεδέξατο; | Καὶ γὰρ πρὸ       *B f.112*
τῆς ἀναστάσεως οὔτε τὴν φθορὰν εἰς ἀφθαρσίαν, οὔτε
τὸ θνητὸν μετήγαγεν εἰς ἀθανασίαν. Πῶς οὐκοῦν τὴν
15 συζυγίαν ταύτην παρεὶς ἀθεράπευτον, τὸ ἐζοφωμένον
σῶμα μόνον, τῶν ἄλλων ἀπολαβών, κατελάμπρυνεν;
Ἐχρῆν γὰρ δήπου, μὴ πρὸ τῶν ἄλλων τοῦτο σχεῖν, τὴν
εἰς τὸ κρεῖττον μεταβολήν, ἀλλ' ὁμοῦ τοῖς ἄλλοις συνδο-
ξασθῆναι. Ἀλλ' ὅπερ εἶπον, οὔτε ὁ Ἀδὰμ ἔχων ἀπολώλε-
20 κεν, οὔθ' ὁ Κύριος ἡμῶν, τὸ μὴ τῆς Ἀδαμιαίας ὑπάρχον |   *A f.219ᵛ*
αὐτοῦ σαρκὸς ἀνεκαλέσατο καὶ ἐλάμπρυνε. Καὶ μάρτυς,
αὐτὸς ὁ Κύριος, ἐν ψαλμῷ ἑξηκοστῷ ὀγδόῳ λέγων διὰ
τοῦ προφήτου Δαυίδ, Ἅ οὐχ ἥρπαζον, τότε ἀπετίννυον,
τουτέστιν ὁ μὲν Ἀδὰμ πεπλημμεληκώς, εἰκότως κατα-
25 δεδίκαστο, ἐγώ δ' ἁμαρτίας ἁπάσης ἄψαυστος ὤν, | τοῖς   *B f.112ᵛ*
αὐτοῖς ἐπιτιμίοις ὑπάγομαι, τῇ φθορᾷ δηλονότι καὶ τῷ
θανάτῳ, ὥσθ' ὅπερ οὐκ ὀφείλω χρέος, τοῦτο νῦν ἀποδί-
δωμι. Εἰ τὸ χρέος οὐκοῦν ἀποτιννύναι φησὶ τοῦ Ἀδάμ,
τὴν φθορὰν καὶ τὸν θάνατον, ὅλον ἐχρῆν δήπου, ἀλλ' οὐ
30 τὸ μέν, ἀποδεδωκέναι, τό, δ' ὑπερθέσθαι. Πῶς γὰρ τὴν
μὲν φθορὰν ἐδέξατο καὶ τὸν θάνατον, τὸ δ' ὁμοίαν ἔχειν
τῷ Ἀδὰμ σάρκα, οὐ κατεδέξατο, ἀλλ' ἐλάμπρυνε ταύτην,
τῶν λοιπῶν ὥσπερ ἔφην ἐν ἀναβολαῖς ὄντων, τοῦ θανά-
του δηλονότι καὶ τῆς φθορᾶς, καίτοι γε αὐτὸ τὸ σῶμα,
35 καὶ ἠθανάτισται, καὶ ἤφθάρτισται;

122. Γελοῖον ἄρα τὸ λέγειν, τῆς σαρκὸς εἶναι τοῦ
Ἀδάμ, τὸ φῶς τῆς μεταμορφώσεως (τῆς γὰρ μακαρίας
ἐστὶ θεότητος, ὡς οἱ θεολόγοι διαγορεύουσι), καὶ τού-
των ἔτι γελοιότερον, τὸ νῦν μὲν ἔχειν λέγειν τὸν Ἀδὰμ
5 λαμπρότητα, καὶ ἀπολέσαι | τῇ παραβάσει, | νῦν δὲ μετὰ   *B f.113,*
ἔτη διακόσια καὶ τριάκοντα, μεταδεδωκέναι τῷ υἱῷ τῆς

121, 23 Ps. 68, 5
122, 6 Anast. Sin., *Viae dux* 13, 8, 62-65 (Uthemann p. 245)

λαμπρότητος. Ψεῦδος γὰρ ἀμφότερα, καθὰ διὰ πολλῶν δέδεικται.

123. Ἀλλ'ἴσως ἀπορῶν τις φήσειεν, ὡς ἐπείπερ οὐδ'ὁτιοῦν μὲν ὡς φὴς τῶν τοῦ Θεοῦ χαρισμάτων ὅλ-λυται, πάντα δ'ὡς ἐκτίσθη καὶ διαμένει μέχρι τοῦ νῦν, πῶς ἀφθάρτου καὶ ἀθανάτου τοῦ Ἀδὰμ παρηγμένου,
5   τοὐναντίον αὐτὸν ὁ Θεὸς θνητὸν δηλαδὴ καὶ φθαρτὸν πεποίηκε παρακούσαντα. Ἐροῦμεν οὖν πρὸς αὐτόν, ὡς οὐχ ὁ Θεὸς τὰ τοιαῦτα δῶρα τοῦ προπάτορος ἡμῶν ἀφεῖλεν Ἀδάμ, ἀλλ'αὐτὸς αἴτιος ἑαυτῷ τῆς τηλικαύτης πενίας γέγονεν. Ὥσπερ γὰρ εἴ τις εὐανθῆ λειμῶνα καὶ
10   κατάκομον κεκτημένος, καὶ τούτου τῶν ἑαυτοῦ τινι τὴν ἐπιμέλειαν ἐπιτρέψας, | πᾶσι μὲν ἐφῆκε χρῆσθαι τοῖς ἐν   *B f.113ᵛ* ἐκείνῳ τερπνοῖς, κηδεμονικῶς δὲ καὶ φιλανθρώπως ἔτι πρὸς τὸν γεωργὸν ὁ κεκτημένος διατιθέμενος, ὑπέδειξε μὲν αὐτοῦ που καὶ σπήλαιον ἐνδιαιτώμενον ἔχον δράκον-
15   τα, παρηγγύησε δὲ τὰς εἰς τὸ ἄντρον εἰσόδους διὰ τὸν ἐνοικοῦντα θῆρα πάσῃ δυνάμει φυλάττεσθαι, ὁ δέ, τῶν ζωηφόρων ἐκείνων ἐπιταγμάτων καταφρονήσας καὶ εἰσελθὼν | τοῖς δρακοντείοις δήγμασιν ἐτεθνήκει, οὕτω   *A f.220ᵛ* καὶ ὁ Ἀδάμ, ἐν τῷ τῆς παρακοῆς εἰσελθὼν σπηλαίῳ,
20   ἤτοι τῆς ἀπηγορευμένης τροφῆς ἀψάμενος, φθορᾶς κληρονόμος καὶ θανάτου γεγένηται, τοῦ Θεοῦ μὲν ἐκεί-νῳ πάντα τὰ σωτήρια συμβουλεύσαντος, ἐκείνου δὲ ἀντιπράξαντος, καὶ διὰ τοῦτο θανατωθέντος. Δράκοντα δὲ ὅταν εἴπω, τὴν παρακοὴν λέγω, ἐπεὶ τό γε ξύλον καὶ
25   ὁ τούτου καρπός, ἀγαθά εἰσι καὶ ἅγια. Οὐδὲ γὰρ | δηλη-   *B f.114* τήριόν τι ξύλον καὶ θνητότητος αἴτιον, ἐνεφύτευσε τῷ παραδείσῳ ὁ Θεός, ἀλλὰ πάσης μεστὸν ἀπολαύσεώς τε καὶ χάριτος, ναὶ μὴν καὶ μεταληπτόν, ἀλλ'ἐν καιρῷ τῷ προσήκοντι.

---

123, 24/26 Gen. 2, 8-9

---

122, 7 πολλῶν] πολῶν *A*

124. Οὐκοῦν οὐκ ἐποίησεν ὁ Θεὸς τὴν φθορὰν καὶ
τὸν θάνατον, συνεχώρησε δὲ γενέσθαι, κρίμασιν οἷς οἶδε
μόνος αὐτός. Εἰ δέ τις ἀνθυποφέρει, ὅτι τὰ μὲν ἄλλα σοι
καλῶς εἴρηται, τὰ περὶ τῆς παρακοῆς δηλαδὴ καὶ τοῦ
5 θανάτου καὶ τῆς φθορᾶς, ἀλλ'ἐπείπερ οὐκ ἄλλος ἀλλ'ὁ
Θεὸς τοῦ παραδείσου τὸν Ἀδὰμ ἀπελήλακεν, ὁ αὐτὸς
ἄρα Θεός, ἐπήγαγεν αὐτῷ καὶ τὸν θάνατον, ἐροῦμεν καὶ
πρὸς τοῦτο, ὅτι καὶ τῆς ἐξορίας, οὐχ ὁ Θεός, ἀλλ'ὁ Ἀδὰμ
ἑ|αυτῷ κατέστη παραίτιος. *A f.221*

125. Πρῶτον μὲν | γάρ, τῆς ἀνωλέθρου καὶ θείας ἐκ- *B f.114ᵛ*
πεσόντι ζωῆς δι'ἐπιθυμίας οὐκ ἀγαθῆς, μοχθηρᾶς δὲ καὶ
ἐπωδύνου καὶ θνητῆς ὑπάρξαντι κληρονόμῳ, πάντως
οὐδ'ἀκόλουθον ἦν ἐν τῷ ζωῆς καὶ ἀθανασίας διαιτᾶσθαι
5 χωρίῳ. Δεύτερον, ὅτι καὶ τοῦ τῆς σαρκὸς ἦν εἴληφε πά-
χους τῆς, τῶν ἀλόγων ζῴων μὴ διαφερούσης παχύτη-
τος, ἔδει καὶ τροφῆς καταλλήλου, ἀλλ'οὐκ ἦν τοιαύτη
τις ἐν τῷ παραδείσῳ. Τρίτον, ὅτι τοῦ μὲν Ἀδὰμ θάνατον
κατακριθέντος, ἀθανασίας δὲ τὸν παράδεισον κατεχού-
10 σης, ἀθανασίαν καὶ θνητότητα συγγενέσθαι, ἀδύνατον
ἦν, ὥσπερ οὐδὲ φῶς καὶ σκότος. Τέταρτον, ὅτι οὐδὲ
φθορᾷ ὑποτεθειμένων καὶ μετ'ὀλίγον σῆψιν ὑποστησο-
μένων σωμάτων, τόπος ἦν ὁ παράδεισος. Πέμπτον, ὅτι
καὶ | θάνατον τοῦ Ἀδάμ, μετ'οὐ πολὺ προσδεχομένου, *B f.115*
15 ἐπείπερ οὐκ ἦν τῷ Θεῷ βουλομένῳ καθάπαξ ἐκτριβῆ-
ναι τὸν ἄνθρωπον, ἐφῆκε δὲ φιλανθρώπως διατεθεὶς
ταῖς διαδοχαῖς σώζεσθαι τὸ γένος, τό δ'οὐκ ἄλλως οὐκ
ἦν, εἰ μὴ τῷ πρὸς τὴν γυναῖκα τοῦ Ἀδὰμ γενέσθαι συν-
δυασμῷ, οὐ προσῆκε τὴν Ἀδὰμ καὶ Εὔας συνέλευσιν ἐν
20 τῷ παραδείσῳ γενέσθαι. | Ἕκτον δὲ καὶ μεῖζον ἀπάν- *A f.221ᵛ*
των τεκμήριον τοῦ μὴ τὸν Θεόν, ἀλλ'αὐτὸν τὸν Ἀδὰμ
αὐτὸν ἐξῶσαι τοῦ παραδείσου, ὅτι οὐκ ἄγγελον ὁ Μω-
σῆς ἀπεσταλμένον ὑπὸ Θεοῦ, τοῦ παραδείσου τὸν Ἀδὰμ
ἐκβαλεῖν φησίν, ἀλλὰ τί; Περιπατοῦντα τὸν Θεὸν ἐν τῷ

---

125, 24/29 Gen. 3, 8-9

---

125, 17 τό δ'οὐκ] τοῦ δ'οὐκ *A a. corr.*   20 παραδείσῳ] καὶ Εὔας *primum*
*add., deinde linea exst.* A

25  παραδείσῳ τὸ δειλινόν, εἰπεῖν πρὸς αὐτόν, Ἀδὰμ ποῦ εἶ.
Οὐκ ἄγνοιαν οὖν πάσχων ἠρώτα (πάντα γὰρ οἶδε πρὶν
γενέσεως αὐτῶν), ἀλλ᾽ ἐνάγων ὁμαλῶς τὸν Ἀδάμ, εἰς |  B f.115ᵛ
ἐξαγόρευσιν τῶν πεπλημμελημένων. Τοῦτο γὰρ αἰνίτ-
τεσθαι δοκῶ μοι, τό, Ἀδὰμ ποῦ εἶ, δηλαδὴ σύνες ἐκ τί-
30  νος ὕψους εἰς ποῖον βάραθρον κατηνέχθης, τοῦτο δ᾽ ἦν
πρὸς μετάνοιαν ἕλκοντος. Ὁ γὰρ αὐτὸς ἦν Θεός, ὁ μὴ
θέλειν εἰπὼν τὸν θάνατον τῶν ἁμαρτωλῶν ὡς τὸ ἐπι-
στρέψαι καὶ ζῆν αὐτούς, αὐτὸς ἦν ὁ εἰπών, οὐκ ἦλθον
καλέσαι δικαίους, ἀλλ᾽ ἁμαρτωλοὺς εἰς μετάνοιαν. Οὐδὲ
35  γὰρ ἐγχωρεῖ φᾶναι, τότε μὲν μικράν τινα καὶ ὀλίγην
τὸν Θεὸν ἀγάπην πρὸς τὰς ἡμετέρας τοῦ γένους ἀρχὰς
κεκτῆσθαι, ὕστερον δ᾽ ὡς ἄν τινα τὸ φίλτρον ηὐξηκότα,
καὶ κατὰ μείζονα καὶ τελεωτέραν ἀγάπην κεκλικότα
τοὺς οὐρανούς, τὴν ἡμῶν δι᾽ ἡμᾶς ἀνειληφέναι πτωχεί-
40  αν, ἡμῖν οἰκονομοῦντα τὴν σωτηρίαν, ἀλλὰ τὸν αὐτὸν |  B f.116
εἶναι καὶ τότε καὶ νῦν, ὥστε καὶ τῆς ὕστερον αὐτοῦ τοῦ
Θεοῦ πενίας καὶ τοῦ μετ᾽ ἀτιμίας ὠμοῦ θανάτου, ἡ τοῦ
Ἀδὰμ ἦν αἰτιώτατον σωτηρία.

126. Εἰ τοίνυν τῆς ἀπωλείας | αὐτόν τε καὶ γένος  A f.222
ὕστερον ὁ Θεὸς ἐξαιρούμενος, ἣν διὰ τῆς παρακοῆς καὶ
τῆς μεταστάσεως ἀπὸ τοῦ πεποιηκότος ἐπὶ τὰ εἴδωλα
καθ᾽ ἑαυτῶν ἐπηγάγοντο, κλίνας τοὺς οὐρανούς, κατέ-
5  βη, καὶ μὴ τῶν κόλπων ἀποστὰς τοῦ Πατρός, ᾤκησε
μὲν μήτραν ἁγνῆς παρθένου, μετὰ σαρκὸς δὲ προεληλυ-
θώς, ὅσα σύνισμεν ὑπέστη καὶ τέλος τέθνηκεν, ὁ τόσα
τοίνυν καὶ τόσα διὰ τὸν Ἀδὰμ ὑποστάς, πῶς τοῦ παρα-
δείσου τοῦτον ἀπεώσατο, καὶ οὐκ ἂν αὐτῷ συνεχώρει,
10  εἰ τὸν τῆς μετανοίας εἰσῄει πύργον; Ἀλλ᾽ οὐχ ὅπως οὐ
κατέγνω ἑαυτοῦ μεταγνούς, ἀλλ᾽ ἐνεχείρει μᾶλλον ἐξά-
γειν | μὲν αὐτὸν τῆς αἰτίας, ἐπ᾽ ἄλλους δὲ ταύτην ἄγειν.  B f.116ᵛ
Οὐ γὰρ ἱλάσθητί μοι ὁ Θεός, εἶπεν, οὐδ᾽ ἡμάρτηκα τῷ

---

26/27 Susanna 35a        32/33 Ez. 33, 11        33/34 Mt. 9, 13
126, 13 Lc. 18, 13        13/14 II Regn. 12, 13

---

126, 8 ὑποστάς] ἀνατλὰς A a. corr.

*Κυρίῳ, οὐδὲ τό, ἥμαρτον εἰς τὸν οὐρανὸν καὶ ἐνώπιόν*
15 *σου, καὶ οὐκ εἰμὶ ἄξιος κληθῆναι υἱός σου, ποίησόν με*
*ὡς ἕνα τῶν μισθίων σου.* Ταῦτα γὰρ καὶ τὰ τοιαῦτα, τὸν
δικαιότατον ἐκκαλεῖται Θεὸν εἰς ἔλεον. Τούτων οὖν οὐ-
δὲν εἴρηκεν, ἀλλὰ τί; *Ἡ γυνὴ ἥν μοι δέδωκας, αὕτη μοι*
*δέδωκεν ἀπὸ τοῦ ξύλου καὶ ἔφαγον,* τοῦτο δ᾿ ἦν, αὐτὸν
20 ἄντικρυς αἰτιωμένου τὸν Θεόν, τὸν αὐτῷ δεδωκότα τὴν
Εὔαν. Τί τοίνυν ἔδει ποιεῖν, τὸν μὴ μόνον φιλανθρωπό-
τατον, ἀλλὰ καὶ καθ᾿ ὑπερβολὴν δικαιότατον Θεόν; Ἐπί-
σης γάρ ἐστι δίκαιος, ὡς καὶ ἐλεήμων, εἰ καὶ τὴν κρίσιν
παραβλέπων ὡς συμπαθής, τὴν φιλανθρωπίαν παρρη-
25 σιάζει, ἐὰν τὸ κακὸν προβαίνειν, στῆναι δὲ | μηδαμοῦ;   A f.222ᵛ
Ἀλλ᾿|οὐκ ἦν πρὸς αὐτοῦ.   B f.117

127. Διὰ ταῦτα τοίνυν πάντα τὰ εἰρημένα, δικαίως ἄν
τις φαίη τὸν Ἀδὰμ κατακεκρίσθαι τὲ καὶ ἐξεῶσθαι τοῦ
παραδείσου. Τί δ᾿ ὁ *τῶν οἰκτιρμῶν πατήρ;* Εἰ καὶ τοῦ
ποτηρίου τῆς ὀργῆς αὐτὸν ἔγευσεν, ἀλλ᾿ οὐχ ὅλον ἐξεκέ-
5 νωσε τὸν τρυγίαν, οὔτε πρὸς αὐτὸν τὸν Ἀδάμ, οὔτε πρὸς
τοὺς ἐξ αὐτοῦ φύντας, ἀλλ᾿ ὅλον αὐτὸν πλὴν ἁμαρτίας
ἐν ἐσχάτοις καιροῖς φορέσας, καὶ ἡμῖν συναναστραφείς,
ὡς εἶπεν Ἰερεμίας (τοῦτο γὰρ αἰνίττεσθαι νομίζω, τό,
*Κατὰ τὸ δειλινὸν περιπατῆσαι* φᾶναι *τὸν Θεὸν ἐν τῷ*
10 *παραδείσῳ,* τὸ ἐπ᾿ ἐσχάτων δηλαδὴ σαρκωθῆναι χρό-
νων), τῷ τυραννοῦντι μετὰ σαρκὸς συμπλακείς, διὰ τοῦ
ἑαυτοῦ ἑκουσίου καὶ ζωοποιοῦ θανάτου, τὸν τὸ κράτος
ἔχοντα τοῦ θανάτου τουτέστι τὸν διάβολον νικήσας,
κατήνεγκε, τὰς δὲ τοῦ Ἅιδου πύλας | πλείστους ὅσους   B f.117ᵛ
15 συσχούσας καὶ συγκλειούσας, ἀνέσπασε καὶ συνέτρι-
ψε, καὶ τὸν πρὶν ὠμότατα πᾶσι προσφερόμενον τύραν-
νον, ἄθυρμα καὶ γέλωτα τοῖς ὑπ᾿ αὐτοῦ κατεχομένοις
δέδωκεν εἶναι. Τέλος οὖν τὸ προφητικὸν εἴληφε λόγι-
ον, τό, ἐν ἑκατοστῷ τρίτῳ ψαλμῷ τῷ προφήτῃ Δαυὶδ

---

14/16 Lc. 15, 18-19    18/19 Gen. 3, 12
127, 3 II Cor. 1, 3    7 Bar. 3, 38    9/10 Gen. 3, 8

---

127, 8 νομίζω] e corr. A

20  εἰρημένον, Δράκων οὗτος ὃν ἔπλασας, ἐμπαίζειν αὐτῷ.
Ἐνταῦθα καὶ γάρ, πρὸς ὕμνον Θεοῦ τὴν πᾶσαν ὥσπερ
συγκαλῶν κτίσιν, μεμνημένος δὲ καὶ αὐτοῦ κτίσμα τυγ-
χάνοντος εἰ καὶ ἄτιμον, Θάλασσά φησιν ἡ μεγάλη καὶ
εὐρύχωρος, ἐκεῖ πλοῖα διαπορεύεται, δράκων οὗτος ὃν
25  ἔπλασας, ἐμπαίζειν αὐτῷ, τῷ ἀνθρώπῳ δηλαδή. Δρά-
κων δὲ Λευιαθὰ ἐν τοῖς | ὕδασιν, ὁ διάβολος ὀνομάζεται.     A f.223
Καίτοι τὸν μὲν Ἀδὰμ ὁ ἀπατεὼν παρασύρας καὶ φενα-
κίσας, τὴν δὲ τῶν εἰδώλων τιμὴν ταῖς τῶν ὑπ'αὐτοῦ |     B f.118
βακχευομένων ψυχαῖς ἐντήξας, πάντ'ἔχειν ᾤετο καὶ
30  μηδένα ἂν ἤδη τῆς ὠμότητος αὐτοῦ μηδεμιᾷ περιγενή-
σεσθαι μηχανῇ. Ἀλλ'ἐφθάρη ἡ ἐπιστήμη αὐτοῦ φησιν
ὁ προφήτης σὺν τῷ κάλλει αὐτοῦ [...], καὶ πάντα πρὸς
τοὐναντίον αὐτῷ περιτέτραπται. Εἰ γὰρ μὴ ὁ Ἀδὰμ
ἥμαρτεν, οὐδὲν πάντως ἔδει σαρκωθῆναι τὸν Υἱὸν τοῦ
35  Θεοῦ, τούτου δὲ μὴ γεγονότος, οὔθ'ἡμεῖς σῶμα ἂν ἦμεν
τοῦ Χριστοῦ καὶ μέλη, οὔθ'ὁ τῆς πονηρίας ἄρχων καὶ
τοῦ νῦν αἰῶνος, κατεβέβλητο.
128. Ἀλλὰ φήσειεν ἄν τις, χάριτας οὐκοῦν δίκαι-
ον ὀφείλειν τῇ ἁμαρτίᾳ, προξένῳ γενομένῃ πολλῶν
ἡμῖν ἀγαθῶν. Μὴ γένοιτο. Ἀλλὰ χάρις τῷ τὰ μεγάλα
καὶ ὑπερφυᾶ καὶ δράσαντι καὶ παθόντι. Ἵνα γὰρ φανῇ
5  καθ'ὑπερβολὴν ἁμαρτωλὸς ἡ ἁμαρτία, σαρκωθεὶς ὁ Κύ-
ριος Ἰησοῦς, ἀπέθανε μέν, διὰ τὰς ἁμαρτίας ἡμῶν, ἀνέ-
στη δέ, διὰ τὴν δικαίωσιν ἡμῶν ἐκ δυνάμεως | Θεοῦ,     B f.118ᵛ
καθά φησιν ὁ ἀπόστολος, τήν τε προγονικὴν ἁμαρτίαν
αἴρων, καὶ διαρρηγνὺς τὸ χειρόγραφον. Καὶ μήν, οὐ
10  μόνον τὴν ἀπολωλυῖαν ἡμῖν εὐκληρίαν ἐπανεσώσατο,
λύτρα τὸ ἑαυτοῦ θειότατον αἷμα δούς, ἀλλὰ καὶ μείζο-
νι καθ'ὑπερβολὴν ἡμᾶς ἐδεξιώσατο τῇ τιμῇ. Τοῦτο γάρ
φησι τό, Ἵνα ζωὴν ἔχωσι καὶ περισσὸν ἔχωσι, ζωὴν

---

20 Ps. 103, 26     23/26 Ps. 103, 25-26     31/32 Ez. 28, 17     35/36 Eph.
5, 30
128, 6/7 Rom. 4, 25 et 1, 4     8/9 Io. 1, 29     9 Col. 2, 14     13 Io. 10, 10

---

25 τῷ – δηλαδή] e corr. A     32 post αὐτοῦ fenestra in AB

μέν, ἧς ὁ προπάτωρ ἡμῶν ἐκπέπτωκεν, ἡμῖν δὲ ταύτην
15 ὁ σωτὴρ ἐπανήγαγεν, εἰσάξας εἰς τὸν παράδεισον | διὰ     *A f.223ᵛ*
τῆς σωτηρίου ἑαυτοῦ ἀναστάσεως, περισσότερον δέ, τὸ
Σύσσωμοι γενέσθαι καὶ συγκληρονόμοι Χριστοῦ. Τί γὰρ
μεῖζον, ἢ τὸ συνειδέναι τὴν ἡμῶν φύσιν τὸν Υἱὸν τοῦ
Θεοῦ καὶ Λόγον, ἐκ τῶν δεξιῶν τοῦ Πατρὸς ἑαυτοῦ κα-
20 θίσαι, καὶ τὸν βραχύ τι παρ'ἀγγέλους ἠλαττωμένον ἄν-
θρωπον, μιᾷ προσκυνήσει τῷ Πατρὶ συμπροσκυνεῖσθαι
τὲ καὶ τῷ Πνεύματι; Ὁ μὲν οὖν | Κύριος, πᾶν εἴληφε     *B f.119*
τὸ πλήρωμα τῆς θεότητος, ἐκ δὲ τοῦ πληρώματος αὐτοῦ
φησιν ὁ θειότατος εὐαγγελιστὴς ἡμεῖς πάντες ἐλάβομεν
25 καὶ χάριν ἀντὶ χάριτος, αὐτῷ ἡ δόξα εἰς τοὺς αἰῶνας
ἀμήν.

129. Ταῦτα μὲν οὖν, οὐκ εἰς μάτην ἴσως τῆς τῶν
προκειμένων νύσσης ἐκτραπέντες εἰρήκειμεν, τοῦ λόγου
βιασαμένου, ἐπανιτέον δ'αὖθις, ἐπὶ τὰ πρίν. Ἔτι κατα-
σκευάζετε, ὡς ἐπείπερ ἐκ δυοῖν ὁ Χριστὸς ἦν συγκείμε-
5 νος φύσεων, καὶ διπλοῖς ὀφθαλμοῖς ἐγινώσκετο (τοῖς
μὲν γὰρ τοῦ σώματος, τὰ θαύματα καὶ τὸ σῶμα, τοῖς
δὲ νοεροῖς, ὁ ἐγκεκρυμμένος Θεὸς τῷ σώματι), παρά-
γειν ἐγχειροῦντες μάρτυρας τούτων, Χρυσόστομον καὶ
Βασίλειον, τὸν μέν, Ἐπὶ τῆς θαλάσσης λέγοντα ἰδόντες οἱ
10 ἀπόστολοι τὸν Κύριον περιπατοῦντα, ἐδέξαντο θαῦμα μεῖ-
ζον δι'ὀφθαλμῶν, καὶ τὴν θεότητα ἀπεκαλύφθησαν | τῷ     *B f.119ᵛ*
νῷ, γυμνότερον, τὸν δέ γε θεῖον Βασίλειον, Ἀπὸ τῶν ἀνέ-
μων λέγοντα καὶ τῆς θαλάσσης ὑπακουσάντων αὐτῷ, ἐγνώ-
ρισαν αὐτοῦ τὴν θεότητα.

130. Ἀλλ'ὦ βέλτιστοι, οὔτε ὁ ἐν τῇ θαλάσσῃ τοῦ
Κυρίου περίπατος, οὔθ'ἡ ἐπιτίμησις τῶν ἀνέμων καὶ τῆς
θαλάσσης ὑπακοή, θεότης ἢ | θεότητος φυσικὸν ἰδίωμα     *A f.224*
ὠνομάσθη ποτέ, ἀλλὰ διὰ τῶν ὑπὲρ φύσιν τούτων θαυ-
5 μάτων, τεκμαίρεσθαι, μᾶλλον δὲ πιστοῦσθαι τοὺς ὁρῶν-

---

17 Eph. 3, 6     20/21 Hebr. 2, 7     22/23 Col. 2, 9     23/25 Io. 1, 16
129, 9/12 Ioh. Chrys., *In Ioh.* 43, 1 (*PG* 59, 246, 18-20); cf. Theod. Dex., *Epist.*
II, 27, 66-68 (Polemis p. 319)     12/14 Bas. Caes., *Epist.* 234, 3, 9-12 (Courtonne
p. 43)
130, 1/3 cf. supra 129, 9/14

τας οἱ θεολόγοι φασίν, ὅτι Θεὸς ἦν ὁ ταῦτα ἐργαζόμε-
νος. Τοῖς μὲν γὰρ ὀφθαλμοῖς ἑώρων τὰ ἔνυλα, παχέσι
κἀκείνοις οὖσι καὶ ὑλικοῖς, τὸν δέ γε νοῦν, πρὸς τὰ με-
τεωρότερα καὶ ἀφανῆ διεβίβαζον. Τὸ δέ γε φῶς ἐκεῖνο
10  τῆς θείας μεταμορφώσεως, οὐ κατὰ τὰ ἄλλα θαύματα,
ἐνηργεῖτό τε καὶ ἑωρᾶτο, ἀλλ'ἠλλοιωμένων ὡς εἴρηται
τῶν ὀφθαλμῶν | τὴν ὑπὲρ γνῶσιν ἀνθρωπίνην ἀλλοίω-    B f.120
σιν, καὶ ἐν Πνεύματι θεασαμένων, οὐ τὸ ἀνθρώπινον τοῦ
Κυρίου καὶ κτιστὸν φῶς, κατὰ τὴν τῶν οὕτω φρονού-
15  ντων ἀσέβειαν, ἀλλὰ τὸ ἄχρονον καὶ ἄναρχον φῶς, τὸ
φυσικὸν τῆς τοῦ Λόγου ὑποστάσεως καὶ θεῖον ἰδίωμα,
κατὰ τὰς θείας τῶν διδασκάλων φωνάς. Ἄχρονον οὖν τί
ποθ'ἕτερον εἴη, ἢ τὸ πρὸ τῶν αἰώνων καὶ ὑπὲρ τούτους;
Κτίσμα δὲ προαιώνιον, οὐκ ἄν ποτ'εἴη, οὐδὲ κτιστόν τι
20  πρὸ τῶν αἰώνων ἐν τῇ τοῦ Θεοῦ Λόγου ὑποστάσει, νο-
οῖτ'ἂν εἰκότως.
    131. Ἔτι τὸν θειότατον παράγετε Δαμασκηνόν, Ὁ
χερσὶν ἀοράτοις λέγοντα πλάσας κατ'εἰκόνα σου Χριστὲ
τὸν ἄνθρωπον, τὸ ἀρχέτυπόν σου ἐν τῷ πλάσματι κάλλος
ὑπέδειξας, οὐχ ὡς ἐν εἰκόνι, ἀλλ'ὡς αὐτὸς ὢν κατ'οὐσίαν,
5  ὁ Θεός χρηματίσας καὶ ἄνθρωπος, χρῆναι | φρονεῖν λέ-    B f.120ᵛ
γοντες, καὶ διὰ ταῦτα, τοῦ ἀνθρωπίνου τοῦ Χριστοῦ τὸ
φῶς ἐκεῖνο τελεῖν τῆς θείας μεταμορφώσεως. | Ταύτης    A f.224ᵛ
μὲν δὴ χάριν τῆς μαρτυρίας, οὐδ'ἀπορεῖν ὅλως ἔχω λό-
γων ἀξίων πρὸς ἔλεγχον. Παρίσταται δέ μοι θαυμάζειν,
10  πῶς οὐ καὶ τοῦτο μετὰ τῶν ἄλλων συνεκαλύψατε, τὴν
ὑμῶν ἄντικρυς ἐλέγχον ἀπόνοιαν, καὶ τὴν ἐν τοῖς ἄλ-
λοις κακουργίαν διακαλύπτον. Σκεπτέον δέ, πόσην ὁ
θεῖος οὗτος μελῳδὸς βλασφημίαν τῆς ὑμετέρας δόξης
κατηγορεῖ. Πᾶσα μὲν γὰρ εἰκών, πρωτοτύπου τινὸς λέ-
15  γοιτ'ἂν εἰκών, καὶ πᾶν ὅπερ ἄν τις φῇ τὴν εἰκόνα ἔχειν,
τοῦ πρωτοτύπου τοῦθ'ὁμοίωμα ὂν τυγχάνει. Ὥστ'ἐπεὶ
τὸ πρωτότυπον ὁ θεῖος Ἰωάννης κάλλος ὑποδεῖξαι φησὶ
τὸν Χριστόν, τὸ δὲ πρωτότυπον τῆς εἰκόνος φῶς αὐτός

---

**131, 1/5** *MR* VI, 340; cf. Anon., *Adv. Cantac.* 173, 2-6 (Polemis p. 203)
**16/17** cf. supra l. 3/4 (ref. l. 1/5)    **18/21** cf. infra 158, 5; 156, 4 et 5/8

ἐστιν ὁ Θεός, εἰκότως ἄρα καὶ τοῖς | θεολόγοις ἄχρονον    *B* f.121
20 ὑμνεῖται καὶ ἄναρχον, καὶ ἀπρόσιτον, καὶ θεότητος αἴ-
γλη, καὶ ὅσα τοιαῦτα. Οὐ μήν, ἀλλ'ἔτι πόρρω σαφηνεί-
ας ὁ θεῖος οὗτος τὸν λόγον ἕλκων, κἀκεῖνο προστίθησι,
τό, Οὐχ ὡς ἐν εἰκόνι, ἀλλ'ὡς αὐτὸς ὢν κατ'οὐσίαν ὁ Θεὸς
χρηματίσας καὶ ἄνθρωπος, μονονουχὶ λέγων, ὅτι μηδεὶς
25 τῆς εἰκόνος τοῦτ'εἶναι τὸ φῶς οἰέσθω, ἤτοι, τοῦ ἀνθρω-
πίνου τοῦ Χριστοῦ, ὃ καὶ αὐτὸ τοῦ Θεοῦ ἐστιν εἰκών,
ἐξ Ἀδὰμ ὑπάρχον, ἀλλὰ τῆς θείας αὐτοῦ θεότητος. Ὡς
αὐτὸς γάρ φησι κατ'οὐσίαν ὢν ὁ Θεὸς χρηματίσας καὶ ἄν-
θρωπος. Οὐκοῦν καὶ τοῦτο, καθ'ὑμῶν γίνεται.

**132.** Ἔτι τὸν θεῖον Ἀναστάσιον παράγετε, Τί τού-
του μεῖζον καὶ φρικωδέστερον λέγοντα, | ἰδέσθαι Θεὸν ἐν    *A* f.225
μορφῇ ἀνθρώπου ὡς τὸν ἥλιον ἢ ὑπὲρ τὸν ἥλιον λάμποντα
τὸ πρόσωπον καὶ ἀστράπτοντα, καὶ ἀκτίνας ἀκαταπαύστως
5 | φεγγοβολοῦντα, καὶ τὸν ἄχραντον δάκτυλον ἐπὶ τοῦ ἰδί-    *B* f.121ᵛ
ου προσώπου ἐπιτιθέντα, καὶ ὑποδεικνύοντα καὶ πρὸς τοὺς
σὺν αὐτῷ ἐκεῖσε ὄντας λέγοντα, οὕτως ἐκλάμψουσιν οἱ δί-
καιοι ἐν τῇ ἀναστάσει, οὕτω δοξασθήσονται, εἰς ταύτην τὴν
ἐμὴν μορφὴν μεταμορφωθήσονται, εἰς ταύτην τὴν εἰκόνα,
10 εἰς τοιοῦτον χαρακτῆρα, εἰς τοιοῦτον φῶς, εἰς τοιαύτην μα-
καριότητα, σύμμορφοί τε καὶ σύνθρονοι γενόμενοι, ἐμοῦ τοῦ
Υἱοῦ τοῦ Θεοῦ.

**133.** Ἐχρῆν μὲν οὖν τὸν ἐπί τι κακούργως ὁρμῶν-
τα, προκαλύμμασί γοῦν τισὶ χρῆσθαι, συσκιάζουσι τὴν
ἀναίδειαν, τὸ δ'οὕτω θρασέως πᾶσιν ἐπιπηδᾶν, οὐ νοῦν
ἐχόντων τοῦτ'ἂν φαίην ἐγώ. Οὐδὲ γὰρ ἔχω διαγνῶναι
5 ῥᾳδίως, πότερον ποτέρου πλεονεκτεῖ, τὸ ἄγνωμον ἄρα
καὶ κακόηθες, ἢ τὸ ἔμπληκτόν | τε καὶ ἀμαθές. Τῶν γὰρ    *B* f.122
ὑφ'ὑμῶν λεγομένων ἁπάντων, ποῖον πρὸς Θεοῦ, σω-
φρονούντων ἔχεται λογισμῶν, τὸ λέγειν ὡς τό, ἐν Θα-

---

23/24 cf. supra l. 4/5 (ref. l. 1/5)    28/29 cf. supra l. 4/5 (ref. l. 1/5)
**132,** 1/12 Anast. Sin., *In transf.*, (Guillou 253, 7-15); cf. Anon., *Adv. Cantac.* 36,
5-12 (p. 91)    7/11 cf. Phil. 3, 21

---

**132,** 2 λέγοντα] ἢ *add.* B

βωρίῳ φῶς τό, πρὸ τῆς παρακοῆς ἐστι τοῦ Ἀδὰμ κάλ-
10 λος, ὅπερ αὐτὸς μὲν ἀπώλεσεν, ὁ δὲ Χριστὸς ἀνελάβετο,
ἢ τὸ ἐπ'ἀναιρέσει τούτου λεγόμενον αὖθις, μετὰ ἔτη
τόσα καὶ τόσα, λαμπρὸν κατ'αὐτὸν υἱὸν ὁ Ἀδὰμ ἐγέννη-
σεν, ἢ τό, τὰ στηλιτεύοντα τῶν ἁγίων ῥητὰ τὴν ὑμῶν
κακοήθειαν παράγειν ἐπὶ τοῦ μέσου, πολλῷ τῷ θράσει
15 καὶ συμμάχους τούτους ἔχειν νεανιεύεσθαι; | Ταῦτα    *A* f.225ᵛ
γὰρ οὐχ ὅτι γε ἀνδρῶν θεῖα μεταχειριζομένων καὶ σκο-
πούντων ἐστίν, ἀλλ'οὐδὲ τῶν προστυχόντων. Ἃ γὰρ ὁ
θειότατος οὗτος Ἀναστάσιος λέγει, καὶ τοῖς ἄγαν ἀφυ-
έσι σαφῆ πεφυκέναι | δοκῶ καὶ εὐσύνοπτα. Ἄρα γὰρ    *B* f.122ᵛ
20 οὐ τὸν Θεὸν παρίστησιν ἐναργέστατα, Τί τούτου λέγων
μεῖζον ἢ φρικωδέστερον, ἰδέσθαι Θεὸν ἐν μορφῇ ἀνθρώπου
ὡς τὸν ἥλιον, ἢ ὑπὲρ τὸν ἥλιον λάμποντα τὸ πρόσωπον καὶ
ἀστράπτοντα; Παντί που δῆλον. Τοῦ γὰρ πρωτοτύπου
ἐκείνου κάλλους, ὅπέρ ἐστιν ὁ Θεός, τὸ φῶς ἐκεῖνο τὸ
25 θεῖον καὶ οὗτος λέγει. Τοῦτο δὲ τοῖς ἐπαγομένοις, ἐκ-
δηλότερον δείκνυται. Ἀκτίνας γάρ φησιν ἀκαταπαύστως
φεγγοβολοῦντα, καὶ τὸν ἴδιον δάκτυλον ἐπὶ τοῦ ἰδίου προσώ-
που ἐπιτιθέντα. Εἰ γοῦν ἐν τοῖς θείοις εὐαγγελίοις ὡς καὶ
αὐτοὶ φήσετε, δάκτυλον ἀκούοντες Θεοῦ, ὡς ἐν τῷ *Εἰ*
30 *δὲ ἐγὼ δακτύλῳ Θεοῦ ἐκβάλλω τὰ δαιμόνια,* τὸ Πνεῦμα
τὸ θεῖον ἐν νῷ λαμβάνομεν, τὸ ἐπιθεῖναι φῆσαι νῦν τὸν
Χριστὸν τὸν ἄχραντον δάκτυλον ἐπὶ τοῦ ἑαυτοῦ προσώ-
που, τί νοεῖν δίδωσιν, ἀλλ'ἢ | τῆς θείας τοῦ παναγίου    *B* f.123
Πνεύματος φύσεως εἶναι τὸ φῶς, καὶ οὐ τῆς ἀνθρωπί-
35 νης; Ὅτι δὲ δάκτυλον Θεοῦ τὸ Πνεῦμα τὸ ἅγιον ὁ Χρι-
στὸς εἶπεν, αὐτὸς ἡμᾶς διδάσκει, λέγων ἐν ἄλλοις, *Εἰ δὲ*
*ἐγὼ ἐν Πνεύματι Θεοῦ ἐκβάλλω τὰ δαιμόνια.* Οὐκοῦν
τὸ ἐπιθεῖναι τὸν Χριστὸν τὸν ἴδιον ἐπὶ τοῦ προσώπου δά-
κτυλον τὸν θεῖον εἰπεῖν Ἀναστάσιον, | σαφὴς τῶν λεγόν-    *A* f.226
40 των ἔλεγχος, μὴ τῆς τοῦ Χριστοῦ θεότητος, ἀλλὰ τοῦ
ἀνθρωπίνου τὸ φῶς ὑπάρχειν.

---

**133, 11/12** cf. supra 119, 32/34    **20/23** cf. supra 132, 1/4 (ref. 132, 1/12)
**26/39** cf. supra 132, 4/6 (ref. 132, 1/12)    **29/35** Lc. 11, 20    **36/37** Mt. 12, 28

134. Τὰ μὲν δὴ περὶ τούτων, οὕτως. Ἐπεὶ δὲ πάν-
τα τὸν εἰς ἀγῶνα καθεστῶτα τοῦτ'ἔφην σκοπεῖν ἐκ
πάντων, ὡς ἂν τὸ μὲν ἑαυτοῦ καλῶς σχοίη, τὰ δὲ τῶν
ἀντιπάλων εἰς τοὐναντίον περιτραπείη, δέδεικται δέ μοι
5  σὺν Θεῷ κάλλιστα, μηδὲν εἶναι τῶν ὑφ'ὑμῶν παραγο-
μένων θείων ῥητῶν, ὃ μὴ καθ'ὑμῶν μᾶλλον γίνεται, ἥρ-
κει μὲν καὶ τοῦτο συνιστᾶν τὰ ἡμέτερα. | Ἀλλ'ἵνα τὸ τῆς    B f.123ᵛ
ἀληθείας φῶς φανότερον ἐπιλάμψειε, μνησθῆναι δεῖν
ᾠήθην, εἰ καὶ μὴ πάντων (ἐργῶδες γάρ), ἀλλ'οὖν ὅσων
10 ἔξεστι νῦν, δι'ὧν οἱ θεῖοι διδάσκαλοι τὴν εἰλικρινῆ περὶ
τοῦ θείου φωτὸς ἐκείνου δόξαν, πᾶσιν ἐμφαίνουσιν. Ὁ
τοίνυν θεῖος Βασίλειος ἐν ἀντιρρητικῷ τετάρτῳ, Εἰ ἀλη-
θινόν φησι φῶς ὁ Υἱός, ἦν τὸ φῶς τὸ ἀληθινόν, ὃ φωτίζει
πάντα ἄνθρωπον ἐρχόμενον εἰς τὸν κόσμον. Ὁ δὲ Θεός φησι
15 φῶς οἰκῶν ἀπρόσιτον. Τὸ γὰρ ἀπρόσιτον, πάντως καὶ ἀλη-
θινόν, καὶ τὸ ἀληθινὸν ἀπρόσιτον, ὁπότε καὶ πεπτώκασιν οἱ
ἀπόστολοι, τῇ δόξῃ τοῦ Υἱοῦ ἀτενίσαι μὴ δυνηθέντες, διὰ τὸ
εἶναι ἀπρόσιτον αὐτὸν φῶς. Φῶς δέ φησι τὸ πνεῦμα ὃ ἔλαμ-
ψεν ἐν ταῖς καρδίαις ἡμῶν διὰ Πνεύματος ἁγίου. Πῶς οὖν οὐ
20 πιστευτέον τὴν αὐτὴν τῆς Τριάδος εἶναι φύσιν, ὁπότε ἐν | τὸ    B f.124
φῶς ἀποδέδεικται; Ἆρ'οὐχὶ μελαγχολία τις ἄκρατος, πρὸς
ταῦτα ζυγομαχεῖν; Πῶς γὰρ ἄν τις κάλλιον, πάντα | τὸν    A f.226ᵛ
ὑπὲρ τούτου λόγον συνελὼν εἴποι; Εἰ γὰρ ὁ Υἱὸς φῶς ἀληθι-
νὸν φωτίζον πάντα ἄνθρωπον ἐρχόμενον εἰς τὸν κόσμον, καὶ
25 ὁ Θεὸς κατὰ τὸν ἀπόστολον, φῶς οἰκῶν ἀπρόσιτον, ταὐτὸ
δ'ἀληθινὸν καὶ ἀπρόσιτον, φῶς δὲ καὶ τὸ Πνεῦμα, λάμπον ἐν
ταῖς καρδίαις ἡμῶν, ἀπρόσιτον καὶ τοῦθ'ὁμοίως καὶ ἀληθι-
νόν. Τοῦτο δὲ τὸ φῶς ἑωράκεσαν οἱ ἀπόστολοι ὅτε καὶ πε-
πτώκασι, τῇ δόξῃ τοῦ Υἱοῦ ἀτενίσαι μὴ δυνηθέντες, τίς ἔτι
30 λόγος ὑπόλοιπος, μὴ καὶ τῆς Τριάδος εἶναι φρονεῖν τὸ ἀλη-
θινὸν ἐκεῖνο φῶς, καὶ θειότατον καὶ ἀπρόσιτον. Τούτῳ γὰρ

---

**134, 12/31** locum non inveni; cf. Ioh. Cantac., *Ref.* I, 49, 24-38 (Tinnefeld
p. 73); Anon., *Adv. Cantac.* 143, 1-10 (Polemis p. 180)    **12/14** Io. 1, 9    **15/16**
I Tim. 6, 16; cf. supra 134, 13 (ref. l. 12/14)    **16/17** Mt. 17, 6    **18** cf. supra,
134, 15/16    **17/19** II Cor. 4, 6-7    **23/24** Io 1, 9    **25/28** cf. I Tim. 6, 16;
Io. 1, 9; II Cor. 4, 6    **28/29** Mt. 17, 6    **29/31** cf. II Cor. 4, 7; Io. 1, 9; I Tim.
6, 16

δὴ καὶ τεκμηρίῳ μάλα γε σαφεστάτῳ χρῆται, πρὸς τὸ
μίαν φύσιν εἶναι τῶν τριῶν ὑποστάσεων ὁ θεῖος οὗτος
Βασίλειος, καὶ τοῦτο τὸ ἀπρό|σιτον καὶ ἀληθινὸν φῶς ἑω-    B f.124ᵛ
35 ρακέναι λέγει τοὺς ἀποστόλους καὶ φῶς εἶναι τῆς Τριά-
δος σαφῶς παρίστησιν. Εἰ γοῦν τὸ δι' οὗ τὴν αὐτὴν ἡμῖν
γνωρίζεσθαι τῆς Τριάδος φύσιν ὁ μέγας λέγει, τοῖς κτί-
σμασι συντάττειν προσήκει, σκοπείτωσαν οἱ νοῦν ἔχον-
τες.

135. Ἔτι ὁ αὐτὸς ἐν τῇ τοῦ τεσσαρακοστοῦ τετάρ-
του ψαλμοῦ ἐξηγήσει· *Τῇ ὡραιότητι καὶ τῷ κάλλει σου,*
εἴτουν *τῇ θεωρητῇ καὶ νοητῇ θεότητι.* Ἐκεῖνο γὰρ **ἐστι** τὸ
ὄντως καλόν, τὸ κατάληψιν πᾶσαν ἀνθρωπίνην καὶ δύναμιν
5 ὑπερβαῖνον. Εἶδον δὲ αὐτοῦ τὸ κάλλος, Πέτρος καὶ οἱ υἱοὶ
τῆς βροντῆς **ὑπερβάλλον** τὴν τοῦ ἡλίου λαμπρότητα, καὶ
τὰ προοίμια | τῆς ἐνδόξου αὐτοῦ παρουσίας, ὀφθαλμοῖς λα-    A f.227
βεῖν κατηξιώθησαν. Τοσοῦτον αἰδοῦς καὶ δόξης τῷ φωτὶ
τῆς μεταμορφώσεως οἱ θεῖοι πατέρες νέμουσιν, ὡς μὴ
10 μόνον κατ' ἐκείνην | τὴν ἡμέραν τοῦ ἔτους καθ' ἣν τὰ    B f.125
μεγάλα ταῦτα πέπρακται πανηγυρίζειν τε καὶ ἐνθουσι-
ᾶν αὐτοῦ μεμνημένοι, ἀλλὰ καὶ ὅταν τὰ μείζω καὶ τε-
λεώτατα πάντων πραγματεύσασθαι, καὶ κατασκευάσαι
βουλομένοις ᾖ, τούτῳ μαρτυρίῳ χρῶνται, ξένα τινὰ καὶ
15 ὑπερφυᾶ διϊόντες ὑπὲρ αὐτοῦ.

136. Ἔξεστι δὲ σκοπεῖν, ἔκ τε τῶν πρὶν καὶ νῦν
εἰρημένων. Τὸ γὰρ ἐν τῷ τεσσαρακοστῷ τετάρτῳ ψαλ-
μῷ διασαφῶν ὁ μέγας Βασίλειος, ὡραιότητα καὶ κάλλος
εἴρηκεν εἶναι, τὴν θεωρητὴν τοῦ Κυρίου καὶ νοητὴν θεότη-
5 τα. Εἶτα δι' ὧν ἐπιφέρει, δείκνυσιν ἐναργῶς, ποίαν θε-
ωρητὴν **οἴεται** καὶ νοητὴν **ὑπάρχειν** θεότητα. Λέγει γάρ·
*Εἶδον δὲ αὐτοῦ τὸ κάλλος, Πέτρος καὶ οἱ υἱοὶ τῆς βροντῆς,*

---

135, 2/8 Bas. Caes., *Hom. in Ps. XLIV*, 5 (*PG* 29, 400CD); cf. Ioh. Cantac., *Ref.*
I, 50, 17-23 (Tinnefeld p. 75); Anon., *Adv. Cantac.* 105, 4-8 (Polemis p. 149-150)
2 Ps. 44, 4      5/6 Mc. 3, 17 et Mt. 17,1; Mc. 9, 2; Lc. 9, 28
136, 3/6 cf. supra 135, 2/3 (ref. 135, 2/8)      7/8 cf. supra 135, 5/6 (ref. 135, 2/8)

---

134, 33 θεῖος] θειότατος B

ὑπερβάλλον τὴν τοῦ ἡλίου λαμπρότητα. Ὥστε δι' ἑνὸς τού-
του, πᾶν τῶν ἀντιλεγόντων ὀχύρωμα κατασεισθέν, πέ-
10 πτωκε, | καὶ φροῦδα πάντ' ἐκεῖνα τὰ γλαφυρὰ καὶ κομ-    B f.125ᵛ
ψά, τὰ τῶν πεπραγμένων ὑπὸ τοῦ Χριστοῦ θαυμάτων,
ἓν καὶ τὴν ἐν Θαβὼρ φωτοφάνειαν τιθεμένων. Εἰ γὰρ
ὡς τὸ ὑμέτερον οἴεται φιλοσοφώτατον σύστημα κατὰ
τόν, ἐν τῇ θαλάσσῃ περίπατον, καὶ τὴν ἀνάστασιν τῆς
15 Ἰαείρου παιδός, τοιοῦτον καὶ τὸ τῆς μεταμορφώσεως
φῶς ὑπῆρχεν, ἤγουν αἰσθητὸν μὲν αὐτό, διδοῦν δὲ τοῖς
ὁρῶσι νοεῖν, ὅτι Θεὸς ἦν ὁ ταῦτ' | ἐργαζόμενος, οὐκ ἂν    A f.227ᵛ
ὑπὸ πάντων ὁμοῦ τῶν αὐτοῦ μεμνημένων θείων πατέ-
ρων, τοιούτοις ὀνόμασιν ἦρτο, οὐδὲ θεότητα τοῦτ' ἂν οὐ-
20 δεὶς ἐκάλεσεν ὥσπερ εἴπομεν, ἢ ἄχρονον, ἢ ἀπρόσιτον, ἢ
ἀληθινόν, ὧν τὰ πλείω παρέντες εἰ βούλοισθε, τουτί γε
σκοπεῖτε μόνον, ἀρκοῦν ὑμῖν τεκμηριῶσαι λαμπρῶς, τί
ποτε τυγχάνει ὂν τὸ φῶς τῆς θείας μεταμορφώσεως.
Οἷον γὰρ τῷ ἑαυτοῦ | δακτύλῳ δεικνὺς ὁ θεῖος Βασίλει-    B f.126
25 ος, μονονουχὶ κέκραγεν, ὡς τοῦτ' ἔφην εἶναι τὴν θεωρη-
τήν τε καὶ νοητὴν θεότητα, τὸ θεῖον ἐκεῖνο φῶς, ὅπερ ὁ
Πέτρος εἶδε, καὶ οἱ υἱοὶ τῆς βροντῆς.

137. Ἵν' οὖν μὴ οἱ βουλόμενοι κακουργεῖν χώραν
σχοῖεν, αἰσθητὸν καὶ χεῖρον νοὸς τὸ τῆς μεταμορφώ-
σεως φῶς φρονοῦντες ὥσπερ ὁ Βαρλαὰμ καὶ ὑμεῖς, ὅτι
ὦπται κἀκεῖνο λέγοντες καὶ ὑποπέπτωκε τῇ αἰσθήσει,
5 ὅρα τί τῇ τοιαύτῃ ἀντέταξεν ὑπολήψει. Ἐπάγει γάρ, ὅτι
ἐκεῖνο ἐστὶ τὸ ὄντως καλόν, τὸ κατάληψιν πᾶσαν ἀνθρωπί-
νην καὶ δύναμιν ὑπερβαῖνον. Ἐκριζῶν οὐκοῦν τὰς τοιαύ-
τας ὑπολήψεις, ἀποσπάσας ἀπάσας, τελευταῖον τίθησιν,
ὡς τοῦτο τὸ ὑπερβαῖνον πᾶσαν δύναμιν καὶ κατάληψιν, εἶ-
10 δον αὐτὸ Πέτρος καὶ οἱ υἱοὶ τῆς βροντῆς. Ἐξ οὖν ἁπάντων
τοῦτο φαίνεται κάλλιστα, ὡς ἄλλο μὲν | οὐδὲν ὥσπερ    B f.126ᵛ
εἶπον, τὸ δὲ κατὰ λόγον ἐθέλειν καὶ κατὰ φύσιν τὰ

---

14/15 ἐν – περίπατον] cf. supra 130, 1/2    15 Mc. 5, 22-23; Lc. 8, 41-
42    19/21 cf. supra 131, 19/20 (ref. 131, 18/21) et 134, 30/31 (ref. 134, 29/31)
25/27 cf. supra 135, 2/6 (ref. 135, 2/8)
137, 6/7 cf. supra 135, 3/5 (ref. 135, 2/8)    9/10 cf. supra 135, 3/6 (ref. 135,
2/8)

ὑπὲρ ταῦτα ζητεῖν, τῆς πλάνης ὑμῖν καθέστηκεν αἴτιον.
Ἀλλ᾽οὐ προσήκει πολυπραγμονεῖν ὑπὲρ κατάληψιν ἀκού-
15 οντας εἰπόντα τὸν θεολόγον, καὶ δύναμιν | ἀνθρωπίνην     *A* f.228
τὰ τοιαῦτα τελεῖν.
138. Ἃ δ᾽οὖν ὁ μέγας οὗτος προοίμια τῆς παρου-
σίας Χριστοῦ τοὺς αὐτῷ συνόντας φησὶ τεθεᾶσθαι,
ταῦτ᾽ἐστίν· Ἐν τῇ μελλούσῃ αὐτοῦ φρικτῇ παρουσίᾳ ἐπὶ
νεφελῶν ὀχούμενος ἥξειν μέλλει, ἐν τῷ ὄρει νεφέλη φωτει-
5 νὴ ἐπεσκίασεν αὐτόν, καὶ τοὺς σὺν αὐτῷ. Ἄγγελοι δορυφο-
ροῦντες ἐκεῖ καὶ προπέμποντες, ἄγγελοι κἀνταῦθα διακο-
νοῦντες. Ἐκεῖ νεκρῶν ἔγερσις, ἐνταῦθα, Μωσῆς ἐκ νεκρῶν.
Ἐκεῖ τοὺς ζῶντας οὐ κοιμηθῆναι, ἀλλ᾽ἀλλαγῆναι πιστεύομεν,
ἐνταῦθα, Ἠλίας μήτε τὴν παροῦσαν ζωὴν ζῶν, | μήτε μετὰ     *B* f.127
10 τῶν νεκρῶν εὑρισκόμενος. Τότε ὁ Χριστὸς λάμψειν μέλλει
τῇ θεϊκῇ αὐτοῦ ὡραιότητι, ἐνταῦθα μικρὸν καὶ οἷον ὡς ἐν
ἐσόπτρῳ παρέδειξε ταύτην τοῖς ἀποστόλοις, τοὺς ἐκείνων
ὀφθαλμοὺς μετασκευάζων τὴν μακαρίαν ἐκείνην καὶ ξένην
ἀλλοίωσιν, καὶ οἷον ἐκ τυφλῶν, ὁρῶντας ἀποδεικνύς. Ἐκεῖ,
15 Πατρὸς εὐδοκία, φωνὴ τοῦ Πατρὸς κἀνταῦθα, τῷ Υἱῷ μαρ-
τυροῦσα.
139. Ἃ μὲν οὖν ὁ θεῖος Βασίλειος περὶ τοῦ φωτὸς
ἐκείνου φησὶ τοῦ θείου, τοιαῦτ᾽ἐστίν. Ἴδωμεν δέ, τί
περὶ αὐτοῦ καὶ τῷ χρυσορρήμονι δοκεῖ θεολόγῳ. Ἐν
γὰρ τῷ εἰς τὴν μεταμόρφωσιν αὐτοῦ λόγῳ, Εἰσί φησι
5 τινὲς τῶν ὧδε ἑστηκότων, οἵτινες, οὐ μὴ γεύσωνται θανά-
του, ἕως ἂν ἴδωσι τὴν βασιλείαν τοῦ Θεοῦ. Ἐνταῦθα, οὐ περὶ
τῆς δευτέρας αὐτοῦ παρουσίας τῆς ἐνδόξου λέγει, ἀλλὰ περὶ
τῆς ἐν τῷ ὄρει μεταμορφώσεως. | Καὶ γὰρ ἐν τῷ ὄρει μετα-     *B* f.127ʳ

---

14/15 cf. supra 135, 4/5 (ref. 135, 2/8)
138, 1 cf. supra 135, 7 (ref. 135, 2/8)     3/16 cf. Ioh. Cantac., *Ref.* I, 50, 24-38
(Tinnefeld p. 75)     3/4 Mt. 24, 30; cf. Dan. 7, 13     4/5 Mt. 17, 5     6/7 Mt.
4, 11; Mc. 1, 13     7 Mt. 17, 3; Mc. 9, 4; Lc. 9, 30     8 I Cor. 15, 51     9 Mt.
17, 3; Mc. 9, 4; Lc. 9, 30     11/12 I Cor. 13, 12     15 cf. II Thess. 1, 11 et Mt.
17, 5; Mc. 9, 7; Lc. 9, 35
139, 4/23 Ps.-Ioh. Chrys. (immo Leont. Constantinop.), *In transf.* cap. 9, 6-10,
13 (Sachot p. 316-318); cf. Ioh. Cantac., *Ref.* I, 65, 2-21 (Tinnefeld p. 97-98); Anon.,
*Adv. Cantac.* 208, 4-22 (Polemis p. 234-235)     4/6 Mt. 16, 28; Mc. 9, 1; Lc. 9, 27
8/9 Mt. 17, 2; Mc. 9, 2

μορφωθεὶς ὁ σωτήρ, μικρῶς πως | ὡς δεσπότης ἔδειξε τοῖς    *A* f.228ᵛ
10 ἑαυτοῦ μαθηταῖς, τῆς ἀθεάτου θεϊκῆς αὐτοῦ βασιλείας τὴν
δόξαν. Ἀλλ' εὐθὺς ἐροῦσιν οἱ ἀπύλωτον καὶ θηρευτικὴν περι-
φέροντες γλῶσσαν, καὶ εἰ ἀθέατος ἡ θεϊκὴ τοῦ Θεοῦ Λόγου
δόξα, πῶς ἐπέδειξεν αὐτὴν τοῖς ἀποστόλοις. Εἰ γὰρ ὁρατή,
οὐκ ἀθέατος, εἰ δ' ἀθέατος, οὐχ ὁρατή. Διό, ἄκουε συνετῶς.
15 Ἐνταῦθα ὁ δεσπότης Χριστός, τοῖς ἑαυτοῦ μαθηταῖς, ἐπέδει-
ξε τῆς ἀθεάτου αὐτοῦ βασιλείας τὴν δόξαν, καὶ οὐκ ἐπέδει-
ξε, τουτέστι, μικρὸν παρήνοιξε τὴν θεότητα, καὶ οὐχὶ τε-
λείως, τὸ μέν, πληροφορῶν, τὸ δέ, φειδόμενος. Πληροφορῶν
μὲν γὰρ ἔδειξεν αὐτοῖς τῆς ἀθεάτου βασιλείας τὴν θεϊκὴν
20 δόξαν, οὐχ ὅση τις ἦν, ἀλλ' ὅσον ἠδύναντο φέρειν, | οἱ σω-    *B* f.128
ματικοὺς ὀφθαλμοὺς περιφέροντες, φειδόμενος δὲ καὶ οὐχὶ
φθονῶν, οὐκ ἔδειξεν αὐτοῖς τὴν πᾶσαν δόξαν, ἵνα μὴ σὺν τῇ
ὁράσει καὶ τὴν ζωὴν ἀπολέσωσι.

140. Τοιαῦτα καὶ ὁ τὴν γλῶτταν χρυσοῦς διέξεισιν,
ἅ γε δὴ τοῖς εἰρημένοις πρὸ μικροῦ τοῦ θείου Βασιλεί-
ου παραβάλλοντες, τὴν συμφωνίαν τῶν δογμάτων καὶ
ὁμοιότητα θεωρήσωμεν. Ἐκεῖνος μὲν γάρ, θεωρητὴν τὸ
5 φῶς τὸ θεῖον, καὶ νοητὴν εἰρήκει θεότητα, οὗτος, παρή-
νοιξέ φησι τοῖς μαθηταῖς τὴν θεότητα. Ὁ μέν, ἐκεῖνο τὸ
ὄντως καλὸν ὁρίζεται, καὶ πᾶσαν ἀνθρωπίνην φησὶ κατάλη-
ψιν καὶ δύναμιν ὑπερβαίνειν, ὁ δέ, τοὺς τῆς ξένης ταύτης
θέας ζητοῦντας κατάληψιν, καὶ μὴ πίστει | δεχομένους    *A* f.229
10 τὰ πίστεως ἄξια, τῶν θείων ἐπηρεαστὰς εἶναι λέγει, καὶ
μὴ πρὸς ἀλήθειαν, | ἀλλὰ πρὸς ἔριν ἀκούοντας. Ἐροῦσι    *B* f.128ᵛ
γὰρ φησιν οἱ ἀπύλωτον καὶ θηρευτικὴν περιφέροντες γλῶτ-
ταν, ὅτι εἰ ἀθέατος, πῶς ὡράθη, εἰ δ' ὦπται, πῶς ἀθέατος
εἴρηται. Ὁρᾷς, πῶς τῇ φιλοπραγμοσύνῃ καὶ περιεργείᾳ
15 τῶν τοιούτων βαρέως ἐπιτιμᾷ, τὸν δὲ πιστὸν ἀκροατήν,
συνετῶς ἀκούειν παρεγγυᾷ;

---

10/11 Mt. 16, 28; Mc. 9, 1; Lc. 9, 27
140, 4/5 cf. supra 135, 2/3 (ref. 135, 2/8)    5/6 cf. supra 139, 15/17 (ref.
139, 4/23)    6/8 cf. supra 135, 3/5 (ref. 135, 2/8)    11/13 cf. supra 139, 11/13
(ref. 139, 4/23)

**141.** Τί τοίνυν μεταταῦτ'ἐπιφέρει; Τὸ δοκοῦν αὐτῷ πάντως εἶναι τελέως ὀρθόν. Φησὶ γοῦν· Ἔδειξε τοῖς μαθηταῖς, τῆς ἀθεάτου αὐτοῦ βασιλείας τὴν δόξαν, καὶ οὐκ ἐπέδειξε, τουτέστι, μικρὸν παρήνοιξε τὴν θεότητα, καὶ
5 οὐχὶ τελείως, τὸ μέν, πληροφορῶν, τὸ δέ, φειδόμενος. Πληροφορῶν **μὲν** γὰρ ἔδειξεν αὐτοῖς τῆς ἀθεάτου αὐτοῦ βασιλείας **τὴν θεϊκὴν** δόξαν, οὐχ ὅση τις ἦν, ἀλλ'ὅσον ἠδύναντο φέρειν, οἱ σωματικοὺς ὀφθαλμοὺς | περιφέροντες. **Εἶτα, τὴν αἰτίαν** B f.129 **δηλῶν δι'ἣν οὐ πᾶσαν, ἀλλὰ μέρος** ἐπέδειξε **καὶ σύμμε-**
10 **τρον τοῖς ὁρῶσιν,** Οὐχὶ φθονῶν **φησιν** οὐ πᾶσαν ἐπέδειξεν, ἀλλὰ φειδόμενος τῶν ὁρώντων, ἵνα μὴ τῇ τῆς θέας ἀμετρίᾳ, σὺν τῇ ὁράσει καὶ τὸ ζῆν ἀπολέσωσι. **Μεταταῦτα δέ, ὡς ἄν τις οὐ τῶν εὐαγγελικῶν μόνον, ἀλλὰ καὶ τῶν ἑαυτοῦ λόγων ἐξηγητής,** Εἰσί **φησι** τινὲς τῶν ὧδε ἑστώτων, οἵτι-
15 νες, οὐ μή, γεύσωνται θανάτου, ἕως ἂν ἴδωσι τὸν Υἱὸν τοῦ ἀνθρώπου | ἐρχόμενον ἐν τῇ βασιλείᾳ αὐτοῦ. Πρὸ βραχέος A f.229ᵛ ἔλεγε, Μέλλει ὁ υἱὸς τοῦ ἀνθρώπου ἔρχεσθαι ἐν τῇ δόξῃ τοῦ Πατρός, ὡς εἶναι τὴν Χριστοῦ βασιλείαν, πατρῴαν δόξαν, τὴν δὲ πατρῴαν δόξαν, Υἱοῦ βασιλείαν. Εἶδες ὅτι μία Πα-
20 τρὸς δόξα καὶ Υἱοῦ; Ἵνα μὴ σὺν τῇ ὁράσει, καὶ τὴν ζωὴν ἀπολέσωσιν. Καὶ τούτου μάρτυς, | ὁ τῶν ὅλων Θεός, λέγων B f.129ᵛ πρὸς Μωϋσῆν ποθοῦντα αὐτὸν θεάσασθαι, καθά φησι τὸ θεῖον λόγιον. Εἶπε γάρ φησι Μωϋσῆς πρὸς τὸν Θεόν, εἰ εὗρον χάριν ἐνώπιόν σου, ἐμφάνισόν μοι σεαυτόν, ὅπως ἴδω σε γνω-
25 στῶς, πρόσωπον πρὸς πρόσωπον. Τί οὖν ὁ Θεὸς πρὸς αὐτόν; Σφάλλῃ Μωϋσῆ ταῦτα ζητῶν. Οὐ φθονῶ σοι τῆς ὁράσεως, φειδομαί σου τῆς σωτηρίας. Οὐδεὶς ἀνθρώπων, Θεὸν ἰδὼν ζήσεται. Ἐνταῦθα οὖν ἔδειξε, τὸ μέν, πληροφορῶν, τὸ δέ, φειδόμενος. Καταλιμπάνει **δὲ τοὺς ἄλλους μαθητὰς** κάτω,

---

**141, 2/12** cf. supra 139, 9/23 (ref. 139, 4/23)     **14/19** Ps.-Ioh. Chrys. (immo Leont. Constantinop.), *In transf.* cap. 8, 3-10 (Sachot p. 314)     **14/18** Mt. 16, 28 et 27     **19/21** Ps.-Ioh. Chrys. (immo Leont. Constantinop.), *In transf.* cap. 8, 5-6 (Sachot p. 314)     **21/25** Ps.-Ioh. Chrys. (immo Leont. Constantinop.), *In transf.* cap. 10, 12-21 (Sachot p. 318-320)     **23/25** Ex. 33, 13     **25/31** Ps.-Ioh. Chrys. (immo Leont. Constantinop.) *In transf.* cap. 12, 17-19 (Sachot p. 324)

---

**141, 20** τὴν ζωὴν] τὸ ζῆν B

30  ἵνα οἱ μὲν τρεῖς, ὄψει, πληροφορηθέντες, δοξασθῶσιν, οἱ δὲ
ἐννέα ἀκοῇ πιστεύσαντες, μακαρισθῶσι.

142. Μίαν ὁ σοφώτατος οὗτος τῶν θείων ἐξηγητής,
τὴν Πατρὸς καὶ Υἱοῦ βασιλείαν καὶ δόξαν ἀποφηνάμενος,
καὶ ταύτας τὸ φῶς εἶναι τῆς θείας μεταμορφώσεως | B f.130
ἐναργῶς ἀποδεδειχώς, ἐκεῖνα φαίνεται βεβαιῶν ἄντι-
5  κρυς, ἅπερ πρὸ μικροῦ τὸν θεῖον Βασίλειον παρήγομεν
λέγοντα. Ἐν γὰρ κἀκεῖνος τό, τῆς Τριάδος φῶς εὐαγ-
γελικαῖς πιστωσάμενος καὶ ἀποστολικαῖς μαρτυρίαις, | A f.230
μεταταῦτα δέ, Καὶ τοῦτ᾽εἶναι τὸ ὄντως καλὸν τὸ πᾶσαν
ἀνθρωπίνην κατάληψιν, ὑπερβαῖνον φάμενος, καὶ ἀπρόσι-
10  τον ὑμνήσας καὶ ἄχρονον, μετὰ πάντα, Εἶδον φησὶ τοῦτο,
Πέτρος καὶ οἱ υἱοὶ τῆς βροντῆς. Ὡς οὖν ἐκεῖνος ἐκεῖ, οὕτω
καὶ οὗτος ἐνταῦθα, τὸ φῶς ἐκεῖνο τὸ θεῖον, μίαν καὶ τὴν
αὐτὴν δόξαν καὶ βασιλείαν Πατρὸς καὶ Υἱοῦ πεφυκέναι
δείξας καὶ τούτου τῷ σωτῆρι μάρτυρι χρώμενος, ἔδειξε
15  μετατοῦτο φησὶ τοῖς μαθηταῖς, τῆς ἀθεάτου αὐτοῦ βα-
σιλείας τὴν δόξαν, εἶτα τοῖς κακούργοις | τὰς παρόδους B f.130ᵛ
ἀποτειχίζων, καὶ τὸν Μωσέα εἰς μέσον ἄγει, μᾶλλον δέ,
αὐτὸν τὸν Θεὸν τῷ Μωσεῖ χρηματίζοντα. Φησὶ γὰρ ἐν
τῷ ἵνα μὴ καὶ τὴν ζωὴν ἀπολέσωσι, καὶ τούτου μάρτυς, ὁ
20  τῶν ὅλων Θεός, λέγων πρὸς Μωϋσῆν ποθοῦντα αὐτὸν θεά-
σασθαι καθά φησι τὸ θεῖον λόγιον. Εἶπε γάρ φησι πρὸς τὸν
Θεόν, εἰ εὕρηκα χάριν ἐνώπιόν σου, ἐμφάνισόν μοι σεαυτὸν
ὅπως ἴδω σε γνωστῶς, πρόσωπον πρὸς πρόσωπον.

143. Χρὴ τοίνυν ἡμᾶς ἐπιστήσαντας ζητῆσαι, πότε-
ρον, κτιστῶν τινων ἐπεθύμει Μωσῆς καὶ τοιαῦτα ἰδεῖν
ἐζήτει, ἢ τοῦτο μὲν καθάπαξ ἀλόγιστον, τοῦ δ᾽αὐτὸν τὸν
Θεὸν ὡς ἔχει φύσεως ἐπεθύμησεν. Ἐμοὶ μὲν τοῦτο δο-
5  κεῖ, καὶ δῆλον, ἐκ τῶν μετὰ ταῦτα. Σφάλλῃ γάρ φησι πρὸς
αὐτὸν ὁ Θεὸς ταῦτα ζητῶν. | Οὐ γὰρ φθονῶ σοι τῆς ὁρά- B f.131
σεως, φείδομαί σου τῆς σωτηρίας. Οὐδεὶς ἀνθρώπων Θεὸν | A f.230ᵛ
ἰδὼν ζήσεται. Ἐξ ἁπάντων δὲ τῶν εἰρημένων, μηδὲν τῶν

---

142, 1/2 cf. supra 141, 18/19 (ref. 141,14/19)    8/11 cf. supra 135, 3/6 (ref.
135, 2/8)    15/18 cf. supra 141, 18/20    19/23 cf. supra 141, 21/25
143, 5/8 cf. supra 141, 26/28 (ref. 141, 25/31)

κτισμάτων εἶναι τὸ φῶς ἐκεῖνο δείξας ὁ χρυσολόγος,
10 πέρας ἐπιτίθησι πᾶσι, τό, ἰδεῖν τοὺς ἀποστόλους ἐκεῖ-
να, ὧν Μωσῆς ἐπεθύμησεν, ἰδεῖν δ'οὐχ ὅση τις ἡ θεότης
ἦν, ἀλλ'ὅσον τοῖς ὁρῶσιν ὑπῆρχε καλόν, τῇ δυνάμει τῶν
ὀφθαλμῶν συμμετρούμενον, τῷ μὲν ἀμυδρῷ τῆς ὄψε-
ως καὶ μετρίῳ, τούτους πληροφορῶν, καὶ ἑαυτὸν εἶναι
15 βεβαιῶν, τόν, τὸ φῶς ὥσπερ ἱμάτιον πρὸ τῶν αἰώνων
ἀναβαλλόμενον, τῷ πεφιδημένῳ δὲ τῆς ὁράσεως, τὸ ζῆν
αὐτοῖς συντηρῶν.

144. Οὔκουν οὐδὲ τὸν ἑαυτοῦ θεράποντα Μωσῆν ὁ
Θεὸς παρῆκε | μηδενὸς αὐτῷ μεταδοὺς τῶν πληροφο-    B f.131ᵛ
ρούντων, φησὶ δὲ πρὸς αὐτόν, τὸ μὲν ἐμόν, οὐ μή ποτε
ἴδῃς πρόσωπον, στήσω σε δὲ ἐπὶ τὴν πέτραν, καὶ σκε-
5 πάσω σε τῇ χειρί μου, καὶ ἀφελῶ τὴν χεῖρά μου, καὶ
θεάσῃ τὰ ὀπίσθιά μου, τοῦτο λέγων, ὅτι κἂν τῆς σῆς
φείδωμαι ζωῆς, καὶ διατοῦτο φημί σε μὴ ὄψεσθαί με,
ἀλλὰ τήν γε ἡμετέραν διὰ σαρκὸς οἰκονομίαν, ἐκ μέ-
ρους ἀποκαλύψω σοι. Στήσω γάρ σε φησὶν ἐπὶ τὴν πέ-
10 τραν, ἥτις αὐτός ἐστιν ὁ Χριστός, κατὰ τό, Ἔπινον ἐκ
πνευματικῆς ἀκολουθούσης πέτρας, ἡ δὲ πέτρα, ἦν ὁ
Χριστός. Οὐ μήν, ἀλλὰ καὶ αὐτῆς ταύτης τῆς οἰκονομί-
ας, τὰ ὄπισθεν Μωσῆς, ἀλλ'οὐ τὰ ἔμπροσθεν ἐθεάσατο.
Ἔμπροσθεν δὲ οὐκ ἂν εἶεν, ἀλλ'ἤ, ἡ τελέως | ταύτης κα-    B f.132
15 τάληψις, ἣν οὔτ'ἔγνωσαν, οὔτ'οὐ μή | ποτε γνώσονται,    A f.231
οὐχ ὅτι γε ἄνθρωποι, ἀλλ'οὐδὲ αἱ ἀνωτάτω ταξιαρχίαι.
Τίς γὰρ ἂν ποθ'ὅλως διερευνῴη τὰ τῶν ἐξ αἰῶνος θαυ-
μάτων, ἀσυγκρίτως ἐπέκεινα, ἤγουν, πῶς ἓν καὶ τρία ὁ
Θεὸς ὤν, οὔτε τὰ τρία συγχεῖται διὰ τὴν ἕνωσιν, οὔτε
20 μερισμὸν τὸ ἕν, διὰ τὰ τρία ὑφίσταται, ἢ πῶς τοῦ Πα-
τρὸς τὸν μὲν Υἱὸν γεννῶντος, τὸ Πνεῦμα δὲ ἐκπορεύον-
τος, ἡ ἰδιότης ἑκάστου παντάπασιν ἀκίνητος ἔστηκε,
καὶ οὔτε τὸ Πνεῦμα ἔστιν Υἱός, οὔτε ὁ Υἱὸς Πνεῦμα

---

15/16 Ps. 103, 2
144, 3/6 Ex. 33, 20-23    9/10 cf. supra l. 4 (ref. l. 3/6)    10/12 I Cor.
10, 4

---

143, 16 πεφιδημένῳ] servavi

ἐκπορευόμενον, ποῖος δ'ἂν παραστήσειε λόγος, πῶς μὲν
25 Θεὸς ἥνωται σαρκί, πῶς δ'ἑνὸς ὄντος Θεοῦ καὶ μιᾶς
θεότητος Πατρὸς Υἱοῦ καὶ ἁγίου Πνεύματος, μιᾶς δ'ἐκ
τούτων ὑποστάσεως τὴν ἐνανθρώπησιν καταδεξαμένης,
ὅλον τὸν Θεὸν καὶ οὐκ ἀπὸ | μέρους φαμὲν καὶ πιστεύ- *B f.132ᵛ*
ομεν ἐνηνθρωπηκέναι. Ἄρα γάρ, κατελθὼν καὶ σαρκω-
30 θεὶς ὁ Υἱός, ἐχωρίσθη τοῦ Πατρὸς καὶ τοῦ Πνεύματος,
καὶ ὁ μὲν Πατὴρ μετὰ τοῦ Πνεύματος ἐν τοῖς οὐρανοῖς,
ὁ δὲ Υἱὸς οὐκ ἐν τούτοις; Οὐδαμῶς, ἀλλ'ὁ Υἱὸς ἐν τῷ
Πατρὶ καὶ τῷ Πνεύματι, καὶ ὁ Πατὴρ καὶ τὸ Πνεῦμα, ἐν
τῷ Υἱῷ. Καὶ παρίημι τἄλλ'ὧν οὐδεὶς ἂν ἐφίκοιτο νοῦς,
35 ὁπότερον εἴποις, εἴτε ἀγγέλων, εἴτε ἀνθρώπων, οὐ τῶν
πρώτων δὲ ἄρα τούτων καὶ μεγίστων ἡ γνῶσις ἡμᾶς δι-
απέφευγεν, ἀλλὰ καὶ τὰ πρῶτα τῆς οἰκονομίας, ἀκατά-
ληπτα μέχρι δεῦρο διαγέγονε πᾶσι. Διασαφείτω μοι γάρ
τις, πῶς ἡ μακαρία Μαρία παρθένος οὖσα συνέλαβε τὸν
40 ἕνα τῆς Τριάδος, καὶ ὃν οἱ οὐρανοὶ οὐ χωροῦσι, | τοῦτον *A f.231ᵛ*
ἡ εὐλογημένη ταύτης γαστὴρ κεχώρηκε, καὶ πῶς τούτῳ
σάρκα | δεδάνεικεν, ἐκ τῶν παναγνων αὐτῆς αἱμάτων, *B f.133*
πῶς δ'οὐ πᾶσαν ὑπερβέβηκεν ἀπορίαν, τό, παρθένον
ταύτην αὖθις μετὰ τὸν ἀπόρρητον διαμεῖναι τόκον, καὶ
45 τἄλλ'ὅσα νῦν διὰ μῆκος οὐκ ἔνι λέγειν. Ὧν ἁπάντων
ἐν ἐπιθυμίᾳ Μωσῆς γενόμενος, αὐτὰ μέν, οὔτε εἶδεν,
οὔτ'ὄψεται, τὰ δ'ὀπίσθια τούτων τεθεαμένος, χάριν τὲ
προφητείας εἴληφε, καὶ τοῖς Ἑβραίοις λελάληκεν, ὅτι
προφήτην ἀναστήσει Κύριος ὁ Θεὸς ἐκ τῶν ἀδελφῶν
50 ἡμῶν ὡς ἐμέ.

145. Διὰ ταῦτα τοίνυν ἅπαντα νῦν ὁ χρυσορρήμων
θεολόγος, ὅπερ ἔφη Μωσῆς ἰδεῖν ἐζήτησε καὶ οὐχ εὗρε, δη-
λονότι τό, Θεὸν ἰδεῖν πρόσωπον πρὸς πρόσωπον, τοῦτο διὰ
μέσης οἱ ἀπόστολοι σαρκὸς ἐθεάσαντο. Ἡ γὰρ προαιώνιος
5 τοῦ Θεοῦ δόξα καὶ τὸ φῶς, καὶ τοῦ ἀνθρωπίνου σώμα-
τος | τοῦ Κυρίου δόξα καὶ φῶς γέγονεν, ὃ καὶ ἄκτιστον *B f.133ᵛ*

---

47 Ex. 33, 23    49/50 Deut. 18, 15
145, 2/4 locum non inveni

ἐξανάγκης, φανερὸν δ'ἐξ ὧν νῦν τὲ διεξῆλθεν ὁ θεολό-
γος, κἀξ ὧν αὐτὸς αὖθις, ἐν τῷ εἰς τὸ Παρέστη ἡ βασί-
λισσα ἐκ δεξιῶν σου, φησίν, ἔστι δὲ τοιόνδε. Τοῦτο δὲ
10  καὶ ἀπὸ τῶν ἀποστόλων, φανερόν· Ἀνέβη γάρ φησιν εἰς
τὸ ὄρος ὁ Ἰησοῦς, καὶ μετεμορφώθη ἔμπροσθεν αὐτῶν. Τί
ἐστι μετεμορφώθη; Παρήνοιξε λέγει ὀλίγον τῆς θεότητος,
καὶ ἔδειξεν αὐτοῖς, τὸν ἐνοικοῦντα Θεόν. Καὶ ἔλαμψε τὸ πρό-
σωπον αὐτοῦ ὡς ὁ ἥλιος. Ὡς ὁ ἥλιος λέγεις; Ναί. Διατί; Οὐκ
15  ἔχω ἄλλο ἄστρον φαιδρὸν καὶ λευκόν. Ὅτι γὰρ οὐχ οὕτως
ἔλαμψεν, ἀπὸ τῶν ἑξῆς | δείκνυται. Καὶ ἔπεσον φησι χαμαὶ   *A f.232*
οἱ μαθηταί. Εἰ δὲ ὡς ὁ ἥλιος ἔλαμψεν, οὐκ ἔπιπτον. Ἥλιον
μὲν γὰρ ἔβλεπον καθημέραν, καὶ οὐκ ἔπιπτον. Ἀλλ'ἐπειδὴ
| ὑπὲρ τὸν ἥλιον ἔλαμψε, μὴ φέροντες τὴν λαμπηδόνα, κα-   *B f.134*
20  τέπεσον. Ἀλλὰ τί πάθω; Ἄνθρωπος εἰμὶ καὶ ἀνθρώποις δια-
λέγομαι. Συγγνώμην αἰτῶ παρὰ τοῦ δεσπότου. Ἵλεως ἔσο
δέσποτα. Οὐ γὰρ ἀπονοίᾳ κεχρημένος, ταύτας λέγω τὰς λέ-
ξεις, ἀλλ'οὐκ ἔχω ἄλλας. Οὐ μὴν ἵσταμαι ἐν τῇ εὐτελείᾳ τῆς
λέξεως, ἀλλ'ἀναβαίνω τῷ πτερῷ τοῦ νοήματος.

**146. Θεώμεθα τοιγαροῦν καλῶς, εἰ μὴ καὶ αὐτὰ**
**ταῦτα τῶν πρὶν εἰρημένων ὑπάρχει συστατικὰ καὶ οἷον**
**ἀλλήλοις συνδούμενα, δι'ἀλλήλων ἰσχυρότερα γίνεται.**
**Κἂν τούτοις γὰρ ἡ θεότης, καὶ τό,** Ἤνοιξεν ὀλίγον τῆς
5  θεότητος, καὶ ἔδειξεν αὐτοῖς τὸν ἐνοικοῦντα Θεόν. **Λάμψαι**
**δ'εἰπὼν τό,** τοῦ Κυρίου πρόσωπον ὡς τὸν ἥλιον, **ἀξι-**
**οῖ** συγγινώσκεσθαι, **καὶ παραιτούμενος,** ἵλεως **φησὶν** ἔσο
δέσποτα. **Ἤδει γὰρ μηδ'ἡντινοῦν** | τὸ φῶς ἐκεῖνο πρὸς   *B f.134ᵛ*
τὸν ἥλιον ἔχον σύγκρισιν, ὥστε μὴ μόνον οὐκ ἔστι κτί-
10  σμα κατὰ τὴν τῶν λεγόντων παραφροσύνην, ἀλλ'οὐδὲ
φῶς ὅπερ εἶπον, εἰ καὶ φῶς λέγεται, καθά που πάντες
οἱ θεολόγοι διαγορεύουσι.

---

**8/9** Ps. 44, 10        **10/24** Ps.-Ioh. Chrys., *Hom. de Eutr.* (*PG* 52, 404, 50 –
405, 15); cf. Ioh. Cantac., *Ref.* I, 29, 39-48 (Tinnefeld p. 42)        **10/12** Lc. 9, 28; Mc.
9, 2        **13/14** Mt. 17, 2        **16** cf. supra l. 13/14        **16/17** Mt. 17, 6        **17** cf.
supra l. 13/14        **19** cf. supra l. 13/14
    **146, 4/5** cf. supra 145, 12/13 (ref. 145, 10/24)        **6** Mt. 17, 2        **7/8** cf.
supra 145, 21/22 (ref. 145, 10/24)

147. Τὰς μὲν δὴ πάντων μαρτυρίας τῶν θεολόγων, ὅσαι μοι τῶν περὶ τοῦ θείου φωτὸς ἁπτομένῳ λόγων ἐπιρρέουσι πανταχόθεν, | οὐ τῆς ὁρμῆς τοῦ νυνὶ λόγου *A f.232ᵛ* μνημονεύειν ἑξῆς ἁπασῶν, ἐνίας δ'ἔτι παραγαγόντες,
5 παυσόμεθα. Ὁ θεῖος τοίνυν Ἀναστάσιος Ἀντιοχείας, Τότε **φησὶ** τὴν θείαν μορφήν, *μορφῇ δούλου μεταμορφω-θείς, περιεκάλυψε, νυνὶ δὲ τὴν μορφὴν τοῦ δούλου πρὸς τὴν φυσικὴν μορφὴν ἀποκαθίστησιν, οὐκ ἀποθέμενος μὲν τὴν οὐσίαν τὴν δουλικήν, φαιδρύνας δὲ αὐτήν, τοῖς θεϊκοῖς ἰδι-*
10 *ώμασι, δεικνύς, ὅτι οὕτω μετασχηματίσει ποτὲ τὸ σῶμα* | *B f.135 τῆς ταπεινώσεως ἡμῶν, σύμμορφον τῷ σώματι τῆς δόξης αὐτοῦ, ποιήσας αὐτό.* Οὐδέν τι ταύτης τῆς συμφωνίας ἐμ-μελέστερον εἶναι δοκῶ. Τοῖς γὰρ προλαβοῦσι καὶ οὗτος ὁμολογῶν, τὴν τῶν δογμάτων ὁμοφροσύνην διαπάντων
15 τετήρηκε. Ἄκουε γάρ. Τότε **φησὶ** τὴν θείαν μορφήν, μορφῇ δούλου μεταμορφωθείς, περιεκάλυψε. **Τότε. Πότε**; Ὅτε συ-νελήφθη ἐν τῇ τῆς παναγίας μητρὸς αὐτοῦ καθαρωτάτῃ γαστρί, τότε περιεκάλυψεν ἡ σὰρξ τὴν θείαν μορφήν, οὐχ ὡς ἐπικρατεστέρα γε οὖσα, οὐδὲ δύναμιν ἔχουσα κατα-
20 κρατῆσαι τῆς θείας μορφῆς, ἀλλ'ὅ φησι τοιοῦτον ἐστίν, ὅτι καθάπερ ὁ αἰσθητὸς οὗτος ἥλιος, νεφελῶν πολλάκις ὑποτρεχουσῶν αὐτόν, κρύπτεται, καὶ παρελθουσῶν πρὸς μικρὸν φαίνει, καὶ αὖθις ἄλλων ἐπελθουσῶν κρύπτεται, οὕτω καὶ τοῦ τῆς δικαιοσύνης | νοητοῦ ἡλίου Χριστοῦ, *B f.135ᵛ*
25 καίτοι τῷ θείῳ τούτῳ φωτὶ τῆς θεότητος ἡνωμένου κα-τάκρας ἐξ αὐτῆς συλλήψεως, τότε μέν, τὴν θείαν μορφὴν | ἡ σὰρξ συνεκάλυπτεν αὐτοῦ βουλομένου, νῦν δέ, κατὰ *A f.233* τὸν καιρὸν δηλαδὴ τῆς θείας μεταμορφώσεως (τοῦτο γὰρ τὸ νῦν δύναται), τὴν μορφὴν τοῦ δούλου, πρὸς τὴν φυ-
30 σικὴν μορφὴν ἀποκαθίστησι. Φυσικὴν δὲ μορφὴν αὐτοῦ, τίνα ἄν τις ἑτέραν εἴποι, πρὸ τοῦ θείου φωτὸς ἐκείνου; Εἰ τοίνυν φυσικὴ μορφὴ Θεοῦ τὸ φῶς εἴρηται, πῶς κτι-

---

147, 6/12 Anast. Sin., *In transf.* (*PG* 89, 1368B); cf. Ioh. Cantac., *Epist.* IV, 2, 33-40 (Tinnefeld p. 204); Anon., *Adv. Cantac.* 149, 4-10 (Polemis p. 184) **6/7** Phil. 2, 7 **10/12** Phil. 3, 21 **15/18** cf. supra l. 6/7 (ref. l. 6/12) **26** cf. supra l. 6 (ref. l. 6/12) **29/32** cf. supra l. 7/8 (ref. l. 6/12)

στόν; Τοῖς γὰρ ἐπαγομένοις τὴν πολλὴν ἐπέχων, γλωσ-
σαλγίαν τῶν ἐναντίων, οὐκ ἀποθέμενος φησὶ τὴν οὐσίαν
35 τὴν δουλικήν, φαιδρύνας δὲ αὐτήν, τοῖς θεϊκοῖς ἰδιώμασιν
ὅπερ φυσικὴν τοῦ Θεοῦ μορφὴν ἀνωτέρω, τοῦτο νυνὶ θεϊ-
κὸν εἰρηκὼς ἰδίωμα, τὸ φῶς οὕτω λέγων καὶ δι'ἀμφοῖν.
Εἰ μὲν οὖν τινας πείθομεν, ἡμῖν τὲ κἀκείνοις ἐν καλῷ |     *B f.136*
κείσεται. Εἰ δὲ τὰ ἑαυτῶν πρὸ τῶν ἀληθῶν ἐννοιῶν καὶ
40 δογμάτων ἀσπάζονται, γλωσσαλγείτωσαν.
       **148.** Τὸ μέντοι μετὰ τὴν ἀνάστασιν τὸν Χριστὸν
*μετασχηματίσαι τὸ τῆς ταπεινώσεως ἡμῶν σῶμα καὶ σύμ-*
*μορφον τῷ σώματι τῆς δόξης αὐτοῦ ποιῆσαι,* **λαμπρὸν δη-**
**λονότι καὶ φωτεινόν,** παντί που δῆλον, ἐξ ὧν πολλοῖς
5 τε ἄλλοις δοκεῖ, καὶ δὴ καὶ τῷ θαυμαστῷ Κρήτης ἀρχι-
ερεῖ, Ἀνδρέᾳ τῷ θείῳ καὶ θεολόγῳ. Τὰ γὰρ ἐν Θαβὼρ
πεπραγμένα καὶ οὗτος, ὑμνῶν *Ἐπὶ τὸ ὄρος* **φησὶν ἀνά-**
**γει τοὺς μαθητὰς** ὁ σωτήρ, τί ποιήσων ἢ τί διδάξων; Τὴν
ὑπεραστράπτουσαν παραδείξων τῆς οἰκείας θεότητος δόξαν
10 τε καὶ λαμπρότητα, | εἰς ἣν μετεστοιχείωσε τὴν ἀκούσασαν     *A f.233ᵛ*
φύσιν, *Γῆ εἶ, καὶ εἰς γῆν ἀπελεύσῃ.* Ὅθεν κατὰ τὴν εὐσεβῆ
τῶν θεολόγων μυσταγωγίαν, ὥσπερ ἔκ τινος ἀεννάου πηγῆς,
κατὰ ἀπειρόδωρον χάριν, | τῆς ἀκηράτου θεώσεως εἰς ἡμᾶς     *B f.136ᵛ*
τὸ μέγα πρόεισι δῶρον. Βούλεται γὰρ συνιέντας ἡμᾶς τοῦ
15 βάθους τῶν κατ'αὐτὸ πεπραγμένων, τῇ γνώσει δραστικωτέ-
ραν ἐπισπάσασθαι τὴν χάριν, μιμήσει τοῦ μεταμορφωθέντος
καὶ ἐν ἡμῖν αὐτοῖς ἐνεργοῦσαν, τὸ θαυμαστὸν δὴ καὶ ξένον
μυστήριον. Τοῦτο τοίνυν ἑορτάζομεν σήμερον, τὴν τῆς φύσε-
ως θέωσιν, τὴν εἰς τὸ κρεῖττον ἀλλοίωσιν, τὴν ἐπὶ τὰ ὑπὲρ
20 φύσιν ἔκστασιν καὶ ἀνάβασιν, καθ'ἣν τοῦ κρείττονος ἡ ἐκνί-
κησις, ἢ τὸ κυριώτερον εἰπεῖν, ἡ ἀνεκλάλητος θέωσις. Τοῦτο
θαυμάζουσιν ἄγγελοι, τοῦτο δοξολογοῦσιν ἀρχάγγελοι,
**τοῦτο** πᾶσα τῶν ὑπερκοσμίων ἡ νοητὴ διακόσμησις ἀύλως

---

34/36 cf. supra l. 8/10 (ref. l. 6/12)
       **148, 2/3** cf. supra 147, 10/12       **7/11** Andr. Cret., *In transf.* (*PG* 97,
932C-933A)       **7/38** cf. Ioh. Cantac., *Ref.* I, 67, 1-56 (Tinnefeld p. 102-104);
Anon., *Adv. Cantac.* 189, 3-31 (Polemis p. 217-218)       **7** Mt. 17, 2; Mc. 9, 2       **11**
Gen. 3, 19       **11/14** Andr. Cret., *In transf.* (*PG* 97, 933B)       **14/18** Ibid. (*PG* 97,
936CD)       **18/21** Ibid. (*PG* 97, 933A)       **21/25** Ibid. (*PG* 97, 933C)

ἑστιωμένη, τεκμήριον ἐναργέστατόν τε καὶ ἀψευδέστατον
25 τίθεται, τῆς **περὶ** ἡμᾶς τοῦ Λόγου φιλανθρωπίας, ὃς δὴ καὶ
ὑπερβαλλόντως ἐπὶ τοῦ ὄρους ἐξήστραψεν, οὐ τότε γενόμε-
νος ἑαυτοῦ | διαυγέστερος ἢ ὑψηλότερος (ἄπαγε), ἀλλ'ὅπερ     *B f.137*
καὶ πρότερον ἦν τοῖς τελουμένοις τῶν μαθητῶν καὶ μυου-
μένοις τὰ ὑψηλότερα, κατὰ ἀλήθειαν θεωρούμενος. Οὐκ ἔστι
30 τῶν ἐν τῇ κτίσει θεωρουμένων, ὃ χωρήσει τούτου τὴν ὑπερ-
βολὴν τῆς λαμπρότητος. | Ἀπόδειξις δὲ τῶν λεγομένων, αὐτὸ     *A f.234*
ἂν εἴη, τὸ μακάριον πάθος ἐκεῖνο καὶ πολυύμνητον, ὅπερ ἐπὶ
τοῦ ὄρους πεπόνθασιν οἱ ἀπόστολοι, ἡνίκα τὸ ἀπρόσιτον καὶ
ἄχρονον φῶς, τὴν οἰκείαν σάρκα μεταμορφῶσαν τῷ ὑπερ-
35 βάλλοντι τῆς οἰκείας φωτοβλυσίας ὑπερουσίως ἐλάμπρυνε.
Τὴν γὰρ ἀκτῖνα τῆς ἀμώμου σαρκὸς ἐκείνης φέρειν οὐ δυνη-
θέντες, *ἢ ἐκ τῆς τοῦ Λόγου θεότητος ὃς τῇ σαρκὶ καθ'ὑπό-*
*στασιν ἥνωτο διὰ ταύτης ἐπήγαζε, πίπτουσιν ἐπὶ πρόσωπον.*

**149. Τῶν ἀληθεστάτων ἡμῖν καὶ οὗτος δογμάτων**
**ὑφηγητὴς καὶ προστάτης, τῆς ἀληθείας (τῆς αὐτῆς γὰρ**
**| τοῖς προλαβοῦσιν ἐπιπνοίας μετεσχηκώς, ἃ μεμύηται**     *B f.137ᵛ*
**διδάσκει, καὶ ὧν μετέσχε, κοινωνοὺς ποιεῖται τοὺς βου-**
5 **λομένους), καὶ οὐδεμίαν φωνὴν ὡς εἰπεῖν ἀφίησιν, ἥτις**
**οὐ καθαρῶς ἐπὶ τὸ ζητούμενον ἄγει. Καὶ βλέπε πάντα**
**καθ'ἕκαστον.** Τοῦτο **φησὶν** ἑορτάζομεν σήμερον, τὴν τῆς
φύσεως θέωσιν, τὴν εἰς τὸ κρεῖττον ἀλλοίωσιν. **Ποῖον τοί-**
**νυν παθεῖν φησι,** τὴν εἰς τὸ κρεῖττον ἀλλοίωσιν, **ἢ δῆλον**
10 **ὅτι, τὴν σάρκα; Τὸ γάρ τοι θεῖον ἀναλλοιώτως ἔχειν πᾶς**
**τις ἐρεῖ, καὶ τροπὴν ὑφίστασθαι μηδεμίαν, ὥστε δῆλον**
**ὅτι, τὴν σάρκα λέγει παθεῖν** τὴν ἀλλοίωσιν **ὥσπερ εἴπο-**
**μεν. Φῶς γὰρ οἰκεῖον κατὰ φύσιν μὴ ἔχουσα, φῶς ὑπὲρ**
**φύσιν ἐγένετο. Εἶτα, ὃς δή φησι καὶ** ἐπὶ τοῦ ὄρους ἐξή-
15 στραψεν, οὐ τότε γενόμενος ἑαυτοῦ | διαυγέστερος ἢ ὑψηλό-     *A f.234ᵛ*
τερος (ἄπαγε), ἀλλ'ὅπερ | καὶ πρότερον ἦν τοῖς τελουμένοις     *B f.138*
τῶν μαθητῶν, καὶ μυουμένοις τὰ ὑψηλότερα, κατὰ ἀλήθειαν

---

**25/29** Ibid. (*PG* 97, 948AB)      **29/38** Ibid. (*PG* 97, 949BC)      **38** Mt.
17, 6
    **149, 7/12** cf. supra 148, 18/19 (ref. 148, 7/38 et 18/21)      **14/18** cf. supra
148, 26/29 (ref. 148, 7/38 et 25/29)

θεωρούμενος. **Τίνος πρὸς αὐτῆς ἀληθείας, ἐξηγήσεως**
**ταῦτα δεῖται; Οὐκ αὐτὸν εἶναι φησὶ τὸν Θεὸν τὸν ἐπὶ**
20 **τοῦ ὄρους τὸ φῶς ἐκεῖνο τὸ θεῖον ἐκ τῆς ἑαυτοῦ θεό-**
**τητος βλύσαντα; Οὐ μήν, ἀλλ᾽ἐπὶ μεῖζον ὕψος ἔτι τὸν**
**λόγον αἴρων,** Οὐκ ἔστι **φησί** τι τῶν ἐν τῇ κτίσει θεωρουμέ-
νων, ὃ χωρήσει τὴν ὑπερβολὴν τῆς λαμπρότητος. **Συνίετε;**
**Οὐκ ἀγγέλους φησίν, οὐκ ἀρχαγγέλους, οὐ Χερουβίμ,**
25 **οὐ Σεραφὶμ δυνήσεσθαί ποτε** χωρῆσαι τὴν ὑπερβολὴν τῆς
**θείας** λαμπρότητος, **δηλοῖ δὲ διὰ τοῦ μὴ τῶν ὄντων οὐ-**
**δὲν** τὴν ὑπερβολὴν χωρῆσαι **δύνασθαι φάναι, τὸ μὴ πᾶσαν**
**δύνασθαι τὴν θεότητα θεωρεῖν, ἀλλ᾽ἀπομέρους, εἰ καὶ**
**ὅλως θεμιτόν ἐστι μέρος ἐν τούτοις εἰπεῖν.** Ὃν τοίνυν αἱ
30 ἀνωτάτω ταξιαρχίαι | **θεωρεῖν καὶ χωρεῖν οὐ δύνανται,**     B f.138ᵛ
**πῶς ἂν ἄνθρωποι δυνηθεῖεν;**

**150.** Ἀλλ᾽ἐρεῖ **τίς, ὅτι, καὶ πῶς εἰς τοῦτο τὸ φῶς οἱ**
**ἄνθρωποι μετασχηματισθῆναι δύνανται, ἐπεὶ καὶ τοὺς**
**ἀγγέλους** χωρεῖν **οὐ δύνασθαι λέγεις** τὴν ὑπερβολὴν τῆς
λαμπρότητος. Ὑπολάβοι γοῦν τις πρὸς ταῦτα, ὅτι τοῖς
5 μὲν τὰ βάθη τῶν θεολογικῶν ῥητῶν διερευνᾶσθαι μὴ
βουλομένοις, ἢ τυχὸν μὴ δὲ δυναμένοις, ἄπορα πάντα
φαίνεται καὶ πλάνης παραίτια, τοῖς δ᾽εὐγνωμόνως |     A f.235
ἀκούουσι, λεῖα καὶ σαφῆ καὶ πρὸς ἓν θεῖον μέλος ἡρ-
μοσμένα καλῶς. Οὐδὲ γὰρ εἴρηκεν ὁ θεῖος οὗτος διδά-
10 σκαλος, ὅτι οὐ δύνανται πρὸς αὐτὸν ἀτενίσαι (πῶς γὰρ
οὐκ ἀτενίσουσιν, οἱ **σύμμορφοι τούτῳ γενησόμενοι** τῆς
ἀναστάσεως υἱοί;), ἀλλὰ τὴν ὑπερβολὴν τῆς λαμπρότητος
ἔφη μὴ δεδυνῆσθαι τῶν ὄντων μηδὲν χωρῆσαι.

**151.** Μετὰ δὴ ταῦτα, τοὺς κατὰ τοῦ θείου | **φωτὸς**     B f.139
**ἱσταμένους ἄγχων καὶ συμποδίζων,** Ἀπόδειξις δέ **φησι**
τῶν λεγομένων, αὐτὸ ἂν εἴη τὸ μακάριον πάθος ἐκεῖνο καὶ
πολυύμνητον, ὅπερ ἐπὶ τοῦ ὄρους πεπόνθασιν οἱ ἀπόστολοι,
5 ἡνίκα τὸ ἀπρόσιτον καὶ ἄχρονον φῶς, τὴν οἰκείαν σάρκα

---

22/**27** cf. supra 148, 29/31 (ref. 148, 7/38 et 29/38)
**150, 3/4** cf. supra 148, 30/31 (ref. 148, 7/38 et 29/38)     **11** Phil. 3, 21
12/**13** cf. supra 148, 30/31 (ref. 148, 7/38 et 29/38)
**151, 2/8** cf. supra 148, 31/35 (ref. 148, 7/38 et 29/38)

μεταμορφῶσαν, τῷ ὑπερβάλλοντι τῆς οἰκείας φωτοβλυσίας ὑπερουσίως ἐλάμπρυνε. **Πόσης τοίνυν ἔστι μανίας**, τὸ ἀπρόσιτον φῶς καὶ ἄχρονον **συντάττειν τοῖς κτίσμασι;**

152. **Τοσούτοις γοῦν καὶ τηλικούτοις ὁ θεολόγος ὀνόμασι τὸ θεῖον ὑμνήσας φῶς, ὡς ἄν τις ἐνθουσιῶν καὶ μηδὲν ἱκανὸν νομίζων, ἔτι φησί·** Τὴν γὰρ ἀκτίνα τῆς ἀμώμου σαρκὸς ἐκείνης οἱ ἀπόστολοι φέρειν οὐ δυνηθέντες,
5 ἢ ἐκ τῆς τοῦ Λόγου θεότητος, ὃς τῇ σαρκὶ καθ'ὑπόστασιν ἥνωτο διὰ ταύτης ἐπήγαζε, πίπτουσιν ἐπὶ πρόσωπον. **Πῶς οὐκοῦν τις ἐναργέστερον δείξειε,** | **μὴ τῆς σαρκός, ἀλλὰ**    *B f.139ᵛ* **τῆς θεότητος τὸ φῶς ἐκεῖνο τὸ θεῖον εἶναι;** | Τὴν ἀκτίνα    *A f.235ᵛ* γὰρ **τούτου** ἐκ τῆς τοῦ Λόγου **φησὶ** πηγάζειν θεότητος **καὶ**
10 **τῆς αὐτοῦ ὑποστάσεως.**

153. **Ἀλλὰ δὴ καὶ ὁ μέγιστος Ἀθανάσιος παρίτω, τῆς μεγίστης ταύτης μυσταγωγὸς ἡμῖν τελετῆς, καὶ τῶν ἀπορρήτων ἐκφάντωρ ἐσόμενος.** Ἐν γὰρ τῷ περὶ τῆς τοῦ θεοῦ σαρκώσεως λόγῳ, Ἀπαθής **φησι καὶ** ἐν τοῖς πα-
5 θήμασι τῆς σαρκὸς **ὁ Χριστός, ὡς Θεὸς** νικήσας θάνατον, καὶ ἀναστὰς τῇ τρίτῃ ἡμέρᾳ, **καὶ** ἀνελθὼν εἰς τὸν οὐρανὸν ἐν δόξῃ φυσικῇ καὶ οὐκ ἐν χάριτι ἐρχόμενος ἐν τῇ ἑαυτοῦ θεότητι, ἐμφανῶς ἐκλάμπων ἐκ τοῦ ἐκ Μαρίας σώματος αὐτοῦ τοῦ ἁγίου, τὴν δόξαν τὴν ἀπόρρητον, ὡς καὶ ἐπὶ τοῦ
10 ὄρους ἔδειξεν ἀπομέρους, διδάσκων ἡμᾶς, ὅτι καὶ πρότερον καὶ νῦν, ὁ αὐτός ἐστιν, ἀναλλοίωτος | ὢν ἀεί, καὶ μεταβολὴν    *B f.140* οὐδεμίαν ἔχων περὶ τὴν θεότητα.

154. **Ταῦτα μὲν δή, καὶ τοῖς τυφλοῖς ἡ παροιμία δῆλα τυγχάνειν ἐθέλει. Πλὴν ἀλλ'ἵνα μηδεὶς κακουργῶν, τοῖς θείοις ἐγκρυβείη νοήμασι, καὶ περὶ αὐτῶν ἐροῦμεν ἐμφαντικώτερον.** Ἀπαθής **φησιν ὁ Χριστὸς ὡς Θεὸς** νική-
5 σας θάνατον, καὶ ἀναστὰς τῇ τρίτῃ ἡμέρᾳ, **καὶ** ἀνελθὼν εἰς τὸν οὐρανόν, ἐν δόξῃ φυσικῇ καὶ οὐκ ἐν χάριτι. **Τό, τοίνυν**

---

152, **3/9** cf. supra 148, 36/38 (ref. 148, 7/38 et 29/38)
153, **4/12** Ps.-Athan. Alex., *De incarn. Verbi*, 4 (*PG* 28, 96AB); cf. Ioh. Cantac., *Ref.* I, 65, 41-49 (Tinnefeld p. 99); Anon., *Adv. Cantac.* 179, 2-10 (Polemis p. 206-207)
**6** ἀναστὰς – οὐρανὸν] cf. e.g. Io. 20, 9    ἀναστὰς – ἡμέρᾳ] Lc. 24, 7    εἰς – οὐρανὸν] Act. 1, 10    **10** cf. Mt. 17, 1; Mc. 9, 2; Lc. 9, 28
**154, 1** cf., e.g., Plat., *Resp.* 550D    **4/8** cf. supra 153, 4/7 (ref. 153, 4/12)

ἐν δόξῃ φυσικῇ καὶ οὐκ ἐν χάριτι **φάναι**, τὸν Χριστὸν εἰς
οὐρανοὺς ἀνελθεῖν, **τοῦτ' ἐθέλει δηλοῦν**, ὅτι ἐπεὶ πάντα τὰ
τῆς ἀνθρωπίνης αὐτοῦ φύσεως ὁ Χριστὸς χάριτι λαβὼν
10  ἔχει | (Ἐχαρίσατο γάρ φησιν ὁ ἀπόστολος αὐτῷ ὄνομα   *A* f.236
τὸ ὑπὲρ πᾶν ὄνομα, καὶ αὐτὸς ὁ Κύριος, Ἐδόθη μοι φη-
σὶν ἐξουσία ἐν οὐρανῷ καὶ ἐπὶ γῆς), ἀντὶ τοῦ ἐχαρίσθη
μοι τοῦ ἐδόθη μοι λεγομένου, καὶ αὐτὴ δὲ ἡ τῆς σαρκὸς |   *B* f.140ᵛ
θέωσις καὶ ἡ μετ' αὐτῆς τῆς θεότητος ἕνωσις, χάριτι πάν-
15  τα γέγονεν, ὡς ἂν δὴ μή τις ἢ κακουργίᾳ κεχρημένος ἢ
ῥαθυμίᾳ περὶ τὴν ζήτησιν ἓν ὑπολάβοι τῶν τῆς σαρκὸς
τελεῖν χαρισμάτων καὶ τὸ φῶς τῆς μεταμορφώσεως,
τὸ ἐν δόξῃ φυσικῇ καὶ οὐκ ἐν χάριτι **κάλλιστά τε εἴρηται**
**καὶ πρεπωδέστατα**, τῷ πατρί, τοὺς ἀκούοντας οἷον διορ-
20  θουμένῳ, καὶ τὰς βλασφήμους ὑπονοίας ἐξαίροντι, κα-
ταφανὲς δὲ μᾶλλον ἐκ τῶν ἐπιφερομένων, τοῦτο ποιεῖ.
Ἐμφανῶς **γάρ φησιν** ἐκλάμπων, ἐκ τοῦ ἐκ Μαρίας σώματος
αὐτοῦ τοῦ ἁγίου, τὴν δόξαν τὴν ἀπόρρητον, ὡς καὶ ἐπὶ τοῦ
ὄρους ἔδειξε. **Πρῶτον μὲν γὰρ ὡς εἴρηται**, μηδὲν εἶναι
25  τῶν τοῦ σώματος χαρισμάτων τὸ φῶς διδάξας, εἶτα καὶ
φυσικὴν **αὐτὸ τοῦ Θεοῦ** δόξαν **εἶναι**, ἐπεὶ καθ' αὐτὴν ἀό-
ρατος ἡ θεότης ἐνωθεῖσα φησὶ τῷ ἐκ Μαρίας σώματι | τῷ   *B* f.141
ἁγίῳ, **δι' ἐκείνου** ἔλαμπεν.

155. Ἁρμόζον δὲ καὶ τὸ πέρας ἐπάγων, τῷ ὕψει τῆς
**διανοίας** διδάσκων **φησὶν** ἡμᾶς ἀπὸ μέρους, ὅτι καὶ πρό-
τερον καὶ νῦν, ὁ αὐτός ἐστιν, ἀναλλοίωτος ὢν ἀεί, καὶ με-
ταβολὴν οὐδεμίαν ἔχων, περὶ τὴν θεότητα, **ὡσανεὶ | ἔλεγε**,   *A* f.236ᵛ
5  μηδενὶ πλάνην ἐμποιείτω τὸ διὰ μέσης λάμψαι σαρκὸς
τὸ φῶς. **Τοῦτο γάρ**, ἀναλλοίωτον, **καὶ** τῆς θεότητός **ἐστι**,
**καὶ** θεότης **λέγεται**, εἰ καὶ ἡ σὰρξ ἀλλοιοῦται καὶ μετα-
βάλλεται.

156. Ἀλλ' ὥρα καὶ τὸν ἐκ Δαμασκοῦ θειότατον Ἰω-
άννην παραγαγεῖν, καὶ δεῖξαι σύμψηφον ὄντα τοῖς
λοιποῖς καὶ αὐτόν. Ἐν γὰρ τῷ εἰς τὴν μεταμόρφωσιν

---

**10/11** Phil. 2, 9     **11/13** Mt. 28, 18     **18** cf. supra 153, 7 (ref. 153, 4/12)
**22/28** cf. supra 153, 8/10 (ref. 153, 4/12)
    **155, 2/7** cf. supra 153, 10/12 (ref. 153, 4/12)

αὐτοῦ λόγῳ, Σήμερον φησὶ φωτὸς ἀπροσίτου ἄβυσσος, σή-
5 μερον αἴγλης θείας χύσις ἀπεριόριστος, ἐν Θαβὼρ τῷ ὄρει
τοῖς ἀποστόλοις αὐγάζεται. Νῦν ὡράθη τὰ τοῖς ἀνθρωπίνοις
ἀθέατα ὄμμασιν, σῶμα γήϊνον, θείαν ἀπαυ|γάζει λαμπρότη-     B f.141ᵛ
τα, σῶμα θνητόν, δόξαν πηγάζει θεότητος. Ὁ γὰρ Λόγος,
σάρξ, ἡ σάρξ τε, Λόγος ἐγένετο, εἰ καὶ μὴ τῆς οἰκείας ἐξέ-
10 στη ἑκάτερον φύσεως. Ὢ τοῦ θαύματος. Οὐκ ἔξωθεν ἡ δόξα
τῷ σώματι προσεγένετο, ἀλλ' ἔνδοθεν ἐκ τῆς, ἀρρήτῳ λόγῳ
ἡνωμένης αὐτῷ καθ' ὑπόστασιν τοῦ Θεοῦ Λόγου ὑπερθέου
θεότητος. Ὢ γὰρ ἐν ἐκείνῳ οἱ ἄγγελοι ἀκλινὲς ἐνερείδειν
τὸ ὄμμα οὐ σθένουσιν, ἐν τούτῳ τῶν ἀποστόλων οἱ πρό-
15 κριτοι, τῇ δόξῃ τῆς ἑαυτοῦ βασιλείας ὁρῶσιν ἐκλάμποντα.
Ἐντεῦθεν τοὺς κορυφαίους τῶν ἀποστόλων προσλαμβάνεται
μάρτυρας, τῆς οἰκείας δόξης τὲ καὶ θεότητος, ἀποκαλύπτει
δὲ αὐτοῖς, τὴν οἰκείαν θεότητα, τελείους δὲ εἶναι τούς, τὴν
θείαν δόξαν εἰκὸς κατοπτεύοντας, | τὴν ἁπάντων ἐπέκεινα,     A f.237
20 τὴν μόνην ὑπερτελῆ καὶ προτέλειον. Ὁ θεῖος γὰρ ὄντως καὶ
θεηγόρος Διονύσιος, οὕτως | ὁ δεσπότης φησὶν ὀφθήσεται     B f.142
τοῖς ἑαυτοῦ τελείοις θεράπουσιν, ὃν τρόπον ἐν ὄρει Θαβὼρ
τοῖς ἀποστόλοις ὀπτάνεται. Ἰωάννην παραλαμβάνει, ὡς τῆς
θεολογίας παρθένον καὶ καθαρώτατον ὄργανον, ὅπως τὴν
25 ἄχρονον δόξαν τοῦ Υἱοῦ θεασάμενος, Ἐν ἀρχῇ ἦν ὁ Λόγος,
καὶ ὁ Λόγος ἦν πρὸς τὸν Θεόν, καὶ Θεὸς ἦν ὁ Λόγος βροντή-
σειεν.

157. Ἔμπροσθεν τῶν μαθητῶν μεταμορφοῦται, ὁ ἀεὶ
ὡσαύτως δεδοξασμένος, καὶ λάμπων ἀστραπῇ τῆς θεότητος.
Ἀνάρχως γὰρ ἐκ Πατρὸς γεννηθείς, τὴν φυσικὴν ἀκτίνα,
ἄναρχον κέκτηται τῆς θεότητος, καὶ ἡ τῆς θεότητος δόξα,

---

**156, 4/6** Ioh. Dam., *In tranf.* 2, 1-2 (Kotter p. 437)      **6/13** Ioh. Dam., *In
tranf.* 2, 33-40 (Kotter p. 438)      **8/9** Io. 1, 14      **10/15** Ioh. Dam., *In transf.* 3,
22-25 (Kotter p. 439)      **16/17** Ibid. 7, 28-29 (Kotter p. 445)      **17/18** Ibid. 7,
32-33 (Kotter p. 445)      **18/20** Ibid. 8, 18-20 (Kotter p. 446)      **20/23** Ibid. 8,
27-29 (Kotter p. 447)      **23/27** Ibid. 9, 7-10 (Kotter p. 447)      **23** cf. Mt. 17, 1;
Mc. 9, 2; cf. Lc. 9, 28      **25/26** Io. 1, 1
     **157, 1/16** cf. Mt. 17, 2; Mc. 9, 2      **1/4** Ioh. Dam., *In transf.* 12, 2-5 (Kotter
p. 449)      **4/16** Ioh. Dam., *In transf.* 12, 9-11 et 15-13 (Kotter p. 450)

---

**156, 11** προσεγένετο] προσεγίνετο B.

5  καὶ δόξα τοῦ σώματος γίνεται. Εἷς γάρ ἐστι τοῦτο κάκεῖνο
Χριστός, τῷ Πατρὶ ὁμοούσιος, καὶ ἡμῖν συμφυὴς καὶ ὁμό-
φυλος. Ἀλλ᾽ἀφανὴς ἡ δόξα ὑπάρχουσα ἐν τῷ φαινομένῳ σώ-
ματι, τοῖς μὴ χωροῦσι τὰ καὶ ἀγγέλοις ἀθέατα, τοῖς, σαρκὸς
δεσμίοις ἀόρατος ἐχρημά|τιζε. Μεταμορφοῦται τοίνυν, οὐχ    B f.142ᵛ
10 ὁ οὐκ ἦν προσλαβόμενος, οὐδὲ εἰς ὅπερ οὐκ ἦν μεταβαλλό-
μενος, ἀλλ᾽ὅπερ ἦν, τοῖς οἰκείοις μαθηταῖς ἐκφαινόμενος,
διανοίγων τούτων τὰ ὄμματα, καὶ ἐκ τυφλῶν ἐργαζόμενος
βλέποντας. | Καὶ τοῦτό ἐστι τὸ Μετεμορφώθη ἔμπροσθεν    A f.237ᵛ
αὐτῶν. Μένων γὰρ αὐτὸς ἐν ταυτότητι, παρὸ τὸ πρὶν ἐφαίνε-
15 το, ἕτερος νῦν τοῖς μαθηταῖς ἑωρᾶτο φαινόμενος. Καὶ ἔλαμ-
ψε τὸ πρόσωπον αὐτοῦ, ὡς ὁ ἥλιος. Τί φῇς, ὦ εὐαγγελιστά,
τί συγκρίνεις, τὰ ὄντως ἀσύγκριτα, τὸ ἀφόρητον καὶ ἀπρόσι-
τον φῶς, ὡς οὗτος ὁ ὑπὸ πάντων καθορώμενος ἐξήστραψεν
ἥλιος; Οὐ παραβάλλω φαίη ἄν, οὐδὲ συγκρίνω τὸ μόνον μο-
20 νογενές, καὶ μηδενὶ εἰκαζόμενον τῆς δόξης ἀπαύγασμα, ἀλλὰ
σαρκὸς δεσμίοις φθεγγόμενος, τῶν σωμάτων ὅ,τι κάλλιστόν
ἐστι καὶ λαμπρότατον, πρὸς παράδειγμα φέρω, οὐ παντελῶς
| ὁμοιότατον. Ἀμήχανον γὰρ ἀπαραλείπτως, ἐν τῇ κτίσει τὸ    B f.143
ἄκτιστον εἰκονίζεσθαι.

158. Ἀλλ᾽ὥσπερ ὁ ἥλιος εἷς ἐστίν, ἔχει δὲ οὐσίας δύο,
τοῦ τε φωτὸς ὃ γεγένηται πρότερον, καὶ τοῦ, τῇ κτίσει ἐφυ-
στερίζοντος σώματος, διόλου δὲ τοῦ σώματος ἐφ᾽ἑαυτοῦ μέ-
νοντος, τὸ φῶς πᾶσι τῆς γῆς ἐφαπλοῦται τοῖς πέρασιν, οὕτω
5  καὶ ὁ Χριστός, φῶς ἐκ φωτὸς ἄναρχον καὶ ἀπρόσιτον ὤν, ἐν
τῷ χρονικῷ καὶ κτιστῷ γενόμενος σώματι, εἷς ἐστι δικαιο-
σύνης ἥλιος, εἷς Χριστός, ἐν δύο ἀδιαιρέτοις ταῖς φύσεσι
γνωριζόμενος.

159. Κοινὰ πάντα τοῦ ἑνὸς σεσαρκωμένου Θεοῦ Λόγου
γεγένηται, τά τε τῆς σαρκός, καὶ τὰ τῆς ἀπεριγράπτου θε-
ότητος, ἕτερον δὲ ἐξ οὗ τὰ τῆς δόξης αὐχήματα, καὶ ἕτερον
ἐξ οὗ τὰ | πάθη γνωρίζεται, ἐκνικᾷ δὲ τὸ θεῖον, καὶ μεταδί-    A f.238

---

15/16 Mt. 17, 2    16/24 Ioh. Dam., *In transf.* 13, 8 et 10-15 (Kotter p. 450-
451)

158, 1/8 Ioh. Dam., *In transf.* 13, 16-22 (Kotter, p. 451)    6/7 Mal. 3, 20
159, 1/7 Ioh. Dam., *In transf.* 13, 26-32 (Kotter p. 451)

5  δωσι τῆς οἰκείας λαμπρότητος καὶ δόξης, τῷ σώματι, αὐτὸ
καὶ ἐν πάθεσι, πάθους μένον ἀμέτοχον. | Οὕτως ἔλαμψε τὸ    B f.143ᵛ
πρόσωπον αὐτοῦ ὡς ὁ ἥλιος.

160. Φαίνεται τοίνυν καλῶς, ὅτι τὰς τῶν πρὸ αὐτοῦ
θεολόγων ἁπάντων περὶ τοῦ φωτὸς δόξας, ὁ θεῖος οὗτος
ὡσπερεί τι ψήφισμα κοινὸν ἐγνωκώς, ἀπὸ γνώμης γεν-
ναίας ἐπιψηφίζειν καὶ μάλα διατείνεσθαι, τῆς ὑπερθέου
5  τὸ φῶς ὑπάρχειν θεότητος. Τὰ γὰρ καθ'ἕκαστον τεθεο-
λογημένα πάντα συνηρηκώς, σὺν ἐκπλήξει καὶ θαύματι
μεγίστῳ διέξεισι.

161. Θεώμεθα δὲ τὰ εἰρημένα κατὰ μικρὸν ἐκτιθέν-
τες, καὶ τὸ βάθος ἑκάστων κατὰ μέρος εὐθὺς ἐν προοιμί-
οις διερευνώμεθα. Σήμερόν φησι φωτὸς ἀπροσίτου ἄβυσ-
σος, σήμερον αἴγλης θείας χύσις ἀπεριόριστος ἐν Θαβὼρ τῷ
5  ὄρει τοῖς ἀποστόλοις αὐγάζεται. Ταῦτα δ'εἰπών, ὡς ἄν τις
ἑαυτῷ συνειδώς, περὶ μεγίστων τὸν λόγον ποιούμενος,
καὶ μὴ τοῦ μεγέθους ἐφικέσθαι τῶν ὑμνουμένων ἰσχύ-
ων, πρὸς τὸ θαῦμα παρακαλεῖ τοὺς ἀκούοντας, Ὢ τοῦ
θαύματος λέγων, οὐκ ἔξωθεν ἡ δόξα | τῷ σώματι προσε-    B f.144
10  γένετο, ἀλλ'ἔνδοθεν, ἐκ τῆς ἀρρήτῳ λόγῳ ἡνωμένης αὐτῷ
καθ'ὑπόστασιν τοῦ Θεοῦ | Λόγου ὑπερθέου θεότητος. Παρί-    A f.238ᵛ
τωσαν οὖν οἱ τὸ φρονεῖν παρακεκομμένοι, οἱ σκοτεινοὶ
περὶ τὸ φῶς, ἀκουέτωσαν οἱ τὰς ἀκοὰς ὑπὸ πωρώσεως
βεβυσμένοι, Οὐκ ἔξωθέν φησιν ἡ δόξα τῶ σώματι προσε-
15  γένετο (τίς ἐν τούτοις ὦ γενναῖοι τῷ ἰνδάλματι χώρα,
καὶ τῷ φάσματι, καὶ παραπετάσματι;), ἀλλ'ἔνδοθεν ἐκ
τῆς ἀρρήτῳ λόγῳ ἡνωμένης αὐτῷ καθ'ὑπόστασιν τοῦ Θεοῦ
Λόγου ὑπερθέου θεότητος.

162. Ἐμοὶ μέν, οὕτω τοι δοκεῖ συρράψαι τὰ στόματα
τῶν βλασφήμων, ὡς μὴ δ'ἂν ἕνα μηδεμιᾷ μηχανῇ λύ-
ειν ἔχειν τὸ ῥάμμα. Πόθεν γὰρ ἐν τούτοις φαίνεται τοῦ
Ἀδὰμ ὑπάρχειν τὸ φῶς ὅπερ αὐτὸς μὲν ἀπώλεσεν, ὁ δὲ
5  Κύριος ἀνεκαλέσατο, πῶς δὲ σωματικὸν καὶ κτιστόν, τὸ
ἐκ τῆς ἀρρήτου θεότητος; Τίς οὕτω πάντολμος γλῶσσα,

6/7 Mt. 17, 2
161, 3/5 cf. supra 156, 4/6    8/15 cf. supra 156, 10/13 (ref. 156, 6/13)
16/18 cf. supra 156, 11/13 (ref. 156, 6/13)

μὴ | πρὶν καθ᾽ἑαυτῆς λυττήσασα, τὸ τῆς ὑποστάσεως          *B* f.144ᵛ
τοῦ Υἱοῦ καὶ Λόγου τοῦ Θεοῦ φῶς τῇ κτίσει συντάξειεν,
ᾧ οἱ ἄγγελοι τὸ ὄμμα ἐνερείδειν οὐ σθένουσιν;

163. Ἀλλὰ ποία φησὶ γραφὴ μὴ δύνασθαι λέγει τοὺς
ἀγγέλους τῷ θείῳ φωτὶ ἐνερείδειν τὸ ὄμμα. Ἄκουσον τοι-
γαροῦν Ἡσαΐου λέγοντος, ὅτι μὴ φέροντα τὰ παριστάμε-
να Σεραφὶμ κύκλῳ τοῦ δεσποτικοῦ θρόνου τὴν ἐκεῖθεν
5  ἐκπεμπομένην ἀστραπὴν καὶ λαμπρότητα, καλύπτουσι
τὰ πρόσωπα ταῖς πτέρυξι.

164. Καὶ ταῦτα μέν, οὕτως, ὅρα δὲ πῶς ὁ θεῖος Δα-
μασκηνὸς ἅπαξ εἰς τοὺς ὕμνους τοῦ μεγάλου τούτου
μυστηρίου καθεὶς ἑαυτόν, οὐ δύναται κατασχεῖν τὴν
ἔκπληξιν τῆς ψυχῆς, ἀλλ᾽ὅμοια τοῖς προτέροις ἐπιφέ-
5  ρει τὰ δεύτερα, μεγίστῳ κατεσχημένος διαπάντων τῷ
θαύματι. Ἀποκαλύπτει φησὶ τοῖς τελείοις μαθηταῖς, τὴν
οἰκείαν θεότητα, τὴν πάντων ἐπέκεινα, τὴν μόνην ὑπερτελῆ
καὶ προτέλειον. Τίνι τῶν κτισμάτων τῶν τοιούτων ὀνο-
μάτων μετεῖναι φήσομεν, ποῦ τὸ ὑπερτελὲς ἐν τούτοις
10  καὶ τὸ προτέλειον; Εἰ γὰρ Θεοῦ καὶ κτισμάτων μέσον
οὐδέν, οἷον δ᾽ἄν τις εἴποι τῶν κτισμάτων ὑπερτελὲς οὐκ
ἔστιν οὐδὲ προτέλειον, τῷ Θεῷ πᾶς τις τούτων ὡς εἰκὸς
ἐκχωρήσειεν.

165. Ὅρα δή, καὶ τὰ ἐπὶ τούτοις· | Ἰωάννην παραλαμ-          *A* f.239, *B* f.145
βάνει, ὡς τῆς θεολογίας παρθένον καὶ καθαρώτατον ὄργα-
νον, ὅπως τὴν ἄχρονον δόξαν τοῦ Υἱοῦ θεασάμενος, τὸ Ἐν
ἀρχῇ ἦν ὁ Λόγος, καὶ ὁ Λόγος ἦν πρὸς τὸν Θεόν, καὶ Θεὸς ἦν
5  ὁ Λόγος βροντήσειεν. Ἰδοὺ καὶ οὗτος, ἄχρονον δόξαν τοῦ
Υἱοῦ τὸ θεῖον εἴρηκε φῶς. Ἐπάλληλα γοῦν τὰ μέγιστα
τῶν ὀνομάτων καὶ ὑψηλότατα τῶν νοημάτων τιθεὶς ὁ
πατήρ, καὶ τὰς αἰτίας οἷον προστίθησι, δι᾽ἃς τούτων
ἕκαστα λέγει. Τοῦ γὰρ ἄχρονον δόξαν τοῦ Υἱοῦ τὸ φῶς

---

162, 9 cf. supra 156, 13/14 (ref. 156, 10/15)
163, 1/2 cf. supra 156, 13/14 (ref. 156, 10/15)          4/6 Is. 6, 1-2
164, 6/12 cf. supra 156, 17/20 (ref. 156, 17/18 et 18/20)
165, 1/9 cf. supra 156, 23/27

10 εἰρηκέναι, ὁρατὴν αἰτίαν ἐπαγομένην εὐθύς. [...] Ἀνάρ-
χως γάρ **φησιν** ὁ Ὑἱὸς ἐκ Πατρὸς γεννηθείς, καὶ τὴν ἀκτίνα
ἄναρχον κέκτηται τῆς θεότητος. **Τὸ τοίνυν** ἄναρχον δόξαν
**καὶ** τῆς θεότητος **φυσικὴν** ἀκτίνα **τεθεολογημένον θειό-**
**τατον φῶς κτίσμα λέγειν, ἀθλίων ἔγωγ᾽ἂν φαίην, ὡς**
15 **πόρρω καθάπαξ ἱσταμένων Θεοῦ.**

166. **Τί γὰρ πρῶτον, | τί δ᾽ἔσχατον λέγοι τίς, τῶν**      B f.145ᵛ
**ὑπὸ τοῦ θειοτάτου τούτου πατρὸς ὑπὲρ τοῦ φωτὸς οὐκ**
**ἐν τούτοις, ἀλλὰ καὶ ἐν ἑτέροις εἰρημένων πολλοῖς; Οὐ**
**γὰρ ἐνταῦθα μόνον** θεότητα **τοῦτο κέκληκε διαρρήδην,**
5 **ἀλλὰ καὶ ἐν τοῖς εἰς τὴν τοιαύτην ἑορτὴν ᾀδομένοις στι-**
**χηροῖς,** Δεῦτέ μοι πείθεσθε λαοὶ **φησί,** ἀναβάντες εἰς τὸ
ὄρος τὸ ἅγιον τὸ ἐπουράνιον, ἀΰλως στῶμεν ἐν πόλει ζῶντος
Θεοῦ, καὶ θεασώμεθα νοΐ, θεότητα ἄΰλον Πατρὸς καὶ Πνεύ-
ματος, ἐν Ὑἱῷ μονογενεῖ ἀπαστράπτουσαν. Ἀκουέτωσαν
10 **τῶν ἐλέγχων, οἱ τὸ φῶς τοῦ Ἀδὰμ εἶναι λέγοντες, οὗ**
**καὶ | τῷ Ὑἱῷ μεταδεδωκέναι. Μετὰ γὰρ δὴ τό,** θεότητα      A f.239ᵛ
**τὸ φῶς εἰρηκέναι, καὶ ἄχρονον καὶ ἄναρχον, καὶ τῆς τοῦ**
**Θεοῦ Λόγου ὑποστάσεως φυσικὴν** ἀκτίνα **καὶ τἄλλ᾽ὁπό-**
**σα τῶν ἀκουόντων ἔχει τὸν νοῦν ἐπᾶραι, καὶ μὴ τοῖς**
15 **κτιστοῖς καὶ γηΐνοις ἐγκαλινδεῖσθαι, τότε φησίν, | ὁ τὴν**      B f.146
**φυσικὴν** ἀκτίνα **καὶ δόξαν τῆς θεότητος ἀνάρχως ἔχων,**
**καὶ τοῦ σώματος δόξαν εἶναι πεποίηκε, Διατί; Διότι εἷς**
**ἐστι φησὶ Χριστὸς** τῷ Πατρὶ ὁμοούσιος, καὶ ἡμῖν συμφυὴς
καὶ ὁμόφυλος, ἀφανὴς δ᾽ἡ δόξα ὑπάρχουσα ἐν τῷ φαινομένῳ
20 σώματι, τοῖς μὴ χωροῦσι τὰ καὶ ἀγγέλοις ἀθέατα, τοῖς σαρ-
κὸς δεσμίοις ἀόρατος ἐχρημάτιζεν, **ἐκείνοις ἄντικρυς μαρ-**
**τυρῶν, ἐν οἷς ὁ μέγιστος ἐν θεολόγοις καὶ θεῖος Γρηγό-**
**ριος,** Θεότης μέν **φησι** καθ᾽αὑτὴν ἀόρατος, **ὦπται δέ, διὰ**
**μέσης σαρκός.**

---

10/13 cf. supra 157, 3/4 (ref. 157, 1/4)
**166, 4** cf. supra 157, 4 (ref. 157, 1/4)      **6/9** *MR* VI, 344; cf. Ioh. Cantac.,
*Ref.* I, 43, 107-111 (Tinnefeld p. 63); Anon., *Adv. Cantac.* 175, 3-6 (Polemis p. 204-
205)      **6/7** Mt. 17, 1; Mc. 9, 2; Lc. 9, 28; II Petr. 1, 18      **7** Ps. 45, 5; Hebr. 9, 14
**11/13** cf. supra 158, 5 (ref. 158, 1/8), 165, 3 (ref. 165, 1/9) et 157, 3 (ref. 157, 1/4)
**16/17** cf. supra 157, 3/5 (ref. 157, 1/4 et 4/16)      **17/21** cf. supra 157, 5/9 (ref.
157, 4/16)      **23** Greg. Naz., *Epist. theol.* 101, 28-29 (Gallay p. 48)

---

**165, 10** *post* εὐθύς *fenestra in* AB

167. Ἀλλὰ δὴ καὶ τὰ πλείω προσθεῖναι δεῖ, οἷς πᾶσα τῶν ὁπωσποτοῦν ἐπηρεαζόντων πρόφασις καὶ τρόπος ἅπας κακουργίας ἀναιρεῖται καὶ ἀφανίζεται. Ἔτι γὰρ κἀκεῖνο τὸ λῆμμα τῶν ὑλικοῖς καὶ αἰσθητοῖς ὄμμασι λε-

5 γόντων ὦφθαι τὸ φῶς, καὶ διατοῦτ'ἀξιούντων | κτίσμα      *B f.146ᵛ*
τυγχάνειν καὶ νοὸς χεῖρον, περισπῶν ὁ θεολόγος, Με-
ταμορφοῦται **φησίν**, οὐχ ὃ οὐκ ἦν προσλαβόμενος, οὐδὲ εἰς
ὅπερ οὐκ ἦν μεταβαλλόμενος, ἀλλ'ὅπερ ἦν πρὸ τῶν αἰώνων
δηλαδή, τοῖς οἰκείοις μαθηταῖς ἐκ|φαινόμενος, διανοίγων      *A f.240*

10 τούτων τὰ ὄμματα, καὶ ἐκ τυφλῶν ἐργαζόμενος βλέποντας.
Οὐ μήν, ἀλλὰ καὶ τοῦ εὐαγγελιστοῦ, **Ἔλαμψε** λέγον-
τος **τὸ πρόσωπον αὐτοῦ ὡς ὁ ἥλιος**, τὴν πλάνην οἷον ὁ
παρὼν θεολόγος διορθούμενος τῶν τοῦ ἀνθρωπίνου τοῦ
Χριστοῦ οἰομένων εἶναι, καθάπερ διαπορῶν, οὕτω Ματ-

15 θαίου τοῦ θείου διαπυνθάνεται, Τί φῄς, **λέγων** ὦ εὐαγγε-
λιστά, τί συγκρίνεις τὰ ὄντως ἀσύγκριτα, τὸ ἀφόρητον καὶ
ἀπρόσιτον φῶς, ὡς οὗτος ὁ ὑπὸ πάντων καθορώμενος ἐξή-
στραψεν *ἥλιος*; **Εἶτα τὸν λόγον ὡς ἐξ ἐκείνου διασκευά-**
**ζων**, Οὐ παραβάλλω **φησίν**, οὐδὲ συγκρίνω τὸ μόνον μονο-

20 γενὲς καὶ μηδενὶ εἰκαζόμενον τῆς θείας δόξης ἀπαύγασμα,
| ἀλλὰ σαρκὸς δεσμίοις φθεγγόμενος, τῶν σωμάτων ὅ,τι      *B f.147*
κάλλιστον ἐστὶ καὶ λαμπρότατον, πρὸς παράδειγμα φέρω,
οὐ παντελῶς ὁμοιότατον. Ἀμήχανον γὰρ ἀπαραλείπτως ἐν
τῇ κτίσει τὸ ἄκτιστον εἰκονίζεσθαι. **Τίς οὖν ἐν τούτοις πε-**

25 **ρίνοια**, τί διπλοῦν ἢ ἀμφίβολον, τί πρὸς ταῦτ'ἐροῦσιν,
οἱ ἀκήρυκτον καὶ ἄσπονδον τὸν πόλεμον κατὰ τοῦ φω-
τὸς ἐξενηνοχότες; Μετὰ γὰρ δὴ τόσα, καὶ τόσα, καὶ τὸ
τεθρυλλημένον καὶ περιλαλούμενον τοῦτο δείκνυται.
Ἄκτιστον γὰρ τὸ φῶς, γυμνῇ τῇ λέξει κεχρημένος ὁ πα-

30 τὴρ εἴρηκεν.

---

167, **6/10** cf. supra 157, 9/13 (ref. 157, 4/16)      **11/12** Mt. 17, 2      **15/18**
cf. supra 157, 16/19 (ref. 157, 16/24)      **19/29** cf. supra 157, 19/24 (ref. 157,
16/24)

---

167, **1** δή] δεῖ *A a. corr.*

168. Ἀλλ'οὐχ ὁ εὐαγγελιστὴς φήσειεν ἄν τις τῶν
ἐχθρῶν τοῦ φωτός, | ἀλλ'ὁ θεῖος τοῦτο λέγει Δαμασκη- *A f.240ᵛ*
νός. Ῥητέον οὖν πρὸς αὐτόν, ὅτι εἰ μὲν τῆς περὶ τὰ θεῖα
τοῦ ἀνδρὸς ἐπιστήμης ἢ ἀρετῆς, ὑμᾶς ἀνωτέρους τοῖς
5 πᾶσιν ᾔδειμεν, ἐχρῆν ἡγουμένοις ἕπεσθαι, καὶ ψηφιζο-
μένων, | μὴ ἀντιλέγειν. Ἐπεί δ'οὐδ'ὅσον αἱ σκιαὶ τῶν *B f.147ᵛ*
σωμάτων, ἀλλ'ἔτι πλέον τῆς ἐκείνου δόξης ὑστερεῖτε
καὶ ἀρετῆς, οὐδ'ἄρα τῆς ἀποστολικῆς διανοίας ἐκείνου
βέλτιον ὑμεῖς ἅπτεσθαί ποτε φήσετε. Ὥστε κατὰ τὸν
10 μακάριον Ἰώβ, δάκτυλον ὁ τοῦτο οἰηθησόμενος ἐπιτι-
θέτω τῷ στόματι. Ἐμοί δ'ὁπόσα τῷ θείῳ τούτῳ πατρὶ
περὶ τοῦ φωτὸς ἐνθεαστικῶς ἔτι λέγεται, τοῖς εἰρημέ-
νοις προσθεῖναι βεβουλημένῳ, δηλαδὴ **τὸ φῶς ἐκ φωτὸς
τὸν Υἱὸν ὑπάρχειν, καὶ** ἄναρχον **τὸν αὐτόν, καὶ** ἀπρόσιτον
15 **κεκτῆσθαι** τὸ φῶς, **καὶ τό,** ἐκνικᾶν αὖ τὸ θεῖον καὶ μεταδι-
δόναι τῆς οἰκείας λαμπρότητος καὶ δόξης τῷ σώματι, **ἔτι γε
μήν, καὶ τό, ἐκ τούτου τοῦ θείου φωτὸς** φῶς ἅπαν φωτί-
ζεσθαι, καὶ αὐτὸ ζωὴν εἶναι, **καὶ** μηδεμίαν ἔννοιαν τῆς ὑπε-
ροχῆς αὐτοῦ, τὸ μέτρον εἰκάζειν, **καὶ τὸ** κατὰ πάσης ἔχειν
20 αὐτὸ τὰ νικητήρια φύσεως, περὶ οὖν τούτων ἁπάντων εἰ-
πεῖν προτεθυμημένος, τὸ προσκορὲς ἐκφεύγων, ταῦτα
μὲν παρῆκα, | τὴν τῆς ἀληθείας δοκιμασίαν ἐν ἑαυτοῖς *B f.148*
ἔχοντα, καὶ μηδενὸς προμαχοῦντος, | τὸ δὲ τοῦ ἡλίου *A f.241*
παράδειγμα, χρῆναι ὑπέλαβον ἀγαγεῖν εἰς μέσον καὶ
25 δεῖξαι, τί τῷ διδασκάλῳ τοῦτο γε βούλεται. Φησὶ τοι-
γαροῦν· Ὥσπερ ὁ αἰσθητὸς οὗτος ἥλιος εἷς μέν ἐστιν, ἔχει
δὲ δύο οὐσίας, τοῦ τε φωτὸς ὃ **γέγονε** πρότερον, καὶ τοῦ **με-
ταγενεστέρου** σώματος, οἱονεὶ τοῦ **δίσκου, ἡνωμένου δὲ
τοῦ φωτὸς τῷ δίσκῳ, ἓν φῶς, εἷς** ἥλιος ἄμφω **γέγονε,
30 δι'ὅλου δὲ** τοῦ σώματος ἐφ'ἑαυτοῦ μένοντος, τὸ φῶς πᾶσιν
ἐφαπλοῦται τοῖς πέρασιν, οὕτω καὶ ὁ Χριστὸς φῶς ἐκ φωτὸς
ὑπάρχων, δηλαδὴ πρὸ τῶν αἰώνων ἐκ τοῦ Πατρὸς ἄναρχον
καὶ ἀπρόσιτον φῶς τελῶν, ἐν τῷ χρονικῷ καὶ κτιστῷ γε-

---

**168,** 10/11 Iob 29, 9    **13/14** cf. supra 158, 5 (ref. 158, 1/8)    **15/16** cf.
supra 159, 4/5 (ref. 159, 1/7)    **17/20** Ioh. Dam., *In transf.* 16, 7-8, 10-11, 13-14
(Kotter p. 454)    **26/35** cf. supra 158, 1/6 (ref. 158, 1/8)

νόμενος σώματι, εἷς ἐστι δικαιοσύνης ἥλιος, εἷς Χριστός, ἐν
35 δύο ἀδιαιρέτοις ταῖς φύσεσι γνωριζόμενος.

169. Ἄντικρυς οὐκοῦν διατούτων ἐκεῖνο φρονεῖν
ὑμᾶς ὁ θεολόγος οὗτος διδάσκει, | ὅτι καθάπερ τὸ πρω-   *B f.148ᵛ*
τόγονον ἐκεῖνο φῶς οὐκ ἦν σῶμα, οὕτως οὐδὲ τὸ φῶς
τοῦτο σῶμα τῆς θείας μεταμορφώσεως, καὶ ὥσπερ ἐκεῖ-
5 νο πρὸ τοῦ ἡλιακοῦ σώματος ὑπῆρχεν, οὕτω τοῦτο πρὸ
τοῦ σώματος τοῦ κυριακοῦ, προαιωνίως ἦν ἐκ Πατρός,
καὶ ὥσπερ αὖθις τῷ δίσκῳ τοῦ φωτὸς ἑνωθέντος, ἓν φῶς
ἀμφότερα γέγονε καὶ εἷς ἥλιος κἂν δύο τυγχάνωσι ταῖς
οὐσίαις ὄντα, οὕτω καὶ ὁ προαιώνιος | Υἱὸς τοῦ Θεοῦ   *A f.241ᵛ*
10 καὶ Λόγος τῷ ἐπ᾿ἐσχάτων ἐξ ἁγνῆς παρθένου προσλη-
φθέντι σώματι ἠνωμένος, τῆς δόξης τῆς αὐτοῦ θεότη-
τος καὶ τοῦ θείου φωτὸς τῆς αὐτοῦ ὑποστάσεως, καὶ τῷ
προσλήμματι μεταδέδωκεν, ὥς που τῷ, τε συστήματι
παντὶ τῶν θεηγόρων τρανῶς κηρύττεται, καὶ τῷ παρόν-
15 τι πατρί. Ἡ τῆς θεότητος γάρ **φησι** δόξα, καὶ δόξα τοῦ σώ-
ματος | γέγονε, **καὶ αὖθις, ἅπαντα συνελὼν** κοινὰ **λέγει**   *B f.149*
πάντα τοῦ ἑνὸς σεσαρκωμένου Θεοῦ Λόγου γεγένηται, τά
τε τῆς σαρκός, καὶ τὰ τῆς ἀπεριγράπτου θεότητος, ἕτερον
δὲ ἐξ οὗ τὰ τῆς δόξης αὐχήματα, καὶ ἕτερον ἐξ οὗ τὰ πάθη
20 γνωρίζεται, ἐκνικᾷ δὲ τὸ θεῖον, καὶ μεταδίδωσι τῆς οἰκείας
λαμπρότητος καὶ δόξης τῷ σώματι, **αὐτὸ τὸ φῶς δηλαδή,**
καὶ ἐν πάθεσι, πάθους μένον ἀμέτοχον, **ὡς ἔτι καὶ διὰ τού-**
**των ἄκτιστον ἀποφαίνεσθαι τὸ θειότατον φῶς.**

170. Ἔτι τοίνυν πολλοὺς ἔχων θείους ἄνδρας καὶ τὰ
θεῖα σοφωτάτους μάρτυρας τοῦ μεγαλείου καὶ τῆς δό-
ξης φωτὸς τοῦ θείου παραγαγεῖν, οὐ μήν, ἀλλὰ καὶ τῶν
μαρτυριῶν ἑκάστη, πλεῖστον ἔχων δεῖξαι περιεῖναι τῆς
5 ἀληθείας, ἑκὼν παρίημι, γενναίου μὲν ἀγωνιστοῦ κρί-
νων, τό, σπεῦσαι κατενεγκεῖν τὸν ἀντίπαλον καὶ κείμε-
νον δεῖξαι, μικροψύχου δέ, | τὸ καὶ τεθνηκότος, | παίειν   *B f.149ᵛ, A f.242*
τὲ καὶ τιτρώσκειν. Ὡς ἂν οὖν μὴ καὶ ἡμεῖς νεκροῖς ἔτι

34 Mal. 3, 20
**169, 6/8** cf. supra 168, 28/29 (ref. 168, 26/35)    **15/16** cf. supra 157, 4/5
(ref. 157, 4/16)    **16/22** cf. supra 159, 1/6 (ref. 159, 1/7)

πολεμεῖν δοκοῖμεν, ἀρκεῖν ἡγούμεθα πρὸς ἀνατροπὴν
10 τῶν πολεμίων τὰ εἰρημένα. Ἐμοὶ μὲν οὖν τῆς ἀγάπης
τὸ πρόθυμον ἐγειρούσης, ὁ περὶ τοῦ θείου φωτὸς καὶ
τῶν ἄλλων λόγος, εἰς δύναμιν πεπραγμάτευται, παντα-
χοῦ μοι τῶν θεολόγων ἡγουμένων τοῦ λόγου. Σοὶ δ' ὁ
τῆς εὐσπλαγχνίας πατήρ τε καὶ Κύριος, ἑλέσθαι δοίη
15 τὸ κρεῖττον, ὥστε τῇ γνώσει, καὶ διδασκαλίᾳ τῶν θεο-
λόγων ἀκολουθήσαντι, μὴ κτισμάτων, Θεοῦ δ'ὑπάρξαι
μετόχῳ καὶ κοινωνῷ. Γένοιτο δὴ τοῦτο, πάντων Κύριε
καὶ Θεέ.

# INDICES*

---

\* The treatise of Isaac Argyrus, *De quattuor modis participationis Dei* is abbreviated as *De partic.*, his treatise *De lumine transfigurationis ad Gedeonem Zographum* as *De lum.*, his treatise *Solutio quaestionis cuiusdam Palamiticae* as *Sol.*, and the treatise of John Kantakouzenos against Isaac Argyrus as Cant.

# INDEX NOMINVM ET VOCVM EX EIS FORMATARVM

Ἀββακούμ propheta — Cant. 106, 17

Ἀβλάβιος — Cant. 96, 8

Ἀβραάμ — *De partic.* 4, 45

Ἀδάμ — *De partic.* 10, 65. 75. 79; *De lum.* 6, 16. 19. 32; 8, 9. 23. 27; Cant. 21, 6; 24, 60; 55, 58; 56, 19; 59, 24; 118, 5. 7. 9. 11; 119, 18. 24. 32. 35. 41. 44. 50. 54; 120, 3. 27; 121, 1. 2. 5. 6. 19. 24. 28. 32; 122, 2. 4; 123, 4. 8. 19; 124, 6. 8; 125, 8. 14. 18. 19. 21. 23. 25. 27. 29. 43; 126, 8; 127, 2. 5. 27. 33; 131, 27; 133, 9. 12; 162, 4; 166, 10

Ἀδαμιαία — Cant. 121, 20

Ἄζωτος urbs Palestinae — Cant. 106, 19

Ἀθανάσιος ὁ μέγας — *De partic.* 4, 33; 5, 30. 46. 47. 64. 67. 70. 74; 9, 30; 13, 37; 14, 44; *Sol.* 9, 6; 13, 9; Cant. 4, 1; 5, 1; 13, 23; 22, 20; 26, 9; 35, 2; 36, 2; 39, 3; 40, 1; 65, 1; 87, 8. 10; 153, 1

Ἅιδης — *De lum.* 6, 21; Cant. 24, 152; 127, 14

Ἀλεξάνδρεια — *De lum.* 8, 40; *Sol.* 14, 16

Ἀλεξανδρεύς — Cant. 66, 1

Ἀμφιλόχιος Iconiensis — *De partic.* 5, 107

Ἀναστάσιος Σιναΐτης — *De lum.* 8, 46; Cant. 69, 1; 72, 2; 119, 27; 132, 1; 133, 18. 39; 147, 5

Ἀνδρέας ὁ Κρήτης — *De lum.* 8, 14; Cant. 148, 6

Ἀντιόχεια — *De lum.* 8, 47; Cant. 147, 5

Ἀπολινάριος hereticus — Cant. 90, 25

Ἀργυρός (vide etiam Ἰσαὰκ μοναχός) — *Sol.* tit.; Cant. Prol. 2; Cant. tit.

Ἀρειανός — *De partic.* 4, 39; 13, 37; 14, 30; Cant. 13, 24

Ἄρειος — *De partic.* 5, 30. 45. 47. 62. 66. 68. 72; 9, 30; *Sol.* 13, 10. 11; Cant. 59, 10; 90, 24

Ἀρεοπαγίτης (vide etiam Διόνυσιος Ἀρεοπαγίτης) — *De partic.* 4, 4

Ἀρχιμήδης — Cant. 29, 17

Βαβυλών — Cant. 10, 2; 106, 17

Βαρλαάμ Calabrus — Cant. 137, 3

# INDEX LOCORVM SACRAE SCRIPTVRAE

## VETVS TESTAMENTVM

## NOVVM TESTAMENTVM

# INDEX LOCORVM LAVDATORVM VEL PARALLELORVM
# E FONTIBVS THEOLOGICIS ET PROFANIS PRIORIBVS

Andron. Camat., *Floril.*

Andronicus Camaterus, *Florilegium*, ed. A. Bucossi, *Andronici Camateri Sacrum armamentarium. Pars prima* (*CCSG* 75), Turnhout, 2014

 60, 1-7 (p. 136)       *De partic.* 4, 34/39

Anast. Ant., *De orth. fid.*

Anastasius Antiochenus, *De orthodoxa fide* (*CPG* 6944), ed. S. N. Sakkos, Ἀναστασίου Αʹ Ἀντιοχείας, Ἅπαντα τὰ σῳζόμενα γνήσια ἔργα, Thessalonike, 1976

 II, 3-4 (p. 43, 2-4 et 6-7)    Cant. 69, 2/6; 70, 2/7. 8/13. 16
 II, 5 (p. 43, 16-20)     Cant. 69, 6/10; 71, 3/9; 72, 3/8
 II, 6 (p. 43, 30-31)     Cant. 69, 10/12; 70, 15/16; 73, 3/8

Anast. Sin., *In transf.*

Anastasius Sinaita, *Oratio in transfigurationem* (*CPG* 7753), ed. A. Guillou, *Le monastère de le Théotokos au Sinai. Origines, Épiclèse; Mosaïque de la Tranfiguration; Homélie inédite d'Anastase le Sinaite sur la Transfiguration (Étude et texte critique)*, Mélanges d'Archéologie et d'Histoire 67 (1955), p. 237-257 *PG* 89, 1362-1376

 p. 241, 5-8, 11-13; p. 239, 12-14   *De lum.* 8, 47/57
 p. 253, 7-15       Cant. 132, 1/12; 133, 20/24. 26/39
 1368B         Cant. 147, 6/12. 15/16. 26. 29/32.
           34/36; 148, 2/3

Anast. Sinait., *Viae dux*

Anastasius Sinaita, *Viae dux* (*CPG* 7745), ed. K.-H. Uthemann, *Anastasii Sinaitae Viae dux,* (*CCSG* 8), Turnhout, 1981

 13, 8, 61-63 (p. 245)    Cant. 119, 32/37; 133, 11/12
 13, 8, 62-65 (p. 245)    Cant. 122, 6

Andr. Cret., *Canon magnus*

Andreas Cretensis, *Canon magnus* (*CPG* 8219), *PG* 97, 1329-1378

 1337A        *De lum.* 8, 14/16

Andr. Cret., *In transf.*

Andreas Cretensis, *In transfigurationem* (*CPG* 8176), ed. *PG* 97, 932-957

 932C-933A      Cant. 148, 7/11
 933A        Cant. 148, 18/21; 149, 7/12
 933B        Cant. 148, 11/14
 933C        Cant. 148, 21/25
 936CD       Cant. 148, 14/18
 948AB       Cant. 148, 25/29; 149, 14/18
 949BC       Cant. 148, 29/38; 149, 22/27; 150,
           3/4. 12/13; 151, 2/8; 152, 3/9

Aristoph., *Lys.*
>  Aristophanes, *Lysistrata*
>  >  1240                               Cant. 83, 16/17

Athan. Alex., *Epist. ad Serap.*
>  Athanasius Alexandrinus, *Epistulae quattuor ad Serapionem* (*CPG* 2094), ed. K. SAVVIDIS, *Athanasius Werke*, Erster Band, Erster Teil. *Die dogmatischen Schriften* 4. Lieferung. *Epistulae I-IV ad Serapionem*, Berlin – New York, 2010
>  >  I, 23, 34-36 (p. 509-510)        *De partic.* 5, 43/45
>  >  I, 27, 7-11 (p. 518)             *De partic.* 4, 34/39
>  >  III, 4, 1-8 (p. 571)             Cant. 4, 2/9. 15/16; 26, 10

Athan. Alex., *Or. contra Arian.*
>  Athanasius Alexandrinus, *Orationes contra Arianos* I-III (*CPG* 2093), ed. K. METZLER – K. SAVVIDIS, *Athanasius Werke*, Erster Band, Erster Teil. *Die dogmatischen Schriften* 2. Lieferung. *Orationes I et II contra Arianos*, Berlin – New York, 1998
>  >  1, 45, 6 (p. 155)               *De partic.* 9, 30/43; 10, 1/2
>  >  2, 18, 1-4 (p. 194)             *De partic.* 14, 45/49
>  >  2, 45, 4-8 (p. 221-222)         Cant. 13, 24/30
>  >  2, 75, 19-22 (p. 253)           Cant. 40, 3/8
>  >  2, 76, 7-9 (p. 253)             Cant. 40, 8/11
>  >  2, 77, 1-3 (p. 254)             Cant. 40, 11/15
>  >  2, 78, 3-9 (p. 255)             *De partic.* 13, 37/46
>  >  2, 78, 11-16 (p. 255-256)       *De partic.* 13, 46/53

Ps-Athan. Alex., *De incarn. verbi*
>  Ps.-Athanasius Alexandrinus, *De incarnatione Dei verbi* (*CPG* 3738), ed. *PG* 28, 89-96
>  >  4 (96AB)                        Cant. 153, 4/12; 154, 4/8. 18; 155, 2/7

Ps.-Athan. Alex., *De sanct. trin. dial.*
>  Ps.-Athanasius Alexandrinus, *De sancta trinitate dialogi V* (*CPG* 2284), ed. *PG* 28, 1116-1285
>  >  I, 12 (1136D-1137A)             *Sol.* 9, 10/18
>  >  I, 19 (1145C)                   *De partic.* 10, 4/15
>  >  I, 19 (1145D)                   Cant. 5, 1/9

Ps.-Athan. Alex., *Disput. contra Arium*
>  Ps.-Athanasius Alexandrinus, *Disputatio contra Arium* (*CPG* 2250), ed. *PG* 28, 440-501
>  >  11 (449B)                       *De partic.* 4, 40. 43/44
>  >  23 (465C)                       *Sol.* 13, 11/15
>  >  27 (473C)                       Cant. 88, 6/8
>  >  38 (489AB)                      *De partic.* 5, 31/35
>  >  38 (489D-492B)                  *De partic.* 5, 46/81

Ps.-Athan. Alex., *In annunt.*
Ps.-Athanasius Alexandrinus, *Sermo in annuntiationem sanctissimae Domi-nae nostrae Deiparae (CPG* 2268), ed. *PG* 28, 917-940

| | |
|---|---|
| 2 (920B) | Cant. 87, 11/14 |
| 8 (928CD) | Cant. 35, 4/10 |

Bas. Caes., *Adv. Eun.*
Basilius Caesariensis, *Adversus Eunomium libri I-III (CPG* 2837), ed.
B. Sesboüé – G.-M. de Durand – L. Doutreleau, *Basile de Césarée, Contre Eunome suivi de Eunome, Apologie,* v. I-II *(SC* 299, 305), Paris, 1982-1983

| | |
|---|---|
| I, 6, 44 – 7, 2 (p. 186-188) | *Sol.* 5, 16/30 |
| I, 7, 4-29 (p. 188-190) | *Sol.* 5, 32/56 |
| I, 7, 32-37 et 42-46; 8, 42-45 | |
| (p. 190-192, 192, 196) | *Sol.* 11, 11/25; 12, 3/7 |
| I, 10, 1-5 (p. 204) | *Sol.* 12, 7/16 |
| II, 28, 35-37 (p. 120) | *Sol.* 14, 7/10 |

Bas. Caes., *De fide*
Basilius Caesariensis, *De fide (CPG* 2859), ed. *PG* 31, 464-472

| | |
|---|---|
| 3 (468C) | Cant. 36, 12/15 |
| 3 (469AB) | Cant. 36, 15/22 |
| 3 (472A) | De partic. 5, 85/88. 99/106 |

Bas. Caes., *De spir. sanct.*
Basilius Caesariensis, *De spiritu sancto (CPG* 2839), ed. B. Pruche, *Basile de Césarée, Sur le Saint-Esprit (SC* 17 bis), Paris, 1968

| | |
|---|---|
| 9, 22, 30-32 (p. 324-326) | *De partic.* 5, 107/110 |
| 19, 49, 1-2 (p. 418) | Cant. 5, 22/24 |

Bas. Caes., *Epist.*
Basilius Caesariensis, *Epistulae (CPG* 2900), ed. Y. Courtonne, *Saint Basile. Lettres,* v. II, Paris, 1961

| | |
|---|---|
| 234, 3, 9-12 (p. 43) | Cant. 129, 12/14 |

Bas. Caes., *Hom. in Ps. XLIV*
Basilius Caesariensis, *Homiliae in Psalmos. In Psalmum XLIV (CPG* 2836), *PG* 29, 388-414

| | |
|---|---|
| 5 (400CD) | Cant. 135, 2/8; 136, 3/6. 7/8. 25/27; 137, 6/7. 9/10. 14/15; 138, 1; 140, 4/5. 6/8; 142, 8/11 |

Bas. Caes., *In hex.*
Basilius Caesariensis, *Homiliae in hexaemeron (CPG* 2835), ed. S. Giet, *Basile de Césarée. Homélies sur l'hexaéméron (SC* 26), Paris, 1968, p. 86-522

| | |
|---|---|
| 1, 1 (p. 90) | Cant. 51, 3/13 |
| 9, 3-6 passim (p. 488-522) | *De partic.* 22, 16/17 |

Bas. Caes., *In princ. Prov.*
    Basilius Caesariensis, *Homilia in principium Proverbiorum* (*CPG* 2856),
ed. *PG* 31, 385-424
        3 (392AB)                                *De partic.* 13, 55/65

Bas. Caes., *Quod deus non sit auct. mal.*
    Basilius Caesariensis, *Quod deus non sit auctor malorum* (*CPG* 2853), ed.
*PG* 31, 329-353
        4 (336B)                                 Cant. 14, 2/7

Ps.-Bas. Caes. (= Didym. Alex.), *Adv. Eun. IV-V*
    Ps.-Basilius Caesariensis, *Adversus Eunomium IV-V* (*CPG* 2837a), ed. *PG*
29, 672-773
        V (713A)                                 *De partic.* 5, 82/85
        V (729AB)                                *De partic.* 9, 3/7
        V (741CD)                                Cant. 2, 4/14; 3, 6/8. 12/13. 24/
                                                 26; 26, 6/9
        V (772B)                                 *De partic.* 5, 110/115; Cant. 11, 9/
                                                 17; 12, 9/14. 19. 27/28

Cosmas Melod., *Canon in transf.*
    Cosmas Melodus, *Canon in transfigurationem*, ed. W. CHRIST - M. PARA-
NIKAS, *Anthologia graeca carminum Christianorum*, Lipsiae, 1871, p. 176-180
        29-33 (p. 177)                           *De lum.* 8, 23/25

*Concilium Generale Ephesinum a. 431*
    *Concilium Generale Ephesinum anno 431* (*CPG* 8649), ed. E. SCHWARTZ,
*ACO*, I, 1/5, Berlin, 1927
        I, 1/5, p. 37, 12-20                     *De partic.* 2, 36/45

Cyrill. Alex., *Comm. in Ioh.*
    Cyrillus Alexandrinus, *Commentarii in Joannem* (*CPG* 5208), ed. P. E. PU-
SEY, *Sancti patris nostri Cyrilli archiepiscopi Alexandrini in D. Joannis evange-
lium*, II, Oxonii, 1872
        10, 14, 23 (p. 498, 11-22)               Cant. 66, 4/12; 67, 8
        10, 14, 23 (p. 498, 18)                  Cant. 67, 8

Cyrill. Alex., *De sanct. trin. dialog.*
    Cyrillus Alexandrinus, *De sancta trinitate dialogi I-VII* (*CPG* 5216), ed.
G. M. DE DURAND, *Cyrille d' Alexandrie. Dialogues sur la Trinité*, v. III (*SC*
246), Paris, 1978
        7, 639, 25-27 (p. 166)                   *De partic.* 5, 146/148

Cyrill. Alex., *In Is.*
    Cyrillus Alexandrinus, *Commentarius in Isaiam* (*CPG* 5203), ed. *PG* 70,
9-1449
        2, 1 (313C-316B                          Cant. 21, 5/37; 26, 14/15. 20/21
        2, 1 (316A)                              Cant. 7, 5/9
        5, 3 (1276B)                             *De partic.* 10, 29/35; Cant. 6, 32

Cyrill. Alex., *In Mt. fragm.*
Cyrillus Alexandrinus, *Commentarii in Matthaeum* (*CPG* 5206), ed.
J. REUSS, *Matthäus-Kommentare aus der griechischen Kirche* (*TU* 61), Berlin,
1957

| | |
|---|---|
| 198, 1-5 (p. 218) | *De lum.* 8, 41/46 |

Cyrill. Alex., *Thes.*
Cyrillus Alexandrinus, *Thesaurus de sancta et consubstantiali trinitate*
(*CPG* 5215), ed. *PG* 75, 9-656

| | |
|---|---|
| 5 (65B) | Cant. 85, 12/15 |
| 5 (65CD) | Cant. 85, 2/5. 6/12 |
| 5 (68B) | Cant. 85, 15/20 |
| 5 (68C) | Cant. 85, 21/22 |
| 5 (69A) | Cant. 85, 22/24 |
| 6 (73C) | *De partic.* 4, 23/29 |
| 14 (236B-237B) | Cant. 78, 2/12 |
| 34 (585C) | *De partic.* 4, 30/33; 5, 143/146 |
| 34 (592C) | *De partic.* 5, 149/152 |
| 34 (597A) | *De partic.* 6, 34/41 |
| 34 (601B) | *De partic.* 5, 152/156 |
| 34 (605A) | *De partic.* 5, 157/163 |
| 34 (608C) | *De partic.* 6, 12/15 |
| 34 (609D) | *De partic.* 5, 164 / 6, 1 |
| 34 (609D-612A) | *De partic.* 6, 19/27 |
| 34 (612AB) | *De partic.* 6, 15/19 |

Didym. Alex., *Comm. in Iob in cat.*
Didymus Alexandrinus, *Commentaria in Iob in catenis* (*CPG* 2553), ed. *PG*
39, 1120-1153

| | |
|---|---|
| 1120C | *De partic.* 17, 8/14 |

Ps.-Dion. Areop., *De coel. hier.*
Ps.-Dionysius Areopagita, *De coelesti hierarchia* (*CPG* 6600), ed. G. HEIL –
A. M. RITTER, *Pseudo-Dionysius Areopagita, De coelesti hierarchia, De ecclesias-
tica hierarchia, De mystica theologia, Epistulae* (*PTS* 36, *Corpus Dionysiacum* II)
Berlin, 1991, p. 7-59

| | |
|---|---|
| 7, 1 (p. 28, 2-12) | Cant. 48, 9/21 |
| 7, 1 (p. 27, 8-12) | Cant. 48, 4/9 |
| 7, 2 (p. 28, 18-22) | Cant. 48, 21/26 |
| 7, 2 (p. 29, 9-24) | Cant. 48, 26/44 |
| 7, 3 (p. 30, 1-4) | Cant. 48, 44/48 |
| 7, 3 (p. 30, 17-22) | Cant. 48, 48/55 |
| 7, 4 (p. 31, 6-9) | Cant. 48, 55/60 |
| 12, 3 (p. 43, 16-19) | *De partic.* 12, 17/21 |

Ps.-Dion. Areop., *De div. nom.*
Ps.-Dionysius Areopagita, *De divinis nominibus* (*CPG* 6602), ed. B. SUCHLA,
*Pseudo-Dionysius Areopagita, De divinis nominibus* (*PTS* 33, *Corpus Dionysia-
cum* I), Berlin, 1990

| | |
|---|---|
| 1, 3 (p. 111, 5) | Cant. 43, 17/18 |

| | |
|---|---|
| 1, 5 (p. 116, 10-13) | Cant. 49, 1/6 |
| 1, 6 (p. 118, 11) | *Sol.* 6, 2/20 |
| 2, 5 (p. 129, 4-11) | *De partic.* 4, 5/14 |
| 3, 2 (p. 139, 17-20) | Cant. 45, 7 |
| 4, 7-8 (p. 153, 1-5) | Cant. 45, 9/13. 14/19. 37/42; 46, 1/15; 47, 1 |
| 4, 14 (p. 160, 8-14) | Cant. 46, 18/30 |
| 4, 23 (p. 172, 2-6) | Cant. 120, 20/25 |
| 5, 1-5 (p. 181, 1 – 184, 16) | *De partic.* 20, 16/112; 23, 20/21 |
| 5, 8 (p. 188, 6-10) | *De partic.* 11, 6/10 |
| 5, 9 (p. 188, 11-17) | *De partic.* 11, 25/33 |
| 7, 1 (p. 194, 20 – 195, 2) | *De partic.* 13, 66/68; 14, 2 |
| 7, 3 (p. 197, 21-22) | *De partic.* 11, 21/22 |
| 9, 3 (p. 209, 2-6) | *De partic.* 5, 131/135 |
| 11, 6 (p. 222, 13 – 223, 3) | *De partic.* 13, 22/29 |
| 13, 3 (p. 229, 6-7) | Cant. 104, 2/4 |

Ps.-Dion. Areop., *De eccl. hier.*

Ps.-Dionysius Areopagita, *De ecclesiastica hierarchia* (*CPG* 6601), ed. G. Heil – A. M. Ritter, *Pseudo-Dionysius Areopagita, De coelesti hierarchia, De ecclesiastica hierarchia, De mystica theologia, Epistulae* (PTS 36, *Corpus Dionysiacum* II) Berlin, 1991, p. 63-132

| | |
|---|---|
| 1, 3 (p. 66, 12-13) | *De partic.* 13, 1/2 |

Ps.-Dion. Areop., *De myst. theol.*

Ps.-Dionysius Areopagita, *De mystica theologia* (*CPG* 6603), ed. G. Heil – A. M. Ritter, *Pseudo-Dionysius Areopagita, De coelesti hierarchia, De ecclesiastica hierarchia, De mystica theologia, Epistulae* (PTS 36, *Corpus Dionysiacum* II) Berlin, 1991, p. 141-150

| | |
|---|---|
| 5 (p. 149, 9 – 150, 1) | Cant. 104, 6 |

Ps.-Dion. Areop., *Epist.*

Ps.-Dionysius Areopagita, *Epistulae II* (*CPG* 6605), ed. G. Heil – A. M. Ritter, *Pseudo-Dionysius Areopagita, De coelesti hierarchia, De ecclesiastica hierarchia, De mystica theologia, Epistulae* (PTS 36, *Corpus Dionysiacum* II) Berlin, 1991, p. 158

| | |
|---|---|
| 2 (p. 158, 4-5) | *De partic.* 12, 14/15 |

Epiph. Cypr., *Floril. Vat.*

Epiphanius Cyprensis, *Florilegium antipalamiticum codicis Vaticani graeci* 604, f. 3-5ᵛ, citatum apud Greg. Acind., *Ref. magn.*

| | |
|---|---|
| f. 4, *Ref. magn.* 3, 70, 34-38 (p. 272) | *De partic.* 13, 7/11 |

Eustath. Thess., *Comm. in Il.*

Eustathius Thessalonicensis, *Commentarii in Iliadem*, ed. M. van der Valk, *Eustathii archiepiscopi Thessalonicensis Commentarii ad Homeri Iliadem pertinentes*, II, *commentarios ad libros E-I complectens*, Lugduni Batavorum, 1976

| | |
|---|---|
| II, p. 420, 8 | Cant. 79, 4 |

Euthym. Zygaben., *Pan. dogm.*
Euthymius Zygabenus, *Panoplia Dogmatica*, ed. *PG* 130, 33-1360
    3 (128B)                                *De partic.* 13, 22/29

Gelas. Cyz., *Hist. eccles.*
Gelasius Cyzicenus, *Historia ecclesiastica* (*CPG* 6034), ed. G. C. HANSEN, *Anonyme Kirchengeschichte (Gelasius Cyzicenus, CPG 6034)* (*GCS* Neue Folge 9), Berlin – New York, 2002
    2, 17, 12 (p. 58, 5-7)             *De partic.* 14, 17/19
    2, 17, 15 (p. 58, 18-19)          *De partic.* 14, 20/21
    2, 20, 7 (p. 67, 32-68, 2)        *De partic.* 14, 22/25

Greg. Naz., *Epist. theol. 101*
Gregorius Nazianzenus, *Epistula theologica 101* (*CPG* 3032), ed. P. GALLAY – M. JOURJON, *Grégoire de Nazianze, Lettres théologiques (SC* 208), Paris, 1974, p. 36-68
    25-29 (p. 46-48)                   Cant. 100, 2/14; 101, 4/6. 14/27;
                                       103, 9/11. 13/14
    28-29 (p. 48)                      Cant. 166, 23

Greg. Naz., *Or. 23*
Gregorius Nazianzenus, *Oratio* 23 (*CPG* 3010), ed. J. MOSSAY – G. LAFONTAINE, *Grégoire de Nazianze, Discours 20-23* (*SC* 270), Paris, 1980, p. 280-311
    11, 20-22 (p. 302-304)            *De partic.* 4, 20/22

Greg. Naz., *Or. 29*
Gregorius Nazianzenus, *Oratio* 29 (*CPG* 3010), ed. P. GALLAY – M. JOURJON, *Grégoire de Nazianze, Discours 27-31* (*SC* 250), Paris, 1978, p. 176-224
    1, 4-6 (p. 176)                   *De lum.* 5, 3/6
    18, 21-25 (p. 216)               *De lum.* 10, 27/32

Greg. Naz., *Or. 30*
Gregorius Nazianzenus, *Oratio* 30 (*CPG* 3010), ed. P. GALLAY - M. JOURJON, *Grégoire de Nazianze, Discours 27-31* (*SC* 250), Paris, 1978, p. 226-274
    4, 1-21 (p. 230-232)             *De partic.* 14, 30/44

Greg. Naz., *Or. 31*
Gregorius Nazianzenus, *Oratio* 31 (*CPG* 3010), ed. P. GALLAY – M. JOURJON, *Grégoire de Nazianze, Discours 27-31* (*SC* 250), Paris, 1978, p. 276-342
    29, 12-14 (p. 332)               Cant. 5, 33/37
    29, 14-18 (p. 334)               *De partic.* 9, 23/25. 28/29
    29, 14-20 (p. 334)               6, 5/10. 11/13. 30/31; 7, 11; 10, 19/
                                     21; 13, 329, 15 (p. 334)
                                     Cant. 18, 22/23
    29, 18-23 (p. 334)               *De partic.* 5, 136/142

Greg. Naz., *Or. 32*
Gregorius Nazianzenus, *Oratio* 32 (*CPG* 3010), ed. C. MORESCHINI, *Grégoire de Nazianze, Discours 32-37* (*SC* 318), Paris, 1985, p. 82-154
    18, 3-12 (p. 122)               Cant. 99, 4/14; 101, 2/4. 7/10

H. Langerbeck, *Gregorii Nysseni, In Canticum canticorum* (*GNO* VI), Leiden, 1960

    2 (p. 68, 10-17)               *De partic.* 6, 42/49

Ioh. Beccus, *De process. spir. sanct.*
    Iohannes Beccus, *De processione spiritus sancti*, ed. *PG* 141, 157-276
        2 (241A)               Cant. 8, 21/22

Ioh. Chrys., *Ad Theod. lapsum*
    Iohannes Chrysostomus, *Ad Theodorum lapsum libri I-III* (*CPG* 4305), ed.
J. Dumortier, *Jean Chrysostome, À Théodore* (*SC* 117), Paris, 1966
        11, 51-61 (p. 140)        *De lum.* 8, 30/40

Ioh. Chrys., *De mut. nom.*
    Iohannes Chrysostomus, *De mutatione nominum, homiliae I-IV* (*CPG* 4372), ed. *PG* 51, 113-156
        II, 4 (129, 55 – 130, 3)    *De lum.* 8, 8/13

Ioh. Chrys., *Exp. in Ps. XLIV*
    Iohannes Chrysostomus, *Expositio in Psalmum XLIV* (*CPG* 4413), ed. *PG* 55, 182-203
        2 (185, 53-54)          Cant. 38, 2/3
        2 (185, 23-28)          Cant. 38, 3/8
        2 (185, 55 – 186, 8)    Cant. 38, 8/13; 39, 7
        2 (186, 47-50)          Cant. 38, 13/14
        2 (186, 13-14)          Cant. 38, 14/15
        2-3 (186, 47-50)        Cant. 38, 14/17; 39, 10
        3 (186, 26-34)          Cant. 38, 17/25

Ioh. Chrys., *In Ioh.*
    Iohannes Chrysostomus, *In Iohannem homiliae I-LXXXVIII* (*CPG* 4425), ed. *PG* 59, 23-482
        30, 2 (174, 3-18)        Cant. 84, 4/16
        43, 1 (246, 18-20)      Cant. 129, 9/12

Ps.-Ioh. Chrys., *De spirit. sanct.*
    Ps-Iohannes Chrysostomus, *De spiritu sancto* (*CPG* 4188), ed. *PG* 52, 813-826
        1-2 (815, 23-41)       Cant. 23, 4/18
        3 (817, 13-57)          Cant. 23, 19/55
        4-5 (819, 30 – 820, 10)   Cant. 23, 55 / 24, 24
        5-6 (820, 33-69)      Cant. 24, 24/55
        6 (821, 35-37)          Cant. 22, 28/30. 35/36
        6-7 (821, 21 – 822, 46)   Cant. 24, 55/141; 26, 16. 17. 18.
                                  22/23. 26/27
        10-11 (825, 61 – 826, 84)  Cant. 24, 141 / 25, 60; 26, 24/26

Ps.-Ioh. Chrys., *Hom. de Eutr.*
    Ps-Iohannes Chrysostomus, *Homilia de capto Eutropio* (*CPG* 4528), ed. *PG* 52, 395-414

| | |
|---|---|
| 404, 50 – 405, 15 | Cant. 145, 10/24; 146, 4/5. 7/8 |
| 405, 9-15 | Cant. 102, 22/25 |

Ps.-Ioh. Chrys., *In transf.*

Ps-Iohannes Chrysostomus, *In transfigurationem domini* (*CPG* 4724 et 7899), ed. M. SACHOT, *L'homélie pseudo-chrysostomienne sur la Transfiguration CPG 4724, BHG 1975. Contextes liturgiques. Restitution à Léonce, prêtre de Constantinople. Édition critique et commentée. Traduction et études connexes*, Frankfurt am Main – Bern, 1981

| | |
|---|---|
| 8, 3-10 (p. 314) | Cant. 141, 14/19; 142, 1/2 |
| 8, 5-6 (p. 314) | Cant. 141, 19/21 |
| 9, 6-10, 13 (p. 316-318) | Cant. 135, 3/5 ; 139, 4/23; 140, 1/13 |
| 10, 21-21 (p. 318-320) | Cant. 141, 21/25; 142, 19/23 |
| 12, 17-19 (p. 324) | Cant. 141, 25/31; 143, 5/8 |

Ioh. Dam., *De imag.*

Iohannes Damascenus, *De imaginibus orationes tres* (*CPG* 8045), ed. B. KOTTER, *Die Schriften des Iohannes von Damascus*, III (*PTS* 17), Berlin, 1975

| | |
|---|---|
| 3, 26, 51-59 (p. 134) | *De partic.* 6, 60/67 |

Ioh. Dam., *Dialect.*

Iohannes Damascenus, *Dialectica* (*CPG* 8041), ed. B. KOTTER, *Die Schriften des Johannes von Damascos*, I (*PTS* 7), Berlin, 1969, p. 51-146

| | |
|---|---|
| Prooem. 43-45 (p. 52) | *Sol.* 2, 18/20 |
| 1, 52-57 (p. 54) | *Sol.* 2, 20/25 |
| 37, 29-33 (p. 105) | *Sol.* 2, 27/32; 3, 5/11. 15. 25 |

Ioh. Dam., *Exp. fid.*

Iohannes Damascenus, *Expositio fidei* (*CPG* 8043), ed. B. KOTTER, *Die Schriften des Johannes von Damascos*, II (*PTS* 12), Berlin, 1973

| | |
|---|---|
| 2, 32-36 (p. 9-10) | *De partic.* 4, 15/19 |
| 8, 67-70 (p. 21) | Cant. 13, 17/22 |
| 8, 223-244 (p. 28) | *Sol.* 7, 12/38; 8, 20 |
| 8, 249-251 (p. 29) | *Sol.* 7, 39/41; 8, 9/10 |
| 48, 38-40 (p. 117) | *De partic.* 2, 17/19 |
| 51, 57-60 (p. 126) | *De partic.* 2, 19/23 |

Ioh. Dam., *In transf.*

Iohannes Damascenus, *Oratio in transfigurationem domini* (*CPG* 8057), ed. B. KOTTER, *Die Schriften des Johannes von Damaskos*, V (*PTS* 29), Berlin, 1988, p. 419-459

| | |
|---|---|
| 2, 1-2 (p. 437) | Cant. 131, 20/21; 156, 4/6; 161, 3/5 |
| 2, 33-40 (p. 438) | Cant. 156, 6/13 |
| 2, 38-39 (p. 438) | *De lum.* 10, 9 |
| 3, 22-23 (p. 439) | Cant. 106, 4 |
| 3, 22-25 (p. 439) | Cant. 156, 10/15; 161, 8/15. 16/18; 162, 9; 163, 1/2 |
| 7, 28-29 (p. 445) | Cant. 156, 16/17 |
| 7, 32-33 (p. 445) | Cant. 156, 17/18; 164, 6/12 |

| | |
|---|---|
| 8, 18-20 (p. 446) | Cant. 156, 18/20; 164, 6/12 |
| 8, 27-29 (p. 447) | Cant. 156, 20/23 |
| 9, 7-10 (p. 447) | Cant. 131, 19; 156, 23/27; 165, 1/9 |
| 12, 2-5 (p. 449) | Cant. 157, 1/4; 165, 10/13; 166, 4. 11/13. 16/17 |
| 12, 4-5 (p. 449) | Cant. 110, 8/9 |
| 12, 9-11 et 15/13 (p. 450) | Cant. 157, 4/16; 166, 17/21; 167, 6/10; 169, 15/16 |
| 13, 8 et 10-15 (p. 450-451) | Cant. 157, 16/24; 167, 15/18. 19/29 |
| 13, 16-22 (p. 451) | Cant. 131, 20/21; 136, 18/21; 158, 1/8; 166, 11/13; 168, 13/14. 26/35; 169, 6/8 |
| 13, 20 (p. 451) | Cant. 110, 8/9 |
| 13, 26-32 (p. 451) | Cant. 159, 1/7; 168, 15/16; 169, 16/22 |
| 16, 7-8, 10-11, 13-14 (p. 454) | Cant. 168, 17/20 |

Ioh. Philopon., *Comm. In Arist Phys.*

Iohannes Philoponus, *In Aristotelis Physicorum libros commentaria*, ed. H. VITELLI, *Ioannis Philoponi in Aristotelis Physicorum libros octo commentaria*, I-II (*CAG* 16-17), Berolini, 1887-1887

| | |
|---|---|
| p. 720, 29-31 | *Sol.* 3, 19/26 |

Iulian. imper., *Epist.*

Iulianus Imperator, *Epistulae*, ed. J. BIDEZ, *L'empereur Julien. Oeuvres completes*, II, Paris, 1960[2]

| | |
|---|---|
| 157 (p. 9-11) | Cant. 12, 3/4 |

Ps.-Iustin. Phil., *Exp. rect. conf.*

Ps.-Iustinus Philosophus, *Expositio rectae confessionis*, ed. J. T. C. OTTO, *Corpus apologetarum christianorum saeculi secondi* , IV, Ienae, 1880[3], p. 1-66

| | |
|---|---|
| 13, 8-9 (p. 44-46) | *De partic.* 4, 61/67 |
| 17, 2-9 (p. 54) | *De partic.* 4, 68/85 |
| 17, 21 (p. 56) | *De partic.* 4, 85/88 |

Karathanasis

D. K. KARATHANASIS, *Sprichwörter und sprichwörtliche Redensarten des Altertums in den rhetorischen Schriften des Michael Psellos, des Eustathios und des Michael Choniates sowie in anderen rhetorischen Quellen des XII. Jahrhunderts*, München, 1936

| | |
|---|---|
| no. 191 | *De partic.* 16, 4/5 |
| no. 210 | Cant. 106, 6 |

LITURGICA

MR

Μηναῖα τοῦ ὅλου ἐνιαυτοῦ, VI, ἐν Ρώμῃ, 1901

| | |
|---|---|
| VI, 335 | *De lum.* 8, 18/22. 25/28 |
| VI, 340 | Cant. 131, 1/5. 16/17. 23/24. 28/29 |
| VI, 344 | Cant. 166, 6/9 |

*PaR*

Παρακλητικὴ ἤτοι Ὀκτώηχος ἡ μεγάλη, ἐν Ρώμῃ, 1885
277                                        *De partic.* 6, 57/59

Max. Conf., *Ad Thalass.*

Maximus Confessor, *Quaestiones ad Thalassium* (*CPG* 7688), ed. C. Laga –
C. Steel, *Maximi Confessoris Quaestiones ad Thalassium*, I-II. (*CCSG* 7 et 22),
Turnhout, 1980-1990

| | |
|---|---|
| 29, 12-21 (I, p. 211) | *De partic.* 10, 37/46 |
| 29, 22-30 (I, p. 211) | *De partic.* 10, 47/54 |
| 54, 86-91 (I, p. 447) | *De partic.* 10, 57/62 |
| 54, 309-311 (I, p. 461) | *De partic.* 15, 109/122 |
| 54, 358-360 (I, p. 463) | Cant. 20, 3/6 |
| 54, schol. 21, 172-182 (I, p. 477) | *De partic.* 15, 109/122; 16, 3/4 |
| 54, schol. 25, 207-212 (I, p. 479) | Cant. 20, 6/11 |
| 60, 117-119 (II, p. 79) | *De partic.* 13, 12/14 |
| 61, 2-3 (II, p. 85) | Cant. 37, 1/2 |
| 61, 109-131 (II, p. 91) | *De partic.* 10, 63/83 |
| 61, 292-297 (II, p. 101) | Cant. 37, 2/6 |
| 61, schol. 8, 41-45 (II, p. 109) | *De partic.* 13, 31/36 |
| 61, schol. 14, 71-73 (II, p. 111) | Cant. 37, 6/8 |
| 61, schol. 15, 80-84 (II, p. 111) | Cant. 36, 4/11 |
| 63, 140-175 (II, p. 153-155) | Cant. 19, 6/38; 26, 11/14; 63, 1/33 |

Max. Conf., *Ambig. ad Ioh.*

Maximus Confessor, *Ambiguorum ad Iohannem liber* (*CPG* 7705), ed.
N. Constas, *Maximos the Confessor, On Difficulties in the Church Fathers. The
Ambigua*, I-II (*Dumbarton Oaks Medieval Library*), Cambridge, Massachusetts –
London, 2014

| | |
|---|---|
| 10, 64 (p. 254) | Cant. 111, 7/9; 113, 2/16; 114, 19; 115, 2/13; 116, 3. 4 |
| 10, 95-97 (p. 300-304) | *De partic.* 15, 64/80 |
| 10, 99 (p. 306-308) | *De partic.* 15, 55/64 |

Max. Conf., *Cap. quinq. cent. cent.*

Maximus Confessor, *Capita quinquies centenorum centuriae* (*CPG* 7695),
ed. *PG* 90, 1177-1185

| | |
|---|---|
| I, 7 (1180C-1181A) | *De partic.* 5, 115/124 |

Max. Conf., *Cap. theol. et oec.*

Maximus Confessor, *Capita theologica et oeconomica* (*CPG* 7694), ed.
*PG* 90, 1084-1173

| | |
|---|---|
| 1, 1 (1084A) | Cant. 111, 9/10 |
| 1, 49 (1101A) | Cant. 83, 3/5; 86, 3/4. 13/14. 21 |
| 1, 50 (1101AB) | *De partic.* 13, 16/19 |
| 1, 50 (1101B) | *De partic.* 13, 19/21 |
| 2, 13 (1129C-1132A) | Cant. 116, 7/22; 117, 3/17 |
| 2, 86 (1165AB) | Cant. 64, 1/14 |

| | |
|---|---|
| 2, 90 (1168C) | Cant. 62, 1/9; 65, 12/16 |
| 2, 93 (1169A) | Cant. 62, 6/7 |

Ps.-Max. Conf., *De adventu domini*
Ps.-Maximus Confessor, *De adventu domini* (*CPG* 7707, 28), ed. S. L. Epi-
fanovič, *Materialy k izučeniju i tvorenij prep. Maksima Ispovednika*, Kiev, 1917,
p. 82-83

| | |
|---|---|
| p. 82-83 | *De partic.* 6, 50/56 |

Ps.-Max. Conf., *Diversa cap. ad theol. et oec. spect.*
Ps.-Maximus Confessor, *Diversa capita ad theologiam et oeconomiam spec-
tantia deque virtute et vitio* (*CPG* 7715), ed. *PG* 90, 1177-1389

| | |
|---|---|
| 1, 96 (1220B) | *De partic.* 10, 37/46 |
| 1, 97 (1220C) | *De partic.* 10, 47/54 |
| 2, 12 (1225B) | Cant. 66, 31/32; 91, 1/3 |
| 3, 29 (1272B) | *De partic.* 10, 57/62 |
| 3, 43 (1276BC) | *De partic.* 15, 109/122 |
| 3, 43 (1280A) | Cant. 20, 3/6 |
| 4, 44 (1324C-1325A) | *De partic.* 10, 63/83 |

Ps.-Max. Conf. (= Ioh. Scythop.), *Scholia in librum De div. nom.*
Ps.-Maximus Confessor (= Iohannes Scythopolitanus) (*CPG* 6852), *Scholia
in librum De divinis nominibus*, ed. B. R. Suchla (*PTS* 62, *Corpus Dionysia-
cum* IV/1), Berlin – Boston, 2011

| | |
|---|---|
| 111, 17 (p. 129, 3-8) | *De partic.* 5, 125/129 |
| 309, 13-15 (p. 314 in app. crit.) | *De partic.* 22, 1/5 |
| 309, 18 – 312, 15 | |
| (p. 314, 1 – 317, 5) | *De partic.* 22, 5/36 |
| 309, 43-44 (p. 315, 11 – 316, 1) | *De partic.* 13, 3/5 |
| 312, 15-27 (p. 317 in app. crit.) | *De partic.* 22, 37/46 |
| 312, 28 – 313, 7 | |
| (p. 317, 6 – 319, 8) | *De partic.* 22, 47/75 |
| 313, 8-26 (p. 319 in app. crit.) | *De partic.* 22, 76/86; 23, 20/21 |
| 313, 28 – 316, 23 | |
| (p. 320, 1 – 323, 4) | *De partic.* 22, 87/137 |
| 316, 24-27 (p. 323 in app. crit.) | *De partic.* 22, 138/140 |
| 316, 39-45 (p. 323 in app. crit.) | *De partic.* 22, 141/146 |
| 316, 46 – 317, 40 | |
| (p. 324, 1 – 326, 11) | *De partic.* 22, 147/183 |
| 317, 41 – 320, 3 | |
| (p. 327 in app. crit.) | *De partic.* 22, 184/197 |
| 320, 4-10 (p. 327, 1-6) | *De partic.* 22, 198/203 |
| 329, 44-45 (p. 341, 6-7) | *De partic.* 11, 36/38 |
| 353, 19 (p. 373, 2-4) | *De partic.* 11, 11/16. 18/20 |
| 404, 5-18 (p. 439, 1-12) | *De partic.* 23, 29/31 |

Niceph. Patr., *Antirrh. contra Euseb.*
Nicephorus Patriarcha, *Antirrheticus contra Eusebium*, ed. J. B. Pitra, *Spi-
cilegium Solesmense complectens Sanctorum Patrum scriptorumque ecclesiastico-
rum anecdota hactenus opera*, I, Parisiis, 1852, 373-503

| Epist. Euseb. 3-4 (col. 384, 10-24) | De lum. 3, 5/14 |
| Epist. Euseb. 5 (col. 385, 10-13) | De lum. 4, 7/9 |
| 20-21 (col. 405, 15 – 406, 7) | De lum. 3, 17/30 |
| 21 (col. 408, 2-30) | De lum. 9, 5/24 |
| 26 (col. 414, 23-31) | De lum. 3, 31/35 |
| 26 (col. 415, 30-36) | De lum. 4, 10/16 |
| 26 (col. 421, 12 – 422, 4) | De lum. 4, 24/41; 7, 9 |

Paul. monach., *Everget.*
Paulus Monachus, *Evergetinos*, ed. I. BAKOPOULOS, Εὐεργετινός, ἤτοι συναγωγὴ τῶν θεοφθόγγων ῥημάτων καὶ διδασκαλιῶν τῶν θεοφόρων καὶ ἁγίων πατέρων ἀπὸ πάσης γραφῆς θεοπνεύστου συναθροισθεῖσα οἰκείως τε καὶ προσφόρως ἐκτεθεῖσα παρὰ Παύλου τοῦ ὁσιωτάτου μοναχοῦ, IV, Athens, 2001[7]

    4, 21, 2-4 (p. 364)          De partic. 6, 69/84

Phot., *Bibl.*
Photius Patriarcha Constantinopolitanus, *Bibliotheca*, ed. R. HENRY, *Photius. Bibliothèque*, IV (*"Codices" 223-229*), Paris, 1965

    230, 279b12-19, 26-41 et 289a4-30
    (p. 44-46)          Sol. 14, 20/66; 15, 12. 19

Photius Patr., *Amph.*
Photius Patriarcha Constantinopolitanus, *Epistulae et Amphilochia*, ed. L. G. WESTERINK, *Photii patriarchae Constantinopolitani Epistulae et Amphilochia*, IV (*BSGRT*), Leipzig, 1986

    75, 37-38 (p. 87-88)          De partic. 4, 89/127

Plat., *Resp.*
Plato, *Respublica*
    550D          Cant. 154, 1

Proclus, *In sanct. Steph.*
Proclus Constantinopolitanus, *In sanctum Stephanum* (*CPG* 4600), ed. *PG* 59, 699-702

    701, 46 – 702, 4, 13-28, 35-37, 39-41, 44-50
              Cant. 107, 1 in app. crit.

Simplic., *In Phys.*
Simplicius, *In Aristotelis Physicorum libros commentaria*, ed. H. DIELS, *Simplicii in Aristotelis Physicorum libros octo commentaria*, I-II (*CAG* 9-10), Berolini, 1882-1895

    p. 1110, 4-5          Cant. 29, 18

*Synax. Eccl. Constant.*
*Synaxarium ecclesiae Constantinopolitanae*, ed. H. DELEHAYE, *Synaxarium ecclesiae Constantinopolitanae* (*e codice Sirmondiano nunc Berolinensi*), *Propylaeum ad Acta Sanctorum Novembris* 62, Brussels, 1902

    col. 865, 38 – 866, 38          Cant. 106, 19/20

col. 893, 11-18                    Cant. 106, 13/15

*Synod. Gener. VI, Constantinop. III, a. 680/1*
    Synodus Generalis VI, Constantinopolitana III, Anno 680/1 (*CPG* 9423 et 9430), ed. J. D. Mansi, *Sanctorum Conciliorum Nova et Amplissima Collectio* XI, Florence 1765
        Agath. Pap., *Epistula* I (272CD)    Cant. 76, 3/9
        Sophron. Hieros., *Synodic.* (481CD)  Cant. 76, 10/17
        Sophron. Hieros., *Synodic.*
        (481E-484C)                Cant. 76, 18/49

Thalass., *Cent.*
    Thalassius Abbas, *Centuriae iv de caritate et continentia* (*CPG* 7848), ed. *PG* 91, 1428-1470
        4, 71 (1465B)              Cant. 65, 1/3

Theodoret. Cyrr., *Quaest. et resp. ad orth.*
    Theodoretus Episcopus Cyri, *Quaestiones et responsiones ad orthodoxos* (*CPG* 6285), ed. *PG* 6, 1401-1464
        1396D-1397A               Cant. 89, 9/18
        1428C-1429A               Cant. 73, 2/11
        1429C                     Cant. 73, 12/16
        1432A-1433B               Cant. 74, 1/9

# INDEX LOCORVM LAVDATORVM VEL PARALLELORVM
## SAECVLI XIV

Acind., *Ref. magn.*

Acindynus Gregorius, *Refutatio magna*, ed. J. Nadal Cañellas, *Gregorii Acindyni Refutationes duae operas Gregorii Palamae cui titulus Dialogus inter orthodoxum et Barlaamitam* (*CCSG* 31), Turnhout, 1995

| | |
|---|---|
| 1, 35, 28-30 (p. 41) | *De partic.* 6, 57/59 |
| 2, 24, 24-32 (p. 122) | *De partic.* 13, 22/29 |
| 3, 17, 12-16 (p. 193) | *De partic.* 13, 16/19 |
| 3, 17, 20-22 (p. 193) | *De partic.* 13, 19/21 |
| 3, 53, 7-12 (p. 237) | *De partic.* 4, 39/44 |
| 3, 53, 23-27 (p. 238) | *De partic.* 5, 31/35 |
| 3, 53, 45-46 (p. 238) | *De partic.* 5, 43/45 |
| 3, 64, 3-7 (p. 255-256) | *De partic.* 5, 82/95 |
| 3, 66, 12-16 (p. 261) | *De partic.* 4, 30/33 |
| 3, 66, 17-20 (p. 261) | *De partic.* 5, 149/152 |
| 3, 66, 36-39 (p. 261) | *De partic.* 6, 12/15 |
| 3, 70, 34-38 (p. 272) | *De partic.* 13, 7/11 |
| 3, 74, 10-28 (p. 278) | *De partic.* 4, 89/127 |

Anon., *Adv. Cantac.*

Anonymus, *Adversus Cantacuzenum*, ed. I. Polemis, *Theologica varia inedita saeculi XIV. Georgius Pelagonius, Adversus Palamam – Anonymus, Adversus Cantacuzenum – Prochorus Cydones, De lumine Thaborico* (*CCSG* 76), Turnhout, 2012, p. 55-323.

| | |
|---|---|
| 22, 26-36 (p. 76) | *De lum.* 8, 30/40 |
| 23, 2-6 (p. 78) | *De lum.* 8, 41/46 |
| 28, 46 (p. 86) | Cant. 111, 28/29; 112, 2/3; 114, 17 |
| 33, 2-5 (p. 89) | *De lum.* 10, 9 |
| 34, 4-21 (p. 89-90) | *De lum.* 9, 5/24 |
| 36, 5-12 (p. 91) | Cant. 132, 1/12; 133, 20/24. 26/39 |
| 39, 2-4 (p. 93) | *De lum.* 8, 23/25 |
| 39, 13-18 (p. 94) | *De lum.* 8, 18/22 |
| 39, 25-27 (p. 94) | *De lum.* 8, 25/28 |
| 42, 6-11 (p. 96) | *De lum.* 8, 8/13 |
| 42, 23-24 (p. 96) | *De lum.* 8, 14/16 |
| 96, 21-23 (p. 143) | *De partic.* 5, 85/88 |
| 105, 4-8 (p. 149-150) | Cant. 135, 2/8; 136, 3/6. 7/8 |
| 143, 1-10 (p. 180) | Cant. 134, 12/31 |
| 149, 4-10 (p. 184) | Cant. 147, 6/12. 15/18; 147, 26. 29/32. 34/36; 148, 2/3 |
| 173, 2-6 (p. 203) | Cant. 131, 1/5. 16/17 |
| 175, 3-6 (p. 204-205) | Cant. 166, 6/9 |
| 179, 2-10 (p. 206-207) | Cant. 153, 4/12; 154, 4/8. 18; 155, 2/7 |

| | |
|---|---|
| I, 29, 39-48 (p. 42) | Cant. 145, 10/24; 146, 4/5. 7/8 |
| I, 29, 45-48 (p. 42) | Cant. 102, 22/25 |
| I, 30, 26-36 (p. 43) | Cant. 89, 9/18 |
| I, 37, 28-38 (p. 53-54) | Cant. 78, 2/12 |
| I, 43, 107-111 (p. 63) | Cant. 166, 6/9 |
| I, 48, 30-39 (p. 72) | Cant. 99, 4/14 |
| I, 49, 24-38 (p. 73) | Cant. 134, 12/31 |
| I, 50, 17-23 (p. 75) | Cant. 135, 2/8; 136, 3/6. 7/8 |
| I, 65, 2-21 (p. 97-98) | Cant. 139, 4/23; 140, 5/6. 11/13 |
| I, 65, 41/49 (p. 99) | Cant. 153, 4/12; 154, 4/8. 18; 155, 2/7 |
| I, 67, 1-56 (p. 102-104) | Cant. 148, 7/38; 149, 7/12. 14/18; 150, 3/4. 12/13; 151, 2/8; 152, 3/9 |
| II, 4, 8-19 (p. 115) | Cant. 69, 2/12 |
| II, 6, 30-32 (p. 118) | Cant. 13, 17/22 |
| II, 16, 10-70 (p. 134-136) | Cant. 96, 9/68 |
| II, 16, 78/110 (p. 136-137) | Cant. 96, 68/106 |
| II, 17, 17-20 (p. 138) | Cant. 85, 2/5 |
| II, 17, 37-40 (p. 138) | Cant. 85, 21/22 |
| II, 23, 13-23 (p. 148) | Cant. 73, 2/11 |
| II, 23, 30-34 (p. 149) | Cant. 73, 12/16 |
| II, 23, 35-45 (p. 149) | Cant. 74, 1/9 |

Ioh. Cypar., *Contra Tom. Palamit.*

Iohannes Cyparissiota, *Contra Tomum Palamiticum*, ed. K. LIAKOURAS, Ἰωάννου τοῦ Κυπαρισσιώτου, Κατὰ τῶν τοῦ Παλαμικοῦ Τόμου διακρίσεων καὶ Ἑνώσεων ἐν τῷ Θεῷ, Διατριβὴ ἐπὶ διδακτορίᾳ, Athens, 1991

| | |
|---|---|
| 5, 19 (p. 278, 21 – 279, 1) | *De partic.* 11, 25/33 |
| 5, 19 (p. 279, 16-19) | *De partic.* 13, 22/29 |
| 6 (p. 315, 3-7) | *De partic.* 10, 4/15. 20/21 |
| 6 (p. 315, 8-15) | *De partic.* 10, 29/35 |
| 6 (p. 315, 13-14) | Cant. 6, 32 |
| 6 (p. 337, 20-21) | Cant. 111, 9/10 |

Ios. Caloth., *Or.*

Iosephus Calothetus, *Orationes*, ed. D. G. TSAMIS, Ἰωσὴφ Καλοθέτου Συγγράμματα (Θεσσαλονικεῖς Βυζαντινοὶ Συγγραφεῖς 1), Thessalonike, 1980, p. 81-341

| | |
|---|---|
| 6, 319-321 (p. 246) | Cant. 22, 10/12 |

Palam., *Adv. Acind.*

Gregorius Palamas, *Adversus Acindynum*, ed. P. K. CHRESTOU, Γρηγορίου τοῦ Παλαμᾶ συγγράμματα, III, Thessalonike, 1970, p. 39-506

| | |
|---|---|
| 2, 17, 80 (p. 142, 23-26) | *De partic.* 6, 57/59 |
| 3, 20, 94 (p. 229, 14-16) | Cant. 65, 1/3 |

Palam., *Adv. Gregor.*

Gregorius Palamas, *Orationes adversus Gregoram*, ed. P. K. CHRESTOU, Γρηγορίου τοῦ Παλαμᾶ συγγράμματα, IV, Thessalonike, 1988, p. 231-377

| | |
|---|---|
| 3, 25 (p. 335, 23-27) | Cant. 64, 1/14 |

Palamas, *Pro hes.*
Gregorius Palamas, *Pro hesychastis*, ed. P. K. CHRESTOU, Γρηγορίου τοῦ Παλαμᾶ συγγράμματα, I, Thessalonike, 1962, p. 361-694
    3, 1, 38 (p. 651, 3-8)          Cant. 11, 9/17

Proch. Cyd., *De lum. Thabor.*
Prochorus Cydones, *De lumine Thaborico*, ed. I. POLEMIS, *Theologia Varia inedita saeculi XIV, Georgius Pelagonius, Adversus Palamam – Anonymus, Adversus Cantacuzenum – Prochorus Cydones, De lumine Thaborico* (*CCSG* 76), Turnhout, 2012, p. 328-379
    6, 38-45 (p. 334)          *De partic.* 13, 22/29

Theod. Dex., *Appell.*
Theodorus Dexius, *Appellatio*, ed. I. POLEMIS, *Theodori Dexii Opera Omnia* (*CCSG* 55), Turnhout, 2003, p. 3-185
    6, 30 (p. 14)          Cant. 83, 3/5

Theod. Dex., *Epist.*
Theodorus Dexius, *Epistulae,* ed. I. POLEMIS, *Theodori Dexii Opera Omnia* (*CCSG* 55), Turnhout, 2003, p. 189-328
I, 9, 2-17 (p. 200-201)          *De lum.* 9, 5/24
II, 27, 66-68 (p. 319)          Cant. 129, 9/12; 130, 1/3

# INDEX LOCORVM QVOS INVENIRE NON POTVI

# CONSPECTVS MATERIAE

# ONOMASTICON

September 2021